# A Prova ilícita:
# Verdade ou Lealdade?

# A Prova ilícita: Verdade ou Lealdade?

2019 • Reimpressão

Carlos Castelo Branco
Juiz de Direito

A PROVA ILÍCITA: VERDADE OU LEALDADE?
AUTOR
Carlos Castelo Branco
EDITOR
EDIÇÕES ALMEDINA, S.A.
Rua Fernandes Tomás, n.ᵒˢ 76-80
3000-167 Coimbra
Tel.: 239 851 904 · Fax: 239 851 901
www.almedina.net · editora@almedina.net
DESIGN DE CAPA
FBA.
PRÉ-IMPRESSÃO
EDIÇÕES ALMEDINA, S.A.
IMPRESSÃO E ACABAMENTO
Artipol - www.artipol.net
Abril, 2019
DEPÓSITO LEGAL
441940/18

Os dados e as opiniões inseridos na presente publicação são da exclusiva responsabilidade do(s) seu(s) autor(es).
Toda a reprodução desta obra, por fotocópia ou outro qualquer processo, sem prévia autorização escrita do Editor, é ilícita e passível de procedimento judicial contra o infrator.

BIBLIOTECA NACIONAL DE PORTUGAL – CATALOGAÇÃO NA PUBLICAÇÃO
CASTELO BRANCO, Carlos
A PROVA ILÍCITA – VERDADE OU LEALDADE – (Casa do juíz)
ISBN 978-9872-40-7555-6
CDU 347

# PREFÁCIO

1. Numa ordem jurídica que, ultrapassado o positivismo fundado no primado da norma com o direito reduzido a técnica de dominação ou direcção política ou de regulação social, fica enriquecida com a contribuição material dos valores e dos princípios (mais princípios que normas; mais interpretação que subsunção), julgar será sempre mais do que julgar as normas; julgar será, no fim de contas, julgar as situações de facto e os acontecimentos da vida que fazem cada caso na sua singularidade imediata.

Julgar é um acertamento de factos ou de acontecimentos para além de uma faculdade moral; é partir e agir no texto e no contexto e efectuar um julgamento que faz viver a justiça como valor moral e político.

Neste sentido, no acto de julgar – no julgamento – o juiz decide casos particulares, que são situações de gente de carne e osso em que está presente a dimensão humana, em contextos determinados e mediados pelo processo.

Nesta gramática dos conceitos, o julgamento é a justiça junta com o direito: para fazer justiça é necessário falar, argumentar, testemunhar, apreciar provas, escutar, e finalmente decidir num espaço delimitado com a distância e o tempo.

Na complexidade formal e estética do processo como percurso para o acto de julgar, o julgamento deve ser a concretização do justo, em que se experimentam a resistência dos factos, a fragilidade das provas e a preclusão da verdade: na síntese, a aspiração do Homem à Justiça.

O julgamento, contrariamente à análise pura das questões de direito libertas da condição humana, é a passagem entre a situação e a condição de cada circunstância da vida dos seres humanos e a percepção concreta do justo através da verdade ou da reconstituição possível da verdade.

A conjunção de diversas perspectivas sobre a revelação da verdade através do julgamento não pode passar sem uma mediação e sem o instrumento que é a prova, que na reconstituição intelectual permite fazer de várias narrativas não congruentes uma realidade possível, tendencialmente coincidente e consistente com a realidade para além de toda a dúvida razoável.

O julgamento que conduz à revelação da verdade – a reconstrução de cada situação provada e das divergências da cada perspectiva parcelar – constitui o momento fundamental de qualquer acção de julgar, fazendo da incerteza uma certeza prática.

A prova é o fundamento desta construção da verdade, feita do resultado da administração contraditória das provas, da avaliação, apreciação, valoração, ponderação crítica e fundamentação do caminho lógico da decisão; a decisão sobre a prova constitui a base e o centro do acto de julgar, pressuposto de todo o julgamento da lei e do direito.

A prova é o exercício e o uso processual de diversos meios e formas de prova, previstos na lei e administrados de acordo com regras predeterminadas, que têm por finalidade demonstrar ou estabelecer a existência – a verdade – de determinado facto.

A prova aproxima as situações da vida à verdade e constitui o núcleo de qualquer processo.

A verdade e a procura da verdade foi desde sempre causa de desassossego no pensamento reflexivo da filosofia.

No entanto, fora da radicalidade guia das concepções ontológicas, podem haver várias verdades – a verdade histórica, a verdade material, a verdade processual ou a verdade perfeita e a verdade imperfeita.

Os caminhos são fluidos, instáveis, incertos; as certezas são precárias e impõem cuidados exigentes e precauções conceptuais: as verdades relativas, contextuais, aproximadas, intelectual e racionalmente colhidas das provas produzidas e avaliadas, que formam e fundamentam a convicção do juiz.

De todo o modo – e esperemos que saibamos ficar contidos nos limites da humanidade dos sentimentos e emoções perante a ameaça totalitária da razão artificial – só pode ser apenas pela inteligência humana que a verdade do processo se pode aproximar e tendencialmente coincidir com a chamada verdade material e a realidade da vida.

2. A prova – os meios de prova e os meios de obtenção da prova – são modos de transmissão ou de reconhecimento de factos e de realidades da vida em face, por regra, da impossibilidade de verificação experimental.

PREFÁCIO

São meios ou instrumentos em expansão acelerada; meios pessoais, técnicos, documentais, directos e indirectos, verificações físicas, mediações periciais, intromissões nos espaços de reserva da intimidade, dos segredos e informações e a prova digital, levados a limites cada vez mais intensivos que são permitidos por novos dispositivos de tecnologia.

As possibilidades extremas têm necessariamente de ser acompanhadas de limitações e precauções cautelares.

A prova, com efeito, tem por finalidade permitir encontrar o convencimento do sentido de justiça e o rigor e a certeza das decisões.

Porém, o sentido de utilidade e a finalidade da prova não podem significar a aceitação de todos os meios e de todas as provas. Há exigências comuns e regras fundamentais na construção e no desenvolvimento das sociedades livres, abertas e democráticas que impõem limites e equilíbrios na ponderação de valores nas regras e nos sistemas de prova – questões complexas relativas à admissão, à valoração e à compreensão do processo democrático, leal, equitativo e justo.

Hoje, no tempo dos relativismos, na pressão das descontinuidades axiológicas e da prevalência de soluções utilitaristas de eficácia imediata e simples, acompanhadas da sedução fácil da intensidade dos meios, do desdém pelos segredos socialmente relevantes e dos pragmatismos avulsos com fragilidade ou ausência de critérios, podemos pressentir um ambiente disposto a afrouxar os limites, envolvido no manto admirado da realização, apenas por aí, da suposta verdadeira justiça.

Nesta matéria, a certeza e a estabilidade das normas devem ser valores constantes e preservados contra a irrequietude de alguns princípios e a exasperação do utilitarismo, na recuperação da proporcionalidade como instrumento do bem comum e da justa medida, sempre com um olhar crítico sobre o excesso.

Carlos Castelo Branco, juiz distintíssimo, dedicou um bom tempo do seu tempo à construção desta obra superior, na investigação densa, na reflexão consistente e demorada, na claridade do pensamento, na elegância e limpidez da linguagem, na enunciação exaustiva dos temas relativos à teoria geral da prova, na construção dogmática do regime – e dos regimes – da prova ilícita, e no estudo muito cuidado das particularidades dos vários regimes, desde a relevância própria do processo penal à incidência cada vez mais premente no processo civil, até às particularidades, pouco estudadas, em outros regimes probatórios.

As perspectivas do estudo são completas – da Constituição aos regimes substantivos e processuais, passando amplamente pelo direito comparado e com a análise e tratamento da jurisprudência de instâncias nacionais e internacionais.

A identificação de variadas questões problemáticas de imensa relevância prático-jurídica revela o cuidado e o saber na análise, a profundidade da investigação e a posição intelectualmente comprometida nas soluções propostas.

A *Prova Ilícita: Verdade ou Lealdade?*, que o Autor quis partilhar, constitui uma obra que vai ficar como referência e marca um tempo e um espaço de reflexão e de comprometimento nesta época de contingências e desafios para a Justiça.

Junho de 2018


ANTÓNIO HENRIQUES GASPAR

# ABREVIATURAS[1]

| | |
|---|---|
| AACS | Alta Autoridade para a Comunicação Social |
| Ac. | Acórdão |
| al. | alínea |
| apud | em |
| art. | artigo |
| arts. | artigos |
| CADA | Comissão de Acesso aos Documentos Administrativos |
| CC | Código Civil Português |
| CE | Constituição Espanhola |
| CEDH | Convenção Europeia dos Direitos do Homem |
| CF | Constituição Federal (Brasil) |
| Cfr. | confira |
| CPC | Código de Processo Civil Português |
| CPP | Código de Processo Penal Português |
| CPR | Civil Procedure Rules (Código de Processo Civil Inglês) |
| CRP | Constituição da República Portuguesa |
| D.R. | Diário da República |
| DUDH | Declaração Universal dos Direitos do Homem |
| ed. | edição |
| ERC | Entidade Reguladora para a Comunicação Social |
| Ibid. | ibidem (Mesma Obra) |
| i.e. | isto é |
| in | em |

---

[1] O autor declara adoptar a ortografia anterior ao Acordo Ortográfico.

| | |
|---|---|
| in fine | parte final |
| LADA | Lei de Acesso aos Documentos Administrativos |
| LEC | Ley de Enjuiciamiento Civil (Espanha) |
| LGT | Lei Geral Tributária |
| LTFP | Lei do Trabalho em Funções Públicas |
| Op. Cit. | Opus citatum (Obra citada anteriormente) |
| P.º | processo |
| p./pp. | página/páginas |
| rel. | Relator/a |
| SIRP | Sistema de Informações da República Portuguesa |
| STA | Supremo Tribunal Administrativo |
| STF | Supremo Tribunal Federal (Brasil) |
| STJ | Supremo Tribunal de Justiça (Portugal) |
| ss. | seguintes |
| TCA | Tribunal Central Administrativo |
| TC | Tribunal Constitucional |
| TEDH | Tribunal Europeu dos Direitos do Homem |
| Trad. | tradução |
| TRC | Tribunal da Relação de Coimbra |
| TRE | Tribunal da Relação de Évora |
| TRG | Tribunal da Relação de Guimarães |
| TRL | Tribunal da Relação de Lisboa |
| TRP | Tribunal da Relação do Porto |
| Univ. | Universidade |
| v.g. | verbi gratia (por exemplo) |
| Vol. | volume |

# A Prova ilícita:
# Verdade ou Lealdade?

*«..Nas acções de todos os homens, em especial dos príncipes, onde não existe tribunal a que recorrer, o que importa é o sucesso das mesmas. Procure, pois, um príncipe, vencer e manter o Estado: os meios serão sempre julgados honrosos e por todos louvados, porque o vulgo sempre se deixa levar pelas aparências e pelos resultados, e no mundo não existe senão o vulgo...».*

NICOLAU MAQUIAVEL, "O Princípe" (cap. XVIII)

## 1. Introdução

A função primordial dos tribunais consiste na decisão dos conflitos, enquanto mecanismo da genial origem do Homem de promoção e restabelecimento da paz jurídica e, por via desta, da paz social.

Nas sociedades modernas, a decisão dos conflitos obedece a regras procedimentais estabelecidas de antemão que, encadeando e coordenando os vários actos processuais a praticar formam o processo.

Mas, o processo não é, nas sociedades evoluídas, uma realidade meramente formal ou *«formalizadora»* de actos, devendo, antes, corresponder ao percurso que seja o necessário e o devido para a realização da Justiça. Daí que se fale, correntemente, em *«devido processo legal»*.

Assim, ao contrário do conhecido adágio[2] gerado na decorrência do trecho *supra* citado de Maquiavel, a Justiça não se consegue sem ordem e sem

---

[2] *«Os fins justificam os meios».*

regra e, na realidade, nem sempre os fins justificam os meios utilizados para se conseguirem aqueles.

A decisão de conflitos – aspecto central na missão de cada Juiz[3] – só alcançará a paz jurídica se, por um lado, a mesma for tomada em prazo razoável[4] e, por outro lado, for justa, mas, para o ser, o processo judicial onde a mesma germine e seja proferida, tem de ser um processo leal e equitativo[5], onde imperem, entre outros, os princípios fundamentais da legalidade (v.g. na aplicação de penas), da igualdade perante a lei e perante os tribunais, a independência, a imparcialidade, a audiência pública em regra, ao direito à presunção da inocência, ao direito a ser julgado sem demora excessiva, ao direito a uma defesa adequada, ao direito a estar presente no julgamento, ao direito a obter a comparência e a interrogar ou fazer interrogar as testemu-

---

[3] *«O que faz um juiz? Um juiz julga.“¿ Que significa juzgar?” “O juiz apreende diversas situações através dos sentidos e através do seu discernimento racional estabelece o que o direito propõe para resolver um conflito, reconhecer um direito ou impor uma obrigação. A decisão judicial exige, portanto, um ato de vontade do juiz através do qual se põe fim a um processo.” (Pérez Luño, 2009: 170). O ato de julgar é apresentado como uma experiência jurídica, política, social e pessoal que encontra a sua expressão num quadro institucional (Poullard, 1999:13) que não se reduz à aplicação da lei ao caso através de silogismo(s), mas também como actividade criativa, presente no preenchimento de normas em branco e conceitos indeterminados, conceitos legais abertos relativamente aos quais não estão previamente definidas todas as situações que se integrarão naquela previsão, ou, no limite, na interpretação abrogante ou revogatória de uma norma, acrescentamos.»* (assim, Ana Lúcia Soares Gomes, O Juízo sobre o Juiz(o) – Os Juízes não têm honra?, p. 17).

[4] No caso Wemhoff vs. Alemanha, de 25-04-1968 (P.º 2122/64), o TEDH alinhou 7 critérios a serem observados na aferição de eventual excessiva duração do processo, a saber: 1) a duração da prisão; 2) a duração da prisão considerando-se a natureza do delito, a pena fixada e a provável pena a ser aplicada; 3) os efeitos que o imputado sofreu (materiais, morais, etc.); 4) o comportamento processual do acusado; 5) a complexidade do caso e sua influência na investigação; 6) o modo pelo qual a investigação foi conduzida, e 7) a conduta das autoridades envolvidas. Inicialmente delineados no âmbito penal, a evolução da jurisprudência do TEDH reconduziu a 3 os critérios de aferição do tempo razoável do processo, "aplicáveis tanto ao processo penal quanto ao processo civil, e que dizem respeito à 1) atuação do aparato estatal, 2) complexidade da causa e 3) comportamento dos sujeitos processuais" (assim, Maria Carolina Silveira Beraldo, O Comportamento dos sujeitos processuais como obstáculo à razoável duração do processo, p. 11).

[5] *«O princípio do processo equitativo comporta, como dimensão inelimável, o direito a um processo orientado para a justiça material, sem demasiadas peias formalísticas – e, portanto, um direito à emissão de pronúncia sobre o mérito das pretensões formuladas»* (assim, Henrique Antunes, *"Recurso de apelação e controlo da decisão da questão de facto"*; p. 29).

INTRODUÇÃO

nhas, ao direito à assistência gratuita de um intérprete, ao direito de aceder a mecanismos de protecção judiciais justos e eficazes[6].

A justiça e lealdade na consideração dos meios devem pautar todo o desenvolvimento processual e merece especial acuidade no campo do direito à prova onde, obviamente, os fins não justificam – em todos os casos – os meios.

O direito à prova traduz, em primeira linha e numa faceta positiva, o direito do litigante a utilizar e a produzir os meios de prova[7] necessários para a formação da convicção do juiz relativamente ao objecto do processo[8].

---

[6] *«O direito a um processo equitativo (art.ºs. 20.º, n.º 4 da CRP e 26.º, n.º 3, da LOSJ) implica a inadmissibilidade de meios de prova ilícitos. Tal ilicitude pode resultar, quer da violação de direitos fundamentais (ilicitude material), quer por formação (constituição) ou obtenção de meios probatórios em resultado de procedimentos ilícitos (ilicitude formal)»* (assim, Francisco Manuel Lucas Ferreira de Almeida, Direito Processual Civil, Il, p. 249).

[7] *"Meios de prova"* são as fontes de que o juiz extrai os motivos da prova (assim, Chiovenda, Instituciones de derecho procesal, tomo 3, p. 209 e Alberto dos Reis, Código de Processo Civil Anotado, vol. III, p. 239). Este último autor distingue ainda os *«motivos da prova ou argumentos probatórios»* que são as razões que determinam a convicção do juiz e que derivam dos meios de prova; os *«temas da prova»*, ou seja, o objecto da prova, as afirmações ou proposições das partes que carecem de demonstração; e os *«procedimentos probatórios»*, que são os esquemas dos actos processuais relativos à utilização dos diversos meios de prova, constituindo os actos que as partes e o juiz deverão observar para que certo meio de prova fique a fazer parte integrante do processo. Alberto dos Reis (ob. e loc. Cit.) enuncia os seguintes momentos característicos de um "procedimento probatório": A proposição da prova (acto pelo qual a parte oferece a prova – v.g. rol de testemunhas, requerimento de junção de documento, etc.); a admissão da prova (acto pelo qual o juiz defere a proposição), a produção da prova (acto das partes, do juiz ou de terceiros tendente à formação da prova – v.g. interrogatório da parte, depoimento das testemunhas, exame, vistoria, avaliação, inspecção) e a assunção da prova (acto pelo qual se incorpora no processo o material probatório – v.g. junção de documentos, de plantas, desenhos, mapas, de carta precatória ou rogatória, etc.).

[8] Em termos semelhantes, vd. Joan Picó y Junoy (El Derecho a la Prueba en el Proceso Civil, pp. 18-19), considerando que *«el derecho a la prueba es aquél que posee el litigante consistente en la utilización de los medios probatorios necesarios para formar la convicción del órgano jurisdiccional acerca de lo discutido en el proceso»* e Luigi Paolo Comoglio (*«Giurisdizione e processo nel quadro delle garanzie costituzionali»*, p. 1075), para quem, a importância do direito à prova se concretiza com o *«riconisciemento della possibilità di far ammettere ed esperire dal giudice tutti i mezzi probatori consentiti (o non vietati) dal sistema, i quali siano rilevanti per la dimostrazione dei fatti dedotti a fondamento delle diverse pretese»*.

A prova, em termos genéricos, constitui aquilo que demonstra ou estabelece a verdade ou a existência de um facto[9,10,11,12,13].

Esta correlação entre a prova do facto e a realidade é o que determina a maior ou menor aproximação de um processo e da *"verdade"*[14] nele descrito com a vida[15].

A prova demonstra um dado facto, quer no quotidiano dos mais variados assuntos da vida, quer no âmbito jurisdicional.

*«Quando um processo é iniciado, é importante restabelecer, assim que possível, a paz judiciária, observando os procedimentos que garantem um processo equitativo ("due process law") e um desfecho tão justo quanto possível. Uma condição prévia é que a decisão tenha um fundamento fático, que os factos pertinentes sejam estabelecidos*

---

[9] Cfr. Fernando Pereira Rodrigues, A Prova em Direito Civil, p. 9.

[10] Prova é o instrumento que proporciona ao avaliador uma percepção, a partir da qual este poderá adquirir o conhecimento do facto (assim, Carnelutti, La prova civile- parte generali. Il Concetto giuridico della prova).

[11] A relação entre a prova e os factos é tradicionalmente entendida como uma relação de demonstração da verdade, ou seja, uma proposição está provada quando é verdadeira e existem elementos suficientes a seu favor (tese conceptual). Presentemente, porém, tem-se considerado que a verdade não define a prova, em si mesma, mas que, a verdade constitui antes o fim da prova (tese teleológica). Sobre o ponto e com mais desenvolvimento, vd. Jordi Ferrer Béltran, *"La valoración de la prueba: Verdad de los enunciados probatórios y justificación de la decisión"*, *in* Estudios sobre la Prueba, pp. 2-3.

[12] Ainda no mesmo sentido, Luís Filipe Pires de Sousa (A prova por presunção no direito civil, p. 127): *«A finalidade material da prova é a de permitir alcançar o conhecimento acerca da veracidade dos enunciados fácticos do caso».*

[13] Como refere Cristian Contreras Rojas (La Valoración de la prueba de interrogatório, p. 26): *«Etimológicamente, la voz «prueba» deriva del latín probatio, palabra que proviene de probus (bueno, recto, honrado o íntegro) o del adverbio probe, que significa honradamente, por considerarse que obra honradamente el que prueba lo que pretende. De esta manera, probado equivale a decir bueno, correcto o auténtico, por lo que probar se corresponde con una verificación o demostración de la autenticidad».*

[14] Salienta Rui Rangel (O Ónus da Prova no Processo Civil, p. 46) que *«a prova encontra-se estruturada no nosso ordenamento jurídico para a busca da verdade material. Se esta não chega a atingir esse desiderato é porque as partes, no decurso da lide processual, utilizam "armas" desleais que desvirtuam a essência e a natureza da prova empregue no processo».*

[15] *«Provar é fazer que se conheça em justiça a verdade de uma alegação pela qual se afirma um facto do qual decorrem consequências jurídicas»* (assim, A. Colin e H. Capitant, Cours élémentaire de droit civil français, 10.ª ed.).

# INTRODUÇÃO

*pela intervenção daqueles que têm o ónus da prova, ou seja, daquele que terão os seus pedidos indeferidos se a prova for insuficiente»*[16].

A prova constitui o cerne de qualquer processo[17]. É em função da condução probatória do processo que as acções, os pleitos, as causas se perdem ou se ganham[18],[19].

A maior dificuldade para o advogado será a de intuir quando é que já produziu prova ou contraprova de um determinado facto, em termos de o mesmo ter formado a convicção – positiva ou negativa – do julgador.

Esta afirmação é válida qualquer que seja a natureza do processo – civil, penal, ou outra – em que a prova se circunscreva.

Contudo, as dificuldades de aplicação das normas de direito probatório são, por vezes, de grande monta e o tratamento teórico das questões que se colocam não se tem revelado proporcional à importância da matéria na prossecução correcta dos fins do processo.

A verdade das coisas é a correspondente à realidade factual, o facto ocorrido, cru e descarnado de qualquer contaminação ulterior.

---

[16] Assim, Chaïm Perelman, Ética e Direito, p. 593.

[17] Salientam Fredie Didier Jr., Paula Sarno Braga e Rafaela Alexandria de Oliveira (Curso de Direito Processual Civil; Vol. 2, p. 38) que, no processo, *"cada uma das partes conta a sua versão sobre o que aconteceu. A versão mais bem provada, aquela que vier a convencer o julgador, tem tudo para ser a vencedora".*

[18] Chegando mesmo a dizer-se que *«a arte do processo não é essencialmente senão a arte de administrar as provas»* (assim, Jeremias Bentham, Traité des Preuves Judiciaires, p. 246) ou que, *«a batalha entre os diferentes interesses processuais trava-se no terreno das proposições de facto e as armas usadas, de parte a parte, são as provas»* (assim Francisco da Costa Oliveira, A Defesa e a Investigação do Crime (Guia Prático para a Análise da Investigação e para a Investigação pelos Recurso Próprios da Defesa Criminal), Almedina, Coimbra, 2004, p. 166). Sobre o conceito de prova, vd. na doutrina nacional, v.g., Vaz Serra, *"Provas. Direito Probatório Material"*, in B.M.J. 110.º, 1961, pp. 61 e ss.; Alberto dos Reis, Código de Processo Civil Anotado, Vol. III, Castro Mendes, Do Conceito Jurídico da Prova em Processo Civil, Lisboa, 1961; Miguel Teixeira de Sousa, As Partes, o Objecto e a Prova na Acção Declarativa e Manuel de Andrade, Noções Elementares de Processo Civil.

[19] Como refere Fernando Pereira Rodrigues (A Prova em Direito Civil, p. 11), *«toda a pessoa ao longo da vida é, vezes sem conta, lesada nos direitos que lhe assistem, sentindo-se na necessidade de clamar por justiça para reparação das iniquidades sofridas, mas ao recorrer a instituição competente administrativa ou judicial, nenhuma satisfação eventualmente irá conquistar. Por prova não ter ou por a prova fracassar. A prova é, assim, essencial na vida do direito, quase como o ar que respiramos, para que cada um se possa defender de uma arbitrariedade, de uma ameaça ou de uma ofensa e obtenha a justa reparação e até a demonstração da sua capacidade, valor e idoneidade».*

A busca da verdade acerca de todas as coisas foi sempre um problema que inquietou os filósofos desde a mais remota Antiguidade.

Contudo, a *«verdade processual»* é uma verdade relativa ou "formal"[20], específica ou dedicada para um determinado processo[21,22,23,24], configurando de forma particular a *«verdade histórica»*[25], reinterpretando-a.

[20] Refere Sérgio Cruz Arenhart (A verdade e a prova no processo civil, p. 71 e ss.) que *«(...) falar-se em verdade formal (especialmente em oposição à verdade substancial) implica reconhecer que a decisão judicial não é calcada na verdade, mas em uma não-verdade. Supõe-se que exista uma verdade mais perfeita (a verdade substancial) mas que, para a decisão no processo civil, deve o juiz contentar-se com aquela imperfeita e, portanto, não condizente com a verdade. A idéia de verdade formal é, portanto, absolutamente inconsistente e, por esta mesma razão, foi (e tende a ser cada vez mais), paulatinamente perdendo seu prestígio no seio do processo civil. A doutrina mais moderna nenhuma referência mais faz a este conceito, que não apresenta qualquer utilidade prática, sendo mero argumento retórico a sustentar a posição cômoda do juiz de inércia na reconstrução dos fatos e a freqüente dissonância do produto obtido no processo com a realidade fática».*

[21] *«Uma concepção racional da prova implica a distinção entre os conceitos de provado e verdadeiro, pautando-se por uma postura cognoscitiva no sentido de que o processo deve orientar-se para a comprovação da verdade (que será o objectivo último da actividade probatória) mas o conhecimento alcançado é sempre imperfeito e relativo. O processo permite obter verdades relativas, contextuais, aproximadas, derivadas racionalmente das provas fornecidas em cada caso particular. A convicção do juiz versa sobre a verdade do enunciado fáctico feita pela parte, podendo o enunciado ser tido como provado, apesar de falso e vice-versa»* (assim, Luís Filipe Pires de Sousa, A prova por presunção no direito civil, p. 128).

[22] *«A prova, mais do que uma demonstração racional, é um esforço de razoabilidade: o juiz lança-se à procura do "realmente acontecido" conhecendo, por um lado, os limites que o próprio objecto impõe à sua tentativa de o "agarrar" e, por outro, os limites que a ordem jurídica lhe marca -derivados da(s) finalidade(s) do processo»* (assim, Cristina Libano Monteiro, Perigosidade de inimputáveis e «in dúbio pro reo», p.13).

[23] Como salienta Ana Lúcia Soares Gomes (O Juízo sobre o Juiz(o) – Os Juízes não têm honra?, p. 14):*«O processo judicial é definido como uma sequência de actos praticados pelas partes e restantes sujeitos processuais com a finalidade de vir a ser proferida uma decisão e que culmina, justamente, com a decisão do juiz: primeiro, decisão sobre se certo facto aconteceu e que se enuncia e, numa segunda fase, a decisão de qual a consequência para os autores ou vítimas desse acontecimento. Parece, pois, que o conceito de processo está intimamente ligado ao de verdade. Sucede que raros são os casos em que o juiz tem conhecimento direto dos factos (prova direta em sentido estrito). O julgador deve ser um terceiro imparcial e, portanto, algum ponto de contacto pessoal com a situação pode gerar incidente de recusa ou suspeição. Por isso, a verdade processual não coincide necessariamente com a verdade ontológica».*

[24] A este respeito menciona Luís Bernardo Ruiz Jaramillo, *"Valoración de la validez y de la eficácia de la prueba. Aspectos epistemológicos y filosófico-políticos"*, p. 180) que: *«la verdad procesal es formal y relativa ya que se obtiene mediante reglas precisas y se restringe o reduce a los meros hechos o circunstancias perfilados como procesalmente pertinentes. Esta verdad la condicionan los procedimientos y garantías de*

INTRODUÇÃO

Como refere Stefano Rodotá[26], «*o direito conhece os limites que decorrem da consciência de ser ele mesmo um artifício, o que o levou a elaborar sistemas de regras e técnicas para a "aproximação" da verdade, mais do que instrumentos que pretendam comunicar verdades indiscutíveis. Percebe, no entanto, a responsabilidade de indicar pontos seguros, de oferecer certezas a uma vida social que não pode questionar-se infinitamente sobre o significado de um acontecimento. Procede por "presunções", deduzindo de um facto a presença de outro. Submete a investigação da verdade a processos formais, bloqueando-a quando a sentença é definitiva, salvo o caso excepcional de revisão processual. Não pretende, sobretudo, identificar a verdade judiciária com a verdade histórica*»[27].

A *"verdade processual"* é também uma verdade adquirida no processo[28], sujeita à apresentação da causa e ao modo como a mesma ocorreu, submetida à discussão contraditória, sujeita ao julgamento produzido pelo julgador e, bem assim, sujeita à maior ou menor amplitude da produção e investiga-

---

*acceso al proceso y la defensa; no se obtiene mediante indagaciones inquisitivas ajenas al objeto procesal. Esta verdad se reduce en su contenido en cuatro sentidos: 1) se circunscribe al thema probandum de cada proceso en particular; 2) debe corroborarse por pruebas obtenidas con las técnicas preestablecidas; 3) es una verdad probable, opinable; y 4) ante la duda o falta de prueba ritualmente formada se aplica la carga de la prueba que sea pertinente según la clase de proceso de que se trate».*

[25] Como refere Baldassare Pastore ("Giusto processo" e verità giudiziale, p. 11): «*Ogni processo, in quanto definisca un tema storico (ossia non di finzione), ha la pretesa di accertare i "fatti reali" e si impegna alla "verità", che è quella connessa ad acquisizioni e ricostruzioni specifiche, pertinenti, accurate, complete, e che rinvia alle modalità di relazione tra intenzionalità della ragione e intelligibilità del reale, e all'accordo tra le nostre conoscenze possibili e una realtà che è già nell'orizzonte del linguaggio. Tale accordo, peraltro, non è una passiva riproduzione di un dato, ma si configura a partire da un'attività di elaborazione interpretativa e ricostruttiva. In questo senso si può dire che la verità processuale si pone come forma particolare di verità storica*».

[26] Cfr. *"O direito à verdade"*, p. 18.

[27] Numa «*democracia, não se pode construir um direito geral à verdade do qual sejam titulares as instituições públicas em relação aos cidadãos. Existem casos específicos nos quais o cidadão é compelido à verdade, como a testemunha ou o contribuinte. Mas, daí não se pode absolutamente deduzir um princípio de atração, na esfera pública, de partes mais consistentes da esfera privada. Vigoram, aliás, princípios opostos – daquele que afirma "nemo tenetur se detegere", que legitima o silêncio e até mesmo a mentira do imputado, àquele que se exprime na proibição da tortura. A autonomia no governo de si mesmo, a integridade da pessoa, a dignidade inviolável marcam o limite além do qual não pode impelir-se a pretensão de outrem à verdade. Um direito geral e incondicionado à verdade não pode ser construído nem mesmo sob a perspectiva das pessoas*»» (assim, Stefano Rodotá, *"O direito à verdade"*, p.13).

[28] «*A verdade que aqui interessa considerar é a verdade relativa em que a prova se logra exteriorizar*» (assim, Fernando Pereira Rodrigues, A Prova em Direito Civil, p. 11).

ção probatória que se efectue naquele determinado litígio e aos mais variados factores que influem no desfecho do processo[29].

*«A investigação processual não é uma actividade de descoberta da verdade sobre certo evento ou complexo de eventos, mas uma actividade de confirmação ou prova de um certo número de afirmações previamente feitas sobre os mesmos eventos[30]; não se destina à aquisição de conhecimentos novos, mas à demonstração de acontecimentos controvertidos narrados pelas partes nos articulados»[31,32].*

O processo civil é um processo de partes e, se bem que o juiz deva ter um papel activo[33] na definição dos termos do litígio, o mesmo não pode actuar, no uso dos poderes que a lei lhe confere de indagação e de apreciação da causa, senão de forma a completar ou a suprir as insuficiências que, em certos pontos, as partes denotem em juízo.

O direito à prova apresenta, pois, também uma faceta negativa, dado que, não permite à parte uma indagação factual irrestrita, nem o uso ilimitado de poderes probatórios.

E, assim, por vezes, a produção probatória realizada num determinado processo gera uma "verdade" que não tem qualquer identidade com a realidade histórica, uma "verdade" meramente formal, enquanto resultado

---

[29] Como refere Cunha Rodrigues (Recado a Penélope, p. 115) *«os tribunais são cada vez menos o lugar onde o conflito se resolve e cada vez mais um espaço de "corpo a corpo" que incentiva as partes a aprofundar as divergências, a diferir as soluções e a utilizar meios artificiais para prolongar a discussão e poder, um dia, erguer o braço vencedor».*

[30] Sobre as dificuldades dos instrumentos probatórios na actividade de investigação da prova, vd. Luis Muñoz Sabaté, Problemática Intrínseca de la Prueba; Técnica Probatoria, p. 158 e ss.

[31] Assim, Remédio Marques, Acção Declarativa à Luz do Código Revisto; 2.ª Ed., p. 539.

[32] Usualmente reporta-se que a busca da verdade não se pode transformar num instrumento inquisitório ou num meio de pressão moral no confronto das partes. A imposição às partes de obrigações de comportamento em relação a certos factos comprimiria a liberdade de prossecução dos próprios interesses individuais, a qual, deve manter-se absoluta e arbitrariamente insindicável, sob pena de negação do próprio direito de defesa. Assim, P. Calamandrei, Istituzioni di diritto processuale civile secondo il nuovo codice, 2.ª ed., vol. I, p. 219.

[33] Como refere Rui Rangel, O Ónus da Prova no Processo Civil, p. 49, *«o juiz activo tem que ter, durante a fase de instrução, uma posição tal que lhe permita conduzir o processo em conformidade com o triunfo da verdade e da justiça. Só a larga intervenção e liberdade na demonstração, na produção e na apreciação dos meios de prova é que faz verdadeiro jus a este princípio».*

INTRODUÇÃO

meramente possível[34],[35] da lide[36], que, muitas vezes, se sobrepõe e, por vezes, olvida a própria verdade material[37].

Trata-se de uma situação que a comunidade não jurídica[38] não entende facilmente[39] e que, na realidade, frustra o julgador[40,41], conduzindo a uma

[34] Como refere Alynne de Lima Gama Fernandes Oliveira, "A busca pela verdade possível e a admissibilidade das provas ilícitas no direito processual civil", p. 383): «*Não há como afirmar com absoluta certeza que o produto encontrado corresponde aos fatos efectivamente ocorridos. A verdade que se alcança no processo nada mais é que a verdade possível*».

[35] «*E é neste contexto que se impõe a distinção das noções de possibilidade, verosimilhança e probabilidade, como se referiu supra, na medida em que é a intensidade do contraditório que a permite. Assim, a possibilidade será a aparência da verdade, conseguida apenas com a argumentação de uma das partes, sem contraditório. A verosimilhança implicará um contraditório, mas incipiente. A probabilidade é o mais próximo da verdade possível para o conhecimento humano e que é conseguida através do debate e do contraditório pleno, no qual há interacção entre os sujeitos – a argumentação dialéctica*» (assim, Sandra de Freitas Moreira da Silva e Nogueira, A Valoração e Motivação do Tribunal no âmbito da livre apreciação da prova, p. 31).

[36] "*No Processo Civil os factos são "pedaços de vida", "num ser humano o corpo funciona como o sistema de sustento da vida. Quando o corpo soçobra, resta a imaterialidade, o espírito, a alma. Num processo, a matéria de facto é o corpo e o Direito é a alma". Julgar sem que se provem os factos que se julgam é como dissociar o corpo da alma*" (assim, Ana Teresa Araújo Martins, Assistência Técnica no Exercício da Função Jurisdicional, p. 9).

[37] «*Sucede, infelizmente com muita frequência (...) que, por deficiência humana, a indevida observância das regras processuais e materiais gera a perda de direitos que conduzem as pretensões a um insucesso que provavelmente não ocorreria*» (Salazar Casanova, "*Provas Ilícitas em Processo Civil–Sobre a admissibilidade e valoração de meios de prova obtidos pelos particulares*", p. 94).

[38] "*Provar os factos alegados constitui pois o primeiro e maior embaraço que no direito se coloca em relação à prova. Não podemos deixar de anotar que este problema da necessidade de prova está muito pouco consciencializado pelo cidadão (comum e não só). As pessoas quando pretendem defender os seus direitos directamente ou por conhecimento, esquecem que não basta ter razão é necessário demonstrá-la. Não fazendo tal demonstração a demanda é perdida, pois não há direito sem prova. É muita vezes esta falta de consciência que faz com que, com frequência, o cidadão comum " incitado" pelos media apelide as decisões dos tribunais como injustas e disfuncionais. Todavia, a causa de "tais decisões" resulta muitas vezes da apontada falta de demonstração da verdade relatada pela parte que recorre à justiça e que tem o ónus da prova dessa verdade – art. 342.º do Código Civil*" (assim, Maria da Purificação Lopes Carvalho, "*A Inspecção Judicial – Contributos para uma melhor verificação ou interpretação dos factos*"; in Data Venia, Ano 4, n.º 5, Janeiro de 2016, p. 8).

[39] Michele Taruffo, "*Narrativas Processuais*", p. 115, enfatizando o papel da «narrativa» no âmbito dos processos judiciais refere a este respeito que, «*as histórias são "abertas à suspeição" e perigosas porque abrem caminho à imprecisão, à variabilidade e à manipulação na reconstrução dos factos, conforme o ponto de vista, os interesses e as intenções das pessoas que as contam num certo momento e num*

situação de erro (ainda que não um erro endo-processual) ou de contraditoriedade entre a verdade apurada no processo e a realidade dos factos.

É ao nível da prova que a *«verdade processual»*[42] (realidade do processo) se molda e se vai aproximando ou afastando da verdade material (realidade

---

*contexto determinado. Isto é, em geral, verdadeiro, e é-o particularmente no contexto processual.(...) um processo não inclui apenas uma narrativa ou um story-telling: é, outrossim, uma situação complexa na qual várias histórias são construídas e contadas por pessoas diferentes, a partir de pontos de vista diferentes e de modos diferentes. São particularmente frequentes e sérios os perigos de erro, insuficiência, manipulação e reconstrução incorrecta dos factos, podendo conduzir a equívocos dramáticos e a erros substanciais na solução final de um caso».*

[40] Rui Rangel, O Ónus da Prova no Processo Civil, 3.ª Ed., pp. 52-53, salienta que *«uma excelente decisão que repouse e se louve em extensos e elaborados argumentos doutrinários pode basear-se em factos que não correspondem à realidade, por impossibilidade de o juiz entrar em linha de conta, na sentença, com os factos verdadeiros. A ocorrência desta situação é frustrante para o julgador...As soluções a ser adoptadas devem, com bom senso, balançar entre a rapidez processual que favorece a decisão atempada, evitar a "chicana", dando segurança à solução encontrada e a flexibilidade que permite chegar ao caso concreto com a mesma segurança, evitando uma decisão estritamente formal».*

[41] Como refere Darci Guimarães Ribeiro (Provas Atípicas, p. 9), *«tudo o que é falso é necessariamente injusto. Por conseguinte, o menor erro na instrução de um processo ou má valoração da prova pelo magistrado põe em questionamento todo o Direito como compromisso com a Justiça».*

[42] São diversos os factores que influem na comprovação da "verdade processual". Emil Duclerc (*"Sigilos constitucionais, prova ilícita e proporcionalidade", in* Revista Brasileira de Direito Processual Penal, Vol. 1, n.º 1, pp. 189-190) enuncia esta problemática nos seguintes termos:*«Tem-se primeiro que as proposições que compõem as argumentações judiciais, tanto fáticas quanto estritamente jurídicas, são insuscetíveis de verificação experimental direta, como as proposições empíricas de observação. Não podemos, por exemplo, repetir em laboratório o fato criminoso, para saber como ele de fato acontece; como ocorre com qualquer investigação histórica, a verdade dessas proposições pode ser enunciada somente pelos "efeitos" produzidos, quer dizer, "os sinais do passado (pastness), deixados no presente pelos eventos passados, dos quais aqueles descrevem a ocorrência". Qualquer conclusão a que se chegue, dessa forma, tem, portanto, o valor de uma hipótese apenas probabilística, pois um mesmo conjunto de observações e dados historiográficos pode, não raro, admitir diversas explicações. Em suma, por mais eloquentes que sejam os dados do passado deixados no presente (depoimentos de testemunhas, indícios materiais coletados e analisados por peritos, documentos etc.), absolutamente nada nos imuniza contra a possibilidade do erro judiciário. Além disso, é preciso ter em mente a carga específica de subjetividade do conhecimento judicial. Ainda conforme a lição de Ferrajoli, a própria subjetividade do juiz está sujeita a uma espécie de deformação profissional que lhe impõe uma forma jurisdicizada de ver o mundo, que muitas vezes o impede de perceber certos detalhes, considerar certas variáveis. Além disso, o juiz se vê envolvido, no processo, com as subjectividades dos outros atores processuais (testemunhas, peritos etc.), o que incrementa ainda mais as dificuldades na busca da verdade objetiva. Parece claro, assim, que qualquer aspiração de alcançar uma verdade real milita contra a lógica já assimilada por praticamente todas as áreas do conhecimento*

INTRODUÇÃO

da vida)[43,44], afirmando-se, de forma mais ou menos, uniforme que, nesta demanda, as partes apenas têm um dever de veracidade[45].

Assim, *«o que releva como verdade no processo é a convicção que se consegue formar no convencimento do juiz de que um facto é verdadeiro. A actividade das partes e do juiz na fase instrutória do processo visa a procura de elementos representativos, ou indiciários, dos factos relevantes, e a mediação da sua intensidade probatória, com vista a que, um por si ou vários em conjunto produzam a necessária convicção. É porque estes elementos – as provas – terem diferentes e, por vezes, obscuras capacidades de enunciação da realidade que o juiz tem, de uma maneira geral, liberdade de os apreciar – ou, quando não é esse o caso, o legislador, previamente, fixou o valor deles tendo em consideração probabilidades de demonstração da verdade e os interesses que considera relevantes. Assim, a convicção do juiz de que determinado facto é verdadeiro não representa uma certeza absoluta, mas sim um juízo de suficiente probabilidade de verosimilhança. A convicção do juiz assenta numa incerteza relativa de veracidade do facto. O juiz está mais convencido de que o facto aconteceu do que ele não ter acontecido; é maior a convicção do que a dúvida»*[46].

Neste caminho, o processo deve guiar-se de acordo com as normas e princípios estruturantes do moderno processo civil – referindo-se a este propósito, um novo conceito de *«neoprocessualismo»*, onde, por exemplo, o modelo do juiz passivo e autoritário é substituído por um modelo de juiz activo e

---

*humano, e, o que é mais grave, esconde por trás de si um discurso decisionista e, justo por isso, radicalmente autoritário».*

[43] Sobre a noção de «verdade» e sobre o papel do «dever de verdade» situando-se *«algures entre a Moral e o Direito»*, vd. Pedro Reis (*"Dever de Verdade-Direito de Mentir – História do Pensamento Jurídico"*, p.478).

[44] Como reporta Jean-Marc Le Masson (*"La recherche de la verité dans le procès civil"*, pp. 21-32), a verdade apreciada no processo civil através do silogismo judiciário diferencia-se da procura da verdade histórica.

[45] Afirma Rui Rangel (O Ónus da Prova no Processo Civil, p. 52 e p. 70) que, *«na nossa lei, o dever de veracidade encontra-se plasmado nos (...) princípios da cooperação; dever de boa-fé processual; responsabilidade no caso de má-fé (...); prestação de juramento no depoimento de parte; (...) e uso anormal do processo (...). Perante estas considerações não é possível questionar no processo civil a existência de um dever de veracidade que existe, enquanto um verdadeiro dever jurídico e não um mero ónus, um dever de carácter geral, moral e ético, que condiciona e acompanha toda a actividade processual das partes em litígio».*

[46] Assim, Pedro Trigo Morgado, Admissibilidade da Prova Ilícita em Processo Civil; Petrony Editora, 2016, pp. 63-64.

colaborante[47] –, onde avultam, o princípio do dispositivo, do contraditório, da igualdade das partes, da cooperação e boa-fé processual.

Pensado sob diversas vertentes e aspectos, o contraditório assume no domínio da instrução do processo e, especificamente, nos momentos de proposição, admissão e produção probatória, um particular significado, constituindo, por vezes, a única possibilidade de resposta ou pronúncia de uma parte, na orientação do juiz para a descoberta da verdade.

---

[47] Sobre a temática vd., Márcio Carvalho Faria ("A Lealdade Processual. O projeto de novo Código de Processo Civil Brasileiro e a experiência Portuguesa", pp. 1395-1430) sintetizando o seguinte: «Trata-se, em síntese, da necessidade de se interpretar as regras processuais com os óculos da Constituição, vez que o processo existe para implementar os direitos fundamentais e, nesse mister, não pode, obviamente, deixar de atender às garantias indispensáveis a um processo justo. Vê-se, destarte, uma mudança de paradigma, decorrente da progressiva superação do positivismo, que implica no (i) reconhecimento de força normativa à Constituição, na (ii) expansão da jurisdição constitucional e no (iii) desenvolvimento da interpretação constitucional. Vem daí o surgimento de uma nova teoria, multiforme e de contornos de difícil delimitação, corriqueiramente chamada de neoconstitucionalismo, da qual são características básicas, em maior ou menos intensidade, segundo Humberto Ávila: (.) princípios em vez de regras (ou mais princípios do que regras); ponderação no lugar de subsunção (ou mais ponderação do que subsunção); justiça particular em vez de justiça geral (ou mais análise individual e concreta do que geral e abstrata); Poder Judiciário em vez dos Poderes Legislativo e Executivo); Constituição em substituição à lei (ou maior, ou direta, aplicação da Constituição em vez da lei) (...). esses novos ares também foram, ainda que com considerável atraso, respirados pelos processualistas, que passaram a advogar, em certa medida, uma releitura da trilogia básica "jurisdição-açãoprocesso", a fim de que surgisse um "modelo constitucional de processo". Tem-se aí aquilo que Eduardo Cambi (Neoconstitucionalismo e neoprocessualismo, in FUX, Luiz; NERY JÚNIOR, Nelson; WAMBIER, Teresa Arruda Alvim. Processo e Constituição: estudos em homenagem ao professor José Carlos Barbosa Moreira. São Paulo:RT, 2006, p. 662-683) nomeou de neoprocessualismo, movimento esse que teria como elementos caracterizadores: i) inserção do direito processual na perspectiva constitucional; ii) aplicação dos princípios constitucionais processuais independentemente da existência de previsão legal; iii) utilização da reserva de consistência (e não simplesmente a reserva do possível) para justificar eventual escolha do exegeta; iv) fundamentação analítica (e não meramente sintética); v) democratização do processo (preocupação com as formas de intervenção popular); vi) visão publicista do processo; vii) implementação concreta dos princípios da colaboração e da cooperação; viii) aumento dos poderes do juiz no curso do processo.
Se antigamente se dizia que a função da jurisdição era aplicar a vontade concreta da lei (Giuseppe Chiovenda) ou, até mesmo, solucionar os conflitos concretos proporcionando a justa composição da lide (Francesco Carnelutti), hoje se verifica que ela visa à "tutela dos interesses particulares juridicamente relevantes", a fim de que o processo possa "ser um instrumento preocupado com a proteção dos direitos, na medida em que o juiz, no Estado constitucional, além de atribuir significado ao caso concreto, compreende a lei na dimensão dos direitos fundamentais"».

INTRODUÇÃO

*«O processo constitui-se, assim, como uma sequência de actos organizados de forma a possibilitar a descoberta da verdade; esta pode não ser atingida ou porque as partes livremente decidiram pôr termo ao litígio antes de proferida decisão final ou porque a lei assim o permite por via da aplicação dos mais variados mecanismos (prescrição, caducidade, ineptidão, caso julgado, amnistia, etc.)»*[48].

Neste âmbito assumem particular interesse, na instrução do processo, as normas que regulam a forma de exercício dos direitos de prova[49] e, em particular, os meios da sua impugnação.

A problemática da prova ilícita enquadra-se no âmbito do exercício dos direitos probatórios: A questão surgirá sempre em contraponto com um invocado exercício do "direito à prova" e como limite a este.

Este problema tem ganho novas dimensões na sociedade de informação dos nossos dias, onde o massivo fluxo de informação proporcionado pela internet e pelas novas tecnologias (v.g. serviço de email, redes sociais, comércio electrónico, fóruns electrónicos, blogs, etc.) de cariz global, intensificaram a necessidade de protecção dos direitos por elas ameaçados[50], como sucede com o direito à intimidade da vida privada.

Em cada visita no espaço digital, os utilizadores deixam rastos e dados de natureza pessoal (como o adereço de «IP»), que possibilitam a compilação de dados que integram ou «retractam» a sua personalidade, tornando frequente a criação dos denominados «perfis digitais» ("digital profiles")

---

[48] Assim, Salazar Casanova, *"Provas Ilícitas em Processo Civil – Sobre a admissibilidade e valoração de meios de prova obtidos pelos particulares"*, in Revista Direito e Justiça, Vol. XVIII, 2004, Tomo I, Edição da U.C.P., 2004, p. 93.

[49] São vários os problemas que, a respeito do exercício dos direitos probatórios – paralelamente à prova ilícita, se podem conceber. Por exemplo, relacionados com o ónus da prova, com a sua inversão, com a iniciativa oficiosa pelo juiz da prática de actos processuais tendentes à obtenção de prova, sobre a prova dos usos ou do direito estrangeiro, sobre o grau de exigência da prova no âmbito de acções de responsabilidade civil médica, etc.

[50] *«A cada vez maior utilização de informações pessoais, tanto no sector privado como no público, permite aos organismos desenvolverem a sua actividade de forma mais eficiente, mas ameaça, ao mesmo tempo, os direitos dos indivíduos à privacidade e à protecção dos seus dados pessoais. Acresce que, muitas vezes, são os próprios cidadãos que disponibilizam os seus dados de forma pública, nomeadamente nas redes sociais»* (assim, Inês Oliveira Andrade de Jesus, O Novo Regime Jurídico de Protecção de Dados Pessoais na Europa, p. 1).

baseados nas visitas de sítios de internet realizados por um dado utilizador[51], viabilizando uma indevida intrusão na privacidade pessoal[52].

Paralelamente, novas tecnologias associadas a novas criações do Homem – como a georreferenciação, a indexação e catalogação de informação em moldes massificados com recurso a bases de dados, cada vez mais complexas, a utilização de "drones" e outros "UAV's"[53], etc. – criam potenciais compressões aos aludidos direitos.

As novas tecnologias de informação e a sua extrema difusão social[54] determinam uma necessária, crescente e cada vez mais complexa, adaptação – nem sempre conseguida de modo fácil e ágil – das "respostas" proporcionadas pelas regras jurídicas tradicionais, nos mais variados domínios, seja nas relações contratuais e de facto de cariz multidimensional, seja na órbita das relações familiares onde se multiplicam novos tipos de relações sócio

---

[51] *«Na verdade, assusta o elenco actual possível de sistemas de telemetria ou de "pegadas electrónicas"que registam e analisam informação telemétrica, biométrica e comportamental: bases de dados de registo de comunicações telefónicas; registo de padrões de comportamento de navegação na Internet; registos de actividade financeira e de transacções comerciais, como movimentos feitos por cartões de débito e de crédito; registos criminais; registos de condução motorizada (deslocação no espaço, velocidade, infracções); registo escolar; arquivos de casos legais; hemerotecas com registos de efemérides no espaço público; registo de obras associadas a propriedade industrial, intelectual e artística; arquivo de imagens de controlo de tráfego; arquivo de imagens de vigilância de espaços públicos; sistemas de reconhecimento de faces; arquivo de impressões digitais; arquivos de identidade; registo de falências; monitorização de comunicação electrónica; registo de redes sociais; registo de compras de fármacos; registo de assinaturas de publicações periódicas; verificação remota da identidade; autenticação contínua; inventário de modos individuais de pressionar as teclas de um teclado; monitorização electrónica da localização de pessoas; etc»* (assim, Luísa Neto, *"Ac.s do TC n.os 213/2008 e 486/2009: A prova numa sociedade transparente"*, p. 320).

[52] Esta intrusão não se limita a fins privados ou comerciais, ocorrendo também, nos litígios civis, viabilizando, em muitos casos, um indevido condicionamento do desfecho probatório dos processos civis. Como refere, Ioannis Revolidis (*"Illegally Obtained Evidence and Their Use in Civil Procedure"*, p. 3): *«This penetration and gathering of personal data resulted thereby, is being used not only for private or commercial purposes but today also for purposes of a civil court, since often one of the opposite parties manages to detach private information of the other party, which could be decisive for the procedure outcome».*

[53] Acrónimo da designação anglo-saxónica *«unmanned aerial vehicles».*

[54] *«A expansão destas tecnologias transformou a economia mundial e, por consequência, a feição da empresa e o modo de viver e trabalhar»* (assim, Maria Regina Redinha, *"Utilização de Novas Tecnologias no Local de Trabalho – Algumas Questões"*, p. 115 ss.).

INTRODUÇÃO

afectivas, seja no campo das relações laborais[55], onde ganham forma novos problemas jurídicos suscitados entre o empregador e os trabalhadores[56].

O tema em apreço – a prova ilícita perspetivada, em particular, sobre o processo civil – se bem que transversal a todos os ordenamentos jurídicos, não tem sido objecto de grande desenvolvimento doutrinário, nem jurisprudencial em Portugal, ao contrário do que sucede noutros países e ordenamentos jurídicos.

Por outro lado, «*como facilmente se constata pela leitura dos Códigos que, no nosso ordenamento jurídico, regulam o processo civil e o processo penal, a importância dada pelo legislador ao problema da admissibilidade e valoração das provas ilícitas foi manifestamente maior neste último ramo do direito*»[57].

---

[55] Conforme salienta André Pestana Nascimento (O impacto das novas tecnologias no direito do trabalho e a tutela dos direitos de personalidade do trabalhador, p. 2) os «*meios tecnológicos na vida das empresas (...) ameaçam colocar irremediavelmente em causa a reserva da intimidade da vida privada dos trabalhadores. Nos últimos 30 anos temos vindo a assistir a uma autêntica revolução tecnológica (a que muitos chamam de terceira revolução industrial) com o despontar de sofisticadas tecnologias e o desenvolvimento de novos processos informativos. Se por um lado esta nova era tecnológica é a grande responsável pelo inegável progresso e melhoria das condições de vida dos cidadãos, não é menos verdade que a liberdade e a intimidade dos indivíduos encontram-se sujeitas a novos e sérios constrangimentos. Esta questão assume extraordinária importância no seio das relações laborais hodiernas, na medida em que o vínculo de subordinação jurídica característico do contrato de trabalho pode dar origem a graves abusos e intrusões na esfera de personalidade dos trabalhadores, em virtude da utilização desses novos meios. Com efeito, as fronteiras entre a vida pessoal e profissional dos trabalhadores têm-se esbatido, uma vez que os instrumentos de trabalho colocados à disposição dos trabalhadores são utilizados para as duas finalidades. Neste sentido, compete aos legisladores das diversas ordens jurídicas adoptar medidas que permitam tutelar e assegurar a dignidade da pessoa humana dos trabalhadores e o livre desenvolvimento da sua personalidade, os quais não alienam a sua condição de cidadãos pelo simples facto de terem celebrado um contrato de trabalho (...)*».

[56] «*As alterações constantes no plano tecnológico devem ser, inevitavelmente, acompanhadas por uma mudança no ambiente jurídico-institucional de modo que sejam eleitos valores diferentes dos fornecidos pelos dispositivos eletrônicos. Nesse contexto, a presença de valores como os da liberdade pessoal, integridade e dignidade torna-se imprescindível para uma correta ponderação que venha a considerar o ser humano em sua integralidade*» (assim, Kelly Sampaio Baião e Kalline Carvalho Gonçalves, "A garantia da privacidade na sociedade tecnológica: um imperativo à concretização do princípio da dignidade pessoa humana").

[57] Assim, Isabel Alexandre (Provas Ilícitas em Processo Civil, p. 13) avançando a Autora uma possível explicação para esta disparidade de tratamento, relacionada com a maior intervenção das autoridades públicas na fase da recolha das provas no processo penal, o que terá levado o legislador a considerar ser este um campo mais propício à ocorrência de abusos, do que o processo civil, onde as partes se encontrariam em igualdade de armas probatórias e, daí, a maior tutela no âmbito do processo penal.

A PROVA ILÍCITA: VERDADE OU LEALDADE?

O tema da admissibilidade e valoração das provas ilícitas, desde logo pela ausência de específica regulamentação legal envolve uma compreensão multidisciplinar, que convoca, recorrentemente, a consideração do direito constitucional[58], a par de normas atinentes a muitos outros ramos do Direito[59].

Certo é que, os problemas em torno da admissão e valoração dos meios probatórios e a problemática da admissão ou rejeição de provas obtidas por meios ilícitos constituem temáticas que, com crescente regularidade, vêm ocupando os nossos tribunais e que, por isso, exigem a atenção de todos os participantes processuais, devendo o julgador – em particular – dar-lhe uma resposta adequada.

Para que o julgador assevere a veracidade de um facto, as partes têm, preliminarmente, de sobre ele produzir prova, assinalando que o mesmo é verdadeiro ou, ao invés, que o mesmo não corresponde à realidade.

As provas constituem, precisamente, o meio pelo qual as partes demonstram a veracidade de um determinado evento da vida.

Dado este carácter fundamental das provas para a demonstração da pretensão apresentada ou, ao invés, para a demonstração da falta de seu fundamento, cada uma das partes tentará obter a prova/contraprova de determinado facto por todos os meios possíveis.

E, assim, duas lógicas se defrontam: De um lado, a liberdade da prova e da procura da manifestação da verdade mais eficaz para que a decisão se aproxime da verdade material, sem que esta se torne numa injusta sanção contra uma das partes, em caso de erro de apreciação probatória; e de outro lado, a escolha de uma visão mais global de Justiça e de respeito pela lealdade na

---

[58] Na realidade, *«a ilícita obtenção de um meio de prova (e, até, a utilização do mesmo) consubstancia, não raro, uma violação de direitos fundamentais»* (cfr. Isabel Alexandre, Provas Ilícitas em Processo Civil, p. 14).

[59] Como refere Benoît Chappuis ("Les moyens de preuve collectés de façon illicite ou produits de façon irrégulière, in Le procès en responsabilité civile, p. 143), *«la problématique de la récolte et l'exploitation de preuves illicites est, on le voit, complexe notamment en raison du fait que les éléments juridiques qui participent aux réponses à apporter ressortissent à des domaines variés: droit constitutionnel, droit civil, droit des obligations, droit pénal, droit administratif, protection des données, droit de procédure civile et pénale se conjuguent pour déterminer tant l'illicéité de la preuve que son exploitation et son admissibilité. Cela, sans compter le caractère international de cette problématique qui en renforce évidemment la difficulté»*.

## INTRODUÇÃO

obtenção dos meios probatórios, ainda que a mesma possa comportar restrições à liberdade probatória[60].

A questão fundamental a resolver é, pois, a de saber se pode a Justiça ser obtida ainda que mediante a consideração de provas ilicitamente obtidas ou se, pelo contrário, tal não deverá suceder.

Uma resposta afirmativa fundamenta a consideração de que a Verdade deve triunfar, devendo ser condenado o verdadeiro culpado e absolvido o inocente.

Uma resposta negativa afirma a defesa da lealdade probatória[61], corolário de um processo equitativo, devendo ser proscritos todos os actos desleais e ilegais, incluindo, claro está, as provas ilícitas.

É neste âmbito e na procura de uma solução prática para os vários e complexos problemas que a temática convoca e que tem determinado apreciações divergentes[62] – nos mais diversos campos do Direito, mas cuja premência se vem verificando nas situações de ruptura das relações familiares[63] e nos conflitos emergentes de relações laborais –, que se efectua a presente reflexão.

---

[60] Como refere Isabel Alexandre (Provas Ilícitas em Processo Civil, p. 15), «*o problema das provas ilícitas é também político e, nessa medida, a sua solução tenderá a ser diversa consoante as tendências mais ou menos humanistas do ordenamento jurídico em causa: no primeiro caso, dando preferência ao direito fundamental violado aquando da obtenção da prova; no segundo, considerando prioritárias as exigências da verdade*».

[61] A lealdade processual encontra a sua razão de ser, segundo a doutrina, no direito a um processo justo, na proibição do abuso de direito, no respeito pelo contraditório, na dignidade da pessoa humana, num princípio de solidariedade, no princípio da igualdade ou na efectividade da tutela jurisdicional. Sobre a temática, com amplo desenvolvimento, vd. Márcio Carvalho Faria, "A Lealdade Processual. O projeto de novo Código de Processo Civil Brasileiro e a experiência Portuguesa", pp. 1395-1430.

[62] Sendo que «*se torna de certa forma preocupante constatar o extremo antagonismo de soluções a que se chega, numa matéria que, pela sua importância prática, requereria maior consenso*» (assim, Isabel Alexandre, Provas Ilícitas em Processo Civil, p. 15).

[63] Como refere G. Vial (La preuve en droit extrapatrimonial de la famille, Thèse Dalloz, 2008, extrait, n° 189, p. 279): «*Cette nécessité de moraliser la recherche de la preuve se montre particulièrement prégnante en droit de la famille du fait de l'intimité des relations entre les parties, En effet, si cette intimité justifie un respect mutuel des parties, elle permet également, grâce aux facilités engendrées par la vie commune, la réalisation d'actes malhonnêtes et immoraux dans la recherche de la preuve. En outre les adversaires seront généralement amenés à se revoir après le litige. Il s'agit, par conséquent, de préserver l'avenir de leurs relations. Le contentieux familial requiert ici, de façon singulière, le respect du lien unissant les adversaires*».

## 2. O "Direito à Prova"

### 2.1. Enquadramento conceptual

O direito de acesso aos tribunais, previsto no art. 20.º da Constituição da República Portuguesa, tem como corolário, entre outros, o direito à produção de prova e o direito à cooperação na obtenção da prova[64],[65]. Tanto vale não ter um direito, como ter um direito e não o poder demonstrar ou provar[66].

---

[64] Assim, Salazar Casanova, *"Provas Ilícitas em Processo Civil – Sobre a admissibilidade e valoração de meios de prova obtidos pelos particulares"*, p. 98; Miguel Teixeira de Sousa, As Partes, o Objecto e a Prova na Acção Declarativa, p. 228; e Isabel Alexandre, As Provas Ilícitas em Processo Civil, p. 76. Na jurisprudência, vd. o Ac. do TC n.º 86/88 (D.R., II, de 22 de Agosto de 1988) considerando como decorrência do direito de acção, o direito de cada uma das partes em *«oferecer as suas provas, controlar as provas do adversário e discretear sobre o valor e resultado de umas e outras»*.

[65] O direito à prova é, pois, consequência do direito de acesso aos tribunais. Como se afirmou no Ac. TRL de 07-02-2012 (P.º 1737/11.4TVLSB.L1-7, rel. Luís Lameiras): *«I – O direito à prova, decorrência de um adequado acesso aos tribunais e à tutela jurisdicional efectiva, tem suporte constitucional no art. 20.º n.º 1, da Constituição da República, e emana do art. 515.º do Código de Processo Civil; II – O registo de imagem, obtido através de um sistema de segurança de vídeovigilância instalado num estabelecimento de supermercado, tem virtualidade para poder constituir um meio de prova documental em processo civil (arts. 368.º do Código Civil, 527.º e 652.º, n.º 3, alínea b), início, do Código de Processo Civil); III – A entidade responsável pela obtenção dessas imagens está vinculada, por razões associadas à protecção de direitos constitucionais dos cidadãos, a proceder, 30 dias após a sua recolha, à respectiva destruição (arts. 4.º, n.º 4, da Lei n.º 67/98, de 26 de Outubro, e 13.º, n.º 2, do Decreto-Lei n.º 35/2004, de 21 de Fevereiro); IV – Mas o próprio visado nessas imagens pode consentir e expressamente solicitar a respectiva utilização, como meio de prova em acção judicial que se proponha intentar (arts. 3.º, alínea b), 6.º, início, e 11.º, n.º 1, alínea b), início, da Lei n.º 67/98); V – Nessa hipótese, a preservação e salvaguarda do documento, para lá dos 30 dias referidos em III –, pode ter de lhe exigir que, através de um procedimento preventivo, assemelhado ao que o Código de Processo prevê para a produção antecipada de prova, provoque uma decisão judicial que dê cobertura à respectiva conservação, em vista do objectivo indicado em IV – (arts. 520.º do Código de Processo Civil e 10.º, n.º 3, do Código Civil); VI – Se, para formular o pedido de conservação da prova por documento, o interessado faz uso do quadro adjectivo típico do procedimento cautelar comum, é sensato e equilibrado o tribunal, ao invés da sua mera rejeição, proceder à respectiva convolação para o procedimento preventivo referido em V – (arts. 199.º, n.º 1, e 265.º-A, do Código de Processo Civil); VII – Sendo nula a decisão do tribunal "a quo", por preterição do contraditório, mas dispondo os autos de todos os elementos necessários para o consciencioso conhecimento do mérito da apelação, deve o tribunal "ad quem", para lá de decretar aquela anulação, proceder também a este conhecimento (art. 715.º, n.º 1, do Código de Processo Civil)».*

[66] *«Un derecho no es nada [sic] sin la prueba del acto jurídico o del hecho material del que se deriva. Solamente la prueba vivifica el derecho y lo hace útil. Idem est non esse aut non probari»* (assim, Marcel Planiol e George Ripert, Tratado práctico de derecho civil francés. T. VII. Las obligaciones.

O denominado "direito à prova" – expressão do processo justo e equitativo[67,68,69] – traduz-se, genericamente, no «*direito da parte de utilizar todas as provas de que dispõe, de forma a demonstrar a verdade dos factos em que a sua pretensão se funda*»[70,71].

Contudo, tal direito, no âmbito do processo civil, tem também uma outra vertente fundamental: A faculdade de as partes solicitarem medidas de instrução, tendo em vista a obtenção das provas de que ainda não dispõem[72].

O exercício do "direito à prova" incumbe prioritariamente às partes. Contudo, o tribunal também, pode, influir na actividade probatória, desde que, respeitada se encontre a sua imparcialidade[73].

Segunda parte. Traducción española de Mario Díaz Cruz. La Habana: Cultural S.A., 1945, p. 747).

[67] Com expressão positiva no art. 6.º da CEDH, no art. 10.º da DUDH, no art. 14.º, n.º 1, do Pacto Internacional dos Direitos Civis e Políticos e no n.º 4 do art. 20.º da Constituição da República Portuguesa.

[68] Contudo, o TEDH tem assinalado que, embora a CEDH garanta no seu art. 6.º o direito a um processo equitativo, ela não regula a admissibilidade das provas, matéria que deve ser, em primeira linha, objecto do direito interno de cada Estado (Cfr. Caso Shenk c. Suíça, de 12-07-1988, disponível no endereço http://hudoc.echr.coe.int/sites/eng/pages/search.aspx?i=001-57572).

[69] Expressão que não é específica do ordenamento jurídico português. Assim, por exemplo, a doutrina italiana define o direito à prova como o direito à admissão, à execução e à avaliação de todas as formas de informação pertinentes para a decisão de um litígio, embora lhe reconheça limites, decorrentes do segredo de Estado e do segredo profissional (assim Chiara Besso, Preuve et vérité. Le procès civil italien, p. 7).

[70] Cfr. Michelle Taruffo, "*Il diritto alla prova nel processo civile*", in Rivista di Diritto Proc., 1984, p. 74.

[71] Ou, como refere Rui Rangel: «*Em processo civil, o direito à prova significa que as partes conflituantes, por via da acção e da defesa, têm o direito a utilizarem a prova em seu benefício e como sustentação dos interesses e das pretensões que apresentaram em tribunal. Esse direito à prova confere, ainda, a possibilidade de as partes conflituantes utilizarem para prova de um facto ou factos, o meio de prova que mais lhe convier, o que é determinado pela sua vontade, bem como poderem escolher o momento da sua apresentação, tendo em consideração o encerramento da audiência de discussão e julgamento*» (O Ónus da Prova no Processo Civil; Almedina, Coimbra, 3.ª Ed., 2006, p. 75).

[72] Assim, Estrela Chaby (O depoimento de parte em Processo Civil; Coimbra Editora, 2014, pp. 175-176).

[73] «*Fundamental continua a ser, em qualquer circunstância, que tais poderes não belisquem a imparcialidade do tribunal*» (assim, Estrela Chaby, O depoimento de parte em Processo Civil, p. 185).

De facto, o tribunal pode exercitar mecanismos processuais que têm significado probatório, o que sucede, exemplificativamente, nos seguintes casos:

– Na realização ou na determinação oficiosa de diligências necessárias ao apuramento da verdade – cfr. art. 411.º do CPC[74];
– Na requisição de informações, pareceres técnicos, plantas, fotografias, desenhos, objectos ou outros documentos necessários ao esclarecimento da verdade – cfr. art. 436.º do CPC;
– Ordenando a forma e local de prestação do depoimento de testemunha – cfr. arts. 500.º a 502.º do CPC;
– Determinando arbitramentos ou perícias oficiosas – cfr. arts. 477.º do CPC;
– Ordenando a realização de inspecção judicial – cfr. art. 490.º, n.º 1, do CPC;
– Prescrevendo a notificação de pessoa, não arrolada como testemunha, com conhecimento de factos importantes para a decisão da causa – cfr. art. 526.º, n.º 1, do CPC.

O direito à prova no processo civil desenvolve-se, pois, na lei ordinária numa dialéctica onde se defrontam os princípios do dispositivo e do inquisitório[75].

No âmbito do direito probatório é fundamental a consideração do denominado princípio da cooperação.

Este princípio era caracterizado no Código de Processo Civil de 1939[76], como um «dever» das partes no sentido de cooperarem «para a averiguação da verdade» (cfr. epígrafe do art. 524.º do CPC de 1939).

---

[74] Salvo indicação diversa, a menção ao Código de Processo Civil reporta-se à redacção dada pela Lei n.º 41/2013, de 26 de Junho.

[75] Como refere Estrela Chaby (O depoimento de parte em Processo Civil, pp. 181-182): «O processo civil português afirma a vigência quer do princípio dispositivo quer do princípio inquisitório – arts. 5.º e 411.º do Código de Processo Civil. O hibridismo de um regime sob o fogo cruzado mas concertado dos dois princípios de sinal oposto tem vindo a ser explicado e justificado de forma constante, pese embora a evolução do texto adjectivo, remetendo um respeito mais ortodoxo pelo princípio dispositivo, para o campo, por um lado, do impulso processual, ou seja, conexionado com o princípio do pedido, e, no que concerne aos factos, para o campo da alegação de factos, mas já não operante no que toca à prova dos factos alegados, em que, entre nós, funcionaria antes o princípio do inquisitório».

[76] Aprovado pelo Decreto-Lei n.º 29637, de 28 de Maio de 1939.

Dispunha este art. 524.º do CPC de 1939, de forma inequívoca e categórica[77], o seguinte: «*Todas as pessoas, sejam ou não partes na causa, têm o dever de prestar a sua cooperação para a descoberta da verdade e a boa administração da justiça, respondendo ao que lhes for perguntado, submetendo-se às inspecções que forem julgadas necessárias, facultando o que for requisitado e praticando os actos que forem determinados. Se se recusarem, serão condenadas em multa, sendo terceiros, sem prejuízo do emprego dos meios coercitivos que forem possíveis; se o recusante for parte, considerar-se-ão provados os factos que se pretendiam averiguar.*

*Mas a recusa será legítima se a obediência importar violação do sigilo profissional, ou causar grave dano à honra e consideração da própria pessoa, de um seu ascendente, descendente, irmão ou cônjuge, ou grave prejuízo de natureza patrimonial a qualquer das referidas pessoas.*

*§ único. Fica salvo o disposto quanto à exibição judicial, por inteiro, dos livros de escrituração comercial e dos documentos a ela relativos*».

Sublinhe-se que já no anterior Código de Processo Civil de 1876[78] as partes e terceiros estavam sujeitos ao dever de depôr e de responder, no acto do depoimento, ao que lhes fosse perguntado: «*Requerido e ordenado o depoimento de parte, esta era obrigada a prestá-lo, dentro dos limites marcados no art. 2411.º do Cód. Civil e 218.º e 226.º do Cód. de Proc., como se via pelos arts. 226.º e 228.º; oferecida como testemunha uma pessoa estranha à causa, não podia ela recusar-se a responder às perguntas que lhe fossem feitas (art. 273.º)*»[79].

## 2.2. Do conceito de prova

Usualmente considera-se que o termo «*prova*»[80] pode ser usado em três sentidos diversos:

- Como actividade[81] destinada a demonstrar a verdade dos factos alegados em juízo e a convencer o tribunal dessa verdade (actividade probatória)[82];

---

[77] Referindo Alberto dos Reis que, tanto quanto era do seu conhecimento, «*nenhum Código estabelece*[ia] *tal dever em termos tão expressos e categóricos*» (Código de Processo Civil Anotado, vol III, Coimbra Editora, 1985, p. 319).

[78] Aprovado por carta de lei de 08/11/1876.

[79] Assim, Alberto dos Reis, Código de Processo Civil Anotado, vol III, p. 320.

[80] «*Etymologiquement, "prouver" signifie "éprouver, mettre à l'épreuve, établir la vérité"*» (vd. Pierre Livet e Henri Volken; "*La preuve*", p. 5).

[81] «*Por prueba entendemos, en su sentido jurídico, la actividad de comparación entre una afirmación ini-*

– Como um dos vários meios que se usam para investigar a verdade ou a falsidade dos factos alegados em juízo (meio de prova)[83]; e

– Como resultado final consistente na demonstração da verdade dos factos alegados em juízo (resultado).

A prova traduz-se, pois, numa actividade, que utilizando um ou vários meios, pretende conduzir a um resultado: A demonstração da verdade do facto.

Assim, a prova incidirá sobre a demonstração de factos, estando excluída da actividade probatória a demonstração de argumentos, razões, pontos ou questões de Direito[84].

## 2.3. Conteúdo do direito à prova

Do disposto no art. 20.º da Constituição da República Portuguesa – onde se tutela constitucionalmente o direito de acesso aos tribunais – decorrem os seguintes corolários: O direito à produção da prova e o direito à cooperação na obtenção da prova.

O exercício do "direito à prova"[85,86] determina a actuação das seguintes faculdades[87,88]:

---

*cial sobre unos hechos (...) y la realidad de los mismos encaminhada a formar la convicción del juzgador»* (assim, Joan Picó y Junoy, El Derecho a La Prueba en el Proceso Civil, p. 14, nota 8).

[82] No direito anglo-saxónico utiliza-se a palavra *«evidence»* para caracterizar a prova como actividade, enquanto se utiliza a palavra *«proof»* para sintetizar a prova enquanto resultado de tal actividade.

[83] É o sentido a que se alude no art. 341.º do Código Civil.

[84] Como resulta do disposto no art. 388.º do Código Civil, no âmbito da prova pericial, o objecto da prova não são as regras ou máximas da experiência, mas os factos que podem ser provados através de tais regras ou máximas da experiência.

[85] A este respeito, o Ac. do Tribunal Constitucional n.º 86/88 (publicado no D.R., II Série, de 22 de Agosto de 1988) citando Manuel de Andrade aborda o direito à prova, que considera como decorrência do direito de acção, o qual, *«é, entre o mais, um direito a uma solução jurídica dos conflitos, a que se deve chegar em prazo razoável e com observância de garantias de imparcialidade e independência, possibilitando-se, designadamente, um correcto funcionamento das regras do contraditório, em termos de cada uma das partes poder «deduzir as suas razões (de facto e de direito), oferecer as suas provas, controlar as provas do adversário e discretear sobre o valor e resultados de umas e outras» (cf. Manuel de Andrade, Noções Elementares de Processo Civil, cit. p. 364)».*

[86] Por outra parte, como se afirmou no Ac. do Tribunal Constitucional n.º 209/95 (de 20 de Abril de 1995, relatado por Ribeiro Mendes) apenas se justificam normas restritivas em sede

O "DIREITO À PROVA"

– No direito de alegar factos, ou seja, de dispor sobre os mesmos;
– No direito de provar a exactidão/inexactidão[89] de factos alegados[90];
– No direito de participar na produção das provas[91];

de direito probatório quando as mesmas se revelem proporcionais, tenham justificação racional ou procurem garantir equílibrio face a outros direitos.

[87] Cfr. a este respeito, Isabel Alexandre, Provas Ilícitas em Processo Civil, p. 70; G. Walter, *"Il diritto alla prova in Svizzera"*, p. 1198.

[88] Refere Reynaldo Bustamante Alarcón (*"El problema de la "prueba ilícita": Un caso de conflicto de derechos. Una perspectiva constitucional procesal"*, Thémis- Revista de derecho, n.º 43, 2015, p. 172) que o conteúdo do direito à prova *«se encuentra integrado por los siguientes derechos: 1.º El derecho a ofrecer los medios probatorios destinados a acreditar la existencia o inexistencia de los hechos que son objeto concreto de prueba. 2º El derecho a que se admita los medios probatorios así ofrecidos. 3º El derecho a que se actúe adecuadamente los medios probatorios admitidos y los que han sido incorporados de oficio por el juzgador. 4º El derecho a que se asegure la producción o conservación de la prueba a través de la actuación anticipada y adecuada de los medios probatorios; y, 5º El derecho a que se valore en forma adecuada y motivada los medios de prueba que han sido actuados y que han ingresado al proceso o procedimiento»*.

[89] Como se afirmou no Ac. TRC de 21-04-2015 (P.º 124/14.1TBFND-A.C1, rel. Maria João Areias): *«I. O direito fundamental à prova implica que as partes tenham liberdade para demonstrar quaisquer factos, mesmo que não possuam o respetivo ónus da prova, desde que entendam que a sua comprovação diminuirá os seus riscos processuais. 2. O mecanismo previsto no art. 429.º, do CPC – de notificação da parte contrária para apresentação de documento que se ache em poder desta –, poderá ser utilizado não só por aquele sobre o qual recai o ónus da prova, mas igualmente para efeitos de infirmar a prova de factos de que o detentor tenha o ónus. 3. O facto de tal mecanismo estar dependente da verificação de determinados requisitos, destinados a aferir da pertinência e utilidade da junção requerida, não constituiu uma limitação ao direito de defesa ou uma violação do direito à prova»*.

[90] Por vezes há, contudo, também a necessidade de se efectuar prova sobre matéria de direito, quando seja de aplicar direito consuetudinário, local ou estrangeiro – cfr. art. 348.º do Código Civil. Cfr. Remédio Marques, Acção Declarativa à Luz do Código Revisto; p. 540.

[91] Cfr. o Ac. do T.C. n.º 646/2006, onde se afirmou que *"o direito à prova não significa a admissão de todos os meios de prova permitidos em direito, em qualquer tipo de processo e e relativamente a qualquer objecto do litígio ou que não sejam possíveis limitações quantitativas na produção de certos meios de prova"*, mas também entendeu que a vedação probatória da prova testemunhal, a respeito da norma do art. 146.º-B, n.º 3, do Código do Procedimento e do Processo Tributário era desproporcional e afectava o direito consagrado no n.º 1 do art. 20.º da Constituição, precludindo uma apreciação e valoração dos factos invocados como consutanciadores da pretensão deduzida em juízo. No Ac. do T.C. n.º 681/2006, considerou-se que não seria inconsticional a norma que, proibindo, em regra, a prova testemunhal, atribuísse ao juiz o poder de, ponderadas as circunstâncias do caso e a necessidade de prova através daquele meio, autorizar o seu uso. Cfr. também os Ac. do T.C. n.º 24/2008, 395/89, 209/95, 605/95, 744/95, 606/96, 131/97 e 157/2008.

– No direito de aquisição[92] das provas produzidas;
– No direito de contradizer as provas (o denominado direito à «prova contrária»[93]);
– No dever do juiz valorar todas as provas adquiridas por iniciativa das partes (sem prejuízo dos casos em que é admissível o princípio da livre apreciação da prova e dos casos em que tal princípio não actua e, bem assim, em conexão com a obrigação de motivação da decisão de facto).

Por seu turno, este conteúdo do "direito à prova" radica e, concomitantemente, conforma outros tantos princípios que, doutrinariamente, se extraem das normas legais atinentes ao direito probatório[94].

Pela relevância do mencionado "direito à prova" na disciplina do processo, *«parece que se pode perspectivar este direito à prova partindo de uma leitura constitucional e processual civil (art. 515.º) que reconhece a maximização do direito à prova apenas se justificando normas restritivas quando se revelam proporcionais, evidenciam uma justificação racional ou procuram garantir o adequado equilíbrio face a outros direitos merecedores de tutela»*[95].

Os princípios fundamentais do direito probatório que a doutrina usualmente enuncia – e que têm plena previsão normativa no ordenamento processual vigente – são os seguintes:

a) O princípio dispositivo;
b) O princípio do inquisitório;
c) O princípio do contraditório (ou da audiência contraditória das provas)[96];

---

[92] Dispondo o art. 413.º do CPC que: *«O tribunal deve tomar em consideração todas as provas produzidas, tenham ou não emanado da parte que devia produzi-las, sem prejuízo das disposições que declarem irrelevante a alegação de um facto, quando não seja feita por certo interessado»*.

[93] Trata-se, em rigor, do reverso do direito à prova, ou seja, o direito de contradizer as provas deduzidas pela parte contrária ou oficiosamente coligidas pelo Tribunal (cfr. Isabel Alexandre, Provas Ilícitas em Processo Civil, p. 71).

[94] *«Ao conjunto das normas reguladoras das provas, ou seja, da demonstração da realidade dos factos juridicamente relevantes dá-se, na doutrina, o nome de direito probatório»* – cfr. Antunes Varela *et al.*, Manual de Processo Civil, 2.ª Ed, p. 443.

[95] Salazar Casanova, *"Provas Ilícitas em Processo Civil – Sobre a admissibilidade e valoração de meios de prova obtidos pelos particulares"*, p. 98.

[96] Nos termos do n.º 1 do art. 415.º do CPC: *«Salvo disposição em contrário, não são admitidas nem produzidas provas sem audiência contraditória da parte a quem hajam de ser opostas»*.

O "DIREITO À PROVA"

d) O princípio da boa-fé e da cooperação;
e) O princípio da imediação e da oralidade;
f) O princípio da identidade física do juiz;
g) O princípio da livre apreciação;
h) O princípio da aquisição processual;
i) O princípio do valor extra-processual das provas.

Vejamos, ainda, que sumariamente, cada um destes princípios em que se modela o conteúdo do «direito à prova».

### 2.3.1. O princípio do dispositivo

No âmbito do direito probatório, o princípio do dispositivo[97,98] significa que as partes devem ter a iniciativa de levar ao processo os factos em que baseiam a sua pretensão/oposição e o material probatório que deverá ser utilizado para o juiz formar a sua convicção probatória[99,100].

---

[97] «*O princípio do dispositivo impede que o tribunal decida para além ou diversamente do que foi pedido, mas não obsta a que profira decisão que se inscreva no âmbito da pretensão formulada*» (assim, o Ac. STJ de 11-02-2015, P.º 607/06.2TBCNT.C1.S1, rel. ABRANTES GERALDES).

[98] «*I – O princípio do dispositivo ou da disponibilidade das partes é um dos princípios basilares relativo à prossecução processual que faz recair sobre as partes o dever de formularem o pedido e de alegarem os factos que lhe servem de fundamento e os factos em que estruturam as excepções – art. 264.º, n.º 1, do CPC. II – Em coerência com esta regra, o juiz está limitado aos factos alegados pelas partes, possibilitando, contudo, excepcionalmente, aquela norma, no seu n.º 2, que se considere, mesmo oficiosamente, os factos instrumentais e complementares que resultem da discussão da causa, ainda que não tenham sido alegados pelas partes. III – Para que, nos termos do n.º 3 do art. 264.º do CPC, o juiz possa ter em consideração tais factos relevantes que complementem ou concretizem outros anteriormente alegados impõe-se, contudo, a verificação de dois requisitos: a) que a parte interessada manifeste, por forma suficientemente clara e inequívoca, a vontade de deles se aproveitar, seja por iniciativa própria e autónoma, seja por sugestão do tribunal; b) que à parte contrária tenha sido facultado um efectivo contraditório quer em relação aos factos propriamente ditos, quer ao seu aproveitamento e/ou à sua relevância*» (assim, o Ac. TRC de 05-05-2009, p.º 68/06.6TBAVR.C1, rel. SÍLVIA PIRES).

[99] Como se decidiu no Ac. TRL de 23-06-2015 (P.º 4760/10.2TBVFX.L1-7, rel. GRAÇA AMARAL): «*I – O princípio do dispositivo, constituindo a trave mestra do direito processual civil declaratório, perspectiva-se em dois vectores essenciais: impulso do processo e disponibilidade do seu objecto. Por sua vez, a disponibilidade do objecto do processo manifesta-se sob duas vertentes: na disponibilidade do pedido e na disponibilidade das questões e dos factos necessários à decisão desse pedido. II – A disponibilidade do pedido, limitativa da actividade do tribunal (art. 609.º, n.º1, do CPC), traduz-se na imprescindibilidade da parte o formular em juízo. Como manifestação volitiva de uma pretensão, impõe que deva ser expressado com clareza e de forma inteligível*».

[100] «*No princípio do dispositivo em sentido lato, podemos distinguir os seguintes elementos: o princípio do*

A PROVA ILÍCITA: VERDADE OU LEALDADE?

O art. 3.º, n.º 1, do CPC consagra este princípio, na sua vertente geral, dispondo esta norma que, «*o tribunal não pode resolver o conflito de interesses que a acção pressupõe sem que a resolução lhe seja pedida por uma das partes e a outra seja devidamente chamada para deduzir oposição*», mas tal princípio tem, também, a sua manifestação nas normas que regulam o começo da instância, prescrevendo o art. 259.º, n.º 1, do CPC, que a instância se inicia «*pela proposição da acção e esta considera-se proposta, intentada ou pendente logo que seja recebida na secretaria a respectiva petição inicial*» (logo, pressupondo a conclusão do «acto de apresentação» desse articulado pelo autor).

Exemplificativamente, as disposições dos arts. 20.º, n.º 3, 50.º, n.º 1, 103.º, n.º 3, 105.º, n.º 1, 122.º, n.º 2, 140.º, n.º 2, 293.º, 330.º, 332.º, 344.º, n.º 2, 352.º, n.º 3, 353.º, n.ºs, 3 e 4, 354.º, n.º 1, 360.º, n.º 2, 364.º, n.º 5, 365.º, n.º 1, 367.º, n.º 1, 372.º, n.º 1, al. b), 405.º e 445.º do CPC delimitam e concretizam, sob diversas perspectivas, o princípio do dispositivo ao nível do específico direito probatório das partes.

Uma das consequências da consagração do dispositivo traduz-se na proibição de o juiz proferir sentença sobre uma situação fáctica estranha à lide apresentada (cfr. arts. 608.º, n.º 2, segunda parte, 609.º e 615.º, n.º 1, als. d) e e) do CPC).

## 2.3.2. O princípio do inquisitório

«*Incumbe ao juiz realizar ou ordenar, mesmo oficiosamente, todas as diligências necessárias ao apuramento da verdade e à justa composição do litígio, quanto aos factos de que lhe é lícito conhecer*»[101]. É o que dispõe o art. 411.º do CPC[102].

---

pedido, o princípio da controvérsia e o princípio do dispositivo em sentido estrito, que abarca as remanescentes vertentes do princípio do dispositivo em sentido lato, como o ónus de impulso subsequente (nos casos em que ainda seja exigido), a possibilidade de dispor do objecto da causa, das partes na causa e do termo ou suspensão da causa» (assim, Pedro Trigo Morgado, ob cit., pp. 43-44).

[101] «I – Nos termos da lei processual civil (cfr. arts. 411 e 526.º), o juiz tem o poder-dever de determinar a produção de qualquer meio de prova, desde que o mesmo se apresente relevante para a descoberta da verdade material e boa decisão da causa; II – Estando em causa um processo de acidente de trabalho, o princípio do inquisitório mostra-se acentuado, tendo em conta a necessidade de protecção das vitimas daquele ou dos seus beneficiários legais; III – Por isso, o juiz deve admitir a produção de prova requerida na audiência de julgamento, na sequência da prova até então produzida, designadamente testemunhal, se da mesma resulta que aquela tem aptidão para a descoberta da verdade material*» (Ac. TRP de 09-02-2015, P.º 572/11.4TTPNF-A.C1.P1, rel. JOÃO NUNES).

[102] Como salienta José Igreja Matos (*"O Juiz e o Processo Civil (Contributo para um debate necessário)", in Julgar, n.º 2, 2007, p. 92): «Em Portugal, sem esquecer que o dispositivo é pleno em relação à*

O "DIREITO À PROVA"

Este princípio é, especialmente no âmbito da indagação probatória oficiosa[103], olhado com reservas, por poder perturbar a imparcialidade devida. Contudo, parece-nos que este perigo não deverá ser exacerbado, existindo mecanismos próprios para obviar à sua verificação[104], sendo que ao juiz con-

*alegação dos factos (...), temos, contudo, uma impressionante amplitude dos poderes probatórios do juiz concretizada numa multiplicidade de normas sobre a instrução. Assim, elenque-se a possibilidade do juiz requerer oficiosamente qualquer tipo de documentos, onde se incluem informações, pareceres técnicos, plantas, fotografias, desenhos, objectos ou outros documentos, como vídeos, necessários ao esclarecimento da verdade (...), o poder de requerer oficiosamente uma perícia (...), a capacidade de decidir sobre a inspecção judicial (...), a faculdade de chamar a parte a depor (...), o dever, e não apenas faculdade, de ordenar o depoimento de pessoa não arrolada como testemunha que tenha conhecimento de factos importantes (...). Além destas normas, (...) sobre as partes impende um dever de prestar ao tribunal todos os esclarecimentos sobre matéria de facto ou de direito que se afigure pertinente, implicando a omissão desse dever de cooperação a condenação do infractor como litigante de má-fé (...)».*

[103] Como refere Nuno de Lemos Jorge ("Os poderes instrutórios do juiz: Alguns problemas", pp. 65-66): *«Dois momentos são decisivos para que o uso dos proderes instrutórios do juiz se concretize de um modo processualmente adequado: o contraditório e a fundamentação. A decisão de promoção de uma diligência probatória pelo juiz deve ser precedida de audição das partes. (...) resulta tal necessidade do disposto no n.º 3 do art. 3.º Tal audição poderá realizar-se na própria audiência de discussão e julgamento, ou notificando as partes, na pessoa dos seus mandatários, se o juiz pretender a ele recorrer antes da audiência. Nessa altura, terão as partes oportunidade de manifestar a sua concordância ou discordância, podendo esta fundar-se: (i) na inadmissibilidade do meio de prova; (ii) na ocorrência do exercício dos poderes instrutórios em momento processualmente desadequado; (iii) na desnecessidade da diligência para o apuramento da verdade e para a justa composição do litígio; (iv) na circunstância de os factos que se pretendem provar não fazerem parte daqueles que é lícito ao juiz conhecer. O primeiro e o segundo daqueles fundamentos decorrem directamente das regras de direito material e processual, a que também o juiz se encontra vinculado. Os outros dois assentam precisamente nos dois pressupostos de que o n.º 3 do art. 265.º* [cfr. o actual art. 411.º do NCPC] *faz depender o uso de poderes instrutórios pelo juiz. Do exposto no parágrafo precedente resulta também a necessidade de conhecimento, pela parte, para que possa exercer plenamente o direito ao contraditório: (i) da diligência concreta a promover; e (ii) da utilidade potencial, para o tribunal, de tal diligência, com referência aos factos cuja prova se visa alcançar. Esta informação permitirá a cada parte argumentar com segurança quanto à verificação dos terceiro e quarto pressupostos referidos no parágrafo anterior, resultando os restantes dos preceitos legais aplicáveis. A suficiência desta comunicação alcançar-se-á, por regra, com uma enunciação muito breve dos elementos descritos. Ouvidas as partes, seguir-se-á uma decisão, cuja fundamentação será, as mais das vezes, facilitada. Ao decidir, o juiz deverá invocar a utilidade da diligência probatória e os factos por ela visados».*

[104] Observa Michele Taruffo *("Poder Probatorios de las partes y del juez en Europa", in* DOXA, Cuadernos de Filosofía del Derecho, 29 (2006), p. 270) que, em todas as decisões que toma no processo, o juiz «toma partido» a favor de uma parte e contra a outra, o que ocorre em todas as ocasiões em que decide alguma questão procedimental, ou quando resolve questões pre-

ferem-se determinados poderes que, contudo, são poderes vinculados e não, em absoluto, discricionários[105].

Relativamente a cada um dos específicos meios de prova, o princípio do inquisitório probatório apresenta manifestações particulares, designadamente, nos seguintes normativos:

– No art. 436.º do CPC estabelece-se que o tribunal pode requisitar, por sua iniciativa, documentos às partes ou a terceiros, incluindo aos organismos oficiais (a respeito da prova documental);
– No art. 452.º, n.º 1 do CPC prevê-se que o juiz possa, em qualquer estado da causa, determinar a comparência pessoal das partes para a prestação de depoimento, informações ou esclarecimentos sobre factos que interessem à discussão da causa (prova por confissão e por declarações das partes);
– Nos arts. 467.º, n.º 1, 477.º e 487.º, n.º 2, do CPC permite-se que o juiz determine oficiosamente perícias;
– No art. 490.º do CPC, a respeito da inspecção judicial;
– No art. 494.º, n.º 1, do CPC, a propósito das verificações não judiciais qualificadas; e
– No art. 526.º do CPC, a respeito da prova testemunhal.

### 2.3.3. O princípio do contraditório (ou da audiência contraditória das provas)

Estabelece o art. 3.º, n.º 3 do CPC que o juiz deve observar e fazer cumprir, ao longo de todo o processo o princípio do contraditório[106], não lhe sendo

---

liminares ou prejudiciais e, não obstante, ninguém pensa que por esta razão e em cada um desses momentos, o juiz perde a sua imparcialidade: «*Dado que no existe el juez tabula rasa y absolutamente pasivo, ni tampoco puede existir en el curso del proceso, deberíamos concluir que el juez nunca es imparcial: con ello, sin embargo, cualquier discurso sobre el proceso resultaría carente de sentido. No se entiende, por otra parte, por qué el juez deviene parcial cuando ordena la adquisición de una prueba de oficio o sugiere a las partes la proposición de una prueba, y esto no sucede, por ejemplo, cuando admite o excluye una prueba propuesta por una parte...*».

[105] Como refere Rui Rangel (O Ónus da Prova no Processo Civil, p. 51): «*Ao juiz conferem-se determinados poderes que para este não são mais do que deveres (...). Do lado do juiz, nesta relação dialéctica, surgem poderes-deveres, tais como o poder de instrução, de disciplina, de impulso e de decisão (...). Os poderes do juiz devem ser exercidos com bom senso e como complemento da actividade processual das partes*».

[106] Têm sido diversas as aplicações jurisprudenciais deste princípio. Exemplificativamente, refiram-se as seguintes:

lícito, salvo caso de manifesta desnecessidade, decidir questões de direito ou de facto, mesmo que de conhecimento oficioso, sem que as partes tenham tido a possibilidade de sobre elas se pronunciarem.

– Ao nível dos articulados: Ac. TRE de 30-04-2015 (P.º 1661/12.3TBSTR-N.E1, rel. RUI MACHADO E MOURA): *«A falta de notificação da contestação ao A., levada a cabo pelo tribunal "a quo" – porque violadora dos princípios do contraditório e da igualdade das partes previstos nos arts. 3.º, n.º 3 e 4 do CPC e no art. 13.º, n.º 1, da Constituição da República Portuguesa – constitui omissão da prática de um acto processual imposto por lei, o que motiva a nulidade processual ínsita no art. 195.º, n.º 1, do CPC, ademais tempestivamente arguida pelo A., nos termos do art. 199.º, n.º 1, do CPC»*;
– Após a fase dos articulados: Ac. TRE de 12-02-2015 (P.º 1279/13.3TBLGS-D.E1, rel. RUI MACHADO E MOURA): *«Terminada a fase dos articulados, segue-se a fase da condensação em que o Mmo. Juiz podia imediatamente decidir, parcial ou totalmente, do mérito da causa, sem que a respectiva decisão possa ser considerada uma "decisão-surpresa" (cfr. art. 3.º n.ºs 1 e 3, C.P.Civil), desde que aquela se contenha dentro dos limites dos pedidos formulados e da respectiva causa de pedir articulada»*;
– A respeito da prova documental: Ac. TRP de 18-06-2007 (P.º 0733086, rel. FERNANDO BAPTISTA): *«I – O princípio do contraditório só é correctamente observado se for de molde a que cada uma das partes possa, não apenas, deduzir as suas razões, de facto e de direito, e oferecer as suas provas, mas, também, controlar as provas do adversário, discreteando sobre o valor e resultado de umas e de outras. II – Por isso, as cópias dos documentos que acompanham a citação e as notificações (art. 228.º, n.º3, do CPC) têm que ser legíveis, possibilitando que o respectivo conteúdo seja totalmente perceptível para o seu destinatário, assegurando, em conformidade, a efectiva possibilidade de pronúncia àquele contra quem são opostos os meios de prova. III – Assim, também viola o sobredito princípio do contraditório a junção, com o articulado da p. i., de meras cópias, a preto e branco, de fotografias visando ilustrar a factualidade alegada em tal articulado, o que determina a nulidade da respectiva citação, tido em conta o disposto no art. 198.º, n.º4, do CPC»*;
– Ao nível de decisão de condenação como litigante de má fé tomada sem prévia audição do visado: Ac. STJ de 11-09-2012 (P.º 2326/11.09TBLLE.E1.S1, rel. FONSECA RAMOS): *«A condenação como litigante de má fé não pode ser decretada sem prévia audição da parte a sancionar, sob pena de se violar o princípio do contraditório, na vertente da proibição de decisão-surpresa, cometendo-se nulidade que influi na decisão da causa, sendo que tal omissão infringe os princípios constitucionais da igualdade, do acesso ao direito, do contraditório e da proibição da indefesa»*;
– Ao nível da deserção da instância: Ac. TRG de 07-05-2015 (P.º 243/14.0TBFAF.G1, rel. FILIPE CAROÇO): *«1. O novo Código de Processo Civil eliminou a figura da interrupção da instância e reduziu o prazo da deserção, mantendo-a como causa de extinção da instância (art. 277.º, al. c)). 2. Com exceção do processo de execução, a deserção da instância não é automática; depende da audição prévia das partes, por aplicação do princípio contido no art. 3.º, n.º 3, do Código de Processo Civil, e de uma decisão judicial fundamentada que avalie a conduta daquelas, mais concretamente, a existência de negligência de alguma delas ou de ambas na inércia a que o processo esteve votado há mais de seis meses, nos termos do art. 281.º, n.º 1 e n.º 4, daquele código».*

A PROVA ILÍCITA: VERDADE OU LEALDADE?

Por via deste normativo encontram-se vedadas ao julgador as chamadas «decisões-surpresa»[107], não podendo, assim, o juiz decidir qualquer questão sem que, prévia e antecipadamente, tenha sido dada a possibilidade às partes – que as mesmas exercerão ou não – de se pronunciarem e de discorrerem o que entenderem sobre a questão em causa.

Por seu turno, no art. 415.º do CPC estabelece-se que:

> *«1 – Salvo disposição em contrário, não são admitidas nem produzidas provas sem audiência contraditória da parte a quem hajam de ser opostas.*
>
> *2 – Quanto às provas constituendas, a parte é notificada, quando não for revel, para todos os actos de preparação e produção da prova, e é admitida a intervir nesses actos nos termos da lei; relativamente às provas pré-constituídas, deve facultar-se à parte a impugnação, tanto da respectiva admissão como da sua força probatória».*

Este preceito traduz uma importante concretização, em sede de proposição e de produção probatória, do princípio geral do contraditório, determinando que só formem a convicção do julgador aquelas provas que foram sujeitas ao escrutínio – pelo menos, potencial, no sentido de dever ter sido dada tal possibilidade[108] – das partes[109].

---

[107] Márcio Carvalho Faria ("A Lealdade Processual. O projeto de novo Código de Processo Civil Brasileiro e a experiência Portuguesa", p. 1411) reporta que, *«nesse sentido, o juiz deve, por exemplo, chamar a atenção das partes para determinadas questões de fato ou de direito que, eventualmente, não tenham sido por elas devidamente debatidas, fato que, a um só tempo, (i) assegura o direito de a parte ser efetivamente ouvida, consagrando o contraditório participativo; (ii) favorece o diálogo inteligente entre os sujeitos do processo, em uma postura colaborativa; o que, consequentemente, (iii) auxilia na obtenção de um "produto judicial" de melhor qualidade e, por fim, (iv) diminui o número de recursos, já que eventual percepção equivocada do magistrado acerca de determinado ponto de fato ou de direito poderá ser corrigida antes do seu pronunciamento, e não apenas de modo repressivo e por outro julgador, à custa de muito tempo e dinheiro».*

[108] Daí que se compreenda que, em conformidade com o previsto no n.º 1 do art. 607.º do CPC, encerrada a discussão, se o juiz entender que se justifica a realização de outra ou de outras diligências probatórias, deva reabrir a audiência, possibilitando que seja dado cumprimento ao respeito pelo contraditório atinente.

[109] A este respeito, refere Rui Rangel (O Ónus da Prova no Processo Civil, pp. 77-78), aludindo à doutrina de Michele Taruffo, o seguinte: *«Taruffo, ob. cit., págs. 100 e 101-103, criticando a lei processual civil italiana, que é avara nas garantias atribuídas às partes relativamente à efectiva aquisição da provas, aponta dois desvios possíveis que estão presentes nas presunções simples e nas provas inominadas ou atípicas. No primeiro caso refere que, não conhecendo as partes, antes da decisão, as ilações que*

O "DIREITO À PROVA"

### 2.3.4. O princípio da boa-fé e da cooperação processuais

Configurado na lei processual civil como um «dever», enuncia-se no art. 8.º do CPC um princípio de conduta processual de acordo com a boa-fé[110]: *«As partes devem agir de boa-fé e observar os deveres de cooperação»* (a que se reporta o art. 7.º do CPC).

Como decorre desta norma, uma das bases do actual modelo processual civil assenta num comportamento das partes conforme à boa-fé[111],[112], ou seja,

*o julgador tira dos elementos de facto de que dispõe, nem sobre os factos em que estas se alicerçam, vêem-se impedidos, durante a instrução, de apresentar provas concretas que impeçam as ilações possíveis tiradas pelo juiz. No caso das provas atípicas refere que a violação do contraditório existe quando o juiz escolhe livremente os meios de prova com a finalidade de demonstrar a veracidade dos factos, o que torna inviável às partes apresentar provas contrárias àquelas que já foram consideradas relevantes e essenciais para efeitos de decisão. Estas dúvidas que encerra o pensamento de Taruffo, são as mesmas que se podem colocar no nosso processo civil, que também veda as decisões-surpresa, sendo proibido ao juiz decidir questões de direito e de facto, mesmo que de conhecimento oficioso, sem que as partes tenham tido a possibilidade de sobre elas se pronunciarem (art. 3.º, n.º 3 do CPC). Como emanação desta regra surge, efectivamente, o reforço do princípio do contraditório e os maiores poderes conferidos ao juiz em sede de conhecimento oficioso dos factos instrumentais e essenciais, complementares ou concretizadores (...)».*

[110] Marta Alexandra Frias Borges (Algumas Reflexões em Matéria de Litigância de Má-Fé, p. 36) distingue entre boa-fé processual e abuso de direito processual, nos termos seguintes: "A boa-fé circunscreve o seu campo de atuação a um âmbito em que as partes se encontram vinculadas por uma relação jurídica específica que, fundamentando uma "legítima expectação de conduta", impõe às partes um dever de atuação de modo honesto, correto e leal. Por seu turno, o abuso de direito "vai muito além dos limites da execução de relações, para se estender a todo o campo da liberdade, da faculdade, das *«prerrogativas»", respeitando ao exercício do direito desviado do interesse que tutela e que justificou a concessão ao seu titular, independentemente de qualquer relação jurídica que vincule as partes envolvidas. Em suma, enquanto o abuso de direito alude particularmente à funcionalização do direito subjetivo a interesses diversos daqueles que estiveram na base do seu reconhecimento, a boa-fé, por seu turno, visa regular o decurso de uma relação jurídica entre as partes, impondo a cada uma delas um comportamento honesto".*

[111] "A boa-fé, enquanto manifestação da ética e da moral, apresenta-se como instituto comum aos vários ramos do saber jurídico, por ela se devendo reger todo o tipo de relações jurídicas seja de natureza civil ou processual (.).

*Numa concepção liberal ou privatística (típica do século XIX) em que se encarava o processo como mero confronto privativo entre as partes, não eram impostas quaisquer exigências de correção e lealdade. Efetivamente, estando vedada ao magistrado qualquer actividade instrutória, a decisão fundar-se-ia exclusivamente nos elementos que ao processo fossem trazidos pelas partes, que conservavam total disponibilidade sobre o objecto e decurso da própria relação jurídica processual.*

*Obviamente, num contexto em que as partes exerciam as diversas actividades processuais com total liberdade e no seu exclusivo interesse, as estratégias levadas a cabo por cada uma delas seriam sempre meios*

um comportamento leal[113], que, desde logo, vincula a que as partes em litígio no processo, apesar de tudo, cooperem relativamente aquilo em que devam cooperar[114,115,116,117].

*legítimos de defesa, a que a contraparte poderia responder nos mesmos termos. Caberia então aos próprios litigantes "desmascarar-se reciprocamente", sendo, por isso, o seu comportamento totalmente irrelevante para o juiz e para o Estado e, consequentemente, desnecessária ou inútil a imposição de qualquer exigência de lealdade.*

*Com o passar do tempo, foi-se abandonando gradualmente esta visão exclusivamente privatística do processo, reconhecendo-se que este não podia mais ser entendido enquanto mero assunto das partes, mas também como instrumento do interesse estatal. Chega-se, assim, a uma concepção publicista do processo que reconhece que sob o interesse privado das partes na resolução das controvérsias prevalece um interesse público de pacificação social e correta administração da justiça, em prol do qual são atribuídos determinados poderes ao juiz.*

*Num processo desta índole, o princípio do dispositivo deixa então de ser encarado na sua formulação pura e passa a ser perspetivado enquanto meio através do qual se fornecem ao Estado os dados necessários para que possa desempenhar a sua tarefa pública de justa resolução das controvérsias.*

*Por ser assim, os comportamentos desleais acabam por ferir não apenas o interesse privado da contraparte, mas também, e sobretudo, o interesse público de correta administração da justiça dependente da justa resolução dos litígios e, portanto, umbilicalmente conexo à verdade material dos factos. Como afirma* PAULO CUNHA, *"com o litígio processual não se propõe o Estado determinar e declarar uma verdade fictícia, formal, meramente judiciária: é à verdade genuína e séria que o processo tende"9, não se compadecendo esta com comportamentos desleais e maliciosos das partes.*

*Efetivamente, num processo civil moderno, os comportamentos desleais e maliciosos dos litigantes não podem mais ser indiferentes ao juiz e ao Estado, assumindo a boa-fé um papel fundamental na realização da finalidade processual"* (assim, Marta Alexandra Frias Borges, Algumas Reflexões em Matéria de Litigância de Má-Fé, pp. 11-13).

[112] Certa doutrina sugere que a boa-fé processual, atento o seu conteúdo indeterminado, não tem préstimo prático, devendo ser, ao invés, substituído pela proibição de actuar de má fé, devendo exigir-se certos comportamentos negativos das partes, de mera abstenção ou proibição, fundados em tal proibição (assim, Iván Hunter Ampuero, *"No hay buena fe sin interés: La buena fe procesal y los deberes de Veracidad, Completud y Colaboración"*, pp. 151-182).

[113] A respeito da "lealdade" refere Márcio Carvalho Faria (*"A Lealdade Processual. O projeto de novo Código de Processo Civil Brasileiro e a experiência Portuguesa"*, pp. 1413-1416) que «*o direito português, notadamente após as Reformas ocorridas em 1995 e 1996, pode ser considerado uma referência no que se refere à tutela da lealdade processual, seja porque sua doutrina, como dito, há muito vem se debruçando sobre o tema, seja porque da sua jurisprudência se colhem valiosos precedentes, seja porque a sua legislação se mostra nitidamente mais avançada no controle do improbus litigator (...). Nesse sentido, preceitua Menezes Cordeiro, após realizar longo estudo histórico e de direito comparado sobre o tema, que "a aplicação geral do instituto do abuso do direito no Direito processual civil surge, hoje, indiscutível", porquanto não se pode considerar o processo como "uma ilha de irresponsabilidade". De mesmo modo, entendem Pedro de Albuquerque, para quem é indiscutível "a aplicação do princípio da boa-fé e do abuso*

*de direito à esfera processual", e Paula Costa e Silva, que, a despeito de limitar o seu estudo à atuação das partes, sublinha que essas "estão vinculadas a uma série de deveres processuais: probidade, lealdade, boa--fé". Especificamente, no que aqui nos mais interessa (o art. 456.º, 2, "c", revogado pelo art. 542, 2, "c", em vigor desde 1.º/09/2013), Menezes Cordeiro, embora fazendo duras críticas à suposta falta de coragem do legislador reformador lusitano, asseverou que a reforma de 1995/1996 empreendeu uma patente novidade, qual seja, "isolou-se uma nova conduta relevante: a omissão grave do dever de colaboração", o qual se afigura, para o citado autor, "como reflexo e corolário do dever de boa-fé processual". Pedro de Albuquerque, por seu turno, identifica no então art. 456.º, 2, alínea "c", uma manifestação de "má-fé instrumental", ao passo que Paula Costa e Silva o consagra como um "dever processual", o qual se afigura como um dos "pilares fundamentais de um novo paradigma de processo civil", pois faz com que esse deixe de ser visto como coisa das partes, como um duelo privado entre os litigantes (...)».*

[114] Daniel Mitidiero (*«Processo justo, colaboração e ônus da prova»*, pp. 68-71) sintetiza, nos seguintes termos, a centralidade do dever de cooperação no direito brasileiro, cujas considerações são transponíveis para o nosso ordenamento jurídico: *«Problema central do processo está na equilibrada organização de seu formalismo – vale dizer, da "divisão do trabalho" entre os seus participantes. O modelo do nosso processo justo é o modelo cooperativo – pautado pela colaboração do juiz para com as partes. A colaboração é um modelo que visa a organizar o papel das partes e do juiz na conformação do processo, estruturando-o como uma verdadeira comunidade de trabalho (Arbeitsgemeinschaft), em que se privilegia o trabalho processual em conjunto do juiz e das partes (prozessualen Zusammenarbeit). (....). A colaboração impõe a organização de processo cooperativo – em que haja colaboração entre os seus participantes. O legislador tem o dever de perfilar o processo a partir de sua normatividade, densificando a colaboração no tecido processual. E aqui importa desde logo deixar claro: a colaboração no processo não implica colaboração entre as partes. As partes não querem colaborar. A colaboração no processo que é devida no Estado Constitucional é a colaboração do juiz para com as partes. Gize-se: não se trata de colaboração entre as partes. As partes não colaboram e não devem colaborar entre si simplesmente porque obedecem a diferentes interesses no que tange à sorte do litígio. A colaboração estrutura-se a partir da previsão de regras que devem ser seguidas pelo juiz na condução do processo. O juiz tem os deveres de esclarecimento, de diálogo, de prevenção e de auxílio para com os litigantes (...)».*

[115] Como refere, a propósito deste princípio, o autor brasileiro Pedro Gomes de Queiroz (*"O princípio da cooperação e a exibição de documento ou coisa no processo civil (Segunda Parte)"*, pp. 1840-1841, 1844-1845): *«Para que haja verdadeira cooperação, as partes devem cumprir seus deveres de esclarecimento, redigindo suas demandas com clareza e coerência; de lealdade, abstendo-se de litigar de má-fé, e agindo de boa-fé; de proteção, deixando de causar danos à parte adversária; e de urbanidade, tratando os demais sujeitos processuais com respeito e educação. Por outro lado, o órgão jurisdicional deve adimplir seus deveres de esclarecimento, de prevenção, de consulta, de auxílio, e de urbanidade. As partes e os terceiros devem colaborar com o Judiciário para o esclarecimento da verdade dos factos controvertidos, somente podendo se abster de fazê-lo quando presente alguma escusa reconhecida pelo ordenamento jurídico (...). Sempre que algum sujeito deixa de cumprir com seu dever de cooperação, o resultado tempestivo e justo que se espera do processo será comprometido em alguma medida (...). Para que haja uma efetiva cooperação, é preciso mudar a mentalidade da grande maioria dos profissionais do direito, que atualmente segue uma*

A boa-fé processual assume um sentido positivo – obrigação de cooperação[118] – e um sentido negativo – obrigação de lealdade.

*lógica bélica. É preciso conscientizá-la de que o processo civil não é uma guerra a ser vencida pelo mais forte ou pelo mais esperto, mas sim uma comunidade de trabalho onde todos os envolvidos devem colaborar em prol de um objectivo comum: o esclarecimento da verdade dos factos relevantes para a causa e a solução do conflito de acordo com o ordenamento jurídico. Para tal, a lógica cooperativa deve ser ensinada nas faculdades de direito e nos cursos de formação e de aperfeiçoamento de todas as carreiras jurídicas, inclusive com a adoção de disciplina obrigatória acerca dos métodos consensuais de solução dos conflitos».*

[116] Sobre a origem deste princípio, Guilherme Guimarães Feliciano (*"O modelo de Stuttgart e os poderes assistenciais do juiz: Origens históricas do "processo social" e as intervenções intuitivas no processo do trabalho",* p. 2718) refere que o juiz *«pode e deve interferir no processo constantemente, e não apenas de modo corretivo, mas também de modo colaborativo, a fim de proporcionar o pleno esclarecimento das partes, a máxima transparência nos procedimentos, atos e opiniões, a recíproca lealdade processual e, por fim, a máxima higidez do processo, de modo a permitir um pronunciamento de mérito (i.e., uma decisão judicial de fundo sobre os interesses materiais versados no conflito concreto de interesses). Dessa compreensão, que não é exatamente nova, mas é decerto cara a uma visão pós-moderna do processo judicial (pela assimilação da "phronesis", pela desconexão com o direito moderno-liberal-formal, pela ideia de legitimação do procedimento judicial como técnica para alcançar um fim – a sentença de mérito – e até pelo sentido de tolerância com as partes), arranca o chamado princípio da cooperação; e, bem assim, os chamados poderes assistenciais do juiz. O que nos remete ao "modelo de Stuttgart"».*

[117] Muito crítico sobre a caracterização do papel do juiz e das partes na conformação e concretização destes deveres, refere Rui Rangel (O Ónus da Prova no Processo Civil, p. 44), com reporte à reforma do CPC operada em 1995, que: *«Esta reforma deslocou, injustificadamente, o papel do juiz no seio do processo, enquanto julgador isento e imparcial, para uma lógica de conselheiro e fiscal das partes e dos advogados, atribuindo aos tribunais o papel de verdadeiras escolas de direito, quando os juízes deveriam ser apenas e tão só julgadores. Com estas novas funções processuais que são atribuídas ao juiz, pode-se eventualmente tornar dispensável o patrocínio obrigatório. O princípio da cooperação que aparece como uma das grandes mensagens deste legislador, surge, apenas, para um dos lados, para o lado do tribunal, esquecendo-se que a dialéctica das causas e dos interesses em disputa jamais farão com que qualquer das partes aceite este princípio porque têm interesses controversos e contraditórios».*

[118] Como refere Marta Alexandra Frias Borges (Algumas Reflexões em Matéria de Litigância de Má-Fé, p. 19), "o processo não pode mais ser encarado como um «campo de batalha» em que às partes seja permitido lutar entre si com recurso a quaisquer meios, pelo contrário, o processo moderno é essencialmente *um processo cooperativo no qual todos os intervenientes devem funcionar como uma "comunidade de trabalho"40, em prol da descoberta da verdade material e da justa composição do litígio. Assim, como concretização do princípio da boa-fé processual, o dever de colaboração encontra-se plasmado nos arts. 7.º e 417.º, impondo às partes que respondam ao que lhes seja perguntado, que se submetam às inspeções requeridas, que facultem todos os elementos requisitados e pratiquem todos os atos determinados".*

O "DIREITO À PROVA"

A obrigação de lealdade[119] impõe às partes que se abstenham de praticar quaisquer actos que perturbem o desenrolar da relação jurídica processual, traduzindo uma obrigação de *non facere* e, por conseguinte, expressará o sentido negativo do princípio da boa-fé processual.

Por seu turno, a obrigação de cooperação impõe aos litigantes que, no desenrolar da lide, cooperem entre si, com o magistrado, e com todos os restantes intervenientes processuais, para que se alcance, num prazo razoável, a justa composição do litígio, traduzindo o sentido positivo da boa-fé processual[120].

Outras concretizações destes princípios constam dos arts. 9.º e 542.º do CPC.

A inadmissibilidade das provas poderá assentar na violação do dever de lealdade daquele que as pretende utilizar no processo, tal como a sua admissibilidade poderá fundamentar-se no dever de lealdade da parte contrária.

Contudo, o uso da prova ilícita não consubstancia litigância de má-fé[121,122].

A lei estabelece várias consequências para o incumprimento deste dever de boa-fé processual, quer com sanções pecuniárias – com apelo a vários ins-

---

[119] Como afirma Guido Calogero (*"Probità, lealtà, veridicità nel prozesso civile"*, p. 134), o que é determinante na aferição da verdade processual, não é uma abstracta distinção entre o dever de verdade e o dever de lealdade, mas saber se os comportamentos e condutas adotados num determinado processo foram verdadeiros ou falsos, implicando a deslealdade a mentira processual (embora este Autor apenas o considere relativamente ao comportamento de uma parte para com a outra e não quando as partes sejam, de comum acordo, desleais).

[120] Assim, Miguel Mesquita, Reconvenção e Excepção no Processo Civil, pp. 117-118.

[121] Como refere Sara Ferreira de Oliveira (ob. Cit., p. 27) *«o uso da prova ilícita não consubstancia litigância de má-fé, e ainda que se discorde, a sua consequência não seria a inadmissibilidade desta, mas a condenação da parte em multa e, eventualmente, numa indemnização à parte contrária. A consequência que se retira da litigância de má-fé não envolve questões sobre a decisão da causa em si, mas sim, incidentes anómalos, podendo o litigante de má fé, inclusive, ganhar a causa».*

[122] *«As sanções processuais são cominadas para ilícitos praticados no processo, cujo adequado desenvolvimento visam promover. Com a sua estatuição, pretende-se, conforme os casos, obter a cooperação dos particulares com os serviços judiciais, impor aos litigantes uma conduta que não prejudique a acção da justiça ou ainda assegurar o respeito pelos tribunais (cfr. Vítor Faveiro, «Algumas notas sobre o problema das multas processuais. A sanção do art. 524.º do Código de Processo Civil», Boletim do Ministério da Justiça, n.º 7, 1948, pp. 73 e segs., maxime pp. 85-6, e Aragão Seia, «Adicionais sobre as multas processuais», C.J., ano VIII (1983), tomo III, pp. 29 a 31)»* (assim, o Ac. do TC n.º 315/92, P.º n.º 370/89, 2.ª Sec., Rel. Cons. Sousa Brito).

A PROVA ILÍCITA: VERDADE OU LEALDADE?

titutos jurídicos, onde se destacam a litigância de má-fé[123,124] e o uso anormal do processo –, quer impedindo o resultado jurídico de tais condutas[125,126].

Por outra parte, não parece que impenda sobre a parte que pretende utilizar prova ilícita um dever de comunicação ao tribunal sobre a proveniência da prova[127]. Contudo, parece-nos que se tal situação revelar dolo ou grave negligência num comportamento censurável, a parte não poderá deixar de ser sancionada como litigante de má-fé, de harmonia com a previsão legal deste instituto.

### 2.3.5. O princípio da imediação e da oralidade

A audiência final decorre na presença do juiz (art. 599.º do CPC), sendo perante ele que, em princípio, são produzidas as provas (cfr. v.g. arts. 456.º, 457.º, n.º 2, 500.º, 506.º e 604.º, n.ºs 3, 4, 7 e 8 do CPC)[128]. Se a produção tem

---

[123] «A má fé a que se reporta o art. 456.º, n.º 2 do CPC, aparece estruturada e a ter como base os deveres gerais das partes que, segundo Alberto dos Reis, são o dever de probidade e de colaboração» (assim, Rui Rangel, O Ónus da Prova no Processo Civil; p. 72).

[124] "La necessità di sanzionare la malafede processuale trae origine da un assunto preliminare: il processo non è una mera successione di atti nel tempo compiuti da soggetti diversi, ma è concatenazione logica che ricollega ciascuno di questi atti a quello che lo precede e a quello che lo segue, sicché il comportamento tenuto da una parte condiziona necessariamente le successive azioni dell'altra. Il processo, quindi, non è soltanto scienza del diritto processuale […] ma è anche leale osservanza delle regole del giuoco, cioè fedeltà a quei canoni non scritti di correttezza" (cfr. Claudia Scarpantoni, L'abuso del processo: configurabilità e sanzioni. p. 55).

[125] No Ac. STJ de 04-10-2007 (P.º 07P2599, rel. SIMAS SANTOS) apreciou-se um curioso caso de «burla processual» na instauração de uma acção judicial.

[126] Estas disposições relacionam-se com o comportamento das partes relativamente à narração processual efectuada, «prevedendo espressamente un obbligo di verità e completezza a carico dei litiganti, senza che ciò abbia determinato un assoluto stravolgimento della natura e del funzionamento del processo» (assim, Marco Gradi, "Sincerità dei litiganti ed etica della narrazione nel processo civile"; p. 98).

[127] «Devemos colocar outra hipótese relativa à boa-fé, que se prende com a questão de saber se impende sobre a parte que irá utilizar a prova ilicitamente obtida algum dever de comunicar ao tribunal a proveniência ilícita da prova, inserido no dever de dizer a verdade. A resposta deverá ser negativa desde logo porque se estivesse em causa um ilícito que se reconduza a um tipo penal e tivesse sido praticado pela parte, esta tem o direito a não se incriminar de acordo com o princípio nemo tenetur se ipso accusare» (assim, Sara Ferreira de Oliveira, ob. Cit., p. 27).

[128] Como enuncia Rui Rangel (O Ónus da Prova no Processo Civil, p. 32): «Do princípio da imediação resulta que as provas processuais (testemunhal, depoimento de parte, peritos, confissão) devem ser

lugar na presença do juiz, esta diz-se directa. Se há um distanciamento entre o objecto da prova e a percepção que o juiz vai ter dela, a prova será indirecta.

Decorrendo a produção probatória, na generalidade dos casos, na presença do juiz, compreende-se que, designadamente para salvaguarda do direito de recurso, a prova e os demais trabalhos da audiência sejam, por regra, objecto de gravação[129].

Quando tal não suceder, determina a lei que sejam obtidos elementos objectivos que permitam aferir da validade dos elementos probatórios carreados para o processo (designadamente, para efeitos da possibilidade da sua aferição em sede de recurso).

É o que ocorre, por natureza, na prova documental junta ao processo, mas também, é o que resulta dos arts. 422.º (depoimentos prestados antecipadamente ou por carta), 456.º, n.º 2 e 466.º, n.º 2 (depoimento de parte e declarações de parte), 467.º, n.º 3 e 4 e 478.º, n.º 2 e 479.º, n.º 3 (prova pericial a que o juiz não assista), 493.º e 494.º (verificações não judiciais qualificadas) e 500.º, als. a) a g), 518.º e 520.º (prova testemunhal) do CPC.

## 2.3.6. O princípio da plenitude da assistência do juiz

O princípio da plenitude da assistência do juiz (ou da sua identidade) determina que o juiz deverá assistir a todos os actos do julgamento que perante si decorre, regulando a lei os trâmites a observar no caso de o juiz falecer ou se impossibilitar permanentemente durante a audiência final ou no caso de ser transferido, promovido ou aposentado (cfr. art. 605.º do CPC), sendo aquele

---

*produzidos oralmente e perante o juiz e a audiência deve ser contínua ou concentrada perante os mesmos juízes que deverão proferir a decisão».*

[129] Sublinhando a importância da gravação vd. o Ac. TRG de 10-04-2014 (P.º 25122/13.4YIPRT. G1, rel. MARIA DA PURIFICAÇÃO CARVALHO) onde se decidiu que: *«1. Com a redacção do 155.º do NCPC a gravação tem um outro significado e amplitude que não tinha anteriormente. 2. Desde logo, em vez de se falar em gravação da prova, fala-se em gravação da própria audiência final, isto é, de toda a audiência final. Além disso a gravação reporta-se a todas as audiência finais, ou seja audiência de acções, sejam elas de processo comum ou especial (art. 546.º do CPC) incidentes e procedimentos cautelares. 3. Depois a gravação ocorre por imposição legal e em todos os casos, quer dizer, sem necessidade de requerimento e independentemente da questão do recurso. 4. Com este novo regime é previsível que as audiências finais decorram de modo bem mais célere e fluído, pois deixa de haver lugar á tradicional documentação em acta e na própria ocasião, de requerimentos, respectivas respostas e despachos».*

– ou seja, o juiz que presidiu ao julgamento – que deve elaborar a sentença final[130] (cfr. art. 607.º, n.º 1 do CPC)[131,132,133].

[130] Como se decidiu no Ac. TRL de 29-05-2014 (P.º 562/11.7TCFUN-C.L1-2, rel. EZAGUY MARTINS): «*O princípio da plenitude da assistência dos juízes circunscreve-se, no domínio do Código de Processo Civil de 1961, ao âmbito dos atos da audiência final, deixando de jogar relativamente à elaboração da sentença. No âmbito do novo Código de Processo Civil, posto que o julgamento de facto é feito na sentença (art. 697.º, n.º 4), não faz sentido dizer-se que um juiz conclui o julgamento, mas não elabora a sentença, sendo redundante a disposição do n.º 4 do art. 605.º*».

[131] A respeito deste princípio decidiu-se no Ac. TRC de 18-03-2014 (P.º 3721/11.9TBLRA. C1, rel. HENRIQUE ANTUNES) que: «*I) Dado que no Código de Processo Civil de 1961 o princípio da plenitude da assistência dos juízes só valia para os actos de produção da prova e de julgamento da matéria de facto – e, portanto, para a fase da audiência – e não também para a fase da sentença, o proferimento da sentença por juiz diferente daquele que decidiu a matéria de facto não infringia aquele princípio – nem, aliás, qualquer outro princípio ou norma processual. II) Uma vez que o NCPC concentrou o julgamento da questão de facto na sentença final, esta sentença só pode ser proferida pelo juiz que assistiu aos actos de instrução e discussão praticados na audiência ou audiências de discussão e julgamento. III) Essa regra não é, porém, aplicável aos casos em que, antes do início da vigência do NCPC, a matéria de facto já se mostrava julgada pelo juiz que assistiu aos actos de produção da prova. IV) O proferimento da sentença final por juiz diferente do que decidiu a matéria de facto resolve-se, no NCPC, numa simples nulidade processual, inominada ou secundária, que não constitui objecto admissível do recurso*».

[132] No Ac. STJ de 31-05-2012 (P.º 12/09.9T2AND.A.C1.S1, rel. JOÃO TRINDADE) considerou-se que: «*I – A divergência entre o juiz do processo que, entretanto, foi nomeado para a Relação, e o que o substituiu na 1.ª instância, não é, tecnicamente, um conflito de competência, desde logo por não envolver qualquer conflito entre tribunais. II – O princípio da plenitude da assistência dos juízes não é absoluto. III – Ainda que, por regra, incumba ao juiz que iniciou o julgamento a sua conclusão, a repetição dos actos praticados pode tornar preferível a sua realização pelo actual juiz do processo, designadamente quando o princípio da imediação e da oralidade esvaziem o princípio referido em II. IV – Se a última audiência teve lugar há mais 5 anos e o conjunto da prova é composto por 41 quesitos, dos quais as testemunhas a reinquirir respondem a apenas 7, não se justifica a deslocação do magistrado que anteriormente interveio no processo, devendo a mesma ser repetida pelo actual juiz do processo*».

[133] A respeito dos casos de anulação total ou parcial de decisões, considerou-se no Ac. TRG de 28-03-2011 (P.º 38/11.2YRGMR, rel. ANTÓNIO RIBEIRO) que: «*I – Em caso de anulação total ou parcial de um julgamento presidido por juiz que entretanto foi transferido, a realização do novo julgamento por outro juiz não afecta o princípio da plenitude da assistência dos juízes a que se reporta o art. 654.º do Código de Processo Civil. II – Evidentemente que, uma vez concluído o julgamento ordenado pela Relação e dada resposta aos novos quesitos aditados à base instrutória, deverá o Senhor Juiz que a ele presidiu elaborar a sentença final, tendo em conta toda a factualidade provada, uma vez que, como não podia deixar de ser, a anulação do julgamento, ainda que parcial, torna inevitavelmente nula a sentença antes proferida*». Sobre a mesma questão, decidiu-se no Ac. STJ de 30-10-2008 (P.º 08B3163, rel. SALVADOR DA COSTA) que: «*1. O impasse quanto à de realização do segundo julgamento entre dois juízes, na sequência de anulação do primeiro, deve ser resolvido como se conflito de competência se tratasse,*

Semelhante prescrição pode divisar-se na apreciação dos recursos (cfr. art. 652.º, n.º 1, 657.º, n.º 1, do CPC).

### 2.3.7. O princípio da livre apreciação

Ressalvados os casos em que o valor da prova se encontre tarifado, o juiz aprecia livremente as provas, fundamentando, contudo, a convicção formada[134]. Ou seja: O juiz apreciará livremente a prova, atendendo aos factos e circunstâncias constantes dos autos e sobre que incidiu a prova, ainda que não alegados pelas partes, mas indicando, na sentença, os motivos que determinaram a formação do seu convencimento[135,136].

---

*mas no quadro do princípio da plenitude da assistência dos juízes. 2. O referido princípio reporta-se às situações às situações de continuação de julgamento, pelo que não abrange o segundo julgamento implicado pela anulação do primeiro. 3. No caso de anulação total ou parcial de um julgamento realizado por um juiz que entretanto foi transferido, o princípio da plenitude da assistência dos juízes não é afectado pela realização do novo julgamento por outro juiz».*

[134] Contudo, como refere Rui Rangel (O Ónus da Prova no Processo Civil, p. 59): *«É evidente que sendo a justiça feita por homens e a contenda apresentada, igualmente, por seres humanos, não pode haver uma medida exacta ou graus de percentagem que qualifiquem e credibilizem qualquer acto judicial, designadamente, o julgamento da matéria de facto. São actos contingentes, que variam de caso para caso e dependem, em larga medida, da forma como as partes articulam e vertem para os articulados os factos que pretendem sejam apreciados judicialmente e da prova apresentada. Bons articulados, uma prova forte, certeira e adequada conferem, seguramente, um grau e uma percentagem de convicção ao julgador, superior a 90% ou seja, o bastante para as necessidades da vida».*

[135] *«O princípio da livre apreciação da prova, que alicerça o julgamento da matéria de facto, sustenta-se em critérios racionais e objectivos, em juízos de ilações e inferências razoáveis, mas sempre de mera probabilidade (art. 655.º, n.º 1, do Código de Processo Civil); e conduz a um juízo positivo de prova quando, em face dos instrumentos disponíveis, do seu conteúdo, consistência e harmonia, se afigure aceitável à consciência de um cidadão medianamente informado e esclarecido, que a realidade por eles indiciada já se possa ter como efectivamente assumida; VIII – A avaliação dos depoimentos das testemunhas, realizada de acordo com os ditames referidos em VII – (art. 396.º do Código Civil), deve assentar em dois pólos, via de regra; de um lado, na razão de ciência de evidenciada (art. 638.º, n.º 1, final, do Código de Processo Civil); do outro, no maior ou menor afastamento (ou comprometimento pessoal) que, com a controvérsia em discussão, se afigure existir (art. 635.º, n.º 1, final, do Código de Processo Civil); sendo estes factores que, além do mais, permitem escrutinar o nível da credibilidade que lhes pode ser conferido»* (assim, o Ac. TRP de 19-12-2012 (P.º 1267/06.6TBAMT.P2, rel. Luís Lameiras).

[136] De acordo com o Ac. do TC n.º 1165/96, a *«livre apreciação da prova não pode ser entendida como uma operação puramente subjectiva, emocional e, portanto, imutável. Há-de traduzir-se em valoração racional e crítica, de acordo com as regras comuns da lógica, da razão, das máximas de experiência e dos conhecimentos científicos, que permita ao julgador objectivar a apreciação dos factos, requisitos necessários para a efectiva motivação da decisão».*

No art. 607.º, n.º 5, do CPC delimita-se o campo de actuação da livre apreciação, nos seguintes termos: «*O juiz aprecia livremente as provas segundo a sua convicção acerca de cada facto; a livre apreciação não abrange os factos para cuja prova a lei exija formalidade especial, nem aqueles que só possam ser provados por documentos ou que estejam plenamente provados, quer por documentos, quer por acordo ou confissão das partes*»[137].

Importa salientar que este princípio apenas respeita à liberdade de apreciação das provas, mas não abrange a possibilidade de decidir da admissão ou inutilização de meios probatórios, sendo que, esta operação precede, necessariamente, aquela.

## 2.3.8. O princípio da aquisição processual

Estabelece o art. 413.º do CPC que o tribunal deve tomar em consideração todas as provas produzidas, tenham ou não emanado da parte que devia produzi-las, sem prejuízo das disposições que declarem irrelevante a alegação de um facto, quando não seja feita por certo interessado.

Assim, para efeitos de formação da convicção do juiz o que releva é que os factos se provem, independentemente da fonte probatória de onde sejam originários[138].

Este princípio tem especial manifestação ao nível da produção de prova documental em poder da contraparte, pois a lei contenta-se, para o deferimento de tal prova, com a pertinência dos factos que se pretendem provar para a decisão da causa (cfr. art. 429.º, n.º 2, do CPC) e, não, propriamente, com a circunstância de se poder requerer o documento para comprovar factos alegados pela contraparte.

No nosso direito, o ónus da prova assume uma feição acentuadamente objectiva, que só por via reflexa atinge a actividade probatória das partes, na medida em que a cada uma delas aproveita todo o material de instrução recolhido no processo, não relevando a pessoa que para o processo o carreou.

---

[137] Noutras normas processuais encontra-se, também, a alusão à livre apreciação do julgador, como, por exemplo, no art. 489.º do CPC.

[138] Como refere Rui Rangel (O Ónus da Prova no Processo Civil, p. 32), «*o material necessário à decisão e carreado para o processo por uma das partes, pode ser tomado em conta mesmo a favor da parte contrária àquela que o aduziu*».

*«Assim, de harmonia com o princípio da aquisição processual (...), todas as provas produzidas em juízo devem poder servir à decisão do mérito da causa, independentemente da via por que foram trazidas ao processo»*[139,140].

[139] Assim, o Ac. STJ de 16.5.2000, *in* BMJ 497.º, p. 400, relatado por Silva Paixão. Cfr. também, Alberto dos Reis, CPC Anotado, vol. III, p. 273; Manuel de Andrade, Noções Elementares de Processo Civil, p. 357; Antunes Varela, Manual de Processo Civil, 2.ª ed., pp. 450-451, Jacinto Bastos, Notas ao Código de Processo Civil, vol. III, p. 87, e Isabel Alexandre, Provas Ilícitas em Processo Civil, p. 232.

[140] A este propósito pode questionar-se se será admissível uma das partes requerer a notificação da contraparte para juntar documentos sobre factos cujo ónus de prova cabe a esta parte? Em nosso entender, a resposta afirmativa não é justificável. Com efeito, cabendo o ónus de prova à contraparte, o interesse do requerente da prova é o de apenas contrariar a prova que a parte contrária deverá efectuar e, este interesse não pode ser afirmado em moldes tão amplos que justifiquem que o ónus de produção probatória fique a cargo da parte que, na realidade, não tem o ónus de provar uma tal factualidade. Contudo, não tem sido essa a linha que tem sido afirmada pela jurisprudência maioritária. Vejam-se a este respeito – e exemplificativamente – os seguintes arestos:
– TRG de 30/06/2011 (P.º 310/10.9TBVCT.G1, rel. Carvalho Guerra): *«I. Ao fazer a distribuição do ónus de prova pelas partes intervenientes num litígio, o Código Civil não está a proibir que a prova seja feita pela parte a quem a mesma não incumbe. II. Com efeito, o ónus da prova em relação a determinados factos traduz-se, para a parte a quem compete, no dever de fornecer a prova desses factos, sob pena de sofrer as consequências desvantajosas da sua falta e não na proibição da prova pela parte contrária».*
– TRP de 23/06/2005 (P.º 0533134, rel. Ataíde das Neves): *«É lícito e correcto que uma das partes requeira a notificação da parte contrária para juntar aos autos de elementos probatórios relativos a factos cujo ónus de prova cabe a esta parte».*
– TRL de 02/05/2006 (P.º 1572/2006-7, rel. Luís Espírito Santo): *«I- No âmbito do direito à contraprova, visando-se demonstrar que o concessionário, após a cessação do contrato, não deixou de continuar a receber retribuição por contratos negociados ou concluídos entretanto, não tendo, assim sendo, direito a indemnização de clientela, deve ser deferido o pedido de notificação para junção de facturas emitidas desde a data de cessação do 'contrato de concessão' respeitantes a transacções efectuadas. II-Prevalece o dever de cooperação das partes para a descoberta da verdade, que tem o seu fundamento legal no disposto nos arts. 266.º, n.º 1 e 519.º, n.º 1 do Código de Processo Civil, sobre a protecção do segredo da escrituração mercantil»;*
– TRC de 21-04-2015 (P.º 124/14.1TBFND-A.C1, rel. Maria João Areias): *«1. O direito fundamental à prova implica que as partes tenham liberdade para demonstrar quaisquer factos, mesmo que não possuam o respetivo ónus da prova, desde que entendam que a sua comprovação diminuirá os seus riscos processuais. 2. O mecanismo previsto no art. 429.º, do CPC – de notificação da parte contrária para apresentação de documento que se ache em poder desta –, poderá ser utilizado não só por aquele sobre o qual recai o ónus da prova, mas igualmente para efeitos de infirmar a prova de factos de que o detentor tenha o ónus. 3. O facto de tal mecanismo estar dependente da verificação de determinados*

## 2.3.9. O princípio do valor extra-processual das provas

De harmonia com o prescrito no art. 421.º, n.º 1, do CPC, os depoimentos e perícias produzidos num processo com audiência contraditória da parte podem ser invocados noutro processo contra a mesma parte, sem prejuízo do disposto no n.º 3 do art. 355.º do Código Civil; se, porém, o regime de produção da prova do primeiro processo oferecer às partes garantias inferiores às do segundo, os depoimentos e perícias produzidos no primeiro só valem, no segundo, como princípio de prova[141].

## 2.4. A impugnação da prova

Como regra geral e *«salvo disposição em contrário, as provas não serão admitidas nem produzidas sem audiência contraditória da parte a quem hajam de ser opostas»*. É o que dispõe o art. 415.º, n.º 1, do CPC.

O princípio da audiência contraditória é um verdadeiro corolário do direito de defesa e traduz-se na necessidade de garantir à parte contrária, quanto às provas requeridas ou oferecidas por uma das partes, ou a ambas as partes, relativamente a provas da iniciativa do tribunal, a possibilidade de poderem acompanhar e fiscalizar o oferecimento da prova e de participarem eventualmente na sua produção.

Este preceito é decorrência do princípio do contraditório[142] – da *«necessidade de contradição»* (a que alude o art. 3.º do CPC) – e, bem assim, do próprio princípio da igualdade (consignado no art. 4.º do CPC), o qual também vigora em sede de *«exercício de faculdades»* e *«no uso de meios de defesa»* das partes no processo.

*«Com a regra da audiência contraditória visa-se, por um lado, proporcionar às partes o meio de acautelarem os seus legítimos interesses numa operação de importân-*

---

requisitos, destinados a aferir da pertinência e utilidade da junção requerida, não constituiu uma limitação ao direito de defesa ou uma violação do direito à prova».

[141] Este regime não será aplicável – de harmonia com o disposto no art. 421.º, n.º 2 do CPC – quando o primeiro processo tiver sido anulado, na parte relativa à produção da prova que se pretende invocar.

[142] Como refere Darci Guimarães Ribeiro (Provas Atípicas, p. 33), *«o contraditório é como uma moeda que apresenta, numa das faces, a necessidade de informar e, na outra face, a possibilidade de participação. A soma desse binómio designa, para Couture, as garantias do due process of law, pois, segundo ele, é necessário que: a) el demandado haya tenido debida noticia, la que puede ser actual o implícita; b) que se le haya dado una razonable oportunidad de comparecer y exponer sus derechos. O contraditório é condição de validade das provas, porque toda e qualquer actividade instrutória há-de ser produzida em contraditório (...)».*

*cia capital para a pretensão de cada uma delas; e pretende-se, por outro lado defender o interesse público da descoberta da verdade, como pressuposto essencial da boa administração da justiça, contra a manipulação unilateral e o aproveitamento tendencioso dos meios de prova levados aos autos»*[143].

Este princípio tem implicações práticas diversas, conforme a natureza da prova seja pré-constituída (prova objecto de constituição fora do processo) ou constituenda (prova que se forma no âmbito do processo).

Nas **provas constituendas** as partes são chamadas (a não ser que haja uma situação de revelia) a participar nos actos de preparação e produção de prova, sendo admitidas a intervir em cada um desses actos (cfr. art. 415.º, n.º 2, 1.ª parte, do CPC).

Exemplificando:

a) Na prova pericial, as partes são ouvidas, por exemplo, sobre a pessoa que deve realizar uma perícia (cfr. art. 467.º, n.º 2, do CPC), sobre o objecto desta (cfr. art. 476.º, n.º 1, do CPC), etc.;

b) Em sede de produção de prova testemunhal, admite-se que a parte fiscalize, através do seu mandatário, a produção de tal meio de prova, o qual pode promover os incidentes de impugnação, contradita ou acareação, bem como, realizar as instâncias indispensáveis (cfr. arts. 514.º, 516º, n.º 2, 522.º e 523.º do CPC);

c) Em sede de depoimento de parte[144], a parte contrária pode requerer as instâncias que sejam necessárias ao esclarecimento ou complemento das respostas do depoente (cfr. art. 461.º, n.º 1, do CPC);

d) Também em sede de inspecção judicial, as partes são notificadas para o dia, hora e local da diligência, com vista a poderem intervir na produção de prova, prestando os esclarecimentos solicitados ou chamando a atenção do tribunal para os factos que interessem à decisão da causa (cfr. arts. 491.º do CPC).

---

[143] Assim, Antunes Varela et al., Manual de Processo Civil, p. 489. A violação do princípio da audiência contraditória na produção de prova gera a nulidade dessa prova, com os efeitos decorrentes do princípio estabelecido no art. 195.º, n.º 2, do CPC (neste sentido, o mesmo autor, ob. Cit., loc. Cit., nota 3).

[144] Sendo que o regime da prova por declarações de parte, regulado no art. 466.º do CPC, prevê a aplicação, com as necessárias adaptações, do estabelecido para a prova por depoimento de parte.

Por seu turno, relativamente às **provas pré-constituídas**, a parte contrária àquela que as oferece pode impugnar tanto a sua admissibilidade, como a sua força probatória[145]. É o regime que resulta do normativo ínsito na segunda parte do n.º 2 do art. 415.º do CPC.

Neste sentido, compreende-se, por exemplo, a notificação de toda a prova documental carreada para o processo, sempre que os documentos sejam oferecidos com o último articulado ou depois dele (art. 427.º do CPC), tal como sucede com as requisições de documentos que o tribunal entenda efectuar (art. 436.º do CPC).

Perante uma prova pré-constituída, a parte contra quem a mesma seja apresentada pode impugná-la, quer no que respeita à sua admissibilidade para o processo, quer no que respeita à força probatória da mesma.

Impugnar a prova será, pois, contraditar, contestar, colocar em crise ou pôr em questão um determinado elemento ou fragmento probatório carreado para o processo.

Sob o conceito de "impugnação da prova" visa-se, pois, congregar todas aquelas situações em que uma parte pretende colocar em crise a prova requerida/proposta ou produzida pela contraparte ou apresentada por terceiros ou, então, a própria força probatória, relativamente à valoração que o Tribunal sobre ela operará[146].

---

[145] Por exemplo, em sede de prova documental, o art. 444.º, n.º 1 do CPC estabelece que *«a impugnação da letra ou assinatura do documento particular ou da exatidão da reprodução mecânica, (...) devem ser feitas no prazo de 10 dias contados da apresentação do documento, se a parte a ela estiver presente, ou da notificação da junção, no caso contrário»* e o art. 446.º, n.º 1, do mesmo Código prescreve que, *«no prazo estabelecido no art. 444.º, devem também ser arguidas a falta de autenticidade de documento presumido por lei como autêntico, a falsidade do documento, a subscrição de documento particular por pessoa que não sabia ou não podia ler sem a intervenção notarial a que se refere o art. 373.º do Código Civil, a subtração de documento particular assinado em branco e a inserção nele de declarações divergentes do ajustado com o signatário».*

[146] Importando realçar, por exemplo, ao nível da prova documental, a distinção entre a prova incidente sobre os factos praticados ou percepcionados pela autoridade ou oficial público de que emanam os documentos e a veracidade ou a correspondência com a realidade dos factos constantes da declaração. Sobre o ponto, vd., v.g. o ac. TRG de 25-10-2012 (p.º 1673/10.1TBVCT.G1, rel. ANTÓNIO SOBRINHO) concluindo que: *«I. A força probatória material dos documentos autênticos cinge-se aos factos praticados ou percepcionados pela autoridade ou oficial público de que emanam os documentos, não abrangendo a sinceridade, a veracidade e a validade das declarações emitidas pelas partes perante essa mesma autoridade ou oficial público, já que esse circunstancialismo não é percepcionado por aqueles. II. Tal força probatória não se estende, pois, à veracidade*

O "DIREITO À PROVA"

Pela sua importância prática – e pela impossibilidade de abarcar, no estrito âmbito deste estudo, a análise dos incidentes de impugnação relativamente a todos os meios de prova – consideremos, em particular, os incidentes de inquirição que, em concreto, podem ocorrer no âmbito da impugnação da prova testemunhal.

De comum a todos eles se verifica que devem ser objecto de gravação no caso de o julgamento dever ser gravado (cfr. arts. 515.º, n.º 3, 522.º, n.º 4 e 524.º, n.º 3, do CPC).

Os incidentes em questão são: **a) A impugnação; b) A contradita; e c) A acareação**.

### a) Incidente de impugnação

O incidente de impugnação (regulado nos arts. 514.º e 515.º do CPC) traduz-se na possibilidade de a parte contra a qual for produzida uma testemunha poder impugnar a sua admissão no processo, o que sucederá, com os mesmos fundamentos pelos quais o juiz deve obstar ao depoimento (estes casos estão previstos no n.º 2 do art. 513.º do CPC: A verificação de que a pessoa não é a pessoa que fora oferecida como testemunha e a verificação de que a testemunha é inábil para depor).

A impugnação deve ser deduzida quando termine o interrogatório preliminar da testemunha (cfr. art. 515.º, n.º 1, do CPC).

O requerimento de impugnação só terá lugar se o fundamento de impugnação não ficar evidenciado no interrogatório preliminar ou, então, se o juiz não tirar as consequências de inadmissibilidade do depoimento.

Se for de admitir a impugnação a testemunha é perguntada à matéria de facto objecto da impugnação e se a não confessar[147] pode o impugnante

---

*ou verosimilhança, ou seja a correspondência com a realidade dos factos constantes da declaração. III. O conteúdo e interpretação da declaração emitida pelo vendedor, quanto ao recebimento do preço, através de escritura pública, é passível de impugnação e demonstração por qualquer meio de prova, designadamente testemunhal, podendo ser impugnada nos termos gerais, sem necessidade de arguição da falsidade do documento, desde que haja um princípio de prova escrita relacionada intrinsecamente com esse facto».*

[147] Lebre de Freitas, Montalvão Machado e Rui Pinto (Código de Processo Civil, Vol. 2.º, p. 574) consideram que a expressão "confissão" não tem cabimento relativamente à testemunha, que não tem interesse directo na causa, sendo que, *«os factos que fundam a impugnação, visando a rejeição do depoimento testemunhal, são desfavoráveis à parte que ofereceu a testemunha (por afectarem o seu direito à prova) e não a esta».*

A PROVA ILÍCITA: VERDADE OU LEALDADE?

apresentar prova por documentos ou testemunhas que então apresente, não podendo produzir mais de 3 testemunhas.

O advogado da parte que arrolou a testemunha deverá poder pronunciar--se sobre a questão[148].

Efectuada a prova, o tribunal decidirá imediatamente se a testemunha deve ou não depor.

*«A impugnação da admissão da testemunha visa impedir que a testemunha seja admitida a depor e constitui um direito da parte contra quem for produzida a testemunha, pelo que ao réu se reconhece o direito de impugnar as testemunhas oferecidas pelo autor e a este o de impugnar as testemunhas oferecidas pelo réu. Este incidente será deduzido quando terminar o interrogatório preliminar da testemunha visada e baseia--se nos mesmos fundamentos por que o juiz deve obstar ao depoimento (art. 636.º). Assim, oficiosamente ou por iniciativa da parte contrária àquela que ofereceu a testemunha, não é admitido a depor como testemunha quem não tiver sido oferecida ou quem seja para tanto inábil (art. 635 n.º 2)»*[149].

Por último, parece poder ser de admitir que o incidente de impugnação seja utilizado para que, a parte contra quem a testemunha foi arrolada, suscite a inadmissibilidade da admissão do depoimento de testemunha respeitante à matéria sujeita a sigilo[150].

---

[148] Sobre o ponto vd. Alberto dos Reis, Código de Processo Civil Anotado, vol. IV, p. 428.

[149] Assim, o ac. TRL de 26-10-2006 (P.º 2488/2006-6, rel. FERNANDA ISABEL PEREIRA).

[150] Admitindo expressamente esta possibilidade, refere André Mendes *("O Advogado/parte, o Advogado/arguido, o Advogado/testemunha, o Advogado/perito, o Advogado/consultor técnico, o Advogado/árbitro e o Advogado/mediador",* pp. 16-17) o seguinte: *«(...) O advogado, tal como qualquer outro cidadão, tem a capacidade e o dever cívico, manifestado processualmente, de prestar depoimento sobre os factos de que tem conhecimento, falecendo-lhe essa capacidade e impendendo sobre ele o dever de segredo profissional quando, o seu conhecimento dos factos lhe advenha do exercício da profissão nos estritos termos previstos no preceito citado. Regra que apenas pode ser ultrapassada se devidamente autorizado pelas estruturas dirigentes da Ordem, nos termos do n.º 4 do preceito citado (...). O regime legal do segredo profissional do advogado não se destina a impedir o depoimento da testemunha por ser advogado. O advogado pode depor como testemunha, pois, antes de ser advogado é um cidadão de pleno direito. A limitação ao seu depoimento é excepcional, considerando as especiais circunstâncias em que tomou conhecimento dos factos objecto de depoimento, só devendo manter-se na medida do estritamente necessário a salvaguardar o escopo que preside ao estabelecimento de um segredo profissional (...). Uma última palavra para as situações em que a própria testemunha, também advogado, não toma a iniciativa de suscitar a escusa. Neste caso, feito o interrogatório preliminar, o juiz também deve, nos termos do arts. 205.º n.º2 e 635.º n.º2 do CPC, impedir o depoimento que afronte o sigilo profissional. Não o fazendo o juiz, poderá também a parte contra quem a testemunha foi arrolada, impugnar a sua admissão, no respeitante à maté-*

## b) Incidente de contradita

Dispõe o art. 521.º do CPC que: «*A parte contra a qual for produzida a testemunha pode contraditá-la, alegando qualquer circunstância capaz de abalar a credibilidade do depoimento, quer por afectar a razão da ciência invocada pela testemunha, quer por diminuir a fé que ela possa merecer*».

Com este incidente visa-se abalar o crédito das afirmações que a testemunha produziu, por exemplo, invocando circunstâncias que demonstrem que a testemunha não pode ter tido conhecimento de determinados factos que relatou ou que fazem duvidar da imparcialidade do seu relato.

Ao invés da impugnação (que deve ter lugar quando o interrogatório preliminar termine) e da acareação (que pode ser suscitada durante o depoimento), o incidente de contradita é deduzido quando o depoimento termina (cfr. art. 522.º, n.º 1, do CPC).

Ao contrário das instâncias – em que se pretende atacar o conteúdo do depoimento prestado – na contradita invocam-se factos novos (acessórios) que, «*sendo exteriores ao depoimento, ponham em causa a razão de ciência invocada pela testemunha ou a fé que ela possa merecer, destruindo ou enfraquecendo o depoimento prestado, de modo a que o juiz não venha a tê-lo em conta, ou o tenha só reduzidamente em conta, no juízo que fará sobre a prova dos factos que dele foram objecto. Trata-se, pois, de fazer valer razões fácticas que levem o juiz, ao apreciar livremente a prova, a não dar plena credibilidade ao depoimento da testemunha*»[151].

A contradita «*não é um ataque ao depoimento em si, ao seu conteúdo, mas um ataque à própria pessoa da testemunha e aos seus atributos. Como é patente apenas a parte contra quem a testemunha foi apresentada pode contraditá-la (...). Daí que no caso de a testemunha ser indicada por ambas as partes, nenhuma delas pode contraditá-la*»[152].

---

ria sigilosa, conforme admite o art. 636.º do CPC, seguindo-se a tramitação prevista no art. 637.º do referido Código. Ainda assim, se, apesar do dever imposto à testemunha, da imposição de actuação ao juiz ou da concessão da faculdade à contraparte, aquela vier a depor, o depoimento, na parte afectada, estará afectado de nulidade».

[151] Assim, Lebre de Freitas, Montalvão Machado e Rui Pinto (Código de Processo Civil, Vol. 2.º, p. 589.

[152] Assim, Fernando Pereira Rodrigues, A Prova em Direito Civil, p. 191, referindo este autor – a pp. 192-193 – que «*a contradita pode ter como fundamento factos que possam ser havidos como criminosos, torpes ou imorais, até por serem os factos mais graves que se poderão invocar para invocar para abalar a credibilidade da testemunha. Sucede que se tais factos forem verdadeiros a testemunha não é obrigada a pronunciar-se sobre eles podendo recusar-se a responder, por ninguém estar obrigado a confessar a própria torpeza. Se tais factos não forem verdadeiros a testemunha não deixará de os infirmar e procurar demonstrar que foi objecto de calúnia*».

Se a contradita dever ser recebida (de onde deriva que pode o juiz liminarmente rejeitar a contradita se a matéria alegada não for de molde a pôr em causa a credibilidade da testemunha), a testemunha é ouvida sobre a matéria alegada. A testemunha pode admitir como verdadeira a referida matéria ou não a «confessar», sendo que, neste caso, a parte que deduziu o incidente pode comprová-la por documentos ou testemunhas, não podendo produzir mais de 3 testemunhas[153] (cfr. art. 522.º, n.º 2, do CPC).

As testemunhas têm que ser apresentadas e inquiridas imediatamente, enquanto que, os documentos poderão ser oferecidos até ao momento em que deva ser proferida decisão sobre os factos da causa. Contudo, este momento não coincide com o momento da prolação da sentença, antes devendo entender-se como reportado ao momento correspondente ao do encerramento da discussão (considerando o regime geral estabelecido em sede de prova documental nos arts. 423.º, 424.º e 425.º do CPC)[154].

O incidente de contradita é tão só causa de suspeição do depoimento, mas não dá azo à sua exclusão ou gera a impossibilidade da sua valoração no processo. O julgador poderá sempre considerar o depoimento contraditado para efeitos probatórios[155].

Afigura-se-nos que este incidente também pode considerar-se apto para a concomitante invocação de ilicitude probatória a respeito da prova testemunhal prestada, designadamente, nos casos em que a testemunha tenha

---

[153] Relativamente a estas deve entender-se que não é possível a contradita por prova testemunhal, mas apenas por documentos, *«sob pena de se cair num processo de contraditas sem fim»* – cfr. Fernando Pereira Rodrigues, A Prova em Direito Civil, p. 193.

[154] A limitação dos meios de prova prende-se com a necessidade de evitar os efeitos perturbadores na marcha do processo que a produção de eventuais outros meios probatórios poderia acarretar (neste sentido, vd. Lebre de Freitas, Montalvão Machado e Rui Pinto; Código de Processo Civil, vol. 2.º, p. 592). Sobre o ponto, e no que à prova documental respeita, decidiu-se no Ac. TRL de 22/03/2007 (P.º 10780/06-2, Rel. JORGE LEAL) que: *«A parte que pretenda contraditar uma testemunha deve diligenciar pela obtenção do documento com que pretenda fundar tal incidente, de molde a evitar o protelamento da conclusão da audiência de discussão»*.

[155] No Ac. STJ de 28-02-1996 (p.º 048589) considerou-se que, no âmbito do processo penal, o recurso à contradita uma ofensa da integridade moral e, como tal, prova proibida: *I – O art. 126, n. 1, do C.P.Penal preceitua que não são válidas as provas obtidas com ofensa da integridade física ou moral das pessoas. II – Por isso, na medida em que a contradita não é um ataque ao depoimento em si, ao seu conteúdo, mas um ataque à própria pessoa da testemunha e suas qualidades, não pode ser utilizada em processo penal».

sido coagida a depor num determinado sentido afectando, tal forma de exteriorização do depoimento, a credibilidade do seu testemunho.

### c) Incidente de acareação

A acareação tem lugar – oficiosamente ou a requerimento de uma das partes – no caso de existir oposição directa, acerca de determinado facto, entre os depoimentos das testemunhas ou entre estes e o depoimento da parte, caso em que as pessoas em contradição serão acareadas (cfr. art. 523.º do CPC).

Salvo melhor opinião, não parece ser de admitir acareação apenas entre depoentes de parte. A acareação não se destina a este meio de prova e, por sua natureza, visando tal meio de prova, prioritariamente, a obtenção de confissão, não se justifica que o incidente tenha pertinência neste meio de prova.

De todo o modo, se a contradição directa abranger já prova testemunhal e prova por depoimento de parte, a lei admite expressamente a possibilidade de acarear sendo, em consequência, de admitir o incidente que correspondentemente seja suscitado, caso se verifique o pressuposto substancial – oposição directa de depoimentos – para o mesmo ter lugar.

O procedimento a seguir consta do art. 524.º do CPC, devendo a acareação ser efectuada pelo juiz e devendo constar da acta o seu resultado.

A oposição directa exige que os depoimentos sejam inconciliáveis, não bastando qualquer discrepância ou divergência entre eles, a qual é muitas vezes verificada perante a singela circunstância de duas pessoas relatarem uma mesma realidade.

A razão de ser da acareação «assenta na pressuposição de que, postos em presença um do outro e assinalada a oposição directa entre os seus depoimentos, eles cairão entre si, reconsiderarão, e acabarão por dar ao tribunal a versão exacta do facto»[156].

Contudo, na prática, esta finalidade não ocorre. Na maioria dos casos cada um dos depoentes acaba por manter, sem alterações relevantes, o seu anterior depoimento[157].

---

[156] Assim, Alberto dos Reis, Código de Processo Civil Anotado, vol. IV, pp. 470-471.

[157] Desenvolvendo este ponto, vd. Fernando Pereira Rodrigues, A Prova em Direito Civil, Coimbra Editora, 2011, p. 195.

## 2.5. A obtenção e produção da prova

A fase de instrução do processo é a fase normal para a produção probatória. É o que decorre do disposto no art. 410.º do CPC, onde se prescreve que *«a instrução tem por objecto os temas da prova enunciados ou, quando não tenha de haver lugar a esta enunciação, os factos necessitados de prova»*.

Contudo, a actividade probatória pode ter lugar noutros momentos ou fases processuais e até antes de o processo se ter iniciado.

Assim, por regra, o momento próprio para a apresentação dos requerimentos probatórios[158] pelas partes recuou, no vigente CPC, para a fase dos articulados.

Para além disso, pode ter lugar a produção antecipada – face à fase de instrução do processo – de prova, ou mesmo antes de interposto um processo judicial (cfr. arts. 419.º e 420.º do CPC) ou, bem assim, poderá a prova ser produzida fora do processo (cfr. art. 421.º do CPC).

Mesmo nestes casos deve ser assegurado o completo exercício do contraditório ainda que o mesmo possa ocorrer em momentos muito distantes daquele em que a prova foi apresentada ou produzida.

Poderá, pois, – sem preocupações de enquadramento dogmático – falar-se em *impugnação imediata da prova* (nos casos em que a impugnação tem lugar no momento imediatamente posterior ao da proposição probatória) e *impugnação mediata*[159] (em que a impugnação não ocorre logo no imediato momento após a proposição da prova).

Num caso ou noutro verifica-se, pois, um momento processual em que um determinado meio de prova é apresentado ou requerido – no exercício voluntário e livre do direito dispositivo das partes – e um momento ulterior em que essa prova é contraditada ou impugnada pela contraparte.

Será na sequência do exercício desta faculdade que a contraparte poderá, querendo, objectar sobre os meios de prova requeridos, ou invocando a sua inadmissibilidade material ou processual, a sua extemporaneidade, a sua inidoneidade para o resultado probatório gizado pela contraparte.

---

[158] Cfr. arts. 552.º, n.º 2 e 572.º, al. d), respectivamente, referentes aos articulados da petição inicial e da contestação.

[159] Será também caso de impugnação mediata da prova a situação que ocorrerá no campo das providências cautelares que sejam decididas sem o prévio contraditório – cfr. art. 372.º do CPC.

## 2.6. A valoração da prova

Esta questão entrecruza-se com a temática da apreciação da prova[160], ou seja, com o momento e termos em que será valorado[161] qual o sentido útil para o processo de um determinado elemento probatório.

«*As provas têm por função a demonstração da realidade dos factos*» (cfr. art. 341.º do CC)[162]. É sobre elas que o julgador terá que formar o respectivo juízo.

O princípio fundamental da apreciação da prova consta do art. 607.º, n.º 5, do CPC. É o princípio da livre apreciação da prova: O tribunal aprecia

---

[160] Referia Rui Rangel, ainda no âmbito do pretérito CPC (O Ónus da Prova no Processo Civil, p. 47), que «*em matéria de produção de prova a lei processual faz apelo a dois princípios fundamentais: a) o da disponibilidade das provas decorrente do sistema dispositivo, que é aquele segundo o qual a vontade das partes é determinante no processo, podendo estas, eficazmente, orientá-lo no sentido e nas direcções que lhes pareçam mais ajustadas aos seus pontos de vista (...). b) o da livre apreciação judicial das provas que significa que as provas podem livremente ser apreciadas pelo juiz, quer no que toca à sua admissibilidade, quer no que toca ao seu valor. Este princípio, que está consagrado nos arts. 655.º, n.º 1, 543.º, 566.º, 582.º, 619.º, 625.º e 791.º, do CPC, tem sido considerado como dando ao tribunal o poder de afastar a prova produzida, a fim de chegar à solução que lhe pareça mais justa*».

[161] A doutrina espanhola distingue entre as actividades de «interpretação» probatória, da «valoração» da prova. Sobre o ponto refere Xavier Abel Lluch ("Valoración de los medios de prueba en el proceso civil, en Realismo jurídico y experiencia procesal", pp.71-72) que: «*Dentro de la apreciación de la prueba la doctrina más autorizada distingue las operaciones de "interpretar" y "valorar". Se dice que "interpretar" una prueba supone fijar el resultado, mientras que "valorar" una prueba significa otorga la credibilidad que merece atendiendo al sistema de valoración – tasado o libre-establecido por el legislador. Una primera operación mental a efectuar por el juez es la de "interpretar" el resultado de los medios de prueba, que significará fijar qué ha dicho el testigo, cuáles son las máximas de experiencia que aporta el perito o cuál es el contenido de un documento, por citar algunos ejemplos de los medios de prueba más habituales. Una vez verificada la "interpretación", el juez deberá proceder a su "valoración", aplicando bien una regla de libre valoración – caso de los testigos y peritos- o de valoración tasada –caso de los documentos–, y consistente en determinar la credibilidad del testigo, la razonabilidad de las máximas de experiencia aportadas por el perito y su aplicación al caso concreto, o si el documento es auténtico y refleja los hechos ocurridos en la realidad*».

[162] É usual na doutrina a consideração do conceito de «prova» como actividade (a actividade probatória), como meio (como instrumento de demonstração) e como resultado (consequência da actividade) – cfr., entre outros, Manuel de Andrade, Noções Elementares de Processo Civil, p.191; Castro Mendes, Direito Processual Civil, II Vol., p. 661; Antunes Varela *et al.*, Manual de Processo Civil, 2.ª Ed., pp. 434-435. Sobre o tema, em sede da teoria geral da prova nos vários ordenamentos jurídicos, vd. Michele Taruffo, La Prueba de los Hechos, pp. 448-449.

A PROVA ILÍCITA: VERDADE OU LEALDADE?

livremente as provas decidindo[163] segundo a convicção que formou acerca de cada facto.

Tal princípio só actua, claro está, relativamente aos meios de prova que sejam sujeitos a livre apreciação do Tribunal, sendo que, ao lado destes, a lei fixa meios de prova com valor tarifado (ou legal[164]), onde a actividade valorativa do julgador não tem intervenção[165,166].

[163] Nesta linha, dispõe o art. 607.º, n.º 1, do Código de Processo Civil que, encerrada a audiência final, o tribunal proferirá, em 30 dias, sentença, sendo este o momento em que o juiz apreciará as provas produzidas e decidirá em conformidade com elas. Deverá o tribunal considerar, com a necessária ponderação, todos os meios de prova produzidos, os termos em que determinado facto foi invocado, o tratamento que os peritos, as testemunhas, ou outros participantes lhe deram, o porquê de determinadas afirmações dos depoentes, qual o motivo de os documentos terem tido uma determinada sequência temporal, etc.

[164] A prova legal consiste na produção de regras que, pré-determinam, de forma geral e abstracta, o valor que deve ser atribuído a cada prova. Por seu turno, a livre valoração da prova *«presupone la ausencia de aquellas reglas [las que predeterminan el valor de la prueba] e implica que la eficacia de cada prueba para la determinación del hecho sea establecida caso a caso, siguiendo criterios no predeterminados, discrecionales y flexibles, basados esencialmente en presupuestos de la razón»* (sobre o ponto, vd. Michele Taruffo, La prueba de los hechos (trad. Jordi Ferrer Beltrán), p. 387.

[165] A limitação da liberdade de julgamento resulta de ponderações legais assentes em regras de experiência que a lei impõe, ou na uniformização de critérios (presunções legais – art. 350.º do CC), ou no reconhecimento da indiscutibilidade de determinados meios probatórios em atenção à credibilidade de quem os produz (v.g. uma autoridade ou oficial público que exara o documento autêntico, nos termos do art. 369.º do CC) ou de quem os realiza (v.g. confissão, nos termos dos arts. 352.º e 358.º, n.º 1, CC) ou ainda, decorre do princípio da auto-responsabilização das partes sobre a conduta processual (assim sucede nos casos de prova plena relativa a documentos particulares ou reproduções fotográficas ou cinematográficas ou registos fonográficos não impugnados, nos termos dos arts. 368.º e 376.º, n.º 1 do CC).

[166] Em sede de valoração probatória o juiz é levado a efectuar um juízo de aceitabilidade ou de veracidade dos resultados probatórios que alcançou. O fundamento de tal valoração resulta expresso da lei, no caso da prova legal ou taxada, mas resultará da valoração livre do julgador, no caso de provas livres. Contudo, o juiz deve valorar a prova de modo racional e "explicado", sendo relevante, nesse processo, uma convicção formada segundo um esquema indutivo que permita uma confirmação do facto suposto, de não refutação do mesmo e da maior probabilidade da sua ocorrência face a outras possibilidades. Sobre este esquema de raciocínio vd., Marina Gáscon Abellán (*"La prueba de los hechos", in* Prueba y verdad en el derecho, pp. 44-57).

O "DIREITO À PROVA"

A) Assim (nos meios de prova livre), **são objecto de valoração pelo juiz, em sede de julgamento de facto, os meios de prova sujeitos à sua livre apreciação**, ou seja:

– A **prova testemunhal** (cfr. art. 396.º do Código Civil)[167,168];

---

[167] *«Os depoimentos testemunhais estão sujeitos ao princípio da livre apreciação da prova, ínsito no art. 655.º n.º 1 do Código de Processo Civil, mediante o qual o julgador aprecia livremente as provas, decidindo segundo a sua prudente convicção, a não ser que se tratasse de prova tarifada – art. 655.º, n.º 2 do Código de Processo Civil»* (assim, o Ac. TRG de 25-10-2012, P.º 6502/09.6TBBRG-A.G1, rel. CONCEIÇÃO BUCHO).

[168] No Ac. n.º 248/2009 do TC (P.º n.º 78/2009, D.R., II. n.º 113, de 15-06-2009, Pág. 23444) decidiu-se não julgar inconstitucional a então vigente norma do art. 655.º do Código de Processo Civil, interpretada no sentido de atribuir ao juiz o poder de livremente continuar a apreciar o valor de depoimento em que a testemunha não indicou a sua razão de ciência. Na fundamentação deste Ac. teceram-se, nomeadamente, as seguintes considerações:

*«(...) O Decreto-Lei 47.690, de 11 de Maio de 1967, que introduziu no Código de Processo Civil as adaptações exigidas pela entrada em vigor do Código Civil de 1966, transpôs o regime do depoimento testemunhal para o art. 638.º, dando-lhe a redacção actual que é a seguinte: "A testemunha é interrogada sobre os factos incluídos no questionário, que tenham sido articulados pela parte que a ofereceu, e depois deporá com precisão, indicando a razão de ciência e quaisquer circunstâncias que possam justificar o conhecimento dos factos; a razão de ciência invocada será, quanto possível, especificada e fundamentada"(...).*

*O due process é o processo cujas regras de tramitação obedecem aos princípios materiais da justiça, cuja densificação tem vindo a ser realizada casuisticamente pelo Tribunal Constitucional, recorrendo muitas vezes à enunciação de sub-princípios, com particular atenção à jurisprudência do TEDH, em torno do art. 6.º, da Convenção Europeia dos Direitos do Homem, onde também se consagrou expressamente o direito a um processo equitativo.*

*No domínio das proibições de valoração da prova, em processo civil, tem sido defendida a aplicação analógica do disposto no art. 32.º, n.º 8, da C.R.P., sempre que as provas sejam obtidas através de meios violadores dos direitos fundamentais (vide, neste sentido, Teixeira de Sousa, na ob. cit., pág. 140, Isabel Alexandre, em "Provas ilícitas em processo civil", pág. 233 e seg., da ed. de 1998, da Almedina, Paula Costa e Silva, em "Saneamento e condensação no novo Processo Civil", em "Aspectos do novo Processo Civil", pág. 255-256, da ed. de 1997, da Lex, e José João Abrantes, em "Prova ilícita", em "Revista Jurídica", pág. 35-36).*

*Além destes casos, a exigência constitucional de uma equidade processual orientada para a realização duma justiça material também pode não permitir a valoração de meios de prova manifestamente prejudiciais ao apuramento da verdade dos factos (v. g. as antigas ordálias).*

*Neste caso, estamos apenas perante o incumprimento duma regra procedimental da produção de um meio de prova em processo civil, destinando-se essa regra a permitir um melhor apuramento da verdade. Com efeito, indicando a testemunha a fonte do seu conhecimento dos factos por ela relatados, o juiz poderá mais facilmente aferir da credibilidade desse relato.*

– A **prova por inspecção** (cfr. art. 391.º do Código Civil)[169];

– A **prova pericial** (cfr. art. 389.º do Código Civil)[170];

– O **reconhecimento de factos desfavoráveis, que não reúna os requi-sitos para ter força probatória plena, ou seja, para valer como confissão** (cfr. art. 361.º do Código Civil), ou **a confissão extrajudicial não constante de documento** (cfr. art. 358.º, n.º 3 do CC) ou **a confissão judicial não escrita e a confissão extrajudicial feita a terceiro ou contida em testamento** (cfr. art. 358.º, n.º 4 do Código Civil)[171];

*Ora, a protecção ao apuramento da verdade dos factos não exige, necessariamente, que o incumprimento duma regra procedimental de produção da prova, destinada a facilitar a aferição do seu valor, seja sancionado com a impossibilidade da sua apreciação, uma vez que, mesmo perante aquele incumprimento, sempre a prova deficientemente produzida poderá continuar a ter alguma utilidade na descoberta da verdade material, não impedindo que o juiz cumpra integralmente o dever de fundamentação da decisão sobre a matéria de facto.*

*Independentemente do juízo de constitucionalidade que possa ser formulado sobre a solução que se encontre para a falta de conhecimento pelo julgador da razão de ciência do depoimento testemunhal, a mera falta da indicação pela testemunha no seu depoimento das fontes do conhecimento dos factos por ela relatados, não determina inelutavelmente que o julgador não possa aperceber-se das razões da ciência revelada.*

*Não só essas razões poderão ser retiradas de outros elementos do processo (como a decisão recorrida diz suceder no caso sub iudice), como elas poderão estar implícitas nos próprios factos testemunhados ou resultarem da natureza da relação existente entre as partes e a testemunha.*

*Daí que não seja possível dizer que o incumprimento daquela regra procedimental prejudique necessariamente o apuramento da verdade e o cumprimento do dever de fundamentação cabal das decisões jurisdicionais.*

*Deste modo conclui-se que a atribuição ao juiz do poder de livremente continuar a apreciar o valor do depoimento em que a testemunha não indicou a sua razão de ciência, não põe em causa a exigência constitucional de um processo equitativo, constante do art. 20.º, n.º 4, da C.R.P., nem qualquer outro parâmetro constitucional, pelo que o recurso deve ser julgado improcedente (...)».*

[169] *«A prova por inspecção judicial é uma prova directa e real, tendo por fim a percepção, em imediatividade, da constatação de factos pelo tribunal, cujo resultado está sujeito ao princípio da livre apreciação»* (assim, o Ac. TRE de 04-03-2004, P.º 2738/03-3, rel. PEREIRA BATISTA).

[170] *«O valor da prova pericial civil não vincula o critério do julgador, que a pode rejeitar, independentemente de sobre ela fazer incidir uma crítica material da mesma natureza, ou seja, dito de outro modo, os dados de facto que servem de base ao parecer estão sujeitos ao princípio da livre apreciação da prova, e o juízo científico ou parecer, propriamente dito, também, não requer uma crítica material e científica»* (Ac. do STJ de 06-07-2011, processo n.º 3612/07.6TBLRA.C2.S1, rel. HELDER ROQUE).

[171] Sobre o ponto, o Ac. TRC de 23-06-2015 (P.º 1534/09.7TBFIG.C1, rel. HENRIQUE ANTUNES) que: *«A confissão extrajudicial, comunicada por documento autêntico ou documento particular genuíno que tiver sido feita à parte contrária, tem força probatória plena, mas o declarante é admitido a provar que a declaração não correspondeu à verdade ou que foi afectada por algum vício de*

O "DIREITO À PROVA"

– A **apreciação da conduta processual da parte** (arts. 344.º, n.º 2 e 357.º, n.º 2 CC e art. 417.º, n.º 2, CPC)[172];
– A **prova documental que não tiver força probatória plena** (cfr. art. 366.º, 371.º, n.º 1 parte final e n.º 2 e 376.º, n.º 3 do Código Civil)[173].

**No julgamento da matéria de facto, o tribunal não se pronuncia sobre os meios de prova com força probatória plena, nem sobre os factos que, só por esse meio possam ser provados**. É o que resulta do **n.º 4 do art. 607.º do CPC** – onde se prescreve que «*o juiz toma ainda em consideração (para além da apreciação critica das provas sobre que já incidiu o respectivo juízo) os factos que estão admitidos por acordo, provados por documentos ou por confissão reduzida a escrito*» – **e do n.º 5 do mesmo art.** – onde se prevê que «*a livre apreciação não*

---

*consentimento, vício para cuja demonstração é admitida a prova testemunhal e – e por extensão de regime – a prova por declarações de parte. Existindo um princípio de prova escrita, suficientemente verosímil, fica aberta a possibilidade de complementar, por recurso à prova testemunhal, a prova do facto contrário objecto da declaração confessória, ou seja, de demonstrar não ser verdadeira a afirmação produzida na presença do documentador. É admissível a valoração do depoimento de parte, no segmento em que não produz confissão, à luz da livre apreciação do tribunal. A apreciação da prova deve ocorrer sob o signo da probabilidade lógica – de evidence and inference –, i.e., segundo um critério de probabilidade lógica prevalecente, portanto, segundo o grau de confirmação lógica que os enunciados de facto obtêm a partir das provas disponíveis».*

[172] Vd. o Ac. STJ de 20-04-1999 (P.º 99A179, rel. FERREIRA RAMOS) considerando que «*segundo o princípio da livre apreciação das provas o que torna provado um facto é a íntima convicção do juiz, gerada em face do material probatório trazido ao processo (bem como da conduta processual das partes) e de acordo com a sua experiência da vida e do conhecimento dos homens*».

[173] A este propósito decidiu o Ac. STJ de 15-04-2015 (P.º 28247/10.4T2SNT-A-L1.S1, rel. PIRES DA ROSA) que: «*I – A escritura pública confere – à declaração feita pelo vendedor, no contrato de compra e venda, de que relativamente ao preço «já o recebeu do comprador» – força probatória plena, comportando uma declaração confessória de um facto à parte contrária. II – Não obstante, a força probatória plena do documento só vai até onde alcançam as percepções do notário – existência da declaração – mas já não à veracidade do conteúdo da mesma, no caso concreto que o vendedor recebeu efectivamente a quantia indicada a título de preço. III – Este facto pode ser impugnado por qualquer das partes sem necessidade de arguição da falsidade do documento, uma vez que o mesmo faz prova plena em relação à materialidade das afirmações atestadas mas já não quanto ao rigoroso sentido, sinceridade, veracidade ou validade das declarações emitidas pelas partes. IV – A declaração referida em I valerá nos seus textuais termos se, e enquanto, o declarante não alegar e provar que a declaração não contém o facto que o declarante disse conter, podendo tal prova ser feita por qualquer forma, maxime, a prova testemunhal. V – Nada impede assim que se recorra à prova testemunhal para demonstrar a falta ou vícios da vontade, com base nos quais se impugna a declaração documentada*».

*abrange os factos para cuja prova a lei exija formalidade especial, nem aqueles que só possam ser provados por documentos ou que estejam plenamente provados, quer por documentos, quer por acordo ou confissão das partes».*

Quanto aos meios de prova onde actua a livre convicção, o juiz valorará os meios de prova de acordo com a **convicção**[174,175] **formada**[176], mas sempre de forma fundamentada[177].

*«A demonstração dos factos reconduz-se a um processo cognitivo, através do qual o juiz acede a uma realidade existencial ou experimentável, passada, presente ou até futura, exterior ou do foro psicológico (a intenção, a vontade real, a boa-fé, etc.), seja por via de percepção directa (inspecção judicial) ou indirecta (prova testemunhal), seja*

---

[174] *«A convicção é o estado de certeza ou incerteza na verdade de um facto. No que toca à valoração da prova no âmbito de um processo judicial, este estado não pode ser um estado de fé, impõe-se que seja um estado crítico, formado de acordo com critérios de prudência. Assim, podermos dizer que o julgador é livre na valoração da prova (na apreciação e na formação da convicção), na justa medida em que os meios de prova sujeitos à sua apreciação não têm um valor predeterminado, mas a decisão não o é, ou seja, a convicção exteriorizável pela decisão não pode ser uma "íntima convicção" compreendida como um feeling. Por outro lado, também não é uma "pura objectividade" lógico-racional, que se possa demonstrar. O estado de certeza da verdade, que há-de corresponder sempre a uma probabilidade, manifesta-se num juízo de certeza prático-emocional que, não obstante a inapagável nota pessoal, não cai num subjectivismo arbitrário, mas é antes marcada pela "objectividade da vida" (...)»* (assim, Marta João Dias, *"A fundamentação do juízo probatório – Breves Considerações"*, p. 178).

[175] Rui Rangel (O Ónus da Prova no Processo Civil, p. 62) distingue entre a convicção exigida para a prova estrita, da convicção exigida para a mera justificação: *«A prova stricto sensu que atravessa a esmagadora maioria dos casos que são apresentados em tribunal, exige um grau de convicção bastante alargado que basta para que o juiz decida em consciência e sem dúvidas sobre a realidade de facto, ao contrário da mera justificação que requer somente uma convicção sustentada em juízo de verosimilhança ou de plausibilidade (são os casos, a título de exemplo, dos procedimentos cautelares)».*

[176] Em caso de dúvida, ou seja, quando não consiga formar uma convicção sobre a realidade do facto, o juiz deverá julgar o facto de acordo com as regras legais do ónus da prova.

[177] O Tribunal deverá (de harmonia com o cumprimento de dever constitucionalmente previsto – cfr. art. 205.º, n.º 1, da Constituição da República Portuguesa e para tornar a decisão transparente e impugnável) fundamentar todas as respostas que der à base instrutória, especificando os motivos que foram decisivos para a sua convicção (não bastando, para o efeito, a enunciação dos meios de prova produzidos).Contudo, *«sob pena de petição de princípio, a formação da persuasão judicial não se pode explicitar nem justificar com os próprios factos que constituem o conteúdo dos quesitos provados. Apenas importa indicar os fundamentos que foram "decisivos". Não se trata, pois, de catalogar as razões que se foram revelando no decurso da audiência e que determinaram, uma a uma, se formasse a convicção do tribunal, mas apontar selectivamente, entre as razões que "decidiram" (...), aquela ou aquelas que tiveram a maior força persuasiva»* (assim, Rui Azevedo de Brito, cit., p. 181).

*por via presuntiva apoiada nas regras da experiência comum ou da própria lógica do pensamento*»[178].

O juiz deverá justificar – na altura própria, as mais das vezes, quando prolata a sentença[179] – por que motivo deu mais razão ou credibilidade a uns depoimentos do que a outros, porque julgou relevantes ou irrelevantes certas conclusões dos peritos, porque achou pertinente ou não determinado facto que directamente percepcionou, etc.[180,181]

O motivo ou argumento probatório será, assim, um elemento determinante da resposta probatória dada pelo tribunal:

a) *A idoneidade técnica/fundamentos do relatório ou laudo técnicos* (na prova pericial);

---

[178] Assim, Manuel Tomé Soares Gomes, Noções e Quadros Elementares do Direito Probatório Civil e Comercial, p. 6.

[179] Com efeito, como sublinha Miguel Teixeira de Sousa (*"A livre apreciação da prova em processo civil"*, p. 123) «*é contraditório com o princípio da livre avaliação da prova a existência de uma convicção do tribunal antes de terminar a produção probatória. Assim, não pode o tribunal, alegando possuir uma convicção certa sobre os factos que lhe compete apreciar, interromper a actividade probatória: o momento da realização da prova é distinto do momento da valoração probatória*».

[180] O problema é de tal modo complexo, que o autor do anteprojecto de reforma do Código de Processo Civil de 1961, Eurico Lopes Cardoso ("Projectos de Revisão do Código de Processo Civil", III, p. 177) referia que «*a convicção é demasiado subjectiva para ser explicável*», donde concluía ser praticamente impossível a fundamentação das respostas ao questionário. Na realidade, trata-se de uma operação onde intervêm factores de diversa natureza, não apenas de sentido lógico-operatório, mas também senso-perceptiva.

[181] Como refere Janaina Roland Matida (O problema da verdade no processo: a relação entre fato e prova, p. 106) : «*A preocupação epistemológica do processo (...) oferece um único protagonista: o julgador. Cabe a ele o esforço de distinguir as alegações apoiadas por provas que apresentaram rendimento eficiente das que são vazias em conteúdo, mas que se escamoteiam por belas formas, sentenças e períodos. O critério deve ser sempre o de maior correspondência possível com a realidade dos fatos e não o apego ao literário. Assim, de modo a garantir a racionalidade das decisões, que deverão encontrar fundamentos nas provas, é preciso que elas sejam motivadas, isto é, justificadas. Para além da mera explicação, é necessária a explicitação de como se chegou a uma conclusão, sabendo-a apenas uma dentre muitas possíveis em razão das induções de que resulta, é preciso que o julgador tente convencer seus destinatários de que agiu bem. De que sua decisão é a melhor possível. De que qualquer um que analisasse e avaliasse as provas do processo que teve em mãos, chegaria igualmente à mesma conclusão. Esse padrão de controle só é possível de ser defendido a partir de uma preocupação cognitiva do agente. O exercício de poder não-arbitrário encontra uma fonte exclusiva na determinação correta dos fatos. Não é uma tarefa simples, mas quando se almeja o conhecimento, o esforço do agente é inevitável*».

b) *O teor ou contexto do documento, em termos de sua formação e emissão* (na prova documental); ou

c) *O critério legalmente fixado* (nos meios de prova tarifados).

d) *A razão de ciência* (na prova testemunhal).

Certo é que, o juiz deverá aferir – na impossibilidade de emitir um juízo de *«non liquet»* (cfr. art. 8.º do Código Civil) – no «emaranhado» de alegações e de meios de prova produzidos – geralmente fragmentários e contraditórios[182] – , qual a matéria que, na realidade, com interesse para o processo, se demonstrou (provou)[183].

A **convicção do juiz** não equivale a certeza absoluta da realidade dos factos, raramente atingível pelo conhecimento humano[184].

**O julgador formará convicção sobre a realidade de um facto quando possa representar mentalmente sobre o mesmo um juízo lógico de suficiente probabilidade[185] ou verosimilhança,** claro está, assente em critérios legais.

---

[182] Sublinhando este aspecto, refere Rui Rangel (O Ónus da Prova no Processo Civil, p. 53), que: *«A produção de prova não constitui, em regra, um processo linear e desligado de vicissitudes. Muitas vezes a prova que é junta ou excede a matéria dos factos constantes da base instrutória e por isso é desnecessária ou é insuficiente para aquilo que se pretende provar ou, ainda, nenhuma conexão tem com os factos da base instrutória, de forma a poder ser aproveitada».*

[183] A este respeito e sublinhando a necessidade da prova, refere Rui Rangel (O Ónus da Prova no Processo Civil, p. 27) que, *«a necessidade da prova é fundamental. A sua falta ou insuficiência geradora de dúvida sobre os factos alegados em juízo ainda que seja insuperável no plano psicológico, não recebe nem dá qualquer cobertura legal para que o juiz decida; o juiz tem que condenar ou absolver do pedido ou da instância».*

[184] Como referia de forma elucidativa Piero Calamandrei, Eles, Os Juízes, Vistos Por Nós, Os Advogados, p. 101): *«Ponham dois pintores diante da mesma paisagem, um ao lado do outro, cada um com o seu cavalete e, passada uma hora, vejam o que cada um desenhou na tela. Hão-de notar duas paisagens completamente diferentes e tão diferentes que vos há-de parecer impossível que o modelo tenha sido um só».*

[185] *«A noção de probabilidade sobre uma questão de facto pode permitir reduzir, através de critérios probabilísticos, as situações de non liquet e estabelecer um conhecimento dos problemas que se encontram ancorados à convicção do juiz e aos meios de prova»* (assim Rui Rangel; O Ónus da Prova no Processo Civil, p. 121).

O "DIREITO À PROVA"

Isto é: Far-se-á prova quando se convencer o Tribunal e se crie no espírito do julgador a certeza subjectiva de que um determinado facto afirmado[186] no processo, se verificou[187,188,189].

A prova efectuada no processo gerará, assim, de acordo com o juízo probatório que o juiz emita[190], uma determinada verdade factual[191], a qual,

---

[186] Sublinha Miguel Teixeira de Sousa (As Partes, o Objecto e a Prova na Acção Declarativa, p. 196) a relevância da «afirmação do facto» no campo probatório referindo que, *«como a verdade de qualquer afirmação depende da sua correspondência com a realidade (ou seja, a sua corroboração ou falsificação pelos factos), a prova de uma afirmação de facto pressupõe a formação da convicção do julgador sobre essa correspondência. Quer dizer: a prova tem por objecto imediato um facto e por objecto mediato (ou meta-objecto) a respectiva afirmação».* Parafraseando Rui Rangel (O Ónus da Prova no Processo Civil, p. 27) *«concordamos com esta afirmação de pura lógica processual».*

[187] *«A prova visa apenas, de acordo com os critérios de razoabilidade essenciais à aplicação prática do Direito, criar no espírito do julgador um estado de convicção, assente na certeza relativa do facto»* – assim, Antunes Varela et al., Manual de Processo Civil, pp. 435-436.

[188] *«A prova não é a certeza lógica, mas tão-só um alto grau de probabilidade, suficiente para as necessidades práticas da vida (certeza histórico-empírica)»,* assim Manuel de Andrade, Noções Elementares de Processo Civil, pp. 191-192. *«A prova visa assim criar no espírito do julgador a convicção psicológica (certeza subjectiva) da realidade de um facto assente na certeza relativa do mesmo. Pelo contrário, nos procedimentos cautelares, as alegações de facto são justificadamente aceitáveis como fundamento da decisão a proferir quando haja apenas a mera probabilidade séria da sua existência, com a sua prova sumária (art. 387.º/1 do CPC) (...). A prova (...) visa apenas demonstrar a verdade processual; ela nunca pode aspirar à verdade fenomenológica, à reconstituição tal e qual dos factos»* (assim, Remédio Marques, Acção Declarativa à Luz do Código Revisto, 2.ª Ed., p. 540).

[189] Como refere Rui Rangel (O Ónus da Prova no Processo Civil, p. 39), *«a veracidade de uma afirmação de facto controvertida é alcançada, posteriormente, com o julgamento da matéria de facto, assente no pressuposto de que esse facto já existia previamente nas relações sócio-jurídicas como verdadeiro e real».*

[190] *«Julgar de facto é a complexa operação de interpretação da realidade trazida ao processo pelas partes, isto é, permitindo às partes fazer prova dos factos alegados nos articulados, com o respeito pelo princípio do contraditório, tendo em conta as regras de repartição do ónus da prova e fazendo uso dos poderes de investigação que a lei lhe confere, o julgador afere a verdade dos factos, julgando-os provados ou não provados, e assim demarcando a realidade objecto do litígio (o thema decidendum). Se o sucesso da administração da justiça depende do correcto julgamento dos factos, este está na dependência da produção da prova»* (assim, Marta João Dias; "A fundamentação do juízo probatório – Breves Considerações", p. 176). E, é de sublinhar que, na decisão de facto *«deve ser vertido o resultado da ponderação de todos os meios de prova produzidos, seja qual for o efeito que derive de tal decisão»* (cfr., Abrantes Geraldes, Temas da Reforma do Processo Civil, Vol. II, p. 209).

[191] Na realidade, como sublinhou Giambattista Vico (De Antiquissima Italorum Sapientia (1710), I, 1, *apud*, Opere Filosofiche, ed. Paolo Cristofolini, Firenze, Sansoni Editore, 1971, p.

A PROVA ILÍCITA: VERDADE OU LEALDADE?

apesar de tudo, é sempre uma realidade processual, uma realidade apenas verosímil[192,193].

*«É evidente que sendo a justiça feita por homens e a contenda apresentada, igualmente, por seres humanos, não pode haver uma medida exacta ou graus de percentagem que qualifiquem e credibilizem qualquer acto judicial, designadamente, o julgamento sobre matéria de facto.*

*São actos contingentes, que variam de caso para caso e dependem, em larga medida, da forma como as partes articulam e vertem para os articulados os factos que pretendem sejam apreciados judicialmente e da prova apresentada.*

*Bons articulados, uma prova forte, certeira e adequada conferem, seguramente, um grau e uma percentagem de convicção ao julgador, superior a 90% ou seja, o bastante para as necessidades da vida.*

*O grau da convicção do Tribunal quando aprecia e decide a matéria de facto deve ser de probabilidade tão elevada que baste para as necessidades da vida, uma vez que*

---

63) *«verum et factum convertuntur»* ("verdadeiro e facto convertem-se"). De igual modo, José Barata-Moura (*"Sobre a verdade. Um roteiro de problemas"*, in Revista do CEJ, n.º 10, 2008, p. 23) refere que *«a verdade é um "facto", não apenas porque se plasma num acontecimento determinado o por que corresponde a uma positividade dada, mas fundamentalmente porque é algo de feito».*

[192] Como refere Maria Clara Calheiros (*"Verdade, Prova e Narração"*), *«num processo judicial a realidade dos factos é a organização discursiva que a desenvolve, que a torna conhecida, compreendida, explicada. E uma narrativa que se apresenta como simples – o que aconteceu – ou como narrativa complexa – como, porquê, para quê aconteceu. Em ambos os casos o que se espera alcançar é uma verdade não absoluta mas ficcional na medida em que se atinge apenas o verosímil»* (p. 290); *«a construção do direito, maxime do processo judicial é uma construção retórica e dialéctica em que o verosímil se mostra superior ao verdadeiro. É que até a verdade (a adequação do ser ao pensar) tem de ser demonstrada: ela não se demonstra a si própria»* (loc. Cit, p. 287).

[193] Importando salientar que, muitas vezes, os próprios graus de exigência para a demonstração de um facto são diversos, consoante os ordenamentos jurídicos e, bem assim, consoante a natureza do próprio processo em questão.

Frederick E. Vars ("Toward a General Theory of Standards of Proof", in Catholic University Law Review, Volume 60, n.º 1, Fall 2010 Article 3, pp. 1-2) aponta, de forma clara e elucidativa, este aspecto referindo: *«Did O.J. Simpson kill his ex-wife Nicole Brown Simpson and her friend Ronald Goldman? A criminal jury said no; a civil jury said yes.' These seemingly inconsistent verdicts can be reconciled because the juries actually answered different questions. The issue before the criminal jury was whether O.J. was proved guilty beyond a reasonable doubt. The issue before the civil jury was whether it was more likely than not that O.J. killed Nicole and Ronald. Taken together, the juries indicated that they believed O.J. probably did it, but that there was room for reasonable doubt».*

O "DIREITO À PROVA"

*as provas não visam criar no espírito do juiz uma absoluta certeza acerca dos factos a provar, o que seria impossível*»[194].

Mas, como afirmou Nicola Framarino dei Malatesta[195], «*sendo a prova o meio objectivo pelo qual o espírito humano se apodera da verdade, a eficácia da prova será tanto maior, quanto mais clara, ampla e firmemente ela fizer surgir no nosso espírito a crença de estarmos na posse da verdade*».

Contudo, os ordenamentos jurídicos contemporâneos não consagram, em regra, um dever de verdade que recaia sobre as partes ou sobre os seus representantes. Tal dever de verdade existe nos sistemas inglês e alemão, mas muitos ordenamentos jurídicos «*não prevêem qualquer obrigação de verdade para as partes e seus advogados*»[196], assinalando, antes, um mero dever de lealdade ou de boa-fé processual.

«*De forma simplista, pode afirmar-se que a invocação de um dever de colaboração para a descoberta da verdade em processo criminal, excluindo-se o arguido, não levanta grandes problemas e é susceptível, face aos valores em presença, de granjear uma adesão pacífica; o mesmo sucederá em relação a terceiros, no âmbito do processo civil: a afirmação de que os terceiros a determinado pleito devem colaborar no sentido de se aproximar a verdade processualmente obtida da realidade não levantará grandes objecções. Já assim não sucede com a imposição às partes civis do dever de cooperação na descoberta da verdade. Na verdade, a parte é por natureza interessada, e esta visão da parte que colabora para a descoberta da verdade é recente na visão e estatuição do direito processual civil, requerente esforço interpretativo, face designadamente às implicações contrárias ao princípio "nemo tenetur edere contra se" (...).*

*Entre nós, a existência de um dever de verdade das partes em processo civil tem vindo a ser afirmada, por vezes de forma bastante exigente, havendo mesmo quem refira a existência, em processo civil, de um dever de veracidade plena ou de verdade total; a actuação do princípio da verdade perpassa por todo o sistema, designadamente em matéria probatória*»[197].

Esta conformidade da realidade processual civil com a verdade real reflecte-se em diversas soluções jurídico-processuais:

---

[194] Cfr. Rui Rangel, O Ónus da Prova no Processo Civil, Almedina, Coimbra, 3.ª Ed., 2006, p. 59.

[195] Cfr. A Lógica das Provas em Matéria Criminal, Livraria Clássica Editora, 2.ª ed., Lisboa, 1927, p. 19.

[196] Assim, Michele Taruffo, *"Narrativas Processuais"*, in Julgar, n.º 13, Jan.-Abr. 2011.

[197] Estrela Chaby (O depoimento de parte em Processo Civil, Coimbra Editora, 2014, pp. 188-191).

– A confissão não faz prova contra o confitente se o facto confessado é impossível ou notoriamente inexistente (cfr. art. 354.º, al. c), do Código Civil);

– A decisão deve obstar a objectivo anormal prosseguido pelas partes, em caso de uso anormal do processo, por conluio entre autor e réu, designadamente perante a prática de acto simulado (cfr. art. 612.º CPC);

– A possibilidade de condenação da parte como litigante de má-fé, no caso de alteração da verdade dos factos (cfr. art. 542.º, n.ºs 1 e 2, al. b) do CPC);

– A necessidade da parte dever ser fiel à verdade na prestação do depoimento de parte, estando sujeita a juramento para o efeito (cfr. art. 459.º, n.ºs 1 e 2 do CPC);

– A falsidade de documento ou ato judicial, de depoimento ou das declarações de peritos ou árbitros constitui fundamento para a interposição de recurso de revisão (cfr. art. 696.º, al. b) do CPC).

A propósito desta consideração e tendo presente a frequência com que este meio de prova – testemunhal – ocorre nos nossos tribunais, *importa valorar com extremo cuidado os depoimentos testemunhais*[198,199]. Na verdade, importa sublinhar que *uma coisa é o que as testemunhas dizem, outra, por vezes, bem diversa, é o valor daquilo que dizem*[200,201,202,203]. É que: *A palavra é um meio de exprimir o pensamento, mas, por vezes, também poderá ser um meio para o ocultar*[204].

---

[198] Na verdade, importa sublinhar que uma coisa é o que as testemunhas dizem, outra, por vezes, bem diversa, é o valor daquilo que dizem. É que, na verdade, a palavra é um meio de exprimir o pensamento, mas, por vezes, também poderá ser um meio para o ocultar.

[199] Como sintetiza José Manso Raínho ("Prova testemunhal: prova-rainha ou prova mal-dita? Algumas considerações ajurídicas acerca da prova testemunhal", p. 17) *«a prova testemunhal pode ser muito falível e, por isso, deveria ser sopesada com inúmeras cautelas e com algum conhecimento do complexo funcionamento do psiquismo humano. Não bastará estar-se atento ao depoimento falseado ou parcial como, infelizmente, parece inculcar a lei (v. art. 635.º do CPC) e é prática judicial».*

[200] Pode dar-se, inclusivamente, o caso de o juiz apenas formar convicção com o depoimento de uma só testemunha, não o proibindo o ordenamento jurídico vigente. No Ac. TRG de 25-02-2008 (P.º 557/07-1, rel. Cruz Bucho) decidiu-se isso mesmo: *«...nada obsta que o tribunal alicerce a sua convicção no depoimento de uma única pessoa, (...), desde que tais declarações se lhe afigurem pertinentes e credíveis, uma vez que há muito deixou de vigorar a velha regra do "unus testis, testis nullius", ultrapassado que está o regime da prova legal ou tarifada, substituído pelo princípio da livre apreciação da prova (...).Alberto dos Reis afirmara que "No seu critério de livre apreciação o tribunal pode dar como*

*provado um facto certificado pelo testemunho duma única pessoa, embora perante ela tenham deposto várias testemunhas" (Código de Processo Civil Anotado, voI. IV, reimp., Coimbra, 1981, pág. 357)».*

[201] Um testemunho não é necessariamente infalível ou erróneo. Como referia Carrington da Costa ("A psicologia do testemunho. Método de produção e valor psicológico da prova oral", p. 337) para *«todo aquele que tem a árdua função de julgar, fuja à natural tendência para considerar a concordância dos testemunhos como prova da sua veracidade. Deve, antes, ter-se bem presente as palavras de Bacon: «os testemunhos não se contam, pesam-se».*

[202] São de vária ordem os desvalores imputáveis à prova testemunhal. Entre eles contam-se: o falso testemunho; o esquecimento e a amnésia; a confabulação; a falsa memória; os erros de percepção; as limitações da atenção consciente, etc. (vd. José Manso Raínho ("Prova testemunhal: prova-rainha ou prova mal-dita? Algumas considerações ajurídicas acerca da prova testemunhal", p. 7).

[203] Interessantes neste campo são os contributos que podem aportar outras ciências do saber como a Psicologia. A este respeito Aldert Vrij (Detecting Lies and Deceit: The Psychology of Lying and the Implications for Professional Practice) faz uma descrição de várias "sugestões" ou pistas de comportamento não verbal por parte dos depoentes, que, podem constituir precioso auxílio na apreciação dos depoimentos. O elenco aí efectuado é o seguinte:

*«VOCAL CUES*
*1. Speech hesitations: use of speech fillers e.g., "ah", "um", "er", "uh" and "hmmm"*
*2. Speech errors: grammatical errors, word and/or sentence rep- etition, false starts, sentence change, sentence incompletions, slips of the tongue, etc.*
*3. Pitch of voice: changes in pitch of voice, such as rise in pitch or fall in pitch*
*4. Speechrate:numberofspokenwordsinacertainperiodoftime*
*5. Latencyperiod:periodofsilencebetweenquestionandanswer*
*6. Pause durations: length of silent periods during speech*
*7. Frequency of pauses: frequency of silent periods during speech*
*VISUAL CUES*
*8. Gaze: looking into the face of the conversation partner*
*9. Smile: smiling and laughing*
*10. Self-adaptors: scratching the head, wrists, etc.*
*11. Illustrators: hand and arm movements designed to modify and/or supplement what is being said verbally*
*12. Hand and finger movements: movements of hands or fingers without moving the arms*
*13. Leg and foot movements: movements of legs and feet*
*14. Trunk movements: movements of the trunk*
*15. Head movements: head nods and head shakes*
*16. Shifting position: movements made to change seating position*
*17. Blinking: blinking of the eyes (...)».*

[204] Como referia Dostoiewsky (*apud* Carlos Ribas, A Credibilidade do Testemunho – A verdade e a mentira nos tribunais, Porto, 2011) *«o homem está pronto a mascarar conscientemente a ver-*

A PROVA ILÍCITA: VERDADE OU LEALDADE?

Com efeito, não pode esquecer-se que a convicção do tribunal é construída de forma complexa e dialéctica[205,206].

E tal é levado ao extremo em qualquer comunicação interpessoal[207]: Para além dos dados objectivos fornecidos pelos documentos ou outras provas pré-constituídas, a convicção do julgador também assentará na análise conjugada de declarações e depoimentos, em função das razões de ciência[208], das certezas, das lacunas, das contradições, hesitações, inflexões de voz, imparcialidade, serenidade, "olhares de súplica" para determinada pessoa, coerência do raciocínio e de atitude, seriedade e sentido de responsabilidade manifestados, coincidências e inverosimilhanças que transpareçam dos vários depoimentos e declarações.

Assim, a apreciação dos depoimentos não pode cingir-se à palavra dita, devendo estes pesar-se caso a caso, no contexto em que se inserem, sendo importante *ouvir*, mas fundamental *escutar*[209], tendo em conta **a razão de**

---

*dade, pronto a fechar os olhos e a tapar os ouvidos perante a verdade, apenas para justificar a sua lógica».*

[205] Salienta, com acutilância, Miguel Teixeira de Sousa (*"A livre apreciação da prova em processo civil"*, p. 131) que: «*A lógica do diálogo – ou dialógica – afere a validade de uma argumentação alternativa entre um proponente e um oponente que termina com a vitória do proponente e perda do oponente ou com a perda do proponente e a vitória do oponente (...). A dialógica define, assim, a estratégia de argumentação para o proponente sair vencedor ou o oponente não sair vencido do diálogo argumentativo...».*

[206] «*No domínio da valoração da prova testemunhal, bem como na valoração da prova documental (nos casos em que a tal prova não seja atribuída força probatória plena), vigora o princípio da livre convicção do julgador, estatuído no art. 655.º, n.º 1, do CPC. A apreciação das provas resolve-se na formação de juízos, em elaboração de raciocínios, juízos e raciocínios estes que surgem no espírito do julgador, segundo as aquisições que a experiência tenha acumulado na mentalidade do juiz segundo os processos psicológicos que presidem ao exercício da actividade intelectual e, portanto, segundo as máximas de experiência e as regras da lógica. A certeza a que conduz a prova suficiente é uma certeza jurídica e não uma certeza material, absoluta*» (cfr. Ac. TRC de 12-10-2010, p.º 155/2002.C1, rel. FALCÃO DE MAGALHÃES).

[207] Sobre a temática da «*comunicação interpessoal*» vd. Pio Ricci Bitti e Bruna Zani, A Comunicação como Processo Social, cit.

[208] Caso interessante e onde o problema da valoração da prova testemunhal se colocou com grande acuidade, pois, toda a prova testemunhal tinha sido produzida por meio de carta rogatória reduzida a escrito e sem indicação das razões de ciência das testemunhas foi o apreciado pelo Ac. do TC n.º 248/09 (p.º n.º 78/09, rel. CURA MARIANO).

[209] Como refere José Manso Raínho ("Prova testemunhal: prova-rainha ou prova mal-dita? Algumas considerações ajurídicas acerca da prova testemunhal", Comunicação no 8.º Aniversário do Tribunal da Relação de Guimarães, p. 3): «*Neste tipo de comunicação há que distinguir entre o ouvir e o escutar (não se trata da mesma coisa: Stravinsky dizia, com graça, que "ouvir até os patos ouvem, escutar só algumas pessoas o fazem"). A escuta é um processo essencialmente activo (escuta activa).*

O "DIREITO À PROVA"

ciência invocada, a transparência na indicação do conhecimento do depoente, o interesse no desfecho da causa, a sua intervenção nos factos em causa, a consistência das respostas dadas, a sua razoabilidade face à lógica, à razão, às máximas da experiência e aos conhecimentos científicos[210], existindo, por vezes, comportamentos e reacções dos depoentes – como **a postura, o silêncio, o tom de voz, a mímica, o rubor, a palidez,** etc. – que, embora elementos infiéis e mutáveis (muito variáveis conforme o temperamento, a idade, o sexo, a posição social, as condições de vida de cada testemunha)**, podem ser adjuvantes na formação da convicção**, quando sujeitos a uma **análise prudente e avisada**, que distinga entre um tímido e um audacioso profissional da mentira (tendo este último, geralmente, um pré juízo no sentido de que será mais facilmente acreditado se se mostrar firme e seguro no seu depoimento)[211,212].

---

*Agora veja-se o seguinte: os falantes apenas conseguem articular cerca de 125 palavras por minuto mas o cérebro humano consegue processar a audição de cerca de 500 palavras. Onde emprega o nosso psiquismo tanto tempo sobrante? Sem dúvida que em divagação e vagabundagem mental, excepto se houver um esforço para uma escuta realmente activa».*

[210] *«O testemunho é habitualmente valorado com base na experiência do julgador, no conhecimento psicológico, até mesmo a partir de factores pessoais, profissionais, do nível intelectual e moral da testemunha, etc. (...)»* (assim, Muñoz, 2003, apud Maria Clara Calheiros; "Prova e verdade no processo judicial. Aspectos epistemológicos e metodológicos", p. 82).

[211] A este propósito, com extrema pertinência, referiu-se no Ac. TRP de 14/11/2011 (P.º 398/10.2TTVNF.P1, rel. ANTÓNIO JOSÉ RAMOS) o seguinte: *«Podemos afirmar que a testemunha, que está em permanente observação pelo juiz, não fala apenas com a voz, mas sim com todo o seu corpo. Utiliza, em simultâneo, a oralidade e a linguagem não verbal. É nesta apreciação conjunta que devemos ter em conta a aparência da testemunha, a sua postura e movimentos corporais, o contacto visual, a expressão facial, a fluência e o seu timbre de voz e a forma como reflecte as palavras. E por muito fiel que seja a gravação nunca transmitirá os sinais não-verbais essenciais a uma apreciação global do depoimento (como poderá o Tribunal da Relação atentar nas reacções faciais? Como poderá interpretar o olhar? Como poderá compreender determinados movimentos das mãos, do corpo?). Muitas das vezes diz-se com palavras o que se nega com o corpo. O olhar que nos denuncia; o franzir da testa, o comprimir dos lábios, o rubor repentino... são inúmeras as manifestações do rosto que representam sinais não verbais contraditórios como que acabamos de afirmar; os gestos que vão indicando sinais para o interlocutor (o juiz); a postura do corpo, que vamos manifestando com o corpo de acordo com as mensagens que vamos emitindo; a forma que sorrimos que pode ser um sorriso Alvar (Idiota e inoportuno), Homérico (Exagerado e ruidoso), Amarelo (Forçado e artificial), Esgar (Contraído e sem conteúdo), Enigmático (Indefinido e duvidoso), Fingido (Esquivo e efémero), Espontâneo (Livre, autêntico e convincente).O sorriso espontâneo, por transportar em si mesmo autenticidade, convence o receptor, impede e resolve conflitos, cria um ambiente*

A PROVA ILÍCITA: VERDADE OU LEALDADE?

Entre os factores de apreciação crítica de um testemunho, preferencialmente sopesados em permanente conexão e interacção contam-se, entre outros, os da autenticidade ou honestidade, da segurança, da isenção, da perceptibilidade, da coerência, da verosimilhança, da razoabilidade, do rigor, da fundamentação e da idoneidade e razão de ciência[213,214,215].

---

*propício à boa comunicação. Significa isto que quando está em a questão da apreciação da prova não pode deixar de dar-se a devida relevância à percepção que a oralidade e a imediação conferem ao julgador».*

[212] Entre os factores que condicionam um testemunho contam-se o sexo, o feitio, a simpatia, factores de ordem patológica, a percepção e a memória, o tempo e as emoções, como a tristeza, a alegria, a cólera, a supresa, o medo, a aversão e o desprezo (assim, Carlos Ribas, A Credibilidade do Testemunho – A verdade e a mentira nos tribunais, pp. 55-84).

[213] Cfr. Francisco da Costa Oliveira, O Interrogatório de Testemunhas. Sua Prática na Advocacia, 2.ª Ed., pp. 53-65.

[214] Como sintetiza Cunha Rodrigues (Recado a Penélope, 2007, p. 136): *«Julgar não é declarar o que os códigos estabelecem relativamente aos factos e às questões que as partes, genuína e racionalmente, expõem. Utilizando uma linguagem da medicina, o quadro apresentado aos tribunais é, muitas vezes, enganoso e assintomático. Um pormenor ignorado, uma hesitação desvalorizada ou a desatenção ao excesso de raciocínio e no discurso estão na origem de muitos erros de julgamento. Por outro lado, a vida é invariavelmente mais rica do que as hipóteses previstas pelo legislador...».*

[215] Como se aludiu no Ac. TRC de 02-12-2014 (P.º 536/2002.C1-A, rel. Carvalho Martins): *«A intervenção do sistema judicial é, primariamente, um cuidadoso processo de recolha de informação. Sendo a memória uma parte essencial deste processo, com enfoque nos mecanismos psicológicos de aquisição, retenção e recuperação da informação, cujo conhecimento é essencial a quem se movimenta nos meandros da psicologia do "testemunho".*

*Assinale-se, pois, pressuponentemente, também, que a memória, geralmente considerada como sendo um processo propenso à distorção, pode ser, teoricamente, pois, descrita com base em três estados sequenciais. O primeiro estado, aquisição, envolve a percepção e codificação do evento original que é interpretado em função do contexto, da experiência prévia e do conhecimento da pessoa. Isto envolve a transferência da informação para a denominada memória a curto prazo (memória que apenas permite reter informação por alguns segundos) e daí para a memória a longo prazo (mais permanente). O segundo estado, retenção, consiste no período de tempo entre o acontecimento observado e a eventual recordação. Por último, a recuperação, que envolve o acto voluntário de "trazer à memória" os acontecimentos desejados (Cf. Tito Peixoto, Psicologia do Testemunho, "O Papel da Percepção e da Memória", in Comunicar Justiça. Ano 2, n.º1, Janeiro de 2004).*

*Um enorme número de factores – capacidades pessoais, experiências passadas, crenças, personalidade, saúde física e mental, stressores ambientais e, a propósito, características do interrogatório – podem afectar o rigor da memória nestes três estados.*

*A aquisição pode ser afectada por factores relacionados com a natureza ou circunstâncias do facto, em si, ou, ainda, com as características do próprio indivíduo. No que diz respeito à retenção, pois que, no período interveniente entre a aquisição e a recuperação, a memória geralmente surge menos completa e precisa. Há*

O "DIREITO À PROVA"

B) No âmbito da prova legal, por seu turno, o valor da prova realizada através de um dos meios de prova está legalmente prefixado.

Este valor pode ser positivo (se a lei atribui um valor determinado à prova) ou negativo (se a lei proíbe a atribuição de valor à prova).

Em termos de valor positivo da prova, pode distinguir-se, em sede de **prova exigida para a sua impugnação** entre: a) **Prova bastante (basta a dúvida sobre o facto por contraprova)**; b) **Prova plena (tem de ser provado o contrário)** e; c) **Prova pleníssima (relativamente à qual não é admitida contraprova, nem, bem assim, a prova do contrário)**.

a) Na **prova bastante** basta criar no espírito do julgador dúvidas sobre a veracidade do facto que está em discussão, ou seja, basta produzir contraprova de que esse facto se verificou.

O art. 346.º do Código Civil – com a epígrafe «Contraprova» – refere-se a este tipo de valor probatório dispondo que: *«Salvo o disposto no art. seguinte, à prova que for produzida pela parte sobre quem recaí o ónus probatório pode a parte contrária opor contraprova a respeito dos mesmos factos, destinada a torná-los duvidosos; se o conseguir, é a questão decidida contra a parte onerada com a prova»*.

Assim, como regra, basta à parte não onerada com o ónus de prova tornar duvidosa a realidade dos factos questionados, pois, nesse caso, a questão deverá ser decidida contra a parte onerada com a prova[216].

---

*pelo menos dois tipos de factores que fazem com que isto aconteça: o intervalo de retenção e as interferências posteriores. Quanto à recuperação, a maior parte das deficiências da memória é o resultado da ineficácia da testemunha em ir buscar informação anterior baseada num deficiente processo de aquisição e retenção. Por esta razão, deve ser feita uma distinção entre a informação que está potencialmente disponível na memória e aquela que realmente é acessível numa determinada ocasião.*

*Tudo para dizer, nesta vertente trazida aos Autos, que a memória é como uma pele que se nos agarra, molda e protege [no dizer de P. B. Albuquerque & J. A. Santos (1999) Jura Dizer a Verdade? ...Traições e Fidelidades dos Processos Mnésicos. Psicologia: Teoria, Investigação e Prática, 2, 257-266]. Por isso capaz de fidelidades, mas também de traições (e.g., E. Loftus (1992) When a lie becomes memory´s truth: Memory distortion after exposure to missinformation. Corrent Directions in Psychological Sciences, I (4), 121-123; Memon, A., Vrij, A. & Bull, R. (1998), Psychology and Law. Truthfulness, accuracy and credibility. London: McGraw-Will. Sendo que, quando acontecidas, não podem ser projectadas para o sistema, em particular para o judiciário, que igualmente possui regras específicas para a sua atendibilidade (supra enunciadas, no seu rigor adjectivo), condicionadas, do mesmo modo, por referenciais principiológicos informados por consagrações constitucionais vinculadoras (supra e infra precisadas) (...)».*

[216] Ou seja: *«Se a parte a quem incumbe o ónus probandi fizer prova [livre; ou legal não plena] de per si suficiente (prova principal), o adversário terá, por seu lado, de fazer prova que invalide aquela; que a neutralize, criando no espírito do juiz um estado de dúvida ou incerteza (convicção negativa). Não*

O conceito de «contraprova»[217] corresponderá, pois, ao conjunto de dados com que se pretende lançar no espírito do julgador dúvida séria acerca da veracidade dos factos que foram objecto de prova[218,219].

*«É o que acontece, por exemplo, com o valor probatório da letra e assinatura de um documento particular, cuja autenticidade pode ser questionada com a mera impugnação pela parte contra quem o documento é apresentado (art. 374.º CC), ou seja, com a criação no espírito do julgador de dúvidas sobre essa autenticidade»[220,221].*

b) Contudo, no que à **prova plena** respeita, não basta tornar duvidosa a realidade; terá de se demonstrar não ser verdadeiro o facto objecto da prova.

Com efeito, o art. 347.º do Código Civil estatui, contudo, que: *«A prova legal plena só pode ser contrariada por meio de prova que mostre não ser verdadeiro o*

---

*carece de persuadir o juiz de que o facto em causa não é verdadeiro (convicção positiva)»* (cfr. Manuel de Andrade, Noções Elementares de Processo Civil, pp. 207-208).

[217] Cfr. sobre o tema, Lebre de Freitas, A falsidade no direito probatório, pp. 172-174.

[218] Manuel de Andrade (Noções Elementares de Processo Civil, p. 208) distingue, a este propósito, entre contraprova (ou prova contrária), que é aquela que se destina *«a tornar incerto o facto visado»*, da prova do contrário, que é aquela que se destina *«a tonar certo não ser verdadeiro um facto já demonstrado, formalmente, por prova legal plena».*

[219] Cumpre sublinhar que, na prática, é difícil traçar a "fronteira" onde o juiz adquiriu uma determinada convicção, a qual, muitas vezes resulta do entrecruzamento de diversos «fragmentos» probatórios. Daí que, na prática judiciária, se assiste, muitas vezes, por parte da advocacia, a um «repisar» de produção probatória, por vezes, já devidamente carreada para os autos, na tentativa de inculcar no espírito do julgador uma determinar realidade, que aqueles não sabem, muitas vezes, se já foi ou não apreendida por este.

[220] Assim, Miguel Teixeira de Sousa, As Partes, o Objecto e a Prova na Acção Declarativa, p. 237.

[221] Sobre esta situação vd., v.g., o ac. STJ de 03/12/2003 (P.º 03S2469, rel. FERNANDES CADILHA) com o seguinte sumário: *«I – A razão de ser da atribuição de força probatória plena às declarações desfavoráveis ao declarante que constem de documento particular radica na circunstância de ela poder ser interpretada com o valor de uma confissão extrajudicial, pelo que o princípio de direito probatório material ínsito no art. 376.º, n.º 2, do Código Civil tem pressuposta a ideia de que a declaração é recipienda e os seus efeitos jurídicos se produzem apenas quanto ao seu real destinatário (cfr. art. 358.º, n.º 2, do mesmo diploma). II – A declaração relativa à remuneração mensal de um trabalhador, emitida por uma entidade empregadora, a solicitação deste, para efeito de instruir um pedido de financiamento bancário para aquisição de habitação própria, tem como declaratário a própria instituição bancária e destina-se a produzir efeitos úteis no quadro da relação jurídica a estabelecer entre o trabalhador e essa instituição. III – Um tal documento não tem força probatória plena quanto ao montante remuneratório praticado pela empresa relativamente ao seu trabalhador, e poderá ser avaliado segundo a livre convicção do juiz, bastando à contraparte, para neutralizar ou invalidar a prova assim coligida, efectuar a contraprova, criando no espírito do juiz a dúvida ou incerteza quanto ao facto visado (art. 358.º, n.º 4, do Código Civil)».*

*facto que dela for objecto, sem prejuízo de outras restrições especialmente determinadas na lei».*

É o que sucede com os documentos autênticos (que fazem prova plena dos factos que referem como tendo sido praticados pela entidade documentadora – cfr. art. 371.º, n.º 1 do C.C.), cuja força probatória só pode ser ilidida com base na sua falsidade (cfr. art. 372.º, n.º 1, do C.C.), designadamente, de que o documento atesta algo que não se verificou[222].

Também, as presunções *iuris tantum* apenas podem ser ilididas mediante prova do contrário a elas (cfr. art. 350.º, n.º 2, do Código Civil)[223].

c) Finalmente, a **prova pleníssima** não admite contraprova, nem prova do contrário.

É o caso das presunções *iuris et de iure* (presunções inilidíveis) – cfr. parte final do n.º 2 do art. 350.º do Código Civil.

*«Por exemplo: a prova de que o terceiro adquiriu o direito posteriormente ao registo da acção de simulação, quando a este haja lugar, faz presumir, sem possibilidade de ilisão, a má-fé daquele adquirente (art. 243.º, n.º 3, CC); a prova de que a posse foi adquirida por violência implica sempre a má-fé do adquirente (art. 1260.º, n.º 3, CC)»[224].*

Por fim, a lei pode também atribuir um valor negativo à prova, não admitindo a atribuição de valor probatório – positivo – a determinado meio de prova.

---

[222] Sobre a situação descrita vd. v.g. o Ac. do STJ de 31-05-2011 (p.º 4716/10.5TBMTS – A.S1, rel. SALAZAR CASANOVA) com o seguinte sumário: *«I – Tem força probatória plena a confissão extrajudicial de dívida, na qual se alude ao empréstimo que foi concedido em determinado montante, confissão essa exarada em documento autêntico (escritura pública) em que outorgaram o ora exequente, destinatário da confissão (art. 358.º, n.º 2, do CC) e os executados, documento que constitui título exequível de harmonia com o disposto no art. 46.º, n.º 1, al. b), do CPC. II – A força probatória plena dessa confissão significa, nestas circunstâncias, que a prova do facto confessado – o empréstimo da referida quantia a restituir em determinada data – pode ser ilidida só com base na falsidade do documento (arts. 347.º e 372.º, n.º 1, do CC) ou mediante a invocação de factos integrativos de falta ou de vício da vontade que determinem a nulidade ou anulação da confissão».*

[223] Exemplificando: *«A presunção de culpa do devedor (art. 799.º CC) só pode ser ilidida mediante a prova da inexistência dessa culpa no incumprimento da obrigação»* (cfr., Miguel Teixeira de Sousa, As Partes, o Objecto e a Prova na Acção Declarativa, p. 237).

[224] Também é exemplo de Miguel Teixeira de Sousa (As Partes, o Objecto e a Prova na Acção Declarativa, p. 238).

A PROVA ILÍCITA: VERDADE OU LEALDADE?

É, precisamente, o que acontece com as provas ilícitas, onde fica arredado à prova poder ser a mesma valorada no e para o processo[225].

## 2.7. Os limites do "direito à prova"

Contudo, o "direito à prova" não é ilimitado ou absoluto[226].

E, isto é assim, quer se configure tal direito por referência à lei constitucional ou à lei ordinária.

No primeiro campo, como refere Vieira de Andrade[227], não é novidade afirmar que os direitos fundamentais não são absolutos, nem ilimitados, pois, desde logo, co-existem com outros direitos constitucionalmente previstos (limite constitucional), porque a sua dimensão subjectiva não depende do arbítrio do seu titular, sendo necessário assegurar a todos os outros membros da sociedade o gozo dos mesmos direitos (limite subjectivo) e, finalmente, na medida em que cedem face às exigências da vida em sociedade, nomeadamente, a ordem pública a ética ou a moral social (limite externo).

No segundo campo, está hoje completamente arredada a concepção medieval da existência de absolutos e irrestritos direitos[228], existindo uma panóplia de normas que impõem limitações[229] legais de prova: umas resultantes da imposição de prazos e de preclusões que regem os procedimentos probatórios; outras decorrentes da necessidade de assegurar a celeri-

---

[225] Regulam específicos aspectos dos termos em que pode ser impugnada a prova as seguintes normas do CPC: quanto à prova documental (arts. 427.º, 439.º, 444.º, 445.º, 446.º, 447.º, 448.º, 479.º e 451.º); quanto ao depoimento de parte (arts. 461.º, n.º 1, 462.º e 463.º, n.º 2); quanto à prova pericial (arts. 467.º, n.º 2, 468.º, 471.º, n.º 1, 475.º, 476.º, 477.º, 478.º, n.º 1, 480.º, n.º 3 e 4, 485.º, 486.º e 487.º); quanto à inspecção judicial (art. 491.º); quanto à prova testemunhal (arts. 502.º, n.º 3, 504.º, n.º 6, 505.º, n.º 4, 510.º, n.º 1, 511.º, 512.º, 514.º, 515.º, 516.º, 517.º, 520.º, 521.º, 522.º, 523.º, 524.º e 526.º, n.º 2).

[226] Como refere Remédio Marques (*"A aquisição e a valoração probatória de factos (des)favoráveis ao depoente ou à parte chamada a prestar informações ou esclarecimentos"*, pp. 154-155): «(...) o direito à prova implica a previsão de certas limitações aos meios de prova utilizáveis, desde que essas limitações se mostrem materialmente justificadas e respeitadoras do princípio da proporcionalidade».

[227] José Carlos Vieira de Andrade, Direitos Fundamentais na Constituição Portuguesa de 1976, 4.º ed., p. 265.

[228] Como assinala Egbert Peters ("Die Verwertbarkeit rechtswidrig erlangter Beweise und Beweismittel im Zivilprozess", p. 145, *apud* Isabel Alexandre, Provas Ilícitas em Processo Civil, p. 159).

[229] Rui Rangel (O Ónus da Prova no Processo Civil, p. 78) reporta-se neste âmbito, embora sem precisar tal distinção, a limites intrínsecos e extrínsecos do direito à prova.

dade processual, impedindo a produção de provas inúteis (incidindo, por exemplo, sobre factos notórios) e requerimentos dilatórios; outras visam dar segurança jurídica, mediante a admissibilidade de prova de certos factos apenas pelo meio legal estabelecido; e outras ainda, pretendem impedir a investigação de factos que viole direitos fundamentais da pessoa humana[230].

A actividade do juiz[231,232] e, bem assim, a das partes[233], está, pois, claramente conformada pelas prescrições legais relativas aos modos de proposição, produção e valoração probatória[234].

---

[230] Sobre este ponto, para maiores desenvolvimentos, vd. Leonardo Greco, *"Limitações probatórias no processo civil"*, p 7, enunciando o Autor que os fundamentos para a admissão ou rejeição de limitações probatórias assentam na dignidade humana, na privacidade, no direito à não auto-incriminação, na celeridade do procedimento, na segurança jurídica, na credibilidade da prova, na protecção da confiança profissional e da solidariedade familiar, na boa-fé ou no interesse público (v.g. segredo de Estado).

[231] Cfr. sobre o tema vd. Nunos de Lemos Jorge, *"Os poderes instrutórios do juiz: Alguns problemas"*, p. 61 e ss. No direito brasileiro, vd. Eduardo Yoshikawa, *"Considerações a respeito da iniciativa instrutória do juiz no processo civil brasileiro"*, p. 107 e ss. criticava a existência de restrições processuais à produção de prova considerando que, *«a prevalência do princípio da obtenção da verdade material implicará ainda, na nossa perspectiva, a eliminação de todas as restrições à produção de certos meios probatórios, em determinados processos especiais ou incidentes».*

[232] *"É dever do juiz proferir a melhor sentença possível, e, para isso, é indispensável que os fatos sejam aclarados. Se as partes não requereram ou produziram provas suficientes, e o juiz verifica que há outras que, realizadas, poderão esclarecer os fatos, permitindo-lhe julgar com mais confiança, deve determiná-las, ainda que o processo verse sobre interesse disponível. A disponibilidade do direito não afasta a exigência, válida para todos os processos e de interesse público, de que o juiz realize sempre o melhor julgamento possível"* (assim, Marcus Vinicius Rios Gonçalves, Direito Processual Civil Esquematizado, p. 470).

[233] Têm sido, por exemplo, afirmadas limitações probatórias, designadamente, no âmbito de procedimento cautelares, na decisão de incidentes ou no âmbito de processos de jurisdição voluntária. Relativamente a providências cautelares vd. v.g. o Ac. TRL de 11-07-2013 (P.º 462/13.6TVLSB.L1-2, rel. Ezagüy Martins), aí se tendo decidido que *«o disposto no art. 386.º, n.º 1, do Código de Processo Civil, deverá ser entendido no sentido de a prova proposta pelo requerido apenas poder ser considerada desnecessária quando se devam ter já por assentes factos contrários àqueles que fundem a providência, por prova documental ou por confissão, insusceptível de ser destruída pela produção dos meios de prova propostos pelo requerido ou oficiosamente determinados pelo juiz»*); o Ac. TRL de 28-06-2012 (P.º 8798/11.4TBCSC.L1-2, relatado também por Ezagüy Martins, considerando que, *«em procedimento cautelar, o juiz pode julgar desnecessária a produção de meios de prova constituenda propostos pelas partes, já que apenas quando necessário é que se procede à produção das ditas provas. Porém a recusa da produção dum meio oferecido para prova dum facto que não deva considerar-se já provado, e para lá da hipótese de inidoneidade de tal meio de prova, apenas poderá ter lugar quando – sem deixar de se ter presente que ao decretamento da providência cautelar basta a pro-*

A PROVA ILÍCITA: VERDADE OU LEALDADE?

São diversas as classificações de limitações probatórias que se podem considerar[235].

*babilidade séria da existência do direito e o fundamento suficiente do perigo de lesão – se deva ter já por assente a verificação destes requisitos, por prova documental, por confissão ou por admissão, insuscetível de ser destruída pela produção dos meios de prova propostos pelo requerido ou oficiosamente ordenados pelo juiz, ou, pelo contrário, se devam ter já por assentes factos contrários àqueles que fundem a providência, por prova documental ou por confissão, insuscetível de ser destruída pela produção dos meios de prova propostos pelo requerente ou oficiosamente ordenados pelo juiz.". Não é esse o caso de fotografias, em hipótese de discussão sobre a utilização indevida de parte da fachada de um prédio pelo estabelecimento instalado no prédio contíguo, ademais quando se alega que o lesante pintou parte dessa fachada com tinta da cor do prédio contíguo, e consta de documentação junta existir uma parede comum, não sendo os prédios iguais»*); e o ac. TRG de 20-03-2014 (P.º 3878/13.4TBGMR, rel. JOSÉ ESTELITA DE MENDONÇA), com a consequência da exclusão da realização da audiência final: *«No procedimento cautelar comum não há lugar a audiência final quando o juiz entenda que não há necessidade de produzir provas».* No âmbito de incidentes, decidiu-se no Ac. TRP de 31-05-2007 (P.º 0732912, rel. COELHO DA ROCHA) que: *«I – No incidente de verificação do valor da causa, só deve ser ordenada a produção de prova através de arbitramento quando a mesma se revelar estritamente necessária, quando se mostrarem insuficientes os elementos constantes do processo, quando os elementos da convicção judicativa ainda não constem dos autos. II – Facultando os autos tais elementos, não há que recorrer a quaisquer diligências, nomeadamente à do arbitramento».* Quanto a processos de jurisdição voluntária, vd. v.g. o Ac. TRP de 25-11-2014 (P.º 2370/07.0TBVNG-A.P1, rel. JOÃO DIOGO RODRIGUES) onde se afirmou que: *«I – Nos processos de jurisdição voluntária relativos à regulação das responsabilidades parentais, mais do que a composição dos interesses dos pais em conflito, releva sobretudo o interesse do menor, a regular. II – Por isso mesmo, ao contrário do que sucede na jurisdição contenciosa, o princípio do contraditório na jurisdição voluntária não se estende sempre e necessariamente ao direito de cada um dos progenitores a produzir as provas que bem entenda. O juiz, enquanto árbitro, tem a palavra final. Só deve admitir as provas que considere necessárias à tutela do interesse que lhe compete salvaguardar. III – Esta limitação, no entanto, não se estende ao princípio da audiência contraditória; ou seja, o direito, por exemplo, de um dos pais a deduzir oposição às pretensões pelo outro formuladas ou o direito a desvalorizar o alcance probatório da prova oferecida ou oficiosamente recolhida, a qual pode ser contraditada ou aceite. IV – O tribunal deve decidir sempre de harmonia com o interesse do menor, incluindo o de manter uma relação de grande proximidade com os dois progenitores, tomando decisões que favoreçam amplas oportunidades de contacto com ambos. V – Assim, só em casos excecionais e devidamente fundamentados o direito de visitas em relação ao progenitor que não tem a guarda do menor deve ser suprimido».*

[234] A conformidade constitucional das limitações probatórias passa pela aferição da sua proporcionalidade, afirmada em diversos arestos. Sobre o ponto vd. Nuno de Lemos Jorge (*"Direito à Prova: Brevíssimo Roteiro Jurisprudencial"*, p. 99 e ss.).

[235] Assim, Gian Franco Ricci (*"Nuovi rilievi sul problema della 'specificità' della prova giuridica"*, p. 1148 distingue entre limitações probatórias: Que visam repudiar provas supostamente suspeitas, como as incapacidades, impedimentos e suspeições para depôr; Que se destinam a garantir um ordenado desenvolvimento do processo, como as preclusões, os prazos probatórios e

O "DIREITO À PROVA"

De todo o modo, em termos singelos, os limites ao direito à prova podem ser de duas ordens: Intrínsecos (inerentes à actividade probatória) ou extrínsecos (devidos a requisitos legais de proposição probatória)[236].

Os limites intrínsecos do direito à prova deduzem-se da tutela constitucional de diversos direitos fundamentais e concretizam-se naqueles pressupostos ou condições que, por natureza, devem ser observados por qualquer prova, podendo reconduzir-se à pertinência[237,238] e à licitude da prova[239].

Os limites extrínsecos derivam do carácter processual do direito à prova e concretizam-se na observância das formalidades processuais imprescindíveis para o seu exercício.

Surge, assim, clara a dicotomia entre a observância das normas de direito substantivo ou material – circunscrição dos limites intrínsecos da prova – e o cumprimento das normas processuais que regulam os termos do exercício do direito de prova – circunscrição dos limites extrínsecos da prova.

---

outras regras procedimentais; e Que preservam valores constitucionais, como a intimidade, o segredo de ofício ou o segredo profissional.
Em termos semelhantes, vd. Leonardo Greco (*"Limitações probatórias no processo civil"*, p. 7, nota 15.

[236] Adoptando esta diferenciação, vd. Joan Picó y Junoy (El Derecho a la Prueba en el Proceso Civil, p. 41) e também Rui Rangel (O Ónus da Prova no Processo Civil, p. 78).

[237] Não é todo e qualquer meio de prova proposto que é pertinente para a causa objecto do litígio. Por tal razão o art. 410.º do CPC prescreve que a instrução tem por objecto os temas da prova enunciados ou, na falta desta enunciação, os factos necessitados de prova.

[238] Em Espanha, como dá conta Xavier Abel Lluch ("A propósito del juicio de admisión de los medios de prueba", in La prueba y la decisión judicial, p. 165), *«la jurisprudencia constitucional española ha conferido al término "pertinencia" un doble y diferente significado: a) el alcance propio y estricto de adecuación de la prueba propuesta con el thema decidendi; y b) el alcance más amplio de que el medio de prueba propuesto cumpla con los requisitos o parámetros de admisión de la prueba. Este doble alcance o sentido se puede advertir, entre otras, en la STC de 14 de febrero de 2000, al razonar: "asimismo este Tribunal ha señalado que el art. 24.2 C.E no atribuye un ilimitado derecho de las partes a que se admitan y practiquen todos los medios de prueba propuestos, pues sólo procede la admisión de las pruebas que, propuestas en tiempo y forma, sean lícitas y pertinentes al caso, correspondiendo el juicio de pertinencia y la decisión sobre la admisión de las pruebas propuestas a los órganos judiciales, al ser esta una materia propia de la potestad jurisdiccional que el art. 117.3 CE confiere en exclusiva a los Jueces y Tribunales..."»*.

[239] *«Una prueba debe considerarse "lícita" cuando no existe infracción de derechos fundamentales ni en la obtención preprocesal del elemento probatório, ni durante la práctica del concreto médio de prueba pues (...) lo que en definitiva caracteriza a la prueba como ilícita es la vulenración de algún derecho fundamental»* (assim, Joan Picó y Junoy, El Derecho a la Prueba en el Proceso Civil, p. 61).

Por outro lado, «*o direito à prova cede tanto perante as provas lícitas mas proces-sualmente proibidas, como perante as provas ilícitas, isto é, as provas cujo método de obtenção ou forma de produção constitui um ilícito material. Quer dizer: são vários os limites que a ordem jurídica pode colocar à utilização em processo de um determinado meio de prova, sendo que, dada a função instrumental do processo, a ilicitude material da prova não lhe pode ser indiferente*»[240].

Ou seja – e sublinhando – o direito à prova não é um direito absoluto, mas, em contrapartida, as limitações ao mesmo deverão ser racionais, justifi-cadas e proporcionadas[241],[242].

E, geralmente, é em sede de impugnação da prova que qualquer destas questões atinentes aos limites do direito à prova[243] é suscitada ou introdu-zida no processo judicial.

---

[240] Assim, Miguel Teixeira de Sousa As Partes, o Objecto e a Prova na Acção Declarativa, p. 229.

[241] Para que sejam admissíveis os limites intrínsecos do direito à prova, sem que tais limites constituam uma violação de tal direito, têm de se verificar os seguintes requisitos: «*1 – necessi-dade de salvaguardar um interesse público preponderante; 2- respeito pelo princípio da proporcionalidade; 3 – e manutenção do núcleo intangível do direito à prova*» (assim, Rui Rangel, O Ónus da Prova no Processo Civil, pp. 78-79).

[242] Sintetizando: O «*direito à prova, enquanto parte do direito à tutela jurisdicional efectiva, admite alguma compressão face a outros direitos ou interesses preponderantes, designadamente aqueles que se ligam à certeza e segurança jurídicas. Porém, não se admitirá a total ablação da possibilidade de fazer uso de um meio de prova por uma pessoa, quando de tal restrição resultar a impossibilidade prática da prova de factos constitutivos do seu direito. Na necessária ponderação de interesses, em face do caso concreto, o papel do julgador será decisivo*» – cfr. Nuno Lemos Jorge (*"Direito à Prova: brevíssimo roteiro juris-prudencial"*, p. 106).

[243] A respeito do direito à prova, na vertente «direito à produção de prova» referem, Jorge Miranda e Rui Medeiros (Constituição Portuguesa Anotada, Tomo I, 2.ª Ed., p. 443) que: «*Concretamente, no que à produção de prova se refere, o Tribunal Constitucional tem entendido que um tal direito não implica necessariamente a admissibilidade de todos os meios de prova permitidos em direito em qualquer tipo de processo e independentemente do objecto do litígio e não exclui em absoluto a introdu-ção de limitações quantitativas na produção de certos meios de prova. Todavia, as limitações à produção de prova não podem ser arbitrárias ou desproporcionadas (Acs. N.ºs 209/95, 604/95 e 681/06).* Para uma apreciação crítica destes arestos e de outras situações de apreciação constitucional do direito à prova, vd. Nuno Lemos Jorge (*"Direito à Prova: brevíssimo roteiro jurisprudencial"*, pp. 100-101). Exemplificativamente, por referência ao prescrito no art. 146.º-B, n.º 3, do Código do Proce-dimento e do Processo Tributário (que previa que os meios de prova devem revestir natureza meramente documental, excluindo a possibilidade de produção de prova testemunhal) no Ac. do TC n.º 646/2006 decidiu-se ser contrária à Constituição a proibição absoluta da prova

O "DIREITO À PROVA"

Podem classificar-se as limitações probatórias – consoante a função que desempenham no processo – em três espécies[244]:

a) *As que visam repudiar provas supostamente suspeitas* (como as incapacidades, impedimentos e suspeições para depor);
Estão neste âmbito, por exemplo, as seguintes normas:

– Incapacidade de testemunho por interdito por anomalia psíquica ou por pessoa que não revele aptidão física e mental para depor sobre os factos que constituem objecto da prova (art. 495.º, n.º 1 do CPC);
– Impedimento de testemunhar por parte (art. 496.º do CPC) etc.;

b) *As que se destinam a garantir um ordenado desenvolvimento do processo* (como as preclusões, os prazos de proposição e produção de prova e as regras procedimentais dos meios de prova);
Aqui encontram-se, exemplificativamente, as seguintes normas:

– Delimitam o momento de apresentação da prova documental e seus requisitos (art. 423.º do CPC);
– Estabelecem o limite de prova testemunhal (art. 511.º do CPC);
– Sujeitam a acordo das partes o depoimento escrito quando se verifique impossibilidade ou grave dificuldade de comparência em tribunal (art. 518.º do CPC);
– Limitam os termos da substituição de testemunhas (arts. 508.º e 510.º do CPC);
– Visam salvaguardar as pessoas que desempenham funções públicas fundamentais (cfr. arts. 503.º a 505.º do CPC); etc.; e

c) *As que visam preservar valores constitucionais* (como a intimidade, o segredo de Estado ou o segredo profissional). Aqui inserem-se as limita-

---

testemunhal se tal restrição eliminasse a possibilidade de produção da prova dos factos relevantes para a decisão (ou seja, quando o meio de prova legalmente previsto fosse o único admissível). Em semelhante sentido, se pronunciou o mesmo TC nos Ac.s n.ºs 681/2006 e 24/2008.

[244] A classificação é da autoria de Gian Franco Ricci, *"Nuovi rilievi sul problema della 'specificità' della prova giuridica"*, p. 1148.

ções probatórias relativas à prova ilícita, as quais se prendem com o modo de obtenção de prova[245].

## 3. A ilicitude da prova em geral: Conceito e figuras afins

### 3.1. Conceito[246]

O postulado de um processo equitativo determina que apenas devam ser admitidas provas obtidas ou constituídas por meios legais e leais.

*«Em sede de prova, o direito ao processo equitativo implica a inadmissibilidade de meios de prova ilícitos, quer o sejam por violarem direitos fundamentais, quer porque se formaram ou obtiveram por processos ilícitos»*[247].

Mas, então, o que é que se poderá entender por prova ilícita?

Ao contrário do que sucede relativamente a muitos institutos jurídicos, que têm profundo estudo doutrinário conformado por um recorte jurisprudencial diário, o conceito de prova ilícita em processo civil[248], embora possa à primeira vista ter algo de evidente – pela referência à «ilicitude»[249] – não é, contudo, adoptado, na prática, com o rigor que se impunha.

A noção de ilicitude é conhecida. Os actos jurídicos podem ser lícitos ou ilícitos. Os actos lícitos *«estão de acordo com a ordem jurídica, que os aprova e consente. Os ilícitos são contrários à ordem jurídica, antagónicos com ela, por ela reprovados*[250]*»*.

Contudo, a dificuldade dogmática[251,252], parece-nos evidente e resulta da procura de teorização de um problema que nasce da riqueza da vida e da

---

[245] Como refere Fabiana Lima da Silva Gonçalves (*"A prova ilícita no processo civil"*): *«A ilicitude vedada nas provas refere-se ao momento em que ela é obtida e não propriamente ao seu conteúdo, uma vez que este pode ser revelador da verdade, mas violador de princípios basilares e direitos fundamentais das pessoas».*

[246] Não se esquece, contudo, que *«omnis definitio in jure periculosa est (Digesto 50.17.202), asserção que como se verá, no texto, ainda é mais acutilante, tendo em conta o carácter polissémico do termo «prova ilícita».*

[247] Assim, Lebre de Freitas, Introdução ao Processo Civil – Conceito e Princípios Gerais à Luz do Código Revisto, pp. 107-108.

[248] Ao contrário do que sucede em processo penal.

[249] Com o sentido de comportamento *«contrário ao direito».*

[250] Assim, Manuel de Andrade, Teoria Geral da Relação Jurídica, vol. II, p. 2.

[251] Como refere Luciana Fregadolli (O Direito à intimidade e a prova ilícita, p. 182): *«O termo "ilícito" tem um sentido amplíssimo, e assim pode ser considerado da seguinte maneira: tudo quanto a lei não permite que se faça ou que é praticado contra o direito, a justiça, os bons costumes, a moral social e a*

A ILICITUDE DA PROVA EM GERAL: CONCEITO E FIGURAS AFINS

consideração de interesses nela contrapostos que, na generalidade, só caso a caso poderão ser equacionados e resolvidos.

De todo o modo, parece-nos possível recortar uma ideia fundamental: A prova ilícita traduz um desvalor na formação da prova, a qual, sem afectar a sua natureza extrínseca ou a finalidade probatória da mesma, foi produzida (extraprocessualmente) ou ingressou no processo, por meios ilegais ou ilegítimos, colidindo com valores e direitos protegidos, via de regra, pela própria Constituição, ou seja, violando ou postergando princípios fundamentais ou normas de direito material[253].

Consideremos alguns exemplos[254] onde se poderá convocar a temática da prova ilícita:

a) *Por violação do direito à integridade física ou mental das pessoas*[255]:

---

*ordem pública. Já por ilegítimo pode-se entender como tudo aquilo a que faltam qualidades ou requisitos exigidos pela lei para ser por ela reconhecido ou defeso. Logo, prova ilegítima seria aquela que no momento de sua colheita estaria ferindo normas de direito processual».*

[252] Como reporta Guilherme Botelho de Oliveira (Algumas considerações quanto à prova obtida por meios ilícitos: Uma leitura restritiva da garantia constitucional instituída no art. 5.º, inciso LVI da CF/88, p. 83-103), *«uma das grandes dificuldades na compreensão do tema decorre da absoluta ausência de uniformidade na terminologia dos fenômenos. Não é incomum ver a doutrina usar os termos provas ilegítimas, provas proibidas, vedadas, ilegais, inadmissíveis, irregulares, e, até mesmo, proibições probatórias; às vezes como sinônimos, às vezes como gêneros e espécies, sempre com algumas variações terminológicas. Prova vedada ou inadmissível é a prova obtida mediante meios ou comportamentos ilegais, ou seja, prova obtida por intermédio de atitude reprovada pelo ordenamento jurídico, seja de que natureza for essa norma. As doutrinas italiana, portuguesa e brasileira têm preferido a utilização do termo ilegítima especificamente para denominar as provas obtidas mediante violação de norma processual; parece-nos adequado, razão pela qual adotaremos-na neste ensaio. De outra banda, ilícita será "a prova cujo modo de obtenção o direito material reprova, quer essa ilicitude se verifique dentro ou fora da órbita processual". Serão exemplos de prova ilícita fora da órbita processual: a escuta telefônica sem autorização judicial ou a obtenção delituosa de informações que chegam aos autos através de prova».*

[253] A prova ilícita é *«a prova que foi formada fora do processo ou entrou para o processo com o uso de meios ilegais ou ilegítimos, com métodos pernalmente ilícitos ou com actos que comportam uma violação de direitos subjectivos constitucionalmente protegidos»* (assim, Michelle Taruffo, La Prova nel processo civil, Giuffrè, Milão, 2012, p. 76).

[254] Franco De Stefano ("Le prove atipiche e illecite", pp. 45-46) reporta alguns destes exemplos e outros com referência a decisões jurisprudenciais italianas proferidas desde meados do século XIX.

[255] Nas Constituições Portuguesas ficou sempre enunciada a proibição de utilização de meios de obtenção da prova por violação da integridade física ou moral. Assim, no art. 11.º da Constituição de 1822 enunciava-se: *«Fica abolida a tortura, a confiscação de bens, a infâmia, os açoites, o*

A PROVA ILÍCITA: VERDADE OU LEALDADE?

– Prova obtida mediante a provocação de *stress* ou tortura[256,257,258] (v.g. manutenção em pé para além do razoável, encapuçamento, sujeição a ruídos ou a luz intensa, provocação de sono, etc.);
– Prova resultante de coacção ou ameaça de um mal[259];
– Prova obtida com adminstração de substâncias desinibidoras ou narcóticos[260];

---

baraço e o pregão, a marca de ferro quente, e todas as mais penas cruéis ou infamantes». Por seu turno, no art. 145.º § 18.º da Carta Constitucional de 1826 enunciava-se: «*Desde já ficam abolidos os açoites, a tortura, a marca de ferro quente, e todas as mais penas cruéis*». Esta prescrição foi reiterada no art. 21.º da Constituição de 1838, no art. 3.º, §§ 22.º e 23.º da Constituição de 1911 e no art. 8.º, § 11.º da Constituição de 1933 (cfr. Jorge Miranda, As Constituições Portuguesas – de 1822 ao texto actual da Constituição, 2.ª Ed., p. 21).

[256] A tortura é a forma mais agravada de tratamento cruel e desumano revelando-se em «*(...) qualquer acto originador de dor ou sofrimentos agudos, físicos ou mentais, intencionalmente infligidos a uma pessoa para dela obter informações, a intimidar ou a punir*» (assim, Vital Moreira e Gomes Canotilho, Constituição da República Portuguesa anotada, p. 177-178).

[257] Norberto Bobbio (A Era dos Direitos, 15.ª ed., p. 187) refere (com algum exagero e esquecendo o direito fundamental à vida) que só há dois direitos fundamentais absolutos, que sob nenhum pretexto podem ser sacrificados: Não ser torturado e não ser escravizado.

[258] Veja-se – estreitamente relacionado com o efeito probatório inerente a este método – o art. 1.º da Convenção das Nações Unidas sobre Tortura, que define a tortura como «*qualquer acto pelo qual se inflija intencionalmente sobre uma pessoa dor ou sofrimento, físico ou mental, com o propósito de extrair informação ou confissão ou punir ou intimidar*», sendo vasta a jurisprudência do TEDH sobre a matéria, principalmente a respeito do art. 6.º, n.º 1 da CEDH (estatuindo, na parte ora relevante, que «*qualquer pessoa tem direito a que a sua causa seja examinada, equitativa e publicamente, num prazo razoável por um tribunal independente e imparcial, estabelecido pela lei, o qual decidirá, quer sobre a determinação dos seus direitos e obrigações de carácter civil (...)*»), sendo relevante, em sede de prova ilícita, o Ac. de 12-07-1988 (caso Schenk contra Suíça). A respeito da violação do art. 8.º da Convenção Europeia, respeitante a interferência ilegítima em conversações telefónicas, vd. a decisão de 24-04-1990 (caso Kruslin e Huvig contra França). Noutros moldes têm-se sancionado diversos modos de obtenção de provas, como, por exemplo, em sede de agressão sexual (Caso Aydin vs. Turquia de 25-09-97 do TEDH), humilhação (Caso Selmonni vs. França de 28-07-99), quebra de ossos e choques eléctricos (Caso Cakici vs. Turquia de 08-07-99), lesões que ponham em perigo a vida (Caso Ilhan vs. Turquia de 27-06-2000), pancadas na planta dos pés (Caso Salaman vs. Turquia de 27-06-2000), insultos e privação do sono (Caso Bati e Owl vs. Turquia de 03-06-2004), lesões físicas (Caso Abdulsamet Yamn vs. Turquia de 02-11-2004).

[259] Vd. o Ac. do TEDH de 10/10/2000 (Akkoç vs. Turquia).

[260] «*Existem métodos que afectam a capacidade de memória ou de avaliação do arguido durante o interrogatório, que ocasionam perda de domínio, de resistência física ou mental do arguido fazendo com que*

- Uso de hipnose;
- Utilização de polígrafo[261] e de outras provas neurofísicas[262];

as declarações não sejam de sua livre determinação. Não podemos admitir certos métodos que perturbem a condição física ou psicológica do arguido como: hipnose, detectores de mentira ou polígrafos ou narcoanálise, porque irão afectar a liberdade de autodeterminação e invadir a sua intimidade» (assim, Diana Henriques Marques Silvério, "O silêncio como garantia de direitos fundamentais das vítimas e dos arguidos no processo penal português", p. 59).

[261] O primeiro detector de mentiras foi patenteado em 1905 por Henry Lavery, nos E.U.A., seguindo os princípios da frenologia do austríaco Franz Joseph Gall (1758-1828) teoria que pretendia estudar o carácter e as funções intelectuais do homem com base na análise da conformação exterior do crânio. Actualmente, os defensores do polígrafo baseiam-se no entendimento de que há estímulos verbais «comprometedores», mais ou menos camuflados, sendo que, algumas perguntas provocam respostas fisiológicas, sendo relevante o tempo de reação a uma pergunta-estímulo. Contudo, como salienta Lluis Muñoz Sabaté ("Hablemos outra vez del detector de mentiras", pp. 24-26): «La fiabilidad del polígrafo como detector de mentiras resulta altamente cuestionable cuando no se da la inmediación, que yo entiendo, a estos efectos, como la relación temporal próxima e impoluta entre la comisión del hecho delictivo y el sometimiento al detector de mentiras. Bastará com suponer un asesinato cometido en el cruce del paseo de Gracia y la calle Mallorca de Barcelona cuyo autor huye inmediatamente del lugar del crimen en una motocicleta hasta situarse a dos kilómetros de distancia, en la playa de la Barceloneta, por cuyo paseo simula pasear tranquilamente. Si ahora suponemos también que, no habiendo transcurrido más que una hora del asesinato, un policía que casualmente pasa por allí sospecha de él, lo detiene y le somete a un test del polígrafo, con preguntas tales como "¿Le gustan las ensaimadas?", "¿En qué isla se encuentra la ciudad de Palma?", "¿Conoce el barrio de Gracia"?, "Le voy a dar el nombre de tres paseos y tiene que decir si los conoce o no: Paseo del Prado, Paseo de Gracia y Paseo de la Concha" – preguntas, todas ellas, que, en la situación dada, pueden mantener una fuerte latencia en el subconsciente–, no se puede descartar a la ligera un alto grado de probabilidad de que las variables que controla el polígrafo resulten extremadamente significativas al contestar a estos ítems. En cambio, seguramente no sucedería al cabo de unos días y muchísimo menos al cabo de 12 meses, con el transcurso de los cuales se ha "domesticado" el estado de alerta (...). así como un termómetro detecta la fiebre pero no su etiología, así debemos tomarnos, en sede judicial, los resultados de un polígrafo bien administrado: como un indicio, de graduada valencia probática, que puede hacer fuerza junto a otras pruebas o indicios. Pero nada más en el actual estado de la técnica».

[262] A respeito deste tipo de provas, no direito espanhol, refere José Antonio Naranjo Puértolas (Reflexiones sobre la prueba ilícita y los medios de prueba neurofísicos, p. 50) que, «cuanto a la actual situación legal de estos medios probatórios neurofísicos, he de decir que su actual situación legislativa hace que se creen muchas dudas en cuanto a su utilización, y que la ausencia de previsión legal hace que exista una corriente más partidaria de la no utilización de estos medios de prueba. En concreto, el que no existan requisitos o condiciones para su utilización puede llegar a suponer una vulneración de los derechos y libertades de los sujetos que se deben someter a tales pruebas, ya que no se conocen los límites de su utilización. Por lo tanto, la previsión legal de estos medios, los que se consideren acordes a los principios

## b) *Por violação da reserva na intimidade da vida privada*[263,264]:
– A fotografia de uma cena da vida íntima;
– A gravação de uma conversa telefónica;

*de nuestro ordenamiento jurídico, ayudaría a poder utilizarse con cierta asiduidad, así como a respetar los derechos y libertades de las personas que se sometan a los mismos.».*

[263] Direito que, para além da tutela constitucional – art. 26.º, n.º 1 da CRP – e sua especificação na legislação ordinária, tem desde logo, previsão, no art. 17.º do Pacto Internacional de Direitos Civis e Políticos das Nações Unidas e no art. 8.º da Convenção Europeia dos Direitos do Homem.

[264] A reserva de vida privada e familiar é tanto um direito fundamental como um direito de personalidade, reconhecido no art. 80.º do CC. Mas, em momento algum se substitui à tutela do direito fundamental que se aplica sempre no direito privado, pela força jurídica que lhe confere a CRP. Assim, como refere Pedro Joaquim Cardoso Ribeiro (Dados Bancários Enquanto Dados Sensíveis, pp. 6-9): «*Poderá questionar-se a utilidade da consagração na lei de um direito fundamental já previsto na Constituição. Aliás, uma curiosidade acerca desta "tutela dupla", reside no facto de o art. 80.º do CC ter por epígrafe "Direito à reserva sobre a intimidade da vida privada" e o n.º 1 do art. 26.º da CRP reconhecer, a todos, o direito "à reserva da intimidade sobre a vida privada e familiar". Sem entrar em análises de maior sobre o porquê da diferente terminologia, sempre se dirá que dentro do círculo da reserva da vida privada de um indivíduo, se inclui necessariamente a sua vida familiar. Não parece, igualmente, que o n.º 2 do art. 80.º do CC introduza limites – ao menos não autorizados pela Constituição – ao direito de reserva da intimidade da vida privada, uma vez que os critérios relativos à "condição das pessoas e à natureza do caso" são verdadeiros elementos da explicitação da intimidade da vida privada, decorrendo do próprio conceito de privacidade. Ou seja, encontramo-nos perante limites impostos pela especificidade do bem que o direito fundamental visa salvaguardar e, consequentemente, derivam do próprio objecto do direito.*

*Além do referido art. 80.º do CC, o art. 70.º do mesmo diploma consagra ainda uma cláusula geral de tutela da personalidade, que prevê medidas destinadas a fazer cessar a ofensa do direito, ou a não deixar que a ameaça sobre o mesmo se consuma, bem como a atenuar os efeitos da violação já cometida (...).*

*Sendo a vida privada um conceito de difícil definição, o legislador constitucional optou falar em reserva da vida privada e familiar, para delimitar qual seria a esfera de vida privada protegida. Essa esfera manifesta-se por um lado no direito a impedir o acesso de estranhos a informações sobre a vida privada e familiar do respectivo titular, e por outro no direito a que ninguém divulgue informações sobre a vida privada e familiar de outrem. Trata-se de um direito à integridade moral e intelectual. No que respeito ao segredo profissional, ele é uma manifestação desse direito a que ninguém divulgue informação privilegiada sobre a reserva de vida privada a que tenho acesso. (...) O direito de reserva à intimidade da vida privada é, também, um direito de abrangência diferente da que lhe tem atribuído a jurisprudência norte-americana, no seu right to the privacy. Assim, o critério a adoptar na delimitação da esfera de vida privada deve partir dos conceitos de privacidade (art. 26.º/1, in fine da CRP) e dignidade humana (art. 26.º/2 da CRP), com vista a definir uma esfera privada, culturalmente adequada ao nosso tempo, e que tenha em conta a*

– A intromissão em casa alheia para testemunhar ofensas dos membros desse agregado familiar, com o consentimento de um deles e o desconhecimento do outro;

– O furto de documento alheio;

– A obtenção – mediante pagamento – de dados bancários referentes a cidadãos que "fugiram" ao fisco[265];

c) *Por violação do domicílio*[266,267,268]:

– Intromissão em casa alheia para obtenção de prova (prova sonegada)[269];

---

*referência civilizacional sob três aspectos: respeito dos comportamentos, respeito do anonimato e o respeito da vida em relação.*

*Um dos campos onde tem sido controversa a delimitação da reserva de vida privada é aquele que tange à vida económica do sujeito enquanto manifestação da sua personalidade. Gomes Canotilho e Vital Moreira referem que "a teleologia intrínseca dos direitos de personalidade justifica fundamentalmente o «direito ao segredo do ser» (direito à imagem, direito à voz, direito à intimidade da reserva de vida privada, ...). É problemática a inclusão nestes direitos de personalidade do pretenso «direito ao segredo do ter» (segredo bancário, segredo dos recursos financeiros e patrimoniais,... sigilo fiscal). Além de não haver qualquer princípio ou regra constitucional a dar guarida normativa a um «segredo do ter» (...)". Opinião diversa professa Menezes Cordeiro que afirma que "o segredo bancário começa por se apoiar na própria constituição e, designadamente, nos arts. 26.º n.º 1 e 25.º", considerando que "O banqueiro pode, através da análise dos movimentos das contas de depósito ou dos movimentos com cartões, seguir a vida dos cidadãos...." e que "(...) o desrespeito pelo segredo bancário põe ainda em causa a integridade moral das pessoas atingidas. A revelação de depósitos, movimentos e despesas pode ser fonte de pressão, de troça ou de suspeição"(...)».*

[265] Cfr., entre outros, os vulgarmente denominados casos «*LGT Group Liechtenstein*» e «*HSBC Luxembourg*» (cfr. Wessing, Illegal collection of evidence. Legal situation in Germany The banks policy", European Society for Banking and Financial Law, 22-11-2012, Genebra).

[266] Cfr. art. 34.º, n.º 1 da CRP.

[267] A respeito da conformação deste direito é interessante a jurisprudência constitucional emitida no Ac. do TC n.º 216/2012, de 25/5 (P.º 166/12, D.R., 2.ª, n.º 102, de 25-05-2012, p. 18909) onde foi julgada «*não ... inconstitucional a interpretação normativa, extraída da conjugação dos arts. 174.º, n.os 2 e 3, 177.º, n.º 1, e 269.º, n.º 1, alínea c), todos do Código de Processo Penal, segundo a qual a autorização judicial de busca domiciliária, em situações de partilha por diversos indivíduos de uma habitação, pode abarcar as divisões onde cada um dos indivíduos desenvolve a sua vida, ainda que não visado por tal diligência*».

[268] Nas Constituições Portuguesas ficou sempre enunciada a proibição de violação do segredo de correspondência. Assim, no art. 145.º, §6.º da Carta Constitucional de 1826 enunciava-se: «*Todo o Cidadão tem em sua Casa um asilo inviolável. De noite não se poderá entrar nela senão por seu consentimento, ou em caso de reclamação feita de dentro; ou para o defender de incêndio, ou inundação; e de dia só será franqueada a sua entrada nos casos, e pela maneira que a Lei determinar*». Por sua vez, na Constituição de 1838, no art. 16.º, enunciou-se que: «*A casa do Cidadão é inviolável. De noite somente se poderá entrar nela: I – Por seu consentimento; II – Em caso de reclamação feita de dentro;*

A PROVA ILÍCITA: VERDADE OU LEALDADE?

d) *Por violação do direito à imagem*[270]:
– Fotos apresentadas em juízo e cuja obtenção não foi consentida pelo retratado;
e) *Por violação do direito à inviolabilidade da correspondência*[271,272]:
– A abertura de carta dirigida a outrem;
f) *Por violação do direito à palavra*[273]:
– A gravação não consentida de conversa entre terceiros;

A doutrina nacional tem avançado algumas hipóteses de definição de prova ilícita.

Assim, JOSÉ JOÃO ABRANTES[274] refere: «*Chama-se prova ilícita à que se encontra afectada por ilicitude no que respeita ao modo da sua obtenção*».

Por sua vez, MIGUEL TEIXEIRA DE SOUSA[275] distingue entre provas processualmente proibidas (obtidas ou produzidas em violação de norma processual) e provas ilícitas que serão «*aquelas cujo método de obtenção ou forma de produção é um acto materialmente ilícito*». Considera que serão exemplo de provas ilícitas:

---

*III – Por necessidade de socorro; IV – Para aboletamento de tropa feito por ordem da competente autoridade*». Prescrição semelhante se encontrava no art. 3.º, § 15.º da Constituição de 1911 e no art. 8.º, § 6.º da Constituição de 1933 (cfr. Jorge Miranda, As Constituições Portuguesas – de 1822 ao texto actual da Constituição, 2.ª Ed., Petrony, 1984, p. 126, 157 e 254).

[269] Sendo, contudo, curioso que a jurisprudência do TEDH tem entendido que não viola o art. 6.º da CEDH a utilização da prova fundada na intromissão ilícita na privacidade se foi assegurado o contraditório (vd. v.g. ac. Schenk vs. Suíça de 12-07-1988; ac. Khan vs. Reino Unido de 12-05-2000 e ac. P.J. & J.H. vs. Reino Unido de 25-09-2001).

[270] Cfr. art. 26.º, n.º 4, da CRP.

[271] Cfr. art. 34.º, n.º 1, da CRP.

[272] Nas Constituições Portuguesas ficou sempre enunciada a proibição de violação do segredo de correspondência. Assim, no art. 18.º da Constituição de 1822 enunciava-se: «*O segredo das cartas é inviolável. A Administração do correio fica rigorosamente responsável por qualquer infracção deste art.*». Esta prescrição foi reiterada no art. 145.º, § 18.º da Carta Constitucional de 1826, no art. 27.º da Constituição de 1838, no art. 3.º § 28.º da Constituição de 1911 e no art. 8.º, § 6.º da Constituição de 1933 (cfr. Jorge Miranda; As Constituições Portuguesas – de 1822 ao texto actual da Constituição, 2.ª Ed., p. 23).

[273] Cfr. art. 26.º, n.º 1, da CRP.

[274] Cfr. *"Prova Ilícita" in* Revista Jurídica, n.º 7, Jul.-Set. 1986, A.A.F.D.L, p. 12.

[275] Cfr. As Partes, o Objecto e a Prova na Acção Declarativa, Lisboa, Lex, 1995, p. 230.

– todas as obtidas pelos métodos previstos no art. 32.º, n.º 8, da C.R.P., aplicável analogicamente ao processo civil (v.g. gravação não consentida de conversa telefónica, depoimento como testemunha de detective privado, cuja actividade desrespeitou a privacidade da pessoa observada; todas as situações em que a prova viole a intimidade ou a dignidade da pessoa humana);
– provas obtidas mediante a prática de um acto ilícito (v.g. furto de documento, revelação de segredo profissional);
– provas cuja produção em juízo constitui, ela própria, uma ilicitude (v.g. junção de diário íntimo, mesmo que tenha sido obtido licitamente[276]).

---

[276] Relativamente a uma questão suscitada no âmbito de um processo penal sobre a valoração probatória de diários íntimos obtidos através de uma busca domiciliária legalmente ordenada, vd. o ac. TC n.º 607/03 (P.º. 594/032, 2.ª Secção, Rel. Benjamim Rodrigues), no qual se decidiu *«julgar inconstitucional, por violação das disposições conjugadas dos arts. 1.º, 26.º, n.º 1, e 32.º, n.º 8, da Constituição da República Portuguesa, a norma extraída do art. 126.º, n.os 1, e 3 do Código de Processo Penal, na interpretação segundo a qual não é ilícita a valoração como meio de prova da existência de indícios dos factos integrantes dos crimes de abuso sexual de crianças imputados ao arguido (previstos e puníveis pelos arts. 172.º, n.º 1, e 172.º, n.os 1 e 2, do Código Penal) e dos pressupostos estabelecidos nos arts. 202.º e 204.º, alínea c), do Código de Processo Penal, para a aplicação da medida de coacção de prisão preventiva, dos "diários" apreendidos, em busca domiciliária judicialmente decretada, na ausência de uma ponderação, efectuada à luz dos princípios da necessidade e da proporcionalidade, sobre o conteúdo, em concreto, desses "diários"».*
Na interessante fundamentação deste Ac. expendeu-se, nomeadamente, o seguinte: *«(...) 22.2.1. A Constituição, após abrir o catálogo dos direitos, liberdades e garantias pessoais (Título II, Capítulo I, da nossa Lei Fundamental) com a tutela do direito à vida (art. 24.º) e do direito à integridade pessoal (art. 25.º), consagra, no art. 26.º (sob a epígrafe "outros direitos pessoais"), um conjunto de direitos fundamentais que, como refere Paulo Mota Pinto (in A Protecção da vida privada e a Constituição, Boletim da Faculdade de Direito -BFD–, Coimbra, 2000, p. 155), protegem "um círculo nuclear da pessoa, correspondendo, genericamente, a direitos de personalidade". Entre esses, encontra-se o direito fundamental à reserva da intimidade da vida privada – direito este que, como se compreende, tem de ser considerado e entendido em relação com a garantia de inviolabilidade do domicílio e da correspondência constante do art. 34.º da Constituição (v. Vieira de Andrade, Os direitos fundamentais na Constituição Portuguesa de 1976, Coimbra, 2001, p. 117; Gomes Canotilho/Vital Moreira, Constituição., op. cit., p. 212; e Paulo Mota Pinto, A protecção., op. cit., p. 156) –, cuja tutela não deixa de projectar-se em sede processual penal, impondo limites à valoração de provas que representem uma abusiva intromissão em tal esfera – designadamente quando seja "efectuada fora dos casos previstos na lei e sem intervenção judicial (art. 34.º – 2 e 4), quando desnecessária ou desproporcionada, ou quando aniquiladora dos próprios direitos (cfr. art. 18.º – 2 e 3)" (v. Gomes Canotilho/Vital Moreira, Constituição., op. cit., p. 206), ou quando o titular do direito não consinta na intromissão.*

A PROVA ILÍCITA: VERDADE OU LEALDADE?

*Ora, antes de mais e atendendo ao facto de que, como foi enfatizado no Ac. n.º 278/95 (publicado no Diário da República II Série, de 28 de Julho de 1995), o texto constitucional "não estabelece o conteúdo e alcance do direito à reserva da intimidade, nem define o que deva entender-se por intimidade como bem jurídico constitucionalmente protegido", importa concretizar o que se tem entendido por intimidade da vida privada, sendo forçoso reconhecer, nesse âmbito, como referem Gomes Canotilho e Vital Moreira (Constituição., op. cit., p. 181), que "não é fácil demarcar a linha divisória entre o campo da vida privada e familiar que goza de reserva de intimidade e o domínio mais ou menos aberto à publicidade".*

*Gomes Canotilho e Vital Moreira (Constituição., op. cit., p. 181) consideram que o direito à intimidade da vida privada e familiar "analisa-se principalmente em dois direitos menores: (a) o direito a impedir o acesso de estranhos a informações sobre a vida privada e familiar e (b) o direito a que ninguém divulgue as informações que tenha sobre a vida privada e familiar de outrem (cfr. Cód. Civil, art. 80.º)".*

*Paulo Mota Pinto (in A protecção., op. cit., p. 164), determinando o interesse correspondente à protecção da reserva da vida privada, afirma que está em causa "[d]o interesse em impedir ou em controlar a tomada de conhecimento, a divulgação ou, simplesmente, a circulação de informação sobre a pessoa, isto é, sobre factos, comunicações ou situações relativo[s] (ou próximos) ao indivíduo, e que previsivelmente ele considere como íntimos, confidenciais ou reservados. Trata-se do interesse na autodeterminação informativa, entendida como controlo sobre informação relativa à pessoa. [§] Paralelamente a este interesse, podemos também sublinhar a subtracção à atenção dos outros (anonimato lato sensu) ou interesse na "solidão" ("solitude"), isto é, na exclusão do acesso físico dos outros à pessoa do titular. (.) A protecção da reserva sobre a vida privada origina, assim, um núcleo de intimidade, de solidão ou anonimato que desempenha importantes funções, sociais, psicológicas, etc., para a pessoa" – do mesmo Autor, cf., mais desenvolvidamente, O direito à reserva sobre a intimidade da vida privada, BFD, Coimbra, 1993, p. 504 e ss.*

*Para Benjamim Rodrigues (O sigilo bancário e o sigilo fiscal, in Sigilo Bancário, Lisboa, 1997, p. 104, citado pelo recorrente), "o direito fundamental à reserva absoluta de intimidade da vida privada, que se impõe a qualquer sujeito de direito, (.) só abrange aqueles domínios que, sendo emanação da personalidade humana, expressam valores ou opções do foro íntimo que não têm de ser conhecidas relacionalmente por encarnarem valores de dignidade do Homem enquanto Homem, visto como dono exclusivo do seu corpo, do seu espírito e das suas manifestações segundo a concepção civilizacional vigente (opções filosóficas, religiosas, políticas, sexuais, etc.)".*

*Já Rabindranath Capelo de Sousa (O direito geral de personalidade, Coimbra, 1995, p. 318 e ss.), ainda que tratando o problema em sede juscivilística, afirma que o direito à reserva "abrange não só o respeito da intimidade da vida privada, em particular a intimidade da vida pessoal, familiar, doméstica, sentimental e sexual e inclusivamente os respectivos acontecimentos e trajectórias, mas ainda o respeito de outras camadas intermédias e periféricas da vida privada (.) bem como também, last but not the least, a própria reserva sobre a individualidade do homem no seu ser para si mesmo, v.g., sobre o seu direito a estar só e sobre os caracteres de acesso privado do seu corpo, da sua saúde, da sua sensibilidade e da sua estrutura intelectiva e volitiva".*

*A jurisprudência deste Tribunal já se pronunciou sobre a noção de reserva sobre a intimidade da vida privada, tendo, assim, oportunidade de concretizar o conteúdo de tal direito.*

*No Ac. n.º 128/92 (publicado no Diário da República, II Série, de 24 de Julho de 1992), considerou-se estar em causa "o direito de cada um ver protegido o espaço interior ou familiar da pessoa ou do seu lar contra intromissões alheias. É a privacy do direito anglo-saxónico. (.) Neste âmbito privado ou de intimidade está englobada a vida pessoal, a vida familiar, a relação com outras esferas de privacidade (v.g. a amizade), o lugar próprio da vida pessoal e familiar (o lar ou o domicílio), e bem assim os meios de expressão e comunicação privados (a correspondência, o telefone, as conversas orais, etc.). [§] Este direito à intimidade ou à vida privada – este direito a uma esfera própria inviolável, onde ninguém deve poder penetrar sem autorização do respectivo titular – compreende: a) a autonomia, ou seja, o direito a ser o próprio a regular, livre de ingerências estatais e sociais, essa esfera de intimidade; b) o direito a não ver difundido o que é próprio dessa esfera de intimidade, a não ser mediante autorização do interessado [.]". E no Ac. n.º 319/95 (publicado no Diário da República II Série, de 2 de Novembro de 1995) afirmou-se que "o direito à reserva da intimidade da vida privada (.) é o direito de cada um a ver protegido o espaço interior da pessoa ou do seu lar contra intromissões alheias; o direito a uma esfera própria inviolável, onde ninguém deve poder penetrar sem autorização do respectivo titular (.)" – cf., sobre a diversa jurisprudência do Tribunal Constitucional, o exaustivo retrato efectuado por Paulo Mota Pinto, in A protecção., op. cit., p. 157 e ss. Assim e considerando os essentialia que perpassam as considerações supra mencionadas, pode afirmar-se que tanto a doutrina como a jurisprudência têm entendido – o que é especialmente realçado pela jurisprudência deste Tribunal – que o direito à reserva da intimidade da vida privada não deixa de redundar na tutela jusfundamental de uma "esfera pessoal íntima" (cf. os Ac.s n.os 456/93 e 355/97, publicados, respectivamente, no Diário da República I-A Série, de 9 de Setembro de 1993 e de 7 de Maio de 1997) e "inviolável" (cf. o Ac. n.º 319/95, publicado no Diário da República II Série, de 2 de Novembro de 1995), de "um núcleo mínimo onde ninguém penetre salvo autorização do próprio titular" (cf. Ac. n.º 264/97), que abrange, "no âmbito desse espaço próprio inviolável" (cf. Ac. n.º 355/97), inter alia, os aspectos relativos à vida pessoal e familiar da pessoa, designadamente, "os elementos respeitantes à vida (.) conjugal, amorosa e afectiva da pessoa (tais como, por exemplo, os projectos de casamento e separação, as aventuras amorosas, as amizades, afeições e ódios)" – cf. Paulo Mota Pinto, in A protecção., op. cit., p. 168. Nessa medida, sendo, em essência, tuteladas "as relações vivenciais de cada homem consigo mesmo", não deve deixar de considerar-se abrangido por este direito fundamental à reserva da intimidade da vida privada não só a criação e manutenção de diários, mas também – principaliter et maxime – o seu próprio conteúdo. E, nesse domínio, não está em causa, ad substantiam, a liberdade de a pessoa regular e autodeterminar a sua esfera de intimidade privada, outrossim a possibilidade de considerar as informações extraídas de um diário pessoal: o problema principal em questão passa, pois, por saber se o material relativo à intimidade da vida privada, que um diário apresenta, é acessível e probatoriamente valorável no âmbito do processo penal, em particular no contexto de decisões judiciais relativas à aplicação de medidas de coacção.*

*22.2.2 – Ora, se não se duvida de que "o reconhecimento da reserva da vida privada é uma condição de integridade da pessoa e a sua protecção deve ser considerada actualmente como um aspecto da protecção da «dignidade humana»" (Paulo Mota Pinto, A protecção., op. cit., p. 164), importa, em todo o caso, reconhecer que tal direito não pode configurar-se, em absoluto, como um direito ilimitável e irrestringível perante outros direitos ou interesses que, sub species constitutionis, se tenham por legítimos. Nessa linha e como refere Vieira de Andrade (in Os Direitos Fundamentais na Constituição Portuguesa de 1976, 2.ª edição, Coimbra, 2001, p. 79), pode afirmar-se que a "autonomia dos direitos fundamentais como instituto jurídico-constitucional é, afinal, o reflexo da autonomia ética da pessoa, enquanto ser simultaneamente livre e responsável. E, como esta, é ao mesmo tempo irrecusável e limitada. [§] Irrecusável, porque a liberdade dos homens não pode confundir-se com a justiça social ou com a democracia política, nem ser-lhes sacrificada (.). [§] Limitada, porque o homem individual, destinado ou condenado a viver em comunidade, tem também deveres fundamentais de solidariedade para com os outros e para com a sociedade, obrigando-se a respeitar as restrições e as compressões indispensáveis à acomodação dos direitos dos outros e à realização dos valores comunitários, ordenados à felicidade de todos (.)". Antes de mais importará acentuar que a própria Constituição apenas sanciona com nulidade as provas obtidas mediante intromissão na vida privada que deva ser considerada abusiva. Este Tribunal já afirmou, ainda que noutro contexto problemático (cf. Ac. n.º 137/02 – publicado no Diário da República II Série, de 3 de Abril de 2002), que «não há dúvida de que o princípio da investigação ou da verdade material, sem prejuízo da estrutura acusatória do processo penal português, tem valor constitucional. Quer os fins do direito penal, quer os do processo penal, que são instrumentais daqueles, implicam que as sanções penais, as penas e as medidas de segurança, apenas sejam aplicadas aos verdadeiros agentes de crimes, pelo que a prossecução desses fins, isto é, a realização do direito penal e a própria existência do processo penal só são constitucionalmente legítimas se aquele princípio for respeitado), acaba por admitir uma intromissão na intimidade da vida privada ao ressalvar da inviolabilidade do domicílio e da correspondência a ingerência das autoridades públicas nos casos previstos na lei em matéria de processo penal (cf. art. 34.º, n.º 2: "A entrada no domicílio dos cidadãos contra a sua vontade só pode ser ordenada pela autoridade judicial competente, nos casos e segundo as formas previstos na lei" e n.º 4: "É proibida toda a ingerência das autoridades públicas na correspondência, nas telecomunicações e nos demais meios de comunicação, salvo os casos previstos na lei em matéria de processo criminal")». Por sua vez, e quanto ao carácter não ilimitado da inviolabilidade do domicílio, e mesmo antes da revisão constitucional de 1997, refira-se que o seu Ac. n.º 7/87, considerou que, mesmo sem autorização judiciária, as buscas domiciliárias efectuadas no âmbito da investigação de criminalidade violenta ou organizada não atentariam contra a Constituição, desde que existisse perigo iminente da prática de um crime com grave risco para a vida ou para a integridade de uma pessoa, porquanto "o direito à inviolabilidade do domicílio (.) deve[r] compatibilizar-se com o direito à vida e à integridade pessoal, consignados respectivamente nos arts. 24.º e 25.º da lei fundamental (.), direitos que hão-de entender-se como limites imanentes do direito em causa".*

*Assim, se é indesmentível que a tutela do direito à reserva da intimidade da vida privada se projecta em sede processual penal, impondo limites à valoração de provas que representem uma abusiva intromissão em tal esfera – designadamente quando seja "efectuada fora dos casos previstos na lei e sem intervenção judicial (art. 34.º – 2 e 4), quando desnecessária ou desproporcionada, ou quando aniquiladora dos próprios direitos (cfr. art. 18.º – 2 e 3)" (v. Gomes Canotilho/Vital Moreira, Constituição., op. cit., p. 206) – também deve considerar-se que o problema da (i)licitude de uma ingerência pública no âmbito da intimidade pessoal ou familiar como a que se questiona no caso dos presentes autos – a valoração do conteúdo de diários do arguido, apreendidos no âmbito de uma busca domiciliária legalmente autorizada – não pode, sem mais, subtrair-se a uma ponderação que atenda às especificidades do caso concreto, relevando os direitos e interesses aí nuclearmente envolvidos (sobre a necessidade de realizar um juízo de ponderação relativo ao direito à reserva da intimidade da vida privada, cfr. Ac. n.º 263/97, publicado no Diário da República II Série, de 19 de Março de 1997).*

*22.2.3 – Não se excluindo, consequentemente, a justificação de uma ingerência na intimidade da vida privada quando estão em causa os interesses da prossecução da justiça penal, a verdade é que a extensão*

A ILICITUDE DA PROVA EM GERAL: CONCEITO E FIGURAS AFINS

*e a intensidade da intromissão na esfera pessoal íntima de uma pessoa não são irrelevantes. Uma teoria, patente na elaboração jurisprudencial do Tribunal Constitucional Federal alemão (cfr. Manuel da Costa Andrade – Sobre as proibições de prova., op. cit., p. 94-96), distingue três áreas ou esferas na vida privada: "Em primeiro lugar, está a esfera da intimidade, área nuclear, inviolável e intangível da vida privada, protegida contra qualquer intromissão das autoridades ou dos particulares e, por isso, subtraída a todo o juízo de ponderação de bens ou interesses. O que significa a proibição radical e sem excepções de todas as provas que contendam com este círculo: «(.) Na determinação do conteúdo e extensão do direito fundamental (.) há-de ter-se presente que, de acordo com a norma fundamental do art. 1.º, n.º 1, da Lei Fundamental, a dignidade do homem é inviolável (.). Nem sequer os interesses superiores da comunidade podem justificar uma agressão à área nuclear da conformação privada da vida, que goza duma protecção absoluta. Uma ponderação segundo o critério do princípio de proporcionalidade está aqui fora de causa».*

*[§] Para além deste núcleo central da intimidade, estende-se a área normal da vida privada, também ela projecção, expressão e condição do livre desenvolvimento da personalidade ética da pessoa. E, nessa medida, erigida em autónomo bem jurídico pessoal e como tal protegido tanto pela Constituição como pelo direito ordinário. Trata-se, porém (.) de um bem jurídico que não pode perspectivar-se absolutamente isolado dos compromissos e vinculações comunitárias e, nessa medida, inteiramente a coberto da colisão e ponderação dos interesses. O seu sacrifício em sede de prova estará, por isso, legitimado sempre que necessário e adequado à salvaguarda de valores ou interesses superiores, respeitadas as exigências do princípio da proporcionalidade. (.)*

*[§] Em terceiro e último lugar, é possível referenciar a extensa e periférica vida de relação em que, apesar de subtraída ao domínio da publicidade, sobreleva de todo o modo a funcionalidade sistémico-comunitária da própria interacção (.)"; cf., igualmente, do mesmo Autor, a sua anotação ao art. 192.º do Código Penal, in Comentário Conimbricense do Código Penal – Parte especial, Aa. Vv., dirigido por Figueiredo Dias, tomo I, Coimbra, 1999, p. 727 e ss., maxime, 729-730. Independentemente de se saber se deve ou não subscrever-se, em geral, a distinção, no âmbito da reserva da vida privada constitucionalmente tutelada, entre uma esfera de intimidade nuclear, absoluta e radicalmente protegida, e uma outra, mais ampla e já susceptível de intervenção por parte dos poderes públicos, a consideração da dignidade da pessoa humana, enquanto último reduto ético da sua imanente pessoalidade, afirma um limite a qualquer ponderação susceptível de conduzir ao seu total aniquilamento (v., sobre o problema, Paulo Mota Pinto, O direito à reserva., op. cit., p. 525-539, maxime, 530 e ss. e A protecção., op. cit., p. 162). Note-se, também, que em toda a jurisprudência anterior deste Tribunal se consolidou o princípio de que a Constituição tutela a intimidade da vida privada, não retirando da noção de intimidade, como denuncia Paulo Mota Pinto (A protecção., op. cit., p. 163), "nenhum critério restritivo de protecção. Pelo que, em todo o caso, poderá assim subscrever-se a ideia de que "o critério constitucional deve (.) arrancar dos conceitos de «privacidade» e «dignidade humana»" (v. Gomes Canotilho/Vital Moreira, Constituição., op. cit., p. 182).*

*É, assim, da intersecção tutelar destes parâmetros constitucionais que pode resultar a consideração de que a intimidade deve ser mais intensamente resguardada naqueles casos que "abrange[m] os aspectos mais densos da consciência, com as suas opções últimas", como atrás se referiu (v. JOSÉ DE OLIVEIRA ASCENÇÃO, A reserva da intimidade da vida privada e familiar, in Revista da Faculdade de Direito de Lisboa, Coimbra, 2002, p. 18).*

A PROVA ILÍCITA: VERDADE OU LEALDADE?

*22.2.4 – Nessa esteira, deve, desde já, considerar-se que, no que concerne à perspectivação da (in)admissibilidade de utilização probatória de diários pessoais sob o prisma da tutela da intimidade e à luz da valoração do princípio matriz da inviolabilidade da dignidade da pessoa humana, é imprescindível – como adequadamente salientou o Bundesverfassungsgericht (cf. BVerfGE, decisão de 14.09.89, in NJW, 1990, p. 563) a propósito do segundo caso do diário – aferir se o conteúdo concreto das descrições ou relatos que o integram pertencem ao domínio absolutamente interno do seu autor – tocando apenas a sua esfera pessoal e revelando, ao jeito de "uma conversa consigo próprio", o seu "estado de alma" relativamente a problemas que atingem o "cerne da sua personalidade", afora a existência de uma factualidade que implique terceiros –, ou se, em oposição, tais descrições, não apresentando um cunho vivencial puramente pessoal, envolvem a esfera das vítimas, estando, assim, para lá de um foro exclusivo interno.*

*Na primeira hipótese, decerto, ao admitir-se a valoração probatória de tais escritos, atingir-se-ia uma "área interior colocada sob o domínio exclusivo do arguido" (cf., a decisão do Tribunal Constitucional Federal alemão, de 14 de Setembro de 1989, in Neue Zeitschrift für Strafrecht, 1990, p. 90, citada por Gössel, in As Proibições de prova no direito processual penal da República Federal da Alemanha, in Revista Portuguesa de Ciência Criminal, ano 2, fasc. 3, Julho-Setembro, 1992, p. 426), o que, no limite, contenderia com a dignidade ética da pessoa humana que o arguido constitui, aniquilando-se, de todo, o direito que este tem à reserva dos seus "pensamentos, impressões e angústias", ainda que levados a escrito. E estar-se-ia, aqui, perante uma intromissão inadmissível em face da dignidade da pessoa humana porquanto se admitiria a consideração de informações e reflexões que, apesar de postas no papel, não deixam de ser mera expressão das representações do seu autor sobre si (sem atingir os outros) ou relatos das suas emoções, estando aí radicalmente excluído, por definição, no an e no quantum, qualquer retrato exterior à intrínseca integridade moral da pessoa. Todavia, fora desses casos, quando as descrições constantes dos diários toquem a esfera dos outros ou da comunidade, não reflectindo exclusivamente impressões internas, sentimentos e emoções, e contenham já indicações sobre os actos imputados ao arguido (cf. BVerfGE, decisão 14.09.89, in NJW, 1990, p. 565), há-de admitir-se uma ponderação que, em concreto, pode conduzir a que, nestas circunstâncias, se deva admitir a valoração processual-probatória das descrições em causa. Nessa medida, verbi gratia, não são abrangidos pela protecção dos direitos fundamentais "os textos descritivos do agente sobre a sua vítima e os seus crimes ou, para além disso, anotações de negócios ou análogas que se referem a processos de tipo externo sem deixar reconhecer uma referência directa à personalidade do seu autor" (Baumann/Brenner, Die strafprozessualen., op. cit., p. 159; cf., também com Claus Roxin, Strafverfahrensrecht, op. cit., p. 160). Tais registos, mesmo quando integrados num diário pessoal, não ficam, sem mais, excluídos de uma justificada intervenção estatal no âmbito da prossecução da justiça penal, como foi adequadamente salientado pelo Tribunal Constitucional Federal alemão (BVerfGE, 14.09.89, in NJW, 1990, p. 563; note-se ainda, com interesse, que, no segundo caso dos diários, os textos do arguido constavam de bloco [de notas] de folhas destacáveis e de folhas soltas). Na verdade, e em geral, os materiais constantes de um diário podem ser assaz diferenciados, variando forçosamente caso a caso: desde um diário-"agenda", até um diário-"romance", vai uma distância significativa que não pode ser desprezada – cf. Amelung, Der Grundrechtsschutz., op. cit., p. 1004, que denuncia, procurando apurar "um conteúdo típico de diários", que as descrições constantes de um diário de um escritor ou de um psicólogo, com intenção de serem utilizadas literária ou cientificamente, acabam por estar, na verdade, tuteladas no âmbito da liberdade artística e científica. Ora no domínio de um concreto diário, poderão existir, como não* se deve ignorar, elementos que constituem manifestações exclusivas do domínio interno da consciência de um indivíduo, mas também descrições de concretas situações da vida, externamente constatáveis (e testemunháveis por terceiros), que se reportam a um domínio que contende com a esfera "da vida em relação", merecendo, destarte, um diferente âmbito tutelar. Se no primeiro caso se pode afirmar, acompanhando Amelung, que tais descrições "não têm, além do gasto do papel, outra consequência social" (Der Grundrechtsshutz., op. cit., p. 1004), já no segundo caso importa reconhecer, na linha de pensamento do Tribunal Constitucional Federal alemão, que "o contacto com a esfera de personalidade de um outro homem confere a uma acção ou informação um significado social que a torna acessível a uma regulamentação jurídica" (cf. BVerfGE, decisão de 14.09.89, in NJW, 1990, p. 563) e, deste modo, quando os diários digam respeito a uma esfera relacional, sustentada fáctico-empiricamente, indo para além de uma mera discussão do "forum internum" – porquanto assente em elementos vivenciais que, tocando a esfera de vida de terceiros, referem-se a processos externos que se encontram "numa relação imediata com acções concretas puníveis pelo direito penal" (cf. BVerfGE, decisão de 14.09.89, in NJW, 1990, p. 563) –, não deve ter-se por absolutamente excluída a sua utilização em sede processual-probatória.

22.2.5 – A aludida diferenciação não poderá deixar de projectar-se inelutavelmente no tratamento circunstanciado dos parâmetros constitucionais relevantes. Assim deve considerar-se que a densificação material e axiologicamente fundada de uma abusiva intromissão na reserva da vida privada – que qua tale se afirma constitucionalmente vedada –, não pode dispensar, como definens, a consideração do limite, ineliminável e intransponível, da dignidade e da integridade da pessoa humana. Esta pedra angular da juridicidade impõe, nemine contradicente, que os interesses gerais da investigação e da prossecução da justiça penal terão de ser sacrificados sempre que contendam com esta reserva absoluta de pessoalidade. Logo para a individualização do segundo tipo de conteúdos, torna-se indispensável que o julgador tenha acesso a todo o diário. Trata-se, porém – e apenas – de um conhecimento funcionalmente justificado – sempre coberto pelo dever de segredo do juiz – que não pode, por isso, ser confundido com a valoração em processo penal para efeitos da prisão preventiva ou outros dos materiais em princípio coberto pela tutela da intimidade. Nessa óptica, mesmo que esteja legalmente justificado um determinado meio de obtenção de prova, em função de uma avaliação feita em abstracto pelo legislador, a licitude da valoração da prova obtida constitui um aliquid novi que não pode deixar de ser considerado autonomamente. Ou seja, a lícita apreensão de um diário não faz, sem mais, que, à luz das inarredáveis dimensões constitutivas do Estado de direito supra mencionadas, se haja de admitir a relevância probatória, no todo ou em parte, do seu conteúdo específico: de fora de tal valoração ficam, em homenagem à autonomia ética da pessoa humana, todas as "descrições" que apenas relevam de um estrito plano interior, ineliminavelmente agrilhoado à consciência do seu autor, sendo assim de reter, relativamente a estas, praevalet quod principale est, que a intervenção formalmente justificada na intimidade não a transforma, ipso facto, em "não abusiva" de um ponto de vista axiológico-material. E tal juízo não pode, pois, efectuar-se em abstracto tendo como ponto de partida e como critério de valoração o subjacente à validade da obtenção de um diário, outrossim deve realizar-se crítico-reflexivamente em concreto perante o(s) conteúdo(s) que integra(m) um diário particular, aí discernindo, nos termos já referidos, se e em que medida pode estar em causa a dignidade e integridade éticas apenas do arguido. A esta exigência da bondade material-substantiva de toda a intervenção processual penal acresce, naqueles casos onde as descrições constantes de diários não contendam com o "cerne da personalidade" e da consciência do indivíduo, que a validade da valoração probatória de tais escritos não fica imediata e auto-

A PROVA ILÍCITA: VERDADE OU LEALDADE?

*maticamente justificada pela invocação do interesse público fundamental subjacente à investigação criminal. Em rigor, não deixa de ser igualmente imperioso indagar se a intromissão na reserva da intimidade da vida privada pode considerar-se materialmente fundada – e, portanto, não abusiva – à luz de outros criteria jusfundamentais, sendo ainda forçoso apurar, scilicet, se a utilização de textos extraídos de um diário é necessária e adequada para a investigação do crime ou para a concreta decisão a tomar, como a aplicação de uma medida de coacção, e se, em todo o caso, tal intervenção na esfera da intimidade não se prefigura, em concreto, desproporcionada para o desejável esclarecimento da verdade relativamente aos crimes que são imputados a um determinado arguido. O que significa, consequentemente, que, mesmo ressalvada, nos termos referidos no ponto anterior, uma "reserva interior exclusiva" decorrente da dignidade da pessoa humana, a licitude da valoração de um diário há-de ainda resultar de um teste, realizado em concreto, ad mensuram do princípio da proporcionalidade (art. 18.º, n.º 2, da Constituição). Nesse domínio particular, compreende-se que o juízo de valoração (ou não valoração) das descrições constantes de diários tenha em conta não apenas a gravidade do(s) crime(s) em questão (cf. Manuel da Costa Andrade, Sobre as proibições de prova., op. cit., p. 201), mas também, de forma particular, a sua natureza e relação com os bens jurídicos em causa (cf. Claus Roxin, Strafverfahrensrecht, op. cit., p. 161) ou ainda a possibilidade de continuação da actividade criminosa e o interesse na protecção das vítimas. De facto, não deve ignorar-se que determinados ilícitos penais se encontram numa estrita relação com o domínio da intimidade: é, designadamente, o que sucede no âmbito da investigação e julgamento penais dos crimes de abuso sexual de crianças, que, dizendo, pois, respeito a um dos aspectos mais nucleares da intimidade da vida privada de uma pessoa (v. Ireneu Cabral Barreto, A Convenção., op. cit., p. 180) – a esfera da sua vida sexual – não pode deixar de tocar, atendendo à natureza dos ilícitos penais em questão, na intimidade quer das vítimas, quer dos arguidos, daí decorrendo, pois, uma sempre inevitável compressão dessa esfera de intimidade, sob pena de ficarem sem julgamento penal os atentados à autodeterminação e ao livre desenvolvimento sexual das vítimas (cf. Maria João Antunes, in anotação ao art. 178.º do Código Penal, in Comentário Conimbricense do Código Penal – Parte especial, cit. p. 596). Todavia, não se deverá esquecer, tendo em linha de conta as considerações anteriormente expendidas, que, mesmo em tais casos, nunca a inevitável compressão/ingerência na esfera da privacidade poderá sacrificar a dignidade da pessoa e/ou redundar no total aniquilamento desse direito fundamental, sendo assim manifesta a radical importância – rectius, a indispensabilidade – assumida por uma ponderação concreta radicada no adequado cumprimento das injunções constitucionais que asseguram um núcleo de direitos básicos incontornáveis.*

*22.2.6 – No caso que nos ocupa, o Ac. do Tribunal da Relação de Lisboa, dando conta de que a questão "que o recorrente questionou, e questiona, é que tais diários possam ser utilizados como meio de prova, pois estar-se-ia perante uma intromissão [d]na vida privada já que os diários, como é sabido, expõem, muitas vezes, factos, acontecimentos, pensamentos, impressões do seu autor não partilháveis e tantas vezes inconfessáveis", acabou por salientar, por um lado, que "os diários vieram ao processo na sequência de busca realizada à residência do arguido, busca essa cuja legalidade não é posta em causa", e, por outro lado, que "o art. 125.º dispõe que são admissíveis as provas que não forem proibidas por lei, pelo que haverá de concluir-se que, não havendo proibição alguma sobre a admissibilidade de diários do arguido como meio de prova, não estamos perante qualquer nulidade; os interesses da investigação criminal, salvaguardadas as exigências legais, terão de se sobrepor a uma eventual violação da privacidade que, no interesse da descoberta da verdade e realização da justiça penal terá de ceder". Daqui resulta, inexoravelmente, que o Tribunal da*

# A ILICITUDE DA PROVA EM GERAL: CONCEITO E FIGURAS AFINS

*Relação adoptou um critério de ponderação "geral", segundo o qual, uma vez justificada formalmente a legalidade do acesso aos diários do arguido, o interesse da realização da justiça penal subjugaria a tutela da intimidade da vida privada do arguido, independentemente do concreto conteúdo das descrições deles constantes e da diferenciada densidade de tutela que lhes há-de ser reservada. Antes de mais cumpre acentuar, retendo que qualquer valoração probatória que atente contra a dignidade da pessoa humana deve ter-se em face do panorama constitucional vigente por inadmissível, que, mesmo justificada a licitude da obtenção dos diários do arguido, sempre importa ter em linha de conta se, em concreto, existirá, ou não, uma proibição de valoração da informação (Informationverwertungsverbot na terminologia de Amelung, in Informationsbeherrschungsrechte im Strafprozess. Dogmatische Grundlagen individualrechtlicher Beweisverbote, Berlin, 1990, p. 12, apud Manuel da Costa Andrade, Sobre as proibições de prova., op. cit., p. 23) decorrente, desde logo, desse limite intransponível. Na verdade, como resulta das considerações tecidas, deve afirmar-se que a validade de uma ponderação prudencial suscitada neste domínio, ainda que balanceando a tutela da intimidade com o contrapeso do premente interesse público na realização da justiça, não pode excluir a inviolabilidade ética inerente à dignidade da pessoa humana. Em bom rigor, só fora de uma "área interior colocada sob o domínio exclusivo do arguido" se há-de admitir tal ponderação, sendo que, mesmo aí, o "fiel da balança" dos valores em questão deve encontrar-se no respeito pelos princípios da necessidade e da proporcionalidade, indagando, designadamente, se a intromissão na vida privada é, em face do caso concreto, necessária e não desproporcionada. Ora o Ac. do Tribunal da Relação de Lisboa, ao admitir uma valoração indistinta e indiferenciada do conteúdo dos diários, acaba por não considerar esta dimensão axiológico-normativa fundamental, partindo apenas de um princípio que, considerando estritamente a tutela da intimidade da vida privada, conduz à sobrevalorização, ou mesmo absolutização, do interesse da investigação criminal, ainda quando, perante o conteúdo concreto do manancial "informativo-reflexivo" constante dos diários, possa estar em causa, nos termos anteriormente elucidados, a inviolável dignidade ética do arguido. A validade da utilização probatória dos diários do arguido não pode resultar, tout court, como já se afirmou, de uma sobreposição dos interesses inerentes à perseguição criminal em face da vida privada. Nessa esteira deve considerar-se que, quando a Constituição prescreve, no art. 32.º, n.º 8, concretizando, neste plano, o valor da dignidade humana assumido como princípio estruturante no seu art. 1.º, que "são nulas" todas as provas obtidas "mediante abusiva intromissão na vida privada", está a prever não só a imposição de condicionamentos formais ao acesso aos meios de prova que represente uma intromissão na vida privada, como, também, a existência de restrições à valoração de provas, que devem aferir-se, conforme o exposto, pelas exigências do princípio da proporcionalidade, sempre ressalvando a inelimnável dignidade e integridade da pessoa humana. A Constituição não exclui que, neste domínio específico, uma ponderação possa conduzir a que, em concreto, o interesse público geral na investigação dos ilícitos penais imputados ao arguido e na prossecução da verdade material e a subsequente realização da justiça se sobreponham, acauteladas as devidas reservas, às necessidades de tutela da sua esfera de privacidade, não sendo assim de afastar, dentro do domínio tido por admissível, uma valoração das descrições constantes de diários em processo penal, conquanto esta não se mostre desadequada, desnecessária e desproporcionada face aos valores e ao tipo de decisão em causa – no caso concreto, face às finalidades da medida de coacção aplicada (que foram, nos termos da decisão recorrida, "evitar o perigo de continuação da actividade criminosa e a intranquilidade pública"). A esta luz, os critérios de admissibilidade constitucional de diários não têm necessariamente de coincidir quando está em causa aferir da existência dos pressupostos de aplicação de*

REMÉDIO MARQUES[277], por seu turno e embora sem definir o conceito, considera no âmbito das provas ilícitas as provas cujo método de obtenção ou forma de produção são ilícitos, dando como exemplos da primeira situação, as provas que sejam obtidas através dos métodos previstos no art. 32.º, n.º 8[278], da Constituição e como exemplo da segunda situação, o depoimento de testemunha que implique a violação do segredo profissional (art. 417.º, n.º 3, al. c), do CPC). O autor agrega também nesta matéria situações (v.g. a apresentação de testemunhas em número superior ao previsto na lei – cfr. arts. 511.º, n.ºs 2 e 3 e 796.º do CPC – e as declarações efectuadas no âmbito de processos de averiguação oficiosa da paternidade ou da maternidade, que não podem ser utilizadas em posterior acção de reconhecimento – cfr. arts. 1808.º e 1868.º do CC) em que considera que certos meios de prova não podem ser utilizados no processo. Contudo, parece-nos que, nestes casos, o meio de prova é legítimo, logo lícito, apenas não o sendo a forma de produção da prova, que será processualmente proibida (não se vislumbrando ilicitude material na sua obtenção).

---

*uma medida de coacção, como a prisão preventiva, ou quando se trata de apurar a responsabilidade penal, em sede de julgamento. É que importa relevar, na ponderação, quer a especificidade dos distintos momentos processuais em causa, quer a diferente natureza, pressupostos e finalidades daqueles actos processuais. Se, por um lado, num caso como o presente, está apenas em causa, como um fundamento meramente indiciário, a decretação da prisão preventiva, e não o apuramento da responsabilidade penal para efeitos de condenação, o que não poderá deixar de ser ponderado, por outro lado, ao tratar-se de uma medida de coacção pode avultar com particular relevo uma finalidade cautelar com incidência sobre terceiros, como se revela pelo pressuposto do perigo da continuação da actividade criminosa.*

*Só perante um tal circunstancialismo, não relevado pela decisão em crise, se poderia concluir pela admissibilidade, sub specie constitutionis, da valoração processual-probatória dos diários do recorrente, pelo que, nessa medida, o critério normativo aplicado pela decisão recorrida acaba por não atender aos parâmetros constitucionais relevantes para concluir sobre a (in)admissibilidade de valoração dos diários em sede processual penal.*

*Sendo assim, há-de concluir-se que a interpretação extraída dos n.os 1 e 3 do art. 126.º do CPP pelo Ac. da Relação, segundo a qual, uma vez salvaguardada a legalidade da obtenção dos diários, o tribunal poderá valorar, em sede probatória, sem sujeição a quaisquer limites, todo o seu conteúdo, independentemente da sua diversa natureza, não está conforme com o âmbito de tutela conferido constitucionalmente ao direito à reserva da intimidade da vida privada (...)».*

[277] Cfr. Acção Declarativa à Luz do Código Revisto, 2.ª ed., Coimbra Editora, Coimbra, 2009, p. 545.

[278] Apesar de no texto citado se mencionar o n.º 6 do art. 32.º da CRP, apenas poderá estar em causa, como é óbvio, o n.º 8 do referido normativo constitucional.

Por seu turno, ISABEL ALEXANDRE considera que no conceito de prova ilícita apenas se deverá incluir *a prova cujo modo de obtenção o direito reprova, quer essa ilicitude se verifique dentro ou fora da órbita processual*[279].

Com efeito, considera a autora que uma coisa é o desvio em relação às normas processuais que regulam o procedimento probatório (cuja sanção será, em regra, a da nulidade do acto assim praticado) e, outra, a ofensa de direitos subjectivos durante a actividade instrutória. Considera a autora que, no primeiro caso (v.g. inquirição de testemunha que é mãe do réu, sem que a mesma seja advertida pelo juiz da possibilidade de recusar o depoimento), sendo a própria lei processual a consagrar a inadmissibilidade da prova, o que estará em causa é saber se a prova poderá ser aproveitada ou valorada em termos de decisão. Contudo, no segundo caso (de que é exemplo, v.g. furto de documento por aquele que o utiliza em juízo), antes dessa operação, *«há que decidir previamente sobre a admissibilidade (ou seja, sobre a relevância processual da ilicitude material»*[280] da prova obtida[281].

---

[279] Cfr. Provas Ilícitas em Processo Civil, p. 21.

[280] Cfr. Provas Ilícitas em Processo Civil, p. 22.

[281] Desenvolvendo a apreciação do tema, Isabel Alexandre (ob. Cit., p. 23 e ss.) considera ainda que, para M. Cappelletti (*"Efficacia di prove illegittimamente ammesse e comportamento della parte"*, p. 556), o problema das provas introduzidas em juízo através de acto ilegítimo assume duas vertentes: a ilegitimidade do acto, processual ou extraprocessual, anterior ao acto de admissão da prova (abrangendo-se aqui, ao contrário de G.F. Ricci, casos de ilicitude, na formação da prova) e ilegitimidade do próprio acto de admissão ou produção da prova (resultante da proibição expressa, por parte da lei, da admissão de certo meio de prova ou produção do mesmo em desconformidade com a regulamentação legal). A autora conclui que as provas ilícitas exigem um tratamento diferenciado consoante a lei estabeleça ou não, em relação a elas, uma proibição de prova. Na primeira situação, como já está estabelecida a sua inadmissibilidade ou definidos os requisitos a que há-de obedecer o procedimento probatório, a questão central é a do apuramento das consequências da violação de regras processuais (embora nada impeça que o direito material sancione a conduta lesiva através da qual se obteve a prova). Na segunda situação, face ao silêncio da lei sobre a relevância processual que atribui à ilicitude material, cumpre verificar a própria inadmissibilidade da prova. Nesta segunda situação é ainda possível vislumbrar quatro hipóteses típicas da ilicitude, aparentemente impondo tratamento diferenciado: a) Provas pré-constituídas de modo regular, mas que foram ilicitamente obtidas pela parte que as pretende utilizar (através de furto, roubo, ameaças, etc.), sem que essa utilização traduza, em si, um acto ilícito (será o caso do documento contendo uma confissão de dívida, subtraído à parte contrária, em que a sua obtenção é ilícita, mas, se tivesse sido regular, a utilização (exibição) do documento não violaria nenhum direito do confitente); b) Provas pré-constituídas cujo modo de obtenção pode ter sido ilícito ou não, mas

Noutra perspectiva, SALAZAR CASANOVA[282] considera que «*de uma forma geral reserva-se a expressão "prova ilícita" para aquela que é obtida ou produzida com ofensa de direitos fundamentais; distingue-se da "prova ilegal" porque esta ocorre quando se desrespeitam normas de outra natureza*».

Pode-se concluir, perante esta curta indagação, que, quando se fala de "prova ilícita" pretende-se significar com tal conceito toda a prova que seja obtida[283] ou produzida[284], mediante a violação de normas de direito material, que tutelam direitos fundamentais dos cidadãos[285,286] ou aquela prova cuja formação ou produção em si mesma[287] consubstancia um ilícito.

cuja utilização processual consubstancia a prática de um acto ilícito, por violar certos direitos fundamentais (art. 26, n.º 1, CRP) podendo ser penalmente sancionada (v.g. a gravação cuja reprodução viola o direito à palavra do autor da mensagem; o diário íntimo, cuja leitura em audiência viola o direito à intimidade da vida familiar e privada; a fotografia ou o filme, cujo exame ou projecção viola o direito à imagem); c) A denominada "ilicitude na formação da prova", que consiste no emprego da coacção, violência, maus-tratos e em geral, métodos desumanos, a fim de constituir um meio de prova (sendo que, neste caso, o meio de prova só se constitui como acto ilícito e a utilização do meio de prova irregularmente constituído não suscita, em si, problemas de ilicitude); e d) Ilicitude referida ao modo de obtenção de conhecimentos, transmitidos em sede de prova por declarações (v.g. a testemunha que depõe sobre um facto constitutivo do direito do autor, num processo de divórcio, tendo adquirido o conhecimento desse facto em virtude de ilícita penetração no lar conjugal).

[282] "*Provas ilícitas em processo civil. Sobre a admissibilidade e valoração de meios de prova obtidos pelos particulares*", p. 101.

[283] Assim serão ilícitas, atendendo ao modo da sua obtenção, aquelas que sejam conseguidas por tortura, coacção, ofensa da integridade física ou moral da pessoa, abusiva intromissão na vida privada, abusiva intromissão no domicílio, abusiva intromissão na correspondência ou abusiva intromissão nas telecomunicações (cfr. art. 417.º, n.º 3, als. a) e b) do CPC).

[284] Serão também ilícitas as provas cuja produção em juízo constitua, em si mesmo, um ilícito. Tal sucederá, por exemplo, com a prova que importe quebra do segredo profissional (cfr. art. 417.º, n.º 3, al. c) do CPC; arts. 135.º a 137.º do Código de Processo Penal; art. 87.º do Estatuto da Ordem dos Advogados; art. 110.º do Estatuto da Câmara dos Solicitadores; art. 32.º do Código do Notariado, etc.), a quebra de segredo de Estado, sem verificação das condições previstas no art. 417.º, n.º 4, do CPC ou a que consista na junção de um diário íntimo, ainda que a parte o tenha obtido de forma lícita.

[285] Aqui se incluem as provas que violam a tutela do direito à imagem, à palavra, à reserva da vida privada e familiar (cfr. art. 26.º, n.º 1, da Constituição), como sucede com a utilização de uma fotografia, de uma gravação, de uma carta ou de um diário íntimos.

[286] Isabel Alexandre, Provas Ilícitas em Processo Civil; pp. 15-16 considera que, relativamente a estes meios de prova são «*provas ilícitas em sim mesmas*», constituindo o núcleo privilegiado em que a ilicitude probatória se manifesta.

PAULA MAGALHÃES DOS SANTOS considera, por sua vez, que a prova ilícita é a que viola o ordenamento jurídico, na medida em que são ilícitas as provas que decorrem de um acto ilícito[288].

GARCÊS CARDOSO[289] menciona que a ilicitude de uma prova tanto pode ser externa ao processo – a prova está tingida de ilicitude antes de ser levada ao processo (v.g. prova documental obtida ilicitamente ou testemunhas que obtiveram os conhecimentos que pretendem produzir em tribunal mediante intromissão ilegal em determinadas circunstâncias) – como pode resultar do próprio decurso do processo, quando é o processo que, na busca do material probatório, viola a lei (v.g. se o juiz decretar arbitrariamente a produção de determinados documentos, se permitir o uso de coacção sobre testemunhas, se decretar, sem fundamento legal, o levantamento do dever de sigilo ou de segredo) e pode ainda ser ilícita pelo simples facto de ser utilizada no processo (v.g. quando quem apresentou a prova a tem em seu poder legitimamente, mas a sua partilha envolve a violação de direitos de personalidade de outra, como acontece nos casos de fotos ou diários íntimos que lhe tenham sido dados). Para este Autor, a prova ilícita *«será aquela em que a obtenção ou produção do meio de prova implica a violação das regras de direito material»*, parecendo englobar a violação de qualquer tipo de disposição material, seja de índole constitucional ou meramente legal.

SARA FERREIRA DE OLIVEIRA[290] considera, por seu turno, que a prova ilícita é *«a prova cujo modo de obtenção o direito material reprova ou cuja produção em juízo consubstancia violação de direito material»*.

A referida Autora distingue entre a ilicitude na obtenção da prova e na produção da prova.

---

[287] *«É, designadamente, formado por processo ilícito o depoimento produzido sob coacção ou violência, ou o que transmite conhecimentos ilicitamente obtidos, categorias estas que têm tratamento diferenciado na doutrina (...). É ilicitamente obtido, embora tenha sido regularmente formado, o documento que, por exemplo, é subtraído à parte contrária»* (cfr. Lebre de Freitas; Introdução ao Processo Civil – Conceito e Princípios Gerais à Luz do Código Revisto, Coimbra Editora, 1996, p. 108, nota 42).

[288] Paula Alexandra Magalhães dos Santos, Da Problemática da Prova Ilícita no Processo Civil; FDUC, Coimbra, 2011, p. 33.

[289] Sobre a Admissibilidade da Prova Ilícita No Processo Civil Português, FDUC, Coimbra, 2012, pp. 46-47.

[290] Admissibilidade da prova ilícita em processo civil, FDUL, Lisboa, 2014, p. 19.

A prova será obtida de forma ilícita sempre que a conduta através da qual a prova é adquirida por um sujeito, reprova ao direito[291]. Por seu turno, poderá ter lugar ilicitude no momento da produção da prova, ou seja, no *«momento em que a prova é aditada ao processo ou em que o seu conteúdo é efectivamente revelado»*[292]. De todo o modo, conclui a Autora que sempre que a produção da prova implique a violação do direito material, a prova será igualmente ilícita, independentemente da licitude ou ilicitude da sua obtenção.

PEDRO TRIGO MORGADO[293] enuncia um conceito amplo de prova ilícita assentando este conceito em *«toda a prova que, devido ao modo como foi adquirida, aos factos que faz prova, ao modo como é trazida a juízo ou que por qualquer outra razão, extrínseca ou intrínseca ao processo, viola disposições de direito, processual ou material»* e alinha como fontes de ilicitude da prova no processo civil, os seguintes factores:

- A violação do sistema jurídico tem de ser relevante para o processo civil (a disposição violada não pode ter uma racionalidade e um âmbito de aplicação circunscrito, tendo de ser directamente dirigida aos interesses em causa no processo civil ou de validade global no sistema);
- A violação de normas de direito processual penal não são relevantes para a discussão da admissibilidade da prova em processo civil, uma vez que são disposições que têm um campo de aplicação estanque;
- Não são provas ilícitas as que violem disposições regulamentares (v.g. a utilização como prova de uma folha de ponto de um trabalhador que não cumpra com o modelo interno de uma entidade empregadora), não tendo essas disposições valor vinculativo para o tribunal;
- A fonte geral de situações das provas ilícitas é a Constituição (v.g. arts. 25.º, 26.º e 34.º). Outras fontes serão o CPC (v.g. arts. 459.º e 497.º) e o CC (art. 394.º) e o próprio direito penal substantivo.

---

[291] *«São abrangidos por esta expressão diferentes tipos de prova, ou seja, tanto nos referimos à obtenção através de conduta ilícita de prova pré-constituída como de prova constituenda, no primeiro caso englobando documentos (cartas, fotografias, gravações fonográficas e de vídeo, escrituras, documentos particulares, etc.), e no segundo, conhecimentos adquiridos por testemunha ou pela parte através de forma ilícita (intromissão não autorizada pelos intervenientes, abusiva intromissão nos meios de telecomunicações, tais como E-mails, SMS, MMS, redes sociais, etc)»* (cfr. Sara Ferreira de Oliveira, ob. Cit., p. 20).

[292] Sara Ferreira de Oliveira, ob. Cit., p. 21.

[293] Ob. Cit., p, 85 e p. 120 e ss.

# A ILICITUDE DA PROVA EM GERAL: CONCEITO E FIGURAS AFINS

Procurando uma síntese e sem preocupaçoes dogmáticas, pode considerar-se que as provas ilícitas são aquelas cuja obtenção ou produção constitui um ilícito[294] que determina a violação de um direito substantivo, quer a mesma violação resulte de uma ilicitude material ou formal.

Neste ponto, acompanha-se a lição de FERREIRA DE ALMEIDA[295] quando distingue entre:

a) A **ilicitude substantiva ou material** ocorrerá se forem violados direitos fundamentais pela obtenção ou produção da prova: «*Violam os direitos fundamentais (à imagem, à palavra ou à reserva da intimidade da vida privada e familiar – art. 26.º, n.º 1, da CRP), por ex., a exibição ou utilização duma fotografia, de uma gravação, de um filme, de uma carta ou de um diário íntimo. Tais meios de prova são em si materialmente proibidos*»[296]; e

b) A **ilicitude processual ou formal** – excluindo-se, todavia, aqui os casos em que tenha lugar a mera violação de restrições legais de prova por determinação de regras de direito substantivo ou adjectivo (cuja inobservância determina tão só o accionamento de previsões contidas em normas processuais) – assentará na produção ou obtenção de um método proibido de prova: «*São, por seu turno, processualmente ilícitas, v.g., o depoimento produzido sob coacção ou violência ou mediante desvio de princípios básicos do procedimento probatório, como os do contraditório, da oralidade ou da imediação. O que, neste âmbito, se proíbe é o método de prova, ou seja, o processo de formação ou obtenção da prova. É, assim, e por ex., ilicitamente obtido, embora regularmente formado, o documento subtraído (sem autorização ou por actuação fraudulenta) à posse e disponibilidade da parte contrária*»[297].

## 3.2. Distinção de figuras afins

A ilicitude da prova pode ser considerada em função do desrespeito do normativo legal nos momentos da *obtenção* da prova, da *produção* da prova e da *valoração* da prova.

A consideração de que uma prova é ilícita implica o seu não ingresso/a sua não valoração no processo.

---

[294] Assim, Teresa Armenta Deu, La Prueba Ilícita (un estúdio comparado), Madrid, Barcelona, Buenos Aires, 2009, p. 19 e ss.

[295] Cfr. Direito Processual Civil, Il, Almedina, Coimbra, 2015, p. 249.

[296] Assim, Francisco Manuel Lucas Ferreira de Almeida, Direito Processual Civil, Il, Almedina, Coimbra, 2015, p. 249.

[297] Cfr. Francisco Manuel Lucas Ferreira de Almeida, Direito Processual Civil, Il, p. 249.

Contudo, muitas vezes utilizam-se expressões próximas que, apesar de tudo exprimem diferente realidade conceitual, o que, na prática, nem sempre é atendido[298].

Assim, sucede nos casos que a seguir se enumeram:

### 3.2.1. A prova ilícita e a prova inadmissível

A expressão "prova inadmissível"[299,300] é normalmente utilizada para referir um meio de prova que, por qualquer motivo, não pode ser admitido a in-

---

[298] Guilherme Botelho de Oliveira (*"Algumas considerações quanto à prova obtida por meios ilícitos: Uma leitura restritiva da garantia constitucional instituída no art. 5.º, inciso LVI da CF/88", p. 17*) expressa essa inconstância terminológica nos seguintes termos: «*Uma das grandes dificuldades na compreensão do tema decorre da absoluta ausência de uniformidade na terminologia dos fenômenos. Não é incomum ver a doutrina usar os termos provas ilegítimas, provas proibidas, vedadas, ilegais, inadmissíveis, irregulares e, até mesmo, proibições probatórias, às vezes como sinônimos, às vezes como gêneros e espécies, sempre com algumas variações terminológicas. Prova vedada ou inadmissível é a prova obtida mediante meios ou comportamentos ilegais, ou seja, prova obtida por intermédio de atitude reprovada pelo ordenamento jurídico, seja de que natureza for essa norma. As doutrinas italiana, portuguesa e brasileira têm preferido a utilização do termo ilegítima especificamente para denominar as provas obtidas mediante violação de norma processual; (...). De outra banda, ilícita será "a prova cujo modo de obtenção o direito material reprova, quer essa ilicitude se verifique dentro ou fora da órbita processual".37 Serão exemplos de prova ilícita fora da órbita processual: a escuta telefônica sem autorização judicial ou a obtenção delituosa de informações que chegam aos autos por meio de prova testemunhal. Exemplo de prova ilícita dentro do processo é a inquirição de testemunha sob coação. Sendo assim, prova vedada ou inadmissível é gênero dos quais são espécies a ilegítima e a ilícita*».

[299] A prova inadmissível distingue-se, por sua vez, da prova irrelevante ou desnecessária. Esta última, ao contrário da primeira, não tem qualquer relação com o objecto da causa. Não é uma prova inadmissível, embora o juiz a deva rejeitar, em homenagem ao princípio da proibição da prática de actos inúteis (arts. 137.º e 265.º, n.º 1, CPC). A admissibilidade é um requisito de legalidade da prova, ao passo que a relevância implica um juízo preliminar sobre a utilidade da prova. Vd. a este propósito, v.g. o Ac. do TRG de 20-10-2011 (P.º 3361.0TBBCL-B.G1, rel. CARLOS GUERRA) decidindo que: «*I – Não pode entender-se que uma diligência de prova é impertinente só pela circunstância do facto a provar ou a contra-provar poder ser provado por outro meio de prova, ou que o meio requerido não o prova de forma plena, ou ainda que este iria fazer prolongar a duração do processo. II – Uma diligência de prova só pode considerar-se impertinente se não for idónea para provar o facto que com ela se pretende provar, se o facto se encontrar já provado por qualquer outra forma ou se carecer de todo de relevância para a decisão da causa*».

[300] Isabel Alexandre (Provas Ilícitas em Processo Civil, p. 29) critica a definição de prova inadmissível de Carnelutti considerando a mesma demasiado limitativa, por apenas reportar tal conceito a razões ligadas à falta de credibilidade que a lei atribuiu à prova.

gressar no processo[301],[302]. É o conceito mais amplo dos valores negativos da prova[303].

De todo modo, a prova inadmissível distingue-se das provas irrelevantes ou desnecessárias, pois, estas podem ser perfeitamente válidas e lícitas, mas, todavia, não são pertinentes para a resolução do caso, pelo que, *«não deverão ser admitidas pelo juiz, ao abrigo do princípio da proibição da prática de actos inúteis (arts. 6.º n.º 1 e 130.º CPC) por não terem qualquer relação com o objecto em causa»*[304].

Por sua vez, a ilicitude da prova resulta da prática de um acto ilícito (v.g. furto, gravação ilegal, ameaças, etc.) dentro ou fora da esfera do processo[305].

A rejeição dos meios probatórios, em razão da sua inadmissibilidade, pode fundamentar-se nas seguintes razões:

a) Por a prova não ter sido produzida livremente (por exemplo, a confissão extorquida pela força física ou por ameaça);
b) Por falsidade (por exemplo, a falsificação de um documento);
c) Por inadmissibilidade (v.g., a inadmissibilidade da prova testemunhal para prova de um facto em que este meio de prova não é admissível –

---

[301] Em razão da *«mera inadmissibilidade do ingresso dum meio de prova no processo, por via de restrições provenientes da lei substantiva (ex.: arts. 393.º CC, 394.º CC, 395.º CC) ou da lei processual (ex.: arts. 522.º-1, 2.ª parte, 632.º, 633.º)»* (assim, Lebre de Freitas; Introdução ao Processo Civil – Conceito e Princípios Gerais à Luz do Código Revisto, p. 107, nota 40).

[302] A ilicitude da prova não se confunde *«com a mera inadmissibilidade do ingresso dum dado meios probatório no processo, por mor de restrições de direito substantivo (exs: art.ºs. 393.º, 394.º e 395.º CC) ou de direito adjetivo (exs: art.ºs. 499.º – designação do juiz como testemunha – e 511.º – limite legal)»* (assim, Francisco Manuel Lucas Ferreira de Almeida, Direito Processual Civil, II, p. 249).

[303] Contudo, a inadmissibilidade reporta-se especificamente a um acto postulativo que, por qualquer motivo, não pode ser praticado no processo. Sobre a distinção entre actos constitutivos (que conformam uma situação processual) e postulativos (actos cujos efeitos dependem de uma decisão com um determinado conteúdo) vd. M. Teixeira de Sousa, Introdução ao Processo Civil, pp. 93-94.

[304] Assim, Sara Raquel Rodrigues Campos, (In)admissibilidade de provas ilícitas – Dissemelhança na produção de prova no Direito Processual?, Coimbra, 2015, p. 18.

[305] Franco Cordero exclui a possibilidade de a prova ilícita ser inadmissível por ser ilícita, pois, considera que a valoração de inadmissibilidade de uma prova é independente do juízo de licitude ou ilicitude do acto através do qual a prova foi obtida ("Il Procedimento probatorio", in Tre Studi sulie Prove Penale, Giuffrè, Milão, 1963, p. 61-62). Pense-se no caso de um depoimento testemunhal de uma pessoa que tomou conhecimento de certo facto através da violação da correspondência ou do domicílio. Entender o referido Autor que da lei não se extraem argumentos no sentido da inadmissibilidade deste meio de prova.

cfr. arts. 364.º; 393.º a 395.º do C.C. – ou então em casos em que a valoração da prova não é admissível – cfr. v.g. confissão que recaia sobre factos cujo reconhecimento ou investigação a lei proíba ou relativos a direitos indisponíveis –vd. arts. 354.º e 361.º do C.C.);

d) Por intempestividade (por exemplo, o rol de testemunhas apresentado fora de tempo – cfr. arts. 508.º-A, n.º 2, al. a) e 512.º, n.º 1 do CPC);

e) Por irrelevância (por exemplo, o documento sem interesse para prova dos factos controvertidos);

f) Porque ofende certos direitos fundamentais que funcionam como limites à descoberta da verdade.

A lei não aceita que se valorize nenhum meio probatório quando ele não é verdadeiro ou quando não exprime a verdade[306] ou quando a verdade nele plasmada não mereça credibilidade, em confronto com os interesses em presença[307] ou em que não haja liberdade de esclarecimento[308].

A razão de ser da lei deriva da ideia de que em certas circunstâncias a admissão ou valoração de um determinado meio de prova inviabiliza a descoberta da verdade. Se a lei exige a prova de determinados factos só por documento (por exemplo, o caso de um mútuo superior a determinado valor – cfr. art. 1143.º do CC), tal resulta da consideração de que uma "verdade alcançada por outro meio (por exemplo, por testemunho), seria afinal uma "falsa verdade" que a lei, *a priori*, visa arredar.

### 3.2.2. A prova ilícita e a prova invalidamente constituída

A prova invalidamente constituída[309] é aquela cuja invalidade afecta os actos processuais de admissão ou de produção de prova (v.g., a violação do princípio da audiência contraditória das provas ou do princípio da imediação, de

---

[306] Configure-se, por exemplo, a situação de uma prova já ter sido declarada falsa em acção de simples apreciação.

[307] Como sucede, por exemplo, com os casos de inadmissibilidade de confissão – art. 354.º do CC – ou de depoimento de testemunha – cfr. art. 394.º do CC.

[308] O que ocorre, por exemplo, no caso em que uma testemunha sem capacidade para depor, por anomalia psíquica ou doença –cfr. arts. 557.º, 616.º, n.º 2 e 627.º do CPC).

[309] E independentemente de se tratar de prova pré-constituída ou constituenda (neste sentido, Isabel Alexandre, Provas Ilícitas em Processo Civil, p. 32).

que é exemplo a circunstância de o julgador colher para o processo um meio de prova que não comunica às partes – cfr. arts. 415.º e 604.º, n.ºs, 3 e 4 do CPC[310].

A prova ilícita, em regra, não terá qualquer problema de admissão processual relacionado com normas processuais, mas a ilicitude afecta a prova em si mesma.

### 3.2.3. A prova ilícita e a prova imoral

Uma outra distinção que importa fazer e onde se assinala a distinção entre o campo do Direito e da Moral é o da prova ilícita e da prova imoral.

É usual referir-se a este propósito ao denominado *«caso da esposa comprada»*. Tratou-se de um caso em que a mulher do autor renunciou ao seu direito de não depôr a troco da quantia de mil marcos alemães. O advogado do réu que tomou conhecimento dessa situação arguiu a ilicitude da prova.

Nesta situação – tal como nos casos vulgarmente designados por *«testemunhas compradas»* (a quem foi paga uma determinada quantia para prestarem depoimento, condicionador da espontaneidade do testemunho[311]) – a prova em si mesmo não é ilícita[312], mas a mesma pode ofender a moral.

A situação descrita não torna ilícita – sem prejuízo da punibilidade do comportamento levado a efeito – a prova aduzida pela mulher do autor, mas, a prestação de um depoimento, nesses moldes, constituirá uma circunstância a ponderar livremente pelo Tribunal, de acordo com o princípio da livre apreciação da prova[313].

---

[310] *«(...) a prova é inválida sem a presença das partes; é o que os alemães chama de Parteiöffentlichkeit, pois, se o magistrado, mesmo de ofício, colher a prova e não comunicar às partes em prazo hábil, essa prova está manchada, isto é, inválida para produzir efeitos objectivos sobre a sentença, e.g., a inspecção judicial»* (assim, Darci Guimarães Ribeiro, Provas Atípicas, p. 34).

[311] Importa salientar que, caso se comprove a falsidade do depoimento posteriormente ao julgamento da causa e, independentemente da responsabilização penal a que porventura dê azo, tal circunstância constitui fundamento para a interposição de eventual recurso de revisão da sentença já transitada em julgado, em conformidade com o prescrito no art. 696.º, al. b) do CPC.

[312] Sem prejuízo das disposições normativas que punem a falsidade do testemunho (entre nós, os arts. 359.º e 360.º do Código Penal).

[313] Caso descrito por Walter Zeiss, "Die Verwertung rechtsewidrig erlangter Beweismittel", p. 378, *apud* Isabel Alexandre; Provas Ilícitas em Processo Civil, p. 33.

### 3.2.4. A prova ilícita e a prova viciada ou falsa

Outra distinção conceitual que importa efectuar para delimitar, com precisão, as realidades em presença, reporta-se às expressões «prova ilícita» e «prova viciada».

A prova ilícita é a que se encontra afectada por ilicitude quanto ao modo da sua obtenção, mas cujo cunho corresponde à realidade[314].

A prova viciada (ou falsa) é aquela em que o meio de prova se encontra afectado por um vício, quanto à veracidade do seu conteúdo, ou seja, o seu conteúdo é falso, não corresponde à realidade objectiva[315].

Na lei processual civil prevêem-se mecanismos que visam privar a prova viciada de eficácia, como sucede com a possibilidade de ser arguida a falsidade dos documentos (cfr. art. 446.º do CPC) ou as inabilidades para depor (cfr. arts. 495.º e seguintes do CPC).

Ao invés, o direito processual civil português não contém nenhuma norma relativa à prova ilícita.

A problemática relativa à prova ilícita só reveste autonomia caso o seu conteúdo seja verdadeiro, isto é, corresponda à realidade tal como ela objectivamente se apresenta. Caso contrário – ou seja, se o conteúdo da prova é falso, não correspondendo à realidade – o problema reconduz-se ao da prova viciada.

### 3.2.5. A prova ilícita e a prova impertinente ou irrelevante

Noutro sentido, existe uma distinção clara entre a prova ilicitamente obtida e a prova impertinente, muito embora, na prática, ambas deixem de ter eficácia no processo. Esta última, em regra, não colide com quaisquer direitos fundamentais no que respeita ao modo como foi obtida para o processo, apenas sucedendo que a mesma não é necessária.

---

[314] O conteúdo da prova ilícita é, em si mesmo, verdadeiro (assim, Sara Raquel Rodrigues Campos; (In)admissibilidade de provas ilícitas – Dissemelhança na produção de prova no Direito Processual?, p. 19).

[315] *«A prova ilícita também se distingue dos casos em que o conteúdo da prova é falso, por exemplo ou porque se encontra viciado de alguma forma o conteúdo de um documento ou através de perjúrio cometido por testemunha. A arguição da falsidade da prova encontra-se regulada, tal como os efeitos do perjúrio. Embora sejam figuras conceptualmente distintas, estaremos perante problemas com tratamento autónomo que evidentemente poderão sobrepor-se»* (Sara Ferreira de Oliveira, Admissibilidade da prova ilícita em processo civil, p. 18).

Ou seja: Ao invés do que sucede com a generalidade da prova ilícita – em que a mesma se mostra, geralmente e apesar da ilicitude, com extrema relevância para a apreciação factual – a prova impertinente traduz uma «utilização injustificada da prova» ou a sua «desnecessidade» de uso[316], tendo em conta o «*thema decidendi*»[317,318,319,320].

[316] Assim, o Ac. TRL de 28-11-2013 (P.º 618/11.6TMLSB-A.L1-6, rel. FÁTIMA GALANTE) considerou que: «*À luz da ponderação de interesses e dos direitos supra referidos, tendo ainda presente que o art. 443.º, n.º 1 do CPC, manda verificar da pertinência das provas apresentadas, não existe fundamento para a admissibilidade do documento referenciado nos autos, como meio de prova, porque impertinente e desnecessário, não se justificando a sua junção aos autos*».

[317] Uma prova é pertinente, do ponto de vista processual, quando a mesma pertence ao processo, ou seja, seja conducente ao que se pretende no mesmo, ou seja, formar a convicção judicial sobre os factos controvertidos oportunamente carreados para o processo. Como refere Martin Eduardo Ocampo Garcia, *"Prueba impertinente y prueba inútil en el proceso civil"* «*un juicio de pertinência, exigirá comparar la relación existente entre el hecho que pretende acreditar la prueba propuesta y el objeto de prueba en el concreto proceso para el que se solicita, de manera tal que si dicha relación no se da, el juez deberá inadmitir la misma por su impertinencia*».

[318] Por sua vez, no Ac. TRG de 20-10-2011 (P.º 3361.0TBBCL-B.G1, rel. CARLOS GUERRA) decidiu-se que: «*Não pode entender-se que uma diligência de prova é impertinente só pela circunstância do facto a provar ou a contra-provar poder ser provado por outro meio de prova, ou que o meio requerido não o prova de forma plena, ou ainda que este iria fazer prolongar a duração do processo. Uma diligência de prova só pode considerar-se impertinente se não for idónea para provar o facto que com ela se pretende provar, se o facto se encontrar já provado por qualquer outra forma ou se carecer de todo de relevância para a decisão da causa*».

[319] No Ac. do TRG de 08-01-2013 (P.º 4042/08.0TBBCL-A.G1, rel. MARIA DA PURIFICAÇÃO CARVALHO) decidiu-se, a respeito da pertinência probatória, o seguinte: «*O direito à prova constitucionalmente reconhecido (art. 20 da CRP) faculta às partes a possibilidade de utilizarem em seu benefício os meios de prova que considerarem mais adequados tanto para a prova dos factos principais da causa, como também para a prova dos factos instrumentais ou mesmo acessórios. .O exposto não significa que todas as diligências requeridas devam ser deferidas. Apenas o deverão ser desde que legalmente admissíveis, pertinentes e não tenham cariz dilatório. . As perícias, como todas as demais provas, não servem nos processos que não seja para provar factos – tanto que estão todas a eles associadas (art. 513.º do Código de Processo Civil). . Pelo que se terá sempre de considerar impertinente a prova pericial que aponte à demonstração de factos que, de uma maneira ou de outra, não constem da controvérsia do processo, pois seriam pura e simplesmente inúteis para dirimir tal controvérsia e, portanto, não úteis à boa decisão da causa*».

[320] A relevância da prova tem a dupla função de excluir provas irrelevantes e de integrar todas as provas que são relevantes e que podem e devem ser admitidas (assim, Michele Taruffo, La prova nel processo civile, p. 69). O Autor conclui que os limites da prova são a relevância e a admissibilidade. A prova deve ser relevante para o processo (não existindo direito à prova se

### 3.2.6. A prova ilícita e a prova inútil

Também cumpre distinguir a prova ilícita da prova inútil[321,322]. A prova inútil é aquela que em nenhum caso pode contribuir para esclarecer os factos controvertidos, sendo desnecessária, enquanto a prova ilícita mantém, apesar da sua ofensa material, utilidade para o esclarecimento dos factos em discussão, muito embora, em virtude do vício que nela se contém não possa ter efeito útil para a demonstração ou indemonstração probatória.

### 3.2.7. A prova ilícita e a prova atípica

A prova atípica ou inominada é *«aquela que não vem prevista, como tal, no ordenamento jurídico»*[323,324,325] (é o caso, por exemplo, do detector de menti-

---

não houver interesse da mesma para a causa, por razão de economia processual) e deve ser admissível (a aferir no confronto dos direitos em questão).

[321] A diferença não foi sublinhada no Ac. TRL de 01-10-2015 (P.º 5419/12.1TBALM-B.L1-2, Rel. OLINDO GERALDES) onde se decidiu: *«Os documentos tendentes a demonstrar a realidade dos factos só interessam ao processo, na medida em que possam ser susceptíveis de influenciar a decisão da causa, tendo em conta os temas da prova, seleccionados, nomeadamente, a partir da causa de pedir ou da matéria de excepção alegadas na acção. O documento emitido por advogado, no âmbito do exercício do mandato judicial, está abrangido pelo segredo profissional e, como tal, não é idóneo a fazer prova em juízo. Não constando a autorização prévia para a revelação de factos abrangidos pelo segredo profissional e não podendo tal documento fazer prova na acção, é inútil a sua junção, ainda que feita a coberto de uma ordem judicial, justificando-se o seu desentranhamento».*

[322] Muito embora, nalguns casos, a jurisprudência tenda a equivaler a prova impertinente e inútil. Exemplificativamente, refira-se o decidido no Ac. TRL de 04-06-2014 (P.º 14509/13.2T2SNT-A.L1-4, rel. SERGIO ALMEIDA): *«I. Ao avaliar a pertinência de um exame o juiz tem presente os deveres de busca da verdade material e de gestão processual. II. É impertinente, designadamente, o exame que não exige conhecimentos especiais, não respeita a factos, concerne a factos provados ou se revela, à partida, manifestamente inviável ou redundante, não trazendo elementos úteis para a boa decisão da questão controvertida no processo».*

[323] A expressão é de G. F. Ricci, *"La Prove illicite nel Processo Civile"*, p. 34 e ss.

[324] Contudo, o próprio conceito de «prova atípica» não é unívoco, podendo considerar-se, numa acepção, como prova atípica aquela que prossegue resultado probatório diverso dos visados pelos meios tipificados na lei (caso em que a atipicidade estará no resultado, e não no modo de aquisição da prova e aproximar-se-á, então, do conceito de prova inominada), mas, noutra acepção, poderá corresponder à produção de determinada prova (típica) através de modelo não previsto na lei (ou seja, a atipicidade aqui consiste numa modalidade diversa da tramitação legalmente prevista para um dado meio da prova) e, ainda noutra acepção, poderá significar a utilização de meio típico para obter o resultado probatório de outro meio típico de prova (ex. testemunha que seja chamada a identificar um dado facto documentalmente comprovado).

[325] O tema das provas atípicas tem tido especial desenvolvimento em Itália. Para uma panorâ

A ILICITUDE DA PROVA EM GERAL: CONCEITO E FIGURAS AFINS

ras[326], da narcoanálise[327], da utilização de estudos de dactiloscopia ou de antropometria, o emprego de um sonograma para reconhecimento da voz[328], mas também, os escritos provenientes de um terceiro com conteúdo testemunhal, gravação de depoimento prestado noutro processo, realização de "perícias" extrajudiciais, etc.[329,330]).

mica geral do estudo deste temática, sua evolução histórica e tratamento jurídico nesse ordenamento vd. Silvia Moffa. Admissibilitá ed eficacia probatória dei nuovi mezzi di indagine processuale imposti dal progresso científico, Universitá degli Studi di Bologna, 1998-1999, pp. 6 e ss.).

[326] O detector de mentiras é um aparelho que regista os movimentos respiratórios, pulsação, tensão arterial e transpiração, durante o interrogatório e visa determinar, segundo os dados recolhidos, o momento em que a pessoa interrogada se afasta conscientemente da verdade. Este método de obtenção de prova, ainda que consentido, não é lícito. *«Mesmo quando assente no consentimento de um arguido, a utilização do detector de mentiras acaba por ameaçar o direito fundamental à liberdade de expressão de todos os que se encontram na mesma situação de suspeita»* (cfr., Costa Andrade; Sobre as proibições de prova em processo penal, p. 78).

[327] A qual se traduz na introdução por via intravenosa de substâncias barbitúricas, que provocam um estado de sonolência entre o sono e a vigília, com alterações psíquicas, libertando o subconsciente do visado, o qual, contra a sua vontade, fica sem o domínio das suas faculdades.

[328] Cfr. sobre esta matéria o interessante estudo de Gianfranco Ricci. *"Prove atipiche, argumenti di prova e presunzioni"*, comunicação proferida no encontro do Conselho Superior da Magistratura Italiana, em Frascati, de 8-10 de Maio de 2000, disponível em http://appinter.csm.it/inconti/relaz/5308.pdf, p. 2 e p. 16), alertando para a necessidade de se distinguir dos verdadeiros casos de prova atípica, aquelas situações que se limitam a ser a utilização não considerada na lei de meios probatórios que, contudo, se reconduzem a meios de prova tipificados na lei (dando como exemplo desta situação, os casos dos documentos informáticos, do telex e do telefax, reconduziveis a prova documental.

[329] Nestes meios atípicos de prova – cujo resultado originará certamente um documento – confluem para além da prova documental, características respeitantes a tipos de prova (como a pericial e testemunhal ou depoimento de parte) utilizadas de forma atípica e não prevista por lei.

[330] Remédio Marques (*"A aquisição e a valoração probatória de factos (des)favoráveis ao depoente ou à parte chamada a prestar informações ou esclarecimentos"*, pp. 141-142) considera que, *«o catálogo legal dos meios de prova inclui todas as fontes materiais de aquisição de meios destinados a formar a convicção do tribunal; id est, meios de conhecimento da realidade fenomenológica, tal como é alegada pelas partes) – conhecimento directo ou sensorial (maxime, inspecção judicial) e conhecimento indirecto através do recurso a determinadas tecnologias ou metodologias científicas, no quadro da prova científica, e as declarações de ciência ou os documentos. A atipicidade pode resultar, ao invés, no plano empírico: embora os meios de prova estejam todos abrangidos e considerados pelas fontes materiais de prova, eles podem ser formados e adquiridos através de modalidades lícitas, mas diferentes das que se acham expressamente*

A atipicidade pode depender, nuns casos, de a prova, apesar de abstractamente típica, ter sido recolhida de uma forma diversa daquela onde foi produzida (v.g. depoimento prestado em processo penal e utilizado em processo civil); noutros casos são utilizados meios típicos de prova com uma finalidade diversa daquela que tradicionalmente têm (v.g. os esclarecimentos prestados pelas partes no processo) e, noutros ainda, a atipicidade depende da fonte probatória, ou seja, dos termos em que a prova foi adquirida em juízo (v.g. declarações escritas provenientes de pessoa que poderia ter sido arrolada como testemunha[331]).

*previstas na lei processual. Por exemplo, o escrito de terceiro é uma declaração de ciência, mas não se forma de acordo com os critérios legais formais de admissão e produção da prova testemunhal, o mesmo ocorrendo com as perícias extrajudiciais. O que pode (e deve) questionar-se é, na verdade, a possibilidade de obtenção de uma prova através de outros procedimentos probatórios, que não dos expressamente consagrados na lei; se, em suma, pode conceber-se a obtenção de um meio de prova através de um procedimento anómalo, ou a realização de um procedimento probatório típico desprovido dos respectivos pressupostos legais para a aquisição de elementos probatórios distintos daqueles por que normalmente tal procedimento se orientaria. Dito de outra maneira: deve perguntar-se acerca da possibilidade, em processo civil, de obtenção de provas de forma diferente daquela que é consentida. Estou a referir-me à obtenção de provas através de um procedimento anómalo (p. ex., o depoimento de parte não precedido de juramento ou das advertências respeitantes às consequências da falsidade), ou a realização de um procedimento probatório típico para a aquisição de elementos probatórios distintos daqueles a que normalmente visaria – in casu, o interrogatório das partes sem poderes para confessar enquanto instrumento de obtenção de declarações susceptíveis de livre apreciação. É da prova atípica que estou a falar».* Para além deste sentido de «prova atípica» ainda é possível considerar a atipicidade probatória no sentido da admissibilidade do uso de outras fontes materiais de prova (outras formas de raciocínio do juiz); no sentido de utilização para fins probatórios de instrumentos reservados para outros fins (v.g., a utilização de uma sentença como meio de prova, mesmo a sentença estrangeiro não revista, ou que não tenha sido objecto de declaração de executoriedade); na assunção no processo civil de meios de prova recolhidos e produzidos em acção penal; as afirmações sobre factos contidas numa sentença; etc.

[331] Visando, porventura, obviar à verificação de impedimento para depôr como testemunha. Sobre este impedimento, vd. o interessante Ac. TRE de 23-02-2011 (P.º 131029/08.3YIPRT-A. E1, rel. Bernardo Domingos).

A ILICITUDE DA PROVA EM GERAL: CONCEITO E FIGURAS AFINS

Por seu turno, a prova ilícita é aquela que, apesar de o meio da prova em questão se encontrar expressamente previsto no ordenamento jurídico[332], foi adquirida mediante violação dos limites nele previstos[333].

Relativamente a ambas se questiona a sua admissibilidade num processo, sendo certo que, contudo, a questão fulcral relativamente às provas atípicas *«não é a da não taxatividade dos procedimentos probatórios (...), mas a de saber se o requisito legal que falta é ou não essencial, se a anomalia é ou não compatível com os princípios do ordenamento»*[334], ou dizendo de outro modo, *«mesmo que se chegue à conclusão de que a lei não logrou instituir uma tipologia em matéria de provas, subsistirá sempre o problema de saber se, ao ter a preocupação de regular certos meios de prova, o legislador não terá pretendido vedar o recurso a provas não enumeradas (e atípicas, não no sentido de provas que não se encaixam em tipos, mas apenas no sentido de provas não reguladas na lei)*[335].

---

[332] Bruno Cavallone (*"Critica della teoria dele prove atipiche"*, p. 687-688) considera que a «não taxatividade» dos meios de prova pode significar três coisas: ou que se deve admitir o uso de outras fontes materiais de prova; que devem admitir-se outros procedimentos probatórios, ou que devem admitir-se outras formas de "judicial reasoning".

[333] Serena Canastrelli (Istruzione Probatoria e libero convincimento del giudice, pp. 250-252) distingue entre provas ilícitas e atípicas nos seguintes termos: *«Ed invero, una cosa è parlare di prova non disciplinata espressamente dal legislatore mentre un'altra sono i discorsi relativi alle prove assunte in violazione delle norme che regolano l'istruzione probatoria e, in particolare, l'ammissibilità e l'assunzione del materiale probatório (...). Tutte le considerazioni compiute in tema di prove atipiche non significano tuttavia che la medesima efficacia possa essere attribuita anche ai mezzi di prova rientranti nel catalogo legislativo ma assunti in violazione delle regole che ne disciplinano l'ammissibilità e l'assunzione (...). Un'ulteriore tematica tuttavia è rappresentata da quelle prove che pur risultando rilevanti ai fini del giudizio sono state formate al di fuori di esso con metodi addirittura illeciti o con atti che comportino la violazione di diritti individuali costituzionalmente protetti o comunque acquisite al processo con mezzi illegali o illegittimi. Al riguardo secondo la dottrina sussisterebbe nel nostro ordinamento costituzionale un'implicita regola di esclusione che prescriverebbe, con sanzione ad effetti automatici e incondizionati, l'inutilizzabilità di queste prove. Detta regola implicita nel sistema troverebbe la sua fonte normativa nel principio del giusto processo enunciato dall'art. 111 della Costituzione. In tal senso è stato, in particolare, ritenuto che un processo si possa definire giusto allorquando vengono rispettati i valori fondamentali espressi nelle disposizioni costituzionali.*
*Per quanto attiene le prove illecite, tuttavia, il nostro sistema processuale, a differenza di quello penale, non conosce una specifica disposizione volta a vietarne l'utilizzo, con la conseguenza che detta regola deve essere rinvenuta nel contesto generale dell'ordinamento. A tal fine si è quindi ritenuto che le prove acquisite in violazione della legge debbano considerarsi inammissibili ovvero inutilizzabili».*

[334] Cfr. Isabel Alexandre, Provas Ilícitas em Processo Civil, Almedina, Coimbra, 1998, p. 39.

[335] Assim, Isabel Alexandre, Provas Ilícitas em Processo Civil, Almedina, Coimbra, 1998, p. 40.

Contudo, não é por a prova ser atípica ou inominada que a mesma é, por tal facto, ilícita, sendo que, ao invés, a prova típica também pode ser ilícita.

Há quem admita a possibilidade de utilização da prova ilícita a título de prova atípica, enquanto que, outros autores consideram que as provas atípicas não serão verdadeiras provas, não tendo senão a eficácia de constituir presunções simples ou meros indícios[336],[337].

Quanto à questão da admissibilidade processual da prova atípica existem essencialmente três orientações doutrinárias[338]:

1 – *A legalista*: que defende o carácter taxativo da enumeração legal dos meios de prova e, em consequência, a inadmissibilidade de provas não previstas na lei (são seus seguidores em Portugal, Dias Marques[339] e Lebre de Freitas[340]);

---

[336] Assim, Michele Taruffo, *"Prove atipiche e convencimento del giudice", in* Rev. di dir. proc., 1973, p. 391.

[337] A valoração do "indício" assim como a prova por presunções colocam questões que, na prática, poderão não ter fácil resolução, podendo fazer-se introduzir no processo factualidade que não foi assumida ou contraditada no processo (sublinhando esta problemática vd. Giovanni Verde, *"La prova nel processo civile. Profili di teoria generale"*, p. 26 e ss.). Talvez por isso a Comissão de Reforma do Processo Civil tenha sentido a necessidade de fazer introduzir na motivação factual, quer ao nível do juízo de facto, quer em sede de sentença, a necessidade de expressamente se consignar o uso de tal meio de prova por presunções (cfr. redacção proposta para o art. 653.º, n.º 2 do CPC: *«A decisão sobre a matéria de facto declara quais os factos que o juiz julga provados e quais os que julga não provados, analisando criticamente as provas, deduzindo as presunções judiciais dos factos instrumentais e especificando os demais fundamentos que foram decisivos para a sua convicção»* e para o art. 659.º, n.º 3 do mesmo Código: *«Na fundamentação da sentença, o juiz toma em consideração, além dos factos que constam da decisão proferida nos termos do art. 653.º, aqueles que estão admitidos por acordo, provados por documentos ou por confissão reduzida a escrito, compatibilizando toda a matéria de facto adquirida e extraindo dos factos apurados as presunções impostas pela lei ou por regras de experiência».*

[338] Cfr. sobre o tema, Monton Redondo, Los Nuevos Medios de Prueba y la Possibilidade de su Uso en el Proceso, 1977, pp. 25-28; Mário Conte ("Il principio del giusto processo nell'ottica della modifica dell'art. 111 cost. Le prove atipiche e le prove illecite", Comunicação efectuada em Roma 28/10/2002) e Franco De Stefano ("Le prove atipiche e illecite"; Roma, Novembro 2001).

[339] Cfr., Noções Elementares de Direito Civil, p. 126.

[340] Cfr. A Confissão no Direito Probatório, p. 256, nota 40, considerando que em Portugal vigora um sistema de taxatividade dos meios de prova, assentando tal posição na proibição de as partes convencionarem a exclusão de qualquer dos meios de prova ou a inclusão de meios de prova não admitidos por lei, tendo em conta o disposto no art. 345.º, n.º 2, do Código Civil.

A ILICITUDE DA PROVA EM GERAL: CONCEITO E FIGURAS AFINS

2 – *A analógica*: que aceita a existência de novos meios de prova, desde que possam inserir – se numa das categorias reguladas pela lei; e

3 – *A discricionária*: que perfilha a liberdade dos meios de prova (decorrência do princípio da livre apreciação da prova), competindo ao juiz decidir se devem ser admitidos ou não (são seus seguidores Carnelutti[341] e Taruffo[342] e em Portugal, Antunes Varela, Bezerra e Sampaio e Nora[343], Miguel Teixeira de Sousa[344], Rui Rangel[345], Isabel Alexandre[346], Remédio Marques[347], Pedro Trigo Morgado[348] e, embora com reservas, Castro Mendes[349,350]).

[341] Francesco Carnelutti, Sistema di Diritto Processuale Civile, I, Cedam, Pádua, 1936, p. 746.

[342] Michele Taruffo, *"Prove atipiche e convencimento del giudice", in* Rev. di dir. proc., 1973, pp. 389-434.

[343] Cfr. Manual de Processo Civil, Coimbra Editora, 1985, p. 469.

[344] Cfr. As Partes, O Objecto e a Prova na Acção Declarativa, Lisboa, Lex, 1995, p. 198.

[345] Cfr. O Ónus da Prova no Processo Civil, Almedina, Coimbra, 3.ª Ed., 2006, p. 125, o qual, muito embora sublinhe, primeiramente, que deve ser reconhecida a liberdade de se recorrer a prova atípica, parece, depois, pretender restringir a sua admissibilidade, dizendo: *«A lei, a bem da boa decisão da causa, deve conceder essa liberdade, desde que a prova atípica seja essencial para o apuramento da verdade e desde que o tribunal aceite e as partes estejam de acordo»* (ob. Cit., p. 127).

[346] Cfr. Provas Ilícitas em Processo Civil, 1998, p. 46, considerando que, em princípio, são admissíveis provas atípicas, *«só se impondo solução diversa na medida em que tal seja necessário para defender outros direitos ou interesses»*.

[347] Cfr. *"A aquisição e a valoração probatória de factos (des)favoráveis ao depoente ou à parte chamada a prestar informações ou esclarecimentos"*, p. 142, mencionando, invocarem-se, a favor desta posição, os princípios da livre apreciação das provas, da aquisição processual, da descoberta da verdade (ao abrigo do inquisitório), da garantia do direito à prova e do direito a um processo equitativo.

[348] Ob. Cit., pp. 95-96: *«No processo civil português deve ser admitido como prova todo o meio que for capaz de demonstrar, através de percepção, raciocínio ou intuição, a veracidade de determinado facto de modo a formar a convicção do julgador, devendo ele apreciá-las livremente (número 5 do art. 607.º) – exceção feita aos casos em que a lei estabelece que determinados factos só podem ser provados através de determinado meio de prova (como, por exemplo, a proibição de utilização de prova testemunha do art. 393.º do CC e a prova dos contratos que careçam de determinada forma). Como a prova atípica deve ser livremente apreciada pelo juiz, não tendo menos valor do que uma prova legalmente prevista, é evidente que não pode ser admitida em processo como prova atípica uma prova típica proibida (...) A utilização de provas atípicas não será, de facto, muito comum, mas é importante afirmar a sua admissibilidade, como regra geral, por uma questão de adaptabilidade do processo a novas tecnologias e meios probatórios que surjam, e para garantir o acesso a todos os meios de prova possíveis, devendo, na ausência da lei, ser o julgador a ponderar a sua utilidade».*

[349] Cfr. Direito Processual Civil, II.º vol., 1987, pp. 719-720, considerando que, apesar de o art. 345.º, n.º 2, do C.C. vedar às partes a possibilidade de ampliarem convencionalmente os meios

A PROVA ILÍCITA: VERDADE OU LEALDADE?

Propendemos em concordar com a tese discricionária, pois, não obstante o Código Civil elencar no art. 349.º e ss. diversos meios de prova, este elenco *«não corresponde a uma tipologia, representando, pelo contrário, um conjunto de realidades com natureza diversa, sendo ainda possível encontrar normas relativas a meios de prova fora daquele código (cfr. art. 416.º CPC, relativo a prova por apresentação de coisas móveis)»*[351]. Nesta medida, a questão da inadmissibilidade da produção e da valoração de provas atípicas apenas surgirá quando seja necessário defender outros direitos ou interesses de valia superior a ponderar em concreto[352].

A apreciação aprofundada desta problemática é, contudo, tema que extravasa em muito do objecto desta investigação.

Importa sublinhar que a utilização de meios de prova atípicos configurará uma ilicitude da prova quando aquela utilização viabilize um uso, isolado ou coordenado, dos meios de obtenção da prova, de modo tal, que culmine numa *«vigilância total»*[353].

---

de prova a meios atípicos, a lei não proíbe que o juiz utilize provas não previstas, usando dos poderes consignados, hoje, no art. 265.º, n.º 3 do CPC.

[350] Contudo e como refere Isabel Alexandre (Provas Ilícitas em Processo Civil, p. 45, a impossibilidade de as partes utilizarem provas inominadas não deriva do disposto no art. 345.º, n.º 2 do CC, por três razões: primeiro, porque este preceito apenas se refere às convenções sobre as provas, nada estatuindo acerca da apresentação em juízo das mesmas por uma das partes sem o consentimento (ou conhecimento) da outra; segundo, porque a letra do preceito sugere uma remissão para o n.º 1 – assim quando diz que *"é nula, nas mesmas condições, a convenção que (...) admitir um meio de prova diverso dos legais (...)"* está a referir-se apenas às convenções relativas a direitos indisponíveis e àquelas que tornam excessivamente difícil a um das partes o exercício do direito; terceiro, porque a proibição de as partes utilizarem provas inominadas representa uma restrição do direito à prova, consagrado no art. 20.º, n.ºs 1 e 4 da CRP, contrária ao preceituado no art. 18.º, n.º 2, CRP, na medida em que seja injustificada. Como conclui a referida Autora (ob. Cit., p. 46), *«o ponto de partida deve ser, antes, o da sua admissibilidade, só se impondo solução diversa na medida em que tal seja necessário para defender outros direitos ou interesses»*.

[351] Assim, Sara Raquel Rodrigues Campos, (In)admissibilidade de provas ilícitas – Dissemelhança na produção de prova no Direito Processual?, p. 20.

[352] Sara Raquel Rodrigues Campos ( (In)admissibilidade de provas ilícitas – Dissemelhança na produção de prova no Direito Processual?, p. 120) defende mesmo que *"o ponto de partida"* relativamente à prova atípica deverá ser o da admissibilidade.

[353] Como refere Paulo Pinto de Albuquerque (cfr. Comentário ao C.P.P., p. 318), *«há um limite material intrínseco dos meios atípicos de obtenção de prova: não é admissível a utilização, isolada ou coordenada, de meios atípicos de obtenção de prova que permita uma "vigilância total" (Totallüberwachung), uma "vigilância global, com a qual possa ser construído um perfil completo da personalidade do arguido"*

## 3.2.8. A prova ilícita e as proibições de prova

As proibições de prova traduzem, genericamente, os limites à descoberta da verdade, destinando-se a garantir que os direitos fundamentais não sejam ultrapassados em nome de supostas necessidades de prova.

O conceito de «proibições de prova» como limites à descoberta da verdade em processo penal foi uma inovação de Beling[354]

O referido Autor distinguiu entre proibições de prova absolutas (proibindo a prova de certos factos) e relativas (proibindo certos meios de prova) e condicionais (que podem ser afastadas pela manifestação de vontade de certas pessoas) ou incondicionais (no caso contrário). E estruturou o conceito como uma figura distinta das regras negativas da prova (provas inadmissíveis em geral), inseridas no sistema da prova legal, sendo que, *«ao contrário destas, as proibições de prova não incidem, na sua perspectiva, sobre o momento da apreciação das provas, mas sobre um momento anterior[355], dado representarem limites à busca da verdade»[356].*

Os fundamentos das proibições de prova são variados, podendo reportar-se ao bem-estar do Estado (v.g. proibição de depoimento de testemunha em razão de segredo de Estado); a protecção da esfera de personalidade dos particulares (v.g. fundamentando a proibição da tortura ou o direito de recusar a resposta a perguntas incriminatórias do próprio); a protecção das relações de parentesco (v.g. a possibilidade de recusa de familiares a depor); o dever de segredo profissional ou religioso (v.g. limitando o âmbito probatório das pessoas abrangidas pelos respectivos segredos); a protecção do direito de propriedade, etc.

Contudo, o próprio conceito de «proibições de prova» é ele mesmo objecto de grande polémica. Como refere Manuel da Costa Andrade, *«não*

---

*(...). Pelo exposto, não são admissíveis como meios de obtenção de prova atípicos a colocação de um receptor de GPS no veículo de um arguido ou suspeito, nem a infiltração em sistema informático».* Na mesma linha, vd. o Ac. do TC n.º 442/2007, afirmando a proibição de um retrato exaustivo do modo de vida do cidadão.

[354] Ernst Beling, Die Beweisverbote als Grenzen der Wahrheitserforschung im Strafprozess.

[355] No direito processual penal alemão, no âmbito das proibições de prova compreende-se *«a doutrina das proibições de investigação de determinados factos relevantes para o objecto do processo, bem como das proibições de levar determinados factos ao objecto da sentença e, finalmente, das consequências processuais da violação daquelas proibições»* (assim, Karl-Heinz Gössel; "As proibições de prova no direito processual penal da República Federal da Alemanha", pp. 397-398).

[356] Assim, Isabel Alexandre, Provas Ilícitas em Processo Civil, Almedina, Coimbra, 1998, p. 47.

*se encontra zona da vida jurídica onde os caminhos da doutrina e da jurisprudência se mostrem mais desencontrados e varridos pela controvérsia. Dificilmente, com efeito, o jurista conhecerá experiência mais próxima de Babel: falando todos do mesmo (as proibições de prova), raros falam, afinal, da mesma coisa. Mudando de autor, muda-se invariavelmente de rio, raramente se lavando nas mesmas águas»*[357].

Não obstante a assinalada dificuldade e a variedade de terminologia quanto ao conteúdo e classificações de provas proibidas, a doutrina utiliza o conceito de proibição de prova maioritariamente em três sentidos:

– Enquanto limitação legal, quer à produção (proibições de produção de prova), quer à valoração (proibições de valoração) da prova;
– Enquanto limitação legal à produção da prova; e
– Enquanto prescrição ou determinação legal que delimita a produção da prova e cuja violação determina a proibição de valorar a mesma.

No que se refere às **proibições de produção de prova**[358] é usual a distinção entre três tipos de proibição de prova, consoante o objecto da proibição seja um tema, um meio ou um método de prova.

---

[357] Cfr. Sobre as Proibições de Prova em Processo Penal, Coimbra Editora, Coimbra, 1992, p. 19.

[358] *«Classificação mais comum na doutrina é a divisão das proibições de prova entre proibição de produção e proibição de valoração da prova. As proibições de produção de prova inadmitem certos objetos (fontes), meios ou métodos de prova. A proibição à produção da prova interessa-nos com maior relevo por ser inerente às provas produzidas em desacordo com a violação ao direito material.*

*Proibições de tema de prova "traduzem-se em proibições de demonstração da realidade de certo facto, independentemente do meio de prova utilizado". Exemplo dessa proibição pode ser o depoimento sobre um fato quanto a depoente que tem dever de sigilo profissional sobre ele.*

*Proibições de meios são aquelas ilicitudes que contrariam valores materiais protegidos. Exemplo prático é o caso da utilização de diário íntimo contra a vontade do autor.*

*Proibições de método seriam as provas obtidas mediante ofensa à integridade física, a exemplo das confissões obtidas por meio de violência.*

*De outro lado, as proibições de valoração da prova, por sua vez, não se relacionam com a admissão ou não prova, mas com seu aproveitamento ou sua utilização como meio de convencimento do juiz.*

*Por sua vez, as proibições de valoração da prova podem ser dependentes ou independentess. A proibição de valoração tem sua origem na violação de uma proibição de produção. Por ser proibida sua produção, também não poderá ser valorada no julgamento.*

*A proibição de valoração independente demonstra-se de alto relevo. E, aparentemente, só se apresenta em dois exemplos: "quando as partes ou terceiros, no exercício do direito, que em dadas circunstâncias lhes assiste, de recusar a colaboração na descoberta da verdade (art. 519, n.º 3, CPC), não prestam informa-*

A ILICITUDE DA PROVA EM GERAL: CONCEITO E FIGURAS AFINS

Na classificação de proibições de produção de prova, podemos identificar as *proibições de temas de prova* que se traduzem em proibições de demonstração da realidade de certo facto, independentemente do meio de prova utilizado. Será o caso no direito português da previsão do art. 454.º, n.º 2, do CPC e dos factos que constituam segredo de Estado (cfr. art. 137.º do CPP).

Quanto a *proibições de meios de prova* (meios de prova cuja utilização processual colide com interesses dignos de protecção, como por exemplo, a utilização de diários íntimos contra a vontade do seu autor e as gravações secretas que colidem com o princípio da dignidade da pessoa humana). Será o caso no direito português da norma prevista no art. 497.º do CPC relativa à possibilidade de recusa a depor (com lugar paralelo nos arts. 134.º, n.º 2, do CPP[359]).

Finalmente, *proibições de métodos de prova* divisam-se nas violações dos princípios do contraditório, da oralidade ou da imediação. Na lei processual civil portuguesa será exemplo o art. 490.º, n.º 1, do CPC, ao estabelecer a necessidade de a inspecção judicial de pessoas e coisas respeitar a intimidade da vida privada e familiar, bem como a dignidade da pessoa humana[360].

---

ções, não se sujeitam a exames ou não entregam documentos (já que a atribuição a esses comportamentos negativos de um qualquer valor probatório, destituiria tal direito de conteúdo útil); b) quando, na seqüência de um meio de obtenção de prova (uma busca, uma apreensão de correspondência, uma escuta telefónica) legalmente realizada, se adquirem, por mero acaso, conhecimentos não relacionados com o facto que se pretendia investigar (os denominados conhecimentos fortuitos)".

Como dito alhures, o comportamento processual das partes é meio atípico de prova, fato que hoje não demanda grande divergência da doutrina. Todavia, deve-se harmonizar tal possibilidade com a máxima de que ninguém pode ser coibido a produzir prova contra si mesmo. Eventual presunção, decorrente da omissão da produção da prova, pode ser tida como ilícita, por infringir tal direito.

Outra ilicitude decorre da comprovação de fato descoberto mediante autorização judicial para fim diverso. Exemplo, autoriza-se judicialmente o implemento de escuta telefônica em decorrência de tráfico de drogas e por meio dessas escutas descobre-se que o investigado também comete outros ilícitos independentes, como fraudes a licitações. A autorização não serviu a esse fim, sendo ilícita sua valoração em demanda que busque a condenação para esse crime » (assim, Guilherme Botelho de Oliveira,*"Algumas considerações quanto à prova obtida por meios ilícitos: Uma leitura restritiva da garantia constitucional instituída no art. 5.º, inciso LVI da CF/88"*, p. 18-19).

[359] Um outro exemplo encontra-se no art. 356.º do CPP, atinente à impossibilidade de leitura de determinados autos e declarações.

[360] No processo penal também se prescreve a inadmissibilidade de certos métodos de investigação para obtenção de meios de prova, estando os mesmos consagrados nos n.ºs 1 e 2 do art. 126.º do CPP.

No que respeita às **proibições de valoração da prova**, respeitantes à questão do aproveitamento ou utilização da prova recolhida para efeitos de decisão, podemos distinguir entre:

– *Proibições de valoração dependentes* (surgem na sequência da violação de uma proibição de produção de prova e denominam-se proibições de valoração porque proíbem o aproveitamento ou a utilização do resultado obtido de forma ilegal, no momento da sentença); e
– *Proibições de valoração independentes* (ocorrem de modo autónomo, não advindo da violação de uma proibição de produção). No âmbito do processo civil, as proibições de valoração independentes parecem revelar um grande interesse, atenta a obtenção de meios de prova por parte dos particulares, não estabelecendo a lei, liminarmente, quais os requisitos a que tal obtenção deve obedecer.

Mas, enquanto que, a expressão "prova ilícita" se reporta a um meio de prova produzido ou obtido mediante a violação de normas do direito material, já a expressão "proibições de prova" é um conceito marcadamente neutro, que se emprega usualmente para acentuar a inadmissibilidade da produção da prova em juízo ou a sua não utilização como fonte da convicção do julgador[361], constituindo *«barreiras colocadas à determinação dos factos que constituem objecto do processo»*[362,363].

### 3.2.9. A prova ilícita e a prova ilegítima

Na decorrência do já supra exposto pode, ainda, efectuar-se uma distinção entre prova ilícita e prova ilegítima, considerando que a primeira categoria assenta na violação de normas de direito material (v.g. a prova obtida mediante tortura, coação, ofensa à integridade física, à intimidade ou à vida privada), geralmente de verificação extra-processual, enquanto que, a prova

---

[361] Desenvolvendo o ponto, vd. Isabel Alexandre, Provas Ilícitas em Processo Civil, Almedina, Coimbra, 1998, p. 49 e ss.

[362] Cfr. Gössel, Bockelmann.Fs., p. 801, *apud*, Manuel da Costa Andrade, Sobre as Proibições de Prova em Processo Penal, p. 83.

[363] Pedro Trigo Morgado (ob. Cit., p. 87) tem um diverso entendimento ao considerar que o conceito de prova proibida se insere no de prova ilícita, englobando este todas as provas que violem de alguma forma disposições do ordenamento jurídico, enquanto aquele apenas engloba os casos de provas ilícitas que o sejam por violar normas directamente dirigidas à admissibilidade da prova em questão.

ilegítima ofende regras de direito processual, tendo ocorrência necessariamente intra-processual[364].

### 3.2.10. A prova ilícita e a prova nula

A consideração da prova como ilícita incide, como se viu, na violação de normas de direito material, enquanto que a prova nula traduz o vício que afecta
as regras de admissão no processo de uma determinada prova ou os termos
em que a mesma deve ser admitida[365]. Relevante é que a lei comine com
tal grau de invalidade a prova, mas a viciação probatória pode ter lugar por
razões que não se prendem, necessária ou exclusivamente, com a natureza
ilícita da prova produzida.

### 3.2.11. A prova ilícita e a prova ilegal

É usual também a distinção entre prova ilícita e prova ilegal. Esta última é
a prova constituída contra a lei (*«contra legem»*), enquanto que, a primeira, é
a prova que é produzida ou obtida mediante a ofensa da ordem jurídica, no
que respeita aos princípios constitucionais fundamentais[366].

---

[364] Como refere Gaetano Galluccio Mezio ("Segreto di Stato e Processo Penale", p. 19):
*«E' necessario evitare ogni confusione tra illiceità della prova, ai sensi della legge sostanziale, e illegitti-
mità della sua ammissione- acquisizione. La prima non implica la seconda e vice-versa».*

[365] Conforme refere Sara Ferreira de Oliveira (Admissibilidade da Prova Ilícita em Processo
Civil, 2014, p. 18), a prova nula é a prova que foi admitida mediante a violação de normas
processuais, que regulam sobre a admissão probatória ou sobre os termos processuais em
que a mesma deve ser admitida no processo e a tal violação aplica-se o regime das nulidades
processuais.

[366] Sobre a distinção entre estes conceitos, no ordenamento jurídico espanhol, refere Xavier
Abel Lluch *("A propósito del juicio de admisión de los medios de prueba", in* La prueba y la decisión
judicial, p. 157 e ss.) o seguinte: *«No existe una noción pacífica sobre el concepto de ilicitud probatoria,
ni sobre sus efectos, debiéndose distinguir, además, entre ilicitud y legalidad probatoria. Conceptualmente
un sector doctrinal (MONTERO AROCA) conecta la licitude con la obtención de las fuentes de prueba,
mientras que la legalidad o ilegalidad se examina con respecto a la admisibilidad de los medios de prueba.
Otro sector doctrinal (PICÓ i JUNOY), por el contrario, no limita el concepto de ilicitud probatoria a las
fuentes de prueba, sino que lo extiende también a la práctica de los medios de prueba. Para el citado autor
"la prueba ilícita es aquella cuya fuente probatoria está contaminada por la vulneración de un derecho
fundamental o aquella cuyo medio probatorio ha sido practicado con idéntica infracción de un derecho
fundamental".*
*En cuanto a los efectos, se pueden distinguir hasta tres posiciones. Para un sector, toda prueba ilícita debe
ser inadmitida y no puede desplegar efectos probatorios, entendiéndose por prueba ilícita aquella que se ha
obtenido por la parte proponente o por terceros empleando procedimientos que a juicio del tribunal deben*

## 4. Enquadramento doutrinário do problema da prova ilícita

### 4.1. Sequência

A prova ilícita em geral coloca várias questões perante uma multiplicidade de interesses conflituantes. Assim, se por um lado, a conduta que dá lugar ao aparecimento do meio de prova é uma conduta ilícita, porque reprovada pela lei, por outro lado, a prova assim obtida é susceptível de tornar conhecidos factos relevantes – e, por regra, correspondentes à realidade – para que o Tribunal possa formar a sua convicção.

*considerarse reprobables según la moral o atentatorio contra la dignidad de las personas. En sentido contrario, se ha propugnado que todas las pruebas deben admitirse, sin perjuicio de la responsabilidad en que pueda haber incurrido quien las ha obtenido y para ello se argumenta la búsqueda de la verdad en el proceso, como fin público, que está por encima de los derechos individuales (GUASP; MUÑOZ SABATÉ). Y para un tercer sector, la inadmisión de las pruebas ilícitas se refiere a las obtenidas con vulneración de un derecho fundamental. Aun dentro de esta tercera posición, algunos autores (PICO i JUNOY) matizan que las pruebas obtenidas con infracción de derechos fundamentales deben ser rechazadas, mientras que las pruebas que no vulneran tales derechos –las pruebas ilegales- pueden ser apreciadas y valoradas.*

*En España, el tratamiento procesal de los juicios de ilicitud e ilegalidad de la prueba es, además, distinto. El juicio de ilicitud probatoria se canaliza a través de un incidente contradictorio entre las partes. El art. 287 LEC, en su apartado primero, dispone "cuando alguna de las partes entendiera que en la obtención u origen de alguna prueba admitida se han vulnerado derechos fundamentales habrá de alegarlo de inmediato con traslado, en su caso, a las demás partes". La referencia a la "prueba admitida" permite entender que el incidente de ilicitud probatoria opera como un instrumento para expulsar las pruebas ya admitidas, y no como un criterio de admisión de los medios de prueba, como lo son la pertinencia, la utilidad o la legalidad (art. 283 LEC). De aquí que el juez no pueda inadmitir ab initio una prueba por razón de ilicitud, sino que, una vez admitida la prueba, se podrá, de oficio o a instancia de parte, sustanciar el incidente de ilicitud probatoria. La imposibilidad de inadmitir ab initio una prueba ilícita se ha justificado en el doble argumento de la extrema dificultad de apreciar in limine la ilicitud de la prueba sin una previa denuncia por la parte perjudicada y la oportunidad –y necesidad- de articular un incidente contradictorio en el que discutir y verificar la ilicitud de la prueba. En su apartado segundo el art. 287 LEC regula el tratamiento procesal del incidente de ilicitud probatoria, particularmente la legitimación, el momento procesal y los concretos trámites procesales. Así dispone: "Sobre esta cuestión [la ilicitud], que también podrá ser suscitada de oficio por el tribunal, se resolverá en el acto del juicio o, si se tratase de juicios verbales, al comienzo de la vista, antes de que dé comienzo la práctica de la prueba. A tal efecto, se oirá a las partes y, en su caso, se practicarán las pruebas pertinentes y útiles que se propongan en el acto sobre el concreto extremo de la referida licitud". La legitimación para promover el incidente de ilicitud corresponde indistintamente a las partes y al juez (...)».*

ENQUADRAMENTO DOUTRINÁRIO DO PROBLEMA DA PROVA ILÍCITA

Deste modo, não causa surpresa dizer que o enquadramento doutrinário sobre a admissibilidade da prova ilícita em processo civil apresenta-se bastante complexo.

Tal sucede, quer pela inexistência de regulamentação específica quanto a esta matéria na maioria dos ordenamentos jurídicos[367,368], quer pela multiplicidade de fundamentos teóricos onde se pretende basear e, bem assim, pela incapacidade de se adoptarem regras estritas e uniformes sobre a matéria.

Não obstante tais dificuldades, as diferentes teses acabam por se agrupar em torno de dois argumentos principais que foram, depois, desenvolvidos de diferentes formas e com diversas ramificações, com maior ou menor complexidade conceptual:

– O princípio da investigação da verdade para defender a tese favorável à admissão sem restrições da prova ilícita; e
– O princípio da unidade do ordenamento jurídico, para fundamentar a tese oposta[369].

A obtenção da verdade funda a tese favorável à admissão da prova ilícita, enquanto que, a lealdade (enquanto corolário da adopção de um processo justo em todos os sentidos) fundamenta a tese contrária.

Posteriormente, foram-se desenvolvendo teses intermédias ou mistas, sensíveis aos argumentos contrapostos de cada uma das posições radicais iniciais e que procuram atenuar os efeitos perniciosos da adopção inflexível de cada uma das teses de origem.

---

[367] Como refere Isabel Alexandre (Provas Ilícitas em Processo Civil, pp. 160-161), *«por este motivo, quase nunca é possível afirmar qual a via seguida por determinado país, no tocante à admissibilidade ou inadmissibilidade das provas ilícitas, face a opiniões profundamente divergentes, no seio da própria doutrina e jurisprudência (é o caso da Alemanha ou da Itália)».*

[368] Muito embora as diferenças, certo é que, contudo, o problema se equaciona, em geral, da mesma forma. Como refere Andre Vos (em "Evidence Unlawfully Obtained", disponível em http://www.deneysreitz.co.za/index/.php/news/evidence_unlawfully_obtained/), por referência ao sistema Sul-Africano: *«The question arises wheter one may, despite the unlawful means by which such information has been gained, rely upon it in evidence. What can be particularly irksome is knowing that someone has infringed your rights and is acting unlawfully, but the only way you can prove it is by evidence which has been gathered unlawfully. The old adage comes to mind: do two wrongs make a right?».*

[369] Isabel Alexandre, *ob. cit.*, p. 159.

Analisemos, então, em que pontos assentam os argumentos das três correntes[370] teóricas sobre a prova ilícita, sendo que, como é óbvio, as três podem-se divisar nos vários ordenamentos jurídicos[371].

## 4.2. Tese da admissibilidade sem restrições

Uma tese defende a admissibilidade da prova ilícita quando não haja impedimento na lei processual.

Para os defensores desta tese[372], a prova deve relevar em si mesmo, pela sua finalidade, que é, precisamente, a de se pretender efectuar prova e isso independentemente da licitude ou ilicitude do seu modo de obtenção.

A busca da verdade constitui o fim primário do processo e, por isso, a prova – qualquer que seja o modo pelo qual ela seja obtida – interessa e deve ser admitida no processo.

Da violação de uma norma protetora de direito material não há, nesta perspectiva, razão lógica para aplicar sanções de natureza processual, como a atinente à inadmissibilidade da prova. A prova só seria inadmissível se o impedimento estivesse contido na lei processual, caso contrário, a prova ainda que ilícita – por violação de normas substantivas – seria de admitir no processo.

---

[370] Por vezes a designação destas não é unívoca, existindo autores que as denominam de correntes «*Obstativa, considera inadmissível a prova obtida por meio ilícito, em qualquer hipótese e sob qualquer argumento (...). Uma segunda corrente denominada Permissiva, aceita a prova obtida ilicitamente, pois entende que a ilicitude está relacionada ao meio de obtenção da prova, e não ao seu conteúdo (...). A terceira corrente, é a Intermediária, pela qual, aceita-se a prova ilícita a depender dos valores jurídicos e morais em jogo, para isso, aplica-se o princípio da proporcionalidade*» (cfr. Elisângela Hass de Souza, Da utilização das provas ilícitas no processo civil brasileiro e a ponderação de interesses) ou «*a) a proibitiva; b) a permissiva; e c) a intermediária*» (cfr. Luís Otavio dos Santos; A utilização de provas ilícitas no processo civil, p. 40).

[371] Cfr. Nivia Aparecida de Souza Azenha; Prova ilícita no Processo Civil. De acordo com o Novo Código Civil. 1.ª. ed., p. 104 e ss.

[372] Cfr. v.g. Franco Cordero; Tre studi sulle prove penali, p. 147-171 (autor que considera dever vigorar o princípio "male captum, bene retentum" – "mal colhido no direito material, bem conservado no direito processual"); Francisco Pontes de Miranda; Direito de família, t. I, p. 380; e Hélio Tornaghi (Curso de Processo Penal, Vol. 1, p. 307).

ENQUADRAMENTO DOUTRINÁRIO DO PROBLEMA DA PROVA ILÍCITA

De todo o modo, o ilícito não ficaria, contudo, impune, sendo punido nos termos da correspondente responsabilidade (civil, penal ou outra) a que desse causa[373].

Esta tese vigora em alguns países do sistema de "common law" – Inglaterra[374], Canadá, Índia, África do Sul[375] – e também na Finlândia, Dinamarca e Argentina[376].

Nos E.U.A. é também o modelo que vem sendo seguido nos tribunais civis (sendo que, a não aceitação de provas obtidas por meios ilícitos – quais frutos de uma árvore envenenada – se restringe, neste ordenamento, às pro-

---

[373] Cfr. José João Abrantes, *"Prova Ilícita"* in Revista Jurídica, n.º 7, Jul.-Set. 1986, A.A.F.D.L, pp. 7 e ss.

[374] Para uma panorâmica genérica vd. Hugh McKay e Nicola Shaw (Whatever Means Necessary), referindo estes autores que: *«English law is firmly on the side of the admissibility of evidence obtained illegally or as a result of a illegal search. This view seems to arise because the administration of justice will be obstructed where otherwise relevant evidence would not be admissible (...) relevant evidence, even if illegally obtained is admissible».* Esta orientação é genericamente aceite nos tribunais penais e civis (cfr. quanto a estes últimos vd. Helliwell v. Piggott-Sims; Calcraft v. Guest, I.T.C. Film Distributors Limited v. Video Exchange Limited (1982) Ch. 431 e Lord Ashburton v. Pape (1913) 2 Ch. 469).

[375] Neste País a regra geral é a de que, desde que a prova seja relevante, a mesma é admissível, a não ser que haja outra regra de prova que a exclua (princípio afirmado no Ac. R. v. Schaube-Kuffer, 1969 (2), SA 40 (RA) at 50) e positivado, pela negativa, no Civil Proceedings Evidence Act de 1965, Section 2, prevendo que nenhuma prova, relativamente a nenhum facto, assunto ou coisa que seja irrelevante ou imaterial deve ser admissível. Como refere Andre Vos, (*"Evidence Unlawfully Obtained"*): *«The general rule of evidence is that as long as evidence ir relevant i tis admissible, unless there is some other rule of evidence which excludes it».* De todo o modo, os tribunais têm vindo a "suavizar" a aplicação estrita deste princípio, reconhecendo-se em certas circunstâncias a inadmissibilidade da prova (cfr. Shell SA (Pty) Ltd v. Chairman, Towns Council of the Orange Free State 1992 (1) SA 906 (O); Lenco Holdings v. Eckstein and Others 1996 (2) SA 693 (NPD); Protea Technology Ltd. And Another v. Wainer and Others 1997 (9) BCLR 1225 (W); Lotter v. Arlow and Another 2002 (6) SA 60 (TPD) ).

[376] Sintetizando o entendimento vigente neste ordenamento jurídico, refere César Lorenzón Brondino (La Prueba Ilícita y su efecto en el Razonamiento del Juzgador, p. 7) reportando-se, expressamente, a outros ramos do Direito, que não o Direito penal, *«creemos (...) que aunque no exista regulamentación o norma expresa la tutela de las garantías individuales constitucionalmente reconocidas exige que cualquier dato probatorio que se obtenga en violación de ellas sea considerado ilegal y, por ende, sea excluído como elemento válido para fundar la convicción del juez (...). En suma, por lo expuesto, se deduce que aderimos a la Teoria Unitaria del Proceso y, por dicha razón, entendemos que las teorias "penales" enunciadas son enteramente aplicables al resto de los "procesos"».*

vas que provêm das autoridades policiais e não às que advenham da acção dos particulares).

Esta orientação assenta nos seguintes argumentos[377] ou desenvolvimentos específicos[378]:

### a) Princípio da verdade[379,380]:

O argumento é o seguinte: A finalidade da prova é a descoberta da verdade; daí, todos os meios que possam levar essa verdade ao processo são

---

[377] *«En apoyo de la tesis que sostiene la admisibilidad de los medios y/o fuentes de prueba obtenidos ilícitamente, se ha sostenido principalmente lo siguiente: 1 º) que, a través de ellos se consigue trasladar a conocimiento del juez una serie de hechos importantes para la solución del conflicto y, por tal razón, su admisión y posterior valorización no debe apreciarse en términos de moralidad, sino en el grado de verosimilitud que ellas aportan al esclarecimiento de los hechos controvertidos; y, 2º) que la finalidad primordial del proceso es el descubrimiento de la verdad, y si ese propósito se obtiene mediante la utilización de medios y/o fuentes de prueba ilícitamente producidas, el juez debe valorarlas en su integridad, independentemente de la responsabilidad penal, civil, administrativa o disciplinaria que se genere para el autor o autores de la misma»* (assim, Reynaldo Bustamante Alarcón, "El problema de la "prueba ilícita": Un caso de conflicto de derechos. Una perspectiva constitucional procesal», p. 149).

[378] Segue-se aqui, de perto, a exposição de Salazar Casanova (*"Provas ilícitas em processo civil. Sobre a admissibilidade e valoração de meios de prova obtidos pelos particulares"*, p. 102 e ss.).

[379] A invocação do princípio da investigação da verdade, enquanto princípio básico do ordenamento jurídico, como argumento favorável a um princípio geral de admissibilidade da prova ilícita, assenta no pensamento de SAUER e SCHÖNKE, considerando que a questão da prova ilícita se resolve não nos arts. da lei processual civil, mas antes nos princípios fundamentais de Direito, como o princípio da investigação da verdade, que manifesta o interesse da colectividade em que os factos se esclareçam, assim assegurando mais energicamente a ordem jurídica. Na apresentação de uma prova ilicitamente obtida, este interesse (público de descoberta da verdade) entra em conflito com um outro (também público) que é o da protecção contra a obtenção ilegal de provas, sendo que, o conflito deve resolver-se a favor da investigação da verdade, já que o segundo interesse referido pode ser satisfeito mediante sanções civis e criminais a aplicar ao autor da lesão (cfr. Isabel Alexandre, Provas Ilícitas em Processo Civil, p.184).

[380] Marta Alexandra Frias Borges (Algumas Reflexões em Matéria de Litigância de Má-Fé, p. 20 e ss.) sintetiza a problemática sobre a (in)existência de um dever de verdade processual, nos seguintes termos: «*A questão do dever de verdade processual remonta já ao período romano, mais precisamente à figura do juramento de calúnia. Ainda assim a sua aceitação e amplitude foi, desde sempre, das questões processuais mais controversas, não obstante alguns ordenamentos jurídicos tenham acabado por consagrá-lo de forma expressa, como sucede na Alemanha (§ 138 ZPO Alemã) e na Áustria (§ 178 ZPO Austríaca).*

ENQUADRAMENTO DOUTRINÁRIO DO PROBLEMA DA PROVA ILÍCITA

*Foi, sobretudo, no ordenamento jurídico italiano que mais se acentuaram as discussões em torno de um hipotético dever de verdade, pois muito embora o art. 88.° do CPCit. consagre apenas um dever de lealdade e probidade, sem qualquer alusão a um dever de veracidade, todos os projetos preliminares ao código faziam referência ao dever de expor os factos de acordo com a verdade. O cerne da questão reside, assim, em saber se do princípio da boa-fé processual se poderá retirar um dever de verdade que vincule as declarações fácticas emitidas pelas partes ou, como expressivamente questionou CALOGERO, se existe algum modo de ser leal não sendo verdadeiro (...).*

*Em nossa opinião, tal distinção entre a mentira unilateral e bilateral, considerando a última plenamente leal, não pode ser considerada admissível, por dois motivos: em primeiro lugar, não leva em devida conta o interesse público de administração da justiça que subjaz ao processo, parecendo reduzi-lo ao interesse privatístico dos litigantes; em segundo, porque admite o princípio do dispositivo numa extensão capaz de permitir manobrar e manipular o processo a interesses mesquinhos e ardilosos, o que claramente não é admitido pelo nosso ordenamento jurídico, bastando atentar no art. 612.°.*

*Também SCARSELLI considera que o dever de lealdade e probidade não comporta qualquer dever de verdade para os litigantes. Entre outros argumentos, invoca que o ordenamento jurídico processual optou por não atribuir credibilidade aos factos invocados pelas partes (com exceção do instituto confissão), constituindo essa circunstância um indício de que estas poderão mentir. Para além disso, invoca também o referido jurista que se sobre as partes recaísse um dever de verdade, não existiriam factos controvertidos no processo e, por conseguinte, não seria necessária qualquer atividade instrutória.*

*Parece-nos, contudo, que o autor acaba por confundir dois patamares distintos, pois uma coisa será a existência da regra e outra, completamente diferente, o seu efetivo cumprimento, porque não obstante as «regras sejam para cumprir» tal nem sempre sucede, justificando-se por isso a controvertibilidade dos factos e a atividade instrutória.*

*A acrescer a estes ilustres autores, também outros de grande renome como LIPARI, GRASSO, MICHELI e SATTA se apresentam essencialmente refratários à admissibilidade de um dever de verdade.*

*Por outro lado, CARNELUTTI que havia já propugnado a consagração expressa de um dever processual de verdade no seu projeto preliminar ao Código de Processo Civil, reconhece que, embora não resulte diretamente do preceituado no art. 88,.° CPCit., este dever acaba por surgir quando o preceito seja conjugado com a correspetiva sanção (que, em sua opinião, se encontrará no art. 96.° CPCit), visto que um litigante probo e leal jamais alterará a verdade dos factos, ainda que no seu próprio interesse51. Do mesmo modo, também MARCHETTI, considerando que "a veracidade constitui a primeira e mais elementar forma de lealdade", se manifesta favorável a um dever de verdade processual, desde logo porque o processo visa a reconstituição de uma situação de facto passada e a sua resolução de acordo com a Justiça.*

*Da nossa parte, em resposta à questão inicialmente avançada, parece-nos também haver uma impossibilidade lógica em se ser leal sem ser verdadeiro, considerando, por isso, que do princípio da boa-fé processual resulta um inevitável dever de verdade. Tal conclusão sairá reforçada pelo art. 542.°, n.° 2, al. b) que, ao consagrar a sanção para os atos inverídicos, acaba por confirmar o seu carácter de verdadeiro dever.*

*Sendo uma das críticas mais apontadas ao dever de verdade a sua incongruência com o princípio do dispositivo, cabe analisar se a consagração de tal dever poderá, de alguma forma, ferir o poder conferido às partes de carrear para o processo os factos que considerem necessários, característica que se encontra na base de todo o nosso processo civil.*

## A PROVA ILÍCITA: VERDADE OU LEALDADE?

*Ora, supomos que a consagração de um dever de verdade não constitui qualquer limitação ao princípio do dispositivo, na medida em que as partes permanecem livres para decidir alegar ou não determinado facto, simplesmente, decidindo fazê-lo, tal alegação deverá obedecer aos imperativos da boa-fé, de onde se extrai o dever de veracidade. Com efeito, parece lógico que, num processo que visa a justa resolução da controvérsia, o princípio do dispositivo não possa ser levado ao extremo de admitir que, com recurso ao mesmo, as partes possam falsear a lide.*

*De modo mais controverso, em nossa opinião, se passam as coisas quando em causa está o designado dever de completude ou plenitude (admitido, expressamente, no ordenamento jurídico alemão), pois embora reconhecendo que, do ponto de vista moral, se não possa ser leal omitindo factos, do ponto de vista processual tal dever necessita de ser compatibilizado com o princípio do dispositivo.*

*Assim, em geral, sobre as partes não recai qualquer dever de completude ou plenitude, mas apenas o ónus de alegar os factos essenciais que constituam a causa de pedir e aqueles em que se baseiam as exceções invocadas (art. 5.º), sendo que o não cumprimento deste ónus será desfavorável à própria parte que não procedeu à alegação, colocando-se numa situação de desvantagem processual.*

*Se o princípio do dispositivo não pode ser encarado numa extensão capaz de falsear o processo, não se pode também impor às partes a obrigação de carrear para a lide todos e os mais minuciosos factos que compõem a controvérsia, nomeadamente aqueles que são contrários ao seu interesse. Impor-lhes um dever desta índole equivaleria, a nosso ver, a fazer impender sob as mesmas uma obrigação de confessar factos que devem ser carreados para o processo pela parte contrária, e cuja demonstração a esta compete em exclusivo, desvirtuando as regras relativas ao ónus de alegação e da prova (art. 342.º CC). Tudo isto levando a que a omissão seja, em geral, considerada como "estratégia processual legítima".*

*Apesar de ser legítimo à parte deixar de alegar dados factos, essa omissão não poderá conduzir à inveracidade da sua "narração como um todo", ou seja, a parte poderá "legitimamente, deixar de aludir a certos fatos, desde que, com isso, não comprometa a verdade emergente do conjunto dos fatos em que se estriba". Estamos então com MARCHETTI quando afirma que "declaração «incompleta» [será] somente aquela que (não nos detalhes, mas) no seu complexo seja destinada a dar um quadro errado das circunstâncias de facto efetivas".*

*Deste modo, julgamos que o ónus de alegação se eleva à categoria de dever apenas quando, com dolo ou culpa grave, se pretendam omitir factos capazes de falsear o próprio fundo da ação ou da defesa, como sucederia, no hipotético caso, em que se propusesse ação executiva para pagamento de dívida consabidamente paga, omitindo-se o ato de pagamento. Como exemplos jurisprudenciais, podemos aludir ao Acórdão do TRL de 24 de Abril de 2008, em que vindo o autor exigir a devolução do locado, alegou com fundamento da sua pretensão a existência de uma ocupação ilícita, ocultando a celebração de um contrato de arrendamento que fundamentava a ocupação, ou ainda, numa situação semelhante, à do Acórdão do STJ de 3 de Fevereiro de 1994, em que o autor vinha reivindicar o direito de preferência na cessão de posição de outro co-arrendatário, omitindo durante todo o decurso da causa que, ainda que não formalizado, dera o seu acordo prévio a tal cessão.*

*Pelo exposto, parece-nos não ser de retirar da parte final da al. c), do no 2, do art. 542.º, a existência de um dever geral de completude que vincule as partes a alegar todo e qualquer facto que componha a controvérsia, pelo contrário, a parte final da al. c) procura apenas reforçar o dever de verdade que recai sobre os litigantes, evitando que este possa ser posto em causa por uma conduta omissiva. Portanto, sempre*

ENQUADRAMENTO DOUTRINÁRIO DO PROBLEMA DA PROVA ILÍCITA

admissíveis[381]. O processo civil não admite, sem sanção, nem a mentira, nem o silêncio sobre factos que das partes são conhecidos. A inutilização da prova verdadeira, para comprovar facto verdadeiro, premiaria o infractor, que veria a sua mentira protegida pela proibição e a verdade ficaria atraiçoada, com isso se prejudicando a justiça[382].

### b) Princípio da autonomia das normas processuais em relação às normas materiais

Nos termos deste argumento, o direito processual rege-se por valores próprios, gozando de autonomia face ao direito material, pelo que, ainda no caso de o meio de prova (processual) ter sido ilicitamente obtido, o mesmo conserva na íntegra o seu valor probatório. A lei não se interessa sobre a forma – legal ou ilegal – pela qual as provas são introduzidas no processo (embora, sem prejuízo das eventuais sanções penais ou civis aplicáveis ao sujeito que dessa prova indevidamente se apossou)[383,384].

---

*que a veracidade da sua exposição, globalmente considerada, não seja posta em causa pela omissão, ser-lhe-á legítimo silenciar determinados factos.*

*Em jeito de conclusão, podemos afirmar que o princípio da boa-fé processual impõe aos litigantes um dever de verdade (ou, talvez melhor, a "proibição de falsas alegações") e ainda o dever de alegação dos factos cuja omissão seja, por si só, capaz de falsear toda a ação ou toda a defesa, deixando-lhe, no entanto, margem para optar por expor ou silenciar todos os restantes.*

*Na verdade, o princípio da boa-fé, vigente ao nível do direito substantivo, não pode ser transposto de forma automática para a realidade processual, que, por natureza, reclama uma certa liberdade de movimentos para os seus intervenientes. Se no âmbito contratual, os interesses das partes se apresentam convergentes, pelo contrário, no âmbito processual, os interesses dos litigantes divergem, procurando cada um deles ganhar a causa. Neste "ambiente de tensão e de natural desconfiança" não se poderia impor um dever de informação integral, como aquele que é imposto às partes de uma relação jurídica contratual.*

*Ora, é exatamente em face desta dimensão conflitual inelimínável que surgem as mais complexas questões processuais: até que ponto se poderá exigir a lealdade no procedimento? Qual o limite que separa a conduta processual lícita da conduta processual ilícita? São estas as interrogações a que pretendemos, seguidamente, dar resposta».*

[381] José João Abrantes, Prova ilícita, *ob. cit.*, p. 14.

[382] *"A prova visa trazer factos à presença do juiz, é um trabalho (...) cujos resultados se medem em termos de verdade e não de moralidade"* (assim, Muñoz Sabaté, *apud*, José João Abrantes, *"Prova Ilícita"*, p. 14).

[383] Cfr. Isabel Alexandre, Provas Ilícitas em Processo Civil, p. 173.

[384] *«A incorporação no processo das fontes probatórias é independente da forma legal ou ilegal pela qual elas são obtidas devendo apenas ser afastada pelo julgador a prova alcançada quando se infringem normas processuais. Esta autonomia do ordenamento processual pressupõe que da ilicitude material do acto de*

### c) O carácter metajurídico da prova

«Com este argumento quer salientar-se que os resultados da prova não se devem medir em termo de "moralidade, mas de verosimilhança. Se é verdade que a Justiça deve velar pela honestidade dos meios isso não significa que não possa aproveitar-se do resultado produzido por certos meios lícitos que ela não procurou de propósito"[385]. A ilicitude do acto não determina necessariamente a ilicitude de utilização da prova assim obtida[386].

### d) O argumento do *"non bis in idem"*

O argumento é este: A inadmissibilidade da prova ilícita em processo civil criaria situações violadoras deste princípio, porquanto de um mesmo acto derivariam várias sanções (penal, disciplinar, processual), dada a plúrima natureza dos interesses protegidos. E, esse mesmo acto criaria uma longa rede de impedimentos de valoração de provas, corolário da teoria do efeito à distância ("the fruit of the poisonous tree", nos termos da qual, qualquer prova que advenha directa ou indirectamente de uma conduta ilícita está contaminada pelo vício da nulidade).

### e) O princípio *"factum infecti fieri nequit"*

Por este argumento pretende-se referir que o Tribunal não pode considerar não feito o que foi feito. A partir do momento em que se produz prova em juízo, ainda que tal prova padeça de alguma irregularidade, não pode essa

---

aquisição de um elemento probatório não pode fazer-se derivar a inadmissibilidade do acto processual que admite a dita prova» (assim, Joan Picó y Junoy, El Derecho a la Prueba en el Processo Civil, 1.ª ed., p. 292).

[385] Assim, Salazar Casanova (*"Provas ilícitas em processo civil. Sobre a admissibilidade e valoração de meios de prova obtidos pelos particulares"*, p. 104).

[386] Salazar Casanova (*"Provas ilícitas em processo civil. Sobre a admissibilidade e valoração de meios de prova obtidos pelos particulares"*, pp. 104-105) cita um exemplo onde não se discute a verdade da prova que deve ser admitida, apesar de ilicitamente obtida: *«pense-se, por exemplo, no caso da mulher com filho do casal a seu cargo e a quem o marido, dela separado, nega o pagamento de alimentos alegando que está desempregado; a mãe vem a tomar conhecimento de um contrato e dos respectivos pagamentos ao descobrir num cofre onde estava correspondência fotocópias dos documentos que o próprio filho, numa das visitas, trouxera de casa do pai. Proibir-se a utilização de um tal meio de prova em tribunal ou, numa perspectiva minimalista, aceita-se a discussão sobre a admissibilidade desse meio de prova com base na alegação de que o filho "roubara, como um reles ladrão, a mando da mãe" deixaria sempre na penumbra, para se utilizar expressão tão emocionalmente violenta, que "não menos reles é o comportamento de quem, ganhando milhares, deixa o filho na miséria mentindo ao Tribunal"».*

ENQUADRAMENTO DOUTRINÁRIO DO PROBLEMA DA PROVA ILÍCITA

prova deixar de ser valorada de algum modo. «*Assim, por exemplo, excedido no rol o número legal de testemunhas, nos termos do disposto no art. 632.º n.º3 do CPC, se todas depuserem sem que a nulidade tenha sido invocada, não pode o Tribunal, na decisão da matéria de facto, ignorar o depoimento da testemunha em excesso; se a testemunha depuser, sem oposição, sobre factos para os quais não foi indicada, não será por esse motivo que Tribunal não deixará de valorar o depoimento, se for caso disso, incidente sobre tais factos*»[387].

## 4.3. Tese da inadmissibilidade sem restrições

Entendem os defensores[388] desta tese que o conceito de «ilicitude», enquanto causa de invalidade (v.g. do negócio jurídico), é o mesmo em todo o ordenamento jurídico, pelo que, no campo do processo civil, a consequência deve ser a mesma que ocorre noutros ramos do Direito: A nulidade da prova obtida por meio ilícito. Por outro lado, entendem que o poder de livre apreciação do juiz encontra como limite inultrapassável o respeito pela lei, pelo que, não poderá valorar provas ilícitas que não deverão nunca aproveitar ao autor da lesão.

Este é o sistema norte-americano no âmbito do processo penal e apenas referente a provas obtidas por autoridades públicas, fundado na supremacia dos valores constitucionais (não abrangendo as provas obtidas por particulares, entendendo-se neste sistema jurídico que apenas os poderes públicos podem violar a Constituição).

A inadmissibilidade da prova ilicitamente obtida é, ainda, sufragada pelos tribunais franceses[389], espanhóis e brasileiros[390] (quer no processo penal,

---

[387] Cfr. Salazar Casanova (*"Provas ilícitas em processo civil. Sobre a admissibilidade e valoração de meios de prova obtidos pelos particulares", in* Direito e Justiça, Vol. XVIII, 2004, Tomo I, p. 106).

[388] Cfr. v.g. Pietro Nuvolone, Le prove vietate nel processo penale nei paesi di diritto latino, in Rivista di diritto processuale, Padova, Vol. XXI, II Série, 1966, p. 474. Vd. também, Ada Pellegrini Grinover, Liberdades públicas e processo penal, 2.ª Ed., São Paulo, Revista dos Tribunais, 1982, p. 109 e Walther Habscheid (Beweisverbot bei ilegal, insbesondere unter Verletzung des Persönlichkeitrechts, beschafften Beweismitteln, in Revue Suisse de jurisprudence, 89, 1993, p. 185) considerando este último Autor que toda a prova ilícita deve ser descartada do processo, quer este tenha natureza penal, administrativa ou civil.

[389] Cfr. v.g. decisão da Cour de Cassation civ 2.éme, de 7-10-2004, Bull Civ. II, n.º 447.

[390] A fonte legal primária consta do art. 5.º, inciso LVI da Constituição Federal do Brasil, que prescreve que *"são inadmissíveis, no processo, as provas obtidas por meios ilícitos"*, «*ou seja, os fatos alegados pelas partes só poderão ser considerados legitimamente provados, se a demonstração da veracidade desses for obtida por meios admitidos ou impostos pela lei (...)*» (assim, Darci Guimarães Ribeiro;

quer no processo civil), em homenagem à ideia de protecção de certos direitos fundamentais.

Para a sustentar têm sido avançados os seguintes argumentos[391]:

### a) Princípio da unidade do sistema jurídico

A prova obtida irregularmente deve ser considerada uma prova processualmente ineficaz e a livre apreciação do juiz deve limitar-se às provas adquiridas em pleno respeito da legalidade e não àquelas que jamais seriam adquiridas no processo se a lei fosse devidamente observada. A unidade do sistema jurídico implica que uma conduta desvaliosa para o direito material não pode ser valorada por parâmetro diverso pelo direito adjectivo.

### b) Princípio geral do "nemo ex delicto contionem suam meliorem facere potest" ("o dolo não aproveita ao seu autor")

Trata-se da utilização processual da *exceptio doli*, considerando-se que, se for manifesta a vantagem de quem viola algum preceito de direito material para obter um meio de prova, a partir do momento em que se demonstre a ilicitude da sua obtenção, a prova assim obtida será nula, devendo tal nulidade ser declarada pelo juiz.

### c) O efeito dissuasório que assegura a eficácia da norma violada

Por este argumento, a utilização processual da prova ilícita traduzir-se-ia num estímulo a condutas ilícitas, servindo, dessa feita, as proibições de prova como dissuasor de tais condutas.

---

Provas Atípicas; Editora Livraria do Advogado, Porto Alegre, Brasil, 1998, p. 65). Também, no art. 332.º do Código de Processo Civil brasileiro prescreve que: *«Todos os meios legais, bem como os moralmente legítimos, ainda que não especificados neste Código, são hábeis para provar a verdade dos factos, em que se funda a ação ou a defesa».*

[391] *«(...) se ha sostenido generalmente: 1º) que según el tópico non auditur propiam allegans turpitudinem, los hechos ilícitos no deben aprovechar a su autor, por lo tanto, los medios y/o fuentes de prueba obtenidos con violación del ordenamiento jurídico no deben merecer del juzgador ninguna consideración; 2º) que aceptar la validez del material probatorio ilícitamente obtenido sería tanto como legitimar y patrocinar conductas antijurídicas; 3º) que la única sanción eficaz para reprimir la utilización de medios y/o fuentes de prueba obtenidos ilícitamente es no darles eficacia probatoria; 4º) que en torno a este problema gravitan dos intereses: el del Estado de conocer la verdad, y el interés del respeto de los derechos fundamentales, los que colocados en contraposición obligan a preferir el segundo sobre el primero, pues la naturaleza de los derechos fundamentales obliga a negar eficacia o legitimidad a cualquier acto o decisión que los vulnere»* (assim, Reynaldo Bustamante Alarcón, *"El problema de la "prueba ilícita": Un caso de conflicto de derechos. Una perspectiva constitucional procesal"*, p. 149).

## ENQUADRAMENTO DOUTRINÁRIO DO PROBLEMA DA PROVA ILÍCITA

### d) A regra *quod nullum est, nullum producit effectum*

Este argumento baseia-se nas regras da responsabilidade civil e de acordo com o mesmo, a exclusão da prova é a única forma de reconstituir a situação em que o lesado se encontraria, se não tivesse ocorrido a lesão (art. 562.º do Código Civil).

### 4.4. Tese da admissibilidade em certas condições

Os tribunais australianos, escoceses, alemães e italianos têm adoptado decisões no sentido de privilegiar este sistema misto[392], apresentando a questão da prova ilícita, essencialmente, como configurando um conflito de interesses que, só caso a caso, pode ser resolvido, mediante a apreciação de todas as circunstâncias concretas e consoante os valores em jogo. Entende-se que, em certos casos, o interesse na descoberta da verdade pode ser preterido por outros valores. Apela-se a uma ponderação dos interesses em concreto em confronto.

*«A obtenção de um meio de prova através da violação de direitos fundamentais impedirá a sua relevância; se a prova for obtida por meios ilícitos, mas de forma a não afectar esses direitos superiores, é admissível»*[393].

A tese tem-se estruturado, conforme os casos, à sombra dos seguintes argumentos[394]:

---

[392] Cfr. José João Abrantes (*"Prova Ilícita"*, p. 25), citando, com propriedade, o caso Lawrie v. Muir, proferido pelo Supremo Tribunal Escocês em 1950, com o seguinte teor: *"Parece-nos que o objectivo a atingir deve ser o de conciliar dois importantíssimos interesses em conflito: a) o interesse do cidadão em ser protegido contra invasões ilegais à sua liberdade (...); b) o interesse do Estado em assegurar que a prova de um crime não seja recusada em juízo com base em razões meramente formais. Nenhum destes interesses deve ser levado ao seu extremo. A protecção do cidadão é, em primeira linha, a protecção do cidadão inocente (...): não pretende ser a protecção do culpado contra os esforços da justiça. Por seu turno, o interesse do Estado não pode levar a fazer desaparecer todas as garantias dos cidadãos e a permitir às autoridades o recurso a métodos ilegais de obtenção de provas".*

[393] Cfr. Habscheid, apud, José João Abrantes, Prova Ilícita, p. 16.

[394] *«(...) como sustento de la tesis de la ponderación o proporcionalidad se ha considerado lo siguiente: 1°) que si bien el individuo tiene unos derechos inherentes a su condición de tal, no es menos cierto que no se encuentra aislado en la sociedad, por lo que sus derechos pueden verse limitados por otros derechos o bienes jurídicos protegidos constitucionalmente; 2°) que sobre el problema de la "prueba ilícita" convergen dos intereses contrapuestos del mismo rango: el interés por descubrir la verdad (la misma que constituye el pilar fundamental del servicio de justicia), y el interés por impedir la producción de "pruebas ilícitas", por lo tanto, deben ser ponderadas dentro del marco de lo tolerable exigido por el punto de equilibrio»* (assim,

## a) Princípio da boa-fé

Para os defensores desta tese[395], o princípio da boa-fé é aplicável ao processo civil, por razões ligadas à unidade do ordenamento jurídico, implicando tal princípio o dever de as partes actuarem com uma conduta leal, que assume primazia relativamente à descoberta da verdade, desse dever se podendo extrair a regra da inadmissibilidade processual dos meios de prova ilicitamente retirados à parte contrária.

*"Como a ilicitude material não implica, sem mais, a inadmissibilidade processual, torna-se necessário concretizar tal princípio num ângulo processual, concretização essa que se torna possível através da consideração da função do processo civil. Basicamente, aquilo que importa averiguar é se a admissibilidade do meio de prova ilicitamente obtido contraria o direito material, averiguação essa que pressupõe atender ao âmbito de protecção da norma violada através do acto de ilícita obtenção da prova. Se a resposta for afirmativa (isto é, se através da consideração do âmbito de protecção da norma violada, se concluir no sentido da proibição de valoração do meio de prova), haverá que proceder a uma ponderação dos interesses das partes, opostos entre si (ponderação essa que se deverá orientar pelo princípio da proporcionalidade), por forma a verificar se, apesar de tudo, a valoração é de aceitar. Caso não seja (porque, por exemplo, a lesão ocasionada aquando da obtenção da prova foi grave, e o litígio diz respeito a um bem de valor pouco significativo), o requerimento de prova é inadmissível, já que contraria o princípio da boa-fé, e a valoração do meio de prova é proibida"*[396].

## b) Distinção entre a violação de direitos fundamentais e a violação de outros direitos

Invoca-se também uma distinção entre direitos consagrados constitucionalmente, cuja violação no âmbito da obtenção ou valoração da prova, torná-la-ia inadmissível, e os restantes direitos, sem tutela constitucional, que já não originariam tal inadmissibilidade probatória.

---

Reynaldo Bustamante Alarcón, *"El problema de la "prueba ilícita": Un caso de conflicto de derechos. Una perspectiva constitucional procesal"*, p. 149).

[395] Como Klemens Pleyer (Schallaufnahmen als Beweismittel im Zivilprozess, ZZP 1956, 70. Band, Heft 5/6, p. 321 e ss.) e G. Baumgärtel (*"Die Verwertbarkeit rechtswidrig erlangter Beweismittel im Zivilprozess"*, *in* Festschrift für Ulrich Klug zum 70. Geburstag, Band II, Dr. Peter Deubner, Köln, 1983, p. 477), citados por Isabel Alexandre, Provas Ilícitas em Processo Civil, p. 217.

[396] Tese de Baumgärtel, *apud*, Isabel Alexandre, Provas Ilícitas em Processo Civil, p. 220.

## ENQUADRAMENTO DOUTRINÁRIO DO PROBLEMA DA PROVA ILÍCITA

### c) A distinção entre o momento da obtenção, da produção e da valoração da prova

Outra fundamentação assenta na invocação de que o momento decisivo para a aferição da admissibilidade da prova será o da sua produção[397].

Se a ilicitude ocorrer no momento da obtenção da prova, não parece possível extrair daí a sua inadmissibilidade e, pelo contrário, se a ilicitude se tiver verificado no momento da produção, tal significará a prática de um acto não admitido por lei, pelo juiz ou pelas partes, ou seja, um acto nulo.

*«Se, na sequência da violação da proibição de produção de prova se verificar que o interesse protegido por esta já foi lesado de modo definitivo, não haverá razão para admitir a existência de uma proibição de valoração, excepto quando considerações adicionais militem contra o aproveitamento do resultado obtido; o mesmo já não se passa, porém, quando a valoração da prova significar a consumação ou o aprofundamento daquela lesão (como sucederá aquando da audição de gravações secretas em juízo): neste caso, à violação da proibição de produção segue-se sempre uma proibição de valoração»*[398].

### d) O princípio da proporcionalidade

Um dos fundamentos que tem sido considerado para obviar às possíveis distorções que a teoria da inadmissibilidade das provas ilícitas poderia provocar em certos casos é o da aplicação do "princípio da proporcionalidade"[399], construída a partir da jurisprudência alemã.

Na Alemanha, partiu-se de uma postura favorável ao acatamento das provas ilícitas no processo, sendo que, em princípio, os destinatários das proibições de prova vigentes eram apenas os órgãos públicos (não os particulares), sendo que, apenas assistia legitimidade para arguir a inadmissibilidade da prova ilícita ao sujeito passivo (e, não, à parte prejudicada processualmente pela utilização desse meio de prova) e não se concebia um princípio equivalente ao da «fruits of the poisonous tree» do Supremo Tribunal norte-americano (dividindo-se a jurisprudência alemã sobre o tratamento a dar às provas indiciariamente derivadas de provas ilícitas).

Progressivamente, foi-se afirmando uma nova orientação que passou a distinguir entre as proibições de prova de raiz constitucional (destinadas a

---

[397] Assim, Kodek, citado por Isabel Alexandre, Provas Ilícitas em Processo Civil, p. 228.

[398] Cfr. Isabel Alexandre, Provas Ilícitas em Processo Civil, p. 229.

[399] Em alemão, *«Verhältnismassigketsprinzip»*.

preservar a esfera dos direitos fundamentais: «*Beweisverflogungsverbote*») e as proibições de prova de raiz infra-constitucional («*Beweisverfahrensverbote*»). No primeiro caso, a ofensa a valores superiores do ordenamento jurídico determinava a «inconstitucionalidade» da prova, levando à inadmissibilidade de qualquer prova directa[400] ou indirectamente derivada do acto ilícito, passível de arguição por qualquer interessado e de conhecimento judicial oficioso; já no segundo caso, a infracção seguia o esquema tradicional, apenas podendo ser arguida pela parte directamente interessada contra as autoridades públicas.

Entretanto, para colmatar os excessos que poderiam ocorre em casos extremos, o Tribunal Constitucional Federal alemão veio a admitir exceções à inadmissibilidade das provas ilícitas, com fundamento na legítima defesa ou na tutela de interesses superiores, concretizando o mencionado «princípio da proporcionalidade».

Ou seja: «*Em casos extremos, os direitos fundamentais se contrapunham ao direito à prova e à prestação jurisdicional, que também possuem fundamento constitucional. Por esta razão, a questão deveria ser resolvida pelo sopesamento dos valores fundamentais em jogo*»[401].

## 5. A ilicitude probatória na ordem jurídica internacional. Algumas referências

A problemática da prova ilícita é transversal aos diversos ordenamentos jurídicos.

Contudo, consoante a ordem jurídica em que nos situemos, não se verifica uma resposta unívoca sobre esta problemática.

Assim, por exemplo, em Inglaterra, uma prova que seja ilicitamente obtida será considerada um infortínuo que, apesar de tudo, traz alguma luz ao processo e adquire relevância. Ao invés, noutros países, como a Itália, a mesma prova é considerada inadmissível por razões deontológicas, não relevando o tribunal o resultado de actividades ilícitas.

---

[400] Como refere Carnelutti (La Prova Civile, p. 68), prova directa é a que é apresentada directa e imediatamente ao juiz (factos percepcionados directamente sob o sentido do juiz). Por seu turno, na prova indirecta há um distanciamento entre o objecto da prova e a percepção que o juiz irá ter dela.

[401] Assim, André Vasconcelos Roque, *"As provas ilícitas no projecto do novo Código de Processo Civil: Primeiras Reflexões"*, p. 16.

Vejamos, sumariamente, como o problema tem sido tratado, primeiro, na ordem jurídica internacional e, depois, nalguns ordenamentos jurídicos.

## 5.1. A jurisprudência do TEDH

A CEDH constitui um marco fundamental na concretização dos direitos fundamentais do Homem e da Pessoa[402] e nela se consagram direitos inarredáveis, cujas implicações jurídicas também se reflectem na apreciação da temática da ilicitude probatória.

O TEDH, com sede em Estrasburgo, é um órgão jurisdicional que foi estabelecido em 1959, pelo Conselho da Europa, na sequência da assinatura da CEDH, garantindo os direitos fundamentais consagrados na Convenção e nos Protocolos Adicionais que têm vindo a ser adoptados.

A CEDH contém um elenco desses direitos nos seus arts. 2.º e ss.

Assim, no art. 2.º salvaguarda-se o direito à vida[403].

O art. 3.º da CEDH estabelece a proibição da tortura, aí se afirmando: *«Ninguém pode ser submetido a torturas, nem a penas ou tratamentos desumanos ou degradantes».*

No art. 4.º da CEDH proíbe-se, por seu turno, a escravatura e o trabalho forçado.

O art. 5.º tutela o direito à liberdade e à segurança[404].

---

[402] Cfr. art. 1.º da CEDH.

[403] *«1. O direito de qualquer pessoa à vida é protegido pela lei. Ninguém poderá ser intencionalmente privado da vida, salvo em execução de uma sentença capital pronunciada por um tribunal, no caso de o crime ser punido com esta pena pela lei. 2. Não haverá violação do presente art. quando a morte resulte de recurso à força, tornado absolutamente necessário: a) Para assegurar a defesa de qualquer pessoa contra uma violência ilegal; b) Para efectuar uma detenção legal ou para impedir a evasão de uma pessoa detida legalmente; c) Para reprimir, em conformidade com a lei, uma revolta ou uma insurreição».*

[404] *«1. Toda a pessoa tem direito à liberdade e segurança. Ninguém pode ser privado da sua liberdade, salvo nos casos seguintes e de acordo com o procedimento legal: a) Se for preso em consequência de condenação por tribunal competente; b) Se for preso ou detido legalmente, por desobediência a uma decisão tomada, em conformidade com a lei, por um tribunal, ou para garantir o cumprimento de uma obrigação prescrita pela lei; c) Se for preso e detido a fim de comparecer perante a autoridade judicial competente, quando houver suspeita razoável de ter cometido uma infracção, ou quando houver motivos razoáveis para crer que é necessário impedi-lo de cometer uma infracção ou de se pôr em fuga depois de a ter cometido; d) Se se tratar da detenção legal de um menor, feita com o propósito de o educar sob vigilância, ou da sua detenção legal com o fim de o fazer comparecer perante a autoridade competente; e) Se se tratar da detenção legal de uma pessoa susceptível de propagar uma doença contagiosa, de um alienado mental, de um alcoólico, de um toxicómano ou de um vagabundo; f) Se se tratar de prisão ou detenção legal de uma pessoa para lhe*

No art. 6.º consagra-se o princípio fundamental do «Direito a um processo equitativo»[405]. Tem sido este normativo o que, com maior frequência, tem sido objecto de análise pelo TEDH.

Por seu turno, no art. 8.º da CEDH consagra-se o direito ao respeito pela vida privada e familiar, prescrevendo-se que, *«qualquer pessoa tem direito ao respeito da sua vida privada e familiar, do seu domicílio e da sua correspondência»* e que, *«não pode haver ingerência da autoridade pública no exercício deste direito senão quando esta ingerência estiver prevista na lei e constituir uma providência que, numa sociedade democrática, seja necessária para a segurança nacional, para a segurança pública, para o bem – estar económico do país, a defesa da ordem e a prevenção das*

---

*impedir a entrada ilegal no território ou contra a qual está em curso um processo de expulsão ou de extradição. 2. Qualquer pessoa presa deve ser informada, no mais breve prazo e em língua que compreenda, das razões da sua prisão e de qualquer acusação formulada contra ela. 3. Qualquer pessoa presa ou detida nas condições previstas no parágrafo 1, alínea c), do presente art. deve ser apresentada imediatamente a um juiz ou outro magistrado habilitado pela lei para exercer funções judiciais e tem direito a ser julgada num prazo razoável, ou posta em liberdade durante o processo. A colocação em liberdade pode estar condicionada a uma garantia que assegure a comparência do interessado em juízo. 4. Qualquer pessoa privada da sua liberdade por prisão ou detenção tem direito a recorrer a um tribunal, a fim de que este se pronuncie, em curto prazo de tempo, sobre a legalidade da sua detenção e ordene a sua libertação, se a detenção for ilegal. 5. Qualquer pessoa vítima de prisão ou detenção em condições contrárias às disposições deste art. tem direito a indemnização».*

[405] *«1. Qualquer pessoa tem direito a que a sua causa seja examinada, equitativa e publicamente, num prazo razoável por um tribunal independente e imparcial, estabelecido pela lei, o qual decidirá, quer sobre a determinação dos seus direitos e obrigações de carácter civil, quer sobre o fundamento de qualquer acusação em matéria penal dirigida contra ela. O julgamento deve ser público, mas o acesso à sala de audiências pode ser proibido à imprensa ou ao público durante a totalidade ou parte do processo, quando a bem da moralidade, da ordem pública ou da segurança nacional numa sociedade democrática, quando os interesses de menores ou a protecção da vida privada das partes no processo o exigirem, ou, na medida julgada estritamente necessária pelo tribunal, quando, em circunstâncias especiais, a publicidade pudesse ser prejudicial para os interesses da justiça. 2. Qualquer pessoa acusada de uma infracção presume-se inocente enquanto a sua culpabilidade não tiver sido legalmente provada. 3. O acusado tem, como mínimo, os seguintes direitos: a) Ser informado no mais curto prazo, em língua que entenda e de forma minuciosa, da natureza e da causa da acusação contra ele formulada; b) Dispor do tempo e dos meios necessários para a preparação da sua defesa; c) Defender-se a si próprio ou ter a assistência de um defensor da sua escolha e, se não tiver meios para remunerar um defensor, poder ser assistido gratuitamente por um defensor oficioso, quando os interesses da justiça o exigirem; d) Interrogar ou fazer interrogar as testemunhas de acusação e obter a convocação e o interrogatório das testemunhas de defesa nas mesmas condições que as testemunhas de acusação; e) Fazer-se assistir gratuitamente por intérprete, se não compreender ou não falar a língua usada no processo».*

*infracções penais, a protecção da saúde ou da moral, ou a protecção dos direitos e das liberdades de terceiros»*[406,407].

A CEDH, ao enunciar direitos fundamentais de conteúdo comum e *supra* nacional assume um carácter primordial na modelação da forma concretização desses direitos ao nível interno, constituindo um instrumento jurídico de aplicação e menção cada vez mais frequente[408].

---

[406] Não existe definição exaustiva da noção de "vida privada" (Niemietz c. Alemanha, § 29), mas tal conceito tem um conteúdo amplo (Peck c. Reino Unido, § 57; Pretty c. Reino Unido, § 61), que compreende: – a integridade física e psicológica ou moral de uma pessoa (X e Y c. Países-Baixos, § 22), incluindo o tratamento médico e os exames psiquiátricos (Glass c. Reino-Unido, §§ 70-72; Y.F. c. Turquia, § 33, Matter c. Eslováquia, § 64; Worwac. Polónia, § 80); os documentos ou dados de carácter pessoal ou de natureza pública (v.g. perfis ADN, amostras celulares e impressões digitais – Caso S. e Marper c. Reino-Unido[GC],§§ 68-86), etc. Entre as ingerências possíveis no direito ao respeito da vida privada contam-se: as buscas e apreensões (McLeod c. Reino-Unido, § 36; Funke c. França, § 48); a interpelação e a revista de uma pessoa na via pública (Gillan e Quinton c. Reino Unido, §§ 61-65); a vigilância das comunicações e das conversas telefónicas (Halford c. Reino-Unido, § 44; Weber e Saravia c. Alemanha (dec.), §§ 76-79); a videovigilância dos lugares públicos quando os dados visuais são registados, memorizados e objecto de divulgação pública (Peck c. ReinoUnido, §§ 57-639); a vigilância GPS de uma pessoa bem como o tratamento e a utilização dos dados assim obtidos (Uzun c. Alemanha, §52); a videovigilância de um empregado pelo seu empregador (köpke c. Alemanha).

[407] Para efeitos deste preceito, o TEDH tem entendido que as conversações telefónicas se encontram cobertas nas noções de «vida privada» e de «correspondência» (cfr. Caso Klass e outros v. Alemanha, de 06-09-1978, caso Malone v. Reino Unido de 02-08-84, caso Halford v. Reino Unido de 25-06-1997, caso Kopp v. Suiza de 25-03-1998; caso Lambert v. Francia de 24-08-1998, caso Amann v. Suiza de 16-02-2000, caso Craxi (núm. 2) v. Italia de 17-07-2003; caso Iliya Stefanov v. Bulgaria de 22-05-2008, caso Liberty y otros v. Reino Unido de 01-07-2008 e caso Iordachi y otros v. Moldavia de 10-02-2009).

[408] Refere Julie Meunier (La notion de procès équitable devant la Cour européenne des droits de l'homme, p. 5) a respeito da equidade do procedimento desenvolvida pela jurisprudência do TEDH que, em processo civil, tal aspecto tem tido particular reflexo *«quand le caractère ou le comportement d'une des parties contribue fortement à former l'opinion du tribunal, ainsi que du principe de loyauté de la preuve : le droit de la preuve (charge, force probante, admissibilité...) relève en principe de l'appréciation des Etats, mais la Cour considère qu'elle « doit cependant rechercher si les éléments de preuve relatifs aux poursuites contre les requérants avaient été recueillis d'une manière propre à garantir un procès équitable»* (C.E.D.H., Barberà, Messegué et Jabardo c. Espagne, 6 décembre 1988, série A nº 146, § 83). Si la Cour européenne est peu favorable aux preuves apportées de manière frauduleuse ou illégale, cette illégalité ne constitue pas nécessairement, en soi, une violation des garanties de l'article 6, si l'élément ainsi prouvé a été par ailleurs corroboré par d'autres éléments régulièrement recueillis: «La Cour*

*«Corolariamente, as decisões do TEDH que a interpretam devem merecer especial atenção, principalmente se em confronto com as dos tribunais internos.*

*O legislador português, quer no art. 449.º n.º 1, alínea g), do Código de Processo Penal, quer no art. 771.º, alínea f ), do Código de Processo Civil, permite agora mesmo que, após trânsito em julgado de uma sentença proferida pelos Tribunais Portugueses, qualquer parte interessada que obtenha decisão definitiva inconciliável com esta, de uma instância internacional (ninguém duvidando que está aqui incluído o TEDH), pode requerer a reabertura daquele processo, para que a decisão interna fique em conformidade com o entendimento internacional.*

*A jurisprudência do TEDH vem mantendo uma coerência constante, de sorte que o exame atento dum Ac. revela os princípios gerais que norteiam todas as decisões»*[409], pelo que, se mostra fundamental a apreciação desta jurisprudência.

Assim, o TEDH tem entendido que o art. 6.º da CEDH não derroga quaisquer regras internas sobre admissibilidade de prova[410],[411], sendo que, os casos de quebra de lealdade num julgamento surgem, tipicamente, no contexto dos arts. 8.º (designadamente, a nível da vida privada) e 3.º (a respeito de procedimentos de tortura ou tratamentos médicos utilizados para coagir a uma confissão, mesmo que tais procedimentos sejam legítimos ao nível do direito interno) da CEDH.

O TEDH tem considerado dever verificar se os procedimentos como um todo foram justos, incluindo a forma como a prova foi recolhida[412], devendo o Tribunal estabelecer se a produção probatória permitiu garantir um julgamento justo (cfr. Caso Blücher v. the Czech Republic, § 65).

---

*ne saurait donc exclure par principe et in abstracto l'admissibilité d'une preuve recueillie de manière illégale, du genre de celle dont il s'agit. Il lui incombe seulement de rechercher si le procès [...] a présenté dans l'ensemble un caractère équitable»; «la Cour attache aussi du poids à la circonstance que l'enregistrement téléphonique n'a pas constitué le seul moyen de preuve retenu pour motiver la condamnation» (C.E.D.H., Schenk c. Suisse, 12 juillet 1988, série A nº 140, § 46)».*

[409] Assim, João Bernardo; *"Direito à imagem e à reserva da intimidade da vida privada e familiar na jurisprudência do Supremo Tribunal de Justiça"*, p. 25.

[410] Cfr. Caso Mantovanelli v. France, § 34.

[411] A admissibilidade da prova e do seu exercício são matérias primariamente reguladas pela lei nacional e pelos tribunais nacionais (cfr. Caso Moreira de Azevedo v. Portugal, §§ 83-84; García Ruiz v. Spain [GC], § 28), o mesmo sendo aplicável em matéria de valoração probatória e de definição do ónus da prova (Caso Tiemann v. France and Germany e Caso Centro Europa 7 S.r.l. and Di Stefano v. Italy [GC], § 198).

[412] Cfr. Caso Elsholz v. Germany [GC], § 66 e Caso Dombo Beheer B.V. v. the Netherlands, § 31.

Assim, por exemplo, o TEDH tem entendido que a CEDH não garante expressamente o direito de audição de testemunhas, sendo que, a admissibilidade de tal meio probatório é, em princípio, matéria de direito interno, mas quando tal prova seja recusada, tal recusa deve ser fundamentada e não arbitrária, não podendo traduzir-se numa desproporcionada restrição do direito do litigante de apresentar o pleito[413], sendo essencial que as partes possm participar nos procedimentos, sem que haja favorecimento de uma em detrimento de outra, violando o princípio de igualdade de armas[414].

O TEDH tem igualmente entendido que o uso de prova obtida em razão de tortura determina sempre um julgamento desleal[415].

Em diversos acórdãos o TEDH tem abordado a temática da ilicitude probatória, as mais das vezes, na sequência de processos penais anteriores.

Enunciam-se em adenda alguns dos casos em que tal sucedeu e, em que termos, foi proferida a respectiva decisão.

## 5.2. A prática judiciária estrangeira em sede de prova ilícita em processo civil

A temática da prova ilícita não é específica do ordenamento jurídico português constituindo, antes, uma problemática global ou universal. Todavia, os diversos sistemas jurídicos não fornecem soluções idênticas[416].

Nessa medida é interessante comparar as diferentes soluções e aproximações a esta problemática em diversos países, o que permite desenvolver o estudo desta temática, podendo a mesma ser olhada sob vários pontos de vista, que um olhar unilateralmente focado numa só lei nacional não é capaz de fornecer.

---

[413] Cfr. Caso Wierzbicki v. Poland, § 45.

[414] Vd. os Casos Mantovanelli v. France, § 33 e Sara Lind Eggertsdóttir v. Iceland, § 53.

[415] Cfr. caso Harutyunyan v. Armenia, n.º. 36549/03, ECHR 2007.

[416] Ilustrativa desta afirmação é a de que, «*entre los llamados sistemas continentales latinos (España, Francia, Portugal e Italia), solo en España existe regulación de la obtención ilícita de la fuente de prueba en el proceso civil. En Italia se hace lo mismo, pero solo respecto del proceso penal (art. 191 Codice di Procedura Italiano). En Portugal es la propia Constitución la que prohíbe la práctica de prueba obtenida ilícitamente (art. 32. 6), y también lo hace el Código de Processo Penal en su art. 126. Finalmente, en Francia no se ha legislado sobre esta cuestión, siendo también la jurisprudencia la que ha establecido el camino para que no se practiquen en el proceso las pruebas cuya fuente ha sido adquirida de forma ilícita*» (assim, Eduardo Jequier Lehuedé; "La obtención ilícita de la fuente de la prueba en el proceso civil...", pp. 464-465).

A perspectiva transversal que fornece o direito comparado permite apreender os elementos comuns desta problemática e alertar para as falhas que um ou outro sistema possa apresentar.

Tendo em conta estes desideratos, procede-se, em seguida, a uma análise (ainda que breve) da problemática como a prova ilícita – com especial incidência no processo civil – tem sido encarada nos sistemas jurídicos norte--americano, inglês, espanhol, francês e brasileiro.

### 5.2.1. O ordenamento jurídico norte-americano

Nos Estados Unidos, em 1914, com arrimo na IV Emenda[417,418] à Constituição norte-americana, a partir do caso Weeks v. United States foi desenvolvida a denominada *«exclusionary rule»*[419],[420], nele se considerando que provas obti-

---

[417] Cujo teor é o seguinte: «*O direito das pessoas de estarem seguras nas suas pessoas, papéis e efeitos contra buscas e apreensões exorbitantes, não poderá ser violado, e não se expedirá mandado, a não ser com base em probable cause, fundamentados em juramento ou afirmação, e particularmente descrevendo o lugar a ser procurado e as pessoas ou coisas a serem detidas*».

[418] E, depois, também com invocação das Emendas V, VI e XIV à Constituição dos EUA que tratam, em síntese, da segurança das pessoais, dos seus documentos, dos seus domicílios e dos seus haveres contra apreensões ilegais; do *due process of law*; e do direito a um julgamento rápido e público perante juiz imparcial e natural.

[419] «*(...) la regla de exclusión es una norma jurispruiencial, conforme a la cual los materiales probatorios (Evidence) obtenidos por las fuerzas del orden público mediante acciones de investigación criminal que vulnerem los derechos procesales constitucionales reconocidos por las Enmiendas Cuarta, Quinta, Seta o Decimocuarta de la Constitución Federal, no podrán aprotarse ni ser valorados por el Juzgador en la fase decisória de los procesos penales federales o estatales, a los efectos de la determinación o prueba (Proof) de la culpabilidad o inocencia del acusado cuyos derechos fueron violados*» (assim, Teresa Armenta Deu, La prueba ilícita (un estudo comparado), 2.ª ed., p. 32).

[420] Aludindo às traves mestras do sistema de exclusão probatória desenvolvido nos E.U.A., F. Pinar Ölçer ("Illegally Obtained Evidence in European Treaty of Human Rights (ETHR) Law", in Annales de la Faculté de Droit d'Istanbul, 40 (57), 2008, pp. 67-70) reporta que os parâmetros desta regra são os seguintes:
Primeiro: A interpretação da regra faz-se a partir dos seus objectivos, os quais assentam em três princípios: «'*(...) rights protection, deterrence ('disciplining the police') and the legitimacy of the verdict'. Rights protection, also known as the ratio of 'vindication' or the 'remedial theory', envisages reparation of civil rights violations through exclusion of evidence. The 'deterrent theory' focuses on the prevention of illegal actions on the part of criminal procedural authorities. Deterrence is accomplished through the message that is sent by evidence exclusion to criminal procedural authorities, namely that illegal investigation is not conducive to the outcome of criminal cases. Legitimacy of the verdict (and 'moral integrity' thereof) is related to maintaining trust in criminal justice. In that sense, exclusion serves as a means to*

das pela polícia, com violação do estabelecido na IV Emenda à Constituição, não seriam admissíveis em tribunais federais.

*show that the criminal procedural government – that morally accuses the citizen – does not apply double standards. The government demonstrates this by not making use of illegally obtained evidence»;*
Segundo: O âmbito da regra de exclusão é determinado pelas excepções que foram sendo desenvolvidas e que reduzem o âmbito de aplicação da regra: *«Pre-supposing a violation of constitutional rights in the obtaining of evidence, these exceptions have a mitigating effect, allowing for use of evidence in spite of the violation. As such, these exceptions make the exclusionary rule relative: not every violation of a substantive criminal procedural norm must lead to evidence exclusion.*
*The following exceptions are generally recognized in U.S. case law: (1) The good faith exception allows for use of evidence if the authority violated constitutional rights, yet only did so in (negligible) error (U.S. v. Leon., 468 U.S. 897 (1984)). (2) Evidence that is illegally obtained by a private person need not be excluded, as the rule is concerned with pre-trial misconduct by governmental authorities (Burdeau v. McDowell, 256 U.S. 465 (1921)). (3) and (4) Evidence need not be excluded furthermore if the violated norm did not serve to protect an interest of the defendant or (5) a norm was violated, but it was the interest of a third party that was affected, i.e. the defendant has lack of standing (Alderman v. U.S. 394 U. S. 165 (1969)). (5) Exclusion can only take place within the context of the prosecution of the particular offence, in the context of the investigation of which the illegality took place. (6) On the basis of the attenuation exception, exclusion need not take place if the causal relationship between the violation and the evidence obtained is sufficiently weak (Nardone v. U.S., 308 U.S. 338 (1939)). The fruits of the poisonous tree doctrine – which regards secondary evidence – is connected to this exception. (7) The independent source doctrine also touches on causality, holding that evidence may be used, if the evidence was actually gained from an independent source (Silverthorne Lumber Co., Inc. v. U.S., 251 U.S. 385 (1920) ve Wong Sun v. U.S., 371 U.S. 471 (1963)). (8) The inevitable discovery doctrine (19 Nix v. Williams, 467 U.S. 431 (1984)) allows the admission of evidence casually related to illegality, if it can established, to a very high degree of probability, that the evidence would have been found anyway, in the course of a normal – non- -illegal – police investigation.*
*Several further exceptions relate specifically to the norm violations in the context of the privilege against self-incrimination. A so-called 'public safety' exception is particularly attached to Miranda violations (.).*
Terceiro: *«determinative for the scope, or rather 'strength' of the exclusionary rule is the status it is accorded in legal organic sense, i.e. if it is to be seen as strong law or not. In this last sense, the American exclusionary rule has a less fortified construction than may be thought at first glance. Hailed generally as a rule of constitutional origin, the exclusionary rule is itself not addressed explicitly as a right in American constitutional law, but is in fact an implicit satellite to other rights. It is thus a judge-crafted rule, invoked to protect other – true – constitutional rights. In fact, there is not one exclusionary rule, but several, most notably those attached to the Fourth and Fifth amendments, whilst differentiation can be made in the strictness with which those distinct rules are applied. Disregarding for the moment reasons for such a distinction, it may be safe to say that the rule is stronger when it comes to the violations of the privilege against self-incrimination (Fifth Amendment) as opposed to search and seizure violations (Fourth amendment)».*

A PROVA ILÍCITA: VERDADE OU LEALDADE?

A regra – que tem sobrevivido às críticas que lhe têm sido apontadas[421] – considera-se apenas aplicável em processo penal, não o sendo, por exemplo, em processos administrativos, nem em procedimentos sancionatórios civis em matéria de impostos[422].

O mesmo tem sido entendido, por vezes com algumas inflexões[423], no âmbito do processo civil.

---

[421] Como dá nota James Stribopoulos (*"Lessons from the Pupil: A Canadian Solution to the American Exclusionary Rule Debate"*, *in* Boston College International and Comparative Law Review, Volume 22, n.º 1, 1999, p. 109): «*Congress has made repeated attempts to replace the rule with some legislated alternative, but none of the proposed bills have become law. 153 These efforts to replace the exclusionary rule are premised on a number of assumptions, including: (i) the rule is not required by the Constitution; (ii) the rule's only purpose is deterrence; (iii) the rule is an ineffective deterrent; and (iv) some alternative remedy would be more effective in deterring police illegality and would not exact the same toll in lost convictions*».

[422] Sobre o ponto vd. Eduardo Jequier Lehuedé (*"La obtención ilícita de la fuente de la prueba en el proceso civil..."*, p. 460) mencionando a jurisprudência norte-americana pertinente: United Status v. Calandra, 414 U. S. 338, 1974; Plymouth Sedan v. Pennsylvania, 180 U. S. 693, 1965; I. N. S. v. López-Mendoza, 468 U. S., 1032, 1984; e United Status v. Manis, 428 U. S., 433, 1976.

[423] Robert E. Sheperd, Jr. ("Admissibility Of Illegally Obtained Evidence In A Civil Case", pp. 155-160) dá conta, criticamente, de um caso civil onde a regra de exclusão foi considerada: «*The rule excluding evidence obtained by an illegal search and seizure has been applied almost exclusively in criminal prosecutions since its introduction into American law. An unusual twist was recently given to the rule when the Supreme Court of Michigan applied it in a civil action. In Lebel v. Swincicki (354 Mich. 427, 93 N.W.ad 281 (1958)) a civil case for wrongful death, the plaintiff tried to establish the drunkenness of the defendant to support his allegation of the defendant's negligence. The evidence presented on this point included the testimony of a state toxicologist concerning the analysis of blood taken from the person of the unconscious defendant shortly after the accident. The evidence was admitted over the defendant's objection, and judgment was subsequently entered for the plaintiff. On appeal the Supreme Court of Michigan held that "the taking of blood for purposes of analysis from the person of one who is unconscious at the time constitutes a violation of his rights, and that testimony based on the analysis of such blood should not be admitted in evidence." (93 N.W.2d at 287). However, the court decided that the conclusiveness of other evidence of the defendant's negligence precluded reversal (...). Heretofore, Michigan, like all the other states following the exclusionary rule, had limited its application to criminal prosecutions in which prosecuting officials had obtained evidence in an illegal manner. Therefore, the Lebel case apparently represents a considerable departure from the usual application of the Weeks rule in two respects: first, the rule was applied in civil litigation; secondly, the evidence was excluded even though the party offering it was innocent of any improper actions. The wisdom of these extensions is open to question (...)*».

No caso Burdeau v. McDowell (1921) entendeu-se que a prova ilícita poderá ser admitida se produzida por particular, uma vez que a *exclusionary rule* destina-se a proteger os indivíduos contra excessos do Estado.

No caso United States v. Jeffers (1951) entendeu-se que a prova só será inadmissível se violar direito de uma das partes, não se aplicando a exclusão se houve violação apenas a direito de terceiro.

Com o caso Mapp v. Ohio (1961)[424] foi afirmada a proibição de provas colhidas ilicitamente, quer nos processos federais, quer nos processos estaduais.

No caso Wong Sun v. United States[425] foi decidida a proibição de uso de prova obtida em violação da Constituição e, bem assim, da prova derivada adquirida a partir de prova primária "manchada" («derivative evidence acquired through tainted primary evidence»).

Em Nix v. Williams (1984), o Supremo Tribunal concluiu que *a «descoberta inevitável»* também seria uma exceção à regra da inadmissibilidade da prova ilícita, entendendo-se que, se uma prova obtida numa busca ilegal fosse descoberta, mesmo sem que tal busca jamais fosse realizada, ela poderá ser admitida como meio de prova.

A partir de United States v. Leon e Massachusetts v. Sheppard, ambos de 1984, o Supremo Tribunal norte-americano passou a admitir, ainda, a *doutrina da boa-fé*, segundo a qual, a prova deverá ser admitida, por exemplo, se a polícia, agindo de boa-fé, realize buscas fundadas num mandado de busca eivado de alguma irregularidade técnica, como a ausência de assinatura de funcionário do tribunal.

Em 1999, o Supremo Tribunal Federal norte-americano alargou ainda mais a esfera de exceções às *"exclusionary rules"* concluindo que, *«embora a Quarta Emenda proíba prisões e apreensões sem mandado judicial no domicílio do suspeito, já não seria assim em lugares públicos, "si et quando" os agentes policiais se amparassem em uma causa provável ("probable cause") para crer na ocorrência de uma conduta criminosa (v. Florida v. White, 526 U.S. 559). Aviou-se, por assim dizer, a validação dos "flagrantes cegos"»*[426].

---

[424] Tratou-se da apreensão de material obsceno na casa da Senhora Mapp, sem mandado judicial, no estado de Ohio, onde era proibida a mera posse desse material.

[425] 371 US 471 (1963).

[426] Assim, Guilherme Guimarães Feliciano, Tutela Processual de Direitos Humanos Fundamentais: Inflexões no "Due Process of Law"; Faculdade de Direito da Univ. de Lisboa, 2013, p. 1246.

# A PROVA ILÍCITA: VERDADE OU LEALDADE?

Em 2002, no caso United States v. Patane[427],[428] foi emitida jurisprudência pelo Supremo Tribunal Federal no sentido de que não deve ser excluída prova física derivada de declarações prestadas sem o suspeito ter sido advertido dos seus direitos como arguido.

Em processos civis tem-se considerado admitirem-se três categorias de excepções processuais probatórias[429]: (a) A "incompetency", que respeita à capacidade e a idoneidade das testemunhas, alcançando proximidade com os institutos jurídicos da incapacidade, da suspeição e do impedimento de testemunhas, levando à exclusão das provas testemunhais havidas de pessoas que não merecem crédito, ou que não tem plena capacidade de compreender a arguição, ou ainda de responder ao juiz de acordo com aquela compreensão; (b) O "privilege", que se reporta às imunidades pessoais ou profissionais, como o sigilo profissional do médico ou do advogado ou aquele do funcionário público e segredos de Estado; e (c) O "hearsay", que diz respeito aos testemunhos indiretos, i.e., às declarações de testemunhas que não presenciaram os factos a cuja prova se prestam, inclusive a documental e a não verbal (a regra é a de que o "hearsay testimony" não seja admitido como prova no processo, mas há várias excepções a essa inadmissibilidade, podendo admitir-se, p.ex., as declarações relativas a eventos ou situações que expuseram o declarante a forte stress ou excitação, as declarações sobre as condições mentais, emocionais ou físicas à época dos factos, as declarações contra o próprio interesse, etc.).

A temática da prova ilícita é, nos Estados Unidos da América, central no âmbito penal, mas também tem larga incidência noutros processos, designadamente, nos atinentes à regulação de relações familiares[430],[430] e laborais[431].

---

[427] Cfr. 124 5. Ct. 2620, 2630 (2004).

[428] Analisando detalhadamente esta jurisprudência, vd. Michael Jeffrey Ashraf, "United States v. Patane: Miranda's Excesses", in Journal of Civil Rights and Economic Development, Volume 20, n.º 1, 2005, Article 7, disponível em http://scholarship.law.stjohns.edu/cgi/viewcontent.cgi?article=1111&context=jcred.

[429] Cfr. Kevin M. Clermont, Principles of Civil Procedure. St. Paul: Thomson West Publishing Co., 2005., p.89 e ss.

[430] De que é exemplo o interessante caso O'Brien v. O'Brien, 899 So. 2d 1133 (Fla. Dist. Ct., App. 2005). O caso consistiu num processo de divórcio no decurso do qual a mulher resolveu instalar secretamente um programa de «spyware» – denominado «Spector» – no computador do marido. O programa tirava imagens do que aparecia no ecrân do computador e permitia gravar conversas online, mensagens instantâneas, emails enviados e recebidos e websites visitados pelo marido. O programa em questão gravou alegamente conversas entre o marido e

## 5.2.2. O ordenamento jurídico inglês

Em Inglaterra, o princípio geral é o de que toda a prova relevante é admissível[433]. Este princípio vigora no processo penal[434] e também no processo civil[434,435].

uma outra mulher. Entretanto, o marido descobriu o programa e desinstalou-o, requerendo uma injunção para a não utilização da prova assim obtida. Para um detalhado comentário a este caso, vd. Shan Sivalingam, *"Suing Based on Spyware? Admissibility of Evidence Obtained from Spyware in Violation of Federal and State Wiretap Laws»*, in 3 Shidler J. L. Com. & Tech. 9 (Feb. 14, 2007).

[431] Num outro recente e interessante caso de divórcio – Crocker C. v. Anna R., apreciado pelo Supremo Tribunal do Estado de Nova Iorque – consultado em https://verdict.justia.com/wp--content/uploads/2018/03/Crocker-C.-v-Anne-R.pdf?x74583 – o marido, de nome Crocker, requereu o divórcio em Outubro de 2014. No decurso do processo a mulher alegou que o marido tinha instalado um programa de «spyware» no telemóvel da mesma umas semanas antes de requerer o divórcio, para monitorizar as comunicações da mulher, inclusive com o advogado que a veio a representar no processo de divórcio. O programa permitia a leitura de mensagens em todas as formas, localizar o utilizador do telemóvel e ver o histórico de chamadas em tempo real, funcionalidade que o marido usou entre 6 a 59 vezes por dia, até Fevereiro de 2015. Crocker recusou-se a responder sobre se tinha instalado o programa invocando o privilégio da V Emenda constitucional contra a auto-incriminação. O tribunal determinou a apreensão e exame sobre os dispositivos electrónicos, telefones e computadores de Crocker e concluiu que este tinha instalado o sofisticado programa informático no telemóvel da mulher, o que lhe permitiu, durante meses, localizar a mesma e reunir diversa informação sobre as suas deslocações, conversas, encontros e mensagens, tendo procurado destruir a evidência desta instalação quando soube da intenção do tribunal de apreender os seus objectos, instalando programas para apagar a sua precedente conduta. O tribunal veio a sancionar todo este comportamento de Crocker.

[432] Vd. v.g. Caso Greenberg v. Alta Healthcare Sys., 2004 WL 859185 (Cal. App. Apr. 22, 2004) – considerando que uma enfermeira de um hospital não tem expectativa de privacidade sobre os ficheiros guardados no seu computador de trabalho – e Quotient, Inc. v. Toon, 2005 WL 4006493 (Md. Cir. Ct. Dec. 23, 2005) – admitindo que um empregador faça uma imagem digital do disco rígido do computador de um trabalhador, para prevenir a destruição dos dados profissionais ali guardados.

[433] No Caso Kuruma v The Queen [1955] AC 197, 203 concluiu-se: *"the court is not concerned with how the evidence was obtained".* No Caso R v Leathem (1861) 8 Cox CC 498, 501, decidiu-se: *"It matters not how you get it; if you steal it even, it would be admissible in evidence.".* Apenas terá lugar a exclusão probatória se a admissão da prova for desleal e prejudicial para o acusado, como sucede com a prova por confissão obtida por tortura.

[434] O que foi afirmado nos Casos Kuruma v. RT (1955) AC 197, R. v. Sang (1980) AC 402 e em R. v. Khan (1994) NLJR 863.

A regra existente é, pois, uma regra de inclusão da prova, de admissibilidade de prova, independentemente da sua forma de obtenção ("*a rule of admissibility*")[437].

Este princípio assenta na consideração de que, caso fosse considerada inadmissível prova relevante para a apreciação da causa, a administração da justiça seria obstruída e, daí que inexista norma que preveja a exclusão da prova obtida por forma ilegal ou imprópria.

O princípio norteador da prova é a da sua relevância: *«relevant evidence, even if illegally obtained is admissible»*[438].

Assim, se um documento confidencial vem a chegar à mão da contraparte, o mesmo é de ter por admissível como prova[439].

Contudo, este princípio é atenuado por diversas excepções, que têm vindo a ser desenvolvidas pela jurisprudência[440] e que resultaram também da aprovação recente das denominadas *«Civil Procedure Rules»*[440].

---

[435] *"So far as civil cases are concerned, it seems to me that the judge has no discretion. The evidence is relevant and admissible. The judge cannot refuse it on the ground that it may have been unlawfully obtained in the beginning."* (Caso Helliwell v. Piggott-Sims (1980) FSR 356).

[436] *«The phrase "fruit of the poisoned tree" or "fruit of the poisonous tree" is usually used to refer to an exclusionary rule of evidence which, in some jurisdictions (and notably in the USA) renders inadmissible evidence which has been obtained illegally. The doctrine has no application in England. Traditionally, English judges have been prepared to eat the fruit, however poisonous the tree. However, that position is slowly changing as a result of the introduction of the Civil Procedure Rules, and the impact of the Human Rights Act 1998. The principles applicable in civil cases developed out of the principles which have evolved in criminal law»* (assim, Nihel Cooper, The fruit of the poisoned tree – The admissibility of evidence in civil cases, Londres, 2014, p. 1).

[437] Como refere João Henrique Gomes de Sousa (*"Em busca da regra mágica – O TEDH e a universalização da regra de exclusão da prova – o caso Gäfgen v. Alemanha"*, p. 24): *«Esta tradição inclusiva, com a única excepção a centrar-se nas confissões obtidas de forma ilícita, fez carreira na maioria dos países de origem anglo-saxónica até tempos recentes. Cita-se, habitualmente o caso Regina v. Leatham (de 1861) como sumamente expressivo desta posição na medida em que ali se afirma "it matters not how you get (evidence); if you steal it even, it would be admissible in evidence", revelando poucas ou nenhumas preocupações – no que às provas não relativas às confissões diz respeito – pelos direitos dos suspeitos e nenhuma necessidade de disciplinar a polícia».*

[438] Cfr. Hugh McKay e Nicola Shaw (Whatever Means Necessary, p. 2).

[439] Cfr. Caso Calcraft. V. Guest (1898) 1 QB 759.

[440] De uma delas é dada conta por Stephen Kilner e Simon Chandler ("Admissibility of illegally-obtained evidence"): No caso, Dubai Aluminium Company Ltd v Al Alawi [1999] a empresa autora demandou um antigo empregado (Al Alawi) sobre o qual suspeitava que a tinha defraudado durante um longo tempo.

Com a aprovação das *«Civil Procedure Rules»* – e, especificamente, no âmbito do direito da família, das *«Family Procedure Rules»*[442] –, os tribunais têm agora o genérico poder de excluir prova[443,444].

A autora conseguiu obter providências judiciais para arrestar os bens do réu. O réu solicitou o levantamento do arresto, com a alegação de que os investigadores da autora actuaram ilegalmente ao obterem as informações financeiras do réu e requereu uma ordem para que a empresa e o seu advogado revelassem documentos relacionados com as investigações ilegais, invocando que tais documentos não se encontravam sujeitos a sigilo profissional, porque tinham sido obtidos por métodos ilegais.

De facto, o advogado da autora tinha contratado um detective privado que utilizou métodos ilegais para obter as informações financeiras do réu. O tribunal – pelo juiz Rix – veio a considerar existir *"a strong prima facie case of criminal or fraudulent conduct"* do advogado da autora e decidiu que este comportamento não se encontrava coberto pelo sigilo profissional do advogado.and ruled that such behaviour was not protected by legal professional privilege. O tribunal considerou que existia um conflito de interesses, existindo o interesse público na manutenção do sigilo profissional e na protecção da privacidade. Contudo, existia igual interesse no combate a comportamentos criminais e fraudulentos e na protecção das suas vítimas. Em termos da conciliação desses interesses, o tribunal considerou que, se um tal comportamento fosse permitido sem consequências para a lide, os tribunais estavam a admitir o uso de meios ilegais para obter prova, tendo decidido que os documentos que foram obtidos na sequência de tais actos ilegais deveriam ser dados a conhecer ao réu e caiam foram da protecção do sigilo profissional: *"Where such a party will be asking the Court to make inferences from such material, it is only fair that such material should be seen as a whole."*

[441] Aprovadas pelo Civil Procedure Rule Committe, datando de 10-12-1998 e vigorando desde 26-04-1999, podendo o texto normativo ser consultado em http://www.legislation.gov.uk/uksi/1998/3132/introduction/made.

[442] Disponíveis em https://www.justice.gov.uk/courts/procedure-rules/family/update.

[443] Rule 32.1: O tribunal pode controlar a prova perante si produzida dando orientações sobre os pontos carecidos de prova, natureza da prova necessária para decidir os factos e forma como a prova pode ser apresentada em Tribunal. A rule 32.1. (2) expressamente confere ao Tribunal o poder de excluir prova que, de outra forma, seria admissível, mas o juiz deve usar tal poder de acordo com a directiva de tratar os casos de forma justa.

[444] A aplicação da exclusão probatória tem ocorrido em casos de responsabilidade civil. Como reporta Nigel Cooper ("The Fruit of the poisoned tree – The admissibility of evidence in civil cases"): *«The application of CPR Rule 32.1(2) to improperly obtained evidence has been most directly considered in personal injury cases. It is not uncommon for insurers to appoint agents to obtain video evidence to show that a claimant is not as seriously injured as he or she claims. Such video evidence will often be obtained without the consent of the claimant, either unlawfully or (at the very least) in an underhand manner. The question arises as to whether such evidence should be excluded. The leading case is Jones v. University of Warwick [2003] 1 WLR 954. In that case, the claimant argued that she had a continuing disability in her right hand as a result of an accident at work. The defendant employed an*

Neste enquadramento legal tem-se admitido a exclusão de prova com fundamento na necessidade de protecção da administração da justiça, impedindo-se, em diversos casos[445,446], que a prova constitua um uso inadmissível e anormal do processo.

*inquiry agent, who posed as a market researcher and used a hidden camera to film the claimant in her home. The videos showed that the claimant had entirely satisfactory function in her hand. It was accepted that the inquiry agent had been guilty of trespass – a civil tort. The claimant argued that the court should exercise its discretion under CPR 32.1(2) to exclude the video, and that medical experts who had seen the video should also be prevented from giving evidence. In making that argument, the claimant relied on the Human Rights Act 1998, and in particular Articles 6 (the right to a fair trial) and Article 8 (the right to respect for one's private and family life, home and correspondence). (...).*
*In the end, as with most aspects of civil procedure under the CPR, the Court has to perform a balancing act of all the factors: "The court must try to give effect to what are here the two conflicting public interests. The weight to be attached to each will vary ccording to the circumstances. The significance of the evidence will differ as will the gravity of the breach of article 8, according to the facts of the particular case. The decision will depend on all the circumstances. Here, the court cannot ignore the reality of the situation. This is not a case where the conduct of the defendant's insurers is so outrageous that the defence should be struck out. The case, therefore, has to be tried. It would be artificial and undesirable for the actual evidence, which is relevant and admissible, not to be placed before the judge who has the task of trying the case. We accept Mr Owen's submission that to exclude the use of the evidence would create a wholly undesirable situation. Fresh medical experts would have to be instructed on both sides. Evidence which is relevant would have to be concealed from them, perhaps resulting in a misdiagnosis; and it would not be possible to cross-examine the claimant appropriately."».* Sobre o ponto, vd. também, o interessante caso Lifely v. Lifely [2008] EWCA Civ 904.

[445] No caso Guinness Peat Properties Ltd v. Fitzroy Robinson Partnership [1987] 1 WLR 1027, uma carta confidencial tinha sido incluída entre os documentos, tendo o réu conseguido demonstrar o uso inadmissível dessa carta. No caso Derby & Co Ltd v. Weldon (No. 8) [1997] 1 WLR 73 cartas confidenciais foram por erro juntas ao processo e foi determinado o seu desentranhamento do mesmo.

[446] Num caso recente perante um tribunal de família – Re M ([2016] Fam Law 954, [2016] 3 FCR 604, [2016] 4 WLR 92, [2016] EWFC 29, [2016] WLR(D) 275, consultado em: http://www.bailii.org/ew/cases/EWFC/HCJ/2016/29.html) – no âmbito do qual se discutia se a guarda de uma criança, de nome Tara, deveria ficar a cargo da mãe ou do pai, descobriu-se que o pai tinha colocado escutas ilegais nas roupas da sua filha, gravando as conversas que esta tinha na escola com a técnica de segurança social envolvida no processo, tendo em vista saber o que era referido em tais conversas. O tribunal considerou que, em geral, uma gravação ainda que ilegalmente obtida pode ser admitida a prova se o interesse público o exigir, mas concluiu que nenhuma das gravações produzidas no caso concreto, tinha utilidade para a prova da pretensão do pai, sendo errado o comportamento daquele (que degradou, com as

Assim, com tal sustentação, tem sido restringido o uso de documentos que foram obtidos com violação da protecção da confidencialidade dos mesmos, por meio de furto ou acto impróprio[447].

De semelhante forma, os tribunais ingleses têm admitido a concessão de ordens de restrição contra o uso de informação secreta ou confidencial (por exemplo, segredo de negócio), ainda que tal informação seja transmitida a terceiros[448], nuns casos, distinguindo conforme a forma pela qual foi obtida seja fraudulenta ou não[449] e, noutros, admitindo a concessão de tal restrição de utilização ainda que tal informação tenha sido obtida sem recurso a qualquer acto ilícito ou impróprio[450], mas ponderando os direitos em conflito[451].

Uma outra questão que tem ocupado os tribunais ingleses nesta matéria tem sido a de saber se relativamente aos documentos ilegalmente obtidos existe a obrigação de *"discloure"*. O art. 33.6 das *«Civil Procedure Rules»* estabelece que, a não ser que o tribunal decida diversamente, há a obrigação de dar notícia à contraparte de todas as provas (v.g. plantas, fotografias, vídeos,

---

gravações, a relação parental), atribuindo a guarda à mãe e condenando o pai a pagar os custos do processo.

[447] Cfr. Caso I.T.C. Film Distributors Limited v. Video Exchange Limited (1982) Ch. 431.

[448] Vd. Caso Morrison v. Moat (1851) 9 Hare 241 e Caso Lord Ashburton v. Pape (1913) 2 Ch. 469.

[449] Cfr. Caso Webster v. James Chapman & Co. (1989) 3 All ER 939.

[450] Cfr. Caso Attorney General v. Guardian Newspapers (No 2) [1990] 1 AC 109.

[451] No Caso Imerman v. Tchenguiz [2010] EWCA Civ 908 o autor era o marido que partilhava escritório e sistema de computador com o irmão da sua mulher. Quando o casamento acabou a mulher pediu o divórcio. O irmão da mulher acedeu ao computador do marido e, sem o consentimento deste, copiou os ficheiros e dados ali guardados, que transmitiu ao advogado da irmã. O marido solicitou uma injunção no sentido de impedir que a mulher usasse a informação obtida do seu computador. A decisão foi a de devolver temporariamente os documentos ao marido para este verificar se tinha algum material confidencial. Ambas as partes recorreram da decisão. O juiz – Lord Neuberger MR – ponderando entre o interesses da confidencialidade da informação e o interesse de fazer uso de documentos relevantes em juízo concluiu enunciando o seguinte: *«1. It would constitute a breach of confidence for a defendant, without the authority of the claimant, to examine or to make, retain or supply copies to a third party of a document whose contents are and were (or ought to have been) known by the defendant to be confidential. 2. That principle would apply whether the defendant obtained the documents from the claimant directly, or through a third party. 3. A claimant who establishes a right of confidence in particular information contained in a document should be able to restrain any threat by an unauthorised defendant to look at, copy, distribute copies of, or use the contents of such a document (and force the defendant to return the documents and all copies to the claimant, or destroy them)».*

## A PROVA ILÍCITA: VERDADE OU LEALDADE?

modelos, etc.) que não tenham a forma de testemunho, *"affidavit"* ou relatórios periciais.

### 5.2.3. O ordenamento jurídico espanhol

Em Espanha, o art. 11.1 da Ley Organica del Poder Judicial, inspirado na jurisprudência do Ac. n.º 114/1984[452,453,453] do Tribunal Constitucional, de 29

---

[452] Como refere César Augusto Gines Alegría ("Prueba Prohibida y prueba ilícita", p. 582): *«la STC 114/1984, de 29 de noviembre, es utilizada por un importante sector de nuestra doctrina en apoyo de una concepción restrictiva de la prueba ilícita. Dicha sentencia marcó un hito importante dentro de nuestro ordenamiento jurídico al ocuparse del valor probatorio de los medios de prueba obtenidos ilícitamente en un momento en que se carecía de normas jurídicas acerca de la prueba prohibida. En la misma, el Tribunal Constitucional vino a proclamar, com carácter absoluto, la inadmisibilidad procesal de las pruebas obtenidas violentando derechos o libertades fundamentales. Sin embargo, el Tribunal Constitucional no trató de resolver el problema de la prueba ilícita en general, ni mucho menos dar una definición de la misma. La propia sentencia reconoce, en su F.J. 4.º que «no se trata de decidir en general la problemática procesal de la prueba con causa ilícita, sino, más limitadamente, de constatar la resistencia frente a la misma de los derechos fundamentales. Con ello, parece dar a entender que el tema de la prueba ilícita no se agota en aquellas pruebas que se obtienen con vulneración de derechos fundamentales, aunque limita, en principio, la aplicación de la sanción de nulidad a estas últimas. Así, distingue entre infracción de normas infraconstitucionales y vulneración de derechos fundamentales, anudando la sanción de nulidad sólo a este último caso. Por tanto, dicha sentencia no puede ser esgrimida para defender a ultranza una concepción restrictiva de la prueba ilícita en nuestro ordenamiento jurídico».*

[453] Nos mesmos moldes considera Maria Cinta Costa Torné *("La prueba ilícita por violación de Derechos Fundamentales y sus excepciones"*, pp. 139-140) que: *«El problema de la admisibilidad de la prueba ilícitamente obtenida, afirma el TC, se perfila siempre en una encrucijada de intereses, debiéndose así optar por la necesaria procuración de la verdad en el proceso o por la garantía –por el ordenamiento en su conjunto– de las situaciones jurídicas subjetivas de los ciudadanos. Estas últimas acaso puedan ceder ante la primera exigencia cuando su base sea estrictamente infraconstitucional pero no cuando se trate de derechos fundamentales que traen su causa, directa e inmediata, de la norma primera del ordenamiento. En tal supuesto puede afirmarse la exigencia prioritária de atender a su plena efectividad, relegando a un segundo término los intereses públicos ligados a la fase probatoria del proceso. Continúa diciendo el TC que si la ilicitud probatoria se diera y si existiera una regla que impusiera su eficacia procesal, habría que concluir que la decisión jurisdiccional basada en tal material probatorio podría afectar a los derechos fundamentales siguientes: en primer lugar al derecho al proceso con todas las garantías debido a que constata- da la inadmisibilidad de las pruebas obtenidas con violación de derechos fundamentales, su recepción procesal implica una ignorancia de las garantías propias del proceso y, en segundo lugar al principio de igualdad entre las partes, puesto que esa vulneración conlleva una inaceptable confirmación institucional de la desigualdad entre las partes en el juicio, desigualdad que se ha procurado antijuridicamente en su provecho quien ha recabado instrumentos probatorios en desprecio a los derechos fundamentales del otro. Por tanto, concluye el TC, resulta imposible que sea admitida en el proceso, en cualquier proceso, una*

de Novembro de 1984[455], considera que a boa-fé deve ser respeitada em todos os procedimentos e que as provas obtidas em violação de um direito fundamental não podem ser admitidas[456].

Dispõe o mencionado art. 11.1 que *«não surtirão efeito as provas obtidas, directa ou indirectamente, violentando os direitos ou liberdades fundamentais»*[457,457,458].

---

*prueba obtenida violentando un derecho fundamental, una garantía institucional o una libertad pública del imputado o acusado8, sentándose como doctrina que «el concepto de medios de prueba pertinentes que aparece en el mismo art. 24.2 de la Constitución pasa, así, a incorporar, sobre su contenido esencialmente técnico-procesal, un alcance también sustantivo, en mérito del cual nunca podrá considerarse pertinente un instrumento probatorio así obtenido».*

[454] Conforme assinala Eduardo Jequier Lehudé (*"La obtención ilícita de la fuente de la prueba en el proceso civil. Análisis comparativo del ordenamento jurídico español y chileno"*, p. 460): *«La ilicitud de la fuente de la prueba es, sin duda, una cuestión que se ha planteado con mucho mayor alcance en el proceso penal, lo que no significa sin embargo que no tenga repercusión en el proceso civil. Prueba de ello –esto es, que el proceso penal no monopoliza este tema– es que el primer pronunciamiento del Tribunal Constitucional español –TC– sobre esta cuestión fue en relación con un asunto incardinado en un proceso laboral y no penal, según veremos más adelante (STC 114/1984, de 29 de noviembre)».*

[455] A que se seguiram outras decisões sobre a temática, como por exemplo, a STC núm.56/2003 de 24 de marzo, SSTS de 11 de mayo de 1.994, 30 de mayo de 1.995 y 20 de mayo de 1.997: *"El art. 18 C.E, no garantiza el mantenimiento del secreto de los pensamientos que un ciudadano comunica a otro...el derecho al secreto de las comunicaciones,...como todo derecho fundamental se refiere esencialmente a la protección de los ciudadanos frente al Estado" e a –* STC núm. 883/1994 de 11 mayo, (F.J. 3.º): *«...la grabación de las palabras de los acusados realizada por el denunciante con el propósito de su posterior revelación no vulnera ningún derecho al secreto, ni a la discreción, ni a la intimidad del recurrente».*

[456] Segundo Manuel Miranda Estrampes (El concepto de prueba ilícita y su tratamento en el processo penal; p. 109) este preceito supõe o reconhecimento e a admissão do efeito-à-distância das provas obtidas de forma ilícita, incorporando a doutrina norte-americana dos «frutos da árvore envenenada», dado que alude a que, *«no surtirán efecto las pruebas obtenidas, direta o indirectamente, violentando los derechos o libertades fundamentales».* No mesmo sentido, Lópes Barja de Quiroga, Las intervenciones telefónicas y La Prueba Ilegalmente Obtenida, p. 89. De todo o modo, não deixa de ser exigida uma relação de causalidade entre a prova ilícita e a prova lícita que deriva da anterior, *«o mesmo será dizer que para que se possa imputar objectivamente a primeira prova à segunda, para que esta seja uma consequência daquela, será necessário que exista entre ambas uma causa-efeito, ainda que se reconheça que na prática tal seja muito difícil de demonstrar»* (assim, Sara Raquel Rodrigues Campos, (In)admissibilidade de provas ilícitas – Dissemelhança na produção de prova no Direito Processual?, p. 25).

[457] A redacção originária da norma, constante do Anteprojecto da LOPJ, publicitado em 1986 era a seguinte: *«El ejercicio de las acciones y la oposición, en todo tipo de procesos, respetará las reglas de la buena fe».*

Os pressupostos de aplicação da norma – estabelecendo o art. 287.1 da LEC[460,461] o procedimento correspondente[462] – assentam, essencialmente, em que a prova se tenha obtido com a violação, directa ou indirecta, de direitos fundamentais ou de liberdades políticas[463].

A redacção do preceito parece não admitir excepções, na medida em que, constatando-se que para a obtenção de uma prova foi violado um direito fundamental, esta prova deverá ser eliminada do processo sem possibilidade de ser valorada no mesmo.

Contudo, tem-se desenvolvido o entendimento de que a regra da exclusão probatória – contida no aludido art. 11.1 da LOPJ – não é absoluta.

---

[458] *«No surtirán efecto las pruebas obtenidas, directa o indirectamente, violentando los derechos o libertades fundamentales».*

[459] *«La prueba ilícita es aquella cuya fuente probatoria está contaminada por la vulneración de un derecho fundamental o aquella cuyo medio probatorio ha sido practicado con idéntica infracción de un derecho fundamental [este concepto se deduce de los propios trabajos parlamentarios del art. 11.1 (LA LEY 1694/1985) Ley Orgánica del Poder Judicial – LOPJ (LA LEY 1694/1985)»* (assim, Picó y Junoy, El derecho a la prueba en el proceso civil, pp. 311 a 315).

[460] O preceito tem a seguinte redacção: *«287. Ilicitud de la prueba. – 1. Cuando alguna de las partes entendiera que en la obtención u origen de alguna prueba admitida se han vulnerado derechos fundamentales habrá de alegarlo de inmediato, con traslado, en su caso, a las demás partes. Sobre esta cuestión, que también podrá ser suscitada de oficio por el tribunal, se resolverá en el acto del juicio o, si se tratase de juicios verbales, al comienzo de la vista, antes de que dé comienzo la práctica de la prueba. Al efecto, se oirá a las partes y, en su caso, se practicarán las pruebas pertinentes y útiles que se propongan en el acto sobre el concreto extremo de la referida ilicitud. 2. Contra la resolución a que se refiere el apartado anterior solo cabrá recurso de reposición, que se interpondrá, sustanciará y resolverá en el mismo acto del juicio o vista, quedando a salvo el derecho de las partes a reproducir la impugnación de la prueba ilícita en la apelación contra la sentencia definitiva».*

[461] Ley de Enjuiciamiento Civil, aprovada em 7 de Janeiro de 2000.

[462] Relativamente a este vd. José Bonet Navarro, La Prueba en el processo civil, pp. 160-162.

[463] Refere Teresa Armenta Deu (La prueba ilícita (un estudo comparado), p.51) que os pressupostos deste preceito assentam em que *«(...) la prueba se haya obtenido a través de la vulneración directa ou indirecta de detechos fundamentales o libertades publicas. La ilicitud, por tanto, se hace depender e la lesión de derechos fundamentales en el momento de obtención de la prueba- El contenido del preceeto és doble: por un lado, regula una de las garantias del "derecho al processo com todas las garantias" e incorpora la eficacia refleja de las fuentes de prueba obtenidas com vulneración de algún derecho fundamental. Por otro, se utiliza el art. 11.1 como protección intraprocesal de los derechos y libertades, de manera que lo obtenido directamente violando el derecho a un processo debido no puede ser valorado».*

A este propósito, a jurisprudência e a doutrina[464] espanholas distinguem dois tipos de provas ilícitas: As que violam um direito fundamental reconhecido como inviolável pelo art. 10.º, al. a) da Constituição espanhola; e as provas que, apesar de ilícitas, não violam uma norma fundamental.

O Tribunal constitucional espanhol justifica esta diferenciação de regime considerando que as provas obtidas em violação dos arts. 10.º e ss. da Constituição beneficiam das garantias processuais afirmadas pela mesma Constituição.

O Tribunal constitucional espanhol reserva o conceito de prova ilícita para a prova produzida com violação de direitos fundamentais[465,466], com aplicações de diversa ordem[467].

---

[464] Cfr., v.g., Maria Cinta Costa Torné ("La prueba ilícita por violación de Derechos Fundamentales y sus excepciones", p. 142) e Díaz Cabiale, J. A. y Martín Morales, R. (La garantía constitucional de la inadmisión de la prueba ilícitamente obtenida, p. 22).

[465] *concepto restrictivo que acarrea la ineficácia* (assim, Teresa Armenta Deu, La prueba ilícita (un estudo comparado), 2.ª ed., p.51).

[466] Explicitando, reporta César Augusto Gines Alegría ("Prueba Prohibida y prueba ilícita", p. 583) que: «*Especial alcance tuvo la STC 86/1995, que formula la teoría de la conexión de la antijuridicidad para matizar el alcance de la ilicitud de la prueba derivada, dicha teoría alcanzó plena plasmación en la STC 81/1998, dictada a propósito de una prueba derivada de otra ilícita por vulneración del derecho fundamental al secreto de las comunicaciones. El Tribunal Constitucional considera que para la prohibición de valoración predicable de la prueba ilícita originaria pueda también alcanzar a aquéllas habrá de determinarse si tales pruebas derivadas se hallan o no vinculadas a las que vulneraron directamente un derecho y/o libertad fundamental, esto es, habrá que establecer un nexo entre unas y otras que permita afirmar que la ilegitimidad constitucional de las primeras se extiende también a las segundas (conexión de antijuridicidad). Pero, la reciente STC 209/2003 ha ratificado de forma absoluta el planteamiento de la mencionada teoría como criterio determinante de la licitud o ilicitud probatória de las pruebas derivadas. Por su parte, en la doctrina de la Sala 2.ª del T.S. podemos distinguir dos orientaciones distintas. Una primera jurisprudencial, que cabe calificar de mayoritaria, identifica la prueba ilícita o prohibida con aquella en cuya obtención o práctica se han lesionado derechos fundamentales, decantándose así en una concepción restrictiva. (...) Desde esta perspectiva, la jurisprudencia viene distinguiendo entre prueba ilícita, que identifica con prueba obtenida con violación de derechos fundamentales, y prueba irregular*».

[467] Por exemplo, em relação com o direito ao segredo das comunicações, vd. a sentencia núm. 71/2010 de 4 marzo, de la AP Ciudad Real -EDJ 2010/74065- considerando que não é ilícita a obtenção de prova feita quando a filha de um dos litigantes grava uma conversa daqueles, apresentada sob a forma de transcrição documental. Em igual sentido, a sentencia núm. 236/2009, de 4 mayo, de la AP Barcelona (Sección 16.ª) -EDJ 2009/201608–, em que, relativamente a uma gravação de uma conversa sobre as negociações referentes a um contrato de compra e venda celebrado entre as partes, se refere que "la obtención de la prueba no fue ilícita, ni vulneró el derecho a la intimidad ni al secreto de las comunicaciones de los demanda-

A partir daí efectua-se a distinção entre "prova irregular" e "prova ilícita" (stricto sensu). A "prova irregular" ocorre quando há infracção jurídica sem lesão de direitos fundamentais. Por seu turno, a "prova ilícita" é conceito utilizado quando há violação de direitos fundamentais.

Por outro lado, tem-se distinguido, no âmbito do terreno dos direitos fundamentais, aqueles que têm natureza processual, daqueles que não têm tal natureza. O resultado prático da distinção, aparentemente esbatido, por ambos os casos determinarem a nulidade, tem relevância quanto à aplicação da teoria dos frutos da árvore envenenada, que se reserva unicamente para a ofensa substantiva de direitos fundamentais, e não, para todos os demais casos de violação de direito fundamentais processuais[468].

dos, pues fue grabación de una conversación mantenida por quien efectuó el registro y otras personas. No fue grabación de conversación mantenida por terceros ajenos a quien grabó. Que en esos casos no hay ilicitud en la obtención de la prueba lo dijo el Tribunal Constitucional ya en sentencia de 29 de noviembre de 1.984 -EDJ 1984/114- y lo reiteró el Tribunal Supremo en las suyas de 11 de mayo de 1.994 y 30 de mayo de 1.995". Relativamente ao direito à intimidade, a sentencia de 15 enero 2007, del Juzgado de lo Mercantil núm. 2 de Madrid -EDJ 2007/30475- considerou que a obtenção da informação contida em discos rígidos de computadores de empregados, uma vez extinta a relação laboral, não afeta a intimidade destes. Também, no que respeita ao direito da inviolabilidade do domicílio na obtenção de fontes de prova, a sentença núm. 663/2009, de 2 diciembre, la AP Valencia (Sección 7.ª) -EDJ 2009/367069- não considerou que uma fotos que se obtêm de um edifício em construção vulnerem tal direito. De igual modo, a sentencia núm. 540/2004, de 14 octubre, AP Valencia (Sección 7.ª) -EDJ 2004/209829- considerou que, forçada a entrada em casa do falecido pai, onde foram obtidas agendas, sabendo que nessa casa vivia a pessoa que tinha convivido com o seu pai, determina uma afectação da inviolabilidade do domicílio. E, finalmente, a sentencia 249/2004, de 5 octubre, de la AP Ciudad Real (Sección 1.ª) -EDJ 2004/160624- reportando que a prova consistente num documento obtido por um empreiteiro numa casa em construção, que não devolveu as chaves ao seu proprietário, quando este desistiu da continuação da obra, determina a violação de tal direito.

[468] *«(...) cabe distinguir, dentro del terreno de los derechos fundamentales, entre aquellos que son de naturaleza o âmbito procesal, y aquellos otros que no: los derechos fundamentales procesales son aquéllos susceptibles de ser reconducidos al art. 24 CE, y no lo son los demás (v.g., el derecho al secreto de las comunicaciones o a la inviolabilidad del domicilio). La jurisprudencia constitucional distingue en función de que el derecho fundamental lesionado sea o no de contenido procesal: a juicio del Tribunal Constitucional, según esta corriente, provocan ilicitud de la prueba las lesiones de derechos fundamentales que no sean de âmbito procesal (...). El resultado en la práctica, aparentemente, es el mismo – la prueba no será utilizada para fundar el juicio de hecho –, pero com la salvedad de la aplicación de la teoria de los frutos del árbol envenenado, que se reserva únicamente para la vulneración de deechos fundamentales, y aun así no en*

O Tribunal Supremo espanhol, por sentença de 29-03-2007[469] concluiu, perante documentos roubados que tinham sido apresentados como prova, pelo seu carácter ilícito, com a seguinte fundamentação: «*Planteada la cuestión de tratarse de prueba ilícita con referencia al modo de haber obtenido los documentos de contabilidad, ha de tenerse en cuenta que en el artículo 11 (LA LEY 1694/1985) de la Ley Orgánica del Poder Judicial contempla las pruebas alcanzadas directa o indirectamente que violentan los derechos o libertades fundamentales, para privarlas de toda eficacia, que es corresponsal el artículo 287 de la vigente Ley de Enjuiciamiento Civil, resultando terminante su artículo 283 que declara que nunca se admitirá como prueba cualquier actividad prohibida por la Ley, preceptos que se citan a meros efectos indicativos. En el presente caso las pruebas presentadas por la sociedad demandante y referidas a las que había ocupado las dependencias del recurrente, contra su voluntad, violentando por tanto sus derechos de libertad y propiedad, se presentan como de ilícita procedencia al haberse accedido a la misma por los medios no autorizados por la Ley y dispuesto de ellas efectivamente en el proceso con el designio evidente de obtener ventajas probatorias, ya que fueron tenidos en cuenta y valorados por el Tribunal. La ilicitud no ha de referirse a la prueba en sí, sino al modo en que la misma se consigue, y cuando se emplean medios ilícitos, como aquí ocurrió, la fuente de prueba no debe ser asumida en el proceso, por lo tanto no ha de ser tenida en cuenta*».

Esta sentença concluiu pela invalidade das provas obtidas com infração de uma norma legal (prova ilegal), mas sem violação de um direito fundamental.

Sobre a mencionada decisão refere Picó y Junoy[470] o seguinte: «*En mi opinión, no es ésta la mejor solución al problema planteado. Los documentos robados vulneran el derecho de propiedad, reconocido fuera del capítulo constitucional dedicado a los derechos fundamentales (arts. 14 a 29), por lo que no pueden considerarse como prueba ilícita (arts. 11.1 (LA LEY 1694/1985) LOPJ y 287 LEC). Y además, no se trata de una prueba ilegalmente propuesta por cuanto los citados documentos fueron aportados al inicio del proceso y guardaban relación con la cuestión litigiosa (art. 283 LEC). Las pruebas logradas con vulneración de normas legales que no afecten a ningún derecho fundamental deben ser admitidas y valoradas, básicamente por los dos siguientes motivos: el primero se deriva de la voluntas legislatoris, pues la legalidad ordinaria, como se ha indicado, solo excluye la prueba ilícita y no la ilegal (de los trabajos parla-*

---

*todos los supuestos*» (assim, Teresa Armenta Deu, La prueba ilícita (un estudio comparado), 2.ª ed., p.53).

[469] Relatada por Alfonso Villagómez Rodil.

[470] "Jurisprudencia sobre derecho probatório".

*mentarios de la LOPJ (LA LEY 1694/1985) se desprende que el legislador restringió ex processo el ámbito de la ineficacia probatoria a los medios de prueba logrados con infracción de derechos fundamentales, pues el Senado modificó el texto inicialmente aprobado en el Congreso de los Diputados en el que dicha ineficacia se extendía a la prueba obtenida «de modo contrario a la ética o al Derecho»). Y el segundo argumento se deriva de la configuración constitucional del derecho a la prueba como fundamental (art. 24.2 (LA LEY 2500/1978) CE), lo que exige que su limitación se justifique en la necesidad de proteger otros derechos de igual alcance constitucional ( y el derecho a la propiedad no lo tiene). Todo ello no significa que la vulneración de la ley quede impune pues, como es obvio, a su infractor se le debe exigir la correspondiente responsabilidad civil, penal o disciplinaria en que haya podido incurrir.*

*En definitiva, este es el concepto de prueba ilícita más acorde a nuestro marco constitucional. El derecho a utilizar los medios probatorios pertinentes para la defensa obliga a mantener un concepto de prueba ilícita lo más restrictivo posible al objeto de permitir que el mencionado derecho despliegue su mayor eficacia y virtualidad . Y ello significa limitar el alcance de la prueba ilícita solo a la obtenida o practicada con infracción de derechos fundamentales».*

No ordenamento jurídico espanhol considera-se que o art. 11.1 da LOPJ acolheu a teoria americana conhecida como «frutos da árvore envenenada», pela qual se conclui que não é possível valorar efeitos de uma prova obtida legitimamente que tem origem num outro meio de prova obtido com infração de direitos fundamentais. Se a árvore está envenenada, também o estarão os frutos nascidos e provenientes da mesma. Contudo, no desenvolvimento interpretativo desta teoria, muitas têm sido as soluções aventadas[471,471].

---

[471] *«Al respecto, se han operado muy diversas soluciones e interpretaciones.*

*Una entiende que debe rechazarse en todo caso esta teoría toda vez que llevar tan lejos la prohibición sería tanto como dejar inerme la actividad investigadora del Estado. Defensor de esta teoría es Pastor Borgoñon. Otra estima que, la prohibición debe permanecer cuando existe una relación de causalidad entre ambas pruebas (la legítima y la ilegítima), de modo que la segunda sólo hubiera sido posible tras la obtención de la primera. Esta postura es la que há acogido nuestro Tribunal Constitucional cuya posición se concreta en los siguientes postulados según la STC 81/1998, 2 de abril:*

*1. Todo elemento probatorio que se deduzca a partir de un hecho que vulnere derechos fundamentales es nulo.*

*2. No obstante, pueden considerarse válidas si son independientes. La regla general es la validez de las pruebas reflejas, su posibilidad de valoración, y no la contraria, por lo que, la prohibición de su apreciación sólo será posible si:*

*3. Se hallan vinculadas las pruebas de modo directo, es decir, existe un nexo tal entre ambas que permite afirmar su ilegitimidad constitucional. Para ello habrá que valorar el derecho fundamental valorado*

Contudo, o Tribunal Constitucional espanhol tem exceptuado o efeito reflexo da prova ilícita quanto exista uma situação de desconexão entre uma e outra prova e, assim, pode não se produzir o efeito de proibição de valoração das provas derivadas daquela que directamente vulnerou direitos fundamentais quando não haja conexão entre as duas provas[473].

Tem-se entendido que o conhecimento da ilicitude da prova pode ser efectuado a requerimento da parte ou oficiosamente pelo juiz, quer no momento onde, por regra, tem lugar a proposição e admissão das provas, quer posteriormente[474].

---

*y considerar así la vulneración del mismo y la necesidad de su protección debe transmitirse a la prueba lícita.*

*Con todo, el Tribunal Constitucional establece una doctrina compleja que si bien ha de considerarse útil a los efectos de evitar mecanismos absurdos, no obstante la solución ofrecida es de tal complejidad que difícilmente va a resultar ilícita una prueba refleja.*

*La doctrina de los frutos del árbol prohibido viene a determinar la ineficacia jurídica de aquellas pruebas válidamente obtenidas pero que se derivan de una inicial actividad vulneradora de un Derecho fundamental.*

*La mayoría de la doctrina y jurisprudencia española entiende que en España há sido acogida la teoría de origen norteamericano de la fruit of the poisonous tree doctrine (o doctrina de los efectos reflejos de la prueba ilícita), en virtud de los términos «directa o indirectamente» que emplea el artículo 11,1 de la L.O.P.J.*

*Pero, debemos afirmar, para concluir, que la doctrina de los «frutos del árbol prohibido» supone un límite a la eficacia y virtualidad del Derecho a prueba, configurado como fundamental en nuestra norma normarum (artículo 24.2 de la Constitución), lo que obliga, como reiteradamente destaca el Tribunal Constitucional, a efectuar una lectura restrictiva del mismo. Esta interpretación conduce a negar que el artículo 11,1 de la L.O.P.J. suponga la consagración legal de los efectos de la prueba ilícita, además, en el proceso civil, en ningún momento se recoge la doctrina del árbol prohibido»* (assim, César Augusto Gines Alegría, *"Prueba Prohibida y prueba ilícita",* pp. 585-586).

[472] Cfr. Manuel Miranda Estrampes, *"La prueba ilícita: La regla de exclusión probatória y sus excepciones",* pp. 131-151.

[473] Para que tal ocorra mostra-se necessária a verificação dos seguintes requisitos: «- *que se constate en cada caso el supuesto específico de desconexión; – que se identifique con claridad el supuesto aplicado; – que se especifiquen las razones que justifican su utilización. La doctrina jurisprudencial del Tribunal Supremo ha establecido los mencionados requisitos en la STS 113/2014, de 17 de febrero, entre otras, cuya concurrencia es necesaria para la inaplicación de la doctrina de la conexión de antijuridicidad y, así, superar la inseguridad jurídica que se desprende la misma»* (assim, Amaya Roldán Marzo, Valoración de la prueba ilícitamente obtenida, p. 30).

[474] Cfr. Vários, Cien Cuestiones Controvertidas Sobre La Prueba En El Proceso Civil, Editorial Colex, Madrid, 2004, pp. 42-43.

Relativamente aos efeitos da admissão de uma prova ilícita, a decisão da SAP MADRID, Sección 11.ª, de 30-12-2005[475] concluiu que o art. 287.º LEC não aborda nem o conceito, nem o conteúdo, nem as consequências derivadas de tal admissão, sendo que, para estes efeitos há-de recorrer-se à norma geral do art. 11.1 LOPJ, concluindo que as provas obtias com violação de direitos fundamentais têm a sanção da sua inutilidade, não podendo ser tidas em conta para a decisão.

Da exigência legal relativamente a que a prova ilícita não surta nenhum efeito deriva, segundo a maior parte da doutrina, a necessidade de retirar do processo todo o vestígio da prova ilícita, devolvendo o meio probatório ilícito ao litigante que o aportou para o processo, com vista a evitar que o juiz possa, de qualquer modo, valorar a prova[476].

A problemática da prova ilícita é transversal ao direito penal[477], civil[477], laboral[478,479,480,481] e de família.

---

[475] Cfr. ROJ: SAP M 15859/2005.

[476] Foi a solução adoptada pela SAP MADRID, Sección 10.ª, de 13 de mayo de 2008: «*Con independencia de su licitud, se trata de documentos orientados a acreditar cuál o cuáles han sido, a criterio del demandado, los motivos que subyacen a la presentación de la demanda origen de este pleito, bien pueden reputarse intrascendentes, pues, con absoluta independencia de los mismos, el objeto nuclear del proceso estriba en la existencia o no de responsabilidad derivada de la conducta del demandado. Y en poco o nada contribuyen a esclarecer este particular concreto. En todo caso no consta que se hayan tomado en consideración por el Juzgador de primer grado medios de prueba cuya eventual obtención irregular o ilícita a la hora de dictar la sentencia ni, desde luego, los toma en consideración esta Sala para la resolución del recurso interpuesto*». Todavia, pode entender-se que esta solução, ainda que formalmente correcta impede, em caso de recurso, que o tribunal superior possa apreciar a validade da decisão, porque não tem acesso ao meio de prova. A solução, à luz do direito português, poderia ser a do desentranhamento da prova documental ilícita, com manutenção da mesma no processo, com a exclusiva finalidade de documentação da decisão tomada em 1.ª instância, com a finalidade de aferição da validade da mesma, não produzindo a prova qualquer efeito para a valoração da convicção do julgador, muito embora, esta solução possa conflituar com os efeitos "psicológicos" que podem decorrer da manutenção – ainda que apenas para tais efeitos acessórios – de tal prova.

[477] Sobre a temática, em particular sobre a validade de prova obtida em redes sociais, na doutrina, vd. José Sánchez Hernández, Estudio de la prueba electrónica en el proceso penal: Especial referencia a las conversaciones de Whatsapp, Univ. de Salamanca, Dez. 2016. Na jurisprudência espanhola, sobre a mesma temática vd. a Sentencia 1260/2012, de 01-10 da Audiencia Provincial de Madrid, a Sentencia 12/2013, de 05-04 da Audiencia Provincial de Madrid, a Sentencia 1396/2013, de 07-11 da Audiencia Provincial de Barcelona, a Sentencia 10/2014, de 10-01 da Audiencia Provincial de Pontevedra, a Sentencia 31/2014, de 28-01 da

Audiencia Provincial de Cádiz, a Sentencia 159/2014 de 02-04, da Audiencia Provincial de Córdoba, a Sentencia 533/2014 de 24-07 da Audiencia Provincial de Madrid, a Sentencia de Sala Segunda do Tribunal Supremo 300/2015, de 19-05, a Sentencia 89/2015 de 17-09 da Audiencia Provincial de Zaragoza, a Sentencia de 30-12-2015 (Recurso 896/2013) do Juzgado de Primera Instancia e Instrucción número 1 de Moncada (Valencia), a Sentencia 189/2016, de 13-05 da Audiencia Provincial de Burgos e a Sentencia 50/2016, de 20-06 do Juzgado de Violencia sobre la Mujer número 1 de Granada.

[478] A respeito da utilização por terceiro de uma foto de outrem publicada na página de perfil do "Facebook", o Supremo Tribunal Espanhol decidiu – sentença da Sala Civil n.º 91/2017, de 15-02-2017, p.º n.º 3361/2015 – que o direito à imagem é constitucionalmente tutelado e que implica a faculdade do titular dispor da representação do aspecto físico que permita a sua identificação e a informação gráfica, mas que o mesmo pode ter uma dimensão pública: «(...). *Este derecho a la propia imagen pretende salvaguardar un ámbito propio y reservado, aunque no íntimo, en tanto que el aspecto físico es un instrumento básico de identificación y proyección exterior y un factor imprescindible para el próprio reconocimiento como individuo, y constituye el primer elemento configurador de la esfera personal de todo individuo (...). 5.- Que el titular de una cuenta en una red social en Internet permita el libre acceso a la misma, y, de este modo, que cualquier internauta pueda ver las fotografías que se incluyen en esa cuenta, no constituye, a efectos del art. 2.1 de la Ley Orgánica 1/1982, un «acto propio» del titular del derecho a la propia imagen que excluya del ámbito protegido por tal derecho la publicación de la fotografía en un medio de comunicación. Tener una cuenta o perfil en una red social en Internet, en la que cualquier persona puede acceder a la fotografía del titular de esa cuenta, supone que el acceso a esa fotografía por parte de terceros es lícito, pues está autorizada por el titular de la imagen. Supone incluso que el titular de la cuenta no puede formular reclamación contra la empresa que presta los servicios de la plataforma electrónica donde opera la red social porque un tercero haya accedido a esa fotografía cuyo acceso, valga la redundancia, era público. Pero no supone que quede excluida del ámbito protegido por el derecho a la propia imagen la facultad de impedir la publicación de su imagen por parte de terceros, que siguen necesitando del consentimiento expreso del titular para poder publicar su imagen. 6.- Por tanto, la publicación en el periódico de una fotografía del demandante, acompañando a la información sobre el hecho noticioso y a otras fotografías que ilustraban tal información, por más que el demandante tuviera una momentánea relevancia pública involuntaria en tanto que víctima del suceso violento sobre el que versaba el reportaje periodístico, obtenida de su cuenta de Facebook, sin recabar el consentimiento expreso del afectado para realizar tal publicación, no puede considerarse autorizada y constituye por tanto una intromisión en tal derecho fundamental que no está justificada del modo previsto en el art. 8.1 de la Ley Orgánica 1/1982. 7.- Tampoco puede considerarse justificada la publicación de la fotografía del demandante por aplicación del art. 8.2.c de dicha ley orgánica. La fotografía, pese a no ser de gran tamaño (solo incluía la imagen del demandante de cintura para arriba), tenía por único protagonista al demandante, de modo que identificaba directamente a la víctima del suceso violento sobre el que versaba el reportaje periodístico. Por tanto, no puede considerarse que la imagen del demandante sea meramente accesoria dentro de otra más amplia, puesto que la fotografía tiene como único protagonista al demandante, ni que sea accesoria respecto de la información objeto del reportaje, puesto que se trata de la fotografía que identificaba a la*

*víctima del hecho violento objeto del reportaje. 8.- El ejercicio por la demandada del derecho a la libertad de información no legitima la publicación no consentida de la imagen del demandante, en un ámbito ajeno a aquel en el que sucedieron los hechos, pues no fue tomada en el lugar de los hechos con ocasión del suceso (lo que, de alguna forma, entroncaría con la narración, en este caso gráfica, de los hechos en el ejercicio de la libertad de información) sino que fue obtenida de su perfil de Facebook (...)».*

[479] A este propósito cite-se, por exemplo, o interessante artigo de Gonzalo Álvarez Hazas (*«Comentarios a la reciente sentencia del Supremo "Grabar al jefe com el móvil sin consentimento no atenta a su intimidad" – Inexistencia de vulneración del deber de secreto de las comunicaciones y de intromisión ilegítima en el derecho a la intimidad ante una grabación con móvil sin consentimiento mientras entrega una carta de despido o sanción»*, de 20-11-2014, publicado em http://gahazas. com/2015/01/09/comentarios-a-la-reciente-sentencia-del-supremo-grabar-al-jefe-con-el- -movil-sin-consentimiento-no-atenta-a-su-intimidad/) onde se comenta sentença do STS n.º 5215/2014. No caso, um administrador da empresa demandou uma empregada que procedeu a uma gravação com o seu telefone móvel de uma conversa na qual se admoestava a empregada e se suspendia o trabalho e o vencimento à demandada. A gravação foi efectuada sem conhecimento do administrador e sem autorização judicial, tendo sido realizada à entrada das instalações da empresa. O Tribunal considerou que a gravação se realizou na via pública, à entrada da empresa e que nela se recolhe uma conversa entre o empregador e uma empregada na qual o primeiro entrega à segunda uma carta de despedimento e a convida a sair da empresa. A conversa gravada não continha referências à vida pessoal ou familiar, nem foi difundida ou chegou a ser utilizada como prova no processo laboral. O Tribunal concluiu que a conduta da demandada não configurou uma intromissão ilegítima no direito à intimidade pessoal do demandante porque a conversa se deu entre ambos, havia um conflito laboral e a parte da conversação que pertence ao empregador não pode considerar-se referida a um âmbito próprio e reservado que não pudesse ser conhecido dos demais, não tendo existido também qualquer violação de segredo das comunicações, pois não há segredo para aquele a quem a comunicação se dirige.

[480] Por decisão do Tribunal Constitucional espanhol de 07-10-2013 (Sala Primera. Sentencia 170/2013, Recurso de amparo 2907-2011. Promovido por don Alberto Pérez González, publicado em «BOE» núm. 267, de 7 de noviembre de 2013, pp. 49-67, em https://www.boe. es/diario_boe/txt.php?id=BOE-A-2013-11681) foi apreciada a questão de saber se viola os direitos de intimidade pessoal e de segredo das comunicações, ter sido considerada lícita no processo de despedimento de um trabalhador, a prova aportada pela entidade empregadora, consistente em correios eletrónicos do trabalhador, cuja obtenção foi efectuada mediante acesso a computador portátil propriedade da empresa, correios esses que demonstravam que o trabalhador tinha passado informações confidenciais da empresa a terceiros.

[481] Cfr. María del Carmen López Aniorte, *"Límites constitucionales al ejercicio del poder directivo empresarial mediante el uso de las TIC y otros medios de vigilancia y seguridad privada en el ordenamiento jurídico español"*, in Revista Polícia y Seguridad Publica, Ano 4, Vol. 1, Nov. 2013-Jun. 2014, pp. 31-52, ISSN: 2225-5648.

A ILICITUDE PROBATÓRIA NA ORDEM JURÍDICA INTERNACIONAL...

[482] Na sentença 01333/2013, do Tribunal Superior de Justicia, Sala de lo Social (Roj: STSJ AS 2110/2013, Id Cendoj: 33044340012013101299, Ponente: JOSE ALEJANDRO CRIADO FERNANDEZ) abordou-se a problemática de prova obtida a partir das redes sociais. Estava em causa ação de impugnação de despedimento, considernado a autora que foi utilizada prova documental, consistente em fotografias obtidas de uma página da rede «Facebook», sem autorização da titular da mesma e, em consequência, considerou a autora violado o seu direito fundamental à intimidade. A autora juntou uma notificação da empresa demandada dando-lhe conta da extinção da relação laboral, nos seguintes termos: «*"Muy señora nuestra: Por medio de la presente, esta Empresa le comunica que ha decidido proceder a su despido con efectos de la presente fecha y su notificación. Los hechos que fundamental el presente despido son los siguientes:*
*UNICO: Que el pasado día 28 de junio de 2012 presentó en la empresa el parte médico de baja laboral por enfermedad común. A día de hoy continúa Ud. de baja habiendo presentado los oportunos partes de confirmación. Lejos de seguir ningún tipo de prescripción médica, al menos los días 29 y 30 de Junio de 2012 y 14 y 21 de Julio de los corrientes, ha desarrollado una actividad absolutamente normal, conduciendo su vehículo, viajando en avión, saliendo con sus amigos hasta altas horas de la noche, accediendo a cenas y salas de baile o lugares similares. Concretamente el día 29 de Junio de 2012, al día siguiente de su baja, acudió a una despedida de soltera en Madrid, tomando un avión, acudiendo a un parque temático y utilizando sus correspondientes atracciones que implican diferentes grados de stress físico y acudiendo a varios establecimientos de hostelería hasta altas horas de la madrugada. También el sábado 14 de Julio de 2012 llegó a su casa a las 22,18 horas de la noche, volviendo a salir de su domicilio a las 00,04 horas para coger su coche matrícula 1470-GPS con el que llega a la C/ Cuba de la Calzada y tras estacionarlo se dirige hacia la Avda. Argentina de donde regresa acompañada de otra chica a las 00,43 horas, subiendo ambas al coche que Ud. conduce y dirigiéndose a la zona de Hipercor (Pumarín donde recogen a otra chica y se dirigen a la Avda. Constitución visitando un cajero automático y reiniciando la marcha la centro de la ciudad de Gijón. Asimismo el sábado día 21 de Julio de 2012 sale de su domicilio a las 23,40 horas cogiendo un taxi y dirigiéndose a la Sidrería "El Otru Mallu" de la C/ Sanz Crespón n.º15 en el que entra a continuación passando hacia uno de los comedores, llevando en todo momento calzado de tacón muy alto. A las 01,47 horas abandona la sidrería junto con otras seis mujeres dirigiéndose en un taxi hasta Los Jardines de la Reina donde visita un cajero automático siguiendo hasta la C/ Claudio Alvargonzález donde entra a las 2.30 horas en el Bar Bombay" del que sale a las 2,25 horas entrando en el "Café Colonial". A las 3,05 horas sale de dicho Café a fumar un cigarrillo dirigiéndose posteriormente en compañía de otras chicas hasta el próximo bar "Bulevar" donde entra a las 3.14 horas permaneciendo en el mismo hasta las 3,39 horas, momento en el que sale a fumar un cigarrillo y manipular su móvil. A las 3,45 horas vuelve a entrar en el Bulevar, saliendo definitivamente a las 3,59 horas para fumar un cigarrillo y conversar con sus amigas hasta las 4,12 horas que se levanta y se encamina hacia la C/ Marqués de San Esteban donde a las 4,27 horas entra en el Bar Bámbara donde conversa con sus acompañantes y baila al ritmo de la música. A las 5,6 horas sale a fumar un cigarrillo sentándose en la puerta del Hotel Marqués de San Esteban. Una vez finalizado el cigarrillo se dirige junto a sus acompañantes hasta el Bar "Cabaré" también en la calle Marqués de San Esteban saliendo a las 6,20 horas hacia una parada de taxis cercana. De todo ello ha de concluirse que encontrándose en situación de incapacidad temporal los días referidos, la*

### 5.2.4. O ordenamento jurídico francês

O art. 9.º do CPC francês estabelece que incumbe a cada parte provar, em conformidade com a lei, os factos necessários ao sucesso da sua pretensão[483],[484].

Por seu turno, o art. 259.º do Código Civil prescreve que os factos invocados como causa de pedir ou como defesa numa demanda, podem ser estabelecidos por todos os meios de prova.

Contudo, têm sido considerados dois limites: O respeito pelos direitos fundamentais (com proibição da tortura e dos tratamentos degradantes, com respeito ao direito à intimidade da vida privada e respeito dos direitos de defesa) e o princípio da lealdade[485],[485].

---

*actividad por Ud. desarrollada constituye una clara transgresión de la buena fe contractual pues por una parte al llevar una actividad normal podría considerarse que está perfectamente acta para el trabajo y por outra parte si no lo está evidencia que con dicha actividad esta contraviniendo el tratamiento médico que se le había indicado y en consecuencia está dilatando la curación de su dolencia. Tales hechos constituyen justa causa de despido a tenor de lo preceptuado en el artículo 43.9 del Convenio Colectivo de Hostelería y Similares del Principado de Asturias, en relación con el artículo 54.2.d del Estatuto de los Trabajadores. Lamentamos tener que adoptar esta decisión contra la que puede Ud. interponer las acciones legales de que se crea asistida. Atentamente.».* Um trabalhador da empresa acedeu a fotos da demandante que estiveram publicadas numa página de Facebook tomadas em vários sítios, sendo que o acesso às mesmas não estava limitado. Considerou o Tribunal que a prova foi obtida através de páginas de redes sociais que estavam publicadas sem estar limitado o acesso ao público, tendo sido acedidas sem nenhum tipo de limitação, pelo que, não foi violada a intimidade da trabalhadora e que da reportagem gráfica realizada a partir de tais fotos resulta claro que a autora este em vários bares até altas horas da madrugada, com o que resulta claro que o seu estado de saúde estava apto para o trabalho e, assim, a própria conduta da trabalhadora demonstrou que houve deslealdade da mesma em apresentar-se como em situação de doença incapacitante para o trabalho, tendo confirmado o despedimento.

[483] No texto original: *«Il incombe à chaque partie de prouver conformément à la loi les faits nécessaires au succès de sa prétention»* (http://www.legifrance.gouv.fr/affichCode.do;jsessionid=D01D0CF 7FF6256A1D053F2684E56C687.tpdjo11v_3?idSectionTA=LEGISCTA000006149637&cid Texte=LEGITEXT000006070716&dateTexte=20141112).

[484] No processo penal francês estabelece o art. 427.º do Código de Processo Penal que: *«Hors les cas où la loi en dispose autrement, les infraction peuvent être établies par tout mode de preuve et le juge decide d'après son intime conviction».*

[485] O princípio da lealdade é um princípio geral de direito, de origim jurisprudencial, *«en virtud del cual se incorpora un concepto jurídico indeterminado que permite excluir del proceso aquellas pruebas obtenidas acudiendo a mecanismos desleales, trampas o estratagemas que harían perder a la justicia la dignidad con la que se debe luchar contra la delincuencia (...)»* (assim, Teresa Armenta Deu; La prueba ilícita (un estudo comparado), p. 60).

Assim, por exemplo, informações recolhidas a partir de redes sociais constituem elementos de prova – desde que seja possível identificar o respetivo autor e desde que as mesmas permitam estabelecer e conservar a informação de modo a encontrar-se garantida a sua integridade – aceites pela jurisprudência na condição de que tenham sido obtidos de forma leal, o que não sucede, se o meio de prova foi obtido por violência ou fraude ou se atenta contra a vida privada.

Em França, a Cour de Cassation, no Ac. de 06-05-1999[487] considerou admissível a prova fundada na apresentação de um diário íntimo de uma das partes, desde que tal meio de prova tenha sido obtido sem violência ou fraude.

Em 11 de Dezembro de 2001, por decisão[488] do mesmo Tribunal considerou que o empregador não pode proceder à abertura de um armário individual do trabalhador na ausência deste, salvo para prevenir algum risco ou acontecimento particular, não podendo o empregador utilizar a prova obtida decorrente da existência de três latas de cerveja encontradas no mencionado armário para considerar que o mesmo cometeu uma falta disciplinar.

A mesma Cour de Cassation, por decisão de 3 de Junho de 2004[489], num caso em que um esposo divorciado tinha recorrido aos serviços de um detective privado com vista a obter elementos sobre a vida pessoal e patrimonial da sua ex-mulher, com o fim de obter a revisão da pensão de alimentos paga à ex-cônjuge, decidiu ter existido uma indevida intromissão –e desproporcionada (face ao fim perseguido) – na vida privada desta, que foi espiada vários meses[490].

---

[486] A respeito deste princípio probatório no direito francês, vd. Mustapha Mekki, Preuve et Vérité, p. 20 e ss.

[487] Ac. da Câmara Civil 2, de 06-05-1999, 97-12.43, disponível em http://www.legifrance.gouv.fr/affichJuriJudi.do?oldAction=rechJuriJudi&idTexte=JURITEXT000007043662&fastReqId=2126253370&fastPos=1.

[488] Cour de Cassation, Chambre sociale, de 11-12-2001, 99-43.030, disponível em http://www.legifrance.gouv.fr/affichJuriJudi.do?idTexte=JURITEXT000007046170&dateTexte=.

[489] Arrêt Chambre civile 2, du 3 juin 2004, 02-19.886, Publié au bulletin 2004 II N° 273 p. 232, consultado em http://www.easydroit.fr/jurisprudence/Cour-de-Cassation-Chambre-civile-2-du-3-juin-2004-02-19-886-Publie-au-bulletin/C42302/.

[490] A Cour de Cassation, Secção Civel 1, de 25 de janeiro de 2000, boletim n.º 25 decidiu que o simples facto de espiar, vigiar e seguir uma pessoa até ao seu domicílio privado constitui uma intromissão ilícita na sua vida privada.

A PROVA ILÍCITA: VERDADE OU LEALDADE?

A jurisprudência francesa dos tribunais de apelação vem entendendo, contudo, que no quadro de um divórcio, o recurso a um detective privado que não se imiscua na vida privada da pessoa vigiada, mas que se limite a constatações objectivas sobre factos que decorrem em local público é admissível em nome do princípio da liberdade de prova[491], não consubstanciando a prova que assim seja obtida, nem uma violação do domicílio, nem uma violação da intimidade do vigiado[492,493].

No Ac. de 7 de Outubro de 2004[494], a Cour de Cassation considerou que o registo de uma conversa telefónica privada, efectuada sem conhecimento de um dos interlocutores é um procedimento desleal que determina a inadmissibilidade da prova assim obtida[495].

---

[491] «Dans le cadre d'un divorce, le recours à un détective privé qui n'empiète pas sur la vie privée de la personne surveillée et se limite à des constatations objectives sur des faits se déroulant dans un lieu public est admis au nom du principe de liberté de la preuve» (CA Versailles, 5 juin 2007 – RG n° 05/08465. Mme Courcelle, Pte. – Mmes Le Restif de la Motte Collas et Biondi, conseillères).

[492] Cfr. CA Paris, 06-09-2007 – RG n° 03/34138 (Mme Robineau, Pte. – Mmes Feltz et Montpied, conseillères), CA Versailles, 30 septembre 2008 – RG n° 07/07605 (Mme Courcelle, Pte. – Mmes Favereau et Biondi, conseillères), CA Douai, 28 février 2008 – RG n° 06/05620 (M. Vergne, Pt. – MM. Anssens et Maimone, conseillers), CA Rennes, 9 juin 2008 – RG n° 07/03161 (M. Taillefer, Pt. – Mmes Pigeau et Durand, conseillères) e CA Toulouse, 31-01-2006 – RG n° 05/01973 (M. Tremoureux, Pt. – Mme Leclerc d'Orleac et M. Bardout, conseillers).

[493] Relativamente a elementos de prova provenientes de redes sociais a jurisprudência francesa tem considerado ser legítima a prova, quer em matéria de exercício da autoridade parental (Vd. Ac. da CA Limoges, 30-03-2011,10/00383), quer para prova de uma relação adulterina (vd. v.g. Ac. da CA Douai, 14-03-2013, n° 11/06457 e Ac. da Cour de Cassation Civ. 1re, 30-04-2014, n° 13-16.649).

[494] Ac. Chambre civile 2, 07-10-2004, 03-12.653, bulletin 2004 II, 447, p. 380, em http://www.legifrance.gouv.fr/affichJuriJudi.do?oldAction=rechJuriJudi&idTexte=JURITEXT000007049162&fastReqId=803381296&fastPos=1.

[495] Em anotação a esse Ac. refere Anne-Elisabeth Credeville (Vérite et loyauté des preuves, disponível em http://www.courdecassation.fr/publications_26/rapport_annuel_36/rapport_2004_173/deuxieme_partie_tudes_documents_176/tudes_theme_verite_178/preuves_mme_6391.html): «A obtenção da cassete contendo o registo efectuado foi leal tendo sido submetida a um debate contraditório; o seu conteúdo não atenta contra a vida privada; mas estes elementos não são suficientes para declarar válido o meio de prova consistente na gravação de uma comunicação telefónica: O simples facto de se ter procedido a um registo sem o conhecimento da pessoa dele objecto deve ser considerado contrário ao princípio da lealdade que deve presidir à administração da prova» (em tradução livre).

No Ac. da Cour de Cassation de 10-05-2005[496] considerou-se que uma carta voluntariamente encontrada no lixo constitui um meio de prova legítimo.

Em 17 de Maio de 2005 a Secção Social da Cour de Cassation[497] veio precisar as condições em que o empregador pode aceder a ficheiros identificados pelo trabalhador como pessoais, considerando que, por regra, tais ficheiros são privados e a prova assim obtida é ilícita. O empregador poderá, contudo, aceder a ficheiros do trabalhador, na ausência deste, em caso de risco ou de um acontecimento particular (v.g. urgência na recuperação de dossiers indispensáveis ao funcionamento da empresa, à sua segurança ou ao risco iminente de perda de elementos de prova)[498].

Um dia depois, tal tribunal, por Ac. de 18 de Maio de 2005[499] considerou admissível, salvo violência ou fraude, a prova – através da junção de emails – de relações íntimas tidas por um dos cônjuges com terceiro.

A jurisprudência francesa entendeu já que a mera consulta do correio electrónico não é suficiente para justificar a existência de fraude, não se provando a entrada fraudulenta de um dos cônjuges no aludido correio, podendo resultar do mero facto de o acesso não se encontrar devidamente protegido[500].

---

[496] Processo n.º 04-85349.

[497] Cour de Cassation, Chambre sociale, du 17 mai 2005, 03-40.017, Publié au bulletin, disponível em http://www.legifrance.gouv.fr/affichJuriJudi.do?idTexte=JURITEXT000007048 803&dateTexte=.

[498] Em anterior jurisprudência, os tribunais franceses tinham tomado opostas decisões: No caso Nikon de 2001, a CA de Paris decidiu que um dado facto, obtido através de consulta a um ficheiro pessoal no computador do trabalhador pelo empregador, constituía justa causa de despedimento (Cass. soc., 02-10-2001, n° 99-42.942: JurisData n° 2001-011137; JCP E 2001, p. 1918) e no caso Montaigu de 2002, a Cour de Cassation francesa considerou admissível a prova decorrente dos relatos do empregador, que realizou vigilância ao domicílio do trabalhador (Cass. soc., 26-11-2002, n° 00-42.401: Juris-Data n° 2002-016588; D. 2003, p. 1858). Para mais desenvolvimento, vd. Julien Raynaud; *"Pour la réhabilitation, sous conditions, de la preuve dite déloyale en droit du travail"*, p. 44.

[499] Arrêt N° 04-13.745, Bulletin 2005 I N° 213 p. 181, disponível em http://actu.dalloz-etudiant.fr/fileadmin/actualites/pdfs/JANVIER2012BIS/Civ.18_mai_2005.pdf.

[500] CA Paris, 9 de Novembro de 2005, CA Toulouse, 7 de Novembro de 2006).

Por seu turno, no Ac. de 23 de Maio de 2007[501], a Secção Social da Cour de Cassation, no âmbito de um processo em que uma trabalhadora apresentou como meio de prova de assédio sexual mensagens telefónicas escritas («SMS[502]») recebidas do seu empregador, autor das mensagens, decidiu que tais mensagens podem servir de base a uma prova admissível, podendo ser utilizadas pelo destinatários das mesmas, não podendo o seu autor ignorar que elas ficam registadas no aparelho receptor. Este conhecimento constitui um efeito incompatível com a invocação de uma utilização desleal afectando o registo de conversações.

Apreciando esta temática, no âmbito de um processo de divórcio, a Cour de Cassation francesa, no seu Ac. de 17 de junho de 2009[503], num processo em que a mulher apresentou como prova um «SMS» comprometedor obtido a partir do telemóvel do seu marido, considerou que, em matéria de divórcio a prova se efectua por todos os meios[504], não podendo o juiz descartar um elemento de prova, se o mesmo não foi obtido sem violência ou fraude.

E, assim, no âmbito de acção de divórcio foi considerado que uma publicação de uma página do «Facebook» pode ser utilizado em juízo como meio de prova[505].

Igualmente, no âmbito de acção de divórcio foi considerado que o recurso a um detective privado que não interfere na vida privada da pessoa vigiada, mas apenas se limita a constatações objectivas sobre factos que ocorram em locais públicos, é admissível de acordo com o princípio da liberdade da prova[506].

---

[501] Arrêt nº 1145, 06-43.209, du 23 mai 2007, Cour de cassation – Chambre sociale, disponível em http://www.courdecassation.fr/jurisprudence_2/chambre_sociale_576/arret_n_10427. html.

[502] Acrónimo de «Short Message Service».

[503] Arrêt nº 692 du 17 juin 2009 (07-21.796) – Cour de cassation – Première chambre civile, consultado em http://www.courdecassation.fr/jurisprudence_2/premiere_chambre_ civile_568/692_17_13037.html.

[504] De harmonia com o princípio de liberdade de prova inscrito no art. 249.º do Código Civil francês.

[505] Assim, o Ac. da Cour de Appel de Douai, de 14-03-2013, processo n.º 11/06457.

[506] Assim, o Ac. da Cour de Appel de Versailles, de 05-07-2007 (RG n.º 05/08465), o Ac. da CA de Paris, de 06-09-2007 (RG n.º 03/34138), o Ac. da CA de Versailles de 30-09-2008 (RG n.º 07/07605), o Ac. da CA de Douai, de 28-02-2008 (RG n.º 06/05620) e o Ac. da CA de Toulouse de 31-01-2006 (RG n.º 05/01973).

Nos mesmos moldes, no âmbito de uma ação para regulação de responsabilidades parentais foi considerado ser legítimo o uso de comentários publicados no «Facebook» por parte da mãe, para se concluir que adotou um modo de vida e comportamentos que traduzem *«o seu carácter inconstante, inconsequente, a sua imaturidade e instabilidade»*[507].

O plenário da Cour de Cassation, por Ac. de 07-01-2011, em homenagem ao princípio de lealdade probatória, rejeitou como prova gravações telefónicas efectuadas pelo Conselho da Concorrência[508].

Em 03-11-2011, este Tribunal[509] considerou que a geolocalização de um trabalhador por GPS é licita se o mesmo teve conhecimento deste meio e se o mesmo foi utilizado em conformidade com as finalidades previstas pela autoridade nacional de protecção de dados, devendo o empregador informar e consultar a comissão de trabalhadores sobre os dados tratados de modo automático. Ao invés, será ilícito se o empregador se servir deste sistema para controlar o tempo de trabalho do empregado.

Por seu turno, a Secção Comercial da Cour de Cassation, por Ac. de 31 de Janeiro de 2012[510] declarou que a utilização de um ficheiro decorrente de um assalto a uma instituição bancária[511] comprado pela Administração Fiscal com vista a identificar infracções fiscais de um contribuinte deve ser considerada ilegal.

Ao invés, no seu Ac. de 31-10-2012[512], a Cour de Cassation considerou legítimo como meio de prova, o relatório realizado por um detective privado. Tratou-se de um processo onde uma seguradora contestava a cobertura do seguro, após um acidente. A seguradora vigiou o segurado por um detective privado que pôs em evidência que tinha havido simulação de sinistro pelo segurado. Este contestou o meio de prova, considerando que o meio de prova foi ilícito, implicando um atentado injustificável à sua vida privada. O Tribunal considerou legítimo o procedimento desenvolvido pela seguradora, por ter permitido revelar uma fraude.

---

[507] Cfr. Ac. da Cour de Appel de Limoges de 30-03-2011, processo n.º 10/00383.

[508] Ass. Plén. C.Cas. – 07.01.2011, processo n.º 09-14.316.

[509] Proferido no processo n.º 10-18036.

[510] Arrêt n.º 141 FS-P+B, P.º 11-13097, consultado em http://cefep.u-paris2.fr/12v0141P.pdf.

[511] No Verão de 2010, Hervé Falciani, funcionário do Private Bank HSBC em Genebra tinha conseguido subtrair do sistema informático do banco, dados bancários de vários milhares de clientes.

[512] C. Cas., Ch. Civ., 1, 31.10.2012, p.º n.º 11-17476.

Posteriormente, a Secção Criminal da Cour de Cassation francesa, por Ac. de 27 de novembro de 2013[513] confirmou que o uso de ficheiros informáticos ilicitamente obtidos por um particular podem ser valorados no específico quadro de um tribunal criminal onde sejam sujeitos a discussão contraditória e desde que não resultem da intervenção de uma autoridade pública, concluindo-se que a indagação dos factos para prova de infrações penais encontra-se facilitada por a lei[514] autorizar a administração fiscal a utilizar, nas suas missões de controlo e qualquer que seja a origem, as informações regularmente transmitidas.

Em 2014, a Cour de Cassation julgou também que a troca de mails equívocos e de fotos íntimas, por parte de um cônjuge, numa rede social constitui uma falta grave face às obrigações do casamento[515].

Relativamente a esta temática, no ordenamento jurídico francês tem-se, contudo, divergido na solução consoante a jurisdição processual em presença: Em matéria civil tem-se considerado que a lealdade deve prevalecer sobre a verdade, de modo que, uma prova ilegalmente obtida deve ser rejeitada (denominado regime da lealdade). Em matéria penal, pelo contrário, entende-se que a verdade prevalece sobre a lealdade probatória, embora tal suceda apenas quanto a pessoas desprovidas de autoridade pública (regime da verdade). Neste caso, a prova ilegalmente ou deslealmente obtida, deve ser admitida. Já quanto às pessoas dotadas de autoridade pública (onde se incluem os juízes, as polícias, etc.), as mesmas estão sujeitas ao regime da lealdade.

A diferença de regimes é geralmente justificada pelos diferentes interesses protegidos naquelas jurisdições: O interesse geral, no âmbito do processo penal; as liberdades individuais, no âmbito do processo civil.

Também, em direito administrativo[516] e, bem assim, em direito fiscal, tem sido apreciada a temática da prova ilícita tendo sido considerado que a admi-

---

[513] Cass. Crim. 27-11-2013, nº 13-85042, consultado em http://www.legifrance.gouv.fr/affichJuriJudi.do?oldAction=rechJuriJudi&idTexte=JURITEXT000028255498&fastReqId=785879806&fastPos=7.

[514] No caso, a *loi nº 2013-1117 du 6 décembre 2013*.

[515] Cour de Cassation, Ac. da Secção Civ., 1re, de 30-04-2014, processo nº 13-16.649.

[516] Vd. v.g. Ac. da 6ème Chambre de la Cour Administrative d'Appel de Versailles, de 20-10-2011, nº10VE01892.

nistração fiscal não pode apoiar-se em elementos de prova obtidos e detidos de forma ilícita[517],[518].

## 5.2.5. O ordenamento jurídico italiano

O problema da prova ilícita manifestou-se na vigência do CPC italiano de 1865[519] e nesta altura a jurisprudência era homogénea em excluir a prova ilícita do processo civil, baseada no princípio *nemo ex delicto meliorem condicionem suam facere potest*.

No Código de Processo Civil italiano em vigor – ao contrário do que sucede no artigo 191.º do Código de Processo Penal italiano[520] – não se encontra presente nenhuma norma sancionando o desvalor da prova ilícita.

Neste país têm-se defrontado duas orientações sobre a prova ilícita[521]. Uma,[522] tradicional, (considerando que a prova ilícita não pode ser utilizada

---

[517] Ac. da CAA Lyon de 05-07-1994 (n.º 92-392).

[518] Em sentido contrário, vd. Charles Dmytrus, Actualité du Droit de la Preuve, in http://www.village-justice.com/articles/Actualite-Droit-Preuve,16504.html, 21-03-2014, referindo: «*En matière fiscale, l'administration fiscale dispose des moyens les plus étendus pour apporter la preuve, même illégale et illicite, elle est inquisitoriale et on ne peut pas s'y opposer. Le secret professionnel n'est pas opposable, sauf à ne pas divulguer le contenu et le but des missions confiées à des Professionnels Libéraux*».

[519] Cfr. App. Torino, 17 giugno 1871, in Giur. tor., VIII, p. 601; Cass. Torino, 8 maggio 1884, in Foro it., 1884, I, c. 1072 ss.; App. Milano, 25 febbraio 1920, in Mon. Trib., 1920, p. 533 ss.; Cass. Torino, 22 marzo, 1921, in Mon. Trib., 1921, p. 522 ss.; App. Milano, 5 aprile 1934, in Riv. dir. proc. civ., 1935, p. 63 ss., e Cass. Regno, 8 febbraio 1935, in Foro it., 1935, I, c. 1083 ss.

[520] Norma onde se prescreve a inutilizabilidade da prova ilícita: «*1. Le prove acquisite in violazione dei divieti stabiliti dalla legge non possono essere utilizzate. 2. L'inutilizzabilità è rilevabile anche di ufficio in ogni stato e grado del procedimento*». Como refere Denise Laforé (Il Concetto di Prova Illegittimamente Acquisita nell'Art. 191 C.P.P.; Università degli Studi di Torino, Dipartimento di Giurisprudenza, 2015, p. 14): «*l'art. 191 c.p.p. introduce una sanzione ad hoc per la prova illegittima, l'inutilizzabilità. Il processo ha la sua legge e gli elementi probatori male acquisiti sono definiti non valutabili. L'art. 191 c.p.p. non costituisce di per sé divieto probatorio e non pone esclusioni specifiche*».

[521] Sobre o ponto vd. Alberto Barbazza, *"Vecchie e nuove prove tipiche, atipiche ed illecite (e la loro valutazione da parte del Giudice) nei procedimenti di famiglia"*, in Ricerche giuridiche [online] ISSN 2281-6100, Vol. 4 – Num. 1 – Giugno 2015, p. 93 e ss.

[522] Vd. Piero Leanza, Le prove civili, Giappichelli, 2012, Torino, p. 129; N. Picardi, Manuale del processo civile, Giuffré, Milano, 2010, p. 307; A. Scarpa, La prova civile, Percorsi Giurisprudenziali, Giuffré, Milano 2009, p. 53 ss; A. Carrato, Le prove documentali atipiche nel processo civile, nota a sentenza Trib. Roma 20.5.2002, in Giur. Merito, p. 1383; A. Proto Pisani, Appunti sulle prove civili, in Foro Italiano, 1994, c. 74 ss; Gianfranco Ricci, Le prove illecite nel processo civile, in Riv. Trim. dir. Proc. civ., 1987, p. 34 ss.; Comoglio, Le prove civili, p. 52

A PROVA ILÍCITA: VERDADE OU LEALDADE?

nem em termos indiciários, considerando-se que, a utilização de uma prova obtida ou recolhida ilicitamente é inconciliável com a lógica constitucional da tutela da pessoa e dos seus direitos, sendo que, a sua admissibilidade violaria também o princípio do processo justo e equitativo) e, uma outra,[523] pugnando pela admissibilidade da prova ilícita, considerando que a ilicitude é verificada num momento pré-processual sem repercussão sobre os atos e termos do processo, podendo o juiz considerar a prova no processo civil, onde será definido, com propriedade, o seu valor probatório[524].

Tem sido no âmbito da prova produzida no âmbito de processos de direito da família que o problema da prova ilícita tem ganho maior acuidade em Itália, concluindo-se, por exemplo, que muito embora o acesso a conteúdos de perfis do «Facebook» seja regulado e tutele a privacidade do utente (como sucede nos serviços de mensagens ou de chat, como os de «Messenger» ou «Skype»), as informações e fotografias disponíveis no próprio perfil público do utente não beneficiam de tal privacidade[525], podendo ser utilizadas como prova.

De igual modo, relativamente à transcrição documental do conteúdo de mensagens de telemóvel («SMS») recolhidas a partir do telemóvel do apresentante, tem sido entendido que não pode verificar-se um problema de ilicitude na produção de tais documentos. Já não assim, em regra, no caso de transcrição de documentos ou de reproduções fotográficas referentes a mensagens «SMS» respeitantes ao telemóvel da contraparte.

Também em matéria tributária tem sido discutida em Itália – tal como sucedeu noutros países europeus – a possibilidade de utilização, para efeitos de incidência tributária, de dados bancários obtidos ilegitimamente, por parte de um funcionário de um banco suíço, de nome Hervé Falciani.

A questão chegou ao Tribunal de Cassação italiano que proferiu duas decisões sobre a matéria.

---

s., Torino 2010 e Ac. Trib. Roma, ord. 14-03-1973 e da Cass. 09-06-1989, n. 2813 e de 05-03-2010, n. 5440.

[523] Cfr. Ac. Cass., 11-02-2009, n.º 3358, in Giust. civ., 2009, 6, I, p. 1287.

[524] Cfr. Ac. Trib. Milano 27.07.2016 concluindo que são admissíveis as provas documentais atípicas, constituídas por emails adquiridos mediante acesso abusivo a uma conta privada, devendo o abuso ter uma outra sanção em sede de tutela penal e/ou civil, mas não a inutilização probatória.

[525] Cfr. Decisão do Trib. Santa Maria Capua Vetere de 13-06-2013.

Numa primeira decisão, o Tribunal de Cassação italiano decidiu que «*I dati contenuti nella c.d. "lista Falciani" sono stati estratti dall'archivio informatico di una banca elvetica e, pertanto, esiste un alto tasso di probabilità che essi siano conformi al vero. Questo indizio deve essere valutato dal giudice di merito, che ben può contrapporvi altri indizi che inducano a giungere ad una ricostruzione dei fatti difforme dai dati ricavabili dalla lista. A questo fine è essenziale il contraddittorio con l'interessato, che può offrire elementi ulteriori per raggiungere la valutazione secondo il criterio del "più probabile che non". Il raffronto fra gli indizi disponibili e la conseguente scelta di quelli che conducono alla decisione è senza dubbio compito del giudice di merito, il quale, tuttavia, deve compiere una valutazione complessiva del quadro probatorio, non potendo contrapporre ad ogni singolo indizio circostanze prive di rilevanza, parcellizzando il processo valutativo*» (Cassazione, Sez. VI-T, Ord. 13 maggio 2015, n. 9760 – Pres. Cicala – Rel. Conti).

O tribunal começou por afirmar a elevada probabilidade de os dados bancários obtidos serem conformes à realidade, mas que, contudo, esta indiciária valoração deve ser judicialmente ponderada, sendo essencial o respeito pelo contraditório do contribuinte visado e a apreciação global de todas as provas produzidas.

Num segundo momento, o mesmo Tribunal (Sez. VI-T, Ord. 28 aprile 2015, n. 8605 – Pres. Cicala – Rel. Conti) decidiu que: «*L'Amministrazione finanziaria, nella sua attività di accertamento dell'evasione fiscale, può – in linea di principio – avvalersi di qualsiasi elemento con valore indiziario, con esclusione di quelli la cui inutilizzabilità discenda da una disposizione di legge o dal fatto di essere stati acquisiti dalla Amministrazione in violazione di un diritto del contribuente. Sono perciò utilizzabili, nel contraddittorio con il contribuente, i dati bancari acquisiti dal dipendente infedele di un istituto bancario, senza che assuma rilievo l'eventuale reato commesso dal dipendente stesso e la violazione del diritto alla riservatezza dei dati bancari (che non gode di tutela nei confronti del Fisco). Spetterà quindi al giudice di merito, in caso di contestazioni fiscali mosse al contribuente, valutare se i dati in questione siano attendibili, anche attraverso il riscontro con le difese del contribuente*».

Concluiu, desta feita, a Casazzione italiana que a autoridade tributária pode, em princípio, utilizar qualquer elemento com valor indiciário, excepto aqueles que sejam adquiridos com violação da lei ou de um direito do contribuinte, pelo que, considerou utilizáveis, sem prejuízo de submetidos a contraditório, os dados bancários que assim sejam adquiridos, respeitando ao juiz, no caso de contestação dos dados, valorar se os dados em questão constituem, ou não, prova.

## 5.2.6. O ordenamento jurídico brasileiro

*«No Brasil, inicialmente, a prova relevante e pertinente era admitida, ainda que obtida ilicitamente, preconizando apenas a punição do responsável pelo ato ilícito praticado na colheita da prova»*[526].

A Constituição do Brasil de 1988, no seu art. 5.º, parágrafo LVI veio estabelecer que *«são inadmissíveis, no processo, as provas obtidas por meios ilícitos»*.[527,528,529]

Por seu turno, o art. 369.º do CPC brasileiro estabelece que: *«As partes têm o direito de empregar todos os meios legais, bem como os moralmente legítimos ainda que não especificados neste Código, são hábeis para provar a verdade dos fatos, em que se funda o pedido ou a defesa e influir eficazmente na convicção do juiz».*

*«A contrario sensu, são vedadas as provas ilegais ou moralmente ilegítimas. A ilicitude da prova pode decorrer de duas causas: da obtenção por meios indevidos (exs.: emprego de violência ou grave ameaça, tortura, entre outras); e do meio empregado para a demonstração do fato (exs.: as interceptações telefônicas, a violação de sigilo bancário, sem autorização judicial, a violação de sigilo de correspondência)»*[530].

Neste ordenamento jurídico entende-se ser *«ilícita a fonte de prova obtida com infringência das normas e princípios colocados pela Constituição e pelas*

---

[526] Cfr. Cláudya Lessa Belo, A Teoria dos Frutos da Árvore Envenenada nas interceptações telefónicas ilegais, p. 20, citando também Luís Flávio Gomes e Raúl Cervini, Intercepção Telefônica, p. 95, ao mencionarem que *«na jurisprudência mais antiga era comum a admissão da confissão policial, mesmo viciada, se confirmada por outras provas».*

[527] Paralelamente, o art. 5.º, parágrafo LV da Constituição brasileira estabelece que as partes têm direito a produção de provas, sendo assegurado o contraditório e a ampla defesa.

[528] Em anotação a esta norma constitucional refere António Magalhães Gomes Filho (*"A inadmissibilidade das provas ilícitas no direito brasileiro"*, pp. 10-11) que: *«Em primeiro lugar, deve-se observar que a Constituição trata inquestionavelmente das provas obtidas com violação do direito material, especialmente as que decorrem de violação dos direitos e garantias individuais. Em segundo lugar, ao prescrever expressamente a inadmissibilidade processual das provas ilícitas, a Constituição brasileira considera a prova materialmente ilícita também processualmente ilegítima, estabelecendo a sanção de inadmissibilidade. O que equivale dizer que essas provas simplesmente não podem ter ingresso no processo e portanto não existem como provas para o julgamento. (...)».*

[529] O primeiro caso em que o Supremo Tribunal Brasileiro se pronunciou sobre a ilicitude das provas após a promulgação da Constituição de 1988 foi o Habeas Corpus n.º 69912/RS (STF; Tribunal Pleno, rel. Sepúlveda Pertence, de 16-12-1993, DJ de 25.03.94, p. 112).

[530] Assim, Marcus Vinicius Rios Gonçalves, Direito Processual Civil Esquematizado, 6.ª Ed., Editora Saraiva, Brasil, 2016, p. 479.

*leis em geral para a proteção das liberdades públicas, especialmente dos direitos da personalidade»*[531,532].

Distingue-se entre "prova ilícita" e "prova ilegítima"[533,534]. Ocorre o primeiro caso, quando se vulnera um direito material; ocorre o segundo, quando ocorre a violação de um direito processual.

Embora haja grande controvérsia doutrinária, existe posição jurisprudencial firmada pelo Supremo Tribunal Federal brasileiro no sentido de que a prova obtida por meios ilícitos e as provas dela derivadas não podem ser admitidas no processo, salvo por razões de legítima defesa[535].

---

[531] Assim, António Carlos de Araújo Cintra, Comentários ao Código de Processo Civil, Vol. IV, Rio de Janeiro, Forense, 2002, p. 12.

[532] A proibição de provas obtidas por meios ilícitos no processo esteia-se na escorreita conduta processual exigida das partes litigantes, de acordo com as regras morais e de direito (assim, Eugênio Hainzenreder Júnior, Direito à Privacidade e Poder Diretivo do Empregador: o uso do e-mail no Trabalho, p. 144).

[533] Cfr., entre outros, Guilherme Guimarães Feliciano, Tutela Processual de Direitos Humanos Fundamentais: Inflexões no "Due Process of Law", p. 1235 e ss.; Inajara Brandalise, As interceptações telefônicas ilícitas no processo civil, p. 20 e ss.; e Rolf Madaleno, A Prova ilícita no Direito de Família e o Conflito de Valores).

[534] Como refere André Vasconcelos Roque (*"As provas ilícitas no projeto do novo Código de Processo Civil Brasileiro: Primeiras Reflexões"*, pp. 5-31) *«é bastante comum na doutrina brasileira a distinção entre provas ilícitas e provas ilegítimas6 que remete a um estudo feito pelo processualista italiano Pietro Nuvolone e publicado em 1966 na Rivista di Diritto Processuale, intitulado Le prove vietate nel processo penale nei paesi di diritto latino. Para Pietro Nuvolone, existe uma categoria genérica de – provas vedadas pelo ordenamento jurídico, que compreendem as – provas ilícitas e as – provas ilegítimas. A vedação à prova pode ser estabelecida na lei processual ou na lei material. A distinção é fundamental para Pietro Nuvolone. A violação do impedimento configura, em ambos os casos, uma ilegalidade. Contudo, enquanto na primeira hipótese existirá um ato ilegítimo, no segundo caso, estar-se-á diante de um ato ilícito».*

[535] *«Uma hipótese quase incontroversa diz respeito à exibição de imagens captadas como forma de defesa. Não se trata, exatamente, de relativização da regra de inadmissibilidade ou nulidade da prova ilícita, mas de causa de exclusão da própria ilicitude. Na prática, é utilizada em situações de extorsão e ameaça. Nestas circunstâncias, majoritariamente se entende que o interesse de quem faz a gravação é sensivelmente superior ao do autor da palavra gravada, sendo este último dificilmente digno de proteção penal»* (assim, Hugo Barbosa Torquato Ferreira; *"PROVA EM VÍDEO: NOÇÕES GERAIS, LIMITES DE ADMISSIBILIDADE, LESÃO EVENTUAL A DIREITOS DE PERSONALIDADE E APROVEITAMENTO EXCEPCIONAL DA VIDEOGRAVAÇÃO ILICITAMENTE OBTIDA", in* RIDB, Ano 3 (2014), n.º 10, p. 7800). Cfr. STF (HC 75.338 e RHC 14.672).

Usualmente, a doutrina[536,537,538,539,540,541] e a jurisprudência[541] brasileiras têm apelado ao princípio da proporcionalidade para resolver o conflito entre

[536] Vd. v.g. Carolina Fichmann, Cidadania e a prova ilícita penal pro societate, Univ. Presbiteriana Mackenzie, São Paulo, 2014, p. 52 e ss.

[537] Por vezes, este princípio é combinado com a aplicação do princípio da igualdade: «*Sempre que, em determinado caso concreto, verificar-se a colisão de interesses e direitos tuteláveis, deveremos aplicar o critério da proporcionalidade-igualdade, para, ao examinarmos qual dos direitos, de idêntico valor e em colisão, deverá efetivamente preponderar, melhor assegurar a boa realização da justiça. O princípio da igualdade revela-se como substrato sobre o qual se edificam os direitos fundamentais e os de personalidade, uma vez que ele afasta todas as modalidades de privilégios e de preconceitos. A igualdade somada à proporcionalidade constitui-se em um remédio eficaz na satisfação lícita de um interesse próprio frente a um interesse lícito alheio, dirimindo a colisão de direitos e de interesses tuteláveis em determinado caso concreto. Na aplicação integrada dos princípios da proporcionalidade e da igualdade, constituindo o princípio da proporcionalidade-igualdade, acrescido do princípio do menor sacrifício, o magistrado ponderará os interesses e a ilicitude do atentado, e somente excluirá a ilicitude ao admitir a superioridade do interesse do autor do atentado, obtendo, assim, a salvaguarda do equilíbrio entre valores fundamentais em conflito, e evitando-se, ao final, uma desproporção entre o dano causado e a finalidade buscada*» (assim, Elimar Szaniawski; "Breves reflexões sobre o direito à prova e a prova ilícita no projeto do novo código de processo civil", in Revista da Faculdade de Direito UFPR, Curitiba, vol. 59, n. 2, 2014, p. 186).

[538] «*A proporcionalidade corresponde à análise acerca de os meios estarem adequados ao fim visado, bem como se a utilização deles acarreta ou não cerceamento de direitos em maior grau que o necessário*» (assim, Marcelo Alexandrino e Vicente Paulo; Direito Constitucional descomplicado, p. 164).

[539] Cfr. Diogo Ciuffo Carneiro, "*Prova Ilícita: Uma Reflexão*", in Revista da EMERJ, v. 11, n.º 43, 2008, p. 276.

[540] Cfr. v.g. Danielle de Lima Fernandes (Prova Ilícita no Processo Civil Brasileiro, pp. 27-28) referindo que: «*Considerando o fato do princípio da proporcionalidade estar implícito na nossa Lei Maior, como solucionador de conflitos principiológicos, imprescindível se faz demonstrar sua aplicabilidade em relação às provas ilícitas. Não só a proibição do uso da prova ilícita é garantia constitucional, como também o direito à prova o é. Assim, pode surgir conflito entre os princípios constitucionais do acesso à justiça e do direito à prova, de um lado, e, de outro, o da proibição do uso da prova ilícita. Surgindo tal conflito principiológico, faz-se necessária a aplicação da técnica da ponderação de interesses, mediante a utilização do princípio da proporcionalidade, para que, no caso concreto, o julgador possa decidir qual dos princípios deve prevalecer*».

[541] Leila Mirian Pinheiro Soto (A prova ilícita no processo civil Possibilidades de admissão) refere que, «*em homenagem ao princípio da proporcionalidade, é possível admitir a produção de prova ilícita no direito processual civil, com as devidas ressalvas. Essa admissibilidade está altamente condicionada à autêntica necessidade da parte, suficiente para tornar admissível a sua conduta. Além disso, faz-se importante analisar, como já dito, a imprescindibilidade da prova em questão. É importante ressaltar finalmente, que a interpretação da norma jurídica deve ser feita, necessariamente, com parcimônia, analisando o ordenamento jurídico como um único corpo que não deve se contradizer, a fim de que seja obtida*

dois direitos fundamentais constitucionais: O direito à prova e à sua produção e os direitos a que não sejam afectados direitos fundamentais da pessoa, com tutela constitucional.

*«Segundo esse raciocínio, caberá ao julgador sopesar os bens jurídicos em jogo para, dependendo das peculiaridades do caso concreto, autorizar a utilização da prova ilícita. Trata-se da tão famosa ponderação de interesses.*

*A adoção do princípio da proporcionalidade como resposta ao conflito entre o direito à intimidade e privacidade, de um lado, e, de outro lado, o direito à ampla defesa e, inclusive, à própria Justiça, é amplamente admitido pela doutrina, como destacam, a título de exemplo, os Professores Nelson Nery Junior, José Roberto dos Santos Bedaque, Ada Pellegrini, Celso Ribeiro Bastos etc.*

*O grande problema está em se saber os critérios objetivos para a aplicação do princípio da proporcionalidade. Sem qualquer pretensão, podemos imaginar tais critérios nos três subprincípios decorrentes do princípio da proporcionalidade, quais sejam: necessidade, adequação e razoabilidade.*

*Em outras palavras, para que a ilicitude de determinada prova possa ser desconsiderada, é necessário que se averigue a necessidade de tal prova, pois se a parte pode demonstrar a veracidade de suas alegações por outro meio que não ilícito, não existe razão para se permitir a prova ilícita.*

*Além disso, a prova ilícita deverá ser adequada, o que quer dizer que ela tem que ser conclusiva para o deslinde da demanda, pois não há razão prática em se permitir a violação ao direito à intimidade e privacidade ou qualquer outro direito para obtenção de uma prova que não esclarecerá o mérito da demanda.*

*Por fim, a ilicitude da prova deverá ser razoável, no sentido de que o direito ou princípios sacrificados para a obtenção de tal prova deverão se dar na menor medida possível para que a prova possa ser obtida»*[543].

---

*a solução mais justa para o caso concreto. Portanto, não é razoável que a aplicação de uma norma ou princípio viole a vigência de outra norma ou princípio que não esteja sendo especificamente analisada no momento».*

Por causa deste entendimento, podemos dizer que existem sim, determinadas hipóteses de admissibilidade da prova ilícita.

[542] Por exemplo, no processo n.º 1.0024.09.506898-7/001, do Tribunal de Justiça de Minas Gerais, *apud*, Luís Otávio dos Santos; A utilização de provas ilegais no processo civil; Chapecó, 2011, p. 42. Cfr. também, RHC n.º 7216/SP, STJ, 5.ª turma, Rel. Min. Edson Vidigal, DJ de 25-05-98 e HC n.º 3982/RJ, STJ, 6.ª turma, Rel. Min. Adhemar Maciel, DJ de 26-02-1996.

[543] Assim, Diogo Ciuffo Carneiro; *"Prova Ilícita: Uma Reflexão"*, *in* Revista da EMERJ, v. 11, n.º 43, 2008, pp. 275-276.

A PROVA ILÍCITA: VERDADE OU LEALDADE?

Assim, haverá que apreciar qual dos direitos em conflito terá maior relevância. Se o direito de maior relevância for violado então a prova ilicitamente obtida não deverá ser aceite. Se «*o direito oriundo da prova ilicitamente obtida possuir maior relevância que o direito violado pela ilicitude na obtenção da prova (...), a prova ilícita deverá ser aceita válida e eficazmente*»[544].

Nos tribunais brasileiros têm sido de diversa índole as situações objecto de análise, não obtendo constante solução[545].

Assim, tem sido considerada inadmissível a prova obtida por via de uma intercepção telefónica clandestina, feita por um dos participantes de uma conversa ou por terceira pessoa com o seu consentimento, sem o conhecimento do outro participante[546,547,548,549].

---

[544] Assim, Vinícius Daniel Petry; A prova ilícita; texto disponível no endereço http://jus2.uol.com.br/doutrina/texto.asp?id=4534.

[545] Como sintentizam Patrícia Portela Machado e Felipe Babiski Braga (*"Legitimidade Das Gravações Midiáticas No Processo Civil: Uma Reflexão À Luz Da Teoria Dos Frutos Envenenados"*, in Boletim Jurídico, Uberaba/MG, a. 5, n.º 1162, p. 5): «*Em vista do exposto, pode-se salientar que a admissibilidade da gravação clandestina, de conversas telefônicas ou ambientais, no processo civil, dependerá de caso a caso, com as suas circunstâncias peculiares, não havendo, atualmente, no Brasil, posição remansosa sobre o tema. Os interesses que se pretende provar com as interceptações telefônicas e ambientais devem ser suficientemente relevantes, a ponto de sacrificar os direitos à privacidade. Apesar dos tribunais, muitas vezes, se curvarem a admissão das gravações midiáticas feitas por um dos interlocutores, partindo da premissa ditada pelo principio da proporcionalidade, o legislador entendeu que os direitos pleiteados no processo civil, ou seja, lides patrimoniais, não são suficientes para que o direito constitucional à privacidade seja violado por interceptação telefônica ou ambiental feita por terceiros sem o conhecimento dos interlocutores, por isso as trata como provas ilícitas. Desta forma, aceita-se este tipo de prova somente quando o que se quer provar se tratar de ilícitos penais e, mesmo assim, esta obtenção de provas deve seguir o disposto na Lei n.º 9.296/1996 que trata das interceptações telefônicas*».

[546] Um dos primeiros casos foi levado a julgamento em 11 de novembro de 1977, quando a Segunda Turma do Supremo Tribunal Federal, apreciando o Recurso Extraordinário n.º 85.439/RJ, não admitiu a utilização de prova fonográfica reveladora de conversas telefónicas da mulher com terceiros. Em relação à gravação efetuada por um dos interlocutores sem o conhecimento do outro, em 1994, o Supremo Tribunal Federal ainda não aceitava essa espécie de prova.

[547] Cfr. Tribunal de Justiça de Santa Catarina, Agravo de instrumento n.º 2003.030290-5, de Rio do Sul/SC, 2.ª Câmara Cível, Agravante: R. N. C. dos S. Agravado: P.P.C. dos S. Rel. Mazoni Ferreira, de 04-11-2004.

[548] No mesmo sentido, vd. o Ac. do STF, Recurso Extraordinário n.º 85.439, rel. Ministro Xavier de Albuquerque.

[549] Também no Ac. do STJ, P.º RMS 5352/GO, 6.ª Turma, Rel. Ministro Luiz Vicente Cernicchiaro, Rel. para Ac. Ministro ADHEMAR MACIEL, julgado em 27/05/1996, DJ 25/11/1996,

Ao invés, considerou-se admissível a gravação entre cônjuges, sem consentimento de algum deles, sendo a gravação efectuada no intuito de fazer prova em processo judicial, sem que esteja comprovada alguma ilegalidade na produção de tal gravação[550,551].

A respeito das provas ilícitas por derivação, a doutrina[552] e a jurisprudência[553] têm considerado que no sistema jurídico brasileiro a ilicitude das provas obtidas por forma ilegal transmite-se para as provas desta derivadas[554],

---

p. 46227I se considerou que a recorrente *«tinha marido, duas filhas menores e um amante médico. Quando o esposo viajava, para facilitar seu relacionamento espúrio, ela ministrava "LEXOTAN" as meninas. O marido, já suspeitoso, gravou a conversa telefónica entre sua mulher e o amante. A esposa foi penalmente denunciada (tóxico) (...). No caso concreto o marido não poderia ter gravado a conversa a arrepio de seu cônjuge, ainda que impulsionado por motivo relevante. Acabou por violar a intimidade individual de sua esposa (...)».*

[550] Cfr. Ac. do Tribunal de Justiça do Rio Grande do Sul, processo n.º 70005967740, de São Marcos/R.S., 7.ª Câmara Cível, Agravante: M.C. Agravado: A.L.C. Rel. José Carlos Teixeira Giorgis, de 28-05-2003.

[551] De modo semelhante, o Tribunal de Justiça de São Paulo teve a oportunidade de admitir como prova, a fita gravada de uma conversa telefónica, sob o fundamento de que *«o direito à intimidade, como de resto todas as demais liberdades públicas, não tem caráter absoluto e pode ceder em confronto com outros direitos fundamentais como, por exemplo, o da ampla defesa»* (apud, Ada Pelegrini Grinover et al; As nulidades no processo penal, p. 159).

[552] Cfr. v.g. Marcos Alexandre Coelho Zilli; A iniciativa instrutória do juiz no processo penal, p. 160.

[553] Vd. v.g. decisão do Supremo Tribunal Federal, AP-QO 307/DF; Tribunal Pleno, Relator Ministro Illmar Galvão; 20-10-1994, DJ de 21-10-1994, p. 11; a decisão do mesmo tribunal de 05-11-1996, HC 74116/SP.912/RS, Relator: Ministro Néri da Silveira; DJ de 14-03-1997, p. 178; a decisão do STF no processo HC 93050/RJ, Relator: Ministro Celso de Melo; de 10-06-2008, DJ de 01-08-2008, p. 700; a decisão do STF no processo HC 73101/SP, Rel. Ministro Marco Aurélio, de 26-03-1996,DJ de 08-11-1996, p. 43201; e decisão do Superior Tribunal de Justiça, 5.ª Turma; HC 61271/SP; Ministro: Arnaldo Esteves Lima, de 27-05-2008, DJ de 04-08-2008, p. 821.

[554] Como refere Marcus Vinicius Rios Gonçalves; Direito Processual Civil Esquematizado; 6.ª Ed., p. 479: *«Houve a adoção da teoria dos frutos da árvore contaminada: a ilicitude de uma prova impedirá que não só ela, mas também as provas dela derivadas, sejam utilizadas. Por exemplo, se forem apreendidos ilicitamente livros de contabilidade de uma empresa, uma perícia que venha a ser realizada neles também não poderá ser empregada. A teoria da proporcionalidade, desenvolvida, sobretudo, pelo direito alemão, autoriza a utilização da prova ilícita, quando os bens jurídicos que se pretende proteger são mais elevados do que aqueles que se pretende preservar com a vedação. Assim, se a prova foi colhida com violação ao direito de intimidade, mas serve para preservar, por exemplo, a vida ou a saúde da coletividade, seria autorizada. Embora não acolhido, entre nós, o princípio da proporcionalidade, tem-se admitido a*

ainda que a Constituição pareça não tomar partido sobre a admissibilidade das provas derivadas de prova ilícita[555].

No âmbito do processo penal, o § 1.º do art. 157.º do CPP (com a redação da Lei n.º 11690/2008) estabelece que *«são também inadmissíveis as provas derivadas das ilícitas, salvo quando não evidenciado o nexo de causalidade entre umas e outras, ou quando as derivadas puderem ser obtidas por uma fonte independente das primeiras».*

Neste âmbito questão que subsiste em aberto é a da delimitação do âmbito da proibição decorrente da ilicitude probatória.

A doutrina tem apontado várias hipóteses em que a proibição de utilização de prova ilícita não se verifica, elencando, nomeadamente, três excepções: *«as provas derivadas das ilícitas, as provas ilícitas em favor do réu e as provas ilícitas em favor da sociedade»*[556].

a) *"Provas derivadas das ilícitas":*

A Lei 11.690/2008 deu a seguinte redação ao art. 157, §§ 1.º e 2.º, do CPP: *«[..] § 1.º São também inadmissíveis as provas derivadas das ilícitas, salvo quando não evidenciado o nexo de causalidade entre umas e outras, ou quando as derivadas puderem ser obtidas por uma fonte independente das primeiras.*

*§ 2.º Considera-se fonte independente aquela que por si só, seguindo os trâmites típicos e de praxe, próprios da investigação ou instrução criminal, seria capaz de conduzir ao fato objeto da prova».*

Perante este texto, situa-se a problemática desta forma: A prova primeira é ilícita. Dela derivaram outras provas derivadas. Estas últimas serão também ilícitas?

Rômulo Lachi[557] considera, a este respeito o seguinte: *«O panorama jurídico nacional, em princípio, abraça a teoria dos frutos da árvore envenenada, conhecida como "fruits of the poisonous tree", originada nos Estados Unidos "a partir de uma decisão proferida no caso Siverthorne Lumber Co. vs. United States, em 1920".*

---

*utilização da prova ilícita, quando obtida para legítima defesa, própria ou de terceiro: a interceptação telefônica de uma ligação feita por sequestrador, por exemplo».*

[555] Assim, Ada Pellegrini Grinover et al; As Nulidades no Processo Penal, S. Paulo, 2000, p. 77.

[556] Assim, Rômulo Lachi; "Exceções à inadmissibilidade das provas ilícitas no processo penal brasileiro", p. 87.

[557] "Exceções à inadmissibilidade das provas ilícitas no processo penal brasileiro", in Revista Jurídica UNIGRAN. Dourados, MS, v. 11, n. 22, Jul./Dez.2009. p. 88.

*Comprovando o acolhimento no direito brasileiro da aludida teoria, assim decidiu o Superior Tribunal de Justiça:*

*[..] A prova ilícita obtida por meio de interceptação telefônica ilegal igualmente corrompe as demais provas dela decorrentes, sendo inadmissíveis para embasar eventual juízo de condenação (art. 5.º, inciso LVI, da Constituição Federal). Aplicação da "teoria dos frutos da árvore envenenada".*

*[..] Ordem parcialmente concedida para anular a decisão que deferiu a quebra do sigilo telefônico [..] e, por conseguinte, declarar ilícitas as provas em razão dela produzidas, sem prejuízo, no entanto, da tramitação do inquérito policial, cuja conclusão dependerá da produção de novas provas independentes, desvinculadas das gravações decorrentes da interceptação telefônica ora anulada[558].*

*Dessa forma, como se extrai da lei e da aludida decisão, não existe uma restrição absoluta para a admissão processual da prova que deriva da ilícita, e sim requisitos de admissibilidade.*

*Basicamente, haverá ilicitude se houver "patente nexo de causalidade entre a prova original (ilícita) e a derivada. De outro lado, é preciso que as derivadas não pudessem ser obtidas senão por meio das primeiras". Em outras palavras, existe uma prova ilícita da qual decorre uma prova lícita, motivo pelo qual a lei a esta atribui o caráter de ilicitude por derivação. (...).*

*Por outro lado, nem todas as provas derivadas das ilícitas são inadmissíveis.*

*Conforme o art. 157, § 1.º, do CPP, são admitidas, ainda que derivadas das ilícitas, as provas em relação às quais não haja nexo de causalidade com a prova ilícita, bem como aquelas que sejam oriundas de fonte independente.*

*Acerca disso, Capez critica a definição legal de fonte independente e expõe seu entendimento, defendendo que as exceções que permitem a admissibilidade da prova derivada da ilícita são as seguintes:*

*(a) Limitação da fonte independente (independent source limitation): [..] Trata-se de teoria que já foi adotada pelo Supremo Tribunal Federal, no qual se entendeu que se deve preservar a denúncia respaldada em prova autônoma, independente da prova ilícita impugnada por força da não-observância de formalidade na execução de mandado de busca e apreensão [..].*

*(b) Limitação da descoberta inevitável (inevitable discovery limitation): [..] tem-se afastado a tese da ilicitude derivada ou por contaminação quando o órgão judicial se*

---

[558] Cfr. Decisão do Superior Tribunal de Justiça brasileiro, no P. de Habeas Corpus, Mat. Penal. HC 64.096/PR. Rel. Ministro ARNALDO ESTEVES LIMA, 5.ª TURMA, de 27/05/2008, disponível em: http://www.stj.jus.br/SCON/jurisprudencia/doc.jsp?livre=64096&&b=ACOR &p=true&t=&l=10&i=2.

*convence de que, fosse como fosse, [..] a prova que deriva da prova ilícita originária seria inevitavelmente conseguida de qualquer outro modo. [..] O legislador considera, assim, fonte independente a descoberta inevitável.*

*Neste ponto, cabe mencionar a crítica feita a essas exceções legais, pois sua abrangência poderia "esvaziar uma garantia constitucional, que é a vedação da utilização da prova ilícita". Com efeito, é difícil imaginar situação em que se possa descartar até as mais remotas possibilidades de, hipoteticamente, a autoridade policial descobrir a prova por meio de suas actividades investigativas. Dessa forma, corre-se o risco de que praticamente toda prova possa ser considerada descoberta inevitável e excepcione a vedação.*

*Enfim, apesar da polêmica, a admissão da prova derivada da ilícita ocorre sem ponderação de princípios, pois, ainda que fosse excluída a ilicitude que originou a prova, esta seria obtida de qualquer maneira, seja por meio da fonte independente ou da descoberta inevitável. Baseia-se tal raciocínio na seguinte explanação: É dizer, se uma determinada prova viria aos autos de qualquer maneira, mesmo que a ilicitude não tivesse acontecido, esta deve ser encarada como uma fatalidade, e o vínculo entre a prova originária e a derivada não deve levar a mácula desta última (...).*

*Em síntese, a prova derivada da ilícita, nos casos da descoberta inevitável ou da fonte independente, é aceita no processo não por ser propriamente uma exceção à vedação constitucional, e sim porque seria produzida de qualquer modo e, portanto, é plenamente lícita».*

b) *"Provas ilícitas em favor do réu"*:

Outro campo de excepção da proibição da prova ilícita (admitindo-se ou permitindo-se a utilização da prova ilícita no processo) ocorre no caso de a prova ilícita «favorecer o réu».

Rômulo Lachi[559] *expõe a este respeito o seguinte: «(...) cite-se o indivíduo que, "injustamente acusado pela prática de um homicídio, grava clandestinamente uma conversa telefônica na qual terceira pessoa confessa a prática de tal crime". Diante dessa prova em tese ilícita, verifica-se a colisão de direitos fundamentais, pois a prova afronta a inviolabilidade das comunicações telefônicas e o direito à intimidade, ao mesmo tempo em que está conforme a ampla defesa, a liberdade e a presunção de inocência.*

*Assim, cabe perquirir a proporcionalidade, que, conforme asseverado, vem averiguar, no caso concreto, se o resultado (admissão daquela prova em detrimento da invio-*

---

[559] Ob. cit., p. 91.

*labilidade do sigilo telefônico e da intimidade) é mais vantajoso para o sistema jurídico do que a restrição de direitos (liberdade, ampla defesa e presunção de inocência).*

*Consoante a maioria da doutrina, realmente parece condizente com o ordenamento jurídico que seja aceita tal prova.*

*(...) o princípio da vedação não pode amparar condenações injustas, nos seguintes termos: entre aceitar uma prova vedada, apresentada como único meio de comprovar a inocência de um acusado, e permitir que alguém, sem nenhuma responsabilidade pelo ato imputado, seja privado injustamente de sua liberdade, a primeira opção é, sem dúvida, a mais consentânea com o Estado Democrático de Direito e a proteção da dignidade humana (...).*

*Dessa forma, reputa-se pacífico que a presunção da inocência e a ampla defesa são maiores que o direito ao sigilo telefônico e à intimidade. Bem assim, não há divergência quanto a outros princípios, sempre prevalecendo o direito de a prova ilícita ser usada em favor do réu para, em respeito à presunção de inocência, possibilitar a absolvição de um inocente».*

c) *"Provas Ilícitas em Favor da Sociedade":*
Esta categoria tem obtido menor consenso na doutrina brasileira.

O mesmo Autor[560] refere a este respeito que: «*À parte das divergências, é pacífico que também aqui colidem direitos fundamentais, vez que haveria aparente sobreposição, além da própria vedação, do devido processo legal e da presunção de inocência. De outro lado, é possível que a retirada dos autos de uma prova relevante por conta de sua ilicitude impeça a condenação de um indivíduo que, de fato, tenha praticado o crime que lhe é imputado. A hipotética absolvição nessas condições ignoraria o direito à propriedade (em alguns casos) e à segurança (art. 5.º, caput, da CF) do restante da sociedade, já que absolver o indivíduo que afronta tais valores contraria o ordenamento nesse sentido.*

*Logo, há colisão entre direitos fundamentais.*

*Contextualizando a temática, serão comparadas as hipóteses de excetuar a vedação em favor do réu e de excetuá-la em favor da sociedade.*

*Primeiro, na admissibilidade em favor do réu os direitos fundamentais que prevalecem são aqueles que preservam o indivíduo contra o arbítrio estatal (liberdade, devido processo legal, com seu desdobramento da ampla defesa, e presunção de inocência). Outrossim, é justamente essa – a defesa contra o arbítrio estatal – a função dos direitos fundamentais.*

---

[560] Ob. cit., p. 92.

# A PROVA ILÍCITA: VERDADE OU LEALDADE?

*Em sentido contrário, ao admitir a prova em favor da sociedade, haveria restrição pelo Estado dos direitos fundamentais do réu, o que em regra não se admite, em razão de que a vedação "é uma garantia do indivíduo contra o Estado, que não poderia fazer uso desse tipo de prova contra o cidadão"»*[561,562,563].

Sintetizando a respeito desta excepção refere Rômulo Lachi[564]: *«Efetivamente, a admissão em favor da sociedade resvala no devido processo legal e na presunção de inocência, ao passo que, se for acrescentado o fator da violência, será afetado também o direito à vida, o qual abrange a integridade física e a saúde (inclusive mental), e à liberdade, entre outros direitos fundamentais. Diante disso, se presente a violência contra a pessoa na ocasião da produção de provas ilícitas, deve o julgador*

---

[561] Assim, Gustavo Brito; "A utilização de provas ilícitas pro reo e pro societate", citado.

[562] A respeito desta orientação, decidiu o STF brasileiro (Rec. Extr. 251445, Rel. CELSO DE MELLO, 21/06/2000, disponível em http://www.stf.jus.br/portal/jurisprudencia/listarJurisprudencia.asp?s1=(251445)%20NAO%20S.PRES.&base=baseMonocraticas) que: *«A cláusula constitucional do due process of law encontra, no dogma da inadmissibilidade processual das provas ilícitas, uma de suas mais expressivas projeções concretizadoras, pois o réu tem o direito de não ser denunciado, de não ser processado e de não ser condenado com apoio em elementos probatórios obtidos ou produzidos de forma incompatível com os limites ético-jurídicos que restringem a atuação do Estado em sede de persecução penal. – A prova ilícita – por qualificar-se como elemento inidôneo de informação – é repelida pelo ordenamento constitucional, apresentando-se destituída de qualquer grau de eficácia jurídica. – Qualifica-se como prova ilícita o material fotográfico, que, embora alegadamente comprobatório de prática delituosa, foi furtado do interior de um cofre existente em consultório odontológico pertencente ao réu, vindo a ser utilizado pelo Ministério Público, contra o acusado, em sede de persecução penal, depois que o próprio autor do furto entregou à Polícia as fotos incriminadoras que havia subtraído. No contexto do regime constitucional brasileiro, no qual prevalece a inadmissibilidade processual das provas ilícitas, impõe-se repelir, por juridicamente ineficazes, quaisquer elementos de informação, sempre que a obtenção e/ou a produção dos dados probatórios resultarem de transgressão, pelo Poder Público, do ordenamento positivo, notadamente naquelas situações em que a ofensa atingir garantias e prerrogativas asseguradas pela Carta Política (RTJ 163/682 – RTJ 163/709), mesmo que se cuide de hipótese configuradora de ilicitude por derivação (RTJ 155/508), ou, ainda que não se revele imputável aos agentes estatais o gesto de desrespeito ao sistema normativo, vier ele a ser concretizado por ato de mero particular».*

[563] Sobre esta excepção à inadmissibilidade da prova ilícita reportam Luiz Alberto David Araújo e Vidal Serrano Nunes Junior; Curso de Direito Constitucional. 9.ª ed., p. 172) o seguinte: *«Esquecem-se (...), os adeptos da impossibilidade de utilização de provas ilícitas pro societate, que a sua admissibilidade não ocorre em qualquer ocasião ou a arbítrio do Estado, sob pena de constituir uma clara violação aos princípios do contraditório, da ampla defesa e do devido processo legal, assegurados pela Constituição Federal. A utilização de provas ilícitas pelo Estado só é possível quando presentes cumulativamente os seguintes requisitos: a) em caráter excepcional; b) em situações de extrema gravidade; c) quando em contraste direitos fundamentais; e d) com expressa autorização da autoridade judicial».*

[564] Ob. cit., pp. 95-96.

*guardar redobrada cautela ao ponderar o caso concreto. Assim, em síntese, a regra é que a prova ilícita em favor da sociedade permaneça vedada, mas a proporcionalidade permite sua admissão excepcional. Note-se, de outro ângulo, que o entendimento acerca da admissibilidade em favor do réu segue caminho exatamente oposto, pois nesse caso a prova ilícita deve ser admitida como regra».*

Relativamente ao processo penal brasileiro, considerando o excurso efectuado, pode concluir-se que a regra assenta na absoluta rejeição das provas ilícitas, em decorrência do princípio constitucional da vedação das provas ilícitas, de onde provém a Lei 11.690/2008.

Contudo, têm vindo a ser reconhecidas doutrinal e jurisprudencialmente excepções a tal absoluta inadmissibilidade, reconhecendo que todos os princípios constitucionais são relativos entre si e que, havendo colisão, devem ter o seu alcance medido no caso concreto por meio da proporcionalidade e, nessa medida, tem-se considerado que as provas ilícitas devam, em casos excepcionais, ser admitidas, seja em favor do réu ou em favor da sociedade, *«a depender da livre convicção (portanto, devidamente fundamentada) do magistrado»*[565,566].

---

[565] Rômulo Lachi; "Exceções à inadmissibilidade das provas ilícitas no processo penal brasileiro", in Revista Jurídica UNIGRAN. Dourados, MS, v. 11, n. 22, Jul./Dez.2009. p. 97.

[566] A respeito do denominado caso Joesley (onde foram efetuadas gravações de conversas com o Presidente do Brasil Michel Temer) tem-se considerado que a gravação viola o princípio da não autoincriminação (art. 5.º, LXIII, CF), designadamente, por um dos interlocutores da gravação pretender provocar no outro uma situação para superar o seu silêncio, obtendo prova contra ele com o objectivo de a mesma ser usada em processo penal. E, assim, negociar a entrega dessa prova em troca de benefícios penais. No Brasil, tem-se considerado que os registos de gravação podem ser feitos por interceptação (quando a gravação não decorre, em nenhuma das duas pontas, de uma comunicação, seja ela telefônica ou pelos modernos meios de troca de voz pela internet ou por texto) ou ambiental (quando se grava o ambiente da conversa, podendo esta gravação ocorrer sem que nenhum dos interlocutores tenha conhecimento). Ambas as formas, autorizadas pela Justiça, tornam a gravação, inicialmente, lícita. Evidentemente estará a decisão judicial sujeita à verificação de legalidade e poderá seu conteúdo ser anulado. Tanto na gravação telefónica como na ambiental, um dos interlocutores pode gravar a conversa, com ou sem autorização judicial. A legalidade dessa gravação dependerá de alguns fatores. A questão central está na preservação da garantia constitucional contra a autoincriminação, e não somente no direito à intimidade. Assim, se a gravação é feita pela defesa para comprovar inocência, ela é sempre admitida, sendo inválida, porém, para a acusação. No caso de a gravação ser feita por um dos interlocutores como vítima, ela é válida, pois o outro não tem burlado seu direito ao silêncio. Ele, de facto, está a cometer um crime. Por seu turno, é ilícita a gravação ambiental ou telefônica que visa burlar o direito ao silêncio

No processo civil brasileiro, à semelhança do que sucede em Portugal, o legislador não elaborou específica norma aludindo à exclusão da prova ilícita, apenas mencionando quais os meios de prova admissíveis em juízo.

Assim, o art. 208.º do CPC brasileiro de 1939 afirmava que *«são admissíveis em juízo todas as espécies de prova reconhecidas nas leis civis e comerciais»*[567].

Por seu turno, o CPC brasileiro de 1973 contém no seu art. 332.º a seguinte prescrição: *«Todos os meios legais*[568]*, bem como os moralmente legítimos, ainda que não especificados neste Código, são hábeis para provar a verdade dos fatos, em que se funda a ação ou a defesa».*

*«Percebe-se, com a leitura do art. acima, que os tipos probatórios legais foram ampliados, não existindo mais um elenco exaustivo como no Código de Processo Civil Brasileiro de 1939.*

*Contudo, em que pese o desaparecimento de referido rol, o art. em exame possui um problema ainda divergente na doutrina e na jurisprudência, qual seja o significado da inserção dos meios de prova moralmente legítimos, sendo importante tal entendimento na medida em que é necessário primeiramente investigar o real alcance do art. 332 do Código de Processo Civil Brasileiro para depois saber quais são as provas ilícitas na esfera processual civil (...).*

*Há doutrinadores compreendendo que os meios legais de prova são previstos em lei, além do Código de Processo Civil, e que as modalidades moralmente legítimas são*

---

do outro, consubstanciando uma verdadeira emboscada a ludibriar o interlocutor. A autorização judicial não torna legal gravação que tenha essa dinâmica. Considera-se que uma gravação ambiental em que um dos interlocutores visa obter provas para o Ministério Público ou para qualquer membro das forças repressivas este age como uma extensão do estado, não podendo ser permitida uma forma de burlar a garantia contra a não autoincriminação. Quando o interlocutor faz a gravação ambiental com os fins de obter provas contra terceiro para os fins de fornecê-la aos agentes do estado, este fere a garantia do silêncio. A gravação ambiental, portanto, não é ilícita em razão da garantia do sigilo constitucional (art. 5.º, XII, CF), ou mesmo da intimidade (art. 5.º, X, CF), mas em razão da ofensa ao nemotenetur se detegere, (art. 5.º, LXIII, CF).

[567] À luz desta norma era entendido não serem admissíveis outros meios de prova em processo civil, para além dos consagrados no Código Civil e no Código Comercial (assim, Vinícius Daniel Petry; A prova ilícita).

[568] A doutrina tem entendido que, *«quando o legislador diz meios legais, são as formas previstas em lei para a produção de provas, também conhecidas como provas típicas, e quando diz moralmente legítimas se refere aos meios que não tem previsão expressa na lei, mas estão de acordo com o direito, são chamadas de provas atípicas»* (cfr. Patrícia Portela Machado e Felipe Babiski Braga; *"Legitimidade das Gravações Mediáticas no Processo Civil: Uma reflexão à luz da teoria da árvore dos frutos envenenados"*).

*aquelas atentas à moralidade média de uma determinada sociedade. Ocorrendo viola-
ção a esta, o elemento probatório será considerado ilegítimo.*

*A grande questão do posicionamento doutrinário sobre os meios de prova moral-
mente legítimos é saber qual o conceito de moralidade média de uma determinada
sociedade.*

*Será que o julgador conseguirá empregar o critério da moralidade média da socie-
dade brasileira quando estiver diante de um processo civil, onde uma das partes invocar
o desentranhamento da prova por ser moralmente ilegítima?*

*A única certeza possível é que a noção de moralidade média da sociedade brasileira
é muito abstrata e cada magistrado deve ter noções diferentes a respeito dela. Em decorrência desse subjetivismo dado ao juiz, tal critério é equivocado, possibilitando o surgimento de insegurança jurídica.*

*Estão corretos os defensores que o art. 332 do Código de Processo Civil Brasileiro
não precisava fazer menção aos meios de prova moralmente legítimos. Bastava fosse
aduzida a prova legal ou lícita, pois o que se deve levar em consideração é a legalidade do meio empregado, não sua legitimidade frente à moral, definição, esta, vaga e
imprecisa»*[569].

Entretanto, no projecto-lei n.º 166/2010, que visou instituir um novo
CPC, foi enunciado um art. 257.º com a seguinte redacção: «*As partes têm
direito de empregar todos os meios legais, bem como os moralmente legítimos, ainda que
não especificados neste Código, para provar fatos em que se funda a ação ou a defesa e
influir eficazmente na livre convicção do juiz.*

*Parágrafo único. A inadmissibilidade das provas obtidas por meio ilícito será
apreciada pelo juiz à luz da ponderação dos princípios e dos direitos fundamentais
envolvidos»*[570].

---

[569] CFr. Vinícius Daniel Petry; A prova ilícita; Revista Jus Navigandi, Teresina, ano 8, n. 146,
29 nov. 2003.

[570] Como anota Elimar Szaniawski (*"Breves reflexões sobre o direito à prova e a prova ilícita no projeto
do novo código de processo civil",* pp. 177-178) o «*Projeto de Lei n.º 166/2010 do Senado, procurou
inovar, na sua versão original, o tema da prova judiciária, inspirado no direito processual civil alemão,
determinando, no parágrafo único do art. 257, sobre a excepcional admissibilidade da prova ilícita no
processo civil brasileiro. (...).*

*A inovação consistia em outorgar ao juiz o poder-dever de ponderar os princípios e os direitos fundamen-
tais colidentes, decidindo se determinada prova obtida por meio ilícito poderia ser ou não ser admissível,
no caso concreto.*

*Optou o legislador por admitir, mesmo que excepcionalmente, que pudesse o magistrado deferir à parte o
direito de produzir determinada prova, mesmo que fosse uma prova ilícita (...).*

Apreciando este projecto referiam, em 2013, Nathalia Dutra da Rocha Jucá e Mello e Bárbara Elaine Carneiro de Moraes[571] que: «*Em primeira análise, verifique-se que o sistema processual passaria a prever expressamente eventual admissão de provas ilícitas no processo civil, mediante ponderação de interesses, princípios e direitos envolvidos no caso concreto. Contudo, levando-se em consideração a previsão constitucional do art. 5.º, LVI, já há aqueles que sustentem a inconstitucionalidade da previsão em comento, no caso de eventual aprovação. Para os que apoiam seja o art. integrado ao sistema processual, deve-se prevalecer o entendimento de que o juiz está apto a, eventualmente, permitir a incidência de tal prova, sem afronta ao texto constitucional*».

André Vasconcelos Roque[572] sugeriu uma possível interpretação para o preceito projetado, nos seguintes termos: «*A exposição da proposta aqui apresentada tem início na conceituação tradicional que se faz do princípio da proporcionalidade.*

*Afirma-se na doutrina que o princípio da proporcionalidade possui uma tríplice dimensão. Com efeito, é comum na doutrina a construção dos chamados subprincípios da proporcionalidade: adequação, necessidade (ou vedação do excesso) e, por fim, proporcionalidade em sentido estrito.*

---

*No entanto, a senadora Niura Demarchi apresentou a Emenda nº 30, por meio da qual propõe a supressão do citado parágrafo único do art. 257, no sentido de que a expressão moralmente legítima não pode implicar o acolhimento de provas ilegais. Justifica a senadora que o parágrafo induziria à conclusão de que provas ilícitas poderiam ser acolhidas, contrariando, desta forma, a jurisprudência do Supremo Tribunal Federal (STF), que as considera nulas por inconstitucionalidade e devido à adoção da chamada teoria dos frutos da árvore envenenada.*

*A proposta de emenda da senadora Niura Demarchi foi acolhida, sendo suprimido o dito parágrafo, sob o fundamento de que, se o citado dispositivo viesse a ser convertido em lei, esta afrontaria a Constituição da República. Ainda, segundo o Parecer do Relator, Senador Valter Pereira, a admissibilidade de provas ilegais vem sendo condenada pelo STF, sob o fundamento de sua inconstitucionalidade, tendo esta corte invalidado decisões cujas provas foram obtidas por meios ilícitos ou a partir de outras provas delas derivadas, o que torna inviável a manutenção do parágrafo único do art. 257.*

*Desta maneira, o citado dispositivo legal foi retirado no Relatório Geral do senador Valter Pereira, permanecendo apenas o caput do art. 257, cuja redação pouco diverge em relação àquela do art. 332 do CPC em vigor. Esta abrupta supressão do parágrafo único desperta algumas reflexões em relação ao tema da prova ilícita, destacando-se o fato de que o dispositivo legal em apreço não propõe, exatamente, o acolhimento da prova ilícita no processo civil brasileiro; visa, isto sim, propor um critério para a verificação se em determinado caso concreto o meio de captação da prova deverá ser considerado ilícito ou não*».

[571] "*Admissibilidade de provas ilícitas no processo civil: Uma realidade?*".

[572] Cfr. "*As provas ilícitas no projeto do novo Código de Processo Civil Brasileiro: Primeiras Reflexões*", pp. 21-26.

*De modo geral, na esteira desta construção, que tem origem na jurisprudência do Tribunal Constitucional alemão, o princípio da proporcionalidade exige que um ato seja adequado aos fins que se pretende alcançar (adequação), que seja o menos gravoso possível para atingir a sua finalidade (necessidade) e que traga maiores benefícios do que desvantagens (proporcionalidade em sentido estrito).*

*Aplicando estes postulados às provas ilícitas, poder-se-ia afirmar que o princípio da proporcionalidade exigiria que esta prova fosse capaz de influir na convicção do julgador, que importasse no mínimo de restrições aos direitos fundamentais em jogo e que se dirigisse à proteção de um bem jurídico de maior valor que aquele que sofreu a compressão no caso concreto (por exemplo: a liberdade do acusado no processo penal, a dignidade da criança na ação de destituição de poder familiar).*

*Como se pode verificar, a aplicação do princípio da proporcionalidade envolve a proteção de bens jurídicos de maior valor em detrimento a outros de menor relevância.*

*A ideia não é nova, sobretudo no campo do processo penal. Diversos autores, buscando justificar a admissão de provas ilícitas destinada a demonstrar a inocência do acusado, afirmam tratar-se de caso de –legítima defesa ou de –estado de necessidade, o que afastaria, em caráter excepcional, a vedação constitucional das provas ilícitas.*

*A proposta deste estudo consiste em ir mais além das soluções casuísticas, utilizando para isso o instituto do estado de necessidade processual.*

*O que se sustenta aqui é que, preenchidos os requisitos para a configuração do –estado de necessidade processual, que nada mais é do que uma excludente de ilicitude com específicas consequências processuais, a prova produzida de forma (aparentemente) ilícita deve ser admitida no processo, porque não se aplica a ela a vedação contida no texto constitucional, já que não se trataria, a rigor, de uma ilicitude. Resta apenas saber quais seriam estes requisitos específicos.*

*Como se sabe, o estado de necessidade, tal como concebido no direito material, consiste em uma das hipóteses de exclusão da ilicitude, cujos requisitos se encontram bem definidos: a) ameaça a direito próprio ou alheio; b) existência de perigo atual e inevitável; c) inexigibilidade de exigir o sacrifício do bem que está ameaçado; d) situação não provocada voluntariamente pelo agente; e) inexistência de dever legal de enfrentar o perigo e f) consciência de agir para evitar lesão a um bem jurídico de maior valor em detrimento de outro de menor valor.*

*Para estabelecer as condições necessárias para a ocorrência do chamado –estado de necessidade processual, é preciso adequar estes requisitos à realidade processual.*

*Os dois primeiros requisitos (–ameaça a direito próprio ou alheio e –perigo atual e inevitável) estão traduzidos no processo pela possibilidade real de formação de um convencimento judicial contrário aos interesses da parte envolvida. Isto quer dizer que, para configurar o –estado de necessidade processual, é indispensável que a prova não*

A PROVA ILÍCITA: VERDADE OU LEALDADE?

*somente seja capaz de simplesmente influenciar o convencimento do juiz, como ainda seja determinante e decisiva para o resultado do processo. Se existir qualquer outro meio de prova lícito que possa conduzir ao mesmo resultado, a prova obtida ou produzida por meio ilícito não poderá ser admitida.*

*O terceiro requisito (– inexigibilidade de exigir o sacrifício do bem ameaçado) é, sem dúvida alguma, o que suscita maiores questionamentos. Em síntese, adequando- -se este requisito ao direito processual, a prova a ser admitida deverá ter o objetivo de resguardar um bem jurídico de maior relevância em detrimento de um outro interesse de menor valor. No processo penal, pelo menos em princípio, o direito de liberdade do réu se sobrepõe aos valores eventualmente resguardados pela inadmissibilidade de uma prova ilícita. O mesmo não se dá com relação à pretensão punitiva do Estado, pois a actividade persecutória deve se dar sempre através de meios lícitos. A violação a nor- mas jurídicas para acusar o réu seria incompatível com a existência de um Estado de Direito. Por esta razão, não seria possível a produção de provas ilícitas contra o acusado no processo penal, pelo menos em linha de princípio.*

*Também é por isso que, no campo do processo civil, a configuração do estado de necessidade processual somente seria possível em casos absolutamente excepcionais, como no exemplo já apresentado de defesa da dignidade da criança que está sofrendo abusos de seus próprios pais.*

*Nada obstante, há que se fazer algumas ponderações de difícil resolução, as quais não é possível responder no presente estudo, dados os seus estreitos limites. Por exem- plo, será que o réu acusado injustamente numa ação penal pode chegar ao extremo de produzir provas mediante expedientes condenáveis, como a tortura? Ou a flexibilização apenas se daria com algumas espécies de provas ilícitas, tais como gravações clandesti- nas? Temos aqui dois interesses que, a princípio, são de igual relevância: a liberdade do acusado e a integridade física da vítima de uma tortura. Qual seria a solução mais ade- quada neste caso? Talvez a solução mais prudente fosse não admitir a prova produzida, reservando-se o estado de necessidade processual para aqueles casos em que o direito fundamental a ser tutelado pela produção de uma prova supostamente ilícita seja manifestamente superior em termos de relevância axiológica ao direito relativizado.*

*O quarto requisito (–situação não voluntariamente provocada pelo agente) é de difícil configuração na prática processual. De qualquer forma, o que se quer dizer aqui é que não seria possível admitir as provas ilícitas, caso se verifique que foi o próprio inte- ressado na sua produção quem impossibilitou a produção de outras provas lícitas que poderiam ser decisivas para a formação do convencimento favorável do juiz. Trata-se de consequência do princípio da lealdade processual no campo das provas ilícitas.*

*O quinto requisito do estado de necessidade (–inexistência de dever legal de enfren- tar o perigo) é impertinente com a realidade processual. Não há como imaginar que alguém tenha o dever de ser preso injustamente no processo penal ou de ver formado contra si um convencimento judicial contrário a seus interesses.*

*Por fim, a última condição (–consciência de agir para evitar lesão a bem jurídico de maior valor) também não pode ser exigida da parte interessada na admissão da prova supostamente ilícita. É que a decisão de admitir ou não provas obtidas mediante violação a normas jurídicas caberá exclusivamente ao juiz. É o julgador, portanto, que terá que possuir esta consciência de preservar os interesses de maior relevância no caso concreto, em detrimento a bens jurídicos de menor importância. Tal consciência do julgador em preservar bens de maior relevância, todavia, se encontra implícita no terceiro requisito (inexigibilidade de exigir o sacrifício do bem jurídico ameaçado). Dessa forma, a última condição acaba perdendo a sua razão de ser na seara processual.*

*Assim, para a configuração do estado de necessidade processual, que permitirá a admissão, em caráter excepcional, das provas ilícitas no processo civil, nos termos do art. 257, parágrafo único do Projeto de Lei n.º 166/2010, é necessário que estejam preenchidas as seguintes condições mínimas e indispensáveis:*

*a) possibilidade real e efetiva de formação de um convencimento judicial contrário aos interesses da parte interessada na admissão da prova;*

*b) existência de prova obtida mediante violação a normas jurídicas cujo conteúdo seja decisivo para o resultado do processo;*

*c) sopesamento de bens jurídicos envolvidos no processo, cujo resultado final seja favorável à admissão da prova questionada;*

*d) inexistência de conduta voluntária da parte que tenha impossibilitado a produção de outras provas lícitas e decisivas em seu favor.*

*A proposta do estado de necessidade processual aqui apresentada decorre de uma leitura sistemática de todo o ordenamento jurídico.*

*Em outras palavras, assim como ocorre com o estado de necessidade tradicional no direito material, sustenta-se aqui que o chamado estado de necessidade processual é uma excludente de ilicitude com efeitos processuais. Logo, atendidos os seus requisitos mínimos e necessários, a prova produzida em tais condições é apenas aparentemente ilícita. Consequentemente, inadmitir toda e qualquer prova obtida mediante violação a normas jurídicas, ainda que se verifique estar configurado este –estado de necessidade processual, implicaria em rejeitar a utilização de provas lícitas no processo, violando o direito à prova, também constitucionalmente assegurado.*

*Advirta-se, porém, que o estado de necessidade processual apenas se configura em hipóteses absolutamente excepcionais. A regra para a generalidade dos casos, como não poderia deixar de ser diante da vedação na Constituição Federal, foi e sempre será a inadmissibilidade das provas obtidas mediante violação a normas jurídicas (...)».*

Entretanto, veio a ser publicado o novo CPC (pela Lei 13.105/2015[573]), que entrou em vigor em 17 de março de 2016. Nele se dispõe no art. 77.º que é dever das partes o de «*não produzir provas e não praticar atos inúteis ou desnecessários à declaração ou à defesa do direito*». E, no art. 369.º estatui-se que: «*As partes têm o direito de empregar todos os meios legais, bem como os moralmente legítimos, ainda que não especificados neste Código, para provar a verdade dos fatos em que se funda o pedido ou a defesa e influir eficazmente na convicção do juiz*».

Como anota Luís Antônio Longo[574], «*o novo CPC reproduziu a regra de que são meios de prova não só os dispostos em lei, mas também todos os moralmente legítimos. Convive tal previsão com a consagrada no art. 212 do Código Civil. Com efeito, a obtenção e produção das provas deve encontrar limite no direito pátrio, no art. 5.º, inciso LVI, da Constituição Federal, onde há vedação da prova obtida por meio ilícito, bem como nos princípios da legalidade e devido processo legal (CF, art. 5.º, caput, II e LIV). Todavia, tal vedação tem sido atenuada pela experiência jurisprudencial pátria, como forma de buscar outros valores dignos de proteção. Marinoni e Mitidiero nos apontam o caminho para esta distinção: "há para estes casos a necessidade de proceder-se um Juízo de ponderação. Dois critérios podem auxiliar o órgão jurisdicional nessa tarefa: em primeiro lugar, é fundamental que os valores postos à ponderação sejam devidamente identificados e explicitados pelo órgão jurisdicional; em segundo, saber se tinha a parte que postula a admissão da prova ilícita no processo outro meio de prova à sua disposição ou não para prova de suas alegações" (Código de processo civil comentado. São Paulo: Editora Revista dos Tribunais, 2008)*».

Em conclusão sobre este sistema, pode afirmar-se com Alynne de Lima Gama Fernandes Oliveira[575] que: «*A orientação doutrinária e jurisprudencial hodierna é no sentido de não se admitir provas obtidas de forma ilícita no processo, o que reafirma a preponderância dos direitos fundamentais sobre a busca da verdade real. Isso porque a relativização da intimidade ou da vida privada poderá ser inócua, já que é impossível retratar a verdade tal como ocorreu. Além disso, a verdade apresenta ângulos diversos, demonstrando forte carga de subjetividade.*

*Entretanto, em vista da relatividade dos direitos fundamentais, as provas ilícitas podem ser admitidas, excepcionalmente, no processo civil, quando a discussão em concreto objetivar o reguardo de direitos indisponíveis, como a vida, a liberdade, a igual-*

---

[573] Consultada em http://www.civel.mppr.mp.br/arquivos/File/novo_cpc_versao_final.pdf.

[574] Novo Código de Processo Civil Anotado, OAB, Porto Alegre, Brasil, 2015, p. 306-307, consultado em http://www.oabrs.org.br/novocpcanotado/novo_cpc_anotado_2015.pdf.

[575] *"A busca pela verdade possível e a admissibilidade das provas ilícitas no direito processual civil"; in* Rev. Min. Púb. do Estado de Goiás, 2012, pp. 397-398.

## A PROVA ILÍCITA NO PROCESSO PENAL PORTUGUÊS. ENUNCIAÇÃO SUMÁRIA

*dade, a segurança. Nesses casos, a ponderação deve ser realizada à luz do caso concreto, por meio da aplicação do princípio da proporcionalidade. Não há regra ou caso específico para admitir a prova ilícita, cabendo ao magistrado valer-se do juízo de equidade. Insta lembrar que a não admissão de determinada prova necessária, porém ilícita, para o esclarecimento da verdade, pode revelar afronta à dignidade ou a um interesse público relevante. O juiz não pode se esquivar de sua missão jurisdicional de assegurar aos litigantes a mais efetiva e justa composição do litígio e de velar pela dignidade da pessoa humana».*

Refira-se, adicionalmente, que, para além dos processos de família[576], também no processo do trabalho[577] se tem defrontado a problemática da prova ilícita.

## 6. A prova ilícita no processo penal português. Enunciação sumária

Percorridas as principais orientações e argumentos esgrimidos nesta temática, vejamos como se equaciona no ordenamento português o problema da prova ilícita.

Para tal abordaremos, ainda que de forma muito sumária, a problemática no âmbito do processo penal e, depois, como a temática tem sido tratada no âmbito do processo civil.

---

[576] Cfr. Gisléia Fernandes de Sena e Shauma Schiavo Schimidt; *"Admissibilidade da prova ilícita como forma de proteção ao direito familiar"*, pp. 367-388. Livia Corrêa Batista Guimarães ("Uso da prova ilícita no campo do direito da família", p. 1031) considera que, em situações concretas, como na destituição do poder familiar ou de investigação da paternidade deve ser admitida a utilização de provas ilícitas, considerando que a proteção do bem jurídico mais importante não pode ocorrer por outra forma que não a da utilização da prova ilícita. Exemplifica do seguinte modo: *«Basta imaginar uma ação de guarda em que existam provas ilícitas evidenciando a prática de abuso sexual de um dos genitores contra o menor. Nessa hipótese, tal como referência a dignidade e o respeito do ser humano em formação, assegurado com absoluta prioridade pelo texto constitucional, deve-se admitir a utilização de tais provas ilícitas».*

[577] Samuel Lumertz Dutra ("A prova ilícita no processo do trabalho", p. 18) refere que *«a doutrina e a jurisprudência analisam o presente tópico de forma aprofundada no âmbito do direito processual penal e de maneira menos incisiva na esfera processual civil. Na seara processual trabalhista, inexiste qualquer previsão legal acerca da ilicitude da prova, sendo que a CLT, que prevê normas tanto de direito material quanto processual, destinou apenas 15 de seus arts. ao direito probatório, sendo estes limitados à prova testemunhal, documental e pericial, nos quais há grande possibilidade de ocorrência de ilicitude, não havendo qualquer previsão legal especial concernente a admissibilidade ou afastamento das provas obtidas por meios ilícitos».*

## 6.1. Sequência

Pode dizer-se, sem exagero, que a problemática dos limites do direito à prova nasceu, cresceu e desenvolveu-se no processo penal e aí mantém-se plenamente viva.

Com efeito, no direito processual penal, o legislador desde muito cedo preocupou-se em estabelecer limites aos poderes probatórios das partes, proibindo, em determinados casos, a obtenção da prova, métodos de aquisição de prova, ou mesmo a valoração de determinados meios de prova.

Neste âmbito e no ordenamento jurídico vigente importa considerar, desde logo, as disposições constantes do art. 32.º, n.º 8 da Constituição da República Portuguesa e dos arts. 122.º, n.º 1 e 126.º do Código de Processo Penal.

## 6.2. O art. 32.º, n.º 8, da Constituição

No art. 32.º, n.º 8, da Constituição da República Portuguesa, com a epígrafe *«Garantias do processo criminal»*, estatui-se que:

*«São nulas todas as provas obtidas mediante tortura, coacção, ofensa da integridade física ou moral da pessoa, abusiva intromissão na vida privada, no domicílio, na correspondência ou nas telecomunicações»*[578].

A Constituição considera, assim, aliás na esteira de vários textos de Direito Internacional[579,580], inaceitável o uso da força ou da ameaça, ou de

---

[578] *«De acordo com a estrutura desta norma, os métodos de prova que agridam directamente a dignidade e integridade física ou moral do Homem enquanto sendo direitos totalmenteindisponíveis e inalienáveis são consideradas como proibições absolutas, enquanto as restantes (que apenas chocam com direitos disponíveis8) apenas enfermam de proibições relativas. Assim, neste último caso, serão admissíveis a validade de meios de prova que, de algum modo, colidem com estes valores e direitos sempre que haja uma habilitação legal para tal ou quando o titular do direito violado haja dado o seu consentimento, ao passo que nas primeiras o consentimento do lesado e uma autorização por parte da lei é totalmente irrelevante para uma futura valoração das provas obtidas»* (assim, Nuno Miguel Melo, p. 6).

[579] A DUDH (consultada em http://www.gddc.pt/direitos-humanos/textos-internacionais--dh/tidhuniversais/cidh-dudh.html) estabelece no seu art. 5.º que: *«Ninguém será submetido a tortura nem a penas ou tratamentos cruéis, desumanos ou degradantes»*. A mesma Declaração, no art. 12.º, prescreve que: *«Ninguém sofrerá intromissões arbitrárias na sua vida privada, na sua família, no seu domicílio ou na sua correspondência, nem ataques à sua honra e reputação. Contra tais intromissões ou ataques toda a pessoa tem direito a protecção da lei»*.

[580] O art. 3.º da Convenção Europeia dos Direitos do Homem (CEDH), cujo texto se encontra disponível em http://www.gddc.pt/direitos-humanos/textos-internacionais-dh/tidhregionais/conv-tratados-04-11-950-ets-5.html estatui que: *«Ninguém pode ser submetido a torturas,*

A PROVA ILÍCITA NO PROCESSO PENAL PORTUGUÊS. ENUNCIAÇÃO SUMÁRIA

qualquer tratamento desumano ou degradante para obrigar a pessoa a confessar aquilo que, por vezes, nem aconteceu[582].

Numa sociedade democrática os fins nunca justificam os meios, pelo que, a realização da Justiça não pode ser conseguida com a violação de direitos fundamentais da Pessoa Humana[583].

Esta consideração é plenamente válida no seio de um processo judicial.

*nem a penas ou tratamentos desumanos ou degradantes»*, enquanto o art. 8.º estabelece que: *«1. Qualquer pessoa tem direito ao respeito da sua vida privada e familiar, do seu domicílio e da sua correspondência. 2. Não pode haver ingerência da autoridade pública no exercício deste direito senão quando esta ingerência estiver prevista na lei e constituir uma providência que, numa sociedade democrática, seja necessária para a segurança nacional, para a segurança pública, para o bem – estar económico do país, a defesa da ordem e a prevenção das infracções penais, a protecção da saúde ou da moral, ou a protecção dos direitos e das liberdades de terceiros».*

[581] O Pacto Internacional sobre os Direitos Civis e Políticos, adoptado e aberto à assinatura, ratificação e adesão pela resolução 2200A (XXI) da Assembleia Geral das Nações Unidas, de 16-12-1966 (disponível em http://www.gddc.pt/direitos-humanos/textos-internacionais-dh/tidhuniversais/cidh-dudh-direitos-civis.html) estatui no seu art. 7.º que: *«Ninguém será submetido à tortura nem a pena ou a tratamentos cruéis, inumanos ou degradantes. Em particular, é interdito submeter uma pessoa a uma experiência médica ou científica sem o seu livre consentimento».* Por sua vez, no art. 17.º do mesmo Pacto prescreve que: *«1. Ninguém será objecto de intervenções arbitrárias ou ilegais na sua vida privada, na sua família, no seu domicílio ou na sua correspondência, nem de atentados ilegais à sua honra e à sua reputação. 2. Toda e qualquer pessoa tem direito à protecção da lei contra tais intervenções ou tais atentados».*

[582] No passado remoto, no julgamento, a confissão, por vezes, era acompanhada de tormentos. *"Os tormentos, "[...] perguntas judiciais feitas ao réu de crimes graves, a fim de compeli-lo a dizer a verdade por meio de tratos do corpo", eram provas previstas desde o Código Visigótico, herança dos romanos que, por algum tempo, deixaram de ser aplicados, mas retornaram no século XIV nos títulos 87 e 88 do Livro V das Ordenações Afonsinas. A tortura era aplicada de forma oculta, após a realização da acusação escrita e diante de indícios graves, como confissão extrajudicial, fuga antes da querela. Assim, o juiz buscava, de todas as formas, colher no interrogatório as informações do acusado, com interrogatórios infindáveis, com perguntas e reperguntas, sugestivas e cavilosas, objectivando extorquir a confissão. Se o método não funcionava, lançava mão das ameaças e, por fim, da tortura"* (assim, Adriana Ristori; Sobre o silêncio do arguido no interrogatório no processo penal português, p. 56).

[583] *«A eficácia da Justiça é também um valor que deve ser perseguido, mas, porque numa sociedade livre os fins nunca justificam os meios, só é aceitável quando alcançada lealmente, pelo engenho e arte, nunca pela força bruta, pelo artifício ou pela mentira, que degradam quem os sofre, mas não menos quem os usa. Por isso que a lei repudia em absoluto a obtenção de provas mediante tortura, coacção e ofensa da integridade física ou moral da pessoa, cuja inviolabilidade é primariamente garantida nos arts. 24.º e 25.º da Constituição, e limita aos casos expressamente previstos na lei em conformidade com a Constituição (arts. 26.º a 34.º) a sua obtenção mediante a intromissão na vida privada, no domicílio, na correspondência ou nas*

A garantia da tutela constitucional consagrada neste normativo é inovadora face à enunciação dos direitos materializados nos arts. 24.º e 25.º da Constituição, não tanto na consideração da proibição do uso de meios proibidos na obtenção dos elementos de prova, *«mas essencialmente a utilização das provas obtidas por tais meios. Essas provas é que são nulas, nulidade que deve ser considerada em sentido forte, ou seja como proibição absoluta da sua utilização no processo»*[584].

A questão primordial que este normativo suscita, desde logo, é a da sua aplicação analógica ao processo civil, considerando que, como resulta da epígrafe do art. 32.º da Constituição, o mesmo define as *«garantias do processo criminal»*.

A doutrina tem assentado na aplicação analógica desta norma ao processo civil, invocando para tal, em suma, duas considerações:

1.ª O art. 32.º, n.º 8, da Constituição não revela ser uma norma excepcional formal;

2.ª As razões de proteção dos diferentes direitos fundamentais – v.g. dos arts. 25.º, 26.º e 34.º da Constituição – já estavam presentes no espírito do legislador constituinte, sendo também válidas para o processo civil.

Neste ponto, parece-nos, contudo, de subscrever a posição alinhada por Pedro Trigo Morgado, o qual rejeita a aplicação analógica do art. 32.º, n.º 8, da Constituição ao processo civil.

Conclui o referido Autor[585] nos seguintes termos: *«O legislador constitucional terá querido, pura e simplesmente, garantir que, independentemente do curso político que o país tomasse na sequência da revolução de 1974, estivessem sempre garantidos aqueles direitos básicos do arguido no processo penal, por uma questão de proteção do arguido no âmbito do processo penal. Não parece (...) que esta escolha legislativa se fique a dever a um mero esquecimento do processo civil»*.

## 6.3. Os arts. 124.º, 125.º e 126.º do Código de Processo Penal

Para demonstrarem a veracidade das suas alegações as partes têm o direito de introduzir provas no processo com o intuito de formar a convicção judicial[586].

---

*telecomunicações»* (assim, Jorge Miranda e Rui Medeiros; Constituição Portuguesa Anotada, Tomo I, p. 736).

[584] Cfr. Jorge Miranda e Rui Medeiros; Constituição Portuguesa Anotada, Tomo I, 2.ª Ed., p. 737.

[585] Ob. Cit., p. 118 e ss.

[586] Nesse sentido, estabelece o art. 124.º do CPP que: *«1 – Constituem objecto da prova todos os*

A PROVA ILÍCITA NO PROCESSO PENAL PORTUGUÊS. ENUNCIAÇÃO SUMÁRIA

Como decorre do previsto no n.º 1 do art. 124.º do CPP, «*constituem objecto da prova todos os factos juridicamente relevantes para a existência ou inexistência do crime, a punibilidade ou não punibilidade do arguido e a determinação da pena ou da medida de segurança aplicáveis*»[587,588].

Contudo, existem limites para a admissão e produção de uma prova, pelo que, o direito à prova não é absoluto.

Como estatui o art. 125.º do CPP, «*são admissíveis as provas que não forem proibidas por lei*».

Enquadram-se nesta previsão e na admissibilidade probatória, todos os meios de prova, ainda que se tratem de provas atípicas[589], ou seja, aquelas não regulamentadas por lei.

Os sujeitos passivos dos métodos proibidos de prova podem ser os agentes do Estado, mas também, quaisquer particulares, aqui se incluindo também o arguido, a testemunha, o perito, o assistente e as partes civis[590].

---

*factos juridicamente relevantes para a existência ou inexistência do crime, a punibilidade ou não punibilidade do arguido e a determinação da pena ou da medida de segurança aplicáveis. 2 – Se tiver lugar pedido civil, constituem igualmente objecto da prova os factos relevantes para a determinação da responsabilidade civil*».

[587] O objecto da prova reconduz-se ao «facto juridicamente relevante», cuja relevância se afere em função do objectivo do processo, que é o de determinar da existência do crime, da punibilidade do arguido e de determinar quais as consequências do crime. «*Mas também abrange os factos relevantes para a verificação dos pressupostos processuais, das nulidades, das irregularidades e das proibições de prova. Como abrange ainda os factos relevantes para a decisão sobre as questões prévias, interlocutórias ou incidentais verificadas na pendência do processo, incluindo a determinação dos factos relevantes para a verificação dos pressupostos das medidas de coacção e de garatnai patrimonial e da credibilidade das testemunhas, peritos e consultores técnicos*» )» (cfr. Paulo Pinto de Albuquerque; Comentário ao C.P.P., p. 315).

[588] Prevendo o n.º 2 do mesmos art. que, no caso de pedido civil constituem igualmente objecto da prova «*os factos relevantes para a determinação da responsabilidade civil*».

[589] Como refere Paulo Pinto de Albuquerque (Comentário ao CPP, p. 317): «*O CPP consagra a regra da não taxatividade dos meios de prova. Ao invés do art. 189.º do CPP Italiano, a lei Portuguesa não estabelece um critério substantivo especial para a admissibilidade das provas não previstas na lei, pelo que a admissibilidade das provas não previstas na lei rege-se pelos critérios substantivos gerais do art. 340.º. Os meios de prova atípicos estão subordinados aos demais limites constitucionais e legais de admissibilidade da prova, como os resultantes do art. 126.º*».

[590] Como anota Paulo Pinto de Albuquerque (Comentário ao C.P.P., p. 319) tal sucede ao invés do estabelecido no Código de Processo Penal alemão onde se exclui a aplicação das proibições de prova quanto a particulares.

A PROVA ILÍCITA: VERDADE OU LEALDADE?

As provas proibidas[591] não são admitidas no processo penal, e a fim de não produzirem qualquer efeito, deverão ser excluídas[592].

Este princípio é extensível a outros processos de natureza garantística como o processo contra-ordenacional[593].

É isso que se prevê – em desenvolvimento do preceito constitucional contido no art. 32.º, n.º 8 da Constituição – no art. 126.º do CPP[594], preceito onde – com a epígrafe *Métodos proibidos de prova*[595] – se prescreve o seguinte:

> *«1 – São nulas, não podendo ser utilizadas, as provas obtidas mediante tortura[596], coacção[597] ou, em geral, ofensa da integridade física ou moral das pessoas.*

---

[591] Como refere Costa Andrade (Sobre as proibições de prova em processo penal, Coimbra, 1992, p. 83.): *«O que define a proibição de prova é a prescrição de um limite à descoberta da verdade».*

[592] *«A verdade processual não é um valor absoluto e, por isso, não tem de ser investigada a qualquer preço, mormente quando esse 'preço' é o sacrifício de direitos fundamentais das pessoas»,* conforme refere Germano Marques da Silva; Curso de processo penal, vol. II, p. 122.

[593] O art. 42.º, n.º 2 do D.L. n.º 433/82, de 27 de Outubro estabelece que não são admissíveis, nos processos de contra-ordenação, provas que colidam com a reserva da vida privada, excepto se forem obtidas mediante o consentimento de quem de direito.

[594] Entendendo-se que a enumeração é meramente enunciativa (cfr. Manuel da Costa Andrade, Sobre as proibições de prova em processo penal, p. 216; Fernando Gonçalves e Manuel João Alves, A Prova do Crime – Meios legais para a sua obtenção, p. 134).

[595] Refere Paulo Pinto de Albuquerque (Comentário ao C.P.P., p. 319) que *«os "métodos" proibidos de prova incluem os meios de prova e os meios de obtenção de prova. A amplitude da expressão usada na lei visa precisamente incluir todo e qualquer "método" de prova, isto é, todo e qualquer instrumento intelectual utilizado com o fito de provar um facto juridicamente relevante».*

[596] No n.º 3 do art. 243.º do CP enuncia-se que constitui tortura o *«tratamento cruel, degradante ou desumano, o acto que consista em infligir sofrimento físico ou psicológico agudo, cansaço físico ou psicológico grave ou no emprego de produtos químicos, drogas ou outros meios, naturais ou artificiais, com intenção de perturbar a capacidade de determinação ou a livre manifestação de vontade da vítima».* Do mesmo modo, no art. 1.º da Convenção contra a Tortura e outros Tratamentos ou Penas Cruéis, Desumanos ou Degradantes, tortura é *«qualquer acto pelo qual uma violenta dor ou sofrimento, físico ou moral, é infligido intencionalmente a uma pessoa, com o fim de (i) se obter dela ou de uma terceira pessoa informações ou confissão, (ii) ou de puni-la por um acto que ela ou uma terceira pessoa tenha cometido ou seja suspeita de ter cometido, (iii) ou de a intimidar ou coagir, a ela ou a uma terceira pessoa, ou (iii) por qualquer razão baseada em discriminação de qualquer espécie, quando tal dor ou sofrimento é imposto por um funcionário público ou por outra pessoa actuando no exercício de funções públicas, ou ainda por instigação dele ou com o seu consentimento ou aquiescência».*

[597] De harmonia com o disposto no art. 155.º do CP constitui coação o constrangimento de outra pessoa, por meio de violência ou de ameaça com mal importante, a uma acção ou omissão, ou a suportar uma actividade. No art. 255.º do Código Civil denomina-se por "coacção

A PROVA ILÍCITA NO PROCESSO PENAL PORTUGUÊS. ENUNCIAÇÃO SUMÁRIA

*2 – São ofensivas da integridade física ou moral das pessoas as provas obtidas, mesmo com o consentimento delas, mediante*[598]*:*

*a) Perturbação da liberdade de vontade ou de decisão através de maus tratos, ofensas corporais, administração de meios de qualquer natureza, hipnose ou utilização de meios cruéis ou enganosos*[599]*;*

*b) Perturbação, por qualquer meio, da capacidade de memória ou de avaliação;*

*c) Utilização da força, fora dos casos e dos limites permitidos pela lei;*

*d) Ameaça com medida legalmente admissível e, bem assim, com denegação ou condicionamento da obtenção de benefício legalmente previsto;*

*e) Promessa de vantagem legalmente inadmissível.*

*3 – Ressalvados os casos previstos na lei, são igualmente nulas, não podendo ser utilizadas, as provas obtidas mediante intromissão na vida privada, no domicílio, na correspondência ou nas comunicações sem o consentimento do respectivo titular*[600,601]*.*

---

moral" a ameaça ilícita que provoque no visado o receio de um mal sobre a sua pessoa, honra ou fazenda.

[598] Paulo Pinto de Albuquerque (Comentário ao C.P.P., p. 323) considera que o n.º 2 do art. 126.º do CPP, atentos os bens constitucionais em causa, não tem natureza taxativa, admitindo, por isso, aplicação analógica. Em semelhante sentido, vd. Costa Andrade; Sobre as Proibições de Prova em Processo Penal, p. 216).

[599] O conceito "meios enganosos" abrange a produção do erro por acção (a indução dolosa e activa do erro, por exemplo, notificar um suspeito para vir depor como testemunha) e a produção do erro por omissão (ou seja, o aproveitamento o erro já existente e a omissão do esclarecimento destinado a dissipar o erro quando exista o dever jurídico de afastar esse erro). A jurisprudência vem considerando um "meio enganoso" o recurso à figura do agente provocador (na medida em que instiga, provoca e, porventura, pratica actos de execução do crime) e do agente infiltrado (que, apesar de não instigar o crime, ganha a confiança do suspeito, aproveitando-se dessa situação). São figuras diversas da do agente encoberto que não provoca ou contribui para a prática de ilícitos criminais nem procura conquistar a confiança dos investigados.

[600] *«Daqui decorre que as proibições de prova se fundam, em princípio, na ilicitude criminal do meio de prova (...). Mas nem todas as violações de proibições de prova constituem ilícito criminal. Há proibições de prova fundadas em condutas substantivamente neutrais, como, por exemplo, a do art. 355.º. E nem todas as provas criminalmente ilícitas são provas processualmente proibidas. Há provas ilícitas cuja valoração é admissível se o titular do direito o autorizar. Daí a especial importância do art. 126.º, n.º 3, do CPP, que não encontra paralelo nas disposições correspondentes da lei Alemã, nem nas da lei Italiana»* (assim, Paulo Pinto de Albuquerque, Comentário ao C.P.P., 2.ª ed., 2008, UCP, p. 320).

[601] O TEDH, no caso Malone v. Reino Unido, de 02-08-1984 (http://hudoc.echr.coe.int/eng?i=001-57533) considerou, relativamente à operação (em inglês, «metering») de elaboração de listas de chamadas telefónicas de um determinado telefone, com indicação, a respeito

*4 – Se o uso dos métodos de obtenção de provas previstos neste art. constituir crime, podem aquelas ser utilizadas com o fim exclusivo de proceder contra os agentes do mesmo».*

O CPP contém ainda diversas normas cuja violação implica a impossibilidade de utilizar a prova recolhida[602].

O regime da nulidade das provas proibidas em processo penal é distinto consoante se trate de prova que atinja o direito à integridade física e moral, daquela que atinge os direitos à privacidade consignados no n.º 3 do art. 126.º do CPP: Quanto às primeiras a nulidade é insanável, enquanto que, quanto às segundas, a nulidade é sanável pelo consentimento[603] do titular do direito[604].

---

de cada chamada, da hora e duração da mesma, que os respectivos registos contêm informações – em particular, os números ligados – que constitui um elemento referente às comunicações telefónicas e, consequentemente, entendeu que o fornecimento dessa informação às autoridades policiais sem consentimento do respectivo titular, constitui uma interferência sobre o direito garantido pelo art. 8.º da CEDH.

[602] É o que sucede com os arts. 58.º, n.º5 e 59.º, n.º 3 (A omissão das formalidades relativas à constituição de arguido implica a impossibilidade de utilizar as declarações prestadas pela pessoa visada), 129.º n.º 1 (impossibilidade de valorar o depoimento de "ouvir dizer"), 130.º, n.º1 (Proibição da reprodução de vozes ou rumores públicos e limitação à manifestação de convicções pessoais), 147.º n.º 7 (inadmissibilidade de reconhecimento de pessoas sem as formalidades previstas), 148.º n.º 3 (inadmissibilidade de reconhecimento de objectos sem as formalidades previstas), 156.º.º n.º 4 (os elementos de que o perito tome conhecimento no exercício das suas funções só podem ser utilizados dentro do objecto e das finalidades da perícia), 167.º, n.º1 (não podem ser valoradas reproduções mecânicas ilícitas), 179.º, n.º3 (a correspondência considerada irrelevante não pode ser utilizada como meio de prova) e 355.º, n.º 1 (proibição de valoração de provas não produzidas ou examinadas em audiência de julgamento).

[603] Para que estejamos perante um consentimento válido este deve ser dado pelo efectivo titular do direito (e não da pessoa que tiver disponibilidade sobre ele), dizer respeito a direitos disponíveis (como o direito à não intromissão na vida privada, no domicílio, na correspondência ou nas telecomunicações) e ser livre e esclarecido (ou seja, este consentimento tem de ser rodeado de cautelas que protejam o titular do direito de ver a sua liberdade de auto-determinação perturbada pela enorme situação de disparidade em que se encontra relativamente ao Estado e às instâncias formais de controlo).

[604] *«O consentimento pode ser dado ex ante ou ex post facto. Se o titular do direito pode consentir na intromissão na esfera jurídica do seu direito, ele também pode renunciar expressamente à arguição da nulidade ou aceitar expressamente os efeitos do acto, tudo com a consequência da sanação da nulidade da prova proibida. Em síntese, o art. 126.º, n.º 1 e 2, prevê nulidades absolutas de prova e o n.º 3 prevê nulidades relativas de prova»* (cfr. Paulo Pinto de Albuquerque, Comentário ao C.P.P., p. 320).

## A PROVA ILÍCITA NO PROCESSO PENAL PORTUGUÊS. ENUNCIAÇÃO SUMÁRIA

Por outro lado, a nulidade absoluta da prova proibida pode ser conhecida oficiosamente ou a requerimento dos sujeitos processuais, enquanto que, por sua parte, a nulidade relativa apenas pode ser conhecida a requerimento do titular do direito infringido[605].

Para além disso, «*a nulidade da prova proibida pode ser conhecida em qualquer fase do processo*»[606], determinando a nulidade da sentença, caso a prova proibida tenha sido utilizada na fundamentação da decisão, bastando para o efeito que seja um dos meios de prova invocados, ainda que não o preponderante da fixação da convicção do Tribunal[607].

### 6.4. O art. 122.º, n.º 1 do Código de Processo Penal

Também no âmbito do processo penal e a propósito das proibições de prova, colocou-se a questão de saber qual o valor de provas decorrentes de provas obtidas por métodos proibidos[608].

A este respeito desenvolveu-se a denominada teoria dos frutos da árvore envenenada (*«fruit of poisonous tree doctrine»*) – segundo a qual, uma proibição de prova também se estende aos meios de prova indirectamente obtidos através dela), com origem nos Estados Unidos da América e a similar teoria da nódoa (*«Makel-Theorie»*), desenvolvida na Alemanha.

Nesses ordenamentos tem-se entendido que as provas obtidas por métodos proibidos de prova, que sejam ofensivos dos direitos, liberdades e garantias, contaminam, através de efeito-à-distância[609], as provas que sejam consequência daquelas, não podendo umas e outras ser utilizadas.

---

[605] Cfr. Ac. do STJ de 20-09-2006, CJSTJ, t. 3, p. 192; Ac. do STJ de 27-01-1998, in BMJ 473.º, p. 166; Ac. do TRC de 19-03-2003, CJ, t. 2, p. 430; Ac. do TRC de 19-12-2001, CJ, t. 5, p. 57.

[606] Assim, Paulo Pinto de Albuquerque, Comentário ao C.P.P., p. 321.

[607] Neste sentido, Paulo Pinto de Albuquerque (Comentário ao C.P.P., p. 322) e Costa Andrade (Sobre as Proibições de Prova em Processo Penal, pp. 64-65). A sentença assim prolatada será nula, em conformidade com o disposto no art. 122.º, n.º 1, do CPP.

[608] *«Perante uma prova proibida coloca-se a questão de saber se a proibição vale só para o meio de prova obtido directamente de modo proibido ou se também afecta outros meios de prova obtidos indirectamente através da prova proibida (ex: se a arguida submetida a tortura revela onde se encontra o cadáver e em consequência se encontra o cadáver e sangue da arguida, questiona-se se a proibição de prova abrange também a prova resultante do sangue encontrado junto do cadáver)»* (assim, Jorge Miranda e Rui Medeiros; Constituição Portuguesa Anotada, Tomo I, p. 737).

[609] Sobre este tema, Helena Mourão, *"O efeito-à-distância das proibições de prova no Direito Processual Penal português"*, p. 575 e ss. e João Henrique Gomes de Sousa, *"Das nulidades à 'fruit of the poisonous tree doctrine'"*, pp. 703-734.

No nosso processo penal, este entendimento tem algum apoio na letra da lei, se atentarmos no n.º 1 do art. 122.º do CPP. Este preceito estabelece que: *«As nulidades tornam inválido o acto em que se verificarem, bem como os que dele dependerem e aqueles puderem afectar».*

A declaração de nulidade determina a invalidade de todos os efeitos substantivos, processuais e materiais do acto nulo[610].

*«Mais do que uma dependência cronológica exige-se uma dependência real ou efectiva. O acto inválido deve constituir a premissa lógica da actividade sucessiva, de modo que, na sua falta, aqueles também não podem sobreviver autonomamente. Por outras palavras, os dois devem estar interligados por um nexo funcional, que torna a validade de um imprescindível à validade do outro»*[611].

Contudo, de acordo com o estabelecido nos n.ºs 2 e 3 do art. 122.º do CPP:

*«2. A declaração de nulidade determina quais os actos que passam a considerar-se inválidos e ordena, sempre que necessário e possível, a sua repetição, pondo as despesas respectivas a cargo do arguido, do assistente ou das partes civis que tenham dado causa, culposamente, à nulidade.*

*3. Ao declarar uma nulidade, o juiz aproveita todos os actos que ainda puderem ser salvos do efeito daquela»*[612].

---

[610] *«A dita declaração tem também o efeito da invalidade derivada dos actos subsequentes ao acto nulo que tenham um nexo de dependência cronológica, lógica e valorativa com o acto nulo, de tal como que, na falta do acto prévio, os actos subsequentes não podem subsistir isoladamente. Por exemplo, é admissível a utilização de outras provas distintas das escutas nulas e a elas subsequentes quando tais provas se traduzam nas declarações dos próprios arguidos, designadamente declarações confessórias, feitas no pressuposto da validade das escutas (Ac. do TC n.º 198/2004), precisamente porque as declarações confessórias não têm um nexo de dependência lógica e valorativa das escudas, mas apenas um nexo de natureza subjectiva (assente na convicção subjectiva do arguido) (...). Ou ainda outro exemplo: a anulação da acusação e dos termos subsequentes não implica a invalidade dos relatórios sociais elaborados sobre o arguido pelos serviços de reinserção social (Ac. do TRC, de 29.3.2000, in CJ, XXV, 2, 55). A lei não reconheceu, pois, o efeito da invalidade sucessiva dos actos prévios ao acto nulo, isto é, a nulidade dos actos que precederam o acto nulo e com ele têm uma conexão cronológica, lógica e valorativa. Contudo, na medida em que os actos prévios não sejam autonomizáveis do acto nulo, isto é, integrem um acto processual único com o acto nulo, eles são também afectados pela declaração de nulidade (assim também, CONDE CORREIA, 1999 a: 185 e 186)»* (cfr. Paulo Pinto de Albuquerque, Comentário ao C.P.P., p. 311).

[611] Assim, João Conde Correia, Contributo para a análise da inexistência e das nulidades processuais penais, p. 185.

[612] Como refere Paulo Pinto de Albuquerque (Comentário ao C.P.P., p. 311), *«o CPP estabelece uma regra de aproveitamento dos actos subsequentes que não tenham um nexo de dependência lógica e*

As aludidas teorias da exclusão probatória foram-se, no entanto, atenuando[613,614], fruto da evolução jurisprudencial ocorrida essencialmente nos E.U.A., criando-se excepções à sua aplicação, agrupadas em três grupos de circunstâncias, a saber:

- A denominada *"limitação da fonte independente"* (*«independent source exception»*)[615]: Trata-se da admissão para o processo de uma prova que foi ou poderia ter sido obtida por via autónoma e perfeitamente lícita. Esta prova é destacada ou independente daquela que é inválida, que permite induzir, probatoriamente, aquele a que o originário tendia, mas que foi impedido, não tendo a ilegalidade da prova sido *conditio sine qua non* da descoberta da verdade (ex: busca inicial ilegal onde forma observados os instrumentos usados no tráfico de estupefacientes, mas não foram encontrados estupefacientes, seguida de busca legal, baseada em causa provável anterior à primeira busca, em que a droga foi efectivamente encontrada)[616];
- A denominada *"limitação da descoberta inevitável"* (*«inevitable discovery exception»*)[617]: Esta «excepção» à inadmissibilidade probatória da prova indirectamente obtida por meio de uma prova inválida terá lugar quando

---

valorativa com o acto nulo. Por maioria de razão, deve declarar-se o aproveitamento de uma parte do acto nulo ou de uma parte dos efeitos do acto nulo se a causa da nulidade não afectar por inteiro o acto, mas apenas uma parte dele (nulidade parcial do acto processual). Trata-se, afinal, de operar a redução do acto processual nulo, salvando a parte do acto que se não mostre viciada. Assim, se for arguida a nulidade de um julgamento por falta do intérprete na inquirição de uma testemunha estrangeira, deve declarar-se a nulidade parcial do julgamento apenas no tocante à inquirição da dita testemunha e o aproveitamento da parte restante da audiência de julgamento».

[613] Também sobre esta temática vd. o Ac. TC n.º 198/2008 (p.º 39/04, de 24-03-2004, D.R., 2.ª Série, de 02-06-2004).

[614] Atenuação que pode ser criticável à luz do ordenamento jurídico português: «Seria um resultado pleno de non sense que a Constituição protegesse aqueles valores e cominasse a sua violação com uma nulidade e uma interpretação do ordenamento infraconstitucional e/ou a prática judiciária permitis-sem a subsequente valoração de provas ilicitamente obtidas» (assim, João Henrique Gomes de Sousa, "Das nulidades à «fruit of the poisonous tree doctrine»", p. 728 e ss.).

[615] A excepção da fonte independente foi aplicada no Caso Wong Sun v. US, 371, US 471 (1963).

[616] A doutrina da fonte independente limita os efeitos da teora da árvore envenenada, quando não existe uma vinculação directa entre a prática de uma diligência de forma ilícita e as dili-gências processuais posteriores. Não há frutos envenenados se há prova independente válida.

[617] Cfr. Caso Nix v. Williams, 467, U.S. 431 (1984).

se demonstre que uma outra actividade investigatória, não levada a cabo, seguramente iria ocorrer no caso, não fora a descoberta através da prova proibida conducente ao mesmo resultado, ou seja, quando inevitavelmente, apesar da proibição, o resultado seria, inexoravelmente, alcançado (ex: interrogatório ilegal que levou o interrogado a localizar o cadáver da vítima, mas este, viria sem dúvida a ser encontrado, ainda que mais tarde, pois decorriam buscas no local onde foi encontrado)[618]; e

---

[618] No Ac. do TC n.º 198/2004 (DR, 2.ª, n.º 129, de 02-06-2004, p. 8544 e ss.) faz-se alusão a esta tese, concluindo-se pela admissibilidade de prova ilícita que seria inevitavelmente descoberta no âmbito de outra diligência: «*Está em causa (...) o aproveitamento de prova traduzida em confissão, ou num sentido mais amplo em declarações relevantes dos próprios arguidos. Esta – a confissão – funciona, de forma quase intuitiva, como verdadeiro paradigma de uma prova subsequente autónoma, concretamente por decorrer de um acto de vontade – de uma decisão de agir de determinada forma – de quem é advertido (trata-se de prova produzida na audiência de julgamento) do sentido das declarações que eventualmente venha a prestar (v. o art. 343.º n.º 1, do CPP) e que, enfim, se encontra assistido por advogado. Aliás, sem que isto signifique uma apreciação por parte deste Tribunal da própria decisão recorrida, fora dos parâmetros da questão de inconstitucionalidade normativa que dessa decisão emergiu, não pode deixar de se sublinhar que o recorrente havia contestado, desde o debate instrutório, a legalidade das escutas telefónicas, que os seus argumentos foram a esse respeito aceites pelo tribunal de julgamento e que, por isso, não tem qualquer sentido a afirmação, constante das suas alegações, de que a confissão, dele recorrente e do co-arguido não recorrente, não foi «livre e esclarecida, pois, só o seria caso o Tribunal o tivesse informado de que as escutas [eram] ilegais e que não [podiam] ser utilizadas contra ele» (...). Trata-se, obviamente, de um absurdo, quando, sublinha-se de novo, era o próprio recorrente que desde muito antes defendia veementemente a ilegalidade dessas escutas. Tudo se prende, assim, com o entendimento do próprio art. 122.º, n.º 1, do CPP e com o relacionamento de uma prova de natureza confessória com anterior prova inválida, consubstanciada em intercepções telefónicas. Quanto ao primeiro aspecto (...) está em causa uma doutrina que entende o «efeito à distância» como uma construção interpretativa que possibilita considerar em determinadas circunstâncias, e recusá-lo noutras, que os fundamentos jurídicos da invalidade de determinada prova se mantêm (e, por isso, se devem projectar) numa prova que aparece depois. Quanto à confissão, o que foi considerado é que esta tem tal autonomia que possibilita um acesso aos factos totalmente destacável de qualquer outra forma de acesso anteriormente surgida e afectada por um valor negativo [este Tribunal, no Ac. n.º 288/99 (Ac.s do Tribunal Constitucional, 43.º vol., p. 529), entendeu como constitucionalmente conforme a livre valoração, enquanto prova, de declarações confessórias relativamente às quais não se verificou o condicionalismo estabelecido no n.º 1 do art. 344.º do CPP]. Ora, e assim se alcança uma conclusão, o entendimento do art. 122.º, n.º 1, do CPP, subjacente à decisão recorrida, segundo o qual este abre a possibilidade de ponderação do sentido das provas subsequentes, não declarando a invalidade destas, quando estiverem em causa declarações de natureza confessória, mostra-se constitucionalmente conforme, não comportando qualquer sobreposição interpretativa a essa norma que comporte ofensa ao disposto nos preceitos constitucionais invocados*».

– A denominada *"limitação da mácula dissipada"* (*«purged taint exception»*): Em que uma prova, embora derivando de outra prova ilegal, é aceite quando os meios de alcance daquela representam uma forte autonomia relativamente a esta, atenuando decisivamente a ilegalidade precedente, permitindo «dissipar a nódoa» verificada (ex: a ilegalidade de uma detenção inicial não assente em causa provável não afecta a posterior confissão voluntária e esclarecida quanto às suas consequências, sendo esta um acto independente da detenção ilegal inicial).

A questão que se coloca é a de saber se pode ter lugar alguma transmissão da temática da ilicitude das provas em processo penal para o processo civil.

Como questiona Pedro Trigo Morgado[619]: *«Será possível a aplicação ao processo civil das regras relativas às provas ilícitas do direito penal?»*. Conclui o Autor que a doutrina – e a jurisprudência – desenvolvida no âmbito do processo penal pode ser aproveitada para a discussão da questão no processo civil, na medida em que não se prendam com especificidades do processo penal.

O direito penal substantivo poderá ser utilizado indirectamente para fundamentar a ilicitude de provas materialmente ilícitas na medida em que, se uma prova utilizada no processo civil tiver sido adquirida com recurso à prática de um crime, ou a sua utilização consubstancie a prática de um crime, esse ilícito criminal representará, também e concomitantemente, uma ofensa à ordem jurídica que permitirá a qualificação, para efeitos do processo civil, da prova como ilícita.

## 7. A prova ilícita no processo civil português

### 7.1. Enquadramento

Ao invés do processo penal, especificamente sobre o processo civil não se encontra nenhum preceito idêntico aos citados, nem nenhuma orientação jurisprudencial ou doutrinária semelhante à das teorias dos frutos da árvore envenenada ou da nódoa.

Tradicionalmente, a lei processual enuncia um dever de cooperação das partes para a averiguação da verdade e boa administração da justiça[620], o qual dota de elasticidade suficiente para, nuns casos, admitir uma larga amplitude

---

[619] Ob. Cit., p. 110.
[620] Era a expressão ínsita no art. 524.º do Código de Processo Civil de 1939.

A PROVA ILÍCITA: VERDADE OU LEALDADE?

da sua concretização e, noutros casos, viabilizar uma limitação da cooperação ou mesmo prever mecanismos de recusa de cooperação.

Será que a diferença legal é intencional[621]? Será que o processo civil é um ente menor face ao processo penal ou a diferença advém de uma direccionada opção político-legislativa?

A resposta a estas questões extravasa manifestamente o âmbito desta análise. Todavia, um aspeto é de salientar: A diferença não assenta tanto em diferenças assinaláveis de regime, mas a mesma tem por base razões históricas e outras relacionadas com o maior pendor interventivo do Estado e à consequente maior compressão dos direitos individuais no processo penal, face ao processo civil, onde pleiteiam particulares e onde as exigências ao nível da prova são de outra índole.

Perante a ausência de regulamentação específica no âmbito do nosso direito processual civil, sobre onde termina a licitude probatória e onde começa a ilicitude, pergunta-se: Deve-se admitir toda e qualquer prova ainda que ilicitamente obtida? Ou existirá campo para afirmar ainda a ilicitude na obtenção ou produção da prova e quais as consequências para a valoração de tal prova? Que caminhos tem trilhado a doutrina e que soluções tem procurado a jurisprudência?

A problemática em apreço da prova ilícita assume exponencial relevância no nosso tempo, tempo este onde os céleres meios de comunicação e as novas e eficientes tecnologias – que surgem todos os dias e que tornam obsoleto aquilo que ainda não tivemos tempo de aprender – tornam o legislador hiperactivo, o intérprete inseguro e o aplicador do Direito perdido no imenso universo jurídico.

Para a consideração das novas realidades, sempre em mutação, há que reinventar conceitos, apreender a novidade, rever princípios antes inabaláveis e considerar novas teorias.

---

[621] A este propósito refere Pedro Filipe Pereira Durães (A garantia da nulidade das provas obtidas com violação dos direitos fundamentais) que *«não pretendeu (...) a lei, no processo civil, ir mais além, ou seja impor aos particulares, no seu afã de obtenção de provas a apresentar em juízo, as limitações que a si próprio o Estado se impôs, pois o ojectivo que se tinha em vista* [com a previsão do art. 32.º, n.º 8, da CRP] *não era o de se fixar um quadro geral definidor da ilicitude em matéria de obtenção das provas, mas obstar a que o Estado, por intermédio dos seus órgãos e agentes designadamente de investigação criminal, impusesse a sua força desrespeitando direitos e garantias individuais».*

No direito probatório, as novas tecnologias facilitaram o meio de obtenção das provas e pode falar-se mesmo em novos meios de prova[622]. Hoje qualquer pessoa tem um telemóvel que, para além de permitir a comunicação, se encontra apetrechado, na maior parte dos casos, por uma máquina fotográfica, por uma câmara de vídeo, por um sistema de gravador de som e muitas outras funcionalidades que, nem lendo e relendo manuais de instruções se conseguem, sem aprofundado conhecimento ou perícia, captar na sua totalidade. Difundem-se os «tablets» e a internet móvel, permitindo que, em situações antes nunca imagináveis, se efectuem pesquisas, se navegue na internet, se utilizem serviços. Inúmeros "palavrões" (como *«Ipad»*, *«wi-fi»*, *«browser»*, *«homebanking»*, *«smartcard»*, *«e-ticket»*, etc.) vão se introduzindo no

---

[622] Como refere Manuel M. Gómez del Castillo y Gómez (*"Aproximación a los nuevos medios de prueba en el proceso civil"*, pp. 78-80) paralelamente aos clássicos meios de prova, *«la dinámica social de los últimos tiempos (y, mas concretamente, la operada en la segunda mitad del siglo XX) ha venido haciendo uso (por no decir que ha venido imponiendo) de un relevante conjunto de instrumentos probatorios, de carácter real, y productos evidentes de las innovaciones tecnológicas y científicas, a los que la doctrina (y también la jurisprudencia) han denominado o calificado como "nuevos medios" de prueba».*
O referido Autor classifica nos "novos meios de prova" os seguintes grupos:
*«1. Instrumentos de captación y reproducción del sonido (fonograbaciones): se incluirían, en este primer grupo, todos aquellos elementos de captación y reproducción del sonido mediante registros mecánicos o magnéticos, sean autónomos o dependientes (contestadores de teléfonos fijos, buzones de teléfonos móviles, etc) de aparatos de transmisión del sonido; así: discos gramofónicos o fonográficos (en soporte de resinas sintéticas, tipo baquelita, o de sustancias sintéticas, a base de polímeros, tipo plastico), discos compactos (compact disc), cintas magnetofónicas (en soporte de vinilo o de plástico; en o sin cassettes), etc.*
*2. Instrumentos de captación y reproducción de la imagen (fotograbaciones): se incluirían, en este segundo grupo, todos aquellos elementos de captación y reproducción de la imagen mediante registros físicos o químicos; así: fotografías (en todas sus posibles variantes: macrofotografía, microfotografía, fotografía ultrarrápida, con luz monocromática, con luz polarizada, con radiaciones ultravioletas o infrarrojos, etc), diapositivas, transparencias, copias fotostáticas (fotocopias, xerocopias, etc), aplicaciones en el campo de la ingeniería, de la arquitectura, de la medicina (radiografías y gammagrafías –mediante la utilización de las propiedades penetrantes de los rayos equis y gammas--; radiofotografías; radiogramas; fotografías radioscópicas; escintilografías; ecografías – mediante la utilización de la reflexión de los ultrasonidos–; resonancias magnéticas – mediante la utilización de transiciones inducidas entre los niveles de energía magnética de átomos, iones o moléculas– en sus variantes nuclear o electrónica; fotografías endoscópicas; Tac; etc), etc.*
*3. Instrumentos de captación y reproducción de la imagen y del sonido (...).*
*4. Instrumentos telemáticos (...).*
*5. Instrumentos informáticos (...).*
*6. Instrumentos derivados de la utilización de aparatos de control o medición (...).*
*7. Instrumentos derivados de la utilización de aparatos registradores (...)».*

A PROVA ILÍCITA: VERDADE OU LEALDADE?

quotidiano[623]. Alteram-se as próprias formas de comunicação. A carta remetida pelo correio, o telegrama e o próprio fax, vão-se tornando cada vez mais obsoletos. Dominam os *"e-mails", os "chats"* de conversação, o *«facebook»*[624], o *«twitter»*, as mensagens escritas enviadas por telemóvel[625] (SMS – acrónimo

[623] Como refere José Benjamim de Lima ("A tecnologia e o direito à privacidade"): *«A tecnologia facilita cada vez mais a indiscrição, a bisbilhotagem, a invasão da vida privada das pessoas, quer por agentes do Estado, quer por particulares. Equipamentos sofisticados ouvem conversas à distância, até mesmo no interior de casas. Videocâmeras se espalham por toda parte. Câmeras fotográficas de celulares captam imagens de pessoas em situações as mais diversas. "Grampos" telefônicos são diariamente noticiados. Programas espiões invadem computadores, sem se fazerem perceber, interceptando informações protegidas pela privacidade e pelo sigilo. Somos vítimas freqüentes de hackers, crackers, cookies, monitoramento de e-mails e outros ataques cibernéticos invasivos».*

[624] A respeito desta rede social refere Maria João Monteiro (A possibilidade de utilização das publicações nas redes sociais como prova nos procedimentos disciplinares e despedimento dos trabalhadores, pp. 90-91) que: *«É generalizada a ideia de que no Facebook não há grande reserva, pela sua estrutura e grande utilização e visibilidade, pelo que se pode falar de uma vulnerabilidade por opção. O trabalhador, ainda que dentro da sua liberdade de expressão, ao optar por se exprimir num meio onde há tanta difusão de informação está a colocar-se numa posição de vulnerabilidade, em que essa informação pode ser de alguma forma utilizada contra ele, seja em matéria disciplinar ou não. Ao publicar no Facebook as pessoas aceitam à partida o facto de que muita gente vai ver as publicações, daí serem muitas vezes reduzidas as expectativas de privacidade, por ter contornos e visibilidade muito maiores do que outros meios de comunicação. Releva no sentido da ilicitude da prova, determinando a sua nulidade, alguma ilicitude na sua obtenção. Pelo contrário, a prova obtida licitamente é relevante. Sendo certa a importância e imposição de respeito pelos direitos fundamentais dos trabalhadores na relação laboral, a afirmação dos direitos não deve justificar a impunidade, principalmente em casos de conflito com outros direitos, como é o caso. Na relação laboral coexistem direitos do trabalhador e do empregador, que terão de aceitar mútuas restrições impostas pelo respeito dos direitos da contraparte. A solução para estes problemas passará pela harmonização e conciliação dos direitos face aos factos e elementos em presença».*

[625] *«As mensagens curtas de texto (SMS) têm sido cada vez mais utilizadas como prova. Firmou-se jurisprudência quanto à desnecessidade de intervenção judicial na obtenção e junção ao processo dessas mensagens, se o seu destinatário (normalmente o lesado) der autorização para essa junção – por exemplo quando é ele mesmo quem faculta o telefone para a obtenção das mensagens. Já assim não será se as mensagens estão armazenadas em aparelho de quem não autoriza a obtenção das mensagens: neste caso exige-se intervenção judicial, nos termos do Artigo 17.º da Lei do Cibercrime. Contra esta orientação apenas se encontrou uma decisão (embora sobre correio eletrónico), já mais antiga, de 2011. Não está publicada, desde então, nenhuma outra decisão no sentido deste acórdão, cuja orientação tem vindo a ficar mais isolada. O regime de apreensão de SMS tem o mesmo enquadramento legal (Artigo 17.º da Lei do Cibercrime) do regime da apreensão de mensagens de correio eletrónico ou de comunicações de idêntica natureza. A jurisprudência quanto às primeiras é, pois, aplicável a estas últimas. Nesta temática, tem sido interessante observar a jurisprudência laboral que, com interesse para as restantes jurisdições, tem incidido sobretudo*

A PROVA ILÍCITA NO PROCESSO CIVIL PORTUGUÊS

de Short Message Service, mas também, as EMS – serviços de mensagens melhoradas- e as MMS – serviços de mensagem multimédia). Difundem-se dispositivos de localização de pessoas e de coisas[626]. Crescentemente, somos convidados a deixar cada vez mais vestígios de dados, aceitando *"cookies"*[627], quer na internet, quer no espaço público[628]. A tecnologia está em todo o lado, apropriando-se não só do nosso espaço profissional, mas também, cada vez mais, dos nossos tempos e modos de lazer.

Assim, não admira que, a qualquer momento, uma determinada situação da vida possa ser facilmente registada, apropriada ou difundida, através destes aparelhos e por estes meios, cada vez mais difundidos, mais acessíveis, mais portáteis e cada vez mais próximos da «realidade».

Serão, assim, os tribunais cada vez mais confrontados com estes meios de prova e terão de decidir, primeiro, sobre a sua admissibilidade e, depois, sobre a sua valoração. Também aqui estará presente – e cada vez mais frequentemente – a problemática da prova ilícita[629].

---

*sobre a possibilidade – ou não – do empregador, de aceder à correspondência eletrónica do empregado»* (Jurisprudência sobre Prova Digital – Nota Prática n.º 12/2017, de 2 de novembro de 2017, Procuradoria-Geral da República, 2017, disponível em http://cibercrime.ministeriopublico. pt/sites/default/files/documentos/pdf/nota_pratica_12_jurisprudencia_prova_digital.pdf).

[626] Sobre estes vd. Roger Clarke (Person-Location and Person-Tracking: Technologies, Risks and Policy Implications, pp. 206-216).

[627] Cfr. a Diretiva 2009/CE/136, transposta pela Lei n.º 46/2012, de 29 de agosto.

[628] Cfr. Teresa Scassa, *"Information Privacy in Public Space: Location Data, Data Protection and the Reasonable Expectation of Privacy"*, pp. 193-220.

[629] João Gama Gonçalves ("A Prova Digital em 2017 – Reflexões sobre algumas insuficiências processuais e dificuldades da investigação", p. 32) a respeito do âmbito da prova digital coloca a questão nos seguintes termos: *«Até que ponto, por exemplo, num processo de divórcio, não terá um dos cônjuges o direito a valer-se de conversas que o outro cônjuge teve na internet para constituir prova da sua infidelidade? Até que ponto o direito à não devassa da vida privada de uma pessoa se deve sempre sobrepor ao direito do seu cônjuge em ver justiça a ser feita? E, efetivamente, pode-se ponderar a aplicação de um regime da prova digital que permita ao Tribunal de Família valorar a prova constituída pelas conversas cibernéticas privadas que o cônjuge infiel teve (desde que a recolha da prova seja feita com o mesmo rigor a que se assiste na investigação criminal, e no respeito dos mesmos princípios). Note-se, de resto, que noutras áreas, como no direito bancário, a privacidade dos cidadãos se vai cada vez mais colocando em causa: até na questão tão delicada do sigilo bancário (o qual é inequivocamente basilar na privacidade dos cidadãos) se vão avançando propostas legislativas que vão no sentido de uma maior facilidade em permitir o levantamento do sigilo, em nome de superiores interesses (como o combate à fraude fiscal). Ora, o ponto relevante é justamente esse: se até por razões tributárias se permite uma invasão da privacidade dos cidadãos, outros motivos indelevelmente relevantes (como a prossecução da descoberta da verdade em*

## 7.2. Regime jurídico da ilicitude probatória em processo civil

Nos termos do art. 413.º n.º 1 do CPC, «*o tribunal deve tomar em consideração todas as provas produzidas, tenham ou não emanado da parte que devia produzi-las*». Consagra-se aqui o princípio da aquisição processual, que deve ser compreendido à luz do supra citado direito à prova (cfr. art. 20.º da CRP).

«*Do dever de o tribunal tomar em consideração todas as provas produzidas e do direito das partes à prova decorre que a recusa de um meio de prova deverá ser sempre fundamentada numa norma ou num princípio jurídico, não podendo o tribunal exercer neste campo um poder discricionário*»[630].

Ora, então onde é que se funda a possibilidade de recusa de uma prova por a mesma constituir violação do direito material, no que toca à sua obtenção ou produção entre particulares?

### 7.2.1. Âmbito de aplicação do art. 32.º, n.º 8 da Constituição

Pergunta-se, pois: Poderá o fundamento da exclusão de uma prova baseada na sua ilicitude, no âmbito do processo civil, assentar no art. 32.º, n.º 8, da Constituição?

Este preceito refere-se exclusivamente às «garantias do processo criminal», pelo que, a sua aplicação ao processo civil teria que se efectuar por analogia, importando saber se tal norma não é norma excepcional (por estas não comportarem aplicação analógica).

ISABEL ALEXANDRE[631] responde afirmativamente.

Para tanto e considerando os elementos, literal, sistemático e teleológico de interpretação, conclui, por um lado, que o referido normativo se aplica também relativamente às provas obtidas por particulares, porquanto a norma pretende limitar os interesses do processo criminal pela dignidade da pessoa humana[632] e pelos princípios fundamentais do Estado de Direito

---

*tribunais não criminais) poderão e deverão ser ponderados numa utilização mais generalizada da prova digital. Com uma maior importância da prova digital, é verdade que poderiam surgir novas possibilidades de restrição de alguns Direitos, Liberdades e Garantias; no entanto, tal aconteceria apenas e só na estrita medida em que essa restrição fosse o contraponto necessário da salvaguarda de outros direitos (que, no caso concreto, denotassem ter mais relevância do que os direitos restringidos)*».

[630] Cfr. Isabel Alexandre, Provas Ilícitas em Processo Civil, p. 233.

[631] *Ob. cit.*, p. 235 e ss.

[632] «*A ideia de dignidade da pessoa humana como limite inultrapassável por qualquer outra consideração, mesmo inscrita na prossecução de tarefas essenciais do Estado, como é o caso da administração da justiça, é um princípio nuclear na afirmação da existência de valores absolutos insusceptíveis de qualquer compro-*

Democrático, funcionando, assim, como garantia dos direitos, liberdades e garantias em geral, aos quais estão vinculadas as entidades públicas, mas também as entidades privadas (cfr. art. 18.º da CRP). E, traduzindo-se a vinculação dos tribunais aos preceitos constitucionais sobre direitos, liberdades e garantias, na necessidade de os interpretarem, integrarem e aplicarem *«de modo a conferir-lhes a máxima eficácia possível, dentro do sistema jurídico, há que interpretar o art. 32.º n.º 8 CRP em conformidade. E essa interpretação conforme à máxima eficácia dos direitos fundamentais leva a considerar nulas, não só as provas obtidas pelas entidades públicas, mediante violação dos mesmos, mas também as obtidas pelas entidades privadas»*.

Depois, considera a referida Autora que a referida norma não é nem formal, nem materialmente, excepcional, pelo que deverá o art. 32.º, n.º 8, da CRP ser aplicado, analogicamente, ao processo civil, por, nos termos do art. 10.º, n.º 2, do Código Civil, no caso omisso, procederem as razões justificativas da regulamentação do caso omisso na lei, sendo que *«o art. 32.º n.º 8, ao prever a nulidade de certas provas, visa conferir maior eficácia aos direitos fundamentais violados aquando da sua obtenção, não existem motivos para restringir o preceito ao âmbito do processo penal, já que a lesão desses direitos não é menor pela circunstância de as provas se destinarem ao processo civil»*[633].

Finalmente, conclui a Autora que a particular atenção da Constituição a certas provas ilícitas em processo penal (e não no processo civil), se deve a razões históricas, prendendo-se *«com a constatação de que o processo penal sempre tem sido o lugar privilegiado para a prática dos abusos, dado estarem em jogo interesses vitais do Estado, que ele procura salvaguardar utilizando a força de que dispõe. O legislador constituinte terá tido consciência desses abusos e, desejando satisfazer até às últimas consequências as exigência da ideia de Estado de Direito, sacrificou a verdade à dignidade da pessoa humana»*.

Neste sentido, se pronunciam também, MARIA JOÃO MIMOSO, SANDRA C. SOUSA e VITOR HUGO MEIRELES[634], referindo que, não obstante inexista uma expressa norma que discipline sobre a matéria da prova ilícita em processo civil, a ilegal obtenção de prova e o seu sancionamento com a nulidade resultam do art. 32.º, n.º 8, da Constituição, ainda que, em conjugação com uma

---

*misso e muito menos com a transigência perante uma determinação de relatividade»* (cfr. Ac. STJ, de 03-03-2010, p.º 886/07.8PSLSB.L1.S1, rel. SANTOS CABRAL).

[633] *Ob. cit.*, pp. 239-240.

[634] Evidence in Civil Law, Portugal, Lex Localis, ISBN-978-961-6842-55-6 (epub), 2015, pp. 62, 64 e 65.

cláusula geral adotada no art. 417.º, n.º 3, do CPC, que permite a qualquer parte ou terceiro recusar a cooperar com qualquer acto de recolha de prova que viole direitos ou interesses fundamentais, por sua vez, relacionada com as normas que regulam sobre segredo de Estado e sigilo profissional.

SALAZAR CASANOVA[635], ao invés, considera que o art. 32.º, n.º 8, da CRP não é passível de aplicação analógica ao processo civil, pelos seguintes motivos:

1 – Não se deve interpretar a lei como se existisse um princípio geral de proibição da obtenção de prova em desrespeito de direitos fundamentais (considera o Autor, que a ideia de maximização dos direitos fundamentais fica «*abalada logo que se encare o problema do ponto de vista da colisão entre direitos constitucionais igualmente consagrados: o direito à produção de prova, e logo de prova que se reconhece verdadeira, em confronto com direitos fundamentais como o direito à inviolabilidade do domicílio ou ao sigilo de correspondência (art. 34.º da CRP) (...) uma interpretação que leve à maximização de direitos não vale apenas em função da mera declaração de princípio; vale na medida em que se possa concluir que as soluções constitucionais não foram deliberadamente limitadas...*», concluindo que, nos vários anos de vigência da Constituição, nunca se procedeu, no plano civil, à introdução de outras limitações que não fossem as resultantes do vigente art. 413.º (correspondente ao pretérito art. 519.º) do CPC, sendo certo que, no âmbito do processo penal, há uma regulamentação completa das situações de ilicitude na obtenção de determinados meios probatórios (v.g. quando a lei admite, no processo penal, «*a intercepção e gravação de conversações ou comunicações telefónicas (...) ou quando com menor amplitude admite exames, revistas, buscas e apreensões (...)*»);

2 – A lei estabelece soluções diferentes, no plano processual civil (onde está em causa a protecção de interesses privados) e penal (onde está em causa a repressão da criminalidade e os poderes coercivos do Estado), para os mesmos problemas, o que não se compreenderia se se entendesse o art. 32.º n.º 8 como uma norma de aplicação imediata a todos os ramos processuais[636].

---

[635] Cfr. *"Provas ilícitas em processo civil. Sobre a admissibilidade e valoração de meios de prova obtidos pelos particulares"*, p. 118.

[636] Enuncia, a título de exemplo, que, em face do art. 519.º n.º 3 al. b) do CPC, a proibição do tribunal se intrometer na correspondência das telecomunicações a fim de viabilizar a produção de prova é absoluta, mas ao invés, no processo penal, a intromissão é admissível por despacho do juiz (arts. 126.º, n.º 3, 174.º a 177.º, 179,.º, 187.º a 190.º e 250.º a 252.º do CPP). – cfr. *ob. cit.*, pp. 119-120.

A PROVA ILÍCITA NO PROCESSO CIVIL PORTUGUÊS

Conclui o Autor que, «*o objectivo declarado em várias disposições de processo penal "do grande interesse para a descoberta da verdade ou para a prova" (arts. 181.º e 187.º/1 do Código de Processo Penal) que está na base da introdução das permissões de invasão da esfera privada, não é suficientemente ponderoso para que, no processo civil, o juiz possa intrometer-se no domicílio, na correspondência ou nas telecomunicações e muito menos impor a terceiros uma tal coercibilidade. Se ocorre uma diferenciação de regimes em concreto no que respeita a obtenção da prova no processo penal e no processo civil, compreensível à luz da diversa natureza dos interesses prosseguidos, não nos surpreende que a regra constante do art. 32.º n.º 8 da Constituição tenha o seu campo de acção orientado exclusivamente para o processo penal*»[637];

3 – Não basta para a aplicação analógica a existência de um caso não regulado (podem certas situações não estar reguladas porque assim não foi desejado ou porque foi considerado desnecessário), sendo que, no caso da prova ilícita em processo civil, a mesma não tem recebido resposta idêntica nas várias legislações;

4 – A lei processual civil não considerou que «*a utilização de métodos proibidos de prova com influência no resultado do pleito assumisse uma gravidade tal que a parte pudesse, uma vez transitada em julgado a decisão, requerer a sua revisão com fundamento na utilização de elemento probatório obtido por método proibido; de facto, nenhuma das disposições respeitantes ao recurso extraordinário de revisão (art. 771.º e seguintes) se preocupa com a forma como a prova foi obtida, mas apenas com questões que se prendem com a inveracidade do meio de prova*».[638], pelo que, se conclui que, caso a lei pretendesse obstar sempre à admissibilidade de meio de prova que desrespeitasse direitos fundamentais, seria lógico que tivesse previsto esse fundamento para a revisão da decisão, o que não sucedeu.

Como se alinhou, em suma por não se conseguir encontrar no aludido preceito constitucional – e orientado para o direito processual civil – a consequência probatória que ali é sancionada para o processo criminal – acompanha-se esta orientação, também seguida, nomeadamente, por PEDRO TRIGO MORGADO[639].

---

[637] Cfr. *"Provas ilícitas em processo civil. Sobre a admissibilidade e valoração de meios de prova obtidos pelos particulares"*, p. 120.

[638] *Ob. cit.*, página 124.

[639] Ob. Cit., p. 120.

A PROVA ILÍCITA: VERDADE OU LEALDADE?

## 7.2.2. Perspectivas de fundamentação

SALAZAR CASANOVA[640] salienta que, «*em Portugal houve o cuidado de não interferir no que respeita à obtenção de provas no processo civil realizada na fase extrajudicial por particulares separando as águas entre o sancionamento ilícito dos actos de obtenção praticados e a admissibilidade em juízo do meio de prova obtido*».

Ao contrário do processo penal – onde o regime jurídico comporta já a expressão de juízos de ponderação assumidos e sancionados pelo legislador sobre os bens jurídico-penalmente tutelados – , no processo civil, pelas razões já supra expostas, a norma do art. 32.º, n.º 8, da CRP não parece ter directa aplicação.

Assim, «*a ilicitude na obtenção de um determinado meio de prova não conduz necessariamente à proibição da sua admissibilidade mas também não implica, uma vez admitida, a garantia do seu aproveitamento*»[641].

Ou seja: A lei – pragmaticamente – distinguiu entre as sanções dos actos ilícitos de obtenção e a admissibilidade em juízo do meio de prova obtido. Outra solução implicaria um controlo demorado sobre a licitude da obtenção de prova que provocaria, sem sombra de dúvidas, o estrangulamento do processo, inviabilizando a solução atempada do litígio e a sua finalidade, a sua justa composição.

A lei processual civil – muito embora estabeleça diversas regras limitativas da produção de prova ou de certos meios de prova, por exemplo, nos arts. 433.º e 607.º n.º 2 do CPC ou nos arts. 364.º, n.º 1, 393.º e 394.º do CC – é omissa quanto à questão da inadmissibilidade da prova ilícita, contrariamente ao que sucede no processo penal (dispondo o art. 125.º do Código de Processo Penal que são admissíveis as provas que não forem proibidas por lei).

Apenas há uma singela referência no art. 417.º do CPC, aprovado pela Lei n.º 41/2013, de 26 de Junho (integralmente correspondente ao anterior art. 519.º do CPC de 1961, na redacção ultimamente em vigor[642,643]), preceito

---

[640] Cfr. *"Provas ilícitas em processo civil. Sobre a admissibilidade e valoração de meios de prova obtidos pelos particulares"*, p. 121.

[641] Cfr. *"Provas ilícitas em processo civil. Sobre a admissibilidade e valoração de meios de prova obtidos pelos particulares"*, p. 127.

[642] Considera Salazar Casanova, na obra citada (p. 122) que, no processo civil se verifica a «*inexistência de qualquer outra concretização das normas constitucionais respeitantes a direitos fundamentais que não seja a que resulta do art. 519.º*».

[643] E, em moldes muito aproximados, aos que constavam enunciados no art. 524.º do CPC de 1939.

A PROVA ILÍCITA NO PROCESSO CIVIL PORTUGUÊS

onde se prevê um dever genérico de cooperação[644] probatória, sanções para a recusa de cooperação e três causas de legítima recusa de cooperação.

E é duvidoso que esta norma – em particular o n.º 3 do referido preceito legal – tenha alguma influência sobre a temática da prova ilícita[645].

Dispõe esta norma – com a epígrafe *«Dever de cooperação para a descoberta da verdade»* – o seguinte:

> *«1 – Todas as pessoas, sejam ou não partes na causa, têm o dever de prestar a sua colaboração para a descoberta da verdade, respondendo ao que lhes for perguntado, submetendo-se às inspecções necessárias, facultando o que for requisitado e praticando os actos que forem determinados.*
>
> *2 – Aqueles que recusem a colaboração devida serão condenados em multa, sem prejuízo dos meios coercitivos que forem possíveis; se o recusante for parte, o tribunal apreciará livremente o valor da recusa para efeitos probatórios, sem prejuízo da inversão do ónus da prova decorrente do preceituado no n.º 2 do art. 344.º do Código Civil.*
>
> *3 – A recusa é, porém, legítima se a obediência importar:*
>
> *a) Violação da integridade física ou moral das pessoas;*
>
> *b) Intromissão na vida privada ou familiar, no domicílio, na correspondência ou nas telecomunicações;*
>
> *c) Violação do sigilo profissional ou de funcionários públicos, ou do segredo de Estado, sem prejuízo do disposto no n.º 4.*
>
> *4 – Deduzida escusa com fundamento na alínea c) do número anterior, é aplicável, com as adaptações impostas pela natureza dos interesses em causa, o disposto no processo penal acerca da verificação da legitimidade da escusa e da dispensa do dever de sigilo invocado»*[646].

---

[644] Teixeira de Sousa (Introdução ao Processo Civil, p. 51) distingue entre princípios estruturantes (co-naturais ao processo civil) e princípios instrumentais (*«aqueles que procuram a optimização dos resultados do processo»*). Entre os primeiros considera o da igualdade, contraditório, legalidade da decisão, etc. Nos segundos enumera os princípios da oralidade, da legalidade do processo, do dispositivo (comportando os sub-princípios do impulso processual, da disponibilidade, do inquisitório e da oficiosidade) e da cooperação.

[645] Sara Ferreira de Oliveira (ob. Cit., pp. 28-29) responde negativamente: *«(...) não podemos retirar nada daqui relativamente à inadmissibilidade da prova ilícita. Em primeiro lugar, a norma apenas indica os casos de legítima recusa, não referindo nada acerca da admissibilidade ou inadmissibilidade da prova obtida mediante tais acções (...)."A recusa é legítima" não é o mesmo que "a prova será proibida se", pelo que, segundo o art. 9.º, n.º 3, do CC, o intérprete presumirá que o legislador soube exprimir o seu pensamento em temros adequados»*.

[646] A respeito do sigilo bancário refere Pedro Joaquim Cardoso Ribeiro (Dados Bancários Enquanto Dados Sensíveis, p. 44-46) que: *«O n.º 4 manda seguir os termos de escusa previstos*

A ordem de cooperação estabelecida nesta norma respeita à relação das partes e de terceiros com o Tribunal, não tendo operatividade, claro está, fora das relações que os indivíduos estabeleçam com o Judiciário. *«A previsão é, portanto, alheia às solicitações que sejam efectuadas inter partes em circuito que exclua o Tribunal»*[647].

A norma em apreço reporta-se a 4 modalidades de cooperação processual:

– Quanto a perguntas[648] (v.g. haverá inadmissibilidade de prova, por exemplo, nos casos em que seja inadmissível a confissão – quando as perguntas incidam sobre direitos indisponíveis ou sobre factos criminosos ou torpes – cfr. art. 554.º, n.º 2, do CPC);

– Quanto a inspecções necessárias (serão aquelas em que a finalidade do processo não pode ser atingida senão com a sua realização – v.g. perícias médicas em acções de interdição/inabilitação, cf. art. 891.º e ss. do CPC[649]; exames no âmbito de divórcio em que se invoque doença contagiosa transmissível; ou em que as mesmas sejam essenciais para a descoberta da verdade, de acordo com os conhecimentos científicos existentes – v.g. exame de ADN, em acções de investigação da paterni-

---

*em processo penal. Esta remissão não abrange, contudo, o regime geral de derrogação do sigilo bancário previsto na alínea d) do n.º 2 do art. 79.º do RGICSF, uma vez que este consagra uma excepção apenas para processo penal. Assim, em processo civil aplica-se na íntegra o regime do 135.º do CPP. **A recusa em prestar depoimento com base no sigilo bancário deixa de ser legítima a partir do momento em que for consentido pelo cliente**. O juiz poderá pôr em causa a legitimidade da escusa, devendo ponderar face aos interesses visados no processo se não comporta uma desproporcional restrição do direito à reserva de intimidade da vida privada, ordenar a quebra do sigilo bancário. Aliás, ao banqueiro ou funcionário de instituição bancária não é dada outra hipótese que não a de pedir escusa, caso contrário pode incorrer no crime de violação de segredo, previsto no 195.º do Código Penal (...)».*

[647] Assim, José Fernando de Salazar Casanova Abrantes (*"Provas ilícitas em processo civil. Sobre a admissibilidade e valoração de meios de prova obtidos pelos particulares"*, p. 113).

[648] *«As partes são obrigadas a responder ao interrogatório do juiz, tanto em acto de depoimento propriamente dito (...), como em pedido de informação ou esclarecimento (...). E o juiz, além de ouvir oralmente as partes, pode requisitar delas as informações escritas que entender convenientes (...)»* (assim, Alberto dos Reis, Código de Processo Civil anotado, p. 320).

[649] Como dava nota, em 1941, César Abranches ("O dever de colaboração dos terceiros para com a Justiça", p. 392): *«Acodem logo ao espírito casos em que a prova é fornecida por aquilo que o litigante é e não por aquilo que tem feito ou faz; por exemplo, nos processos de acidentes de trabalho, de interdição por demência e outros, o corpo ou o espírito do litigante é que servem de prova».*

dade, cf. art. 1801.º do Código Civil[650,650,651,652]; ou em que seja necessário inspeccionar o domicílio – vg. acção de despejo por realização de obras

[650] Relativamente à questão de saber se o tribunal pode coagir o investigado a realizar exames de ADN, o Ac. do S.T.J. de 23-10-2007 (P.º 07A2736, rel. Mário Cruz) deu resposta negativa, considerando que *«o investigado não pode ser obrigado a submeter-se a perícia científica (exames hematológicos ou a outros exames, mesmo não evasivos – como o do ADN (em cabelos, unhas, saliva ou suor) para determinação dos níveis de correspondência biológica com o investigante, mas a sua recusa em submeter-se aos exames que forem determinados será apreciada livremente pelo Tribunal».* O Ac. TRC de 28-09-1999 (P.º 1292/99, 2.ª Secção, rel. Monteiro Casimiro) entendeu nos mesmos moldes, considerando ainda que, o recusante fica *«apenas sujeito a que o Tribunal aprecie livremente o valor da recusa para efeitos probatórios, com eventual inversão do ónus de prova».* No Ac. do TRC de 02-10-2007 (P.º 1543/05.5TBFIG-A.C1, rel. Silva Freitas) concluiu-se, nos mesmos moldes, da forma seguinte: *«Se o indigitado progenitor – no processo de averiguação oficiosa de paternidade – foi devidamente notificado para comparecer, a fim de ser realizado o exame hematológico, e não compareceu, nem justificou a sua não comparência, deverá ficar incurso na sanção prevista no art. 519.º, n.º 2, do Código de Processo Civil. Não é legítimo que se ordene a emissão de mandados de condução sob custódia, a fim de que o indigitado progenitor compareça, no Instituto de Medicina Legal, com vista à realização de exame hematológico».* Mencione-se, ainda, o Ac. TRL de 17-09-2009 (rel. Ondina Alves) onde foi confirmada decisão de 1.ª instância que determinou a produção de exames hematológicos com o objectivo de serem utilizados como prova no processo, onde face aos sujeitos do referido exame não terem comparecido afim de se submeterem a exame, o tribunal ordenou a detenção para comparecerem sob custódia no Instituto Nacional de Medicina Legal para realização dos referidos exames, tendo o Ac. considerado não ser aplicável, a legítima recusa da alínea a), do n.º 3, do art. 417.º.
Lebre de Freitas, Montalvão Machado e Rui Pinto (Código de Processo Civil Anotado, vol. 2.º, p. 411) consideram que, *«tendo em conta o dever de colaboração, não é legítima a recusa à realização dos exames hematológicos em acção relativa à filiação (art. 1801.º CC); mas, tida em conta a tutela dos direitos de personalidade, não é admissível a execução coerciva desses exames, sem prejuízo de a recusa dever ser valorada em termos de prova, podendo mesmo, designadamente quando implique a impossibilidade de o autor fazer prova da filiação biológica, dar lugar à inversão do ónus da prova».* Tiago Azevedo (A Acção de Investigação da Paternidade – Da Recusa de Submissão aos Exames Científicos e as Suas Consequências, p. 8) admite a possibilidade de o tribunal ordenar coercivamente a comparência do pretenso pai no local onde se efectuam os testes de ADN, mas só quanto ao comparecimento e não quanto à submissão aos exames. Neste mesmo sentido se pronuncia Catarina Sofia Navalho Alves da Silva (Justiça Geneticamente Alterável – Análise da Base de Perfis de ADN, p. 37) referindo que, *«é possível admitir que o tribunal ordene a comparência do pretenso pai no local onde se efectuam os testes de ADN, mas não quanto à submissão aos exames».*
Em termos mais radicais, Paula Costa e Silva (*"A realização coerciva de testes de ADN em acções de estabelecimento da filiação"*, in Estudos em Homenagem à Professora Doutora Isabel Magalhães Collaço, Vol. II, 577 e ss.) admite a possibilidade de o tribunal impor a recolha de material biológico ao investigado contra a sua vontade, considerando que a *«eventual restrição ao direito à integri-*

não consentidas; contudo, já será inadmissível a realização de inspecções usando de violência ou coação sobre o inspecionando ou sobre outrem com vista à sua realização);

*dade física decorrente da realização de um teste de ADN é absolutamente proporcionada e adequada aos fins que com essa restrição se visam obter: permitir um resultado judicial nas acções de estabelecimento da filiação compatível com a realidade»*, concluindo não encontrar *«qualquer obstáculo à imposição coerciva da realização de exames de ADN».* E, *«sendo possível a realização coerciva de testes de ADN, não haverá necessidade de proceder à valoração de qualquer conduta omissiva. Porque não haverá omissão».* Salvo o devido respeito, não nos parece que seja possível o accionamento da sanção prevista no n.º 2 do art. 417.º do CPC, por a situação se inserir, sem margem para dúvidas, no n.º 3, al. a) do mesmo normativo, sem que haja outra compressão de direitos que se justifique, precisamente por estar em questão o direito fundamental da integridade física da pessoa. Tal sucederá assim, pelo menos, no caso dos exames de sangue, mas já não nos parece que exista tal limitação nos processos – não ofensivos da integridade física – de recolha de elementos biológicos em sede de exames de ADN. Relativamente ao enquadramento da questão no direito brasileiro, vd. Leonardo Platais Brasil Texeira e Manuel Alves Rabelo ( "Realização compulsória do exame de DNA na investigação de paternidade: uma visão crítica da jurisprudência brasileira", p. 79) considerando que *«a submissão compulsória do suposto pai ao exame de DNA é providência que se insere dentre os poderes instrutórios do juiz e que somente poderá ser indeferida no caso concreto se o sopesamento das circunstâncias revelar que a prova se trata de medida inadequada, desnecessária ou desproporcional em sentido»*, muito embora os Autores advirtam que esta não é a corrente jurisprudencial dominante.

[651] No Ac. STJ de 16-10-2012 (P.º 194/08.7TBAGN.C1.S1, rel. Garcia Calejo) decidiu-se, a este respeito, o seguinte: *«I – A questão essencial que o presente recurso encerra é a de se saber se a Relação decidiu bem ao proceder à inversão do ónus da prova a que alude o art. 344.º, n.º 2, do CC, derivado da circunstância de o exame biológico não se ter realizado por culpa do réu, se bem que, pelo facto da acção ter sido julgada procedente com base na presunção de paternidade a que alude o art. 1871.º, n.º 1, al. e), do CC, sem que o réu tivesse logrado afastar esta presunção, o tema deixe de ter interesse relevante. II – Hoje os exames hematológicos aos pretensos pai e filho dão um grau de certeza sobre a filiação, quando esta se verifique, próximo dos 100%, excluindo-a quase completamente quando não ocorra. Assim, nas acções de investigação da paternidade esses exames constituem elementos importantes e até essenciais para a descoberta da verdade, secundarizando as outras provas, designadamente a testemunhal, patentemente muito mais falível e aleatória. III – No caso, o réu, ao faltar ao exame injustificadamente, inviabilizou a sua realização, obstaculizando, assim, a que a verdade da sua paternidade em relação ao autor fosse cientificamente investigada e determinada. Recusou-se, assim, a colaborar para a descoberta da verdade, pelo que se justificou a inversão do ónus da prova a que alude o n.º 2 do art. 344.º».*

[652] No âmbito do processo penal a jurisprudência admite a legalidade e constitucionalidade da colheita compulsiva, sob ameaça ou com recurso à força física, de amostras biológicas (cabelo, saliva, urina ou sangue) para determinação do ADN do arguido (Acs. TRC de 9-1-2002, p.º 3261/2001, rel. Oliveira Mendes; do TRL de 24-8-2007, p.º 6553/2007, rel. Vieira Lamin; do TRP de 3-5-2006, p.º 0546541, rel. Alice Santos; de 10-12-2008, p.º 0844093,

– Quanto a requisições, devendo, em princípio, facultar o que lhes for requisitado (haverá inadmissibilidade por violação da integridade moral ou da correspondência, por exemplo na determinação de junção de cartas, diários, gravações, fotografias ou filmes íntimos – cfr. tb. art. 434.º do C.P.C); e
– Quanto à prática dos actos que lhes forem determinados.

Do confronto do n.º 2 com o n.º 3 do art. 417.º do CPC infere-se que a lei processual civil distingue dois tipos de recusa de colaboração: A recusa legítima (nos casos previstos nas várias alíneas do n.º 3); e a recusa ilegítima (a que se reporta o n.º 2, com as consequências processuais aí reguladas).

A previsão destes normativos inculca, igualmente, que a lei não parece admitir um princípio geral de recusa, nem se regula uma cláusula aberta de situações de recusa[654], podendo a falta de colaboração redundar na consideração da inversão do ónus da prova[654].

---

rel. MARIA ELISA MARQUES; de 13-9-2006. p.º 0641683, rel. LUÍS GOMINHO; e de 10-7-2013, p.º 1728/12.8JAPRT.P1, rel. JOAQUIM GOMES).

[653] O TC, no Ac. n.º 161/2005, pronunciou-se pela conformidade constitucional de *«uma norma infraconstitucional que permita a detenção de arguido pelo tempo indispensável à realização da diligência de exame pericial psiquiátrico a levar a cabo na sua pessoa sob a presidência de agente do Ministério Público ou de juiz»* e no Ac. n.º 155/2007 – ainda antes de publicada a Lei n.º 5/2008 – entendia que os arts. 61.º n.º3, alínea d) e 172.º, n.º 1 ambos do Código de Processo Penal e o art. 6.º, n.º1 da Lei n.º 45/2004, interpretados de forma combinada continham a norma de habilitação que permitia coactivamente submeter o arguido a recolhas biológicas para exame de ADN. O que o TC afastou foi que essa recolha coactiva pudesse ser realizada sem autorização de um juiz.

[654] Pedro Gomes de Queiroz (O princípio da cooperação e a exibição de documento ou coisa no processo civil (segunda parte), pp. 1824-1825), ainda tendo por pano de fundo o CPC brasileiro de 1973 salienta que *«o art. 434 do Código de Processo Civil português de 2013 possui cláusula aberta semelhante àquela do art.363, V, CPC/1973, já que prevê que o possuidor pode alegar qualquer outra "justa causa" como escusa para deixar de exibir o documento ou a coisa, além daquelas expressamente previstas no art. 417, n.º3. Neste caso, o requerido deverá "facultar o documento para o efeito de ser fotografado, examinado judicialmente, ou se extraírem dele as cópias ou reproduções necessárias", sob pena de ser-lhe aplicada a multa prevista no art. 433 do mesmo código».* Contudo, parece-nos que no art. 433.º, o possuidor do documento não pode lançar mão, para obter a recusa da entrega do documento, de qualquer dos casos previstos no art. 417.º, n.º 3, do CPC (pois, desde logo, a previsão de actuação deste normativo exige que, quanto ao possuidor do documento» não se verifique *«nenhum dos casos previstos no n.º 3 do art. 417.º»*). A recusa de entrega do documento, a que alude o art. 433.º, não é, pois, de ter como legítima de harmonia com o previsto no n.º 3 do art. 417.º, mas, de todo o modo, se for alegada *justa causa* para a não entrega do documento,

A PROVA ILÍCITA: VERDADE OU LEALDADE?

Do confronto da alínea c) do n.º 3 com o n.º 4 do preceito em apreço poder-se-ia, numa primeira análise, considerar que a escusa apenas é passível de ser invocada nas situações contempladas na alínea c) do n.º 3. Não é, porém, assim. Manifestamente que, caso ocorra alguma das situações contempladas nas alíneas a) ou b) do n.º 3 do normativo em análise, se o julgador não suscitar a questão oficiosamente, claro está, que a parte pode recusar-se a cumprir, com tais fundamentos, a determinação judicial antes operada[656].

o juiz pode determinar, caso o documento não seja apresentado em juízo (para que o mesmo seja fotografado, examinado judicialmente, ou se extraírem dele as cópias ou reproduções necessárias), que sejam aplicadas ao possuidor *as sanções prescritas no art. anterior* (ordenar a apreensão do documento e condenar o notificado em multa).

[655] A inversão do ónus da prova ocorre, nos termos do n.º 2 do art. 344.º, do CC, *quando a parte contrária tiver culposamente tornado impossível a prova ao onerado*. Não podendo o juiz proferir decisão de non liquet, a inversão do ónus da prova pode determinar que a decisão de mérito seja tomada contra a parte que inicialmente não se encontrava onerada com a demonstração do facto (cfr. assim, Teixeira de Sousa, Estudos sobre o novo processo civil, 2.ª edição, Lex, 1997, p. 64). No caso de a recusa não ter tornado impossível a prova à contraparte, o comportamento será, tão-só, livremente valorado, o que tem sido a posição da jurisprudência nesta matéria. Assim, no Ac. do TRP de 4-10-2007, relatado por MANUEL CAPELO, considerou-se que: *A inversão do ónus da prova prevista no art. 519.º, n.º 2, do CPC não opera de forma automática pela simples não prestação de colaboração (v. g. não facultando a informação que foi solicitada), antes se impondo que o comportamento não colaborante seja culposo e implique a impossibilidade da prova (não basta que a outra parte a tenha tornado mais difícil), correspondendo a um imperativo de singularidade (ou exclusividade), ou seja, tem de estar em causa um elemento probatório que por si só determine a procedência da acção. Se da recusa de colaboração da parte resultar a impossibilidade, inverte-se o ónus da prova; se não implicar tal impossibilidade, o tribunal apreciará livremente o valor probatório da recusa*. Em semelhante sentido, o Ac. do TRP de 24-02-2015, rel. ANABELA DIAS DA SILVA, considerando que, recusando-se o réu a colaborar com a justiça através da sujeição a exame hematológico para apuramento da paternidade relativamente à autora, deve inverter-se o ónus da prova, porque se tornou impossível a prova dos factos à contraparte. Cfr. ainda o Ac. do STJ de 01-03-2007, rel. PINTO HESPANHOL, bem como o Ac. do STJ de 12-05-2011, rel. Granja da Fonseca).

[656] E, obviamente que a invocação da recusa comporta, claro está, que não devam ser facultados os documentos ou realizados os actos instrutórios probatórios que tinham sido determinados ao visado, mesmo para outros efeitos. Sobre este ponto César Abranches ("O dever de colaboração dos terceiros para com a Justiça", pp. 394-395) sintetizou: *Se o documento não tem de ser entregue porque isso implicaria para o terceiro violação do segredo profissional (...) a facultação para fotografia, exame ou cópia, igualmente implicariam para o terceiro os mesmos danos morais ou materiais que a entrega pura e simples*.

A PROVA ILÍCITA NO PROCESSO CIVIL PORTUGUÊS

Aqueles[657] que recusarem – indevidamente – a colaboração devida serão condenados em multa[658], sem prejuízo dos meios coercitivos[659],[660] que forem possíveis.

Este dever de cooperação é um afloramento do princípio do inquisitório no processo civil[661].

Contudo, o dever de cooperação não é ilimitado, tendo o mesmo, desde logo, em termos gerais, os limites do respeito pelos direitos fundamentais e do respeito pelo direito de sigilo[662],[662].

---

[657] De acordo com Miguel Teixeira de Sousa (Estudos sobre o novo processo civil, pp. 64 e 321) o dever de colaboração que se exige às partes, nos termos do n.º 1 do art. 417.º, independe da repartição operada pelo ónus da prova, isto é, vincula mesmo a parte que não está onerada com a prova a colaborar na sua produção, razão pela qual se a prova em questão for pertinente, a parte não onerada com a prova está, ainda assim, vinculada a cooperar para a sua produção.

[658] A multa consta prevista no art. 27.º do Regulamento das Custas Processuais.

[659] Se o recusante for parte o tribunal apreciará livremente «o valor da recusa» para efeitos probatórios, podendo este comportar a inversão do ónus da prova decorrente do n.º 2 do art. 344.º do CC.

[660] *«São os meios admitidos por lei, que se mostrem idóneos a obter o resultado desejado. Assim, o tribunal pode ordenar a apreensão do documento e condenar em multa quando o notificado não efectuar a entrega, nem fizer nenhuma declaração, ou quando declarar que não possui o documento e o requerente provar que a declaração é falsa (...). Acresce que relativamente à testemunha faltosa, o juiz pode ordenar que a testemunha que sem justificação tenha faltado compareça sob custódia, sem prejuízo da multa aplicável (...). Importa também que se deixe bem esclarecido que, não obstante a permissão de meios coercitivos, não é lícito o uso da força física ou da ameaça moral para quebrar a resistência do recusante, pelo que a própria condução sob custódia terá de ser feita sem a utilização daqueles meios de violência. E não se pode ver uma excepção a esta regra no art. 1801.º do Código Civil, que admite os exames de sangue e outros meios científicos comprovados como meios de prova nas acções relativas à filiação. A admissão destes exames, não significa que eles possam ser impostos através da força física ou contra a vontade do examinado, sem prejuízo, obviamente, de valorização da recusa para efeitos probatórios»* (assim, Fernando Pereira Rodrigues, A Prova em Direito Civil, pp. 210-211).

[661] Referia Alberto dos Reis (Código de Processo Civil anotado, vol. III, p. 328), a respeito do art. 524.º do CPC de 1939 que *«é ao juiz que compete decidir se a recusa é legítima. A parte ou o terceiro invoca o sigilo profissional; o juiz apreciará se o recusante está realmente sujeito ao sigilo e, em caso afirmativo, se a obediência à determinação jurisdicional importará violação desse sigilo. Se entende que, na verdade, o sigilo dispensa a pessoa do cumprimento do dever de cooperação, admite a recusa; no caso contrário declara-a ilegítima e impõe o dever de obediência, sob as sanções cominadas neste art.».*

[662] *«Este dever tem, porém, dois limites: o respeito pelos direitos fundamentais (nomeadamente, o direito à integridade pessoal, o direito à reserva da vida privada e familiar e o direito à inviolabilidade do domicílio, da correspondência e dos outros meios de comunicação privada: arts. 25-1, 26-1 e 34-1 da Constituição) e o respeito do direito ou dever de sigilo (sigilo profissional ou dos funcionários públicos, ou segredo de*

De facto, o n.º 3 do mesmo art. 417.º do CPC consagra limites intransponíveis ao princípio da investigação da verdade material, nomeadamente quando estejam em causa direitos invioláveis como a integridade física ou moral das pessoas (cfr. alínea a) do n.º 3 do art. 519.º), que poderão fundamentar ou estar na base da rejeição de provas inadmissíveis[664,665].

O n.º 3 do art. 417.º do CPC é uma norma que, na feliz expressão de Luís Filipe Pires de Sousa[666] tem um carácter *«anti-epistémico»*, não perseguindo nem facilitando a busca da verdade, visando antes tutelar interesses extrín-

---

*Estado). Em caso de colisão, pode a parte – ou o terceiro – deduzir escusa»* (assim, Lebre de Freitas, Introdução ao Processo Civil – Conceito e Princípios Gerais à Luz do Código Revisto, pp. 150-151).

[663] A este respeito refere Antunes Varela et al (Manual de Processo Civil, 2.ª ed., pp. 481-482): *«O dever de colaborar no apuramento da verdade, não obstante a elevação (ética) do fim visado com a determinação legal, tem os seus limites, ditados pela ideia de não exigibilidade. Não se pode exigir da mãe ou do pai que colabore na descoberta da verdade contra o filho, porque a imposição do dever de colaboração com a justiça excederia, nesse caso, os limites da conduta razoavelmente exigível dos membros da família. Já se referiu, quanto às insepecções a que as pessoas podem ser sujeitas, o limite tirado da necessidade da diligência. Não basta que a inspecção seja considerada útil ou conveniente; a pessoa (parte ou terceiro) só não poderá recusar-se legitimamente à sua realização, se a inspecção for necessária. Mas há limites de ordem geral, aplicáveis ao comum das diligências, mesmo que estas se mostrem necessárias. Já no Código de 1939 (art. 524.º), traçando, aliás, bastante por largo as fronteiras da não exigibilidade da cooperação com a justiça, se considerava legítima a recusa da determinação judicial, quando a obediência a ela: a) envolvesse violação do sigilo profissional; b) causasse dano grave à honra, consideração ou ao património da própria pessoa, de um seu ascendente, irmão ou cônjuge. A estas causas de não exigibilidade da colaboração (ou de legitimidade da recusa) aditou o Decreto-Lei n.º 368/77, de 3 de Setembro, as fundadas na violação da intimidade da vida privada e familiar e na violação da dignidade humana, através da nova redacção dada ao n.º 3 do art. 519.º».*

[664] Cfr. v.g. o Ac. TRL de 03-06-2004 (p.º 1107/2004-6, rel. Fátima Galante): *«Mas, importa, também, ter em consideração que a lei não se desinteressa dos meios empregues com vista à prossecução desse fim. Nessa medida, pese embora o art. 519.º do CPC constitua um afloramento do princípio da cooperação para a descoberta da verdade, admite-se, em certos casos a recusa dessa colaboração, designadamente, se a obediência importar violação da intimidade privada e da vida familiar, da dignidade humana ou do sigilo profissional. De onde se conclui que, face à nossa lei, determinados valores são em princípio intangíveis, podendo até justificar uma recusa do dever de colaboração e fundamentar a inadmissibilidade de certos meios de prova que com eles colidam».*

[665] Verificando-se alguma das situações contempladas no n.º 3 do art. 417.º do Código de Processo Civil, *«o específico efeito da recusa parece que será o de não fazer incorrer a parte nas consequências probatórias previstas no n.º 2 do mesmo art.»* (assim, Estrela Chaby; O depoimento de parte em Processo Civil, p. 149).

[666] Cfr. Prova Testemunhal, p. 235.

A PROVA ILÍCITA NO PROCESSO CIVIL PORTUGUÊS

secos ao processo, como a tutela da integridade física ou moral das pessoas, da privacidade individual e da confiança inerente ao exercício de certas profissões, actividades ou a própria integridade do Estado.

José João Abrantes considera que, se os valores consignados no art. 417.º, n.º 3, do CPC justificam, em si mesmo, a possibilidade de recusa de cooperação, os mesmos poderão, *«a fortiori, fundamentar a inadmissibilidade de certos meios de prova que com eles colidam»*[667,668,669].

Contudo, como advertem Isabel Alexandre e Sara Raquel Rodrigues Campos[670] é bastante duvidoso que o direito de recusa possa determinar a inadmissibilidade da prova ilicitamente obtida pela parte contrária.

Na verdade, o art. 417.º, n.º 3, do CPC, não abrange os actos praticados extrajudicialmente – as provas pré-constituídas – e apenas restringe os deveres da parte que pode prestar a sua colaboração, olvidando os poderes da parte a quem aproveita a realização da colaboração probatória.

No art. 417.º, n.º 3, do CPC, o legislador resolveu a tensão entre a Verdade processual e a Lealdade na obtenção dos meios probatórios dando prevalência a determinados direitos fundamentais em detrimento do direito à prova[671,672].

---

[667] Assim, *"Prova Ilícita"*, p.35.

[668] Como refere Luís Filipe Pires de Sousa a respeito da alínea c) do n.º 3 do art. 417.º do CPC, *«a demanda da verdade detém-se ou fica mitigada cada vez que é invocado com sucesso o sigilo profissional. Deste modo, cada vez que é invocado o sigilo profissional há que fazer uma ponderação entre valores em conflito, aquilatando se deverá prevalecer a senda da busca da verdade ou se o direito da testemunha se recusar a depor»* (Cfr. Prova Testemunhal, p. 235).

[669] *«Só se as consequências jurídicas previstas pelo direito para acções determinadas se aplicarem efectivamente a essas acções (...), é que os cidadãos terão motivos (jurídicos) para atuar conforme ao prescrito pelo direito e este poderá cumprir a sua função de mecanismo de resolução de conflitos. Esta faceta estrutural não é partilhada por outros valores com os quais a averiguação da verdade pode entrar em conflito»* (assim, Ferrer Beltrán, La Prueba es Libertad, Pero no Tanto: Una Teoría de la Prueba Quasibenthamiana, apud Carmen Vásquez, Estándares de Prueba y Prueba Científica, p. 31).

[670] Cfr. (In)admissibilidade de provas ilícitas – Dissemelhança na produção de prova no Direito Processual?, p. 26.

[671] A respeito da alínea b) do n.º 3, mas são considerações extensíveis às demais alíneas deste número, refere Estrela Chaby (O depoimento de parte em Processo Civil, p. 149) que: *«A lei processual portuguesa parece, assim, apontar para uma opção de supremacia necessária do valor da intimidade da vida privada face ao direito à prova, não considerando, sequer, a problemática da prova única ou determinante».*

[672] Como refere (Débora Santa Maria Marques; O Processo Civil e a Colaboração de Terceiros, p. 55): *«A recusa será legítima, nos termos da lei, se a colaboração com a Justiça culminar numa*

Nessa mesma linha, segue JOSÉ JOÃO ABRANTES[673] ao referir que a liberdade da prova tem como limite os direitos fundamentais da pessoa humana.

SALAZAR CASANOVA distingue, assim, entre provas absolutamente inadmissíveis e provas relativamente inadmissíveis, categorização que nos parece de acolher face aos normativos legais aplicáveis, ainda que se prefira a seguinte dicotomia – que parece integrar com maior rigor os conceitos em presença: **Provas ilícitas absolutas e provas ilícitas relativas**.

As **provas absolutamente ilícitas** serão as que sejam obtidas mediante tortura, coacção, ofensa da integridade física ou moral das pessoas[674].

As provas obtidas em violação destes direitos são absolutamente vedadas ou proibidas – afigurando-se-nos que a proibição de violação destes direitos absolutos, não decorre especificamente do disposto no art. 32.º da CRP (preceito que, como se viu, se mostra apenas dedicado ao processo "criminal"), mas de outras normas constitucionais (como as dos arts. 1.º[675,676,677,677,678],

---

*violação da integridade física ou moral das pessoas, se importar intromissão na vida privada ou familiar, no domicílio, na correspondência ou nas telecomunicações ou ainda se provocar uma violação do sigilo profissional, de funcionários públicos, ou do segredo de Estado».*

[673] Cfr. *"Prova Ilícita"*, p. 35.

[674] Francisco Manuel Lucas Ferreira de Almeida (Direito Processual Civil, ob. cit., p. 290) considera que são absolutos os limites respeitantes *«à violação da integridade física ou moral das pessoas e à intromissão na vida privada ou familiar, no domicílio, na correspondência ou nas telecomunicações».*

[675] Preceito que estabelece a dignidade humana como valor no qual se funda a República Portuguesa, o qual, também se expressa nos arts. 26.º, n.º 2 e 67.º, n.º 3, al. e) da Constituição. Do princípio da dignidade da pessoa humana, resultam, por sua vez, duas ideias: a de que a pessoa humana prevalece sobre a organização política; e a de que a pessoa é sujeito e não objecto, é fim e não é meio de relações jurídico-sociais. *«A dignidade da pessoa humana pressupõe ainda relações de reconhecimento intersubjectivo, pois a dignidade de cada pessoa deve ser compreendida e respeitada em termos de reciprocidade de uns com os outros»* (assim, Gomes Canotilho e Vital Moreira, Constituição da República Portuguesa Anotada Vol. I, p. 199). A partir do reconhecimento e primazia da dignidade humana resulta um vasto e extenso leque de direitos fundamentais, entre os quais, "Direito à integridade pessoal" (art.25.º), e o "Direito à reserva da intimidade da vida privada e familiar" (art.26.º), sendo este último um complemento ou concretização do primeiro.

[676] A dignidade da pessoa humana consubstancia *«a referência da representação do valor do ser humano»* (assim, José Melo Alexandrino, Lições de Direito Constitucional, Vol. II, 2.ª ed., AAFDL, Lisboa, 2017, p. 79).

[677] Como menciona A. Castanheira Neves, A unidade do Sistema Jurídico e seu sentido (Diálogo com Kelsen, p. 181): *«O homem pessoa (...) com a sua dignidade, e esta tanto na sua autónoma*

*igualdade participativa como na sua comunitária corresponsabilidade, é o valor fundamental, o pressuposto decisivo e o fim último da humana existência finita que uma comunidade do nosso tempo terá de assumir e cumprir para ser uma comunidade válida».*

[678] Sublinhando a fundamentalidade do princípio ínsito no art. 1.º da CRP refere Rosa Maria Fernandes (A Inviolabilidade do Domicílio, p. 5) o seguinte:. *«É no princípio da dignidade da pessoa que radica a teia de direitos fundamentais consagrados no ordenamento jurídico dos países civilizados. Assim mesmo, a Constituição da República Portuguesa (CRP) o consagra logo no seu art. 1.º, acentuado sem margem para dúvidas que o homem, na sua irrenunciável dignidade, é o centro de onde tudo o mais irradia (...).A dignidade da pessoa é a afirmação complexa, historicamente em construção, e aberta ao enriquecimento cultural, da inteligência e da autonomia do homem, da sua espiritualidade, na permanente procura da sua afirmação enquanto ser autónomo, independente, livre. A autonomia, a qualidade de se ser ele próprio e não o outro, de se ser 'um' e nunca apenas 'mais um' pressupõe ou implica o direito ao livre desenvolvimento da sua personalidade, isto é, a possibilidade de definir o seu programa de vida, no respeito pelos princípios que regulativamente conformam juridicamente a sociedade».*

[679] A respeito deste princípio fundamental refere Luíz Roberto Barroso (*"A Dignidade da Pessoa Humana no Direito Constitucional Contemporâneo: Natureza jurídica, conteúdos mínimos e critérios de aplicação"*, pp. 4, 12, 13, 41 e 42) que: *«A dignidade da pessoa humana, na sua acepção contemporânea, tem origem religiosa, bíblica: o homem feito à imagem e semelhança de Deus (...). Ao longo do século XX, ela se torna um objetivo político, um fim a ser buscado pelo Estado e pela sociedade. Após a 2.ª. Guerra Mundial, a ideia de dignidade da pessoa humana migra paulatinamente para o mundo jurídico, em razão de dois movimentos. O primeiro foi o surgimento de uma cultura pós-positivista, que reaproximou o Direito da filosofia moral e da filosofia política, atenuando a separação radical imposta pelo positivismo normativista. O segundo consistiu na inclusão da dignidade da pessoa humana em diferentes documentos internacionais e Constituições de Estados democráticos. Convertida em um conceito jurídico, a dificuldade presente está em dar a ela um conteúdo mínimo, que a torne uma categoria operacional e útil, tanto na prática doméstica de cada país quanto no discurso transnacional (...). A identificação da dignidade humana como um princípio jurídico produz consequências relevantes no que diz respeito à determinação de seu conteúdo e estrutura normativa, seu modo de aplicação e seu papel no sistema constitucional (...). Para fins didáticos, é possível sistematizar as modalidades de eficácia dos princípios em geral, e da dignidade da pessoa humana em particular, em três grandes categorias: direta, interpretativa e negativa. Pela eficácia direta, um princípio incide sobre a realidade à semelhança de uma regra. Embora tenha por traço característico a vagueza, todo princípio terá um núcleo, do qual se poderá extrair um comando concreto (...). Do princípio da dignidade humana, em acepção compartilhada em diferentes partes do mundo, retiram-se regras específicas e objetivas, como as que vedam a tortura, o trabalho escravo ou as penas cruéis. Em muitos sistemas, inclusive o brasileiro, há normas expressas interditando tais condutas, o que significa que o princípio da dignidade humana foi densificado pelo constituinte ou pelo legislador. Nesses casos, como intuitivo, o intérprete aplicará a regra específica, sem necessidade de recondução ao valor ou princípio mais elevado. Mas, por exemplo, à falta de uma norma específica que discipline a revista íntima em presídio, será possível extrair da dignidade humana a exigência de que mulheres não sejam revistadas por agentes penitenciários masculinos. A eficácia interpretativa dos princípios constitucionais significa*

2.º, 16.º, 18.º e, principalmente, da dicotomia estabelecida na Constituição entre os arts. 24.º e 25.º, por um lado, com o art. 26.º e 34.º da Constituição,

*que os valores e fins neles abrigados condicionam o sentido e o alcance das normas jurídicas em geral. A dignidade, assim, será critério para valoração de situações e atribuição de pesos em casos que envolvam ponderação. Por exemplo: o mínimo existencial desfruta de precedência prima facie diante de outros interesses; algemas devem ser utilizadas apenas em situações que envolvam risco, e não abusivamente; a liberdade de expressão, como regra, não deve ser cerceada previamente. Merece registro, nesse tópico, o papel integrativo desempenhado pelos princípios constitucionais, que permite à dignidade ser fonte de direitos não-enumerados e critério de preenchimento de lacunas normativas. Como o direito de privacidade ou a liberdade de orientação sexual, onde não tenham previsão expressa. No Brasil, direta ou indiretamente, a dignidade esteve subjacente a inúmeras decisões 'criativas', em temas como (...) não compulsoriedade do exame de DNA em investigação de paternidade (...). A eficácia negativa, por fim, implica na paralisação da aplicação de qualquer norma ou ato jurídico que seja incompatível com o princípio constitucional em questão. Dela pode resultar a declaração de inconstitucionalidade do ato, seja em ação direta ou em controle incidental. Por vezes, um princípio constitucional pode apenas paralisar a incidência da norma em uma situação específica, porque naquela hipótese concreta se produziria uma consequência inaceitável pela Constituição (...)».* O mesmo Autor reporta como *"conteúdos mínimos da dignidade"* os seguintes: O valor intrínseco da pessoa humana, a autonomia da vontade e o valor comunitário. Explicando, considera: *«O valor intrínseco é o elemento ontológico da dignidade, traço distintivo da condição humana, do qual decorre que todas as pessoas são um fim em si mesmas, e não meios para a realização de metas coletivas ou propósitos de terceiros. A inteligência, a sensibilidade e a capacidade de comunicação são atributos únicos que servem de justificação para essa condição singular. Do valor intrínseco decorrem direitos fundamentais como o direito à vida, à igualdade e à integridade física e psíquica.*
*A autonomia da vontade é o elemento ético da dignidade humana, associado à capacidade de autodeterminação do indivíduo, ao seu direito de fazer escolhas existenciais básicas. Ínsita na autonomia está a capacidade de fazer valorações morais e de cada um pautar sua conduta por normas que possam ser universalizadas. A autonomia tem uma dimensão privada, subjacente aos direitos e liberdades individuais, e uma dimensão pública, sobre a qual se apoiam os direitos políticos, isto é, o direito de participar do processo eleitoral e do debate público. Condição do exercício adequado da autonomia pública e privada é o mínimo existencial, isto é, a satisfação das necessidades vitais básicas.*
*O valor comunitário é o elemento social da dignidade humana, identificando a relação entre o indivíduo e o grupo. Nesta acepção, ela está ligada a valores compartilhados pela comunidade, assim como às responsabilidades e deveres de cada um. Vale dizer: a dignidade como valor comunitário funciona como um limite às escolhas individuais. Também referida como dignidade como heteronomia, ela se destina a promover objetivos sociais diversos, dentre os quais a proteção do indivíduo em relação a atos que possa praticar capazes de afetar a ele próprio (condutas autorreferentes), a proteção de direitos de outras pessoas e a proteção de valores sociais, dos ideais de vida boa de determinada comunidade. Para minimizar os riscos do moralismo e da tirania da maioria, a imposição de valores comunitários deverá levar em conta (a) a existência ou não de um direito fundamental em jogo, (b) a existência de consenso social forte em relação à questão e (c) a existência de risco efetivo para direitos de terceiros».*

por outro lado)[680] – , devendo ser consideradas inexistentes, sendo o vício passível de ser oficiosamente conhecido a todo o tempo.

O eventual consentimento do titular ou a eventual autorização judicial para a obtenção da prova em violação desses direitos fundamentais, não retira a antijuridicidade ao acto.

A este tipo de provas dedica-se a alínea a) do n.º 3 do art. 417.º do CPC, sendo manifesto que no âmbito deste preceito – ou ainda por directa deriva dos comandos constitucionais supra aludidos (os mencionados arts. 1.º, 2.º, 16.º, 18.º, 24.º, 25.º, 26.º e 34.º) – se tutela também a legitimidade da recusa de actividade probatória conseguida com o recurso a tortura e coacção.

Noutro campo estarão as **provas relativamente ilícitas**.

Estão em questão, quanto a provas relativamente inadmissíveis, as violações de outros direitos fundamentais – como o direito à intimidade da vida privada ou familiar, o direito à inviolabilidade do domicílio, ao segredo de correspondência ou das telecomunicações, o direito à imagem, à palavra, etc.

A este tipo de provas dedicam-se as alíneas b) e c) do n.º 3 do art. 417.º do CPC.

Relativamente a estes direitos, o consentimento do titular já é relevante em termos de retirar ilicitude ao acto lesivo.

Neste campo, já se imporá, face à colisão de direitos fundamentais, proceder a uma ponderação concreta dos interesses em jogo (não se encontra predeterminada a ilicitude absoluta da prova, a qual, em função das circunstâncias concretas, será ou não valorada pelo Tribunal).

Assim, «*se for compreensível, à luz da ponderação de interesses, a intromissão da parte no domicílio, na correspondência ou nas telecomunicações para, deste modo,*

---

[680] As normas constitucionais de direitos, liberdades e garantias são normas de aplicação directa, vinculando as entidades públicas e privadas (cfr. art. 18.º, n.º 1, da CRP). Esta «*aplicação directa não significa apenas que os direitos, liberdades e garantias se aplicam independentemente da intervenção legislativa (cfr.arts.17.ºe 18.º/1). Significa também que eles valem directamente contra a lei, quando esta estabelece restrições em desconformidade com a constituição (cfr.CRP, art.18.º/3). Em termos práticos, a aplicação directa dos direitos fundamentais implica ainda a inconstitucionalidade de todas as leis pré-constitucionais contrárias às normas da constituição consagradoras e garantidoras dos direitos, liberdades e garantias ou direitos de natureza análoga (cfr. arts. 17.º e 18.º). (...) se se preferir, dir-se-à que a aplicação directa dos direitos, liberdades e garantias implica a inconstitucionalidade superveniente das normas pré-constitucionais em contradição com eles*» (assim, Gomes Canotilho, Direito Constitucional e Teoria da Constituição, pp. 1164-1165).

*obter prova necessária à sua pretensão e se tal intromissão for efectuada de um modo proporcionado, a prova assim obtida deve ser admitida»*[681].

As considerações delineadas podem esquematizar-se do seguinte modo:

1.º Provas ilícitas absolutas: As obtidas com violação do direito à vida e da integridade física ou moral das pessoas;

2.º Provas ilícitas relativas: As que envolvem intromissão na vida privada ou familiar, no domicílio, na correspondência ou nas telecomunicações; e as que determinam violação do sigilo profissional[682] ou de funcionários públicos ou do segredo do Estado, caso tais segredos não sejam "quebrados" nos termos da lei.

Apreciemos os vários tipos de ilicitude probatória, de acordo com a exposição efectuada:

### a) Provas ilícitas que violam o direito à vida e à integridade física ou moral

As provas obtidas com violação do direito à vida e da integridade física (v.g. tortura[683,684,685]) ou moral (v.g. coacção[685]) são aquelas cuja obtenção determine que seja intencionalmente infligida dor ou sofrimento sobre uma

---

[681] *Ob. cit.*, página 125.

[682] Como salienta Débora Santa Maria Marques (O Processo Civil e a Colaboração de Terceiros, p. 56), os deveres de sigilo criam limites meramente relativos.

[683] Como resulta do art. 1.º da Convenção contra a Tortura e outros Tratamentos ou Penas Cruéis, Desumanos ou Degradantes (Adoptada pela Resolução 39/46, da Assembléia Geral das Nações Unidas, em 10-12-1984) o termo "tortura" designa *«qualquer ato pelo qual dores ou sofrimentos agudos, físicos ou mentais, são infligidos intencionalmente a uma pessoa a fim de obter, dela ou de terceira pessoa, informações ou confissões; de castigá-la por ato que ela ou terceira pessoa tenha cometido ou seja suspeita de ter cometido; de intimidar ou coagir esta pessoa ou outras pessoas; ou por qualquer motivo baseado em discriminação de qualquer natureza; quando tais dores ou sofrimentos são infligidos por um funcionário público ou outra pessoa no exercício de funções públicas, ou por sua instigação, ou com o seu consentimento ou aquiescência. Não se considerará como tortura as dores ou sofrimentos que sejam consequência unicamente de sanções legítimas, ou que sejam inerentes a tais sanções ou delas decorram».*

[684] No âmbito do Conselho da Europa foi adoptada a 26 de Novembro de 1987 a Convenção Europeia para a Prevenção da Tortura e das Penas ou Tratamentos Desumanos ou Degradantes.

[685] A proibição da prática de actos de tortura decorre também de outros normativos de Direito Internacional, designadamente, os seguintes:

– Art. 55.º da Carta das Nações Unidas, ao proclamar que incumbe aos Estados, em virtude da Carta, promover o respeito universal e a observância dos direitos do homem e das liberdades fundamentais;

A PROVA ILÍCITA NO PROCESSO CIVIL PORTUGUÊS

pessoa com o propósito de dela se obter uma informação ou extrair uma confissão sobre um facto[687].

– Art. 5.º da Declaração Universal dos Direitos do Homem (DUDH) ao proclamar que "ninguém será submetido a tortura nem a penas ou tratamentos cruéis, desumanos ou degradantes";
– Art. 7.º do Pacto Internacional sobre os Direitos Civis e Políticos (PIDCP) ao especificar: *"(...) é interdito submeter uma pessoa a uma experiência médica ou científica sem o seu livre consentimento".*
– A Declaração sobre a Protecção de Todas as Pessoas contra a Tortura e outras penas ou Tratamentos Cruéis, Desumanos ou Degradantes, adoptada pela Assembleia Geral das Nações Unidas na sua resolução 3452 (XXX), de 9 de Dezembro de 1975, segundo a qual tal acto constitui "uma ofensa contra a dignidade humana e será condenado como uma negação aos propósitos da Carta das Nações Unidas e como uma violação aos direitos e liberdades fundamentais afirmados na Declaração Universal dos Direitos do Homem (e noutros instrumentos internacionais sobre direitos do Homem)";
– A Resolução 37/194 da Assembleia Geral das Nações Unidas, adoptada em 18 de Dezembro de 1982, que estabelece Princípios de Deontologia Médica aplicáveis à actuação do pessoal dos serviços de saúde, especialmente aos médicos, para a protecção de pessoas presas ou detidas contra a tortura e outras penas ou tratamentos cruéis, desumanos ou degradantes;
– A Resolução 43/173 da Assembleia Geral das Nações Unidas, de 9 de Dezembro de 1988, que adopta um Conjunto de Princípios para a Protecção de Todas as Pessoas Sujeitas a Qualquer forma de Detenção ou Prisão, e cujo Princípio 6 estabelece, não só a proibição de sujeição de tais pessoas a actos de tortura, mas também que "Nenhuma circunstância, seja ela qual for, poderá ser invocada para justificar a tortura ou outras penas ou tratamentos cruéis, desumanos ou degradantes";
– O art. 5.º do Código de Conduta para os Funcionários Responsáveis pela Aplicação da Lei, aprovado pela Assembleia Geral das Nações Unidas através da sua resolução 34/169, de 17 de Dezembro de 1979; e
– A Convenção de Salvaguarda dos Direitos do Homem e Liberdades Fundamentais, adoptada em Roma, a 4 de Novembro de 1950, no âmbito do Conselho da Europa (art. 3.º).

[686] A prova obtida por coacção inclui, por exemplo, a obtida mediante a criação de um ambiente intimidatório que determine uma tentativa frustrada de suicídio (cfr. v.g. o Ac. do TEDH de 26-01-2006, no processo Mikheyev v. Rússia).

[687] *«A prova obtida mediante ofensa à integridade física ou mental inclui a obtida mediante a administração corporal de substâncias, a hipnose ou a utilização de meios enganosos. Por exemplo, constituem provas nulas as obtidas mediante a administração de narcóticos e desinibidores, como o pervitin ou o álcool (CLAUS ROXIN/HANS ACHENBACH, 2006: 54, com a menção da jurisprudência do Bundesgerichthof neste sentido, que inclui o aproveitamento pelas autoridades públicas de uma situação de auto-administração voluntária destas substâncias (...)), e o uso do polígrafo (assim também, MARQUES FERREIRA, 1988: 225, e RUI PEREIRA, 2005: 231 e 232, que rejeita com argumentos irrefutáveis a posição complacente de COSTA ANDRADE, 1992: 219 (...)) e de técnicas de provocação de stress no detido, tais como a*

Não obstante em Portugal não se conhecer o uso de tais métodos de obtenção de prova em sede de litígios civis, noutros países, inclusive da União Europeia, até muito recentemente, em nome de razões securitárias e de combate ao terrorismo, foram usados meios de prova obtidos por tais métodos, em processos de natureza não criminal[688].

O vício da prova produzida por ofensa a estes bens jurídicos pessoais não depende de qualquer ponderação sobre o bem jurídico a cuja prova se dirige, atenta a prevalência dos bens jurídicos ofendidos pela prova obtida.

Neste ponto, mostra-se de incluir no elenco das provas que ofendem a integridade física ou moral das pessoas, as que sejam obtidas com a prática dos comportamentos elencados no n.º 2 do art. 126.º do CPP, ou seja, abrangendo os casos de:

- Perturbação da liberdade de vontade ou de decisão, mediante maus tratos, ofensas corporais, administração de meios de qualquer natureza, hipnose ou com a utilização de meios cruéis ou enganosos[689];
- Perturbação, por qualquer meio, da capacidade de memória ou de avaliação do visado;
- Por utilização da força[690] (fora dos casos e dos limites permitidos pela lei);

---

manutenção de pé durante horas, o encapuçamento, a sujeição a barulho e a privação do sono, alimentação e bebida (...)» (assim, Paulo Pinto de Albuquerque; Comentário ao C.P.P., p. 324).

[688] Cfr. detalhando este ponto, a respeito da situação do Reino Unido, Eric Metcalfe; Secret Evidence.

[689] «A prova obtida por meios enganosos inclui a mentira ardilosa e propositada sobre os elementos do processo relevantes para a situação processual do arguido, como, por exemplo, a mentira sobre a existência de uma confissão de um co-arguido ou de um depoimento comprometedor de uma testemunha (...). Também constitui meio enganoso a colocação na cela do arguido de um agente da autoridade com ocultação da sua identidade e profissão ou de alguém a mando da autoridade, com vista a provocar uma confissão do arguido (...). O mesmo se passa com a gravação oculta (e, portanto, não consentida) de uma conversa entre o arguido e um agente da autoridade ou alguém a mando da autoridade, com vista ao reconhecimento da voz do arguido pela vítima ou à realização de uma perícia comparativa da voz do arguido e da voz do autor do facto criminoso (...). O mesmo se passa ainda com a gravação de uma conversa telefónica, mantida a pedido da autoridade judiciária ou do OPC, entre a testemunha e o suspeito, com vista a provocar uma confissão do facto criminoso (...). Também constitui meio enganoso o uso de agente provocador, isto é, do agente que suscita o dolo criminoso em alguém que o não tinha previamente à sua intervenção» (assim, Paulo Pinto de Albuquerque; Comentário ao C.P.P., 2.ª ed., p. 325).

[690] Refere Paulo Pinto de Albuquerque (Comentário ao C.P.P., p. 326) que «a prova obtida mediante o uso ilegal da força deve ser delimitada em face da prova obtida mediante tortura». Nesta

A PROVA ILÍCITA NO PROCESSO CIVIL PORTUGUÊS

– Pela prática de ameaça com medida legalmente inadmissível[691],[692], com denegação ou condicionamento na obtenção de benefício legalmente previsto[693]; ou

– Com a promessa de vantagem legalmente inadmissível[694].

No âmbito destas situações a indisponibilidade probatória fundamenta-se, desde logo, na violação que decorre para os aludidos direitos – direito à vida e à integridade física e moral – independentemente da sua consagração expressa[695].

**b) Provas ilícitas que envolvem abusiva intromissão[696] na vida privada ou familiar, no domicílio, na correspondência ou nas telecomunicações[696]**

O art. 12.º da DUDH consagra o direito à privacidade.

estão incluídos os actos dolosos com vista a perturbar a liberdade de vontade ou de decisão, enquanto que naquela estão incluídos os casos de actuação não dolosa, apenas sendo utilizada a força de modo ilegal.

[691] Aqui se inclui, v.g., a prova obtida com ameaça de agressões a familiares (cfr. Ac. do TEDH de 10-10-200, P.º Akkoç v. Turquia).

[692] Já não será inadmissível *«a prova obtida mediante ameaça das consequências legais da acção do interveniente processual, nem a prova obtida mediante a ameaça do exercício pela autoridade de poderes processuais legais, como por exemplo, o confronto do arguido com as testemunhas»* (assim, Paulo Pinto de Albuquerque, Comentário ao C.P.P., p. 326).

[693] Inclui-se neste ponto, por exemplo, a obtenção de uma confissão com denegação de acesso do detido a advogado (cfr. Ac. TEDH de 11-07-2000, no processo Dikme v. Turquia e o Ac. TEDH de 02-08-2005, no processo Kolu v. Turquia).

[694] V.g. a prova obtida mediante promessa sobre a qualificação jurídica do crime, sobre a determinação da medida concreta da pena, como a promessa feita a respeito de uma dada pena concreta.

[695] Com efeito, *«num Estado de Direito nunca será de admitir prova, nem sequer a disposição do direito, ainda que com consentimento do lesado, obtida mediante violação dos direitos elencados»* (assim, Sara Ferreira de Oliveira, Ob. Cit., p. 37). Neste caso, conclui a Autora, *«consideramos ser de aplicar a 1.ª parte do art. 32.º, n.º 8 [da Constituição], enquanto proibição de prova expressa constitucionalmente, também ao processo civil»* (ob. e loc. Cit.).

[696] Refere Sara Ferreira de Oliveira (ob. Cit., p. 39) que *«será de concretizar o conceito de abusiva intromissão, que nos parece remeter para situações nas quais a participação na vida privada de alguém é apresentada com um intuito de obter a prova ou nos casos em que existe uma intromissão lícita mas*

A PROVA ILÍCITA: VERDADE OU LEALDADE?

Tal sucede, também, no art. 8.º da Convenção Europeia dos Direitos do Homem[698], no art. 17.º do Pacto Internacional sobre os Direitos Civis e Políticos e no art. 17.º da Convenção de Nova Iorque de 1990 sobre os direitos da criança.

Por seu turno, o direito à intimidade da vida privada e familiar tem assento constitucional, no art. 26.º da Constituição. Este direito é, na lei ordinária, expressamente protegido, de acordo com o consignado no art. 80.º do CC[699].

*abusiva, por desproporcionada, por exemplo. Devemos, também, ter em conta que o art. em questão trata das garantias de processo criminal, pelo que a expressão "abusiva intromissão" estará adaptada a esta realidade, ou seja, em que a intromissão por parte dos órgãos de polícia criminal é efectuada sem mandato judicial, ou, por exemplo, fora do horário estipulado».*

[697] Na jurisprudência sobre esta matéria podem citar-se, entre outros, os seguintes arestos: Ac. do TC n.º 7/87, onde se concluiu pela constitucionalidade das buscas domiciliárias efectuadas sem prévio despacho judicial por, nas situações previstas na alínea a) do n.º4 do art. 174.º *"o direito à inviolabilidade do domicilio enunciado nos n.ºs1, 2 e 3 do arts. 34.º da CRP dever compatibilizar-se com o direito à vida e com o direito à integridade pessoal consignados respectivamente nos arts. 24.º e 25.º da lei fundamental". Mas existem determinadas formalidades que têm de ser observadas. É que o art. 32.º/8 da CRP prescreve que "são nulas todas as provas obtidas mediante abusiva intromissão (...) no domicilio";* Ac. n.º 507/94 do TC onde se entendeu que são inconstitucionais os arts. 175.º/4, al b), 177.º/2 e 178.º/3 do CPPenal, na interpretação segundo a qual a busca domiciliária em casa habitada e as subsequentes apreensões efectuadas durante aquela diligência podem ser realizadas por órgãos de polícia criminal, desde que se verifique o consentimento de quem, não sendo visado por tais diligências, tiver a disponibilidade do lugar de habitação em que a busca seja efectuada, por violação do art. 34.º/2 da CRP; Ac. TRP de 03-02-2010 (P.º 371/06.5GBVNF.P1-1.ª Secção, rel. EDUARDA MARIA DE PINTO E LOBO); Ac. TCA Sul de 10-02-2011 (P.º 07118/11, rel. COELHO DA CUNHA); Ac. TRC de 06-04-2011 (P.º 111/10.4JALRA-A.C1, rel. ORLANDO GONÇALVES); Ac. STJ de 07-06-2011 (P.º 1581/07.3TVLSB.L1.S1, rel. GABRIEL CATARINO); Ac. TRG de 03-10-2011 (P.º 1135/09.0PCBRG-B.G1, rel. MARIA LUÍSA ARANTES); Ac. TRL de 06-03-2012 (P.º 67/10.3TVPRT.L1-1, rel. ANA GRÁCIO); Ac. TRL de 12-12-2013 (P.º 972/04.6TVLSB.L2-6, rel. MARIA MANUELA GOMES); Ac. TRE de 20-01-2015 (P.º 648/14.6GCFAR-A.E1, rel. JOÃO GOMES DE SOUSA); e Ac. TRE de 25-19-2016 (P.º 22/16.0GBLLE.E1, rel. JOÃO GOMES DE SOUSA).

[698] No caso P. G. y J. H. v. Reino Unido, de 25-12-2001 (http://hudoc.echr.coe.int/eng?i=001-59665), o TEDH abordou, detalhadamente, a temática atinente à «vida privada».

[699] *«O núcleo principal da tutela deste preceito legal é a defesa da paz, resguardo e tranquilidade de uma esfera íntima de vida. Em suma, é a tutela do direito de estar só (right to be alone)»* (assim, Teodoro Bastos de Almeida, *"O direito à privacidade e a protecção de dados genéticos: Uma perspectiva de direito comparado",* p. 380).

Mas, também, surge tutelado noutros domínios, como no âmbito da disciplina das relações de trabalho[700].

Numa primeira noção, o TC afirmou que a reserva da intimidade da vida privada traduz-se no «*direito de cada um a ver protegido o espaço interior ou familiar da pessoa ou do seu lar contra intromissões alheias. É a privacy do direito anglo-saxónico. (...) Este direito à intimidade ou à vida privada, este direito a uma esfera própria e inviolável, onde ninguém deve poder penetrar sem autorização do respectivo titular compreende: a) a autonomia, ou seja, o direito a ser o próprio a regular, livre de ingerências estatais e sociais, essa esfera de intimidade; b) o direito a não ver difundido o que é próprio dessa esfera de intimidade, a não ser mediante autorização do interessado*»[701].

De acordo com esta definição, a vida privada ou familiar «*parecia, assim, abranger, quer pela (...) assimilação com a privacy anglo-saxónica, quer pela inclusão de uma ideia de autonomia, não apenas os aspectos da informação (a reserva) sobre a vida privada, mas também a própria liberdade da vida privada*»[702,703].

Posteriormente, o TC veio a centrar a protecção da vida privada por referência à informação sobre a vida privada[704].

«*Poderá, assim, talvez dizer-se que a jurisprudência do TC parece evoluir no sentido de uma restrição do direito à protecção da vida privada a um direito relativo à informação sobre a vida privada. De acordo com este entendimento, excluir-se-ia do âmbito desse direito a liberdade da vida privada, por forma a evitar a conhecida "miséria da privacy" que resulta de um desmesurado alargamento, como o que encontramos*

---

[700] Cfr. arts. 16.º e 237.º do Código do Trabalho.

[701] Assim, o Ac. do T.C. n.º 128/92, publicado no D.R., II Série, de 24 de Julho de 1992.

[702] Cfr. Paulo Mota Pinto, *"A protecção da vida privada e a Constituição"*, p. 157.

[703] Como dá nota Teodoro Bastos de Almeida (*"O direito à privacidade e a protecção de dados genéticos: Uma perspectiva de direito comparado"*, p. 383), «*a privacy surgiu inicialmente como o direito da pessoa a ser deixada em paz, i. é, o direito de impedir a intromissão e a divulgação de factos da sua vida privada (the right to be let alone). O direito à privacidade de que curamos não corresponde, porém, ao que, no sistema jurídico norte-americano, se chama right to privacy. A jurisprudência norte-americana alargou desmesuradamente o âmbito da privacy, tratando, no âmbito desta noção, uma pluralidade de direitos tão diversos entre si como, por exemplo, o direito à autodeterminação sexual, o direito à escolha do aspecto físico e o direito à eutanásia e ao aborto*».

[704] Assim, por exemplo, nos acs. do T.C. n.ºs 278/95, 156/92, 177/92, 231/92, 43/96, 394/93 e 288/98.

A PROVA ILÍCITA: VERDADE OU LEALDADE?

*no contexto anglo-saxónico (onde acaba por incluir quase todos os aspectos de uma protecção geral da personalidade)»*[705].

Seguindo uma tradição doutrinal e jurisprudencial de origem germânica, usualmente têm-se distinguido três círculos ou esferas de actividade ou de protecção da pessoa[706]: A sua esfera íntima ou de segredo; a sua esfera privada; e a sua esfera pessoal ou individual, esta, abrangendo a vida pública da pessoa[707]. Da esfera íntima[708] fariam parte os dados relativos à saúde – física e psíquica –, à intimidade corporal, à informação genética, à intimidade da vida conjugal, as ligações extraconjugais, o divórcio, a vida amorosa e sexual. Por seu turno, na esfera privada incluir-se-iam os elementos relativos ao domicílio, à correspondência, aos dados pessoais informatizáveis, aos lazeres, ao património e aos elementos privados da actividade profissional e aca-

---

[705] Cfr. Paulo Mota Pinto, *"A protecção da vida privada e a Constituição"*, p. 159. Como conclui o mesmo Autor (ob. Cit., pp. 160-161): *«O direito à reserva sobre a vida privada parece, pois, com vantagens de rigor conceptual, poder ser limitado ao controle da informação sobre a vida privada, reportando-se a liberdade da vida privada ao direito à liberdade (art. 27.º, n.º 1) ou ao livre desenvolvimento da personalidade».*

[706] Cfr. Orlando de Carvalho, *"Para uma teoria da pessoa humana (reflexões para desmistificação necessária)"*, O homem e o tempo, Liber amicorum para Miguel Baptista Pereira, nota 69; Rita Cabral, *"O direito à intimidade da vida privada"*, separata dos Estudos de Homenagem ao Professor Paulo Cunha, p. 30; e Manuel da Costa Andrade, Liberdade de imprensa e inviolabilidade pessoal. Uma perspectiva jurídico-criminal, p. 65.

[707] *«Esta teoria tem sido alvo de diversas críticas, uma vez que a delimitação entre as esferas, em especial as esferas íntima e privada, é controversa. Em Portugal o tema tem sido objecto de particular atenção, uma vez que há autores que entendem que a adopção da Sphärentheorie implica uma total desprotecção da esfera privada, a qual não estaria tutelada pelo ordenamento jurídico. Os arts. 26.º, n.º 1 da CRP e 16.º do Código do Trabalho dirigem-se à protecção da reserva da intimidade da vida privada, o que, segundo estes autores, excluiria determinados aspectos da esfera privada que, por não serem da intimidade, não mereceriam tutela»* (assim, André Pestana Nascimento, O impacto das novas tecnologias no direito do trabalho e a tutela dos direitos de personalidade do traalhador, p. 5). Contudo, como bem reporta o mesmo Autor, *«a dificuldade inerente à distinção e delimitação entre os aspectos da esfera íntima e da esfera privada não é determinante para se rejeitar a adopção da teoria das esferas, uma vez que quer uma, quer outra, se encontram tuteladas, ainda que em graus distintos».*

[708] Como reporta José de Faria Costa (*"As telecomunicações e a privacidade: o olhar (in)discreto de um penalista"*, in José de Faria Costa, Direito Penal da Comunicação (Alguns escritos), Coimbra Editora, 1998, p. 159) há sempre um espaço de intimidade que é singular de cada pessoa, que é só nosso, *«uma vertente de nós que se assume e se quer opaca, que é mesmo uma condição indispensável para um desenvolvimento equilibrado da personalidade humana».*

démica, sendo que, na esfera privada, os direitos tutelados poderiam ter de ceder, em caso de conflito com outros direitos.

Contudo, a dificuldade de marcar um traço distintivo irredutível entre estas duas esferas – íntima e privada – tem levado a que seja preferível a adopção de um conceito amplo de vida privada que não se confine aos limites da intimidade[709].

Como refere Paulo Mota Pinto[710], esta distinção apenas parece prestável para graduar a gravidade da ofensa à vida privada, sendo que, a oposição fundamental reside na distinção entre informação sobre a vida privada e informação sobre a vida pública, sucedendo, assim, que a esfera íntima não coincide com a esfera de segredo, dado que *«deve ser reconhecido um direito geral à reserva sobre a vida privada, que inclui também a proibição de actos tendentes à tomada de conhecimento»*[711].

A Constituição emprega a expressão "vida privada" a qual se dicotomiza com a "vida pública".

*«Todavia, o critério de distinção não é um critério puramente espacial, dependente do local onde os factos ocorreram. Este é um elemento importante a ter em consideração. Mas parece que certos acontecimentos que ocorreram em público (por exemplo, uma conversa na rua ou num restaurante) podem igualmente ser protegidos pela reserva da vida privada»*[712].

Em termos gerais, a «vida pública» é a vida social da pessoa, a sua relação com o mundo e com a sociedade em que se acha inserido, enquanto que a

---

[709] Neste sentido, vd. Teodoro Bastos de Almeida, *"O direito à privacidade e a protecção de dados genéticos: Uma perspectiva de direito comparado"*, p. 407.

[710] Cfr. Paulo Mota Pinto, *"A protecção da vida privada e a Constituição"*, p. 162 e *"O direito à reserva sobre a intimidade da vida privada"*, p. 479 e .ss.

[711] Assim, Paulo Mota Pinto, *"A protecção da vida privada e a Constituição"*, p. 162, salientando que o TC não distinguiu entre «vida privada» e «intimidade da vida privada».

[712] Cfr. Paulo Mota Pinto, *"A protecção da vida privada e a Constituição"*, p. 165, considerando este Autor que daqui decorre que *«a imposição de vídeo-vigilância permanente, mesmo na via pública, poderá igualmente implicar uma violação do direito à protecção da vida privada, por exemplo, dos moradores, pelo menos se não for justificada por razões, concretamente definidas, de segurança ou de prevenção contra a probabilidade da ocorrência de crimes»*.

A PROVA ILÍCITA: VERDADE OU LEALDADE?

«vida privada» corresponderá à vida que o titular não quer partilhar com os outros e, que, apenas a ele respeita[713,714].

*«Na definição da extensão da reserva sobre a intimidade da vida privada, o legislador recorreu a conceitos indeterminados ou maleáveis, que carecem de "preenchimento valorativo" por parte do julgador. Mesmo neste domínio, porém, deverá o juiz considerar certos momentos racionais, como, por exemplo, o sentido objectivo dos conceitos no ambiente social considerado, os interesses presentes na hipótese concreta e as concretizações que desses conceitos já tenham sido feitas pela jurisprudência. Neste domínio, existe uma mais acentuada dose de valoração e apreciação por parte do julgador do que a que tem lugar na aplicação de uma norma integrada por conceitos fixos, mas a sua actuação é vinculada à lei e não de mera discricionariedade»*[715,716,716,717].

---

[713] *«A privacidade será o conjunto de 'informações' que cada indivíduo tem como suas, e a intimidade é a esfera secreta da vida do indivíduo, o direito a estar só, sem interferência dos outros»* (assim, Rosa Maria Fernandes, A Inviolabilidade do Domicílio, p. 13).

[714] A «privacidade» não assenta apenas num critério voluntarístico, mas também num critério objectivo, pelo que, a privacidade *«poderá ser afastada pela ausência de um mínimo de justificação do interesse na reserva»* (assim, Paulo Mota Pinto, "A protecção da vida privada e a Constituição", p. 165).

[715] Assim, Teodoro Bastos de Almeida, "*O direito à privacidade e a protecção de dados genéticos: Uma perspectiva de direito comparado*", pp. 397-398.

[716] A respeito deste direito formularam-se, no Parecer da PGR, n.º 95/2003, designadamente, as seguintes conclusões: *«(...) 3.ª Nos termos do respectivo Estatuto, os jornalistas têm o direito de acesso a locais abertos ao público desde que para fins de cobertura informativa, não podendo ser impedidos de entrar ou permanecer nos locais referidos quando a sua presença for exigida pelo exercício da respectiva actividade profissional, sem outras limitações além das decorrentes da lei. 4.ª O direito à reserva da intimidade da vida privada e o direito à imagem encontram-se protegidos constitucionalmente, a par de outros direitos de personalidade, no n.º 1 do art. 26.º da Constituição. 5.ª A extensão do âmbito de tutela do direito à reserva da intimidade da vida privada varia em função da natureza do caso e da condição das pessoas (notoriedade, exercício de cargo público, etc.), conforme o disposto no art. 80.º do Código Civil. 6.ª A violação da reserva da vida privada constitui infracção penal, nos termos do art. 192.º do Código Penal, dependendo o respectivo procedimento criminal da apresentação de queixa, nos termos do art. 198.º do Código Penal. 7.ª O retrato de uma pessoa não pode ser exposto, reproduzido ou lançado no comércio sem consentimento dela, não carecendo desse consentimento quando assim o justifique a sua notoriedade, o cargo que desempenhe, exigências de polícia ou de justiça, finalidades científicas, didácticas ou culturais, ou quando a reprodução da imagem vier enquadrada na de lugares públicos, ou na de factos de interesse público ou que hajam decorrido publicamente, salvo se do facto resultar prejuízo para a honra, reputação ou simples decoro da pessoa retratada (art. 79.º do Código Civil). 8.ª O cargo público exercido é incluído pela lei entre os casos de limitação legal do direito à imagem, já que o interesse público em conhecer a imagem dos respectivos titulares sobreleva, nessas hipóteses, o interesse individual. 9.ª A protecção de forma autónoma e individualizada do direito à imagem está penalmente tutelada pelo art. 199.º do Código*

*Penal, dependendo o respectivo procedimento criminal de queixa, por força das disposições combinadas do n.º 3 do art. 199.º e do art. 198.º, ambos do Código Penal, sendo titular da queixa a pessoa cuja imagem foi captada ou utilizada. 10.ª Os direitos, liberdades e garantias só podem ser restringidos nos casos expressamente admitidos pela Constituição, sendo que qualquer intervenção restritiva nesse domínio, mesmo que constitucionalmente autorizada, apenas será legítima se justificada pela salvaguarda de outro direito fundamental ou de outro interesse constitucionalmente protegido, devendo respeitar as exigências do princípio da proporcionalidade e não podendo afectar o conteúdo essencial dos direitos. 11.ª Ocorrendo a concentração de jornalistas, repórteres fotográficos e operadores de imagem junto às portas de acesso aos tribunais, fotografando e filmando a imagem das pessoas que entram e saem do edifício, no contexto da cobertura informativa de eventos relacionados com processos criminais, as forças de segurança devem, em regra: a) assumir a adequada vigilância do local, garantindo a ordem pública e a segurança de pessoas e dos seus bens; b) impor as restrições necessárias para garantir a livre entrada e saída de pessoas e viaturas no edifício; c) proceder à recolha de informação destinada a habilitar as autoridades de polícia a prevenir quaisquer possíveis perturbações e a adoptar as necessárias providências para atalhá-las quando se produzam ou para identificar os seus autores. 12.ª Nas situações de facto assinaladas na conclusão anterior, o exercício do direito de informação pode ser restringido para: a) garantir a livre entrada e saída de pessoas e viaturas no tribunal; b) salvaguardar a vida, a integridade física, a liberdade e a segurança de intervenientes processuais, em particular dos que beneficiem de específicas medidas de protecção policial, devendo essas restrições respeitar as exigências do princípio da proporcionalidade e o conteúdo essencial do direito de informação. 13.ª As forças de segurança não podem impor outras medidas de limitação ao exercício do direito de informação, para além das restrições enunciadas na conclusão 12.ª».*

[717] No Ac. TC n.º 278/95 expendeu-se a respeito do *«direito à reserva da vida privada»* o seguinte: *«(...) Questão complexa é a da determinação do critério distintivo entre o campo da vida privada e familiar que goza de reserva de intimidade e o domínio mais ou menos aberto à publicidade. Segundo os autores que vimos seguindo, alguma doutrina distingue entre esfera pessoal íntima (absolutamente protegida) e esfera privada simples (apenas relativamente protegida, podendo ter de ceder em conflito com outro interesse ou bem público; mas à face deste preceito da CRP parece que tal distinção não é relevante. O critério constitucional deve talvez arrancar dos conceitos de «privacidade» (n.º 1, in fine) e «dignidade humana» (n.º 2), de modo a definir-se um conceito de esfera privada de cada pessoa, culturalmente adequado à vida contemporânea. O âmbito normativo do direito fundamental à reserva da intimidade da vida privada e familiar deverá delimitar-se, assim, como base num conceito de «vida privada» que tenha em conta a referência civilizacional sob três aspectos: (1) o respeito dos comportamentos; (2) o respeito do anonimato; (3) o respeito da vida em relação (...)».*

[718] Sobre o âmbito deste conceito, no ordenamento jurídico espanhol, reporta Jaime Vegas Torres (Obtención de pruebas en ordenadores personales y derechos fundamentales en el âmbito de la empresa, pp. 84-85) o seguinte: *«(...) como mínimo, conforme a la jurisprudencia del Tribunal Constitucional hay que entender que pueden afectar al derecho a la intimidad las intromisiones que se refieran a las siguientes materias: a) La intimidad corporal, que protege frente a intromisiones que, por las partes del cuerpo a que se refieran o por los instrumentos mediante los que se realicen, puedan constituir, según un sano criterio, violación del pudor o del recato de la persona (...). b) La información relativa*

Procurando precisar o conteúdo da noção de "vida privada"[719], pode concluir-se que nesta se engloba a vida pessoal, a vida familiar, a relação com outras esferas de privacidade (como a amizade), o lugar próprio da vida pessoal e familiar (o lar, a casa de morada de família ou o domicílio pessoal[720]) e os meios de comunicação e de expressão privados (a correspondência, o telefone, a expressão oral, etc.)[721].

Também se integram na noção de informação respeitante à vida privada, os dados respeitantes à identidade da pessoa[722] (aqui se englobando os dados pessoais, as suas impressões digitais, o seu código genético, os dados refe-

---

*a la salud física y psíquica de las personas (...). c) La información relativa al consumo de alcohol o de drogas (...). d) Los datos relativos a la situación económica de una persona (...); las informaciones relativas a las actividades desenvueltas en el tráfico económico y negocial quedan, sin embargo, fuera del ámbito propio y reservado de la persona (...), salvo que a través de dichas actividades puedan conocerse datos pertenecientes a la vida íntima personal y familiar (...). e) La información relativa a otras personas con las que se guarde una personal y estrecha vinculación familiar que se refiera a aspectos que, por esa relación o vínculo familiar, inciden en la propia esfera de la personalidad del individuo (...). f) La información sobre detalles de la vida en el hogar familiar (...). g) La jurisprudencia del TC excluye, sin embargo, que pertenezcan al ámbito propio y reservado de la persona los datos referentes a la participación de los ciudadanos en la vida política, actividad que por su propia naturaleza se desarrolla en la esfera pública de una sociedad democrática, con excepción del derecho de sufrágio activo dado el carácter secreto del voto (...). h) Por otro lado, tampoco pertenecen a la esfera de lo íntimo y reservado, al menos en principio, los hechos referidos a las relaciones sociales y profesionales en que se desarrolla la actividad laboral; las intromisiones relacionadas con estos hechos, sin embargo, podrían llegar a afectar a la intimidad si fueran de tal naturaleza que permitieran, mediante un análisis detallado y conjunto, acceder a informaciones atinentes a la vida íntima y familiar del trabajador (...). i) Finalmente, con carácter general, el Tribunal Constitucional ha precisado que en relación con el derecho a la intimidad no es relevante que los datos a los que se tenga acceso y/o se divulguen tengan o no tengan un carácter deshonroso para la persona afectada (...)».*

[719] *«Pela semântica, observa-se que a intimidade é menos abrangente que a vida privada, facto este também observado pela doutrina francesa. A intimidade é um direito que se relaciona a fatos, situações e acontecimentos os quais a pessoa tem sob seu domínio exclusivo, sem dividir com mais ninguém. É algo do interior da pessoa, que o singulariza e deve ser mantido sob reserva. E, o direito à vida privada diz respeito ao ambiente familiar, "cuja lesão resvala nos outros membros do grupo"»* (assim, Marícia de Azambuja Fortes Missel, O Princípio da Não Autoincriminação no Sistema Luso-Brasileiro: Entre a Reserva da Vida Privada e a Persecutio Criminis, pp. 15-16).

[720] O local reservado à vida íntima de um indivíduo pode ter natureza diversa de uma casa de habitação, podendo ser *«uma tenda de campismo, o quarto de um hotel, um autocarro, etc., desde que estejam a ser utilizados para habitação»* (assim, Teodoro Bastos de Almeida, *"O direito à privacidade e a protecção de dados genéticos: Uma perspectiva de direito comparado"*, p. 412, nota 158).

[721] Assim, o Ac. do T.C. n.º 355/97.

[722] Tem-se entendido, contudo, que não é admissível um meio de prova que se funde numa

rentes à saúde, o tipo de sangue, determinadas características pessoais, qualidades artísticas, etc.[723]).

Igualmente se poderão incluir nestes dados privados, os dados referentes à morada[724] ou ao número de telefone confidencialmente pretendido.

Mas, a «vida privada» pode abranger igualmente determinados factos ou ocorrências da vida, *«tais como encontros com amigos, deslocações[725], momentos de saída ou entrada no lar[726], os destinos e géneros de férias e outros passatempos e comportamentos privados. A informação sobre a ingestão de bebidas, em particular de bebidas alcoólicas, por exemplo, foi considerada pelo TC como relativa à vida privada pelo (...) Ac. n.º 319/95, que afirmou a constitucionalidade da norma que impunha testes de alcoolémia a automobilistas»[727]*. Também fazem parte da «vida privada», os elementos respeitantes à vida familiar, vida conjugal, amorosa e afectiva de uma pessoa[728], ou determinados locais privados ou reservados em que uma pessoa se encontre, como um carro, ou mesmo públicos, como uma cabine telefónica ou uma casa-de-banho pública. Dela também farão parte as informações relativas a estados pessoais, como a definição dos *«momentos penosos ou de extremo abatimento»[729]* de uma pessoa.

---

discriminação (v.g. uma base de dados elaborada apenas para estrangeiros – cfr. Ac. do TJUE, Caso Huber vs. Alemanha – C-524/06).

[723] No Ac. do T.C. n.º 616/98 (D.R., II série, de 17-03-1999) considerou-se que a imposição de exames hematológicos constituiria uma violação do direito à integridade pessoal, aceitando-se que o Tribunal possa valorar livremente a recusa de submissão a tais testes, enquanto recusa de colaboração para a descoberta da verdade.

[724] Sobre o ponto vd. o Parecer do Conselho Consultivo da PGR, in Pareceres, vol. VII, Lisboa, 1998, p. 423 e ss.

[725] No Ac. TC n.º 213/2008 considerou-se ser admissível a obtenção da lista de passagens de um veículo nas portagens de uma auto-estrada e nos radares de controlo de velocidade, por tais elementos informativos se encontrarem fora do núcleo da identidade pessoal.

[726] Por exemplo, o direito à privacidade em face de estranhos contempla a obrigação do trabalhador doméstico de não divulgar factos respeitantes à vida privada do empregador (neste sentido, vd. Teodoro Bastos de Almeida, *"O direito à privacidade e a protecção de dados genéticos: Uma perspectiva de direito comparado"*, p. 409).

[727] Cfr. Paulo Mota Pinto, *"A protecção da vida privada e a Constituição"*, p. 167.

[728] Cfr. Paulo Mota Pinto, *"A protecção da vida privada e a Constituição"*, p. 168, aqui considerando o Autor, exemplificativamente: *«os projectos de casamento e separação, as aventuras amorosas, as amizades, afeições e ódios...»*.

[729] Cfr. Teodoro Bastos de Almeida, *"O direito à privacidade e a protecção de dados genéticos: Uma perspectiva de direito comparado"*, p. 403.

*«O direito à privacidade não compreende apenas a esfera doméstica, o ambiente familiar ou o círculo de amigos, mas outros aspectos da personalidade, como a integridade corporal, a imagem, a liberdade sexual, entre outros. E, a "reserva da privacidade, pois, acaba por ter função significativa para a própria sociedade, para além do indivíduo" (...). E, nessa esfera fechada, individual permite-se que o cidadão faça suas escolhas com base nas suas crenças, princípios, experiências, senso de justiça, permitindo--lhe o emprego da autonomia em suas decisões, nas suas condutas e atitudes.*

*Percebe-se que, decorrente dessa tutela há ainda a proteção a outras esferas como a propriedade, o sigilo bancário, de correspondência, sigilo telefônico (direitos que se encontram em muitas atuações policiais e judiciais banalizados, desproporcionais, verdadeira afronta às cartas supremas). Fala-se ainda, na proteção de dados pessoais informatizados, bem como ao direito a escolha de tratamento, e ao direito de ser deixado só (right to be let alone). (...). Diante do atual momento vivido, em que inúmeros são os avanços tecnológicos, a rapidez das informações, o aumento de nossos relacionamentos e contatos (até mesmo via virtual) impõe-se a todos um repensar de atitudes e condutas. Estamos vivenciando o auge da modernidade em sociedade, e como consequência o indivíduo se encontra com maior frequência ameaçado em sua integridade física, pessoal, corporal e psíquica. Essa modernidade nos traz avanços consideráveis para a vida em sociedade, em especial a rapidez com que hoje alcançamos às mais variadas informações com o acesso facilitado às comunicações por meio da rede internet, acompanhado de satélites, computadores, máquinas fotográficas de alto alcance, microgravadores. Contudo, essa rapidez na maioria das vezes, sequer nos autoriza a "digerir" o que realmente acontece, fazendo com que se releve muitas intromissões que sequer nos damos conta, ou até mesmo pela mudança de paradigma da sociedade contemporânea em que há um certo conformismo social. E isso acaba por relegar o indivíduo em segundo plano.*

*Cita-se como exemplo as redes sociais (orkut, facebok, twitter, myspace), em que as pessoas divulgam suas preferências, seus afazeres, qualidades, defeitos, etc, bem como em programas televisivos de confinamento de pessoas, além das famosas revistas sobre a vida particular de pessoas famosas. Como também ocorre com nossos dados pessoais, arquivos sigilosos, e-mails, informações privadas que vazam indevidamente e são veiculadas em rede mundial, passando a ser de "domínio público". As pessoas ficam obcecadas em exporem a sua intimidade, "pensamento diverso daquele vivenciado no surgimento do direito à intimidade e à vida privada, que postulava o direito 'de ser deixado só'"»*[730].

---

[730] Assim, Marícia de Azambuja Fortes Missel, O Princípio da Não Autoincriminação no Sistema Luso-Brasileiro: Entre a Reserva da Vida Privada e a Persecutio Criminis, pp. 16-18.

A PROVA ILÍCITA NO PROCESSO CIVIL PORTUGUÊS

O art. 80.º do Código Civil – com a epígrafe "Direito à reserva sobre a intimidade da vida privada" – estatui que: *«1. Todos devem guardar reserva quanto à intimidade da vida privada de outrem. 2. A extensão da reserva é definida conforme a natureza do caso e a condição das pessoas».* Este normativo manda atender, na concretização prática da extensão da reserva da intimidade da vida privada de outrem, a dois critérios: *«a natureza do caso»*[731,732] e a *«condição das pessoas»*[733].

O interesse público é muitas vezes invocado como justificação para a divulgação de factos que digam respeito à vida privada de certas pessoas com notoriedade[734], mas, a "compressão" eventual do direito à privacidade destas, não pode justificar a devassa da esfera íntima das mesmas[735,736,737,737,738].

---

[731] Nesta linha, a divulgação do volume dos consumos de água da habitação de certa pessoa não constitui violação do direito à reserva da intimidade da vida privada (assim, o Ac. da R.C. de 05/11/1991, in BMJ 411.º, p. 667).

[732] Na concretização deste conceito deve ter-se em conta, desde logo, *«o meio de difusão utilizado, fazendo depender deste a licitude ou ilicitude da divulgação dos factos respeitantes à vida privada das pessoas»* (cfr. Teodoro Bastos de Almeida, *"O direito à privacidade e a protecção de dados genéticos: Uma perspectiva de direito comparado"*, p. 399).

[733] De acordo com Teodoro Bastos de Almeida (*"O direito à privacidade e a protecção de dados genéticos: Uma perspectiva de direito comparado"*, p. 399), *«a remissão, feita pelo n.º 2 do art. 80.º, para a condição das pessoas – como critério de delimitação da vida privada – não pode significar que a pessoa protegida possa renunciar, definitiva e indiscriminadamente, à protecção legal. Aquela remissão só pode significar que os limites da vida privada não são os mesmos para todas as pessoas, sendo mais ou menos extensos consoante o circunstancialismo socio-individual em que elas ajam. A referência à condição das pessoas só pode querer dizer que uma determinada intromissão é ou pode ser lícita num circunstancialismo determinado e que pode não ser lícita noutro. Assim, por ex., há pessoas que usam a sua vida privada para efeitos de publicidade: actores de cinema, cantores, etc. Para elas a notoriedade é uma necessidade profissional».*

[734] Onde se englobam, desportistas, actores, políticos, figuras do denominado «jet-set», destacados empresários, etc.

[735] Assim, Teodoro Bastos de Almeida, *"O direito à privacidade e a protecção de dados genéticos: Uma perspectiva de direito comparado"*, p. 400.

[736] Teodoro Bastos de Almeida (*"O direito à privacidade e a protecção de dados genéticos: Uma perspectiva de direito comparado"*, p. 400) considera que o interesse público relativo a certas pessoas que exerçam certas funções na vida pública (v.g. no Governo ou candidatos eleitorais) *«pode justificar uma restrição do âmbito da privacidade em função do grau de exemplaridade que delas se exige. Também nos parece admissível a divulgação pública do estado de saúde física e psíquica das pessoas que exerçam funções importantes ou que assumam responsabilidades elevadas em face da sociedade. Já o mesmo não sucede, em princípio, no que toca à vida conjugal ou amorosa destas pessoas».*

[737] Um exemplo ocorrido em Portugal consistiu na publicação, nos anos 80, de uma reportagem na «Semana Ilustrada» sobre um conhecido arquitecto intitulada *«As loucuras sexuais de*

## A PROVA ILÍCITA: VERDADE OU LEALDADE?

Noutra perspectiva, os factos da vida privada de um dos cônjuges[740], relevantes para a vida familiar, podem ser pesquisados e acedidos pelo outro cônjuge, embora este não possa recorrer, para o efeito, a meios lesivos da personalidade daquele, como v.g. a intercepção de chamadas telefónicas[741].

Na decorrência do estabelecido em diversos instrumentos jurídicos de índole internacional[742], a CRP tutela ainda a inviolabilidade do domicílio[743,743] no art. 34.º[744].

---

*T.T.».* A notoriedade pública do arquitecto em causa advinha-lhe da sua criatividade profissional e não do exercício de qualquer cargo público, pelo que, a sua condição de pessoa não justificava a intromissão na sua vida afectiva e sexual, nem a divulgação de factos a ela respeitantes.

[738] Tem-se considerado não ser admissível a prova fundada em meios desproporcionados (v.g. base de dados genéticos de pessoas absolvidas de um crime – cfr. Ac. do TEDH, no caso S. e Mayer vs. Reino Unido, de 04-12-2008).

[739] A respeito da relação mediática dos processos que, por vezes, envolvem um juiz e o respeito pela esfera privada deste, refere Ana Lúcia Soares Gomes (O Juízo sobre o Juiz(o) – Os Juízes não têm honra ?, pp. 61-62) o seguinte: *«A exposição mediática de alguns juízes em Portugal, umas vezes voluntária, outras vezes mediante um verdadeiro assédio, deu a ver aos cidadãos que vêem televisão os seus juízes fora ou dentro do espaço do tribunal (...). Um juiz não é uma figura pública, pelo menos absoluta e permanente no sentido explicitado por Brito (2010:46) ainda que exerça funções públicas. Como tal: as suas decisões e procedimentos são públicos, suscetíveis de publicação, de incidir sobre eles opinião, crítica positiva ou negativa. Ao contrário, a sua pessoa não deve despertar interesse por si só. Isto é, o juiz só por ser juiz de certo caso, não deve ver o seu quotidiano devassado. Isso não significa que não seja exigível ao juiz idoneidade moral no início como ao longo da carreira e que comportamentos que a ponham em causa não possam ser denunciados».*

[740] Como, por exemplo, a doença de um dos cônjuges transmissível ao outro ou aos filhos, o adultério, etc.

[741] Neste sentido, Teodoro Bastos de Almeida, *"O direito à privacidade e a protecção de dados genéticos: Uma perspectiva de direito comparado"*, p. 410.

[742] No Caso Işildak v. Turquia, de 30-12-2008 (Queixa n.º 12863/02, disponível em http://hudoc.echr.coe.int/eng?i=001-88642), o TEDH afirmou que a noção de «domicílio» constante do art. 8.º da CEDH constitui um conceito autónomo, que não depende de uma qualificação em direito interno. A questão de saber se uma habitação particular constitui um "domicílio" relevante para a protecção da norma dependerá das circunstâncias factuais, nomeadamente da existência de ligações suficientes e contínuas com um lugar determinado (como afirmado em Prokopovitch v. Russie, n.º 58255/00, § 36, CEDH 2004-XI). O termo «domicílio» tem uma conotação mais ampla do que a palavra «home» (casa), que figura na versão inglesa da CEDH , podendo englobar, por exemplo, um escritório de um profissional liberal (cfr. caso Niemietz v. Alemanha, decisão de 16-12-1992, série A no 251-B, p. 34, § 30).

[743] A CRP não contém um conceito de domicílio. Contudo, dispõe o n.º1 do art. 82.º do Código Civil que *«a pessoa tem domicílio no lugar da sua residência habitual; se residir alternadamente*

A PROVA ILÍCITA NO PROCESSO CIVIL PORTUGUÊS

Na decorrência da garantia da inviolabilidade do domicílio, «*a CRP proíbe a entrada no domicílio dos cidadãos contra a sua vontade e sem ordem da autoridade judiciária competente. Esta ordem é possível apenas nos casos e segundo as condições expressamente previstas na lei. E a Constituição proíbe igualmente a entrada durante a noite no domicílio de outra pessoa contra a sua vontade*»[746].

«*A inviolabilidade do domicílio é um direito fundamental individual e, embora limitado, a sua restrição apenas será permitida nas situações que a lei determinar*»[747].

A inviolabilidade do domicílio está relacionada com o direito à intimidade pessoal (esfera privada especial), previsto no art. 26.º da CRP, considerando-se o domicílio como projecção espacial da pessoa. Trata-se de «*um direito à liberdade da pessoa, e assim é que a Constituição considera a "vontade", o*

---

*em diversos lugares, tem-se por domiciliada em qualquer deles*». E refere o n.º 2 deste art. que «*na falta de residência habitual, considera-se domiciliada no lugar da sua residência ocasional ou, se esta não puder ser determinada, no lugar onde se encontrar*». A residência habitual não é a residência permanente nem a residência habitual ocasional, podendo uma pessoa ter dois ou mais domicílios voluntários e pode também ter um ou mais domicílios necessários ao lado do ou dos domicílios voluntários. O domicílio caracteriza uma ligação entre a pessoa e um determinado lugar, juridicamente relevante para o exercício de direitos e para o cumprimento de obrigações, constituindo uma das três situações jurídico-espaciais da pessoa, a par do paradeiro (mera situação de facto, criada pela presença física, em cada momento, num dado lugar) e da residência (local apto para servir de base de vida a uma pessoa singular).

[744] Como refere Rosa Maria Fernandes (A Inviolabilidade do Domicílio, p. 12): «*O Título II da Constituição agrupa os "direitos, liberdades e garantias, mas não define estes conceitos. G. CANOTILHO e V. MOREIRA referem que "a distinção entre direitos e liberdades faz-se tradicionalmente com base na posição jurídica do cidadão em relação ao Estado. As liberdades estariam ligadas ao status negativus e, através delas, visa-se defender a esfera jurídica dos cidadãos perante a intervenção ou agressão dos poderes públicos. É por isso que se lhes chama também direitos de liberdade, (...) direitos civis, liberdades individuais." Entre esses direitos está a reserva da intimidade da vida privada e familiar. Este direito é constantemente reclamado, "numa perspectiva não estritamente individual, mas igualmente no seu sentido relacional" – como um valor fundamental "para as condições de existência da sociedade". O direito à inviolabilidade do domicílio enquadra-se no direito à reserva da intimidade da vida privada, enquanto direito pessoal e fundamental. Preservando o domicílio, protegem-se a privacidade e a intimidade das Pessoas*».

[745] Este preceito tem a seguinte redacção: «*1. O domicílio e o sigilo da correspondência e dos outros meios de comunicação privada são invioláveis. 2.A entrada no domicílio dos cidadãos contra a sua vontade só pode ser ordenada pela autoridade judicial competente, nos casos e segundo as formas previstas na lei. 3.Ninguém pode entrar durante a noite no domicílio de qualquer pessoa sem o seu consentimento. 4.É proibida toda a ingerência das autoridades públicas na correspondência, e nas telecomunicações e nos demais meios de comunicação, salvos os casos previstos na lei em matéria de processo criminal*».

[746] Assim, Paulo Mota Pinto, "*A protecção da vida privada e a Constituição*", p. 172.

[747] Assim, Rosa Maria Fernandes, A Inviolabilidade do Domicílio, p. 15.

*"consentimento" da pessoa (art. 34.º/2 e 3) como condição sine qua non da possibili-
dade de entrada no domicílio dos cidadãos fora dos casos de mandato judicial»*[748,749].

## c) Provas ilícitas que violam o segredo de Estado

O direito ao segredo[750] é uma forma de proteção de actos e factos que
se quer manter sem o conhecimento de terceiros, e que dizem respeito
somente a certas pessoas ou entidades, cabendo a estas o direito de revelar
ou não tal conhecimento.

Um desses segredos, que constitui corolário da soberania do Estado
e da necessidade de garantir a sua segurança nacional[751], é o segredo de
Estado[752,752].

---

[748] Cfr. Gomes Canotilho e Vital Moreira, Constituição da República Portuguesa Anotada,
3.ªed., p. 177.

[749] Contudo, em face do disposto nos artigos 757.º e 767.º do CPC permite-se a entrada no
domicílio, sem o consentimento das pessoas, para efectuar penhoras, desde que exista determinação judicial nesse sentido.

[750] *«Segredo e mentira não se referem à mesma coisa. Segredo, dizem os dicionários, é o "fato, realidade,
notícia que não se quer ou não se deve revelar a ninguém". Mentira é "afirmação contrária àquilo que é ou
se crê correspondente à verdade, pronunciada com a intenção de enganar". Assim as coisas parecem claras:
o segredo é não dizer, que é coisa muito diversa de enganar. Mas quando os arcana imperii, os segredos
que envolvem a ação do soberano ou também dos governantes democráticos cobrem muitas matérias ou
questões essenciais para a vida pública, a distinção entre o não saber e o ser enganado pode tornar-se suti-
líssima. Não sabendo, os cidadãos não são capazes de analisar as escolhas dos governantes, tateando no
escuro. O conhecimento torna-se privilégio de um grupo restrito, e a forma de governo pode transformar-se
de democrática em oligárquica»* (assim, Stefano Rodotá, *"O direito à verdade", in* civilistica.com, a.
2. n. 3. 2013, pp. 14-15).

[751] Recentemente, o Parlamento Europeu levou a cabo um estudo sobre toda a informação
que, nos Estados-Membros da União Europeia é mantida secreta e não revelada para as partes
e autoridades judiciais em nome da segurança nacional (National Security and secret evidence in legislation and before the courts: exploring the challenges – Study for the LIBE
Comitee, 2014).

[752] Importa sublinhar que o segredo de Estado se verifica relativamente a cada Estado. Num
interessante estudo – de 2014 -comparativo entre o regime de segredo de Estado de sete
(Reino Unido, França, Alemanha, Espanha, Itália, Holanda e Suécia) estados membros da
União Europeia concluiu-se, nomeadamente, que:
– Há uma grande variedade de sistemas e de práticas judiciais arreigadas nas trajectórias his-
tóricas, políticas e constitucionais de cada Estado;
– Apenas a Holanda e o Reino Unido dispõem de legislação expressamente permitindo o uso
formal de informação classificada em processos judiciais, em determinadas circunstâncias;

A Constituição aborda a temática do segredo de Estado nos arts. 35.º, n.º 6, *in fine*, 156.º, al. d), *in fine* e na alínea q) do art. 164.º. Na primeira refe-

por seu turno, na Alemanha, Espanha e Suécia há práticas judiciais indirectas em que determinadas provas podem ser ocultadas das partes em condições legalmente previstas;
– O estudo demonstra que o segredo da prova nem sempre consubstancia prova legal, sendo que, na Alemanha, Itália e Espanha os direitos de defesa e o direito a um julgamento justo não podem ser opostos à segurança do Estado;
– É comum a dificuldade e a controvérsia sobre o material sob segredo ou desclassificado e, bem assim, sobre o próprio conceito de «segurança nacional», o que gera, muitas vezes, um desproporcionado grau de apreciação do executivo e uma sobreprotecção do segredo da parte das autoridades judiciais independentes;
– Os cidadãos dos Estados-Membros que são suspeitos em processos judiciais são considerados em diversa medida através da União Europeia, existindo diversas «áreas de justiça» no que respeita a direitos de defesa dos suspeitos relativamente a casos onde estejam em causa as matéria da defesa nacional e da segurança e segredos do Estado;
– O aumento da troca de informação transnacional entre os Estados-Membros tem determinado um incremento da informação sob segredo de Estado em discussão perante os tribunais, que envolve novos desafios na utilização e acesso sobre a informação.
– É assinalado – na linha da jurisprudência do TJUE – que, nestas matérias, a legislação não pode ser obscura, sendo fundamental o reconhecimento do princípio da protecção judicial efectiva pelos Tribunais, mesmo nos casos relacionados com a segurança nacional, sendo que os direitos de defesa e de prova contra um indivíduo devem ser clarificados contra o mesmo, incluindo um sumário das razões que justificam a acusação, sendo necessário o reforço dos meios de tutela jurisdicional dos direitos dos cidadãos. O referido estudo, intitulado «*National security and secret evidence in legislation and before the courts: exploring the challenges*», Comité LIBE, disponível em http://www.europarl.europa.eu/RegData/etudes/STUD/2014/509991/IPOL_STU%282014%29509991_EN.pdf ).

[753] «*O Direito Português mostra-se favorável à abertura das estruturas de poder aos cidadãos, até como princípio complementar do princípio democrático, com nítido apoio na letra da CRP. E fê-lo também com referência a outros sectores do poder político não administrativo e ao mundo da actividade privada indirectamente através da consagração da liberdade de comunicação social. Mas seria ingénuo pensar que se está em face de uma orientação que se apresente de um modo absoluto, ao não comportar constrições de variadíssima ordem. Se é certo que os interesses subjacentes ao livre acesso à informação – sobretudo à informação que o poder público detém – são dignos de tutela, não é menos certo que outros interesses também merecem protecção, quebrando essa liberdade nos casos mais ou menos frequentes em que se verifica a colisão entre eles. São por isso de diferente recorte as hipóteses que progressivamente as ordens jurídicas vão delineando de limitação externa à liberdade de informação, levando em consideração, por um lado, a natureza pública ou privada dos elementos informativos existentes, e, por outro lado, os tipos de interesses que se visa proteger e que se entende serem prevalecentes, em certas circunstâncias, sobre a liberdade de informação. Como exemplos de algumas dessas situações, podemos mencionar: – o segredo profissional; – a reserva da vida privada e familiar; – o segredo bancário; – a protecção dos dados pessoais informatiza-*

rência liga-se o segredo de Estado à matéria da protecção dos dados pessoais informatizados, relativamente aos quais, a par do segredo de justiça, surge como restrição ao direito fundamental que qualquer cidadão tem de controlar as bases de dados que as autoridades públicas possuam a seu respeito. No art. 156.º, al. d) da Constituição apresenta-se o segredo de Estado como a única situação que limita a faculdade conferida aos Deputados de fazerem perguntas ao Governo sobre quaisquer actos deste ou da Administração Pública, e de obterem resposta em prazo razoável, não podendo nunca ser exercida sobre matérias que lhe estejam submetidas. Finalmente, no art. 164.º, al. q), a Constituição assegura que o regime do segredo de Estado pertence ao elenco das matérias que fazem parte da reserva absoluta de competência legislativa da Assembleia da República e que este assume a forma de lei orgânica de acordo com o estipulado constitucionalmente no n.º 2 do art. 166.º[754].

O actual regime jurídico do Segredo de Estado consta da Lei Orgânica n.º 2/2014, de 6 de agosto[755,756,757,757], que também republicou a Lei do Sistema de Informações da República Portuguesa[758,758].

---

dos; – a confidencialidade da situação tributária dos contribuintes; e – o segredo de justiça. Indubitavelmente que o segredo de Estado, no seio desses possíveis entraves a uma plena liberdade de informação12, assume um particular vigor no seu carácter odioso, por normalmente impor uma regulação jurídica mais duramente limitadora das liberdades fundamentais, sentimento que vai aumentando, aliás, à medida que vamos tomando nota de algumas das condicionantes que acompanharam o seu tratamento normativo, em directa ligação à evolução do Estado nos dois últimos séculos» (assim, Bacelar Gouveia; Segredo de Estado, 1997).

[754] Como refere José Fontes ("A Constituição e os Serviços de Informações"), «o segredo de Estado, referido na mesma alínea q) do art. 164.º da CRP, impede, entre outros aspetos, que os Deputados possam questionar o Governo sobre matérias classificadas atento o disposto no art. 156.º, alínea d) da CRP».

[755] Esta lei que revogou a anterior Lei n.º 6/94, de 7 de abril, entrou em vigor em 07 de Setembro de 2014.

[756] Lei que também introduziu alterações aos arts. 137.º do CPP- passando o seu n.º 3 a dispor que «a invocação de segredo de Estado por parte da testemunha é regulada nos termos da lei que aprova o regime do segredo de Estado e da Lei-Quadro do Sistema de Informações da República Portuguesa» – e 316.º do Código Penal.

[757] Esta lei contém no art. 4.º uma disposição transitória na qual se estabelece que «as classificações como segredo de Estado vigentes à data da entrada em vigor da presente lei são avaliadas no prazo de quatro anos, contado da mesma data, sob pena de caducidade, nos termos a definir por diploma próprio aprovado em Conselho de Ministros» (n.º 1), sendo que, «a manutenção da classificação de matéria, documento ou informações, em resultado da avaliação referida no número anterior, é comunicada à

A PROVA ILÍCITA NO PROCESSO CIVIL PORTUGUÊS

De acordo com o art. 1.º do regime jurídico do Segredo de Estado[761] e, como princípio geral, os órgãos do Estado estão sujeitos aos princípios da transparência, da publicidade e da administração aberta.

As excepções a este princípio de «Administração Pública Aberta»[762] e transparente, assentam em duas ordens de razões:

– Quando pela natureza da matéria, esta seja expressamente classificada como segredo de Estado, nos termos da lei, a respectiva informação não deva ser divulgada (cfr. art. 1.º, n.º 1 do regime do Segredo de Estado); e

---

*entidade fiscalizadora do segredo de Estado, acompanhada da respetiva fundamentação, da data da sua confirmação, do novo prazo de classificação e de uma indicação sucinta do assunto a que respeita»* (n.º 2). Finalmente, nos termos do art. 4.º, n.º 3 desta lei, «*o quadro normativo respeitante à segurança das matérias classificadas, designadamente as instruções abreviadamente designadas por SEGNAC, aprovadas pelas Resoluções do Conselho de Ministros n.os 50/88, de 3 de dezembro, 37/89, de 24 de outubro, 16/94, de 22 de março, e 5/90, de 28 de fevereiro, que comporta os graus de classificação «Muito secreto», «Secreto», «Confidencial» e «Reservado», deve ser adaptado à presente lei no prazo de 90 dias a contar da sua publicação».*

[758] Cumpre referenciar que, recentemente, a Assembleia da República aprovou a revisão normativa do regime do Segredo de Estado, por via do Decreto n.º 426/XII. Contudo, o TC veio, pelo seu Ac. n.º 403/2015 (proc.º n.º 773/15) a julgar inconstitucional uma das normas desse decreto, por violação do art. 34.º, n.º 4, da Constituição.

[759] Lei n.º 30/84, de 5 de Setembro (Lei-Quadro do SIRP), alterada e republicada pela Lei Orgânica n.º 4/2014, de 13 de agosto.

[760] O SIRP organiza-se em vários serviços onde se destacam o SIS e o SIED. Como refere Jorge Silva Carvalho (*"Os limites à produção de informações no Estado de Direito Democrático", in* Segurança e Defesa, Revista Trimestral de Grande Informação, n.º 2, Fev. 2007, p. 102): «*O objectivo primacial desses Serviços é a aquisição de conhecimento ou de formas de entendimento da realidade. Aquisição que se processa, principalmente, com recurso a formas reservadas ou cobertas de obtenção de informação, elemento diferenciador da actividade de informações. O cerne da actividade de informações, o que marca a diferença em relação ao trabalho produzido por académicos e investigadores ou pelos centros de investigação científica no âmbito das questões de segurança e de relações internacionais, é precisamente "o conhecimento dos segredos", é saber como, quem, o quê, onde e porquê».*

[761] Publicado em anexo à Lei Orgânica n.º 2/2014, de 6 de Agosto.

[762] Sobre o princípio da administração aberta vd. v.g., Jorge Miranda, "O direito de informação dos administrados", p 457 e ss.; J. J. Gomes Canotilho e Vital Moreira, Constituição da República Portuguesa anotada, pp. 934-935; J. Sérvulo Correia, "O direito à informação e os direitos de participação dos particulares no procedimento e, em especial, na formação da decisão administrativa", pp. 80 e 81; e Fernando Condesso, Direito à informação administrativa, p. 273 e ss.

A PROVA ILÍCITA: VERDADE OU LEALDADE?

– Quando tal informação não deva ser divulgada, por razões respeitantes à investigação criminal ou à identidade e reserva de intimidade das pessoas, à proteção contra quaisquer formas de discriminação, bem como as respeitantes a classificações de segurança (que não se integrem em segredo de Estado).

Assim, de harmonia com o n.º 2 do art. 1.º do regime do Segredo de Estado, o segredo de Estado é definido pela Lei Orgânica n.º 2/2014 e obedece aos princípios de excecionalidade, subsidiariedade, necessidade, proporcionalidade, adequação, tempestividade, igualdade, justiça e imparcialidade.

Nos termos do art. 1.º, n.º 4 do referido regime jurídico do Segredo de Estado, este, não é aplicável quando, nos termos da Constituição e da lei, a realização dos fins que prossegue seja suficientemente assegurada por formas menos restritivas da reserva de acesso às informações.

São abrangidos pelo regime do segredo de Estado as matérias, os documentos[763] e as informações cujo conhecimento por pessoas não autorizadas seja suscetível de pôr em risco interesses fundamentais do Estado (cfr. art. 2.º, n.º 1, do regime do Segredo de Estado)

No art. 2.º, n.º 2 do regime do Segredo de Estado enuncia-se que são *«interesses fundamentais do Estado»*:

a) Os relativos à independência nacional;
b) Os atinentes à unidade e à integridade do Estado;
c) Os relativos à segurança interna ou externa do Estado;
d) Os referentes à preservação das instituições constitucionais;
e) Os atinentes aos recursos afetos à defesa e à diplomacia;
f) Os respeitantes à salvaguarda da população em território nacional;
g) Os relativos à preservação e segurança dos recursos económicos e energéticos estratégicos e à preservação do potencial científico nacional.

A avaliação do «risco» a que se reporta o n.º 1 do art. 2.º deste regime jurídico é feita pelo Presidente da República, pelo Presidente da Assembleia da República, pelo Primeiro-Ministro, pelos Vice-Primeiros-Ministros e

---

[763] Nos termos do n.º 5 do art. 2.º do regime do Segredo de Estado *«para efeitos da presente lei, considera-se documento ou informações qualquer facto, ato, documento, informações, actividade ou tudo aquilo que se encontre registado, independentemente da sua forma ou suporte».*

pelos Ministros[764], «*em contexto analítico casuístico, nunca resultando de aferição automática da natureza das matérias em apreciação, sem prejuízo do regime específico aplicável no âmbito do Sistema de Informações da República Portuguesa (SIRP)*»[765].

Em particular, o n.º 4 do art. 2.º do Regime do Segredo de Estado estabelece que, especialmente «*podem (...) ser submetidas ao regime de segredo de Estado, verificado o condicionalismo previsto nos números anteriores, documentos e informações*» respeitantes às matérias que enuncia: a) preservação dos interesses fundamentais do Estado; b) As transmitidas, a título confidencial, por Estados estrangeiros ou por organizações internacionais; c) As relativas à estratégia a adotar pelo Estado no quadro das negociações presentes ou futuras com outros Estados ou organizações internacionais; d) As que visam prevenir e assegurar a operacionalidade e a segurança pessoal, dos equipamentos, do material e das instalações das Forças Armadas, das forças e serviços de segurança, bem como a identidade dos operacionais e as informações do âmbito da actividade dos órgãos e serviços que integram o SIRP; e) As relativas aos recursos afetos à defesa e à diplomacia; f) As relativas à proteção perante ameaças graves da população residente em território nacional e dos cidadãos nacionais em Portugal e no estrangeiro; g) As relativas aos procedimentos em matéria de segurança na transmissão de dados e informações com outros Estados ou com organizações internacionais; h) As classificadas com o grau «Muito secreto», no quadro normativo das SEGNAC, desde que integrem

---

[764] Esta competência não admite delegação, exceto no caso expressamente previsto para o Sistema de Informações da República Portuguesa. Contudo, «*quando, por razões de urgência, for necessário classificar documentos ou informações como segredo de Estado, podem fazê-lo, a título provisório, no âmbito da sua competência própria, com a obrigação de comunicação no mais curto espaço de tempo de acordo com critério de razoabilidade, às entidades referidas no n.º 1, que em cada caso sejam competentes para tal, para efeitos de ratificação: a) O Chefe do Estado-Maior-General das Forças Armadas; b) O Secretário-Geral do Sistema de Segurança Interna; c) O Secretário-Geral do Sistema de Informações da República Portuguesa; d) O Secretário-Geral do Ministério dos Negócios Estrangeiros; e) O Diretor-Geral de Política Externa do Ministério dos Negócios Estrangeiros; f) O Diretor-Geral dos Assuntos Europeus do Ministério dos Negócios Estrangeiros; g) O Diretor-Geral de Política de Defesa Nacional do Ministério da Defesa Nacional; h) Os embaixadores acreditados em posto e os chefes de missão diplomática e os representantes em missão conferida por entidade competente em representação de soberania; i) Os Diretores dos Serviços de Informações da República*» (cfr. art. 3.º, n.º 2 do regime do Segredo de Estado), sendo que, se esta «classificação provisória» não for ratificada no prazo máximo de 10 dias, a mesma caduca, deixando o documento ou a informação de ser considerada como integrando Segredo de Estado (cfr. n.º 4 do mesmo art.).

[765] Cfr. n.º 3 do art. 2.º do Regime do Segredo de Estado.

os pressupostos materiais e respeitem os procedimentos de forma e orgânicos estabelecidos na presente lei para efeitos de classificação como segredo de Estado; i) Aquelas cuja divulgação pode estimular ou ajudar à prática de crimes contra a segurança interna e externa do Estado; j) As de natureza comercial, industrial, científica, técnica, financeira ou económica com relevância para a segurança interna e externa ou para a defesa militar do Estado; e k) As relativas à preservação e segurança dos recursos económicos e energéticos estratégicos[766].

Por seu turno, a classificação como segredo de Estado produz os seguintes efeitos, enunciados no n.º 7 do art. 3.º do regime do Segredo de Estado:

> «a) Restrição de acesso, só podendo aceder a matérias, documentos ou informações classificadas os órgãos, os serviços e as pessoas devidamente autorizadas e adequadamente informadas sobre as formalidades, medidas de proteção, limitações e sanções para cada caso estabelecidas;
>
> b) Proibição de acesso e limitação de circulação por pessoas não autorizadas a locais ou equipamentos de armazenamento de documentos e informações classificados;
>
> c) Proibição de armazenamento de documentos e informações classificados fora dos locais ou equipamentos definidos para o efeito».

Exige-se uma adequada fundamentação dos actos classificativo[767]/desclassificativo[768,769] de uma matéria, documento ou informação como segredo

---

[766] A classificação como segredo de Estado constitui um ato formal, que deve ser comunicado num prazo que não pode exceder 30 dias, à entidade Entidade Fiscalizadora do Segredo de Estado (EFSE), verificado o cumprimento dos requisitos previstos no art. 4.º, exceto no que respeita à classificação referida no n.º 1 do art. 32.º da Lei-Quadro do SIRP.

[767] O ato classificativo determina a duração do mesmo ou o prazo em que o mesmo deve ser reapreciado, sendo que, o prazo para a duração da classificação ou para a respetiva reapreciação não pode ser superior a quatro anos, não podendo as renovações exceder o prazo de 30 anos, salvo nos casos expressamente previstos por lei. O ato de classificação caduca pelo decurso do prazo.

[768] Nos termos do art. 6.º do regime do Segredo de Estado, as matérias, documentos ou informações sob segredo de Estado são desclassificados quando os pressupostos da classificação não estiverem assegurados ou quando a alteração das circunstâncias que a determinaram assim o permita, sendo que, apenas tem competência para desclassificar matérias, documentos ou informações sujeitos ao regime do segredo de Estado a entidade que procedeu à respetiva classificação definitiva ou o Primeiro-Ministro.

[769] O art. 5.º do regime do Segredo de Estado trata algumas situações particulares de desclassificação. Assim, o segredo de Estado decorrente das informações transmitidas no quadro das

de Estado, devendo ser indicados *«os interesses a proteger e os motivos ou as circunstâncias que justificam a aplicação do regime do segredo de Estado»*.

Contudo, o art. 7.º do regime do Segredo de Estado estabelece que os documentos e as informações que constituam elementos de prova respeitantes a factos indiciários da prática de crimes contra a segurança do Estado devem ser comunicados às entidades competentes para a sua investigação, não podendo ser mantidos sob segredo de Estado, salvo pela entidade detentora do segredo e pelo tempo estritamente necessário à salvaguarda da segurança interna e externa, bem como à independência nacional e à unidade e integridade do Estado e à salvaguarda dos interesses fundamentais do Estado.

Os documentos e informações classificados têm um regime particular de protecção:

> *«1 – Os documentos e as informações classificados como segredo de Estado, nos termos da presente lei, devem ser objeto das adequadas medidas de segurança e proteção contra ações de sabotagem e de espionagem e contra fugas de informações ou quaisquer formas de divulgação.*
>
> *2 – Quem tomar conhecimento de documento ou informações classificados como segredo de Estado que, por qualquer razão não se mostre devidamente acautelado, fica investido no dever de providenciar pela sua imediata entrega ou comunicação à entidade responsável pela sua salvaguarda.*
>
> *3 – Em caso de impossibilidade de cumprimento do dever previsto no número anterior, devem o documento ou as informações ser entregues ou comunicados à entidade policial ou militar mais próxima, ficando esta obrigada a entregá-los ou a comunicá-los a qualquer das entidades competentes para classificar como segredo de Estado, no mais curto prazo possível, sem prejuízo do dever de adotar as adequadas medidas de proteção»*[770].

---

relações externas com natureza classificada não é objecto de desclassificação, exceto em caso de autorização expressa da fonte ou se integrar factos que consubstanciem crimes previstos no Estatuto do Tribunal Penal Internacional. Também se exceciona do dever de desclassificação a matéria respeitante à proteção da vida privada. Por seu turno, o segredo de Estado relacionado com infraestruturas de fornecimento energético, infraestruturas de segurança e defesa, bem como com infraestruturas de proteção de informações não é objecto de desclassificação, exceto por ato formal e expresso do Primeiro-Ministro. E a classificação operada no âmbito do SIRP (Sistema de Informações da República Portuguesa) rege-se nos termos estabelecidos na respetiva lei orgânica (cfr. Lei Orgânica n.º 4/2004, de 6 de Novembro e Lei n.º 9/2007, de 19 de Fevereiro).

[770] Cfr. art. 8.º do regime do Segredo de Estado.

A classificação como segredo de Estado não é oponível ao Presidente da República nem ao Primeiro-Ministro.

Por seu turno, apenas têm acesso a documentos e a informações classificados como segredo de Estado, e mediante cumprimento das medidas de segurança e proteção previstas no n.º 1 do art. 8.º do regime do Segredo de Estado, as pessoas que deles careçam para o cumprimento das suas funções e que tenham sido autorizadas pela entidade que conferiu a classificação definitiva e, no caso dos Vice-Primeiros-Ministros e dos Ministros, por estes ou pelo Primeiro-Ministro.

Importante regra prática quanto à caracterização da extensão do segredo é a constante do n.º 3 do art. 9.º do regime do Segredo de Estado. Aí se estatui que a classificação como segredo de Estado de parte de documento, processo, ficheiro ou arquivo não determina restrição de acesso a partes não classificadas, salvo se tal restrição for incompatível com a proteção adequada às partes classificadas.

O art. 10.º do regime do Segredo de Estado estabelece um dever de sigilo a cargo dos titulares de cargos políticos, ou de quem se encontre no exercício de funções públicas e, ainda, de quaisquer pessoas que, em razão das suas funções, tenham acesso a matérias classificadas como segredo de Estado, os quais, ficam obrigados ao dever de sigilo, bem como a cumprir todas as medidas e normas de proteção estabelecidas na lei, mantendo-se os referidos deveres após o termo do exercício de funções.

Para além disso, todos aqueles – ainda que exercendo funções não públicas – que por qualquer meio tenham acesso a documentos ou informações classificados como segredo de Estado ficam obrigados a guardar sigilo.

Estabelece o n.º 3 do referenciado art. 10.º que: «*Quando o acesso a documentos ou informações classificados como segredo de Estado ocorre em condições especialmente gravosas, por potenciarem a divulgação maciça, no todo ou em parte, nomeadamente através de meios de comunicação social ou por recurso a plataformas de índole digital ou de qualquer outra natureza, o dever de sigilo é especialmente ponderado para efeitos de graduação da sanção penal, disciplinar ou cível, seja em razão da transmissão indevida da matéria, seja em razão da respetiva divulgação pelo recetor, desde que devidamente conscientes da natureza classificada na matéria*».

O art. 11.º do regime do Segredo de Estado trata, especificamente, da matéria referente à «Prestação de depoimento ou de declarações».

Estabelece o n.º 1 deste preceito que: «*Ninguém com conhecimento de matérias abrangidas pelo segredo de Estado chamado a depor ou a prestar declarações perante autoridades judiciais ou comissões de inquérito parlamentar os pode revelar total ou parcialmente».*

De harmonia com o n.º 2 do mesmo artigo 11.º – onde se prevê que *«se a autoridade judicial ou a comissão de inquérito parlamentar considerar injustificada a recusa em depor ou prestar declarações, nos termos do número anterior, comunica o facto à entidade detentora do segredo, que justifica a manutenção ou não da recusa»* – incumbirá ao Tribunal, em caso de prestação de declarações onde seja invocado segredo de Estado, solicitar à entidade detentora do segredo a informação sobre se a matéria em questão se encontra, ou não, abrangida por um tal segredo.

E o art. 12.º do regime do Segredo de Estado é ainda mais explícito sobre o regime a adoptar quando haja «colisão entre segredo de Estado e direito de defesa» estabelecendo:

> *«1 – Nenhum titular de cargo político, ou quem em exercício de funções públicas e qualquer pessoa que, em razão das suas funções, tenha acesso a matérias classificadas como segredo de Estado, arguido em processo criminal, pode revelar factos abrangidos pelo segredo de Estado e, no tocante aos factos sobre os quais possa depor ou prestar declarações, não deve revelar as fontes de informação nem deve ser inquirido sobre as mesmas bem como sobre o resultado de análises ou elementos contidos nos arquivos.*
>
> *2 – Se, na qualidade de arguido, qualquer pessoa referida no número anterior, invocar que o dever de sigilo sobre matéria classificada como segredo de Estado afeta o exercício do direito de defesa, declara-o perante a autoridade judicial, à qual compete ponderar sobre se tal pode revestir-se de relevância fundamental para o exercício do direito de defesa.*
>
> *3 – Entendendo que a informação sob segredo de Estado pode revestir-se de relevância fundamental para o exercício da defesa, a autoridade judicial comunica o facto à entidade detentora do segredo, que autoriza, ou não, o seu levantamento.*
>
> *4 – Para efeitos de exercício do direito de defesa, o arguido deve circunscrever a matéria que considera relevante para o exercício do respetivo direito e em caso algum pode requerer ser desvinculado genericamente do dever de sigilo, não deve revelar as fontes de informação nem deve ser inquirido sobre as mesmas nem sobre o resultado de análises ou elementos contidos nos arquivos».*

Nos termos do art. 13.º do regime do Segredo de Estado, a violação do dever de sigilo e do segredo de Estado é punida nos termos do Código Penal, do Código de Justiça Militar, dos diplomas aplicáveis ao SIRP e dos estatutos disciplinares aplicáveis ao infrator.

Por seu turno, a violação por funcionário, agente ou dirigente em funções públicas dos deveres previstos nos artigos anteriores constitui falta dis-

A PROVA ILÍCITA: VERDADE OU LEALDADE?

ciplinar grave, punível com sanção que pode ir até à pena de demissão ou outra medida que implique a imediata cessação de funções do infrator, sem prejuízo da aplicação das sanções decorrentes da violação do dever de sigilo aplicáveis.

Importará, ainda, ter em conta o regime resultante da Lei Orgânica n.º 4/2017, de 25 de agosto, que aprovou e regulou o procedimento especial de acesso a dados de telecomunicações e Internet pelos oficiais de informações do Serviço de Informações de Segurança e do Serviço de Informações Estratégicas de Defesa e cuja constitucionalidade nos suscitam fundadas reservas, designadamente, por instituir uma fiscalização que pode ter lugar fora do âmbito de um qualquer processo judicial (mas passando "apenas" a ser judicialmente supervisionado por uma comissão que não deixa de ter natureza administrativa e não jurisdicional).

### d) Provas ilícitas que violam o sigilo profissional ou o segredo de funcionários públicos[771]

Um dos casos em que é legítima a recusa de obediência ao dever de cooperação a que alude o n.º 1 do art. 417.º do CPC, pelas partes ou por terceiros,

---

[771] A jurisprudência nesta matéria tem sido abundante. Destacam-se, entre outros, os seguintes arestos: Acs. do TC n.º 278/95 (P.º 510/91, rel. ALVES CORREIA) e n.º 442/2007 (P.º 815/07, rel. JOAQUIM DE SOUSA RIBEIRO); Ac. STJ n.º 2/2008, de fixação de jurisprudência, de 13-02-2008 (P.º 894/07-3, rel. EDUARDO MAIA COSTA); Acs. STJ de 24-04-2002 (P.º 01S4428, rel. MÁRIO TORRES), de 02-10-2003 (P.º 03B2121, rel. ARMINDO LUÍS), de 15-04-2004 (P.º 04B795, rel. QUIRINO SOARES), de 21-04-2005 (P.º 05P1300, rel. PEREIRA MADEIRA); Acs. do TRL de 14-12-1995 (P.º 0006062, rel. SANTOS BERNARDINO), de 11-02-1998 (P.º 0078583, rel. SANTOS CARVALHO), de 02-05-2006 (P.º 1572/2006-7, rel. LUÍS ESPÍRITO SANTO), de 29-06-2006 (P.º 4949/2006-6, rel. FÁTIMA GALANTE), de 19-09-2006 (P.º 5900/2006-7, rel. GRAÇA AMARAL), de 17-10-2006 (P.º 6272/2006-7, rel. ORLANDO NASCIMENTO), de 12-12-2006 (P.º 9476/2006-7, rel. GRAÇA AMARAL), de 08-11-2007 (P.º 6120/2007-2, rel. EZAGUY MARTINS), de 27-05-2008 (P.º 07B4673, rel. RODRIGUES DOS SANTOS), de 30-10-2008 (P.º 2140/08-9), de 17-09-2009 (P.º 883/04.5TVLSB-2, rel. FARINHA ALVES), de 10-11-2009 (P.º 1499/08.2TVLSB.L1-1, rel. JOSÉ AUGUSTO RAMOS), de 24-11-2009 (P.º 147/07.2TVLSB.L1-1, rel. JOSÉ AUGUSTO RAMOS), de 11-02-2011 (P.º 4987/07.4TVLSB-A.L1-1, rel. AFONSO HENRIQUE), de 15-03-2011 (P.º 3232/08.0TVLSB.L1-1, rel. ANTÓNIO SANTOS), de 22-03-2011 (P.º 1499/08.2TVLSB.L2-1, rel. RUI VOUGA), de 14-09-2011 (P.º 1214/10.0PBSNT-A.L1, rel. FERNANDO ESTRELA), de 23-02-2012 (P.º 458/08.0TVLSB.L1-1, rel. FOLQUE DE MAGALHÃES), de 03-07-2012 (P.º 406/10.7TMLSB-A.L1-7, rel. GRAÇA AMARAL), de 04-12-2012 (P.º 1555/09.0TBALM-A.L1-7, rel. ORLANDO NASCIMENTO), de 07-03-2013 (P.º 2042/09.1IDLSB-A.L1-9, rel. CRISTINA BRANCO), de 19-03-2013

A PROVA ILÍCITA NO PROCESSO CIVIL PORTUGUÊS

é aquele em que o cumprimento do dever implicaria a violação de sigilo profissional ou dos funcionários públicos.

(P.º 3048/06.8TVLSB-A.L2-7, rel. ANA RESENDE), de 06-06-2013 (P.º 2309/11.9YXLSB-A.L1-8, rel. ILÍDIO SACARRÃO MARTINS), de 25-06-2013 (P.º 2633/11.0TVLSB-A. L1-7, rel. LUÍS ESPÍRITO SANTO), de 16-01-2014 (P.º 14/10.2TBEVR.L1-6, rel. TERESA SOARES), de 20-03-2014 (P.º 2505/09.9TJKLSB-B.L1-8, rel. RUI DA PONTE GOMES), de 25-03-2014 (P.º 602/08.7TBBNV-A.L1-7, rel. CONCEIÇÃO SAAVEDRA), de 09-07-2014 (P.º 825/12.4TMLSB-C.L1-7, rel.r JOSE PIMENTEL MARCOS), de 15-07-2014 (Processo n.º 1698/10.7TAOER.L1-5, rel. LUÍS GOMINHO), de 13-11-2014 (P.º 408/11.6TDLSB-A.L1-9, rel. MARIA GUILHERMINA FREITAS), de 02-06-2015 (P.º 3245/06.6TBAMD-C.L1-7, rel. ROSA RIBEIRO COELHO), de 08-10-2015 (P.º 356/11.0TVLSB.L1-6, rel. ANABELA CALAFATE); Acs. TRC de 15-02-2006 (P.º 4359/05, rel. FREITAS VIEIRA), de 28-03-2007 (P.º 321-C/2001.C1, rel. CARDOSO DE ALBUQUERQUE), de 02-10-2007 (P.º 294/04, rel. CARVALHO MARTINS), de 18-02-2009 (P.º 436/08.9YRCBR, rel. ALBERTO ANTÓNIO MIRA), de 10-03-2009 (P.º 53/09.6YRCBR, rel. COSTA FERNANDES), de 03-12-2009 (P.º 376/05.3TBNLS-D.C1, rel. REGINA ROSA), de 16-12-2009 (P.º 132/08.7JAGRD-C.C1, rel. BRÍZIDA MARTINS), de 19-01-2010 (P.º 375/06.8TBPBL-B.C1, rel. CARVALHO MARTINS), de 06-04-2010 (Processo n.º 120-C/2000. C1, rel. EMÍDIO COSTA), de 20-04-2010 (P.º 424/08.5TBNLS-A.C1, rel. FALCÃO DE MAGALHÃES), de 21-12-2010 (P.º 2288/08.0TBPTM-A.C1, rel. CARLOS QUERIDO), de 20-06-2012 (P.º 62/09.5TBCDN.C1, rel. HENRIQUE ANTUNES), de 15-05-2013 (P.º 60/10.6TAMGR. C1, rel. OLGA MAURÍCIO), de 10-09-2013 (P.º 81/10.9TBSAT-A.C1, rel. JOSÉ AVELINO GONÇALVES), de 17-12-2014 (P.º 464/12.0TBTND-C.C1, rel. FONTE RAMOS), de 04-03-2015 (P.º 60/10.6TAMGR-A.C1, rel. VASQUES OSÓRIO), de 28-04-2015 (P.º 46/14.1TBMBR-A. C1, rel. ISABEL SILVA); Acs. TRG de 29-03-2006 (P.º 443/06-1, rel. CARVALHO MARTINS), de 15-02-2007 (P.º 66/07-2, rel. CARVALHO MARTINS), de 06-12-2007 (P.º 2394/07-2, rel. ANTÓNIO GONÇALVES), de 29-05-2008 (P.º 724/08-2, rel. GOMES DA SILVA), de 16-10-2008 (P.º 1910/08-2, rel. ANTÓNIO CONDESSO), de 19-12-2008 (P.º 2730/08-2, rel. ANTÓNIO CONDESSO), de 14-05-2009 (P.º 600/07.8TBPVL-D.G1, rel. ANTERO VEIGA), de 06-04-2010 (P.º 907/08.7TBBCL-L.G1, rel. MARIA LUÍSA RAMOS), de 10-03-2011 (P.º 506/10.3.TAPTL. G1, rel. FERNANDO MONTERROSO), de 29-03-2011 (P.º 848/08.8TBFAF-B.G1, rel. ANTÓNIO SOBRINHO), de 14-11-2011 (P.º 344/10.3GAVNC-B.G1, rel. LÍGIA MOREIRA), de 22-11-2011 (P.º 711/10.2TBVCT-B.G1, rel. ANTÓNIO FIGUEIREDO DE ALMEIDA), de 30-01-2012 (P.º 436/10.9TABRG, rel. FERNANDO CHAVES), de 04-12-2014 (P.º 572/09.4TBFAF.G1, rel. MANUEL BARGADO); Acs. TRP de 27-05-2008 (P.º 0821390, rel. VIEIRA E CUNHA), de 17-12-2008 (P.º 0827459, rel. MARIA GRAÇA MIRA), de 11-05-2009 (P.º 436-D/2001.P1, rel. MARIA ADELAIDE DOMINGOS), de 25-02-2010 (P.º 26/08.6TBVCD.P1, rel. AMÉLIA AMEIXOEIRA), de 27-10-2010 (P.º 598/08.5GCVNF-A.P1, rel. JOSÉ MANUEL ARAÚJO BARROS), de 26-04-2012 (P.º 2573/10.0TJVNF-B.P1, rel. FILIPE CAROÇO), de 02-05-2012 (P.º 1/09.3AABRG-A. P1, rel. PEDRO VAZ PATO), de 02-12-2013 (P.º 27/13.2TTBRG-A.P1, rel. FERNANDA SOARES), de 21-01-2014 (P.º n.º 664/04.6TJVNF-C.P1, rel. RODRIGUES PIRES), de 03-12-2012 (Processo n.º 217/12.5GAVFR-A.P1, rel. CASTELA RIO), de 10-11-2015 (P.º 7302/08.6TBMTS.P1,

A PROVA ILÍCITA: VERDADE OU LEALDADE?

*«O segredo profissional, enquanto um dos mais relevantes deveres integradores da deontologia de certas actividades, é correntemente admitido em profissões cujo exercício implica o conhecimento de elementos atinentes à vida particular de indivíduos e empresas»*[772,773].

A lei distingue entre «sigilo profissional» e «segredo de funcionários públicos».

O sigilo traduz o conhecimento que não pode nem deve ser violado, enquanto que o segredo traduz a informação que é apenas do conhecimento do seu titular ou de um conjunto de pessoas, que não deve ser transmitido a outrem[774].

---

rel. FERNANDO SAMÕES); Acs. TRE de 05-06-2014 (P.º 1225/10.6T2STC-A.E1, rel. CANELAS BRÁS), de 17-06-2014 (P.º 235/13.6GBSRT-A.E1, rel. GILBERTO CUNHA), de 29-01-2015 (P.º 4330/07.2TBSTB-A.E1, rel. CANELAS BRÁS), de 30-04-2015 (P.º 272/14.3TBPTG.E1, rel. MÁRIO SERRANO), de 05-05-2015 (P.º 767/11.0TAOLH-C.E1, rel. JOÃO AMARO); Acs. do STA de 16-02-2005 (P.º 01395/04, rel. VÍTOR MEIRA), de 16-09-2009 (P.º 0834/09, rel. ANTÓNIO CALHAU), de 29-09-2010 (P.º 0000668/10, rel. CASIMIRO GONÇALVES) e de 16-11-2011 (P.º 0838/11, rel. DULCE NETO); Acs. do TCA Norte de 09-06-2010 (P.º 00172/09.9BEMDL, rel. CARLOS LUÍS MEDEIROS DE CARVALHO), de 19-05-2011 (P.º 00069/10.0BECBR-A, Secção: 2.ª Secção – Contencioso Tributário, rel. JOSÉ LUÍS PAULO ESCUDEIRO), de 27-09-2012 (P.º 00380/12.5BEBRG, rel. ANABELA ALVES RUSSO), de 13-03-2014 (P.º 0039/10.8BECBR-A, rel. PEDRO NUNO PINTO VERGUEIRO), de 27-03-2014 (P.º 00493/13.6BEVIS, rel. NUNO FILIPE MORGADO TEIXEIRA BASTOS), de 10-10-2014 (P.º 01026/12.7BEBRG-B, rel. JOÃO BEATO OLIVEIRA SOUSA) e de 13-11-2014 (P.º 00020/10.7BECBR-A, 2.ª Secção – Contencioso Tributário, rel. ANA PATROCÍNIO); Acs. TCA Sul de 17-04-2012 (P.º 05200/11, rel. ANÍBAL FERRAZ), de 24-04-2013 (P.º 05931/10, rel. ANA CELESTE CARVALHO), de 13-03-2014 (P.º 02274/08, rel. BENJAMIM BARBOSA) e de 16-10-2014 (P.º 07945/14, rel ANABELA RUSSO).

[772] Assim, Maria Eduarda Azevedo, "O *Segredo Bancário*", in Fisco, n.º 33, 1991.

[773] *«Segredo corresponde à «reserva de qualquer facto não publicamente conhecido, de que, por qualquer modo, nos inteiramos e que, no interesse de determinadas pessoas, não devemos transmitir a terceiros»* (assim, António de Sousa Madeira Pinto "O segredo profissional", p. 38).

[774] *«Embora comumente utilizados como sinônimos, sigilo e segredo não possuem idêntico significado. A individualização é necessária para o perfeito dimensionamento das palavras. De Plácido e Silva anota que sigilo vem do latim sigillum, significando marca pequena, sinalzinho, selo. Então, imperando a idéia de algo que está sob selo, o sigilo traduz, com maior rigor, o segredo que não pode nem deve ser violado(1). Para Bernardino Gonzaga, segredo é o informe que, sendo do conhecimento apenas do seu titular ou de determinado número de pessoas, não deve, por disposição de lei ou por vontade juridicamente relevante do interessado, ser transmitido a outrem. Acquaviva vai mais além ao afirmar ser impossível confundi--los, pois segredo é o fato que se pretende desconhecido em nome da ordem pública, e sigilo é o meio, o instrumento de que se servem os interessados para manter íntegro o desconhecimento de tal fato. Com o rompimento do sigilo opera-se a revelação do segredo»* (assim, Marco António de Barros, "Sigilo

A PROVA ILÍCITA NO PROCESSO CIVIL PORTUGUÊS

Contudo, a dicotomia conceptual é mais aparente do que real[775], apenas distinguindo a lei entre o segredo exigível relativamente ao desempenho (no activo ou, nalguns casos, mesmo após a cessação de tais funções) determinadas actividades profissionais, por contraponto ao exercício de funções públicas, próprias do exercício atinente de cargos públicos.

Apesar disso, parece-nos –até pela actual configuração do segredo dos funcionários públicos – preferível o tratamento separado das duas matérias.

### i) O sigilo profissional[776]

O sigilo profissional constitui um dever deontológico, mas o mesmo não é absoluto e pode ser levantado em nome de outros valores.

Por exemplo, no que respeita à prova testemunhal, se houver recusa a depor com fundamento na confidencialidade que o sigilo profissional pressupõe, deve avaliar-se a sua legitimidade (art. 135.º, n.º 2, do CPP) e, caso se conclua que tal recusa é ilegítima, um tribunal superior àquele onde corre o processo no qual se nega o testemunho (ou o plenário, no caso do processo estar pendente numa das secções do Supremo Tribunal de Justiça) pode, depois de auscultar *«o organismo representativo da profissão relacionada com o segredo profissional em causa»* (cfr. art. 135.º, n.º 4, do CPP), decidir que o recusante tem de prestar o seu depoimento.

O juízo que preside a esta decisão assenta numa ponderação de valores conflituantes e a decisão de quebra do sigilo profissional tem, in casu, que se

---

Profissional – Reflexos da violação no âmbito das provas ilícitas"). Logo, segredo é o que não pode ser revelado e sigiloso é o informe a que se tenha atribuído a qualidade de secreto e que se revelado a terceira pessoa possa acarretar um dano para o seu titular.

[775] Como refere Marlene C. R. Neves (*"O Silêncio Divino no Julgamento dos Homens – Breve reflexão sobre a irrestrita manutenção do segredo religioso no processo penal"*, p. 15, nota 24): *«Conquanto não refutemos que a sua etimologia é diversa (segredo provém do desenvolvimento da expressão latina secretum, enquanto que sigilo deriva de sigillu), não acompanhamos, porém, tal dicotomia e os vocábulos em causa são, para nós (e para vários dicionários comuns da nossa língua), sinónimos. Além disso, não é, cremos, a existência de sigilo que limita ou impossibilita a divulgação de conhecimentos sobre outrem; é sim, ao invés, o seu carácter pessoalíssimo, do qual deriva um dever de silêncio que, para determinados ofícios, se designa por sigilo profissional».*

[776] O segredo profissional pode ser perspectivado relativamente aos factos de que alguém tomou conhecimento no exercício das suas funções e também relativamente àqueles que chegaram ao seu conhecimento por causa da sua profissão (cfr. João Luís Rodrigues Gonçalves, *"Segredo profissional (Algumas considerações sobre segredo médico e segredo profissional do advogado)"*, pp. 74-76).

A PROVA ILÍCITA: VERDADE OU LEALDADE?

revelar *«justificada, segundo o princípio da prevalência do interesse preponderante*[777], *nomeadamente tendo em conta a gravidade do crime e a necessidade de protecção de bens jurídicos»* (cfr. n.º 3 do art. 135.º do CPP).

São diversas as normas que consagram específicos deveres de sigilo profissional atinentes a determinadas profissões[778]. Assim, exemplificativamente, enunciam-se:

– Os magistrados judiciais (art. 12.º do Estatuto dos Magistrados Judiciais) e do Ministério Público (art. 84.º do Estatuto do Ministério Público);
– Os solicitadores e os agentes de execução (art. 141.º do Estatuto da Ordem dos Solicitadores e dos Agentes de Execução, aprovado pela Lei n.º 154/2015 de 14 de setembro e art. 7.º[779] do Código deontológico dos solicitadores e dos agentes de execução[780]);
– Os jornalistas (art. 11.º[781] da Lei n.º 1/99, de 13 de Janeiro e art. 24.º do Regulamento da Carteira Profissional dos Jornalistas[782,783,783]);

---

[777] *«A quebra do sigilo profissional impõe uma criteriosa ponderação dos valores em conflito, em ordem a determinar se a salvaguarda do sigilo profissional deve ou não ceder perante outros interesses, designadamente o da colaboração com a realização da justiça»* (cfr. Ac. TRC de 16-12-2009, p.º 132/08.7JAGRD-C.C1, rel. Brízida Martins).

[778] Como salienta Marlene C. R. Neves (*"O Silêncio Divino no Julgamento dos Homens – Breve reflexão sobre a irrestrita manutenção do segredo religioso no processo penal"*, pp. 16-17) *«...existe um núcleo de ofícios que, pelo contacto directo com dados privados de outras pessoas, ficam submetidos a uma disciplina jurídica especial, baseada na relação de confiança que se estabelece entre o titular da informação e aquele que a recebe. O fundamento do segredo profissional é, por outras palavras – rectius, nas palavras de um exemplo jurisprudencial nacional – "o corolário do indispensável princípio da confiança que subjaz à relação que se estabelece entre os particulares e toda aquela panóplia de profissionais mencionados no art. 135.º do CPP, desde os ministros da religião, aos advogados, médicos e demais profissionais"».*

[779] O art. 21.º do mesmo regulamento contém normas específicas quanto à tutela do segredo relativamente aos solicitadores. Quanto aos agentes de execução, especificamente, o art. 26.º, n.º 5, do mesmo regulamento estatui que, *«no âmbito da execução, as informações prestadas ao exequente, ao seu mandatário ou representante, diretamente ou através da zona reservada do sítio, não podem pôr em causa, seja em que circunstância for, as obrigações a que o agente de execução se encontra adstrito em matéria de segredo profissional».*

[780] Regulamento n.º 202/2015 da Câmara dos Solicitadores.

[781] Na redacção dada pela Lei n.º 64/2007, de 6 de Novembro.

[782] Aprovado pelo D.L n.º 305/97, de 11 de Novembro.

[783] Também o Código Deontológico dos Jornalistas (aprovado em 4 de Maio de 1993 pelo Sindicato dos Jornalistas) contém disposições pertinentes nesta matéria: "6. *O jornalista deve usar como critério fundamental a identificação das fontes. O jornalista não deve revelar, mesmo em juízo, as suas fontes confidenciais de informação, nem desrespeitar os compromissos assumidos excepto se o tenta-*

– Os contabilistas certificados (actual denominação dos anteriores "Técnicos Oficiais de Contas") (art. 72.º, n.º 1, al. d)[785] do Estatuto da Ordem dos Contabilistas Certificados, aprovado pela Lei n.º 139/2015 de 7 de setembro[786] e art. 10.º do Código Deontológico dos Contabilistas Certificados[787,788,789]);

---

*rem usar para canalizar informações falsas. As opiniões devem ser sempre atribuídas. 7. O jornalista deve salvaguardar a presunção da inocência dos arguidos até a sentença transitar em julgado. O jornalista não deve identificar, directa ou indirectamente, as vítimas de crimes sexuais e os delinquentes menores de idade, assim como deve proibir-se de humilhar as pessoas ou perturbar a sua dor. 9. O jornalista deve respeitar a privacidade dos cidadãos excepto quando estiver em causa o interesse público ou a conduta do indivíduo contradiga, manifestamente, valores e princípios que publicamente defende. O jornalista obriga-se antes de recolher declarações e imagens, a atender às condições de serenidade, liberdade e responsabilidade das pessoas envolvidas».*

[784] Importa referenciar que, algumas *«"reportagens infiltradas" (cover-up operations), muito comuns no jornalismo de investigação, elegem como método principal de recolha de informação a ocultação da identidade e o recurso a câmaras e microfones ocultos»* (assim, Paulo Jorge dos Santos Martins, O privado em público – Direito à informação e direitos de personalidade, p. 69).

[785] Este preceito tem a seguinte redacção: *«1 – Nas suas relações com as entidades a que prestem serviços, constituem deveres dos contabilistas certificados: (...) d) Guardar segredo profissional sobre os factos e documentos de que tomem conhecimento no exercício das suas funções, dele só podendo ser dispensados por tais entidades, por decisão judicial ou pelo conselho diretivo da Ordem».*

[786] Diploma que transformou a Ordem dos Técnicos Oficiais de Contas em Ordem dos Contabilistas Certificados, e alterou o respetivo Estatuto, aprovado pelo Decreto-Lei n.º 452/99, de 5 de novembro, em conformidade com a Lei n.º 2/2013, de 10 de Janeiro, que estabelece o regime jurídico de criação, organização e funcionamento das associações públicas profissionais.

[787] Publicado em anexo à Lei n.º 139/2015. O sigilo profissional é tratado a respeito do dever de guardar «confidencialidade», previsto no art. 10.º do Código Deontológico.

[788] Nos termos do art. 3.º, n.º 1, al. f) deste Código, o princípio da confidencialidade implica que os contabilistas certificados e seus colaboradores guardem sigilo profissional sobre os factos e os documentos de que tomem conhecimento, direta ou indiretamente, no exercício das suas funções.

[789] A respeito do segredo profissional dos TOC's, Marco Vieira Nunes ("O sigilo profissional enquanto direito/dever", p. 54) expendia o seguinte: *«(...) imagine-se que o Técnico Oficial de Contas é arrolado para prestar depoimento em tribunal; ora, se o seu depoimento, incidir sobre factos conhecidos no exercício da sua actividade profissional de Técnico Oficial de Contas, estes estão cobertos pela obrigação de guardar sigilo. Se assim for, bem procede o Técnico Oficial de Contas quando se escusa a depor com o facto de estar perante actos conhecidos enquanto responsável pela execução da contabilidade. O que poderá então fazer o Técnico Oficial de Contas quando indicado como testemunha num processo judicial para prestar depoimento sobre factos ou documentos conhecidos no exercício das suas*

– Os revisores oficiais de contas e as sociedades de revisores oficiais de contas (art. 61.º, n.º 2 e 84. do Estatuto da Ordem dos Revisores Oficiais de Contas, aprovado pela Lei n.º 140/2015, de 7 de setembro[790]);
– Os arquitectos (art. 15.º do Regulamento de Deontologia da Ordem dos Arquitectos, aprovado em 09-06-2001);

*funções?Poderá optar por escusar-se a depor, invocando perante o juiz de Direito, o dever de sigilo e as normas profissionais que o consagram; neste caso, por imposição legal e por via oficiosa, deverá ser consultada a Câmara dos Técnicos Oficiais de Contas para se pronunciar. Ao invés, pretendendo depor, poderá obter declaração expressa do cliente dispensando-o da confidencialidade ou, em alternativa, poderá ele próprio (o TOC), por escrito dirigir-se à Direcção da Câmara, requerendo o levantamento do sigilo profissional. Para o efeito, deverá fundamentar a sua pretensão e identificar o processo no âmbito do qual se suscita a sua intervenção. Reitera-se que o pedido perante a Câmara deverá ser formulado directamente pelo Técnico Oficial de Contas, por ser este o único a quem é reconhecida legitimidade activa para solicitar, se assim o entender, a dispensa da obrigação de guardar segredo. Assim, ou o cliente dispensa o seu Técnico Oficial de Contas da obrigação de sigilo ou, em alternativa, terá que ser o próprio, obrigado ao segredo a, querendo, vir formular o pedido perante a Direcção da Câmara dos Técnicos Oficiais de Contas, fazendo-o de forma a que seja possível confirmar o indispensável requisito da absoluta necessidade do depoimento, indicando-se ainda, caso tenha sido arrolado como testemunha, quais os exactos factos sobre os quais irá recair a inquirição (...).*

*Assim, apenas por autorização expressa do legal representante do contribuinte ou por decisão judicial poderá ficar dispensado da respectiva confidencialidade.*

*Por último, quais as consequências decorrentes da violação do dever de sigilo profissional?*

*Pois bem, do ponto de vista disciplinar – art. 66.º n.º 4 alínea b) do ECTOC – a quebra do sigilo profissional, fora dos casos admitidos pela alínea c) do n.º 1 do art. 54.º é, em abstracto, cominada com a pena de suspensão.*

*Anote-se que, com igual pena, se comina o Técnico Oficial de Contas que divulgue ou dê a conhecer, por qualquer modo, segredos industriais ou comerciais das entidades a que prestem serviços de que tomem conhecimento no exercício das suas funções.*

*Por sua vez, do ponto de vista criminal, estipula o art. 195.º do Código Penal que quem, sem consentimento, se aproveitar de segredo alheio de que tenha tomado conhecimento em razão do seu ofício, emprego ou profissão é punido com pena de prisão até um ano ou com pena de multa até 240 dias. No âmbito civil, aquele que, com dolo ou mera culpa, violar ilicitamente o direito de outrem ou qualquer disposição legal destinada a proteger interesses alheios fica obrigado a indemnizar o lesado pelos danos resultantes da violação (...)».*

[790] Cfr. ainda sobre o dever de segredo, os arts. 4.º, 27.º, n.º 4, al. b), 28.º, n.º 3, 35.º, n.º 4 e 37.º, n.º 4, todos da Lei n.º 148/2015, de 9 de setembro, que aprova o Regime Jurídico da Supervisão de Auditoria.

– Os notários (art. 32.º do Código do Notariado, aprovado pelo D.L. n.º 207/95, de 14 de Agosto, art. 23.º, n.º 1, al. d)[791] do Estatuto do Notariado, aprovado pelo D.L. n.º 26/2004, de 4 de Fevereiro e art. 81.º do Estatuto da Ordem dos Notários, aprovado pela Lei n.º 155/2015 de 15 de setembro);
– Os enfermeiros (art. 85.º do Estatuto da Ordem dos Enfermeiros, aprovado pela Lei n.º 111/2009, de 16 de Setembro e art. 3.º do Regulamento n.º 165/2011, da Ordem dos Enfermeiros, referente ao Aconselhamento Ético e Deontológico no âmbito do Dever de Sigilo[792]);
– Os ministros do culto das Igrejas ou Comunidades Religiosas[793] (art. 16.º da Lei n.º 16/2001, de 22 de Junho)[794,795];

---

[791] Consignando o dever de o notário guardar sigilo profissional sobre todos os factos e elementos cujo conhecimento lhe advenha exclusivamente do exercício das suas funções.

[792] Publicado no D.R., 2.ª série, n.º 47, de 8 de Março de 2011, p. 11112.

[793] Como sublinha Marlene C. R. Neves (*"O Silêncio Divino no Julgamento dos Homens – Breve reflexão sobre a irrestrita manutenção do segredo religioso no processo penal"*, p. 20) *«ministro de culto não pode ser sinónimo de padre, bispo ou sacerdote; ele pode, também, ser um pastor, um rabino ou um imã, consoante a confissão religiosa em causa. Em comum possuem, contudo, uma vida de dedicação ao estudo e interpretação dos "livros sagrados", a realização de sacramentos, o aconselhamento e instrução dos devotos e oração à divindade na qual reside a sua fé... cumpre-nos interrogar se é imperioso que uma pessoa, para ser ministro de uma confissão religiosa, tenha de ter cumprido determinada formação. E a resposta parece-nos positiva, o que permite excluir como ministros do culto os voluntários que, pela sua fé, participam (v.g., recitando partes do texto sagrado) ou auxiliam as cerimónias religiosas (e.g., recolhendo donativos)».*

[794] Relativamente à Igreja Católica, os padres estão obrigados a «sigilo sacramental» – Cânone 983 do Código de Direito Canónico – sigilo que está ligado ao sacramento da reconciliação (também conhecido por 'confissão' ou 'penitência'). No Cânone 983 estabelece-se: *«§1. O sigilo sacramental é inviolável; pelo que o confessor não pode denunciar o penitente nem por palavras nem por qualquer outro modo nem por causa alguma. §2. Estão também obrigados a guardar segredo o intérprete, se o houver, e todos os outros a quem tiver chegado, por qualquer modo, o conhecimento dos pecados manifestados em confissão».* Por seu turno, dispõe o Cânone 984: *«§1. É absolutamente proibido ao confessor o uso, com gravame do penitente, dos conhecimentos adquiridos na confissão, ainda que sem perigo de revelação. §2. Quem for constituído em autoridade, de modo nenhum pode servir-se, para o governo externo, do conhecimento adquirido em qualquer ocasião dos pecados ouvidos em confissão».*

[795] A respeito deste «segredo» refere Marlene C. R. Neves (*"O Silêncio Divino no Julgamento dos Homens – Breve reflexão sobre a irrestrita manutenção do segredo religioso no processo penal"*, pp. 18-19): *«A regulamentação abreviadamente apresentada sobre a quebra de segredo profissional demonstra que este não é absoluto e pode ceder perante outros valores que se mostrem predominantes. Salvaguardado desta regulamentação fica, todavia, o segredo religioso, com decorre do n.º 5 do art. 135.º do CPP. Manuel Lopes Maia Gonçalves afirmou que a quebra do sigilo profissional "só não se aplica, por razões*

– Os detentores de Segredo de Estado (art. 10.º do Regime do Segredo de Estado, aprovado pela Lei Orgânica n.º 2/2014, de 06 de Agosto);
– Os dirigentes e demais trabalhadores ao serviço da Autoridade Tributária e Aduaneira estão obrigados a guardar sigilo quanto aos dados recolhidos sobre a situação tributária dos contribuintes e aos elementos de natureza pessoal que obtenham nos procedimentos tributários, nomeadamente os decorrentes do sigilo profissional ou qualquer outro dever de segredo legalmente regulado (art. 64.º, n.º 1, da Lei Geral Tributária, aprovada pelo Decreto-Lei n.º 398/98, de 17 de Dezembro)[796];
– Os médicos (art. 139.º do Estatuto da Ordem dos Médicos, aprovado pela Lei n.º 117/2015, de 31 de Agosto e arts. 85.º a 93.º do Código Deontológico da Ordem dos Médicos[797,797,798,799]);

---

*óbvias, ao segredo religioso". Diversamente da exegese deste A., não vislumbramos, com limpidez, o fundamento desta excepção. O "«medo» intelectual do óbvio", que com José de Faria Costa partilhamos, não nos permite tomar nada como axiomático; é, ao invés, um ponto de partida para, num estado similar ao do helénico thaumázein, se indagar o que parece evidente e, no contexto deste estudo, perguntar se a justificação deste desvio ainda tem, nos nossos dias, razão de ser (...)». A este respeito, a mesma Autora (loc. cit., pp. 21-22) considera o seguinte: «Temos para nós, por conseguinte, que o segredo religioso tem, hoje, um conteúdo mais amplo do que aquele que resulta da confissão sacramental, incluindo nele outras informações que o ministro do culto, enquanto tal, adquire no e pelo exercício da sua profissão. Uma conclusão que extraímos do n.º 1 da Base XIX da antiga Lei da Liberdade Religiosa (que, a propósito do sigilo religioso, nos comunica que "os ministros de qualquer religião ou confissão religiosa devem guardar segredo sobre todos os factos que lhes tenham sido confiados ou de que tenham tomado conhecimento em razão e no exercício das suas funções, não podendo ser inquiridos sobre eles por nenhuma autoridade") e do n.º 2 do art. 16.º da vigente Lei da Liberdade Religiosa (o qual dita que "os ministros do culto não podem ser perguntados pelos magistrados ou outras autoridades sobre factos e coisas de que tenham tido conhecimento por motivo do seu ministério")». E, a este respeito, conclui (loc. cit., pp. 24-25) que «a quebra do segredo religioso pode, a nossos olhos, seguir, com as devidas adaptações, o regime geral nesta matéria. O mesmo é dizer que, escusando-se o ministro do culto a depor em juízo, o tribunal pode, em primeiro lugar, avaliar a (i)legitimidade da decisão do sacerdote. Concluindo que a recusa de testemunho é ilegítima, o ministro do culto pode ser obrigado a depor, uma conduta que se justificará pelo predomínio da procura da verdade material e consequente realização da Justiça sobre outros valores menos relevantes (...)».*

[796] Neste âmbito, vd. o Parecer do Conselho Consultivo da Procuradoria-Geral da República n.º 7/2013, de 09-04-2013, relatado por Fernando Bento (publicado no D.R., II, n.º 203, de 16-10-2015, p. 29821 e ss.).

[797] Aprovado pelo Regulamento n.º 14/2009, da Ordem dos Médicos, Diário da República, n.º 8, II Série, de 11 de Janeiro de 2009, relevando, em particular, nesta matéria, os arts. 67.º e 85.º a 93.º.

# A PROVA ILÍCITA NO PROCESSO CIVIL PORTUGUÊS

– O pessoal hospitalar médico e não médico (art. 57.º do Decreto-Lei n.º 48357, de 27 de Abril de 1968);

[798] *«Nos casos em que o médico efectua uma perícia não está obrigado ao segredo profissional em relação às autoridades ou entidades que lhe ordenaram a realização desse exame médico»* (assim, Ana Maria Martins Morais, Segredo profissional – Que limites?, p. 28).

[799] Tem sido discutida, em particular, a relação que deverá ser estabelecida entre o segredo médico e a necessidade de comunicação da doença de HIV. Sobre a temática vd. Inês Carolina Queiroga Morais, O Segredo Profissional do Médico no âmbito dos testes de HIV. Refere a Autora (p. 31) que, *«em Portugal, as doenças de declaração obrigatória constam da Portaria n.º1071/98 de 31 de Dezembro, sendo que na sua versão original não se fez constar a infecção por HIV, como sendo de declaração obrigatória. No entanto, como bem se compreende, a monitorização dos casos de HIV mostra--se crucial para uma prevenção segura e eficaz. Assim, e só com um conhecimento correcto da realidade se torna viável a prevenção que tanto se almeja. Com base nestes propósitos preventivos decidiu o Governo inserir os diagnósticos confirmados de HIV, nas doenças de declaração obrigatória, através da Portaria n.º 103/2005, de 25 de Janeiro, que veio, posteriormente, a ser revogada pela Portaria n.º 258/2005 de 16 de Março, alterando desta forma a tabela anexa à Portaria n.º1071/99 de 31 de Dezembro. Diz-nos o n.º2 da Portaria 258/2005 de 16 de Março que "A declaração é obrigatória aquando do diag-nóstico em qualquer estádio da infecção por VIH de portador assintomático (PA), complexo relacionado com a sida (CRS-LGP) e sida, e sempre que se verifique mudança de estadiamento ou óbito."».* Conclui a Autora nos seguintes termos: : *«No caso de HIV não temos dúvida de que sempre que esteja em causa a vida, a integridade física ou a saúde de terceiras pessoas, o segredo deverá ceder em favor destes bens jurí-dicos, que prevalecerão então em relação à protecção da intimidade e da reserva da vida privada do titular do segredo. Nos casos em que estão em causa interesses puramente patrimoniais parece-nos que se deverá adoptar solução diferente e que se deverá manter os factos sob sigilo. Os casos que poderão suscitar mais dúvidas serão aqueles em que a revelação do segredo está ligada à realização da justiça. No entanto, a nossa posição, e salvo melhor opinião, vai no sentido da revelação dos factos sujeitos a segredo onde se trate de processos penais capazes de conduzir à privação da liberdade de um terceiro. Aqui parece-nos que o interesse relacionado com a realização da justiça é superior aos que se pretendem salvaguardar com a manutenção do segredo. Concluímos que só em concreto podemos decidir quando e como deve ceder o dever de segredo».*

[800] Refere Karolen Ramos da Silva Dias ("O Segredo Médico e suas limitações", pp. 842-843), a respeito do sigilo médio que o mesmo, *«inicialmente tido como uma obrigação moral, absoluta e sagrada dos médicos, sem qualquer base legal é, atualmente, um dever legal que salvaguarda um direito fundamental dos pacientes, o direito à reserva da intimidade da vida privada e familiar e que preserva a relação de confiança indispensável ao exercício da medicina. Já não detém um caráter absoluto, porquanto, em certas circunstâncias, terá que ceder de forma a salvaguardar outros interesses ou direitos que com ele são incompatíveis (...). O segredo médico não só é um dos direitos fundamentais do paciente como é fun-damental para assegurar outros direitos, tal como o direito à reserva e a intimidade privada. Contudo, há circunstâncias em que tais direitos colidem com outros direitos e/ou interesses que pela sua importância devem prevalecer. Posto isto, concluímos que é necessário atender ao caso concreto para perceber se o dever de segredo deve prevalecer sobre os outros direitos ou interesses em causa, fazendo a respetiva ponderação de interesses. No entanto, quando estão em causa bens jurídicos como a vida, a saúde e a integridade física*

A PROVA ILÍCITA: VERDADE OU LEALDADE?

– Os farmacêuticos (art. 85.º do Estatuto da Ordem dos Farmacêuticos, aprovado pelo D.L. n.º 288/2001, de 10 de Novembro[801]);
– Os nutricionistas (art. 110.º, al. i)[802] do Estatuto da Ordem dos Nutricionistas, aprovado em anexo à Lei n.º 51/2010, de 14 de dezembro[803]);
– Os Médicos dentistas (art. 106.º da Lei n.º 124/2015, de 2 de setembro e art. 21.º do Código Deontológico da Ordem dos Médicos Dentistas[804]);
– Os médicos veterinários (art. 18.º do D.L. n.º 368/91, de 4 de Outubro[805]);
– Os membros dos órgãos e os trabalhadores da Autoridade de Supervisão de Seguros e Fundos de Pensões, bem como as pessoas ou entidades, públicas ou privadas, que lhe prestem, a título permanente ou ocasional, quaisquer serviços, sobre os factos cujo conhecimento lhes advenha do exercício das suas funções ou da prestação dos serviços referidos e, seja qual for a finalidade, não podendo divulgar, nem utilizar, em proveito próprio ou alheio, diretamente ou por interposta pessoa, o conhecimento que tenham desses factos (art. 44.º do D.L. n.º 1/2015, de 6 de Janeiro, que aprovou os Estatutos da Autoridade de Supervisão de Seguros e Fundos de Pensões – ASF[806]);
– Os engenheiros (art. 142.º, n.º 3,[807] do Estatuto da Ordem dos Engenheiros, aprovado pela Lei n.º 123/2015 de 2 de setembro);

---

*de terceiros, entendemos que estes valores deverão prevalecer sobre a privacidade. Ao contrário dos valores patrimoniais que, por via de regra, deverão sempre ceder perante aqueles».*

[801] Com última alteração da Lei n.º 131/2015, de 4 de Setembro.

[802] É dever geral dos nutricionistas, nomeadamente, o de *«defender e fazer defender o sigilo profissional, exigindo o mesmo de pessoas sob sua direção ou orientação».*

[803] Com última alteração da Lei n.º 126/2015, de 3 de Setembro.

[804] Reg. interno n.º 2/99, publ. DR, II, n.º 143, de 22 de Junho, alterado pelo Reg. interno n.º 4/2006, publ. DR, II, n.º 103, de 29 de Maio.

[805] Alterado pela Lei n.º 125/2015, de 3 de Setembro.

[806] Este dever mantém-se ainda que as pessoas ou entidades a ele sujeitas nos termos do número anterior deixem de exercer funções ou prestar serviços à ASF e, sem prejuízo da responsabilidade civil e criminal que dela resulte, a violação do dever de sigilo, quando cometida por um membro de um órgão ou por trabalhador da ASF, implica para o infrator as sanções disciplinares correspondentes à sua gravidade, que podem ir até à destituição ou ao despedimento e, quando praticada por pessoa ou entidade vinculada à ASF por um contrato de prestação de serviços, confere ao conselho de administração o direito de resolver imediatamente esse contrato.

[807] *«O engenheiro não deve divulgar nem utilizar segredos profissionais ou informações, em especial as*

A PROVA ILÍCITA NO PROCESSO CIVIL PORTUGUÊS

– Os titulares dos órgãos da Entidade Reguladora para a Comunicação Social (ERC), respectivos mandatários, pessoas ou entidades devidamente credenciadas, bem como os seus trabalhadores e outras pessoas ao seu serviço, independentemente da natureza do respectivo vínculo, relativamente aos factos cujo conhecimento lhes advenha exclusivamente pelo exercício das suas funções[808,809] (cfr. art. 54.º da Lei n.º 53/2005, de 8 de Novembro);

– Os funcionários Parlamentares, abrangendo os funcionários da Assembleia da República e os demais trabalhadores que, independentemente da modalidade de vínculo e da constituição de relação jurídica de emprego, exerçam funções nos órgãos e serviços da Assembleia da República (cfr. art. 3.º, n.º 1, als. b) e c)[810] da Lei n.º 23/2011, de 20 de Maio que aprovou, em anexo, o Estatuto dos Funcionários Parlamentares);

– Os membros dos órgãos de administração ou fiscalização das instituições de crédito, os seus colaboradores, mandatários, comissários e outras pessoas que lhes prestem serviços a título permanente ou ocasional – que não podem revelar ou utilizar informações sobre factos ou elementos respeitantes à vida da instituição ou às relações desta com os seus clientes[811] cujo conhecimento lhes advenha exclusivamente do exercício das suas funções ou da prestação dos seus serviços (arts. 78.º a

---

*científicas e técnicas obtidas confidencialmente no exercício das suas funções, salvo se, em consciência, considerar poderem estar em sério risco exigências de bem comum».*

[808] Sem prejuízo da possibilidade de divulgação a que se reporta o art. 53.º, n.ºs 7 e 8 da Lei n.º 53/2005, de 8 de Novembro.

[809] Nos termos do art. 54.º, n.º 2, da Lei n.º 53/2005, de 8 de Novembro, *«a violação do dever de segredo profissional (...) é, para além da inerente responsabilidade disciplinar e civil, punível nos termos do Código Penal».*

[810] Prevendo-se um dever de sigilo e de reserva profissional, os quais cessam quando estiver em causa a defesa do próprio em processo disciplinar ou judicial e apenas em matéria relacionada com o respectivo processo, sendo que, os funcionários parlamentares continuam obrigados aos deveres de sigilo e de reserva profissional durante a suspensão ou após a cessação do exercício de funções.

[811] De harmonia com o previsto no art. 78.º, n.ºs 2 e 3 do RGICSF estão, designadamente, sujeitos a segredo os nomes dos clientes, as contas de depósito e seus movimentos e outras operações bancárias, não cessando tal dever com o termo das funções ou serviços.

A PROVA ILÍCITA: VERDADE OU LEALDADE?

85.º do Regime Geral das Instituições de Crédito e Sociedade Financeiras – RGICSF[812,813,814,815,816,816,817]);

[812] Aprovado pelo D.L. n.º 298/92, de 31 de Dezembro e com última alteração pela Lei n.º Lei n.º 109/2017, de 24 de Novembro.

[813] A respeito do segredo bancário, vd. o Ac. do TC n.º 278/95.

[814] Importa salientar que, nos termos do art. 2.º da Lei n.º 5/2002, de 11 de Janeiro, quanto a determinados crimes aí previstos, «*1 – nas fases de inquérito, instrução e julgamento de processos relativos aos crimes previstos no art. 1.º o segredo profissional dos membros dos órgãos sociais das instituições de crédito e sociedades financeiras, dos seus empregados e de pessoas que a elas prestem serviço, bem como o segredo dos funcionários da administração fiscal, cedem, se houver razões para crer que as respectivas informações têm interesse para a descoberta da verdade. 2 – Para efeitos da presente lei, o disposto no número anterior depende unicamente de ordem da autoridade judiciária titular da direcção do processo, em despacho fundamentado (...)*».

[815] No Ac. TRL de 22-03-2011 (p.º 2505/09.9TJLSB-A.L1-1, rel. Maria Do Rosário Barbosa) qualificou-se o segredo bancário, independentemente da relação profissional a respeito de um tal segredo: «*1. O fundamento do sigilo bancário é independente de qualquer vínculo contratual entre os envolvidos. 2. Os extractos da conta bancária juntos aos autos (ainda que para prova dos factos alegados pelo Banco, autor na acção intentada contra o réu seu cliente) foram juntos com quebra indevida do sigilo bancário pelo que não podia ter sido admitida a sua junção pelo tribunal recorrido nem podia o juiz da causa decretar, ex oficio, a quebra do sigilo bancário por ser matéria excluída da sua competência*».

[816] O acesso à informação protegida pelo segredo profissional ou qualquer outro dever de sigilo legalmente regulado depende de autorização judicial, nos termos da legislação aplicável – n.º 2 do Art. 63.º da LGT. Em caso de oposição legítima do contribuinte, a diligência só poderá ser realizada mediante autorização concedida pelo tribunal da comarca competente com base em pedido fundamentado da administração tributária – n.º 6 do art. 63.º da LGT. Antes da entrada em vigor da Lei Geral Tributária (LGT) – em 01-01-1999 – o acesso à informação bancária dependia de decisão do juiz do tribunal judicial, proferida em face de pedido fundado por parte do inspector tributário titular do procedimento de inspecção para o qual a informação bancária se mostrasse necessária – art. 34.º do Decreto-Lei n.º 363/78, de 28 de Fevereiro. Após a entrada em vigor da LGT o acesso à informação bancária continuou a depender de autorização judicial, nos termos da legislação aplicável – n.º 2 do art. 63.º da LGT. Contudo, com as alterações introduzidas à LGT pela Lei n.º 30-G/2000, 29 de Dezembro, a Administração Tributária passou a ter acesso directo – por via de acto administrativo – à informação bancária. Assim, nos termos do n.º 3 do art. 63.º da LGT, o acesso à informação protegida pelo sigilo bancário faz-se de harmonia com o previsto nos arts. 63.º-A, 63.º-B e 63.º-C.

Por força do disposto no n.º 2 do art. 63.º-A da LGT, as instituições de crédito e sociedades financeiras estão obrigadas a comunicar à AT – Autoridade Tributária e Aduaneira até ao final do mês de Julho de cada ano, através de declaração de modelo oficial (modelo 38) as transferências financeiras que tenham como destinatário entidade localizada em país, território ou região com regime de tributação privilegiada mais favorável que não sejam relativas a pagamentos de rendimentos sujeitos a algum dos regimes de comunicação para efeitos fiscais já previstos na lei ou operações efectuadas por pessoas colectivas de direito público.

Por força do disposto no n.º 3 do Art. 63.º-A da LGT, as instituições de crédito e sociedades financeiras têm a obrigação de fornecer à administração tributária, até ao final do mês de Julho de cada ano, através de declaração de modelo oficial (modelo 40) o valor dos fluxos de pagamentos com cartões de crédito e de débito, efectuados por seu intermédio, a sujeitos passivos que aufiram rendimentos da categoria B de IRS e de IRC, sem por qualquer forma identificar os titulares dos referidos cartões.

Em face do disposto no n.º 4 do art. 63.º-A da LGT, as instituições de crédito e sociedades financeiras têm ainda a obrigação de fornecer, a qualquer momento, a pedido do Director--geral da Autoridade Tributária e Aduaneira ou do seu substituto legal,as informações respeitantes aos fluxos de pagamentos com cartões de crédito e de débito, efectuados por seu intermédio aos sujeitos passivos que aufiram rendimentos da categoria B de IRS e de IRC que sejam identificados no referido pedido de informação, sem por qualquer forma identificar os titulares dos referidos cartões.

[817] A respeito do acesso pela Autoridade Tributária a dados protegidos por sigilo bancário refere Pedro Joaquim Cardoso Ribeiro (Dados Bancários Enquanto Dados Sensíveis, pp. 51-52) que: «*Segundo a nova redacção do n.º 3 do art. 63.º-A os bancos passam a estar obrigados a informar até ao fim do mês de Julho a Administração Fiscal de todos os pagamentos efectuados com cartões de débito (os chamados cartões multibanco) e de crédito por qualquer pessoa ou entidade a empresas e trabalhadores independentes que aufira rendimentos de categoria B, sem se identificar os titulares dos cartões. Porém, sendo comunicadas as transacções, será possível à Administração Fiscal analisar, posteriormente movimentos suspeitos de capital, que não estejam reflectidos na declaração anual de rendimentos, e assim, identificar o autor dessas operações. Por outras palavras, a identidade dos contribuintes, mesmo não sendo comunicada, não está salvaguardada. Sendo possível identificar os recebedores dos pagamentos, estamos perante uma situação de tratamento de dados pessoais, que, conforme, já abordamos anteriormente podem ser enquadrados como dados sensíveis nos termos do n.º 1 do art. 7.º da LPDP e do n.º 3 do art. 35.º da CRP. É certo que o segredo bancário pode sofrer restrições na medida do necessário adequado e não excessivo de modo a salvaguardar outros interesses constitucionalmente protegidos. Porém, as restrições ao sigilo bancário têm sido sucessivas, "conferindo o carácter de regras ao que deveria ser excepcional, e, como tal, protegido na esfera do direito à privacidade nos termos constitucionais", o que levou a CNPD, no respectivo Parecer n.º 67/2010, que emitiu, no âmbito das suas atribuições sobre a proposta de Orçamento para o ano de 2011 a considerar as referidas alterações ao art. 63.º-A da LGT, violadoras do princípio da proibição do excesso, nos termos dos n.ºs 2 e 3 do art. 18.º da CRP, fazendo uma apreciação negativa da respectiva constitucionalidade. Uma vez que estas disposições já se encontram em vigor, parece-nos de manter o juízo da CNPD quanto à constitucionalidade dos n.ºs 1 e 3 do 63.º-A da LGT, mas também referindo que sendo dados bancários sensíveis, o seu tratamento encontra-se proibido pelo n.º 1 do art. 7.º da LPDP e pelo 35.º, n.º 3 da CRP*».

[818] Importa salientar que, nos termos do art. 749.º, n.º 6, do CPC, no âmbito das diligências prévias à penhora, para efeitos da penhora de depósitos bancários, o Banco de Portugal

– As pessoas que exerçam ou tenham exercido funções no Banco de Portugal, bem como as que lhe prestem ou tenham prestado serviços a título permanente ou ocasional, quanto aos factos cujo conhecimento lhes advenha exclusivamente do exercício dessas funções ou da prestação desses serviços e não poderão divulgar nem utilizar as informações obtidas (cfr. art. 80.º do RGICSF)[819,820,821,821,822,823,824];

---

disponibiliza por via eletrónica ao agente de execução informação acerca das instituições legalmente autorizadas a receber depósitos em que o executado detém contas ou depósitos bancários, constituindo, esta prestação de informações *«uma limitação do segredo relativamente à informação constante da base de contas bancárias; mas isto dentro dos pressupostos admitidos pelo preceito, quer quanto ao tipo de processo, quer quanto à informação cuja transmissão é legitimada»* (cfr., Joana Amaral Rodrigues, *"Segredo Bancário e Segredo de Supervisão"*, p. 78).

[819] O sigilo bancário traduz a *«discrição que os bancos, os seus órgãos e empregados, devem observar sobre os dados económicos e pessoais dos clientes, que tenham chegado ao seu conhecimento através do exercício das funções bancárias»* (assim, Alberto Luís, *"O Segredo Bancário em Portugal"*, p. 454).

[820] Os factos e elementos cobertos pelo dever de segredo só podem ser revelados mediante autorização do interessado, transmitida ao Banco de Portugal, ou nos termos previstos na lei penal e de processo penal, ficando ressalvada a divulgação de informações confidenciais relativas a instituições de crédito no âmbito da aplicação de medidas de intervenção corretiva ou de resolução, da nomeação de uma administração provisória ou de processos de liquidação, exceto tratando-se de informações relativas a pessoas que tenham participado na recuperação ou reestruturação financeira da instituição. Por outro lado, é lícita, designadamente para efeitos estatísticos, a divulgação de informação em forma sumária ou agregada e que não permita a identificação individualizada de pessoas ou instituições e, bem assim, a comunicação a outras entidades pelo Banco de Portugal de dados centralizados, nos termos da legislação respetiva (cfr. art. 80.º do RGICSF).

[821] Os n.ºs 6 e 7 do art. 81.º do RGICSF estabelecem importantes limitações quanto ao uso das informações recebidas pelo Banco de Portugal. Assim, as informações recebidas pelo Banco de Portugal nos termos das disposições relativas a troca de informações só podem ser utilizadas: a) Para exame das condições de acesso à actividade das instituições de crédito e das sociedades financeiras; b) Para supervisão, em base individual ou consolidada, da actividade das instituições de crédito, nomeadamente quanto a liquidez, solvabilidade, grandes riscos e demais requisitos de adequação de fundos próprios, organização administrativa e contabilística e controlo interno; c) Para aplicação de sanções; d) No âmbito de ações judiciais que tenham por objeto decisões tomadas pelo membro do Governo responsável pela área das finanças ou pelo Banco de Portugal no exercício das suas funções de supervisão e regulação; e) Para efeitos da política monetária e do funcionamento ou supervisão dos sistemas de pagamento; f) Para assegurar o funcionamento correto dos sistemas de compensação em caso de incumprimento, ainda que potencial, por parte dos intervenientes nesse mercado. O Banco de Portugal só pode comunicar informações que tenha recebido de entidades de outro Estado

membro da União Europeia ou de países não membros com o consentimento expresso dessas entidades e, se for o caso, exclusivamente para os efeitos autorizados.

[822] O Banco de Portugal organiza e gere uma base de dados relativa a contas de depósito, de pagamentos, de crédito e de instrumentos financeiros, denominada base de dados de contas domiciliadas no território nacional em instituições de crédito, sociedades financeiras ou instituições de pagamento (entidades participantes), as quais enviam ao Banco de Portugal a informação pertinente, de harmonia com o disposto no art. 81.º-A do RGICSF. Em conformidade com o n.º 4 deste art. a informação contida na base de dados de contas pode ser comunicada a qualquer autoridade judiciária no âmbito de um processo penal, bem como ao Procurador-Geral da República, ou a quem exerça as respetivas competências por delegação, e à Unidade de Informação Financeira, no âmbito das atribuições que lhes estão cometidas pela Lei n.º 25/2008, de 5 de junho, alterada pelo Decreto-Lei n.º 317/2009, de 30 de outubro, pela Lei n.º 46/2011, de 24 de junho, e pelos Decretos-Leis n.os 242/2012, de 7 de novembro, e 18/2013, de 6 de fevereiro. Para além disso, a informação da base de dados de contas respeitante à identificação das entidades participantes em que as contas estão domiciliadas pode ser igualmente transmitida, preferencialmente por via eletrónica: a) À Autoridade Tributária e Aduaneira no âmbito das respetivas atribuições relativas a cobrança de dívidas e ainda nas situações em que a mesma determine, nos termos legais, a derrogação do sigilo bancário; b) Ao Instituto da Gestão Financeira da Segurança Social, I. P., no âmbito das respetivas atribuições relativas a cobrança de dívidas e concessão de apoios socioeconómicos; c) Aos agentes de execução, nos termos legalmente previstos, bem como, no âmbito de processos executivos para pagamento de quantia certa, aos funcionários judiciais, quando nestes processos exerçam funções equiparáveis às dos agentes de execução. Estas disposições não prejudicam o direito de acesso do titular aos seus dados pessoais, nos termos da Lei n.º 67/98, de 26 de outubro.

[823] No âmbito das suas atribuições o Banco de Portugal pode aceder a informação constante da base de dados de identificação fiscal, gerida pela Autoridade Tributária e Aduaneira, para verificação da exatidão do nome e número de identificação fiscal dos titulares e pessoas autorizadas a movimentar contas transmitidos pelas entidades participantes, nos termos de protocolo a celebrar entre o Banco de Portugal e a Autoridade Tributária e Aduaneira (cfr. art. 81.º-A, n.º 9, do RGICSF).

[824] A Administração Tributária pode aceder – de harmonia com o previsto no artigo 63.º-B, n.º 1, da LGT – a todas as informações ou documentos bancários sem dependência do consentimento do titular dos elementos protegidos, nos seguintes casos: •Quando existam indícios da prática de crime em matéria tributária; •Quando se verifiquem indícios da falta de veracidade do declarado ou esteja em falta declaração legalmente exigível; •Quando se verifiquem indícios da existência de acréscimos de património não justificados, nos termos da al. f) do n.º 1 do art. 87.º; •Quando se trate da verificação de conformidade de documentos de suporte de registos contabilísticos dos sujeitos passivos de IRS e IRC que se encontrem sujeitos a contabilidade organizada ou dos sujeitos passivos de IVA que tenham optado pelo regime

## – Os psicólogos[826] (art. 112.º[827] da Lei n.º 57/2008, de 4 de Setembro, republicada em anexo à Lei n.º 138/2015 de 7 de Setembro e princípio 2

de IVA de caixa; •Quando exista a necessidade de controlar os pressupostos de regimes fiscais privilegiados de que o contribuinte usufrua; •Quando se verifique a impossibilidade de comprovação e quantificação directa e exacta da matéria tributável, nos termos do art. 88.º, e, em geral, quando estejam verificados os pressupostos para o recurso a uma avaliação indirecta. •Quando se verifique a existência comprovada de dívidas à administração fiscal ou à segurança social. •Quando se trate de informações solicitadas nos termos de acordos ou convenções internacionais em matéria fiscal a que o Estado português esteja vinculado. Em face do disposto no n.º 2 do art. 63.º-B da LGT, a Administração Tributária pode, ainda, aceder directamente aos documentos bancários, nas situações de recusa da sua exibição ou de autorização para a sua consulta quando se trate de familiares ou terceiros que se encontrem numa relação especial com o contribuinte. Em relação às entidades que se encontrem numa relação de domínio (cfr. art. 486.º do C.S.C.) com o contribuinte, conforme previsto no n.º 7 do art. 63.º-B da LGT, ficam sujeitas aos regimes de acesso à informação bancária referidos nos n.ºs 1 e 2 do art. 63.º-B da LGT.

No âmbito de processo especial de derrogação do segredo bancário por parte da Autoridade Tributária – previsto no art. 146.º-A do CPPT – , em caso de interposição de recurso contra a decisão de derrogação de sigilo bancário da Autoridade Tributária por parte do familiar do sujeito passivo alvo do procedimento de inspecção ou de terceiro, o prazo do procedimento suspende-se até ao trânsito em julgado da decisão em tribunal (cfr. art. 36.º, n.º 5, al. a) do Regime Complementar do Procedimento de Inspeção Tributária e Aduaneira (aprovado pelo D.L. n.º 413/98, de 31 de Dezembro, com última alteração pela Lei n.º 75-A/2014, de 30 de setembro). E, nos termos da alínea b) do mesmo preceito legal, em caso de oposição às diligências de inspecção pelo sujeito passivo com fundamento em segredo profissional ou qualquer outro dever de sigilo legalmente regulado, também se suspende o processo quando seja solicitada autorização judicial ao tribunal da comarca competente, mantendo-se a suspensão até ao trânsito em julgado da decisão.

[825] Este tipo de sigilo profissional é denominado de «segredo de supervisão», vd., Joana Amaral Rodrigues (*"Segredo Bancário e Segredo de Supervisão"*, pp. 55-80).

[826] No Ac. do TRC de 05-12-2007, relatado por Orlando Gonçalves considerou-se que os psicólogos não estão obrigados a um dever de sigilo. O tribunal assentou no argumento de que *«o dito "Meta-Código Europeu de Ética da Federação Europeia de Associações de Psicólogos" não é uma lei da República para efeitos do disposto no art. 135.º, n.º 1 do C.P.P.»*. Contudo, presentemente, com a aprovação do Estatuto da Ordem dos Psicólogos (Lei n.º 57/2008, de 4 de Setembro), é inquestionável a existência de um dever de sigilo para a classe dos psicólogos, passando estes a estar incluídos na previsão do n.º 1 do art. 135.º do CPP, que entendemos não ser taxativa.

[827] *«O psicólogo encontra-se sujeito a segredo profissional em tudo o que diga respeito a factos que sejam revelados pelo cliente no exercício da actividade».*

do Código Deontológico da Ordem dos Psicólogos[828,829]);
– Os biólogos (art. 19.º, n.º 5 do Estatuto da Ordem dos Biólogos, apro-vado pelo Decreto -Lei n.º 183/98, de 4 de julho[830] e arts. 5.º a 7.º[831] do Código Deontológico da Ordem dos Biólogos);
– O Provedor de Justiça (art. 12.º, n.º 1,[832] da Lei n.º 9/91, de 9 de abril[833]);
– As autoridades estatísticas (art. 6.º[834] da Lei n.º 22/2008, de 13 de Maio – Lei do Sistema Estatístico Nacional);

---

[828] Regulamento n.º 258/2011, de 25-03-2011, publicado no DR, 2.ª série, n.º 78, em 20 de Abril de 2011, p. 17931 e ss.

[829] Nos termos deste princípio (de privacidade e confidencialidade), «*os/as psicólogos/as têm a obrigação de assegurar a manutenção da privacidade e confidencialidade de toda a informação a respeito do seu cliente, obtida directa ou indirectamente, incluindo a existência da própria relação, e de conhecer as situações específicas em que a confidencialidade apresenta algumas limitações éticas ou legais (...)*».

[830] Alterado pela Lei n.º 159/2015, de 18 de setembro.

[831] «*Art. 5.º O Biólogo tem de encarar o segredo profissional como um valor ético fundamental e que cons-titui matéria de interesse social, guardando e fazendo guardar pelos seus colaboradores sigilo sobre tudo aquilo de que possa ter conhecimento, por motivo da sua situação profissional e cuja divulgação seja, ou possa vir a ser, potencialmente lesiva de terceiros.*
*Art. 6.º Exclui-se o dever de segredo profissional quando tal for absolutamente necessário à defesa da dig-nidade, da honra e dos legítimos interesses do Biólogo, não podendo, então, ser revelado mais do que o necessário e, mesmo isso, com prévia consulta ao Bastonário da Ordem*
*Art. 7.º O Biólogo, que nessa qualidade, seja devidamente intimado a depor como testemunha, ou perito, deverá comparecer em tribunal, mas não poderá prestar declarações, ou produzir depoimentos sobre maté-ria de segredo profissional. Quando um Biólogo alegue segredo profissional para não prestar esclarecimen-tos pedidos por entidade pública, pode solicitar à Ordem dos Biólogos declaração que ateste a natureza inviolável do segredo em causa*».

[832] «*O Provedor de Justiça é obrigado a guardar sigilo relativamente aos factos de que tome conhecimento no exercício das suas funções, se tal sigilo se impuser em virtude da natureza dos mesmos factos*».

[833] Alterada pela Lei n.º 30/96, de 14 de agosto, Lei n.º 52-A/2005, de 10 de outubro, e Lei n.º 17/2013, de 18 de fevereiro.

[834] «*1 – O segredo estatístico visa salvaguardar a privacidade dos cidadãos e garantir a confiança no SEN.*
*2 – Todos os dados estatísticos individuais recolhidos pelas autoridades estatísticas são de natureza confi-dencial, pelo que:*
*a) Não podem ser cedidos a quaisquer pessoas ou entidades nem deles ser passada certidão, sem prejuízo do disposto no n.º 3 do art. 18.º;*
*b) Nenhum serviço ou autoridade pode ordenar ou autorizar o seu exame;*
*c) Não podem ser divulgados de modo a que permitam a identificação directa ou indirecta das pessoas singulares e colectivas a que respeitam;*

– Os mediadores de seguros (art. 29.º, al. f)[835] do D.L. n.º 144/2005, de 31 de Julho);
– O membro de estrutura de representação coletiva dos trabalhadores (art. 319.º, n.º 1, da LTFP);

*d) Constituem segredo profissional, mesmo após o termo das funções, para todos os funcionários, agentes ou outras pessoas que, a qualquer título, deles tomem conhecimento no exercício ou em razão das suas funções relacionadas com a actividade estatística oficial.*

*3 – Salvo disposição legal em contrário, os dados estatísticos individuais sobre a Administração Pública não estão abrangidos pelo segredo estatístico.*

*4 – Os dados estatísticos individuais sobre pessoas colectivas, bem como os respeitantes à actividade empresarial ou profissional de pessoa singular, não estão abrangidos pelo segredo estatístico, quando sejam:*

*a) Objecto de publicidade por força de disposição legal, nomeadamente, por constarem de registos públicos;*

*b) Disponibilizados por escalões, por variável ou conjunto de variáveis.*

*5 – Os dados estatísticos individuais respeitantes a pessoas singulares não podem ser cedidos, salvo se o seu titular tiver dado o seu consentimento expresso ou mediante autorização do Conselho Superior de Estatística, que delibera caso a caso, sobre pedidos devidamente fundamentados, quando estejam em causa ponderosas razões de saúde pública, desde que anonimizados e utilizados exclusivamente para fins estatísticos, sob compromisso expresso de absoluto sigilo em relação aos dados fornecidos.*

*6 – Os dados estatísticos individuais respeitantes a pessoas colectivas não podem ser cedidos, salvo se os respectivos representantes tiverem dado o seu consentimento expresso ou mediante autorização do Conselho Superior de Estatística, que delibera caso a caso, sobre pedidos devidamente fundamentados, quando estejam em causa ponderosas razões de saúde pública, planeamento e coordenação económica, relações económicas externas ou protecção do ambiente e desde que sejam utilizados exclusivamente para fins estatísticos, sob compromisso expresso de absoluto sigilo em relação aos dados fornecidos.*

*7 – Fora dos casos previstos nos números anteriores, os dados estatísticos individuais sobre pessoas singulares e colectivas só podem ser cedidos para fins científicos, sob forma anonimizada, mediante o estabelecimento de acordo entre a autoridade estatística cedente e a entidade solicitante, no qual são definidas as medidas técnicas e organizativas necessárias para assegurar a protecção dos dados*
*confidenciais e evitar qualquer risco de divulgação ilícita ou de utilização para outros fins aquando da divulgação dos resultados.*

*8 – São considerados como visando fins científicos, os pedidos de cedência de dados efectuados no âmbito de um concreto projecto científico, por investigadores de universidades ou de outras instituições de ensino superior legalmente reconhecidas e organizações, instituições ou departamentos de investigação científica reconhecidos pelos competentes serviços.*

*9 – Os dados estatísticos individuais conservados para fins históricos, perdem a confidencialidade: a) No caso das pessoas singulares – 50 anos sobre a data da morte dos respectivos titulares, se esta for conhecida, ou 75 anos sobre a data dos documentos; b) No caso das pessoas colectivas – 75 anos sobre a data dos documentos».*

[835] *O mediador de seguros tem, nomeadamente, o dever de «f) Guardar segredo profissional, em relação a terceiros, dos factos de que tome conhecimento em consequência do exercício da sua actividade».*

A PROVA ILÍCITA NO PROCESSO CIVIL PORTUGUÊS

- Os mediadores em conflitos colectivos de trabalho (art. 392.º, n.º 11, da LTFP);
- Os funcionários diplomáticos (art. 57.º, n.º 2[836], do D.L. n.º 40-A/98, de 27 de Fevereiro);
- Os membros e o secretário do Conselho de Estado (art. 15.º do Regimento do Conselho de Estado, publicado no D.R., I Série, n.º 241, de 10-11-1984)[837];
- As entidades e o pessoal de segurança privada (art. 6.º da Lei n.º 34/2013, de 16 de Maio);
- Os responsáveis pelo tratamento de dados pessoais, bem como as pessoas que, no exercício das suas funções, tenham conhecimento dos dados pessoais tratados – os quais ficam obrigados a sigilo profissional, mesmo após o termo das suas funções – (art. 17.º, n.º 1, da Lei n.º 67/98, de 26 de Outubro);
- O pessoal que exerce a actividade de inspecção da administração directa e indirecta do Estado (art. 21.º[838] do Decreto-Lei n.º 276/2007, de 31 de Julho);
- Os membros da CNPD e os funcionários, agentes ou técnicos que exerçam funções de assessoria à CNPD ou os seus vogais, mesmo após

---

[836] *«2 – Os funcionários diplomáticos estão sujeitos à legislação que regula o segredo de Estado e têm o dever de sigilo quanto aos factos, documentos, decisões e opiniões de que tenham conhecimento em virtude do exercício das suas funções».*

[837] *«O dever de sigilo dos membros do Conselho de Estado constitui um dever geral de reserva, autónomo e distinto do dever de respeito pelo segredo de Estado, embora possa, nalgumas situações, ser consumido por este. É o que sucede, desde logo, nos casos em que sejam fornecidos aos conselheiros documentos previamente classificados como segredo de Estado pelas autoridades competentes, relativamente aos quais se aplica o regime jurídico correspondente, incluindo o prazo de duração de segredo e as sanções, designadamente penais, para a respectiva violação, que, na hipótese serão especialmente graves pelo estatuto da função do agente, sendo punida a negligência e agravada a moldura penal»* (assim, José Carlos Vieira de Andrade, *"Publicidade e segredo no Conselho de Estado"*, p. 86).

[838] *«1 – Para além da sujeição aos demais deveres inerentes ao exercício das suas funções, os dirigentes, o pessoal de inspecção e todos aqueles que com eles colaborem são obrigados a guardar sigilo sobre as matérias de que tiverem conhecimento no exercício das suas funções ou por causa delas, não podendo divulgar ou utilizar em proveito próprio ou alheio, directamente ou por interposta pessoa, o conhecimento assim adquirido. 2 – A violação do sigilo profissional pode implicar a aplicação de sanções disciplinares, determináveis em função da sua gravidade, sem prejuízo da responsabilidade civil ou criminal que dela possa resultar. 3 – O dever de sigilo profissional mantém-se após a cessação das funções».*

o termo do mandato (art. 17.º, n.ºs 2 e 4 da Lei n.º 67/98, de 26 de Outubro);

– Os funcionários em serviço na Polícia Judiciária[839];

– Quem desempenhar qualquer actividade no âmbito da competência da Direcção Central para o Combate à Corrupção, Fraudes e Infracções Económicas e Financeiras da Polícia Judiciária (ainda que sem vinculo profissional a esta) fica vinculado ao dever de absoluto sigilo em relação aos factos de que tenha tomado conhecimento no exercício das funções de prevenção criminal respeitantes aos crimes de: a) Corrupção, peculato e participação económica em negócio; b) Administração danosa em unidade económica do sector público; c) Fraude na obtenção ou desvio de subsídio, subvenção ou crédito; d) Infracções económico-financeiras cometidas de forma organizada, com recurso à tecnologia informática; e) Infracções económico-financeiras de dimensão internacional ou transnacional;

– Os Advogados (art. 92.º do Estatuto da Ordem dos Advogados, aprovado pela Lei n.º 145/2015, de 9 de Setembro[840] – relativamente ao qual, pela sua frequência na prática judiciária, se fará particular referência, em seguida), etc.

## Em particular: o Sigilo profissional de advogados

Como refere Orlando Guedes da Costa, *«é da natureza da missão do Advogado que o mesmo seja depositário de segredos do seu cliente e destinatário de comunicações confidenciais (...), estas não são apenas as emitidas pelo cliente, pois podem provir da contraparte, do Advogado desta, do co-interessado do cliente ou do seu Advogado, e (...) sem confidencialidade não pode haver confiança»*[841,842].

---

[839] Cfr. art. 13.º da Lei n.º 37/2008, de 6 de Agosto.

[840] O Conselho Geral da Ordem dos Advogados reunido em plenário em 24 de Março de 2006 aprovou ao abrigo da alínea g), do n.º 1, do art. 45.º do Estatuto da Ordem dos Advogados, o Regulamento n.º 94/2006 OA (2.ª Série), de 25 de Maio de 2006, Regulamento de dispensa de segredo profissional, sendo que, nos termos do art. 4.º deste, a dispensa do segredo profissional tem carácter de excepcionalidade, e a autorização para revelar factos abrangidos pelo segredo profissional apenas é permitida quando seja inequivocamente necessária para a defesa da dignidade, direitos e interesses legítimos do próprio advogado, cliente ou seus representantes.

[841] Cfr. Direito Profissional do Advogado – Noções Elementares, 4.ª Ed., Almedina, p. 308.

[842] *«O segredo profissional "é uma regra de ouro da advocacia e um dos mais sagrados princípios deontológicos", sendo a "conditio sina qua non" para que o cliente possa confiar todos os elementos ao advogado.*

# A PROVA ILÍCITA NO PROCESSO CIVIL PORTUGUÊS

O CPC de 1961, aprovado pelo Decreto-Lei 44.129 de 28 de Dezembro de 1961 (e as suas modificações posteriores) incorporou disposições relativas à verificação da legitimidade da escusa e da dispensa do dever de sigilo invocado[843].

No art. 184.º do Código Penal de 1982[844] incriminou-se a violação do segredo profissional, nos seguintes termos: «*Quem, sem justa causa e sem o consentimento de quem de direito, revelar ou se aproveitar de um segredo de que tenha tomado conhecimento em razão do seu estado, ofício, emprego, profissão ou arte, se essa revelação ou aproveitamento puder causar prejuízo ao Estado ou a terceiros, será punido com pena de prisão até 1 ano e multa até 120 dias*».

No art. 185.º do CP de 1982 constava que: «*O facto previsto no art. anterior não será punível se for revelado no cumprimento de um dever sensivelmente superior ou visar um interesse público ou privado legítimo, quando considerados os interesses em conflito e os deveres de informação que, segundo as circunstâncias, se impõem ao agente, se puder considerar meio adequado para alcançar aquele fim*».

---

*Todas as informações que o cliente fornece ao advogado encontram-se abrangidas pelo sigilo profissional, pelo que a partir do momento em que o advogado toma conhecimento da informação recai sobre ele uma obrigação de não divulgação, sob pena de violar um dever institucional. O dever de segredo profissional visa garantir e salvaguardar a relação de confiança com o cliente, bem como proteger o advogado das pressões exteriores, revelando-se um dever para com a comunidade em geral. No ordenamento jurídico português são várias as disposições que versam sobre esta temática. No plano comunitário, à semelhança de outros Estados Europeus, vigora o Código de Deontologia dos Advogados Europeus, que no seu ponto 2.3-1 aborda a questão do sigilo profissional. O art. 208.º da Constituição da República Portuguesa garante aos advogados todas as imunidades necessárias ao exercício do mandato forense, nomeadamente "a proibição de apreensão de correspondência que respeite ao exercício da profissão, direitos de comunicação com os seus patrocinados, mesmo com arguidos presos, direito à informação, exame de processos e pedido de certidões, direito de protesto". No entendimento de Rogério Alves, a proteção do segredo profissional dos advogados encontra-se incluída nas imunidades previstas no art. 208.º da CRP. O segredo profissional é de tal forma importante para o exercício da profissão e para a administração da justiça que o nosso ordenamento jurídico censura a sua violação nos arts. 195.º e 196.º Código Penal. O segredo profissional é antes de mais, um dever deontológico do advogado, devido à sua importância são vários os preceitos que versam sobre esta temática no EOA, mas tendo em conta o objectivo deste art. destacaremos o art. 87.º deste diploma legal. Assim, o segredo profissional "respeita a todos os factos cujo conhecimento advenha do exercício das suas funções ou da prestação dos seus serviços"» (assim, Tânia Vanessa Nunes Cardoso, "O segredo profissional e o regime das buscas e apreensões em escritório de advogado. A problemática do advogado in-house", p. 5).*

[843] Assim, os arts. 519.º (Dever de cooperação e descoberta da verdade) e 618.º (Recusa legítima a depor).

[844] Aprovado pelo Decreto-Lei n.º 400/82, de 29 de Setembro.

A PROVA ILÍCITA: VERDADE OU LEALDADE?

Mas a revisão ao Código Penal operada pelo Decreto-Lei n.º 48/95, de 15 de Março, veio introduzir alterações em matéria de segredo profissional em geral. Assim, em relação ao tipo incriminador, o antigo art. 184.º foi "desdobrado" em dois novos preceitos: os actuais arts. 195.º (que incrimina a violação do segredo) e 196.º (que incrimina o aproveitamento indevido do segredo), passando a dispor o seguinte:

– Art. 195.º: *«Quem, sem consentimento, revelar segredo alheio de que tenha tomado conhecimento em razão do seu estado, ofício, emprego, profissão ou arte é punido com pena de prisão até 1 ano ou com pena de multa até 240 dias»*[845];

– Art. 196.º: *«Quem, sem consentimento, se aproveitar de segredo relativo à actividade comercial, industrial, profissional ou artística alheia, de que tenha tomado conhecimento em razão do seu estado, ofício, emprego, profissão ou arte, e provocar deste modo prejuízo a outra pessoa ou ao Estado, é punido com pena de prisão até 1 ano ou com pena de multa até 240 dias».*

Esta revisão do Código Penal eliminou o antigo art. n.º 185.º e deixou de existir a cláusula especial de exclusão da ilicitude relativa ao segredo profissional.

O Código de Processo Penal de 1987 consignou, diferentemente do Código de Processo Penal de 1929, no art. 135.º[846] a tramitação a seguir quando há dúvidas a respeito da legitimidade da escusa para depor.

---

[845] Contudo, *«não constitui crime a obtenção de gravações/imagens, mesmo sem o consentimento do visado, sempre que 1) exista justa causa para esse procedimento, e 2) não diga respeito ao núcleo duro da vida privada do mesmo»* (assim, Vanessa Marina Bagarrão Valente, Da Valoração de Gravações e Fotografias Obtidas por Particulares no Processo Penal, p. 20). Neste sentido, vd. Acs. STJ de 28/09/2011, de 20/06/2001, de 15/02/1995 e de 09/02/1994; Acs. TRP de 23/10/2013, de 23/01/2013, de 23/11/2011; e 14/10/2009; Acs. TRG de 26/04/2010, de 29/03/2004, de 19/05/2003 e de 30/09/2002; Acs. TRC de 10/10/2012; Ac.s do TRL de 04/03/2010 e de 28/05/2009; e Acs. TRE de 24/04/2012 e de 28/06/2011.

[846] Do seguinte teor: *«1- Os ministros de religião ou confissão religiosa, os advogados, os médicos, os jornalistas, os membros de instituições de crédito e as demais pessoas a quem a lei permitir ou impuser que guardem segredo profissional podem escusar-se a depor sobres os factos abrangidos por aquele segredo. 2- Havendo dúvidas fundadas sobre a legitimidade da escusa, a autoridade judiciária perante a qual o incidente se tiver suscitado procede às averiguações necessárias. Se, após estas, concluir pela ilegitimidade da escusa, ordena, ou requer ao tribunal que ordene, a prestação do depoimento. 3- O tribunal superior àquele onde o incidente se tiver suscitado ou, no caso de o incidente se ter suscitado perante o Supremo Tribunal de Justiça, o plenário das secções criminais, pode decidir da prestação de testemunho com quebra do segredo profissional sempre que esta se mostre justificada face às normas e princípios aplicáveis da lei penal,*

A PROVA ILÍCITA NO PROCESSO CIVIL PORTUGUÊS

Por sua vez, no art. 92.º do Estatuto da Ordem dos Advogados[847] tutela-se o segredo profissional dos advogados nos seguintes termos:

*«1 – O advogado é obrigado a guardar segredo profissional no que respeita a todos os factos cujo conhecimento lhe advenha do exercício das suas funções ou da prestação dos seus serviços, designadamente:*

*a) A factos referentes a assuntos profissionais conhecidos, exclusivamente, por revelação do cliente ou revelados por ordem deste;*

*b) A factos de que tenha tido conhecimento em virtude de cargo desempenhado na Ordem dos Advogados;*

*c) A factos referentes a assuntos profissionais comunicados por colega com o qual esteja associado ou ao qual preste colaboração;*

*d) A factos comunicados por coautor, corréu ou cointeressado do seu constituinte ou pelo respetivo representante;*

*e) A factos de que a parte contrária do cliente ou respetivos representantes lhe tenham dado conhecimento durante negociações para acordo que vise pôr termo ao diferendo ou litígio;*

*f) A factos de que tenha tido conhecimento no âmbito de quaisquer negociações malogradas, orais ou escritas, em que tenha intervindo.*

*2 – A obrigação do segredo profissional existe quer o serviço solicitado ou cometido ao advogado envolva ou não representação judicial ou extrajudicial, quer deva ou não ser remunerado, quer o advogado haja ou não chegado a aceitar e a desempenhar a representação ou serviço, o mesmo acontecendo para todos os advogados que, direta ou indiretamente, tenham qualquer intervenção no serviço.*

*3 – O segredo profissional abrange ainda documentos ou outras coisas que se relacionem, direta ou indiretamente, com os factos sujeitos a sigilo*[848].

---

*nomeadamente face ao princípio da prevalência do interesse preponderante. A intervenção é suscitada pelo juiz, oficiosamente ou a requerimento. 4- O disposto no número anterior não se aplica ao segredo religioso. 5- Nos casos previstos nos n.ºs 2 e 3, a decisão da autoridade judiciária ou do tribunal é tomada ouvido o organismo representativo da profissão relacionada com o segredo profissional em causa, nos termos e com os efeitos previstos na legislação que a esse organismo seja aplicável».*

[847] Aprovado em anexo à Lei n.º 145/2015, de 9 de Setembro.

[848] Como se afirmou no Ac. TRL de 09-11-1995 (CJ, t. V, p. 104), *«devem ser mandadas desentranhar cartas que constituam troca de correspondência entre advogados e cuja junção violaria o dever de segredo profissional»*, não podendo as mesmas fazer prova em juízo. Contudo, a sujeição de documentos a segredo profissional apenas impede a revelação ou junção de prova documental quando, pelo seu conteúdo, se demonstre resultar violação do dever de segredo, sendo que, o que se mostra vedado estatutariamente é a revelação e utilização de factos transmitidos

*4 – O advogado pode revelar factos abrangidos pelo segredo profissional, desde que tal seja absolutamente necessário para a defesa da dignidade, direitos e interesses legítimos do próprio advogado ou do cliente ou seus representantes, mediante prévia autorização do presidente do conselho regional respetivo, com recurso para o bastonário, nos termos previstos no respetivo regulamento.*

*5 – Os atos praticados pelo advogado com violação de segredo profissional não podem fazer prova em juízo[849].*

*6 – Ainda que dispensado nos termos do disposto no n.º 4, o advogado pode manter o segredo profissional.*

*7 – O dever de guardar sigilo quanto aos factos descritos no n.º 1 é extensivo a todas as pessoas que colaborem com o advogado no exercício da sua actividade profissional, com a cominação prevista no n.º 5.*

*8 – O advogado deve exigir das pessoas referidas no número anterior, nos termos de declaração escrita lavrada para o efeito, o cumprimento do dever aí previsto em momento anterior ao início da colaboração, consistindo infração disciplinar a violação daquele dever».*

pela parte contrária, pessoalmente ou através do seu mandatário, durante negociações que tenha decorrido para a conclusão de um acordo amigável. Como reporta Joel Timóteo Ramos Pereira ("Cartas de Advogados Podem servir de prova em processo civil?", disponível em http://www.verbojuridico.net/arts./cartasadv.html): «Além disso, esse segredo pode ser quebrado quando for absolutamente necessário para a defesa da dignidade, direitos e interesses legítimos do próprio advogado ou do cliente ou seus representantes (cfr., neste sentido, Ac. RC, 20.01.93, CJ, I, p. 66). Mas, como também se refere no BOA, 48, p. 321, esse segredo pode ser quebrado quando for absolutamente necessário para a defesa da dignidade, direitos e interesses legítimos do próprio advogado ou do cliente ou seus representantes, nomeadamente quando seja o único meio idóneo e absolutamente necessário para a defesa da dignidade, direitos e interesses legítimos de outrem. Nesse caso, será lícito às partes articularem factos cobertos pelo sigilo profissional, constantes duma carta subscrita por advogado interveniente no pleito, embora tal carta só possa ser junta aos autos após a concessão de dispensa pela Ordem dos Advogados (cfr. Ac. STJ, 16.07.85, BMJ, 349, p. 409)».*

[849] Como decorre deste normativo, as provas obtidas em violação do segredo profissional não podem fazer prova em juízo e a violação do segredo profissional é um facto gerador de responsabilidade civil, penal e disciplinar. «*O segredo profissional tem na sua origem, em ultima ratio, o princípio fundamental da inviolabilidade da pessoa humana, a dignidade e intimidade da reserva da vida privada, a "dignidade e a intimidade são irrenunciáveis, como direitos fundamentais e como fundamentos da ordem política ou da convivência social»* (assim, Tânia Vanessa Nunes Cardoso, "O segredo profissional e o regime das buscas e apreensões em escritório de advogado. A problemática do advogado in-house", p. 19).

Contudo, importa sublinhar que o sigilo profissional a que possa estar sujeita uma testemunha, designadamente, por exercer a profissão de advogado não o desobriga de comparecer ao julgamento.

Efectivamente, contempla o n.º 3 do art. 497.º do CPC, a faculdade de escusa a depor sobre factos cobertos pelo segredo profissional (bem como, ao segredo de funcionários públicos e ao segredo de Estado) significando isto que, se alguma das entidades aí enumeradas for chamada a depor sobre factos a que teve acesso por exercício da sua profissão, pode, em princípio, escusar-se a fazê-lo, precisamente com base no sigilo que anda associado ao respectivo exercício profissional e que gerou uma especial proximidade e confiança entre quem o exerce e aqueles que a ele recorreram.

*«O segredo forense visa, assim, proteger não apenas os interesses dos clientes que acorrem ao apoio de um advogado, mas igualmente os deste, pelo que se restringe a matérias que tenham que ver com o exercício da profissão.*

*Daí que:*

*– por um lado, cesse a obrigação de segredo profissional em tudo quanto seja absolutamente necessário para a defesa da dignidade, direitos e interesses legítimos do próprio advogado ou do cliente ou seus representantes, mas sempre com prévia autorização do Presidente do Conselho Distrital respectivo, como decorre do preceituado no n.º 4 do art. 87.º do Estatuto da Ordem dos Advogados, aprovado pela Lei n.º 15/2005, de 26.01;*

*– por outro lado, que o depoimento de advogado prestado em violação do segredo profissional não possa fazer prova em juízo (cfr. n.º 5 do aludido art. 87.º do Estatuto da Ordem dos Advogados).*

*Assim, tornando-se necessária para tal cessação do dever de sigilo profissional do advogado a respectiva dispensa, só o advogado detentor do sigilo tem legitimidade para requerer autorização para tal dispensa, dada a inexistência de qualquer regime excepcional similar ao previsto no art. 135.º do Cód. Proc. Penal.*

*Perante tal regime de dispensa do segredo profissional, não é possível responsabilizar a parte que arrolou a testemunha por qualquer eventual falha de diligência do advogado na concessão daquela dispensa, porquanto, não obstante poder a parte que arrolou a testemunha desistir da respectiva inquirição, e, em determinadas circunstâncias, ter a obrigação de a apresentar em juízo para depor, tais circunstâncias não transmutam a testemunha numa estrita testemunha de parte.*

*Revertendo, então, ao caso dos autos: sobre a testemunha advogado recaía o dever de diligenciar pela dispensa do segredo profissional junto da Ordem dos Advogados, mostrando-se vedado à parte impulsionar tal mecanismo de dispensa, nem cabendo*

A PROVA ILÍCITA: VERDADE OU LEALDADE?

*a esta efectuar qualquer diligência junto da Ordem dos Advogados para que aquela mesma testemunha fosse dispensada do segredo profissional.*

*Não estando na disponibilidade da parte a prática de tais actos, não pode a mesma ser responsabilizada pelo retardar da dispensa de segredo profissional, pelo que, sequencialmente, igualmente não pode ser prejudicada por esse retardamento»*[850].

### ii) O segredo dos funcionários públicos

O segredo dos funcionários públicos encontrava-se, até há pouco tempo, expresso na lei portuguesa. Na realidade, o art. 3.º do D.L. n.º 24/84, de 16 de Janeiro[851], depois de enunciar que se considerava infracção disciplinar o facto – ainda que meramente culposo – praticado pelo funcionário ou agente com violação de algum dos deveres gerais ou especiais decorrentes da função que exerce e de assinalar que os funcionários e agentes no exercício das suas funções estão exclusivamente ao serviço do interesse público, tal como é definido, nos termos da lei, pelos órgãos competentes da Administração e de enunciar como dever geral dos funcionários e agentes, o de actuarem no sentido de criar no público confiança na acção da Administração Pública, em especial no que à sua imparcialidade diz respeito, enunciava ainda como dever geral de tais funcionários e agentes, entre outros deveres, o de sigilo.

Por seu turno, o n.º 9 do mesmo art. 3.º do D.L. n.º 24/84 estatuia que *«o dever de sigilo consiste em guardar segredo profissional relativamente aos factos de que tenha conhecimento em virtude do exercício das suas funções e que não se destinem a ser do domínio público».*

Sucede que, com a Lei n.º 58/2008, de 9 de Setembro, que aprovou um novo Estatuto Disciplinar dos Trabalhadores Que Exercem Funções Públicas alterou-se quer o âmbito de aplicação do novo Estatuto[852], quer o con-

---

[850] Assim, o Ac. TRL de 02-07-2009 (P.º 2323/08-2, rel. ISABEL CANADAS), concluindo que: *«I-O pedido de adiamento da sessão de julgamento formulado com fundamento na falta de dispensa de segredo profissional da testemunha advogado, por ainda não haver uma posição definitiva, não é admissível por falta de base legal. II Competia ao Tribunal manter a marcação efectuada, em audiência, pronunciar-se, então e caso a testemunha viesse afirmar que ainda não tinha sido dispensada do segredo profissional – situação caracterizadora de impossibilidade temporária –, sobre se havia lugar a adiamento ou suspensão».*

[851] Que aprovou o Estatuto Disciplinar dos Funcionários e Agentes da Administração Central, Regional e Local, aplicável à generalidade dos funcionários públicos, deles se excluindo os funcionários e agentes que possuam estatuto especial.

[852] Dispondo os arts. 1.º e 2.º que o Estatuto era aplicável a todos os trabalhadores dos serviços da administração directa e indirecta do Estado, que exercem funções públicas, inde-

A PROVA ILÍCITA NO PROCESSO CIVIL PORTUGUÊS

junto dos deveres profissionais a que se encontravam sujeitos os funcionários públicos[853], eliminando a expressa alusão ao dever de segredo ou de sigilo dos funcionários e agentes públicos, passando, em seu lugar, a enunciar-se um *«dever de informação»*.

O art. 3.º, n.º 6, da Lei n.º 58/2008 passou a prever que *«o dever de informação consiste em prestar ao cidadão, nos termos legais, a informação que seja solicitada, com ressalva daquela que, naqueles termos, não deva ser divulgada»*.

Esta previsão legal passou, em idênticos termos, para o art. 73.º, n.º 6, da Lei Geral do Trabalho em Funções Públicas, aprovada pela Lei n.º 35/2014, de 20 de Junho.

O dever de informação[854] envolve a obrigação de quem exerce funções públicas de prestar aos cidadãos as informações que estes lhes solicitem, nos termos da lei e a que, também, em conformidade com a lei, tenham o direito de aceder. Assim, não incumpre este dever o trabalhador público que não

---

pendentemente da modalidade de constituição da relação jurídica de emprego público ao abrigo da qual exercem as respectivas funções e, bem assim, aos actuais trabalhadores com a qualidade de funcionário ou agente de pessoas colectivas que se encontrem excluídas do seu âmbito de aplicação objectivo (incluindo os serviços das administrações regionais e autárquicas – quanto às competências em matéria administrativa dos correspondentes órgãos de governo próprio –, os órgãos e serviços de apoio do Presidente da República, da Assembleia da República, dos tribunais e do Ministério Público e respectivos órgãos de gestão e de outros órgãos independentes, os serviços periféricos externos do Ministério dos Negócios Estrangeiros, relativamente aos trabalhadores recrutados para neles exercerem funções, inclusive os trabalhadores das residências oficiais do Estado – embora não prejudicando a vigência das normas e princípios de direito internacional que disponham em contrário, das normas imperativas de ordem pública local e dos normativos especiais previstos em diploma próprio – , exceptuando-se a sua aplicação aos trabalhadores que possuam estatuto disciplinar especial (designadamente, gabinetes de apoio quer dos membros do Governo quer dos titulares dos órgãos referidos nos n.os 2 e 3 do art. 2.º).

[853] Passando o n.º 2 do art. 3.º da Lei n.º 58/2008 a enunciar os seguintes «deveres dos trabalhadores» em exercício de funções públicas: a) O dever de prossecução do interesse público; b) O dever de isenção; c) O dever de imparcialidade; d) O dever de informação; e) O dever de zelo; f) O dever de obediência; g) O dever de lealdade; h) O dever de correcção; i) O dever de assiduidade; j) O dever de pontualidade.

[854] O correspectivo direito à informação administrativa resulta, desde logo, das previsões dos arts. 82.º a 85.º do CPA, aprovado pelo D.L. n.º 4/2015, de 7 de Janeiro, sendo fundamental para delimitar, negativamente, o dever de informação. Tal direito de informação consta, igualmente, detalhado na Lei n.º 26/2016, de 22 de Agosto, que regula, nomeadamente, o acesso aos documentos administrativos.

prestou informação que não lhe foi solicitada ou que não o foi nos termos legais.

*«Para além disso, o dever de informação só existe relativamente à informação que possa ser prestada à face da lei, o que desde logo obriga a ter em atenção se o requerente da informação é ou não interessado ou se invoca um interesse legítimo na obtenção da mesma (...). Por outro lado, e no tocante à consulta e reprodução de documentos, há que ter em consideração se se trata de um documento administrativo, de livre acesso a todos os que o requeiram, ou se está em causa um documento nominativo ou sujeito a restrições no acesso, porquanto se nestes casos for autorizado o acesso indevido o trabalhador público também incorrerá numa violação do dever de informação, pois deverá considerar-se violado este dever não só quando seja negado o acesso que era devido como quando seja permitido o acesso que era proibido ou condicionado a determinadas pessoas.*

*Por fim, o dever de informação deve ser cumprido nos termos legais, o que significa que o acesso à informação deve ser autorizado por quem no serviço seja o responsável por tal acesso – e por força do art. 9.º da Lei n.º 46/2007 é obrigatória a indicação de um responsável – e deve efectivar-se no prazo de 10 dias após a formulação do pedido»*[855].

## 7.2.3. Particularidades do regime das provas ilícitas

Nos termos do disposto no n.º 4 do art. 417.º do CPC, quando seja deduzida escusa com fundamento na ocorrência de violação de sigilo profissional, de funcionários públicos ou de ocorrência de violação de segredo de Estado, *«é aplicável, com as adaptações impostas pela natureza dos interesses em causa, o disposto no processo penal acerca da verificação da legitimidade da escusa e da dispensa do dever de sigilo invocado».*

A lei processual civil remete para o regime aplicável no processo penal.

No processo penal vigora, nesta matéria, o art. 135.º do CPP. Estabelece este preceito o seguinte:

*«1 – Os ministros de religião ou confissão religiosa e os advogados, médicos, jornalistas, membros de instituições de crédito e as demais pessoas a quem a lei permitir ou impuser que guardem segredo podem escusar-se a depor sobre os factos por ele abrangidos.*

*2 – Havendo dúvidas fundadas sobre a legitimidade da escusa, a autoridade judiciária perante a qual o incidente se tiver suscitado procede às averiguações necessárias. Se, após*

---

[855] Assim, Paulo Veiga e Moura e Cátia Arrimar, Comentários à Lei do Trabalho em Funções Públicas, 1.º Volume, p. 298.

*estas, concluir pela ilegitimidade da escusa, ordena, ou requer ao tribunal que ordene, a prestação do depoimento.*

*3 – O tribunal superior àquele onde o incidente tiver sido suscitado, ou, no caso de o incidente ter sido suscitado perante o Supremo Tribunal de Justiça, o pleno das secções criminais, pode decidir da prestação de testemunho com quebra do segredo profissional sempre que esta se mostre justificada, segundo o princípio da prevalência do interesse preponderante, nomeadamente tendo em conta a imprescindibilidade do depoimento para a descoberta da verdade, a gravidade do crime e a necessidade de protecção de bens jurídicos. A intervenção é suscitada pelo juiz, oficiosamente ou a requerimento.*

*4 – Nos casos previstos nos n.ºs 2 e 3, a decisão da autoridade judiciária ou do tribunal é tomada ouvido o organismo representativo da profissão relacionada com o segredo profissional em causa, nos termos e com os efeitos previstos na legislação que a esse organismo seja aplicável.*

*5 – O disposto nos n.os 3 e 4 não se aplica ao segredo religioso».*

O incidente de escusa/quebra[856] de segredo profissional comporta, assim, duas fases:

– Uma de aferição da legitimidade[857] da recusa com base na invocação de sigilo/segredo, a decidir pelo tribunal da primeira instância; e

---

[856] No Ac. de uniformização de jurisprudência do STJ n.º 2/2008 (DR, 2.ª Série, n.º 63, de 31-03-2008, p. 1879 e ss.) decidiu-se que: *«Requisitada a instituição bancária, no âmbito de inquérito criminal, informação referente a conta de depósito, a instituição interpelada só poderá legitimamente escusar-se a prestá-la com fundamento em segredo bancário. Sendo ilegítima a escusa, por a informação não estar abrangida pelo segredo, ou por existir consentimento do titular da conta, o próprio tribunal em que a escusa for invocada, depois de ultrapassadas eventuais dúvidas sobre a ilegitimidade da escusa, ordena a prestação da informação, nos termos do n.º 2 do art. 135.º do Código de Processo Penal. Caso a escusa seja legítima, cabe ao tribunal imediatamente superior àquele em que o incidente se tiver suscitado ou, no caso de o incidente se suscitar perante o Supremo Tribunal de Justiça, ao pleno das secções criminais, decidir sobre a quebra do segredo, nos termos do n.º 3 do mesmo art. (P.º n.º 894/07-3 )».*

[857] A escusa será ilegítima, por exemplo, se a testemunha não exerce a profissão invocada, quando não detiver os requisitos legais para o exercício dessa profissão, quando os factos não foram conhecidos no exercício da profissão (salvo disposição legal em contrário), mas no âmbito da vida pessoal do visado, quando a lei não preveja o segredo profissional quanto à profissão em questão ou quando se não verifiquem os requisitos legais fixados nos respectivos estatutos profissionais (v.g., uma decisão prévia de autorização do organismo representativo da profissão). Sobre este último ponto, vd. Paulo Pinto de Albuquerque; Comentário ao CPP, pp 378-379.

– Uma respeitante à justificação da quebra/escusa cuja apreciação será efectuada pelo tribunal superior.

Dando como exemplo, a invocação de sigilo em sede de prova testemunhal – mas cujas considerações são extensivas a outros meios de prova, como a documental –, Luís Filipe Pires de Sousa[858] evidencia a seguinte estruturação do incidente:

> *«Após a formulação do pedido de escusa pela testemunha em audiência, cabe ao juiz efectuar as averiguações necessárias sobre a questão da legitimidade da escusa, entre as quais se inclui a audição do organismo representativo da profissão, se o houver (Art. 135.º, n.º 4, do CPP).*
>
> *Findas essas diligências instrutórias específicas do incidente, o juiz profere uma de duas decisões:*
>
> *i. Declara a ilegitimidade da escusa e ordena a prestação do depoimento, sendo este despacho recorrível pelo requerente da escusa; ou*
>
> *ii. Declara a legitimidade da escusa e ordena oficiosamente a subida do incidente ao tribunal de recurso para que aprecie e decida a questão da justificação da escusa (despacho irrecorrível).*
>
> *Nesta última eventualidade (subida do incidente ao tribunal de recurso), o tribunal de recurso pode:*
>
> *i. Julgar injustificada a escusa e, em consequência, ordenar a prestação de depoimento;*
>
> *ii. Julgar justificada a escusa, caso em que a testemunha se pode recusar a depor sobre os factos em causa sob sigilo».*

A lei processual civil não estabelece nenhum momento próprio para a dedução da questão atinente à ilicitude probatória, nem para a decisão da mesma, mas parece-nos líquido que tal questão deverá ser invocada em sede de exercício do contraditório, após o requerimento de proposição do meio de prova, sendo que, contudo, relativamente a determinados meios de prova deverá ser suscitada aquando da sua produção probatória[859].

A questão incidental assim suscitada deverá – após o exercício do direito de resposta da contraparte, como manifestação do respeito pelo princípio

---

[858] Prova Testemunhal, Almedina, Coimbra, 2013, p. 240.

[859] Neste sentido, vd. Estrela Chaby; O depoimento de parte em Processo Civil, p. 149, relativamente ao depoimento de parte.

fundamental do contraditório – ser objecto de decisão, interlocutória[860] ou final[861,862].

A audição do organismo representativo da profissão – cfr. art. 135.º, n.º 4, do CPP – compreende-se pela circunstância de ser o organismo que em melhores condições objectivas está para apreciar os valores em conflito, ponderadas as regras estatutárias da profissão em questão. Contudo, «*a pronúncia de tal organismo não é vinculativa para o tribunal*»[863,864].

Noutra perspectiva, considerando a multiplicidade de bens jurídicos protegidos (a integridade pessoal, a vida privada ou familiar, a integridade do domicilio, a privacidade da correspondência ou das telecomunicações; o respeito por determinados «segredos» de actividades profissionais ou do Estado), a lei estabelece um diverso regime jurídico-processual que, no limite, pode conduzir à admissibilidade em juízo da prova que, em princípio, seria de considerar como ilícita, por ofensa de alguns dos aludidos bens jurídicos[865].

---

[860] Se estiver em questão a legalidade na admissão do meio de prova.

[861] No que respeita à valoração do meio probatório arguido de ilícito.

[862] Salazar Casanova (*"Provas ilícitas em processo civil. Sobre a admissibilidade e valoração de meios de prova obtidos pelos particulares"*, p. 125) refere que, «*a circunstância de o art. 32.º/8 da Constituição não ser (...) aplicável às provas obtidas por particulares não significa que a invocação em juízo de que a prova foi obtida com violação de direitos fundamentais não mereça atendimento relegando-se sempre para a fase ulterior, a da produção e valoração da prova, a apreciação das questões invocadas destinadas a justificar a sua inadmissibilidade*».

[863] Assim, Luís Filipe Pires de Sousa, Prova Testemunhal, 2013, p. 241.

[864] Paulo Pinto de Albuquerque (Comentário ao CPP, 4.ª ed., p. 381) salienta que «*a interpretação conjugada do art. 135.º, n.º 4, com a legislação especial nele referida no sentido de que é atribuída ao organismo de representação profissional a competência para decidir em definitivo sobre a legitimidade e a justificação do pedido de escusa, ficando o tribunal vinculado à decisão do organismo de representação profissional, é inconstitucional, por violar o princípio da independência dos tribunais e o princípio da prossecução da verdade material, próprios de um Estado de Direito, e constituir um encurtamento inadmissível das garantias de defesa (arts. 2.º, 32.º, n.º 2 e 203.º, da CRP, e art. 6.º da CEDH. (...). A decisão sobre a quebra de sigilo profissional é uma decisão de ponderação de diversos valores constitucionais em conflito e, portanto, tem natureza constitucional. Por isso, esta decisão deve estar reservada aos tribunais*».

[865] A este respeito refere Débora Santa Maria Marques (O Processo Civil e a Colaboração de Terceiros, pp. 58-60) o seguinte: «*Como se processam os termos prescritos na lei processual penal, aplicáveis ao processo civil? Em primeiro lugar, perante a existência de dúvidas fundadas sobre a legitimidade da escusa, é ao juiz da causa perante o qual o incidente se suscitou que compete proceder às averiguações necessárias. Se considerar que a escusa é ilegítima, ordena a prestação da colaboração. Se o sigilo invocado for legítimo, deve o juiz da causa submeter a questão à apreciação do tribunal superior. Pode este*

Numa primeira abordagem, há que considerar a própria natureza dos direitos fundamentais, que se encontram sujeitos ao regime estatuído no art. 18.º, n.º 1, da Constituição, que estabelece a aplicabilidade directa daqueles e a vinculação aos mesmos das entidades públicas e privadas.

Assim, é ocioso considerar que os tribunais também se encontram vinculados à proteção de Direitos, Liberdades e Garantias, o que sucede *«inclusivamente no âmbito do direito probatório. Não é o facto de o processo civil ter finalidades específicas, nem o facto de o direito probatório ser instrumento de obtenção desse fim, que permitem ao tribunal a desconsideração daqueles direitos (...). Destarte, parece líquido que a violação de direitos, liberdades e garantias pela prova no processo civil pode ser motivo da sua inadmissibilidade»*[866].

Mas, para além disso, sendo o direito à prova um direito fundamental, a violação pela prova de um outro direito convoca um problema de colisão de direitos fundamentais.

Contudo, afigura-se ser relevante distinguir entre provas ilícitas absolutas e relativas, dado que o modo de resolução do conflito terá diversas exigências, num e noutro caso.

Assim, relativamente às **provas ilícitas absolutas** (v.g. provas obtidas por tortura, prova obtida por coação, provas obtidas por narcoanálise, pelo teste do polígrafo, etc.), a verificação da ilicitude deve conduzir, de modo absoluto, à declaração de ilicitude probatória e à inadmissibilidade de uso em juízo de tal meio de prova e, concomitantemente, também, à impossibilidade de valoração da mesma pelo julgador.

Com efeito, nesses casos, os bens jurídicos comprimidos com a obtenção ou produção de uma tal prova, apresentam uma tal gravidade ou incompa-

---

*decidir-se pela prestação de testemunho com quebra do segredo profissional sempre que esta se mostre justificada, segundo o princípio da prevalência do interesse preponderante, nomeadamente tendo em conta a imprescindibilidade da produção da concreta prova para a descoberta da verdade. Estando em causa sigilo profissional, deve o tribunal superior decidir após a auscultação do organismo representativo da profissão em causa (n.º 4 do art. 135.º do CPP). Por fim, decidindo-se pela dispensa do dever de sigilo, entende LOPES DO REGO que deve ser aplicado, a fortiori, o preceituado no n.º 2 do art. 418.º, bem como deverá restringir-se a regra da publicidade do processo e acesso aos autos (art. 164.º) e ainda da própria audiência (n.º 1 do art. 606.º), de modo a proteger a dignidade e a reserva da intimidade da vida privada das pessoas, que podem sair beliscadas pela produção de prova no processo em audiência pública. No n.º 3 do art. 135.º do CPP fala-se simplesmente em «depoimento». Devemos pronunciar-nos de forma extensiva. A violação do sigilo profissional poderá revestir diversos modos. Assim, viola o sigilo profissional aquele que depõe, aquele que exibe documentos, aquele que narra por escrito, factos sujeitos a segredo...».*

[866] Assim, Pedro Trigo Morgado, ob. Cit., p. 160.

A PROVA ILÍCITA NO PROCESSO CIVIL PORTUGUÊS

tibilidade com os valores jurídicos do ordenamento jurídico que a aludida prova deve ficar vedada para a realização dos fins de demonstração dos correspondentes factos a que se dirigiria.

Assim, parece-nos que a alínea a) do n.º 3 do art. 417.º do CPC comporta a interpretação de que o consentimento do ofendido concorrente para a obtenção ou produção de tal meio de prova deve conduzir à consideração da ilicitude de tal prova.

Neste ponto, parece-nos que o fundamento imanente à vedação da prova ilícita se funda no próprio princípio da dignidade humana[867].

No que respeita às **provas ilícitas relativas**, parece-nos haver que distinguir, dado que a lei também o distingue, entre aquelas a que se reporta a alínea b) do n.º 3 do art. 417.º do CPC, das enunciadas na alínea c) do mesmo n.º 3:

1) Relativamente às referenciadas na alínea b) do n.º 3 do art. 417.º do CPC, o consentimento – livre e esclarecido – prestado pelo titular dos bens jurídicos comprimidos com o meio de prova ilícito torna-se relevante[868], pelo que, a prova que seja produzida com ofensa do domicílio do visado, da sua correspondência, com intromissão nas telecomunicações, ou com intromissão na sua vida privada ou familiar, se consentida, não será ilícita[869]; contudo,

---

[867] Como reporta Pedro Trigo Morgado (ob. Cit., pp. 163-164): «*A validade destes meios de prova é afastada independentemente de o indivíduo ter ou não consentido na sua sujeição a eles, uma vez que se tratam de direitos indisponíveis. Relativamente a estas provas, no processo penal, a posição da melhor doutrina é de que não se poderão admitir (...). No processo civil, parece que a mesma consequência deve ser atribuída à prova que viola a dignidade da pessoa humana – a inadmissibilidade, sem possibilidade de ponderação de outros interesses (...). Com efeito, a dignidade da pessoa humana é, talvez a par do direito à própria vida, um dos valores mais básicos da nossa cultura jurídica. Pelo que, nestas suas manifestações nucleares, nenhuma contração poderá ser feita, nem sequer em favor da verdade, por risco de, para procurarmos justiça, perdermos a humanidade*».

[868] «*Apesar de os direitos de personalidade serem intransmissíveis e irrenunciáveis – ninguém pode, por exemplo, renunciar à defesa da sua honra –, admite-se, no art. 81.º, a possibilidade de limitação voluntária do seu exercício. O consentimento do lesado – que não produz a extinção do direito e tem um destinatário que beneficia dos seus efeitos – só é válido se a limitação voluntária ao exercício dos direitos de personalidade respeitar os princípios de ordem pública (cfr. os arts. 81.º e 280.º [do Código Civil]). Por essa razão, é nulo o consentimento – em qualquer uma das suas formas – na lesão do bem "vida"*» (assim, Teodoro Bastos de Almeida, "*O direito à privacidade e a protecção de dados genéticos: Uma perspectiva de direito comparado*", p. 370).

[869] Por exemplo, «*cada pessoa tem o direito de decidir aquilo que vai tornar conhecido do público e em que condições o fará. Não é, por ex., permitido à sociedade editora de uma revista decidir quais os factos da*

A PROVA ILÍCITA: VERDADE OU LEALDADE?

no caso de invocação de recusa de colaboração do visado, haverá que apreciar, em concreto, se o meio de prova é ou não ofensivo dos correspondentes bens jurídicos;

2) Relativamente às referenciadas na alínea c) do n.º 3 do art. 417.º do CPC, o consentimento também é relevante, não sendo ilícita a divulgação probatória que determine a violação de sigilo profissional, de funcionários públicos ou do segredo de Estado; contudo, no caso de invocação de recusa de colaboração do visado, para além da apreciação da verificação dos pressupostos de aplicação do segredo, importará cumprir a tramitação específica inerente à sua eventual «quebra», seguindo-se, então, o regime a que alude o n.º 4 do mesmo art.

No direito contemporâneo é, de facto, no âmbito das supra denominadas **provas ilícitas relativas**, aquele onde, na prática, os problemas ocorrerão e onde o intérprete e aplicador do Direito se defrontará com as maiores dificuldades.

Relativamente a tais provas, actuará a denominada «teoria da ponderação dos interesses».

Com efeito, estar-se-á então, verificada a ofensa dos bens jurídicos pretendidos tutelar com a previsão normativa, perante um problema de conflito de interesses ou de colisão de direitos (cfr. art. 335.º do CC)[870].

Assim, caso a caso, segundo uma concreta ponderação, deve-se analisar o tipo de direito fundamental atingido e as circunstâncias que envolveram a actuação lesiva.

Importará, pois, em concreto, apreciar se *«os interesses em jogo no litígio, as garantias de sigilo proporcionadas, a conduta assumida pela parte lesada, a relevância desse particular meio de prova»*[871] justificam que a prova obtida ou produzida seja considerada como ilícita, por violação de direitos fundamentais que, em

---

*vida privada de uma pessoa que serão divulgados, nem substituir o modo de apresentação desses factos. Do mesmo modo, está vedada a divulgação de extractos de uma autobiografia fora do seu contexto, por exemplo, com propósitos sensacionalistas»* (assim, Teodoro Bastos de Almeida, "O direito à privacidade e a protecção de dados genéticos: Uma perspectiva de direito comparado", p. 372).

[870] Cfr. sobre esta temática, Rabindranath V. A. Capelo de Sousa, O Direito Geral de Personalidade, p. 533 e ss.

[871] Assim, Salazar Casanova, *"Provas ilícitas em processo civil. Sobre a admissibilidade e valoração de meios de prova obtidos pelos particulares"*, p. 127.

A PROVA ILÍCITA NO PROCESSO CIVIL PORTUGUÊS

concreto, se mostram de maior valia ou exigem maior protecção, do que o mencionado direito à prova[872].

O mesmo é dizer que será necessário, em concreto, o recurso às regras que dirimem conflitos de direitos ou de valores[873] – e, nomeadamente, ao critério fornecido pela intervenção do princípio da proporcionalidade[874,875,875,876].

---

[872] André Vasconcelos Roque ("As provas ilícitas no projecto do novo Código de Processo Civil: Primeiras Reflexões", p. 18) referencia um interessante caso envolvendo o conflito entre o direito à honra e aos direitos à intimidade e à integridade física: *«A cantora mexicana Glória Trevi engravidou na prisão, sob a custódia da polícia federal, tendo acusado os carcereiros de terem praticado estupro. Quando do nascimento da criança, os policiais solicitaram a realização de um exame de DNA, de forma a demonstrar que nenhum deles era o pai da criança e que as acusações eram falsas. O STF deferiu o pedido, entendendo que a invasão da integridade física do menor e de sua mãe era mínima, enquanto os policiais haviam sido acusados publicamente de um crime da maior gravidade»* (STF, RCL 2.040-DF, Rel. Ministro Néri da Silveira, j. de 21-02-2002).

[873] Refere Sara Ferreira de Oliveira (ob. Cit., p. 43) que *«quando falamos em direito probatório (...) a cedência [de algum dos direitos em confronto] implica pelo menos a possibilidade de criar no espírito do julgador a convicção de que as alegações são verdadeiras e por isso implicará, em abstracto, menores hipóteses de sucesso probatório e de ganhar a ação»*.

[874] *«Em oposição ao sistema norte-americano, põe-se a doutrina alemã (Beweisverbote). O sistema alemão, baseado no princípio da proporcionalidade, admite, em caráter excepcional, "a prova obtida com violação ao mandamento constitucional, desde que esta obtenção, bem como a admissibilidade desta prova, seja considerada como a única forma possível e razoável para proteger outros valores fundamentais e tidos como mais urgentes na concreta avaliação dos julgadores".*
*A jurisprudência alemã, assim, reconhece a inconstitucionalidade da prova obtida por meios ilícitos. Todavia, "permite ao julgador cotejar a aceitação pura e simples das garantias constitucionais, fulminando a prova ilícita, e admissão da prova ilícita, sacrificando algum valor insculpido na constituição para escolher o caminho mais justo e buscar o apanágio da justiça". Ao postular a aplicação do princípio da proporcionalidade ao regime das provas ilícitas no sistema brasileiro, alguns cuidados, por vezes, não são realizados pela doutrina. A Lei Fundamental de Bonn elevou a liberdade a direito fundamental, como valor decorrente do livre desenvolvimento da personalidade humana, mas, note-se, não erigiu à garantia constitucional expressa, a vedação à prova ilícita, como optou o constituinte brasileiro.*
*Por lá, a doutrina dividiu o direito à liberdade pelas suas esferas em íntima (Intimphäre), secreta (Geheimnisphäre) e privada (Privatsphäre), sendo somente a primeira considerada absoluta»* (cfr. Guilherme Botelho de Oliveira, *"Algumas considerações quanto à prova obtida por meios ilícitos: Uma leitura restritiva da garantia constitucional instituída no art. 5.º inciso LVI da CF/88"*, p. 28-30).

[875] Como referem Rui Medeiros e Jorge Miranda (Constituição Portuguesa Anotada, Tomo I, 2.ª ed., p. 439) e Remédio Marques (*"A aquisição e a valoração probatória de factos (des)favoráveis ao depoente ou à parte chamada a prestar informações ou esclarecimentos"*, p. 155), o juízo de proporcionalidade deve tomar em consideração três vectores essenciais: (1) a justificação da

A PROVA ILÍCITA: VERDADE OU LEALDADE?

É sabido que, o princípio da proporcionalidade se desdobra em três subprincípios:

exigência processual em causa; (2) a maior ou menor onerosidade da satisfação por parte do interessado; e (3) a gravidade das consequências ligadas ao incumprimento dos ónus.

[876] Propondo outros moldes para a resolução do conflito de interesses, vd. André Vasconcelos Roque (*"As provas ilícitas no projecto do novo Código de Processo Civil : Primeiras Reflexões"*, pp. 26-27) considerando que é necessário verificar-se um **«estado de necessidade processual»** para a admissão excepcional das provas ilícitas em processo civil, concluindo que, *«a prova (aparentemente) ilícita somente poderia ser admitida no processo em casos excepcionais, desde que preenchidos os seguintes requisitos: a) possibilidade real e efetiva de formação de um convencimento judicial contrário aos interesses da parte interessada na admissão da prova; b) existência de prova obtida mediante violação a normas jurídicas cujo conteúdo seja decisivo para o resultado do processo; c) sopesamento de bens jurídicos envolvidos no processo, cujo resultado final seja favorável à admissão da prova questionada; d) inexistência de conduta voluntária da parte que tenha impossibilitado a produção de outras provas lícitas e decisivas em seu favor».*

[877] Analisando a aplicação deste princípio pela jurisprudência alemã reporta, com dois exemplos, Elimar Szaniawski (*"Breves reflexões sobre o direito à prova e a prova ilícita no projeto do novo código de processo civil"*, pp. 187-189): *«A interpretação da colisão entre direitos fundamentais da personalidade de uma parte e o direito à prova de outra, mediante aplicação do critério da proporcionalidade, apontará qual dos direitos em colisão apresenta superioridade em determinado caso concreto (...). Dois exemplos pontuais, extraídos da jurisprudência alemã, demonstram a relativização dos direitos de personalidade e a necessária ponderação dos direitos e interesses das partes na verificação da licitude ou ilicitude da prova apresentada em juízo pela parte autora do atentado. O primeiro aresto, da lavra do BGH, proferido em 6 nov. 1980, julgou o caso de determinada senhoria, que pretendia efetuar o despejo de sua locatária – esta, uma estudante universitária que alugava o apartamento contíguo ao da locadora – valendo-se da captação, e utilização como prova, da imagem da inquilina e de outras pessoas. **A locadora, para instruir a ação de despejo, passou a fotografar e a filmar a inquilina e as pessoas do sexo masculino que a visitavam, com o objetivo de utilizar as imagens na demanda judicial, visando provar que a locatária utilizava o imóvel para encontros amorosos e para a prática de prostituição.** O processo subiu ao BGH, que decidiu, com fundamento no § 823 do Código Civil alemão (Bürgerliches Gesetzbuch – BGB), pela existência de atentado contra a esfera individual da inquilina fotografada. Decidiu ainda, na ponderação dos interesses e da proporcionalidade entre o meio e o fim, que a autora ultrapassou os limites da razoabilidade, atentando contra o direito de personalidade da fotografada, e qualificou as fotografias como prova ilícita. (REPÚBLICA FEDERAL DA ALEMANHA, 1981). O segundo aresto, do mesmo tribunal, proferido em 5 jul. 1979, trata do fato de **o réu ter, casualmente, fotografado, a uma distância de 15 a 20 metros, uma criança de nove anos de idade, que brincava no pátio de uma escola com outras crianças, sendo que o pátio limitava-se com o imóvel de propriedade do réu, e sem que houvesse o consentimento dos pais da criança. A fotografia tinha por objetivo provar, em ação demolitória, as más condições de conservação do edifício da propriedade vizinha. O pai da criança fotografada, que não era parte na ação demolitória, demandou o fotógrafo, para que este lhe entregasse as fotografias e os negativos nos quais aparecia a imagem do filho.** A corte que julgara*

A PROVA ILÍCITA NO PROCESSO CIVIL PORTUGUÊS

«Em primeiro lugar, a exigência de **adequação**, cujo propósito central é aferir a existência de uma relação de causa efeito entre duas variáveis: o meio, instrumento, medida ou
solução empregue pela entidade sujeita ao escrutínio, de um lado; e o objectivo, ou finalidade que se procura atingir. O princípio da adequação de meios impõe então uma avaliação
tendente a determinar se o acto juridicamente relevante é ou não apropriado à prossecução
do fim ou fins em causa (...).

Depois, a exigência de **necessidade**, (sub) princípio que consagra o direito do indivíduo
à menor ingerência possível na sua esfera jurídica por parte do Estado ou da entidade cuja
actuação está sujeita ao escrutínio da proporcionalidade, e que impõe, por isso, não apenas a
identificação de todas as medidas admissíveis e idóneas para a prossecução do fim em causa,
mas também que a opção tomada seja, de entre as possíveis, a menos lesiva (...).

E, por fim, a **exigência de justa medida, (sub) princípio comumente designado
por proporcionalidade em sentido estrito**...[e que consiste em].determinar se, mediante
um juízo de ponderação, a medida (idónea e necessária) é também ela proporcional em relação ao fim prosseguido e, assim, se a lesão que tal acto pode acarretar é ou não desmedida em
relação aos benefícios que dele se podem tirar»[878].

originariamente a demanda, o Landesgericht de Schleswig, decidira por repelir a pretensão deduzida pelo
autor, entendendo que, embora houvesse a captação da imagem da criança, esta não era o tema principal
da fotografia; tampouco havia sido praticado qualquer atentado ao direito de personalidade do retratado.
Em grau recursal, o BGH confirmou a decisão recorrida (...). Os fundamentos do Ac., a partir da aplicação da teoria dos círculos concêntricos de Heinrich Hubmann (1953), declaram que, em princípio, uma
fotografia tirada de alguém sem o seu consentimento atenta contra o direito geral de personalidade porque
a fotografia cria, para o fotógrafo, a possibilidade de disposição sobre a imagem da vítima. No presente
caso, porém, o BGH verificou que o peso do atentado praticado contra o direito geral de personalidade
do fotografado é diminuto. A fotografia de brincadeiras infantis, tirada em público, não chega a atentar
contra a esfera privada, nem contra a esfera íntima do fotografado, pois o ato de fotografar em público
pode vir a atentar, somente, contra a esfera individual da pessoa. Segundo este raciocínio, está o interessado
autorizado a realizar fotografias que lhe proporcionam um meio de prova para um futuro processo, sendo
essas admissíveis enquanto não vierem a atingir o âmbito do núcleo do direito geral de personalidade do
fotografado. Nesta situação, o fotografar e o reter ou guardar uma fotografia, considerando-se a ponderação dos bens e dos interesses, serão admissíveis, pois o pouco interesse na intocabilidade da esfera individual
implica no não atentado ao direito de personalidade do autor, pois o interesse do réu, que teme um prejuízo
em seu patrimônio, será preponderante em relação ao interesse do autor. Deste modo, decidiu o Tribunal,
com fundamento no § 823, alínea I, do BGB, pela inexistência de lesão ao direito de personalidade do
fotografado, servindo as fotografias como meio de prova em juízo».

[878] Assim, André Figueiredo (*"O princípio da proporcionalidade e a sua expansão para o Direito
Privado",* in Estudos Comemorativos dos 10 Anos da Faculdade de Direito da Univ. Nova de
Lisboa, Vol. II, pp. 27-28).

Por estes critérios – e tendo, como se viu, intervenção concreta, o princípio da proporcionalidade[879] – deve pautar-se a resolução do conflito[880].

---

[879] Neste mesmo sentido, com referência aos direitos brasileiro e português, vd. Guilherme Guimarães Feliciano (Tutela Processual de Direitos Humanos Fundamentais: Inflexões no "Due Process of Law", pp. 1250-1251): *«...sustentamos a relativa inaptidão, na ordem jurídica portuguesa, dos arts. 335.º do CC (colisão de direitos) e 519.º do CPC (princípio da cooperação) para o tratamento dos meios de prova que estejam condicionados à disposição física da pessoa humana (e.g., testes biológicos com amostras sanguíneas – como os testes de paternidade ou maternidade por cotejo de DNA –, perícias grafotécnicas com colheita de amostras caligráficas em juízo, oitiva de testemunhas mediante condução coercitiva, testes de alcoolemia por ar expirado ou amostras sanguíneas etc.); e sugerimos, para o equacionamento de tais questões (= admissão e obtenção judicial de provas ilícitas), a aplicação metódica do princípio da proporcionalidade, com juízos concretos de "balancing" em cada caso judicial (...).*
*Com efeito, o princípio da proporcionalidade – que integra o conteúdo normativo do "substantive due process" (tópico 12.2, n. IV, "b") – pode e deve ser instrumentalizado para o escrutínio concreto das regras de inadmissibilidade nas actividades processuais instrutórias; e, muito especialmente, naquelas que demandem disposição física da pessoa. Serve, ademais, à justa delimitação do dever processual de cooperação de partes e terceiros, seja à luz dos arts. 339 a 341 do CPC brasileiro, seja ainda à luz do art. 519.º do CPC português. Respeitada, em todo caso, a garantia de conteúdo essencial dos direitos humanos fundamentais eventualmente tensionados (metalimites imanentes), as regras de inadmissibilidade poderão ou não ser infletidas, com maior ou menor intensidade, de acordo com juízos de ponderação concreta que levem em consideração as circunstâncias fáticas presentes e a natureza das pretensões materiais contrapostas (que de outro modo se arriscariam a um irremediável sacrifício). A rigor, esse pensamento já tem repercutido, com variada intensidade, em tribunais brasileiros e portugueses (...).*
[880] Wendel de Brito Lemos Teixeira (A prova ilícita no processo civil constitucional: (in) admissibilidade e consequências jurídicas, pp. 148-151) enuncia diversos exemplos de aplicação do princípio da proporcionalidade em sede de aferição da ilicitude probatória:
1.º) Caso de declaração obtida por meio de utilização de soro da verdade ou outra forma de tortura para fazer um indivíduo confessar a destruição de um automóvel em acção de indemnização (nesta situação prevalece a regra da proibição e utilização da prova ilícita, como resultado da colisão do direito fundamental à dignidade humana, em detrimento do direito fundamental à prova e o referente ao direito de propriedade privada;
2.º) Caso da cantora mexicana, Glória Trevi, que foi presa no Brasil e engravidou durante o período em que se encontrava detida, tendo sido acusados agentes federais de a terem engravidado. Foi determinada perícia, com base em recolha de amostra da placenta da cantora e do material genético recolhido aos guardas. A cantora rejeitou a perícia alegando afronta à intimidade e de seu filho e que apenas poderia haver exame de DNA com o seu consentimento (o STF brasileiro, por decisão de 21-02-2002, admitiu a recolha de amostra da placenta da cantora, sem o seu consentimento, por entender prevalecer o princípio da moralidade administrativa, da persecução penal pública, da segurança pública, da honra e da imagem dos agentes acusados e da própria instituição policial, em confronto com o alegado direito da mãe de preservação da sua intimidade e do pai do seu filho);

A PROVA ILÍCITA NO PROCESSO CIVIL PORTUGUÊS

Assim, há que apurar se, no caso concreto, a prova ilícita colide com os direitos fundamentais que possam fundamentar a sua inadmissibilidade. Se a resposta for positiva e houver colisão da prova, por exemplo, com o direito à vida – cfr. art. 24.º da Constituição – ou com o direito à integridade pessoal, moral e física de alguém – cfr. art. 25.º do texto constitucional – a prova deverá ser considerada como nula, de harmonia com o estabelecido no n.º 8 do art. 32.º da Constituição, por paridade de razão ou analogia, com o disposto em tal norma constitucional, sendo, nesse caso, inadmissível.

Se em colisão se encontrarem o direito à prova e outros direitos fundamentais – v.g. os consagrados nos arts. 26.º e 34.º da Constituição – antes da decisão sobre a admissibilidade probatória haverá que ter lugar a ponderação do julgador, com base no princípio da proporcionalidade.

A prova ilícita será adequada quando seja relevante e necessária, ou seja, quando seja indispensável à justa composição do litígio e quando, em concreto, os interesses da causa justifiquem a proteção de outros direitos: Apenas mais uma nota fundamental suplementar sobre esta matéria.

É a de que, na resolução do conflito, dever-se-á, ponderar, em particular, se ocorrem as seguintes **situações especiais** (que podem determinar um "desvio" à aplicação das referidas regras gerais):

1 – **Se a utilização da prova ilícita constitui o único meio possível**[881] **e razoável para efectuar a prova dos factos** (ou se o agente do acto ilícito

---

3.º) Caso de em acção de alteração da guarda dos filhos, ter sido gravada conversa telefónica, sem autorização judicial, obtida pelo marido, de conversa da sua esposa com o amante desta, na qual aquela confessava que dopava os seus filhos com Lexotan (o Autor considera utilizável a prova, por prevalência dos interesses dos menores, sobre o da intimidade da mãe);

4.º) Caso de o autor, em acção de indemnização, para comprovar o furto de valiosos bens na sua loja contra um ex-cliente, fazer uso de única prova consistente numa filmagem realizada com câmara oculta no local (considera que numa loja não há espaço de intimidade, pelo que o uso desta prova no processo civil não viola a intimidade alheia);

5.º) Caso de gravação de conversa sem autorização judicial para demonstrar a delapidação do património comum por um dos cônjuges (entendendo o TJRS, em decisão de 28-05-2003 que os interesses da busca da verdade e da segurança jurídica sacrificam, no caso concreto, a tutela da intimidade);

[881] Pense-se naqueles casos em que os factos «não são documentáveis, não foram percepcionados (directamente) por testemunhas, nem são susceptíveis de prova científica ou inspecção judicial» (na expressão de João Paulo Remédio Marques, "A aquisição e a valoração probatória de factos (des)favoráveis ao depoente ou à parte chamada a prestar informações ou esclarecimentos", p. 171).

*«visa exclusivamente a aquisição do meio de prova sobre factos que dificilmente pode-riam ser provados por outra forma e utiliza o material obtido apenas com essa finali-dade probatória»*[882]), a ilicitude da prova deve considerar-se justificada[883],[884], embora sem se prescindir, em concreto, da ponderação dos interesses em questão[885] e da sua concreta configuração[886];

---

[882] Assim, Miguel Teixeira de Sousa (As Partes, o Objecto e a Prova na Acção Declarativa, Lis-boa, Lex, 1995, p. 231), exemplificando o autor com o caso do *«cônjuge que, cansado dos insultos que lhe são frequentemente dirigidos pelo outro cônjuge, procede à gravação de uma dessas habituais cenas. Considerado o disposto no art. 31.º do C.P – que aceita como relevante, no âmbito criminal, qualquer causa de exclusão da ilicitude atribuída pela ordem jurídica na sua totalidade –, isso determina a exclusão da própria ilicitude criminal do acto de obtenção da prova».*

[883] Neste sentido, também Remédio Marques (Acção Declarativa à Luz do Código Revisto, 2.ª ed., p. 546-547) referindo que: *«As provas ilícitas não são susceptíveis de servir de fundamento a qualquer decisão. Porém, mesmo aí, a ilicitude da obtenção da prova pode ser justificada sempre que a parte, que dela se quer servir, dificilmente poderia comprovar a realidade dos factos de outra forma. É o que parece suceder nas acções de divórcio sem consentimento de um dos cônjuges fundadas na violação de deveres conjugais que revelem a ruptura definitiva do casamento (alínea d) do art. 1781.º do Código Civil: o cônjuge autor pode proceder à captação audiovisual (não consentida) dos impropérios (violação do dever conjugal de respeito) que o outro lhe dirigiu ou da infidelidade (violação do dever conjugal de fidelidade) que cometeu com terceira pessoa. Cumpre efectuar uma adequada ponderação dos bens jurídicos, impe-dindo que os direitos de personalidade de uma das partes possam sempre prevalecer, especialmente nas eventualidades em que a parte que pretende produzir certo meio de prova cuja recolha, manipulação ou tratamento tenha sido a priori ilícito quer fazer valer uma pretensão alicerçada em bens jurídicos de idên-tico estalão. Haverá quase sempre a necessidade de efectuar algumas restrições gradualistas a tais bens, à luz da proporcionalidade, da necessidade e da adequação».*

[884] Na mesma linha, José João Abrantes admite a utilização no processo da prova ilícita sempre que esta constitua a única via possível e razoável de proteger outros valores que, no caso concreto, devam ser tidos como prioritários, aqui tendo intervenção o princípio da proporcionalidade.

[885] Como enuncia André Vasconcelos Roque ("As provas ilícitas no projecto do novo Código de Processo Civil: Primeiras Reflexões", p. 20), *«no campo do processo civil, um exemplo excelente de caso excepcional em que seria razoável sustentar a admissibilidade de provas (aparentemente) ilícitas seria uma ação de destituição de poder familiar, em que se alega a prática de abusos contra a criança pelos seus próprios pais. A única prova desse fato relevante são as gravações que foram realizadas clandestina-mente. Nesta hipótese, parece que o direito dos pais deve ceder à dignidade e ao respeito do ser humano em formação».*

[886] Pense-se, por exemplo, naqueles casos em que o autor do ilícito probatório tenha obtido a prova ilícita e destruído culposamente todas as demais, de modo a que seja admitida a prova ilícita. Neste caso, concordamos com a solução de Sara Ferreira de Oliveira (ob. Cit., p. 54): *«Neste caso, estaríamos perante abuso de direito, o que não seria de admitir».*

## A PROVA ILÍCITA NO PROCESSO CIVIL PORTUGUÊS

**2 – Se houver consentimento do ofendido ou a sua colaboração ou cooperação para a fixação dos factos que a outra parte se propõe provar ou se a recolha e a fixação em suportes físicos ou digitais das realidades ou dos acontecimentos foi acidental** (no que respeita apenas a intromissões na vida privada, no domicílio, na correspondência ou nas telecomunicações) a ilicitude da prova assim obtida será de excluir, sendo que, a própria ordem processual penal considera excluída nesses casos, a ilicitude de tais provas, não se mostrando abusiva a intromissão assim verificada em tais valores (cfr. art. 126.º, n.º 3, do Código de Processo Penal)[887].

Parece-nos que o ponto que maiores dúvidas suscitará será o de saber se também no caso de «compressão» de alguns dos bens jurídicos enunciados na alínea b) do n.º 3 do art. 417.º do CPC terá cabimento a convocação da teoria da ponderação de interesses[888], que constituirá o critério de decisão da «quebra» de sigilo a que respeita a alínea c) do n.º 3 e o n.º 4 do mesmo art.

---

[887] No sentido pugnado no texto, vd. Remédio Marques, ob. Cit., loc. Cit., Salazar Casanova, ob. Cit., p. 123 e Miguel Teixeira de Sousa (As Partes, o Objecto e a Prova na Acção Declarativa, p. 231).

[888] A respeito da interpretação do art. 417.º do CPC, e da relação da ponderação de interesses com a cooperação devida, embora com menção ainda ao precedente art. 519.º do anterior CPC, refere Guilherme Guimarães Feliciano (Tutela Processual de Direitos Humanos Fundamentais: Inflexões no "Due Process of Law", pp. 1259-1267) o seguinte: «*Trabalhemos com o art. 519.º do CPC (v., supra, §17.º, n. II). Se o princípio da proporcionalidade pode excetuar a regra peremptória do art. 32.º, 8, da CRP (no âmbito do processo criminal), com mesma razão pode informar as restrições do n. 3 do art. 519.º, sem necessidade de previsão expressa; e permitir, assim, que se admitam ou exijam determinadas provas, mesmo com a disposição física da pessoa. Trata-se, como sempre, de princípio implícito que deve ser operado pelo juiz -cível ou criminal – como instrumento de calibragem do sistema jurídico.*
*É que, na verdade, o fundamento último da ilicitude das provas obtidas com violação dos sigilos constitucionais ou de direitos individuais, como a reserva da vida privada e a integridade física e moral, é o mesmo das restrições legais ao dever de cooperação (v., e.g., art. 519.º, 3, "a" e "b", do CPC português). Esse fundamento se espraia pela esfera administrativa e pela esfera cível em geral, conquanto o art. 32.º da CRP refira-se textualmente às garantias do processo-crime. Mas haverá casos – inclusive naquelas duas primeiras esferas – em que a pretensão material "sub iudice" detém dignidade igual ou superior à do direito ou interesse contraposto. Isso significa que as restrições do art. 519.º do CPC português não são realmente absolutas, como "a priori" não o são as proibições do art. 32.º, 8, da CRP, ou a do art. 5.º, LVI, da CRFB. O que reconduz o debate aos esquemas gerais da teoria da decisão (...).*
*O critério de prioridade das pretensões de validade geralmente não está dado nas legislações. O art. 519.º do CPC luso, p.ex., apenas transfere o problema ao intérprete, ao cominar multa – "sem prejuízo dos*

De facto, não obstante o n.º 4 do art. 417.º do CPC apenas referenciar as situações enunciadas na alínea c) do n.º 3, do mesmo art., certo é que,

*meios coercitivos que forem possíveis" (n. 2) – àqueles que recusem a colaboração devida. Mas qual é a colaboração "devida"?*

*Se o réu se nega a fornecer material biológico para um teste de paternidade, ao amparo da liberdade pessoal e do direito à integridade física, a colaboração a que foi instado era ou não "devida"? Toda colaboração que importar em afetação da integridade física ou moral das pessoas será sempre "indevida" (n. 3, "a"), ainda que o interesse visado no processo seja qualitativa e/ou quantitativamente mais relevante? A dicção do art. 519.º não oferece essas respostas, porque não enuncia um critério de prioridade suficientemente genérico e flexível.*

*Tampouco se encontra esse critério no art. 335.º do CC, pelo qual "havendo colisão de direitos iguais ou da mesma espécie, devem os titulares ceder na medida do necessário para que todos produzam igualmente o seu efeito, sem maior detrimento para qualquer das partes" (n. 1), mas prevalecendo o direito superior, se forem desiguais ou de espécies diferentes (n. 2). Ao contrário do que se poderia pensar à primeira leitura, a norma do n. 1 não pode ser confundida com a "praktischer Konkordanz" de KONRAD HESSE; já a do n. 2 supõe direitos com diversa dignidade, o que nem sempre se verifica. Num processo de investigação de paternidade, se o réu é instado a fornecer material biológico para um teste de DNA e se nega a fazê-lo, só há duas possibilidades: ou a sua recusa é legítima, afirmando-se então a prevalência do seu direito à integridade física, ou a recusa é ilegítima e o réu sofrerá as consequências (da inversão do ônus da prova – e.g., no Brasil, art. 232 do NCC – à colheita coercitiva), prevalecendo o direito do autor à identidade biológica. Não se pode dizer, todavia, que o direito à identidade biológica seja "superior" ao direito à integridade física, ou vice-versa: ambos são direitos fundamentais de mesma magnitude e não há, no processo, uma solução de contingência em que ambos, autor e réu, possam ceder "na medida do necessário". Da mesma forma, a testemunha pode ser legalmente compelida a comparecer em juízo para prestar depoimento, ainda que se recuse a colaborar e a sua oitiva se revele ao depois inservível; nem por isso, dir-se-á que o direito à prova dos litigantes é superior à sua liberdade de ir e vir (e a existência de permissivos legais não prejudica o exemplo, porque a norma legal só pode restringir direitos fundamentais com obséquio constitucional e nos limites da proporcionalidade).*

*O critério do art. 335.º servirá, se muito, aos casos em que não há colisão de direitos e garantias fundamentais, ou quando se possam identificar direitos fundamentais "desiguais ou de espécie diferente"(n. 2), ou ainda quando as posições em conflito admitam acomodação mediante concessões recíprocas para uma "igual" produção de efeitos (n. 1). Em geral, porém, a casuística processual mais emblemática em sede de provas proibidas não se subsume a qualquer dessas hipóteses (inclusive porque estão em causa, amiúde, elencos complexos e integrados de pretensões jurídicas processuais e materiais que não se resumem à unidade fundamental pressuposta pelo art. 335.º). Qual será, portanto, o melhor argumento? (...). A melhor resposta, portanto, encontramo-la com o princípio da diferença de RAWLS, por permitir enunciar, como "maximum minimorum", a metaordem que entabula, entre as múltiplas alternativas de ação, o sacrifício menos gravoso: a sua pior consequência é ainda melhor que a pior consequência de qualquer uma das metaordens contrapostas.*

*Consideremos a sua aplicação na polêmica hipótese de um meio de prova obtido com prejuízo da incolumidade física de outrem (e.g., um exame de DNA realizado a partir de amostra sanguínea ou fio de cabelo*

A PROVA ILÍCITA NO PROCESSO CIVIL PORTUGUÊS

pelo menos a verificação da existência de uma situação de intromissão na vida privada ou familiar, de intromissão no domicílio, de intromissão na correspondência ou de intromissão nas telecomunicações, sempre convocará do intérprete e do aplicador da norma um juízo de validação no sentido de que uma ofensa de tais bens juridicamente protegidos ocorre de facto ou, no caso contrário, um juízo de sentido inverso.

E, se é certo que a lei não estabelece qualquer procedimento ou incidente específico, com tramitação processualmente especificada, para a resolução de uma tal questão, parece-nos que, a verificação de existência da violação dos bens aludidos na alínea b) do n.º 3 do art. 417.º do CPC sempre comportará, na sequência da invocação de uma tal violação, o respeito pelo contraditório e, após este, uma pronúncia judicial sobre a verificação, ou não, de

*obtido de modo não consentido, com fraude ou mesmo com moderada violência). (...). Sob tais circunstâncias, o que será mais proporcional/razoável? Excluir a prova, diante da peremptoriedade literal dos preceitos que regem a prova proibida (art. 5.º, LVI, da CRFB e art. 32.º, 8, da CRP – quanto à "integridade física ou moral da pessoa"), e negar ao autor o seu direito à identidade biológica; ou admitir a prova, por adequada à sua finalidade (comprovar a paternidade), absolutamente necessária (por possível outra solução, substantiva ou processual, que não sacrifique absolutamente a pretensão material) e estritamente proporcional (sopesando-se, de um lado, a identidade biológica, e, de outro, o sacrifício módico e ordinário da integridade física2508)? Estamos em que uma adequada aplicação da "due process clause", que conjugue o devido processo formal e substantivo, não permitirá resposta diversa: a prova há de ser admitida. No modelo de RAWLS, a sua "pior consequência" (a insignificante lesão física) é certamente melhor que a pior consequência de qualquer outra metaordem contraposta (e.g., seguir ignorando vitaliciamente a paternidade biológica). Isso não significa, entretanto, que essa relação de prioridade possa ser generalizada (...).*

*Note-se que a opção pelo "maximum minimorum" é sempre uma opção por certa metaordem na qual se organizam várias pretensões processuais e materiais. E é, sempre, uma solução de eficácia ótima, tendente a preservar o mínimo irredutível de todos os direitos fundamentais em colisão e a assegurar-lhes a máxima efetividade possível (no que converge – agora sim – para a concordância prática hessiana). Quando esses direitos são de mesma hierarquia, o princípio da diferença permite apará-los e conciliá-los em termos razoáveis, sem sacrifícios definitivos ou dogmas de subordinação – ainda que uma metaordem de pretensões deva sempre prevalecer em juízo (não havendo "concessões" de titulares, na acepção do art. 335.º, 1, do CC). Ora, "eficácia ótima" e "aparagem" nos espaços de conflito são expressões familiares às teorias mais conhecidas de ponderação concreta de direitos, bens e valores. O que demonstra que, afinal, a assimilação desse princípio de decisão se realiza, no campo judiciário, justamente com a aplicação do princípio da proporcionalidade, com toda a sua dimensão problemática (...). Ou, o que é o mesmo: o princípio da proporcionalidade realiza o princípio decisório da diferença no dédalo em que se entrecruzam o direito à prova, o dever de cooperação e os direitos fundamentais, garantindo a melhor fundamentação ética para a máxima de decisão».*

uma tal violação, com a correspondente declaração de inadmissibilidade ou de admissibilidade probatória.

Importa salientar que esta apreciação judicial, a respeito da alínea b) do n.º 3 do art. 417.º do CPC, comportará um juízo no sentido de saber se a «intromissão» nos bens jurídicos aí enunciados é, ou não, abusiva. Este qualificativo embora presente no n.º 8 do art. 32.º da Constituição não consta da aludida alínea b) do n.º 3 do art. 417.º do CPC. Contudo, como é óbvio, não representará uma intromissão ilegítima, uma voluntária ou consentida ofensa a alguns dos bens jurídicos tutelados nesta última norma. Assim, por exemplo:

- Não é nula a prova que resulta da junção ao processo de uma cassete que contém a gravação de declarações ameaçadoras de uma das partes gravadas no serviço de *voice-mail* do telemóvel da contraparte[889];
- Não é nula a prova consistente na junção ao processo de uma fotografia que foi obtida acidentalmente por um dos cônjuges, mostrando o outro cônjuge em cena íntima com um terceiro[890];
- Não é ilícita a prova obtida por videovigilância[891] quando esta tenha sido legalmente autorizada e tenha servido apenas para o empregador confirmar a actuação ilícita do trabalhador e não o controlo do seu desempenho profissional.

Todavia, ao contrário do que sucede com o mecanismo a que se reporta o n.º 4 do art. 417.º do CPC, estando em causa a intromissão indevida na vida privada ou familiar, no domicílio, na correspondência ou nas telecomunica-

---

[889] Assim, o Ac. do TRP de 17/12/1997, in B.M.J. 472.º, p. 563.

[890] Assim, o Ac. do TC n.º 263/97, de 19 de Março de 1997.

[891] O Código do Trabalho consagra normas – v.g. artigo 20.º – especificamente atinentes aos meios de vigilância à distância, utilização que está sujeita a autorização da Comissão Nacional de Protecção de Dados (acompanhado de parecer da comissão de trabalhadores ou de pedido feito nesse sentido) e só pode ser concedida se a utilização dos meios for necessária, adequada e proporcional aos objectivos a atingir. Por sua vez, os dados pessoais recolhidos através dos meios de vigilância a distância são conservados durante o período necessário para a prossecução das finalidades da utilização a que se destinam, devendo ser destruídos no momento da transferência do trabalhador para outro local de trabalho ou da cessação do contrato de trabalho. O incumprimento do dever de informação do art. 20.º, n.º 3, determina a impossibilidade de *«utilização das imagens como meio de prova (salvo para efeitos penais e após decisão judicial nesse sentido)»* (assim, André Pestana Nascimento; O impacto das novas tecnologias no direito do trabalho e a tutela dos direitos de personalidade do trabalhador, p. 20).

ções pela obtenção ou produção de um dado meio de prova, a intervenção do tribunal superior não terá lugar senão em fase de recurso da decisão que, primeiramente, seja tomada.

Finalmente, «*quando o confronto da prova ilícita se dê perante direitos não fundamentais, não vemos qualquer motivo para fundamentar a sua inadmissibilidade, pelo que, de acordo com o art. 413.º do CPC, estas deverão ser admitidas e punido o autor do ilícito. De facto, entendemos existir irrelevância processual da ilicitude material nestes casos, não havendo norma de valor superior ou direitos constitucionais envolvidos, entendemos que prevalece o direito à prova*»[892].

### 7.2.4. Contributos interpretativos a considerar

Com vista à delimitação concreta dos termos de ponderação de valores a efectuar, ao intérprete são de extrema valia a consideração das deliberações e pareceres que têm vindo a ser tomados por entidades especializadas nas várias matérias que apreciam e onde conflituam, por regra, os interesses da descoberta da justiça ou da indagação factual e os da protecção da privacidade e da intimidade da vida privada.

De entre esses elementos mostra-se fundamental – embora sem carácter excludente de outros elementos – a consideração e análise das deliberações que têm vindo a ser proferidas pela CNPD, pela CADA e pela AACS/ERC e os pareceres emitidos pelo CC da PGR e pela OA.

#### a) As orientações e decisões da CNPD

Nesta temática merece especial consideração pela importância prática da sua aplicação, inclusive em sede jurisdicional, o regime sobre protecção de dados, constante, nomeadamente, da Lei n.º 67/98, de 26 de Outubro[893,893],

---

[892] Assim, Sara Ferreira de Oliveira (ob. Cit., p. 56).

[893] Diploma que procedeu à transposição para o direito interno da Directiva n.º 95/46/CE. Nesta Diretiva enunciaram-se diversos princípios relativos ao tratamento e protecção de dados (também objecto de inúmeros outros textos de direito europeu, como a Convenção n.º 108 do Conselho da Europa, o Regulamento (CE) n.º 45/2001 relativo à proteção das pessoas singulares no que diz respeito ao tratamento de dados pessoais pelas instituições e pelos órgãos comunitários e à livre circulação desses dados (Regulamento Proteção de Dados), a Diretiva 2002/58/CE relativa ao tratamento de dados pessoais e à proteção da privacidade no setor das comunicações eletrónicas (Diretiva relativa à privacidade e às comunicações eletrónicas) e a Diretiva 2006/24/CE relativa à conservação de dados gerados ou tratados no contexto da oferta de serviços de comunicações eletrónicas publicamente disponíveis ou de redes públicas de comunicações. A Directiva n.º 95/46/CE foi entretanto revogada pelo Regulamento (UE)

## A PROVA ILÍCITA: VERDADE OU LEALDADE?

legislação que se aplica à videovigilância, a outras formas de captação, tratamento e difusão de sons e imagens que permitam identificar pessoas sempre que o responsável pelo tratamento dos dados esteja domiciliado ou sediado em Portugal ou utilize um fornecedor de acesso a redes informáticas e telemáticas estabelecido em Portugal (cfr. art. 4.º, n.º 4 da lei).

N.º 2016/679, de 27 de abril de 2016, relativo à proteção das pessoas singulares no que diz respeito ao tratamento de dados pessoais e à livre circulação desses dados, que entra em vigor em 25-05-2018. Este novo Regulamento Geral de Protecção de Dados é uma consequência da Carta dos Direitos Fundamentais da União Europeia (art. 8.º sobre Protecção de dados pessoais, a partir de 26 de Outubro de 2012). O Regulamento introduz as seguintes novidades fundamentais: 1. Direito a "ser esquecido" (se um indivíduo não pretender que a sua informação seja processada, e não havendo razões legítimas para a reter, a mesma informação será apagada); 2. Acesso facilitado aos dados pessoais (os indivíduos terão mais informação sobre como os seus dados são processados, que deve ser claramente compreensível e acessível, prevendo-se um novo direito à portabilidade dos dados entre fornecedores de serviços); 3. Direito a saber quando os dados pessoais foram invadidos (as entidades a quem sejam fornecidos dados pessoais estão obrigadas a notificar a autoridade de supervisão nacional quando existe uma violação dos dados que ponha os indivíduos em risco – em 72 horas e devem comunicar aos indivíduos afetados tal situação); 4. Proteção dos dados "por design" e por definição (proteção de dados "por design" significa que cada novo serviço ou negócio que faça uso de dados pessoais está obrigado a tomar em consideração a proteção desses dados, o que significa que os departamentos de tecnologias de informação (TI) devem ter em conta a privacidade dos dados no "design" da tecnologia do produto ou serviço, podendo as medidas de proteção "por design" incluir técnicas como a pseudonimização ou a encriptação e o controlador dos dados necessitará de se certificar que, por definição, apenas os dados pessoais absolutamente necessários para determinada ação específica são processados. Em termos práticos isto significa que as configurações de privacidade devem estar, por defeito, no nível mais alto de segurança (privacidade) para o utilizador. Isto implica também que os dados pessoais nunca sejam automaticamente disponibilizados a terceiros sem a intervenção dos indivíduos. É de sublinhar que existe, adicionalmente, um elemento temporal relativamente a este princípio, já que os dados pessoais devem, por definição, apenas ser mantidos pelo espaço de tempo necessário para providenciar o produto ou serviço); 5. Reforço da execução das regras (O novo regulamento prevê penalizações para as entidades incumpridoras até 20 milhões de euros ou 4% do seu volume de negócios). Para um panorama geral desta matéria, vd. Manual da Legislação Europeia sobre Proteção de Dados; Agência dos Direitos Fundamentais da União Europeia/Conselho da Europa, 2014, disponível em http://fra.europa.eu/sites/default/files/fra-2014-handbook-data-protection-pt.pdf. Cfr., também, Alexandre Sousa Pinheiro; Privacy e Protecção de Dados Pessoais: A construção dogmática do direito à identidade informacional; AAFDL, 2015.
[894] Nesta temática é também relevante a jurisprudência proferida pelo TJUE (cfr. v.g. os Acs. de 06-11-2003 (C-101/01) Lindqvist, de 16-12-2008 (C-73/07) Satakunnan, de 9-11-

A PROVA ILÍCITA NO PROCESSO CIVIL PORTUGUÊS

Como princípio geral – a par de outros[895] –, o art. 2.º da Lei n.º 67/98 estabelece que *«o tratamento de dados pessoais deve processar-se de forma transparente*

2010 (C-92/09 e C-93/09), Schecke & Eifert, de 30-05-2013 (C-342/12), Worten, de 17-10-2013 (C-291/12) Schwarz, 13-05-2014 (C-131/12) Google Spain) e pelo TEDH, quanto à aplicação do art. 8.º da CEDH, designadamente, os Ac.s de: 02-08-1984 (Malone v. Reino Unido); 23-03-1987 (Caso Leander v. Suécia); 07-07-1989 (Gaskin v. Reino Unido); 24-04-1990 (Kruslin v. França); 09-07-1991 (Yvonne Chave v. França); 23-11-1993 (A. v. França, p.º 14838/89); 25-02-1997 (Z. v. Finlândia, p.º 22009/93); 25-06-1997 (Halford v. Reino Unido); 27-08-1997 (M.S. v. Suécia); 25-03-1998 (Kopp v. Suíça); 16-02-2000 (Amann v. Suíça); 04-05-2000 (Rotaru v. Roménia); 12-05-2000 (Khan v. Reino Unido; 25-09-2001 (P.G. e J.H. v. Reino Unido); 22-10-2002 (Taylor-Sabori v. Reino Unido); 28-01-2003 (caso Peck v. Reino Unido); 31-05-2005 (Vetter v. França); 14-02-2006 (Turek v. Eslováquia); 06-06-2006 (Segerstadt-Wiberg e Outros v. Suécia); 03-07-2007 (P.º 62617/00, Copland c. Reino Unido); 25-10-2007 (Van Vondel v. Holanda); 11-07-2008 (P.º 20511/03, I c. Finlândia); 04-12-2008 (P.º 30562/04 & 30566/04, S. e Marper c. Reino Unido); 17-12-2009 (B.B. v. França, Gardel v. França e M.B. v. França); 27-10-2009 (Haralambie v. Roménia); 10-02-2011 (Dimitrov-Kazakov v. Bulgária); 21-06-2011 (Shimovolos v. Rússia); 18-10-2011 (Khelili v. Suíça); 03-04-2012 (Gillberg v. Suécia); 31-07-2012 (caso Draksas v. Lituânia); 13-01-2013 (Bucur e Toma v. Roménia); 04-06-2013 (Peruzzo e Martens v. Alemanha); 06-06-2013 (Avilkina e Outros v. Rússia); 15-04-2014 (Radu v. República da Moldávia) e 18-09-2014 (Brunet v. França).

[895] A este respeito salienta André Pestana Nascimento (O impacto das novas tecnologias no direito do trabalho e a tutela dos direitos de personalidade do traalhador, pp. 12-13) o seguinte: *«Os princípios gerais em sede de protecção de dados pessoais que vêm expressamente previstos na Lei n.º 67/98 são os seguintes: Princípio da transparência dos dados (art. 2.º): O tratamento dos dados pessoais tem de processar-se de forma transparente e respeitar a reserva da vida privada, bem como os direitos, liberdades e garantias fundamentais. Desta forma, os trabalhadores têm o direito de ser informados sobre a identidade do responsável pelo tratamento dos dados pessoais, das finalidades do tratamento e das condições de acesso, rectificação e actualização dos mesmos, o que decorre igualmente do art. 35.º da CRP. Princípio da qualidade dos dados (art. 5.º, n.º 1, alínea c): Os dados pessoais tratados devem ser adequados, pertinentes e não excessivos relativamente às finalidades para que são recolhidos e posteriormente tratados. Princípio da finalidade (art. 5.º, n.º 1, alínea b): (...). Nos termos deste preceito, os dados pessoais devem ser recolhidos para finalidades determinadas, explícitas e legítimas, não podendo ser posteriormente tratados de forma incompatível com essas finalidades, salvo se houver autorização legal para o efeito (art. 28.º, n.º 1, alínea d). Fora destes casos, o responsável pelo tratamento dos dados terá de iniciar novo pedido de tratamento, notificando para o efeito a CNPD. A CNPD, contudo, já interpretou este princípio no sentido de admitir o tratamento para finalidades diferentes dos que motivaram a recolha, quando a nova finalidade não se mostra incompatível com o fim original. Princípio da legitimidade do tratamento dos dados pessoais (art. 6.º): Segundo este preceito, o tratamento de dados pessoais deverá, em regra, ser apenas efectuado após o titular dos dados ter prestado o seu consentimento de forma inequívoca, ou nas situações legalmente previstas nas diversas alíneas deste preceito. Não é, no entanto, qualquer consentimento que deve ser atendido. A este respeito, a CNPD tem exigido que o consentimento do titular dos dados seja informado, específico*

*e no estrito respeito pela reserva da vida privada, bem como pelos direitos, liberdades e garantias fundamentais».*

Nos termos do art. 3.º, al. a) da mesma Lei, *«dados pessoais»* são *«qualquer informação, de qualquer natureza e independentemente do respectivo suporte, incluindo som e imagem, relativa a uma pessoa singular identificada ou identificável («titular dos dados»); é considerada identificável a pessoa que possa ser identificada directa ou indirectamente, designadamente por referência a um número de identificação ou a um ou mais elementos específicos da sua identidade física, fisiológica, psíquica, económica, cultural ou social».*

De harmonia com o disposto no art. 5.º da Lei n.º 67/98, os dados pessoais devem ser tratados de forma lícita, com respeito pelo princípio da boa-fé, recolhidos para finalidades determinadas, explícitas e legítimas, não podendo ser posteriormente tratados de forma incompatível com essas finalidades, devendo ser adequados, pertinentes e não excessivos face às finalidades para que são recolhidos e posteriormente tratados, devendo ser exactos e, se necessário, actualizados, devendo ser tomadas as medidas adequadas a assegurar que sejam apagados ou rectificados os dados inexactos ou incompletos, tendo em conta as finalidades para que foram recolhidos ou tratados e conservados de forma a permitir a identificação dos seus titulares

---

*e livre. Este último requisito assume especial relevância no âmbito da relação laboral, na medida em que a prestação acordada implica necessariamente que o trabalhador renuncie parcialmente a alguns dos seus direitos de personalidade. Na verdade, em nenhum outro vínculo existe uma ligação tão estreita e intensa entre a pessoa do trabalhador e a actividade laboral acordada (...). Princípio da limitação do período de conservação dos dados (art. 5.º, n.º 1, alínea e): Este princípio surge intimamente relacionado com o princípio da finalidade, uma vez que pressupõe que os dados apenas devem ser conservados durante o período estritamente necessário para assegurar as finalidades do tratamento. Assim, os dados pessoais recolhidos de um candidato a emprego que tenha sido excluído do processo de selecção devem ser destruídos, porque a finalidade a que o tratamento se destinava deixa de existir a partir desse momento. Princípio da proibição da tomada de decisões automatizadas (art. 13.º): Qualquer pessoa tem o direito a não ficar sujeita a uma decisão que produza efeitos na sua esfera jurídica, tomada exclusivamente com base num tratamento automatizado de dados destinado a avaliar determinados aspectos da sua personalidade, designadamente a sua capacidade profissional (...). Princípio da confidencialidade (art. 17.º): A legitimidade do responsável pelo tratamento dos dados pessoais não lhe confere o direito de os divulgar a terceiros, estando os mesmos obrigados a um dever de segredo quanto aos dados e informações recolhidas. Princípio da notificação (art. 27.º): Salvo nos casos em que é expressamente concedida uma isenção pela CNPD, os responsáveis pelo tratamento dos dados pessoais estão obrigados a notificar previamente a CNPD de qualquer operação de tratamento de dados que pretendam levar a cabo».*

A PROVA ILÍCITA NO PROCESSO CIVIL PORTUGUÊS

apenas durante o período necessário para a prossecução das finalidades da recolha ou do seu posterior tratamento.

Nos termos do art. 6.º da Lei n.º 67/98, o tratamento de dados pessoais só pode ser efectuado se o seu titular tiver prestado inequivocamente consentimento para o efeito ou se, o tratamento for necessário para:

*«a) Execução de contrato ou contratos em que o titular dos dados seja parte ou de diligências prévias à formação do contrato ou declaração da vontade negocial efectuadas a seu pedido;*

*b) Cumprimento de obrigação legal a que o responsável pelo tratamento esteja sujeito;*

*c) Protecção de interesses vitais do titular dos dados, se este estiver física ou legalmente incapaz de dar o seu consentimento;*

*d) Execução de uma missão de interesse público ou no exercício de autoridade pública em que esteja investido o responsável pelo tratamento ou um terceiro a quem os dados sejam comunicados;*

*e) Prossecução de interesses legítimos do responsável pelo tratamento ou de terceiro a quem os dados sejam comunicados, desde que não devam prevalecer os interesses ou os direitos, liberdades e garantias do titular dos dados».*

Relativamente a dados sensíveis (como os referentes a convicções filosóficas ou políticas, filiação partidária ou sindical, fé religiosa, vida privada e origem racial ou étnica, dados relativos à saúde e vida sexual e dados genéticos[896]), o tratamento é permitido mediante disposição legal, autorização da Comissão Nacional de Protecção de Dados ou quando se verificar uma das seguintes condições:

*«a) Ser necessário para proteger interesses vitais do titular dos dados ou de uma outra pessoa e o titular dos dados estiver física ou legalmente incapaz de dar o seu consentimento;*

*b) Ser efectuado, com o consentimento do titular, por fundação, associação ou organismo sem fins lucrativos de carácter político, filosófico, religioso ou sindical, no âmbito das*

---

[896] O tratamento de dados referentes à saúde e à vida sexual, incluindo os dados genéticos, é permitido, de harmonia com o disposto no art. 7.º, n.º 4, da Lei n.º 67/98, quando for necessário para efeitos de medicina preventiva, de diagnóstico médico, de prestação de cuidados ou tratamentos médicos ou de gestão de serviços de saúde, desde que o tratamento desses dados seja efectuado por um profissional de saúde obrigado a sigilo ou por outra pessoa sujeita igualmente a segredo profissional, seja notificado à CNPD, nos termos do art. 27.º da mesma lei, e sejam garantidas medidas adequadas de segurança da informação.

A PROVA ILÍCITA: VERDADE OU LEALDADE?

*suas actividades legítimas, sob condição de o tratamento respeitar apenas aos membros desse organismo ou às pessoas que com ele mantenham contactos periódicos ligados às suas finalidades, e de os dados não serem comunicados a terceiros sem consentimento dos seus titulares;*

*c) Dizer respeito a dados manifestamente tornados públicos pelo seu titular, desde que se possa legitimamente deduzir das suas declarações o consentimento para o tratamento dos mesmos;*

*d) Ser necessário à declaração, exercício ou defesa de um direito em processo judicial e for efectuado exclusivamente com essa finalidade».*

Importa ainda salientar que a CNPD tem legitimidade para intervir em processos judiciais no caso de violação das disposições da Lei n.º 67/98, devendo denunciar ao Ministério Público as infracções de que tiver conhecimento, no exercício das suas funções e por causa delas, bem como praticar os actos cautelares necessários e urgentes para assegurar os meios de prova (cfr. art. 22.º, n.º 5 da Lei n.º 67/98) cabendo-lhe, em particular, efectuar, a pedido de qualquer pessoa, a verificação de licitude de um tratamento de dados, sempre que esse tratamento esteja sujeito a restrições de acesso ou de informação (cfr. art. 23.º, n.º 1, al. j da mesma lei), podendo, contudo, qualquer pessoa recorrer a meios administrativos ou jurisdicionais para garantir o cumprimento das disposições legais em matéria de protecção de dados pessoais (cfr. art. 33.º da Lei n.º 67/98).

A CNPD tem tomado diversas deliberações nesta matéria, de onde se destacam:

– A Deliberação n.º 51/2001, de 3 de julho, respeitante ao acesso a dados de saúde[897];

---

[897] Esta deliberação foi objecto de ulterior esclarecimento por via da Deliberação n.º 72/2006, de 30-05-2006, da CNPD (disponível em https://www.cnpd.pt/bin/orientacoes/DEL72-2006-ACESSO-DADOS-SAUDE.pdf) de onde consta, nomeadamente, o seguinte:

*«1 – O actual contexto jurídico é igual àquele que se verificava quando a CNPD elaborou a Deliberação 51/2001.*

*2 – As normas constitucionais e os diplomas legais em vigor proíbem o acesso das Seguradoras aos dados pessoais de saúde dos titulares segurados já falecidos, sem o consentimento expresso destes para esse efeito.*

*3 – Quanto aos familiares, gozam estes de um certo "direito à curiosidade", o que lhes permite aceder apenas ao relatório da autópsia ou à causa de morte, mas não lhes abre a faculdade de aceder a mais informação de saúde nem a dados pessoais que se encontram na esfera mais íntima do titular falecido. Só em casos concretos em que haja direitos e interesses ponderosos, tais como o exercício de direitos por via da respon-*

– A Deliberação n.º 9/2004, de 13-01-2004, relativa à identificação por radiofrequência;
– A Deliberação n.º 61/2004, de 19-04-2004[898], respeitante aos princípios sobre o tratamento de dados por videovigilância[899];
– A Deliberação n.º 1638/2013, de 16-07-2013[900] sobre o tratamento de dados pessoais decorrentes do controlo da utilização para fins privados das tecnologias de informação e comunicação no contexto laboral; e

*sabilização civil e/ou disciplinar ou penal dos prestadores de cuidados de saúde, e exclusivamente com esta finalidade, podem os familiares aceder aos dados pessoais de saúde dos titulares falecidos.*
*4 – No entanto, "não parece haver qualquer fundamento legal, na Lei 67/98, que permita o fornecimento da documentação clínica aos beneficiários de um seguro de vida para, depois, entregarem essa informação à seguradora".*
*5 – Em condições de normalidade na execução do contrato de seguro do ramo Vida, os beneficiários das compensações devidas pelos seguros do ramo VIDA, a partir do facto relevante MORTE do segurado, têm, na sua esfera jurídica, um direito subjectivo à compensação. Por sua vez, na esfera jurídica das Seguradoras existe uma obrigação de pagar a compensação.*
*6 – A posição processual mais onerada de qualquer das partes, seja a das Seguradoras, não pode ser aliviada à custa dos direitos, liberdades e garantias dos cidadãos.*
*7 – A contracção dos direitos fundamentais à privacidade e à protecção dos dados pessoais dos titulares falecidos não se apresenta como necessária ao não desaparecimento ou inviabilidade da actividade económica das Companhias de Seguros na contratação do ramo Vida.*
*8 – Não havendo lei com regime habilitante ao acesso aos dados pessoais dos segurados falecidos, as Companhias de Seguros e os familiares destes titulares, para efeitos de pagamento/recebimento de indemnização decorrente da morte do segurado em virtude de contrato de seguro do ramo Vida, só podem aceder aos dados pessoais de saúde dos titulares se estes tiverem dado o seu consentimento informado, livre, específico e expresso para esse acesso, conforme atrás se explicitou.*
*9 – O consentimento para o tratamento – acesso – dos dados pessoais deve ser autónomo das restantes cláusulas contratuais, mormente quando estas são pré-definidas pelas Companhias de Seguros.*
*10 – Os dados pessoais necessários e suficientes para essa finalidade são os que respeitam exclusivamente à origem, causas e evolução da doença que provocou a morte dos titulares segurados».*
[898] Disponível no endereço https://www.cnpd.pt/bin/orientacoes/DEL61-2004-VIDEOVI GILANCIA.pdf.
[899] Meios de vigilância à distância são, entre outros, câmaras de vídeo, equipamento audio-visual, microfones dissimulados ou mecanismos de escuta e registo telefónico (assim, Pedro Romano Martinez et al., Código do Trabalho Anotado, 6.ª ed., p. 130).
[900] Consultada em https://www.cnpd.pt/bin/orientacoes/Delib_controlo_comunic.pdf. Esta deliberação estabelece que o empregador deve ter uma adequada política – e prévia autorização da CNPD – quando pretenda monitorizar o uso de emails, chamadas ou internet para verificar se o trabalhador usa esses meios para fins profissionais. Por outro lado, o empregador deve adotar medidas de segurança, designadamente: para evitar o acesso não autorizado a

A PROVA ILÍCITA: VERDADE OU LEALDADE?

– A Deliberação n.º 7680/2014, de 28-10-2014[901] aplicável aos tratamentos de dados pessoais decorrentes da utilização de tecnologias de geolocalização no contexto laboral.

## b) Os pareceres da CADA

Também relevante na concretização desta temática é a consideração do entendimento que a Comissão de Acesso a Documentos Administrativos (CADA) tem vindo a fazer em diversos pareceres emitidos sobre os termos do acesso a documentos de natureza administrativa.

O regime jurídico de acesso aos documentos administrativo encontra-se regulado, presentemente, pela Lei n.º 26/2016, de 22 de agosto – LADA –, que aprovou o regime de acesso à informação administrativa e ambien-

---

informação pessoal; registar e identificar esse utilizador não autorizado; restringir o acesso aos servidores; implementar «logs» (que apenas poderão ser guardados até um máximo de 1 ano) que registem quem fez tais acessos, a data e hora (timestamp), controlar as operações feitas por tal acesso – com um n.º sequencial – e aplicar um campo de «hash». A entidade de controlo deve identificar as situações irregulares para desenvolver um sistema de aviso.

[901] Disponível em https://www.cnpd.pt/bin/orientacoes/DEL_7680-2014_GEO_LABO RAL.pdf. De acordo com esta deliberação a CNPD considerou que o consentimento dado pelo trabalhador é uma base válida para o processamento deste tipo de dados, devendo a geolocalização ser adequada, relevante e não excessiva em relação com as finalidades dos dados recolhidos e processados. A geolocalização é expressamente proibida para os seguintes fins: 1. Controlo da performance do trabalhador; 2. Prova de cumprimento de obrigações contratuais; 3. Controlo do cumprimento da legislação estradal; 4. Fiscalização de veículo quando este seja usado para fins particulares. A CNPD autorizou o processamento de dados retirados do uso de dispositivos de geolocalização num contexto laboral para as seguintes finalidades: 1. Para gestão de frota em serviços externos – no contexto de assistência técnica, de distribuição de bens, de transporte de passageiros, de mercadorias e de segurança privada – e 2. Para protecção e segurança – investigação criminal e recuperação de bens em caso de furto, transporte de materiais perigosos ou de elevado valor económico. Relativamente ao uso de smartphones e computadores, a CNPD estabeleceu que o empregador não pode usar dispositivos de geolocalização nestes dispositivos ou aceder a informação acessível aos operadores de telecomunicações ou instalar aplicações que activem sensores GPS. Todavia, a CNPD considerou que a instalação de tecnologia "MDM" (Mobile Device Management) é admissível para assegurar a proteção remota da informação empresarial/institucional. Finalmente, no caso de conhecimento de dados relevantes para prova criminal ou efeitos disciplinares, a CNPD considerou admissível o uso destes dados pelo empregador em determinadas circunstâncias, devendo contudo o empregador informar o trabalhador da existência de dispositivos de geolocalização, especialmente se eles se encontrarem inseridos nos carros, telemóveis ou computadores.

A PROVA ILÍCITA NO PROCESSO CIVIL PORTUGUÊS

tal e de reutilização dos documentos administrativos, transpondo a Diretiva 2003/4/CE, do Parlamento Europeu e do Conselho, de 28 de Janeiro, e a Diretiva 2003/98/CE, do Parlamento Europeu e do Conselho, de 17 de novembro e revogando a Lei n.º 46/2007, de 24 de Agosto.

No artigo 2.º da LADA estabelece-se o princípio da administração aberta, prescrevendo que o acesso e a reutilização da informação administrativa são assegurados de acordo com os demais princípios da actividade administrativa, designadamente os princípios da igualdade, da proporcionalidade, da justiça, da imparcialidade e da colaboração com os particulares e que a informação pública relevante para garantir a transparência da actividade administrativa, designadamente a relacionada com o funcionamento e controlo da actividade pública, é divulgada ativamente, de forma periódica e atualizada, pelos respetivos órgãos e entidades.

Na divulgação de informação e na disponibilização de informação para reutilização através da Internet deve assegurar-se a sua compreensibilidade, o acesso livre e universal, bem como a acessibilidade, a interoperabilidade, a qualidade, a integridade e a autenticidade dos dados publicados e ainda a sua identificação e localização.

De harmonia com o disposto no artigo 3.º da LADA considera-se «documento administrativo» qualquer conteúdo, ou parte desse conteúdo, que esteja na posse ou seja detido em nome dos órgãos e entidades referidas no artigo seguinte, seja o suporte de informação sob forma escrita, visual, sonora, eletrónica ou outra forma material, neles se incluindo, designadamente, aqueles relativos a; i) Procedimentos de emissão de atos e regulamentos administrativos; ii) Procedimentos de contratação pública, incluindo os contratos celebrados; iii) Gestão orçamental e financeira dos órgãos e entidades; iv) Gestão de recursos humanos, nomeadamente os dos procedimentos de recrutamento, avaliação, exercício do poder disciplinar e quaisquer modificações das respetivas relações jurídicas.

Por seu turno, o «documento nominativo» é o documento administrativo que contenha dados pessoais, definidos nos termos do regime legal de proteção de dados pessoais.

Nos termos da LADA não são documentos administrativos as notas pessoais, esboços, apontamentos, comunicações eletrónicas pessoais e outros registos de natureza semelhante, qualquer que seja o seu suporte, os documentos cuja elaboração não releve da actividade administrativa, designadamente aqueles referentes à reunião do Conselho de Ministros e ou à reunião de Secretários de Estado, bem como à sua preparação e os documentos produzidos no âmbito das relações diplomáticas do Estado português.

No artigo 5.º da LADA estabelece-se o fundamental «Direito de acesso», prescrevendo esta norma o seguinte:

> «*1 – Todos, sem necessidade de enunciar qualquer interesse, têm direito de acesso aos documentos administrativos, o qual compreende os direitos de consulta, de reprodução e de informação sobre a sua existência e conteúdo.*
>
> *2 – O direito de acesso realiza-se independentemente da integração dos documentos administrativos em arquivo corrente, intermédio ou definitivo».*

Nos termos do artigo 6.º da LADA os documentos que contenham informações cujo conhecimento seja avaliado como podendo pôr em risco interesses fundamentais do Estado ficam sujeitos a interdição de acesso ou a acesso sob autorização, durante o tempo estritamente necessário, através de classificação operada através do regime do segredo de Estado ou por outros regimes legais relativos à informação classificada.

Nos termos do n.º 5 do artigo 6.º da LADA, um terceiro só tem direito de acesso a documentos nominativos: a) Se estiver munido de autorização escrita do titular dos dados que seja explícita e específica quanto à sua finalidade e quanto ao tipo de dados a que quer aceder; b) Se demonstrar fundamentadamente ser titular de um interesse direto, pessoal, legítimo e constitucionalmente protegido suficientemente relevante, após ponderação, no quadro do princípio da proporcionalidade, de todos os direitos fundamentais em presença e do princípio da administração aberta, que justifique o acesso à informação.

De todo o modo, um terceiro só tem direito de acesso a documentos administrativos que contenham segredos comerciais, industriais ou sobre a vida interna de uma empresa se estiver munido de autorização escrita desta ou demonstrar fundamentadamente ser titular de um interesse direto, pessoal, legítimo e constitucionalmente protegido suficientemente relevante após ponderação, no quadro do princípio da proporcionalidade, de todos os direitos fundamentais em presença e do princípio da administração aberta, que justifique o acesso à informação.

De acordo com o n.º 7 do mesmo artigo 6.º, sem prejuízo das demais restrições legalmente previstas, os documentos administrativos ficam sujeitos a interdição de acesso ou a acesso sob autorização, durante o tempo estri-

A PROVA ILÍCITA NO PROCESSO CIVIL PORTUGUÊS

tamente necessário à salvaguarda de outros interesses juridicamente relevantes, mediante decisão do órgão ou entidade competente, sempre que contenham informações cujo conhecimento seja suscetível de: a) Afetar a eficácia da fiscalização ou supervisão, incluindo os planos, metodologias e estratégias de supervisão ou de fiscalização; b) Colocar em causa a capacidade operacional ou a segurança das instalações ou do pessoal das Forças Armadas, dos serviços de informações da República Portuguesa, das forças e serviços de segurança e dos órgãos de polícia criminal, bem com a segurança das representações diplomáticas e consulares; ou c) Causar danos graves e dificilmente reversíveis a bens ou interesses patrimoniais de terceiros que sejam superiores aos bens e interesses protegidos pelo direito de acesso à informação administrativa.

Os documentos administrativos sujeitos a restrições de acesso são objecto de comunicação parcial sempre que seja possível expurgar a informação relativa à matéria reservada.

De acordo com o artigo 7.º da LADA o acesso à informação de saúde por parte do seu titular, ou de terceiros com o seu consentimento ou nos termos da lei, é exercido por intermédio de médico se o titular da informação o solicitar, com respeito pelo disposto na Lei n.º 12/2005, de 26 de Janeiro e no caso de acesso por terceiros mediante consentimento do titular dos dados, deve ser comunicada apenas a informação expressamente abrangida pelo instrumento de consentimento, sendo que, nos demais casos de acesso por terceiros, só pode ser transmitida a informação estritamente necessária à realização do interesse direto, pessoal, legítimo e constitucionalmente protegido que fundamenta o acesso.

O artigo 8.º da LADA prescreve que não é permitida a utilização ou reprodução de informações em violação de direitos de autor e direitos conexos ou de direitos de propriedade industrial e que os documentos nominativos comunicados a terceiros não podem ser utilizados ou reproduzidos de forma incompatível com a autorização concedida, com o fundamento do acesso, com a finalidade determinante da recolha ou com o instrumento de legalização, sob pena de responsabilidade por perdas e danos e responsabilidade criminal, nos termos legais.

No âmbito do acesso aos documentos administrativos, a CADA tem entendido que «*os vencimentos auferidos no exercício de funções públicas e, portanto, pagos em obediência a critérios legais, não têm carácter reservado. Os documentos respeitantes à retribuição (...) apenas constituem documentos nominativos se*

A PROVA ILÍCITA: VERDADE OU LEALDADE?

*deles constarem, por exemplo, descontos no vencimento feitos não por força da lei, mas voluntários ou efectuados na sequência de decisão judicial»*[902].

Contudo, já formulou entendimento no sentido de que a remuneração constante de contrato de trabalho celebrado entre uma pessoa singular e uma empresa privada, em poder da administração, não é acessível, na medida em que é *«elemento susceptível de revelar a estratégia salarial da empresa»*[903].

Em termos semelhantes, entendeu também que *«revelar se determinada pessoa está (ou não) inscrita como beneficiário na Segurança Social não contende com a reserva da intimidade da vida privada»*, mas já constitui informação reservada a informação concreta respeitante ao montante dos descontos efectuados[904].

No **Parecer n.º 24/2006 de 08-02-2005** onde se discutiu o acesso a dados fiscais relevantes para a elaboração de relação de bens concluiu-se o seguinte:

> *«1. Os funcionários da Administração Fiscal estão obrigados a guardar sigilo relativamente à informação relativa ao "rendimento" ou à "situação tributária dos contribuintes" (vg. os seus bens, as receitas, as despesas, as deduções, rendimentos).*
>
> *2. O fundamento do segredo fiscal resulta da obrigação de respeito pela intimidade da vida privada (cfr. art. 26.º da Constituição da República) e, ao mesmo tempo, da necessidade de estabelecimento de uma relação de confiança entre o contribuinte e a Administração Fiscal.*
>
> *3. O acesso integral ao teor e conteúdo da relação de bens implica o acesso a informação coberta pelo segredo fiscal nos termos do art. 64.º da LGT.*
>
> *4. Por isso, o advogado não pode ter acesso a esta informação se não estiver munido de procuração passada pelos titulares dos dados ou por terceiros a quem seja reconhecido um interesse directo, pessoal e legítimo para a ela acederem (cfr. art. 8.º, n.º 2 da Lei n.º 65/93, de 26 de Agosto, na redacção introduzida pelas Leis n.ºs 8/95, de 29 de Março e Lei n.º 94/99, de 16 de Julho).*
>
> *5. Será de acesso generalizado – nos termos do art. 7.º, n.º 1 da Lei n.º 65/93 – o acesso à seguinte informação: a) Data da apresentação da relação de bens; b) Quem exerceu as funções de cabeça de casal; c) Quais os herdeiros constantes do termo de declaração».*

---

[902] Cfr. Pareceres n.ºs 459/2010, 224/2009, 145/2010 e 73/2011.
[903] Assim, o Parecer n.º 308/2010.
[904] Cfr. Pareceres n.ºs 354/2008, 20/2011 e 289/2011.

A PROVA ILÍCITA NO PROCESSO CIVIL PORTUGUÊS

A respeito do acesso a dados médicos, no **Parecer n.º 131/2006, de 28-06-2006**, um advogado, munido de procuração com poderes de representação junto de quaisquer autoridades, solicitou a um centro hospitalar diversa documentação clínica, referentes a episódios de urgência, internamentos e consultas decorrentes de acidentes ocorridos, tendo o respectivo director clínico solicitado a emissão de parecer à CADA sobre o acesso a tais documentos. A CADA entendeu que: «*1. O princípio geral do regime de acesso aos documentos administrativos consta do art. 7.º, n.º 1, da LADA: "Todos têm direito à informação mediante o acesso a documentos administrativos de caráter não nominativo". Nos termos do art. 4.º, n.º 1, da LADA, documentos nominativos são quaisquer suportes de informação que contenham dados pessoais [alínea b)], isto é, "informações sobre pessoa singular, identificada ou identificável, que contenham apreciações, juízos de valor ou que estejam abrangidas pela reserva da intimidade da vida privada" [alínea c)]. São de classificar como documentos nominativos, por exemplo, os que revelem dados genéticos, de saúde, da vida sexual, de convicções ou filiações filosóficas, políticas, religiosas, partidárias ou sindicais e os que contenham apreciações sobre as pessoas. Os documentos nominativos são comunicados, apenas, à pessoa a quem os dados digam respeito, a terceiros que daquela obtenham autorização escrita, ou a terceiros que demonstrem interesse directo, pessoal e legítimo (art. 8.º, n.ºs 1 e 2, da LADA). Já os documentos não nominativos são, em princípio, de acesso livre e generalizado. 2. Os documentos requeridos contêm, naturalmente, dados pessoais. São, assim, documentos nominativos. No entanto, deve entender-se que os titulares dos dados, ao outorgarem ao requerente os necessários poderes para, inclusive pela via judicial, regularizar "as situações decorrentes dos acidentes supra referidos, o autorizaram a requerer, compilar e apresentar – quer às entidades eventualmente responsáveis pela indemnização dos danos sofridos, quer em juízo – toda a documentação, mesmo nominativa, necessária para o pleno exercício desse mandato. Deste modo, nada obsta a que as certidões em apreço sejam facultadas ao requerente (...). 3. Quanto aos dados de saúde, diz o n.º 3 do art. 8.º da LADA que a sua comunicação ao respectivo titular (apenas quanto a este, e não também relativamente a terceiros) deve ser efectivada por intermédio de médico por ele designado. No entanto, este preceito deverá considerar-se tacitamente revogado pelo n.º 3 do art. 3.º da Lei n.º 12/2005, de 26 de Janeiro, onde se estabelece que o acesso "à informação de saúde por parte do seu titular, ou de terceiros com o seu consentimento, é feito através de médico, com habilitação própria, escolhido pelo titular da informação". Quer dizer: onde antes era exigível (em situações como a presente), apenas, procuração conferindo ao advogado poderes para o acesso aos dados clínicos do seu cliente, mostra-se hoje também indispensável a intermediação médica. 4. O médico que procederá à referida intermediação, prevista no n.º 3 do art. 3.º da Lei n.º 12/2005,*

A PROVA ILÍCITA: VERDADE OU LEALDADE?

*será aquele que for escolhido e indicado pelo titular da informação. Não se vê, pois, nenhum impedimento a que seja um médico do próprio CHL/ZC a proceder à referida intermediação».*

A CADA vem entendendo que *«no que respeita a acesso a relatórios clínicos, por parte de familiares directos do/a falecido/a, trata-se de matéria reservada, como sucede com a causa "mortis"»*[905].

*«No que respeita à subscrição, pelo segurado, de apólice cujas condições gerais ou particulares prevejam a obrigação de, por sua morte, serem apresentados à seguradora certos documentos nominativos a ele respeitantes, tem a CADA entendido que isso equivale a autorização escrita para a seguradora ter acesso a tais documentos mesmo após a morte do respectivo titular»*[906].

No **Parecer n.º 346/2015, de 22-09-2015**, uma seguradora solicitou a um centro hospitalar informação de saúde referente ao segurado falecido, designadamente a "data da intervenção cirúrgica anterior por hipertensão portal, bem como a do diagnóstico da cirrose hepática" para efeitos de instrução de processo de sinistro, tendo junto cópia do Bilhete de Identidade do segurado e boletim de Adesão de Crédito Habitação Seguro de Vida Grupo, no qual constam como Pessoa a Segurar, B e como Tomador de Seguros, uma entidade bancária, estando o boletim subscrito pelo segurado e constando a declaração, na parte referente ao "Questionário Clínico" que: *«Declaro que respondi com verdade e completamente a todas as perguntas, consciente que quaisquer declarações incompletas, inexactas ou omissas, que possam induzir a Seguradora em erro, tornam este contrato nulo e de nenhum efeito, qualquer que seja a data em que a Seguradora delas tome conhecimento. Tomei conhecimento de que está excluída das garantias qualquer incapacidade física pré-existente à data do Boletim de Adesão. Autorizo o médico designado pela Seguradora a solicitar a qualquer outro médico ou profissional de saúde, as informações e documentos relativos à minha saúde que julgue necessários para analisar o risco agora proposto ou para determinar as causas e consequências de qualquer sinistro que seja participado à Seguradora por mim, pelos Beneficiários ou pelos meus herdeiros. Autorizo, igualmente, os referidos médicos e profissionais de saúde a prestarem ao médico designado pela Seguradora as informações e documentos por este solicitados no âmbito da autorização que agora lhe conferi».*

No aludido parecer refere-se que: *«(...) Os documentos administrativos são, em princípio, de acesso livre e generalizado. 3. O art. 6.º, n.º 5, refere-se à restrição de*

---

[905] Cfr. Parecer n.º 11/2011.
[906] Cfr. Pareceres n.ºs 245/2008, 145/2009 e 28/2011.

*acesso aos documentos nominativos. São nominativos os documentos administrativos que contenham, "acerca de pessoa singular, identificada ou identificável, apreciação ou juízo de valor, ou informação abrangida pela reserva da intimidade da vida privada" (alínea b), n.º 1, art. 3.º). É nominativo o documento que revele, por exemplo, informação de saúde, da vida sexual, de convicções filosóficas, políticas, religiosas, partidárias ou sindicais. Os documentos nominativos são facultados aos titulares da informação e a terceiros com autorização escrita ou que demonstrem interesse direto, pessoal e legítimo relevante segundo o princípio da proporcionalidade (n.º 5 art. 6.º); são "objecto de comunicação parcial sempre que seja possível expurgar a informação relativa à matéria reservada" (n.º 6 do art. 7.º). 4. Os documentos contendo informação de saúde na posse ou detidos por quaisquer unidades de saúde do setor público administrativo e do setor empresarial hospitalar do Estado (abrangidas pela previsão do art. 4.º) são documentos administrativos nominativos, sendo este um entendimento pacífico da doutrina e jurisprudência. 5. A CADA já se pronunciou sobre o direito de acesso a informação de saúde, no quadro de contrato de seguro[907], a pedido do segurado, do beneficiário (herdeiro legal) ou da seguradora, concluindo em sentido favorável ao acesso, nos seguintes termos: 1.ª) É da exclusiva competência da CADA pronunciar-se sobre o acesso à informação de saúde na posse ou detida por entidades administrativas públicas, atenta a sua inclusão em documentos administrativos; 2.ª) Havendo autorização escrita (ou consentimento) decorrente de contrato de seguro, quer conste da declaração de seguro, quer das cláusulas gerais, quer, ainda, das cláusulas especiais, o acesso deverá ser facultado; 3.ª) O acesso deverá, também, ser disponibilizado a terceiro (beneficiário ou seguradora) que seja portador de um interesse direto, pessoal e legítimo suficientemente relevante segundo o princípio da proporcionalidade; 4.ª) Para proteger a reserva da intimidade da vida privada criou o legislador o dever de sigilo profissional no qual se inclui o sigilo médico, que não é absoluto; 5.ª) O direito de acesso, o direito à proteção de dados e o direito à reserva da intimidade da vida privada, direitos fundamentais, não são absolutos; inexiste entre os direitos fundamentais relação de hierarquia ou de generalidade-especialidade, estando sujeitos à ponderação casuística e sequencial com outros direitos de acordo com um critério de proporcionalidade, face aos valores em jogo. 6. Acrescente-se que os tribunais têm sufragado a doutrina da CADA, como consta, designadamente e só para citar a doutrina mais recente, nos Pareceres n.º s 6/2015 e 20/2015. 7. Na situação em apreço, a seguradora tem autorização escrita do segurado para o acesso e interesse direto, pessoal e legítimo em verificar se existem eventuais omissões ou declarações inexatas, que exonerem ou obriguem a seguradora ao pagamento*

---

[907] Cfr. Pareceres n.ºs 4/2014, 5/2014, 8/2014, 16/2014 e 18/2014 da CADA.

*das importâncias seguras. Em relação à autorização escrita do segurado cumpre precisar que esta foi subscrita em fevereiro de 2006, e não em 2015, como infere a CNPD, e que o consentimento dado foi livre, específico, informado e expresso como resulta da declaração do próprio titular dos dados (cfr. ponto I.2 e pág. 26 do P.A.). Estabelece o contrato de seguro que a liquidação das importâncias seguras é efetuada após a entrega de "declaração do médico assistente que especifique a causa e circunstâncias da morte, a data de diagnóstico e a duração da doença ou lesão.". 8. Os documentos nominativos comunicados a terceiros "não podem ser utilizados para fins diversos dos que determinaram o acesso, sob pena de responsabilidade por perdas e danos, nos termos legais" (art. 8.º, n.º 2). 9. A entidade requerida "não tem o dever de criar ou adaptar documentos para satisfazer o pedido, nem a obrigação de fornecer extratos de documentos, caso isso envolva um esforço desproporcionado que ultrapasse a simples manipulação dos mesmos" (art. 11.º, n.º 5); mas deve facultar o acesso aos documentos de que conste a informação requerida».*

Por seu turno, no **Parecer n.º 70/2006 de 29-03-2006**, a CADA apreciou a relação do dever de segredo profissional do Banco de Portugal com o direito de acesso a documentos administrativos[908].

Relativamente a segredo estatístico, no **Parecer n.º 5/2005, de 12-01-2005**, a CADA emitiu parecer no sentido de que: «*1. De acordo com a definição que a LADA [art. 4.º, n.º 1, alínea a)] atribui aos documentos administrativos, estes consistem em suportes de informação elaborados ou detidos pela Administração Pública. Face ao tipo de documentos cujo acesso foi requerido, não se afigura existirem dúvidas quanto à sua qualificação como documentos administrativos à luz da definição legal atrás mencionada. Na realidade, documentos preparatórios de um aviso de concurso como o que subjaz ao pedido, correspondência trocada com entidades que participam directa ou indirectamente no referido procedimento concursal, listagens resultantes da actividade do concurso ou documentos contendo recomendações da Provedoria de Justiça sobre a matéria sindicada são documentos administrativos na acepção da LADA, não se vislumbrando que exista no conjunto referido documentação nominativa, ou seja, contendo dados pessoais, os quais como refere a LADA são informações sobre pessoa singular, identificada ou identificável, que contenham apreciações, juízos de valor ou que sejam abrangidas pela reserva da intimidade da vida privada [art. 4, n.º 1, alíneas b) e c) da LADA].*

---

[908] Também relevante, em matéria de apreciação do segredo a cargo do Banco de Portugal, é o Parecer n.º 302/2015, de 22-09-2015 da CADA.

*2. Qualificada como está a natureza dos documentos cujo acesso foi requerido, verifica-se que, nos termos do n.º 1 do art. 7.º da LADA, é o mesmo livre e irrestrito. Deverá, aliás, mencionar-se que os documentos preparatórios do aviso do concurso em referência só não poderiam ser acedidos em fase anterior à decisão da sua aprovação, o que não é manifestamente o caso, dada a sua publicação.*

*3. Maior dificuldade poderá, porém, levantar o pedido formulado para o fornecimento de dados estatísticos, tal como requerido [v. alíneas c) e d) do pedido de acesso, referido em I. 2]. Na verdade, o que se encontra garantido em termos de acesso é que o mesmo diga respeito a documentos existentes, não sendo a Administração Pública obrigada à produção de documentos apenas para satisfazer solicitações de particulares. Assim o fornecimento de tais dados será apenas obrigatório se os mesmos constarem de documento já elaborado».*

### c) As deliberações da AACS/ERC

Ainda com pertinência para a interpretação dos direitos que estão frequentemente sob alvo das provas ilícitas se mostram as deliberações da AACS e do actual Conselho Regulador da Entidade Reguladora para a Comunicação Social (ERC).

Assim, na deliberação da AACS de 07-07-1995 apreciou-se a conformação do direito da intimidade da vida privada (vs. Direito de informar)[909].

---

[909] Teceram-se aí as seguintes considerações: «*(...) Nesta peça, que a queixosa alega ter sido realizada sem o seu consentimento, tanto no que respeita ao texto como à inserção da sua imagem, são produzidas afirmações que a AACS reconhece como intromissões na vida íntima e privada daquela. A notoriedade da visada, notoriedade que lhe pode advir quer da sua constante presença em lugares públicos, quer por razão da sua actividade profissional, quer pelas suas relações sociais e consequente noticiação em publicações periódicas, não é motivo bastante para permitir a intromissão na sua vida privada e a utilização da sua imagem sem consentimento; e também se não pode dizer que a notícia em causa foi divulgada "como meio adequado para realizar um interesse público legítimo ou tenha outra qualquer causa justa" (n.º 2, art. 178.º do C.P.). Não se pode ignorar o direito de informar nem a liberdade de informação, mas também se não podem esquecer as reservas legais, e até mesmo deontológicas – o jornalista deve respeitar a privacidade dos cidadãos, excepto quando estiver em causa o interesse público ou a conduta do indivíduo contradiga, manifestamente, valores e princípios que publicamente defende (n.º 9 do Código Deontológico dos Jornalistas) – a esse direito e a essa liberdade quando confrontados com o direito à intimidade da vida privada e à imagem. "No que respeita à comunicação social sobre a intimidade da vida privada e familiar, esta constitui um verdadeiro limite à liberdade de informação e da imprensa, não podendo elas ser invocadas para atentar ou invadir aquela privacidade" (...)».*

A PROVA ILÍCITA: VERDADE OU LEALDADE?

Por seu turno, na deliberação de 04-02-1998[910], a AACS apreciou uma queixa apresentada pelo jornalista Carlos Castro a respeito de um programa televisivo da SIC, por alegada devassa da sua intimidade.

Na deliberação de 18-02-1998[911] foi considerado que um jornal, ao noticiar que a queixosa foi vítima de um assalto, identificando a mesma com o seu nome e endereço, sem qualquer interesse público legítimo e relevante que o aconselhasse, violou a privacidade da queixosa.

Em deliberação da mesma data, com o n.º 294/1998[912] a AACS apreciou, novamente, os termos de compatibilização entre o direito à privacidade e à intimidade e o direito a informar e a ser informado. Estavam em causa notícias de órgãos de comunicação social sobre o estado de saúde do então Cardeal Patriarca de Lisboa[913], sobre o estado de saúde de Luísa Guterres (mulher do então primeiro-ministro)[914] e sobre a localização da residência e sobre o quotidiano do então ex-secretário-geral do Partido Comunista Por-

---

[910] Consultada em: http://www.erc.pt/download/YToyOntzOjg6ImZpY2hlaXJvIjtzOjM5Oi JtZWRpYS9kZWNpc29lcy9vYmplY3RvX29mZmxpbmUvNDU1MC5wZGYiO3M6N joidGl0dWxvIjtzOjIwOiJkZWxpYmVyYWNhby0yMTIzMTk5OCI7fQ==/delibera cao-21231998.

[911] Disponível em: http://www.erc.pt/download/YToyOntzOjg6ImZpY2hlaXJvIjtzOjM5Oi JtZWRpYS9kZWNpc29lcy9vYmplY3RvX29mZmxpbmUvMjg0Mi5wZGYiO3M6N joidGl0dWxvIjtzOjIwOiJkZWxpYmVyYWNhby0wMjkzMTk5OCI7fQ==/delibera cao-02931998.

[912] Disponível no local: http://www.erc.pt/download/YToyOntzOjg6ImZpY2hlaXJvIjtzOjM5 OiJtZWRpYS9kZWNpc29lcy9vYmplY3RvX29mZmxpbmUvMjg0My5wZGYiO3M6N joidGl0dWxvIjtzOjIwOiJkZWxpYmVyYWNhby0wMjk0MTk5OCI7fQ==/delibera cao-02941998.

[913] Relativamente a esta notícia a AACS considerou que o interesse público não justifica a *«cópia de pormenores sobre aspectos da sua intimidade e com esta denúncia sobre o carácter alegadamente terminal de uma doença, que nenhuma declaração médica reproduzida na reportagem sustenta, insistindo a peça jornalística em títulos e mais afirmações de considerável violência».*

[914] Quanto à pessoa visada na notícia, a AACS considerou que *«não é possível considerá-la com facilidade uma "figura pública". Sendo a mulher do primeiro-ministro, tinha, como tal, relevância. Mas, embora o sendo, sempre se posicionou, no plano social, no plano dos actos, das cerimónias de Estado, no plano da exposição perante os "media", de uma forma contida, discreta, reservada (...)».* Conclui que o objectivo de revelar a doença ao público *«não tinha (...) de ser alcançado com uma reportagem deste modo titulada, estruturada e pormenorizada, envolvendo alegados pormenores sobre a intimidade, a privacidade, de uma pessoa, e de uma pessoa doente».*

tuguês, Álvaro Cunhal[915]. Nesta deliberação, a AACS recordou um comunicado aprovado na sua reunião plenária de 09-10-1996, intitulado «*Posição da AACS quanto a práticas de devassa da intimidade por órgãos de comunicação social*»[916].

Na deliberação de 24-10-2000[917], a AACS deliberou sobre diversas questões de privacidade e dignidade humana (desde programas que convertem

---

[915] A AACS considerou, neste caso, estar-se, clarissimamente, perante uma "figura pública". E, «*da sua biografia, do carácter e do condicionalismo da sua acção, da sua imagem – seja qual for o seu grau de responsabilidade pessoal na construção dessa imagem – faz parte um traço incontornável de contenção, de discrição, definidos, por alguns, como mistério e mesmo como secretismo. Esse secretismo interessa ao público, como interessa – num plano diverso embora, em termos técnicos e metodológicos, para o descodificar e, deste modo, compreender o personagem, a sua acção, o seu significado – aos historiadores. Só podendo interessar, assim, aos jornalistas. Daí que plenamente se justifique uma reportagem que revele traços, aspectos, da actual vivência de Álvaro Cunhal que ajudem a sopesar, a melhor conhecer e compreender esta personalidade, no próprio contraste com o que ainda é parte da sua imagem. Pelo que nos encontramos perante um tema de "interesse público"*».

[916] Esse comunicado teve o seguinte teor: «*1. Está constitucional e legalmente garantida a liberdade de expressão e criação dos jornalistas, tendo todos, jornalistas e cidadãos em geral, o direito de informar, de se informar e de ser informados, sem impedimentos nem discriminações. 2. Igualmente se encontra garantido, nos planos constitucional e legal, a todos os cidadãos, o direito ao bom nome e reputação, à imagem, à palavra, à reserva da intimidade da vida privada e familiar. 3. Ora estando, também, na Constituição e na Lei, apontadas garantias efectivas contra a utilização abusiva, ou contrária à dignidade humana, de informações relativas às pessoas e famílias – o certo é que nos encontramos perante dois direitos, surgindo, por vezes, entre ambos, situações de colisão (...). 7. Ocorre que a devassa da intimidade da vida privada e familiar – para além de qualquer justificação baseável no interesse público e no de manifesta contradição entre, por um lado, comportamentos, por outro lado, valores e princípios publicamente defendidos – é uma prática crescente, quer em secções que chegam a ultrapassar a legitimidade de informação e o direito ao humor e à ironia, colidindo frontalmente com os referidos direitos, liberdades e garantias pessoais, quer em emissões, essas abertas à participação do público, que convertem tal devassa em espectáculo por vezes de degradação e mesmo auto-degradação desse público. 8. Ocorre ainda, por vezes, que esse tipo de comunicação social não reveste o carácter de rigor informativo e até, em algumas circunstâncias, de isenção, pelos quais a Alta Autoridade para a Comunicação Social deve providenciar, segundo o Art. 3.º, alínea e), da Lei n.º 15/90, de 30 de Junho. 9. Não pode a AACS, na sequência de outras iniciativas e deliberações suas, deixar de definir uma posição pública de preocupação quanto a algumas características deste fenómeno crescente, afirmando que a terá em devida conta no exercício das suas competências, para salvaguarda da isenção e do rigor informativo, os quais, aliás, são propósitos da larga maioria dos órgãos e dos profissionais de comunicação social*».

[917] Acessível no endereço http://www.erc.pt/documentos/legislacaosite/DeliberacaodaAACSde24_10_2000.pdf.

A PROVA ILÍCITA: VERDADE OU LEALDADE?

a privacidade em espectáculo, como o "Big Brother", até ao comportamento de órgãos de comunicação social sobretudo em reportagens sobre menores).

Por sua vez, na deliberação n.º 7/DF-I/2007, de 06-06-2007[918], a propósito de uma queixa apresentada pela filha da escritora Agustina Bessa Luís sobre uma notícia a respeito do estado de saúde da sua mãe, a ERC concluiu em: «1. *Considerar procedente a queixa apresentada, por se ter verificado uma intrusão grave e desproporcionada na esfera da intimidade da vida privada e familiar e desrespeito do dever jornalístico de relatar e interpretar os factos com rigor e exactidão, ouvindo as partes com interesses atendíveis no caso. 2. Considerar reprovável tal actuação por parte do jornal 24horas e instar o rigoroso cumprimento futuro das normas relativas aos direitos de personalidade, valores que entre nós beneficiam de tutela constitucional, criminal e civilística, e do dever de rigor jornalístico. 3. Sublinhar, por último, que pertence ao foro judicial o apuramento de eventuais ilícitos de natureza criminal ou cível que possam resultar do presente caso».*

Na deliberação n.º 49/2013[919] a respeito do acesso a imagens não emitidas captadas pela RTP, na manifestação do dia 14-11-2012, esteve em apreciação a recolha de imagens "em bruto" obtidas por uma estação televisiva, a respeito de uma manifestação que teve lugar junto à Assembleia da República (onde alguns manifestantes arremessaram pedras da calçada e objectos às forças de segurança que aí se encontravam), recolha esta visada para efeitos de investigação policial.

Na deliberação n.º 17/2014 (CONTJOR-I), de 05-02-2014- Queixa de José Sócrates Carvalho Pinto de Sousa contra o Correio da Manhã[920] con-

---

[918] Consultada em: http://www.erc.pt/download/YToyOntzOjg6ImZpY2hlaXJvIjtzOjM4Oi JtZWRpYS9kZWNpc29lcy9vYmplY3RvX29mZmxpbmUvNzM3LnBkZiI7czo2OiJ0 aXR1bG8iO3M6MjI6ImRlbGliZXJhY2FvLTctZGYtaTIwMDciO30=/deliberacao -7-df-i2007.

[919] Disponível em: http://www.erc.pt/download/YToyOntzOjg6ImZpY2hlaXJvIjtzOjM5OiJt ZWRpYS9kZWNpc29lcy9vYmplY3RvX29mZmxpbmUvMjE0NS5wZGYiO3M6Njo idGl0dWxvIjtzOjIxOiJkZWxpYmVyYWNhby00OTIwMTMtZGoiO30=/deliberacao -492013-dj.

[920] Consultada em https://www.google.pt/url?sa=t&rct=j&q=&esrc=s&source=web&cd=1& cad=rja&uact=8&ved=0ahUKEwjI8fCstafJAhUKvRoKHUusBIoQFgghMAA&url=htt p%3A%2F%2Fwww.erc.pt%2Fdownload%2FYToyOntzOjg6ImZpY2hlaXJvIjtzOjM5O iJtZWRpYS9kZWNpc29lcy9vYmplY3RvX29mZmxpbmUvMjM5Ni5wZGYiO3M6N joidGl0dWxvIjtzOjI4OiJkZWxpYmVyYWNhby0xNzIwMTQtY29udGpvci1pI jt9%2Fdeliberacao-172014-contjor-i&usg=AFQjCNGsifzwdQvU8iAmV8ewSEx5mMBdM Q&sig2=F-xIhBrjEOGEyq8zT-HI3w.

cluiu-se: «*1. Dar por verificada a violação do disposto no art. 14.º, n. .º 1, alíneas a) e f), do Estatuto do Jornalista quanto ao conjunto das notícias publicadas (...); 2. Instar o jornal Correio da Manhã ao cumprimento das normas legais e deontológicas aplicáveis à actividade jornalística (...); 3. Relembrar ao jornal (...) que a liberdade de informação pressupõe a assunção de uma conduta responsável e consentânea com o respeito por outros valores de igual dignidade, conforme exigido pelo art. 3.º da Lei de imprensa; 4. Dirigir, nos termos dos arts. 63.º, n.º 2, e 65.º, n. 2, alínea a), n.º 3, alínea a), e n.º 4, dos Estatutos da ERC, ao Correio da Manhã, a Recomendação 1/2014, em anexo, e cujo texto deve ser inserido numa das cinco primeiras páginas da edição impressa, em corpo de fácil leitura e normalmente utilizado para textos de informação, nas 48 horas seguintes à receção da presente deliberação. 5. Remeter a presente deliberação para a Comissão da Carteira Profissional de Jornalista, com vista ao apuramento de eventuais responsabilidades disciplinares (...)*».

Na deliberação n.º 71/2015 (CONTJOR-I) de 16-04-2015[921] sobre foto publicada numa revista onde se viam uma figura conhecida, uma amiga desta e o filho menor desta última, a ERC concluiu pela violação dos direitos à imagem e à reserva da intimidade da vida privada do menor identificado, filho dos queixosos.

Na deliberação n.º 144/2015 (CONTJOR-I) de 29-07-2015 – Participação do Presidente do Sporting Clube Portugal -Bruno Miguel Azevedo Gaspar contra o jornal Record, propriedade de Cofina Media, S.A.[922] concluiu-se que: «*Considerando que o texto objecto da queixa se traduz num art. opinativo, claramente demarcado da informação e no âmbito da liberdade de expressão (art. 37.º, n.º 1, da CRP), não se encontrando desse modo adstrito ao rigor informativo e deveres éticojurídicos aplicáveis a conteúdos de natureza informativa. O Conselho Regulador da ERC, em face do quadro de atribuições e de competências que lhe estão confiadas – art. 6.º, alínea b); no art. 7.º, alínea d); no art. 8.º, alíneas a), d) e j), e no art. 24.º, n.º 3, alíneas a), dos Estatutos da ERC, aprovados pela Lei n.º 53/2005, de 8 de novembro,*

---

[921] Consultada em: http://www.erc.pt/download/YToyOntzOjg6ImZpY2hlaXJvIjtzOjM5OiJt ZWRpYS9kZWNpc29lcy9vYmplY3RvX29mZmxpbmUvNjAyMC5wZGYiO3M6N joidGl0dWxvIjtzOjI4OiJkZWxpYmVyYWNhby03MTIwMTUtY29udGpvci1pIjt9/ deliberacao-712015-contjor-i.

[922] Cujo texto se encontra disponível no endereço http://www.erc.pt/download/YToyOntz Ojg6ImZpY2hlaXJvIjtzOjM5OiJtZWRpYS9kZWNpc29lcy9vYmplY3RvX29mZmx pbmUvNjA4OC5wZGYiO3M6N joidGl0dWxvIjtzOjI5OiJkZWxpYmVyYWNhby0xND QyMDE1LWNvbnRqb3ItaSI7fQ==/deliberacao-1442015-contjor-i.

A PROVA ILÍCITA: VERDADE OU LEALDADE?

*delibera não dar prosseguimento à queixa que desencadeou o presente procedimento, arquivando-o».*

### d) Os pareceres do CC da PGR

Tem sido também de grande monta o trabalho desenvolvido pelo Conselho Consultivo da PGR a respeito das temáticas que são susceptíveis de incidir sobre a temática probatória e sobre os direitos em confronto a respeito do exercício do direito à prova e dos limites inerentes a uma tal actividade[923].

### e) Os pareceres/decisões da Ordem dos Advogados

Na matéria relacionada com a aferição dos contornos e limites do dever de segredo profissional do advogado é também relevante a consideração de vários pareceres emitidos pelos órgãos da Ordem dos Advogados, para cujo teor se remete[924].

### 7.2.5. Consequências processuais de utilização de prova ilícita

Suscitada a questão da ilicitude da prova, pelas partes ou conhecida oficiosamente pelo juiz[925] (cfr. arts. 6.º e 411.º do CPC) e observado que seja o con-

---

[923] Relevam, exemplificativamente, nestas matérias, os Pareceres do Conselho Consultivo da PGR n.ºs 121/80, 138/83, 28/86, 49/91, 16/94, 20/94, 56/94, 15/95, 38/95, 67/96, 21/2000, 25/2009, 45/2012, 7/2013, 17/2015 e 10/2017.

[924] V.g. o Parecer do CDL da OA n.º 29/2008, de 08-09-2008 (Sandra Barroso), disponível em http://pareceres.cdlisboa.org/docs/29-2008.html, o Parecer do CRL da OA n.º 02/01, o Parecer do CRP da AO de 02-11-2005, o Pedido de dispensa de Segredo Profissional n.º 143/2008 do CDP da AO, o PDSP N.º 31/09, do CDL da OA de 05-03-2009, a CONSULTA N.º 15/2009 do CDL da OA de 23-03-2009, o PDSP N.º 107/08 do CDL da OA de 21-04-2008 e o Parecer n.º 57/PP/2011-P, de 14-12-2012, relatado por Catarina Pinto de Resende, disponível em http://www.oa.pt/Conteudos/Media/file.aspx?ida=123854.

[925] A questão da possibilidade de conhecimento oficioso da prova ilícita é abordada no direito chileno por Francisco Culaciati (La prueba ilícita en sede civil, pp. 143-144) considerando este autor que: *«Las partes tienen un catálogo de facultades que pueden ejercer en legítima defensa de sus intereses en el proceso. Si la parte a la que la ilicitud afecta no reclama la no valoración de la prueba ilícita, no puede el juez hacerlo por ella. Implicaría una confusión de roles que deben estar diferenciados: el juez tiene sus funciones y las partes las suyas. Éstas no deben confundirse, so riesgo de destruir la concepción del tercero imparcial que dirime la controversia. Es similar a la introducción de hechos nuevos en el debate por parte del juez, actividad que está prohibida en el ámbito del principio dispositivo, en el cual las partes fijan los puntos de debate. Adicionalmente, se plantea un argumento estratégico: algunas veces la prueba rendida por una parte introduce información que le es útil a la otra, y que es aprovechable en virtud del principio de adquisición procesal. Si el juez interviniera de oficio, estaría en este caso perjudicando a la*

A PROVA ILÍCITA NO PROCESSO CIVIL PORTUGUÊS

traditório relativamente a tal questão e resolvida a mesma, solucionando-se o conflito de interesses, em favor da ilicitude da prova, pergunta-se: Qual a consequência, no âmbito do processo civil[926], da utilização da prova ilícita?[927]

*parte que desea usar esa información. Entonces, no obstante sus rectas intenciones, estaría causando un daño superior que con la exclusión».* Em nosso entender, porém, o ordenamento jurídico português não contende com a possibilidade de conhecimento oficioso da ilicitude de uma prova absolutamente ilícita, desde que a questão seja, obviamente, objecto de percepção pelo julgador e mesmo que as partes não ponham em questão a ilicitude probatória. A amplitude dos poderes conferidos ao juiz na condução e gestão do processo impõem, na realidade, que a exclusão da prova seja oficiosamente determinada.

[926] Interessante é o "debate" que se tem processado no âmbito da doutrina processual penal portuguesa sobre o vício que determina a inobservância de uma proibição de prova. Como dá nota, nesse campo, Inês Maria Pinheiro Robalo (Verdade e Liberdade – A Atipicidade da Prova em Processo Penal, pp. 39-40) *«...poderá até ser defendido que o desrespeito por uma proibição de prova se reconduzirá à figura da inexistência, cujas características base são a resistência ao caso julgado e a total ausência de produção de efeitos. Acresce que no ordenamento processual penal italiano (aliás, bastante próximo do nosso) o vício associado à desconsideração de uma proibição de prova é a inutilizzabilità (art. 191 do CPPit), que, tal como a inexistência, resiste ao caso julgado, não está sujeita a prazo de arguição, podendo ser declarada oficiosamente em qualquer estado do processo (art. 191, § 2.º do CPPit) e tendo como fundamento último o respeito pela dignidade da pessoa humana. Esta figura que vinca a autonomia das proibições de prova no direito italiano é, simultaneamente, «vício e sanção processual», na medida em que pressupõe a violação de uma proibição de prova e tem como consequência, precisamente, a proibição de utilização da prova ilegitimamente admitida ou adquirida, isto é, impede que o resultado probatório que daí advenha fundamente a decisão (art. 191, § 1.º do CPPit). A se aceitar a associação das proibições de prova ao vício da inexistência estar-se-ia a superiorizar a consequência daquelas, elevando-se esta para além do patamar da (mera) proibição de utilização. Note-se que a "inutilizabilidade" parece encontrar-se no plano da eficácia / ineficácia e não no da validade / invalidade; por este motivo, poderá não bastar para revelar a importância dos valores tutelados. Desta forma, numa discussão que deixaremos, propositadamente, em aberto, o instituto das proibições de prova poderá possuir o sentido e alcance de, num primeiro momento, expressar a inadmissibilidade de obtenção e valoração de determinada prova e, num segundo momento, declarar a inexistência da prova ilicitamente produzida, por violação daquele imperativo».*

[927] Interessante questão que também fica em aberto é a de saber qual o concreto vício de que padecerá uma prova ilícita: A «nulidade» ou a sua «inadmissibilidade». A questão poderá não ter implicação apenas teórica podendo conduzir a diversos efeitos. Sobre o ponto, no direito brasileiro, refere Antônio Magalhães Gomes Filho (Direito à prova no processo penal, p. 94) que a nulidade é declarada num julgamento posterior à realização do acto, momento em que se reconhece a invalidade e a ineficácia da prova ilícita. Ao invés, a inadmissibilidade decorre de uma apreciação prévia feita pelo julgador, com o fim de evitar que elementos probatórios ilícitos tenham ingresso nos autos, sendo essa a razão de o seu efeito negativo ser a inadmissibilidade ou proibição probatória. Quanto a efeitos, a declaração de nulidade não é automática, sendo que o acto pode ser válido e eficaz se ocorrerem os requisitos legais para

ISABEL ALEXANDRE distingue os casos em que a ilicitude ocorra fora do processo ou dentro do processo. Assim:

a) Se a ilicitude ocorre fora do processo, a autora – que considera aplicável o art. 32.º, n.º 8 da CRP – refere que o problema é da nulidade consignada neste art., por não estar em causa a aplicação de uma consequência processual, devendo o juiz proceder tal como em relação à admissão da generalidade dos meios de prova, devendo rejeitar os que não preencham os requisitos legais (*«já que não faria sentido que tivesse poderes de rejeição da prova mais limitados nas hipóteses previstas no art. 32.º, n.º 8 CRP»*[928,929]);

b) Se a ilicitude ocorre no processo (actos ofensivos ocorridos no processo praticados pelo juiz, pelas partes ou por terceiros), ISABEL ALEXANDRE considera que, da *"impossibilidade de retirar do art. 32.º n.º 8 da CRP, regras gerais sobre a nulidade dos actos do procedimento probatório que violem os direitos fundamentais aí mencionados, aliada a inexistência de correspondência entre o tipo de nulidade e o carácter disponível ou não dos direitos, leva a concluir que aquele preceito remete implicitamente, quanto à determinação do regime de provas nulas de que fala, para a lei processual (no caso do processo civil, para os arts. 201.º e ss CPC)."*[930,931]

Parece-nos que, muito embora o preceito em questão – o art. 195.º do CPC – possa não ter perfeita aplicação ao caso, não poderá ser outra – no mínimo – a consequência da utilização de uma prova ilícita (considerando

---

a sua convalidação. Ao contrário, a inadmissibilidade, por consistir numa valoração prévia efectuada sobre a prova, antes de a mesma ingressar – legitimamente – no processo, impede a produção de qualquer válido efeito relativamente à mesma.

[928] Ob. Cit., p. 264.

[929] Se a prova foi obtida ilicitamente, mas o juiz apenas vem a ter conhecimento posteriormente, vg. em sede de produção de prova testemunhal, considera Isabel Alexandre (ob. Cit., loc. Cit.) que não há obstáculo a que seja aplicado o regime da impugnação (arts. 513.º e 515.º) com adaptações: *«mesmo que tenha sido admitida a testemunha, assim que se verifique que adquiriu os seus conhecimentos ilicitamente, pode o seu depoimento não ser admitido quando a certos factos (tratar--se-á de uma situação semelhante à da inabilidade, prevista no art. 635.º, n.º 2)».*

[930] *Ob. cit.*, página 267.

[931] Em semelhante sentido, Miguel Teixeira de Sousa (As Partes, o Objecto e a Prova na Acção Declarativa, p. 230) refere que *«as provas ilícitas são, em regra, insusceptíveis de serem valoradas pelo tribunal, isto é, não podem servir de fundamentação a qualquer decisão desse órgão. Por isso, são recorríveis, nas condições gerais, o despacho que admitir uma prova ilícita e a sentença que a atender».*

mesmo SALAZAR CASANOVA que, no caso de serem violados direitos fundamentais absolutos, o vício em presença será o de inexistência jurídica[932,933]).

Neste conspecto, o juiz não pode ter em conta – declarando a nulidade ou a inadmissibilidade de tal meio de prova ou o seu carácter inutilizável[934] – as provas que foram introduzidas ilegalmente no pleito e que foram consideradas como ilícitas e, em qualquer caso, a prova deverá ser desentranhada dos autos e entregue a quem a produziu[935].

## 7.2.6. Considerações sumárias sobre outros problemas do regime da prova ilícita

Mas, para além desta questão, muito outros problemas ficam em aberto. Dá-se nota apenas dos seguintes problemas que a temática da prova ilícita em processo civil pode comportar:

---

[932] Sobre o vício invalidante da utilização de uma prova ilícita, no direito processual civil brasileiro, refere Fabiana Lima da Silva Gonçalves ("A prova ilícita no processo civil") que: *«Conforme vem sendo estudado no decorrer do trabalho, as provas ilícitas uma vez ingressadas no processo devem ser desentranhadas imediatamente. Dessa forma, elas não podem receber nenhum tipo de valor probatório pelo Juiz, uma vez que se o Magistrado fundamentar sua decisão em uma prova ilícita, esta será nula. Todavia, se sua decisão for fundamentada em uma prova lícita, de fonte autônoma da ilícita, esta será perfeitamente aceita, desde que comprovada a fonte independente daquela prova (Teoria da Fonte Independente). Contudo, a Constituição Federal não prevê a consequência jurídica se, porventura, uma prova ilícita vier ser aceita no processo, mas que por expressa previsão de ser ela inadmissível, conclui-se que ela é ineficaz».*

[933] Wendel de Brito Lemos Teixeira (A prova ilícita no processo civil constitucional: (in)admissibilidade e consequências jurídicas; pp. 152 e ss.) considera que, caso a prova ilícita seja admitida no processo civil e a mesma seja considerada admissível, o juiz, caso verifique o cometimento de alguma ilicitude penal ou administrativa na obtenção da prova ilícita deve promover a respectiva denúncia desses factos às autoridades competentes para desencadearem os respectivos procedimentos. Se a prova for considerada inadmissível, a mesma deve ser rejeitada definitivamente, sendo considerada inadmissível ou inexistente: *«Uma prova ilícita inadmitida é considerada muito mais do que nula; ela é considerada como inexistente, não possuindo validade e eficácia»* (aut. Cit., p. 154) e *«quando uma prova ilícita não for admitida no processo, ela não poderá ser produzida. Caso tenha sido produzida, deve ser desentranhada e não pode ser valorada e tampouco servir como fundamento para a decisão judicial»* (idem, p. 155).

[934] Assim, Francisco Manuel Lucas Ferreira de Almeida, Direito Processual Civil, vol. II, p. 249.

[935] Cfr., nesta linha Frederico Sousa Barroso (*"Provas Ilícitas: Confronto entre as liberdades públicas e a efetividade do processo judicial"*, p. 131).

## a) O problema do efeito na convicção do julgador

Um desses problemas reporta-se precisamente à necessidade de o julgador eliminar todo e qualquer vestígio da prova ilícita, relativamente à convicção probatória dos factos.

De todo o modo, é patente a dificuldade de uma tal "operação mental omissiva"[936] na mente do julgador, pois, pode pensar-se que uma vez adquirida a prova pelo juiz a sua consciência fica «contaminada», não podendo descartar-se os efeitos de uma convicção psicológica sobre toda a inferência lógica[937], sendo possível de supor que o juiz, ao valorar os elementos de proba validamente carreados para o processo se veja influenciado na sua apreciação – ainda que sem qualquer intenção – pelos elementos probatórios que percepcionou, mas que foram qualificados como prova ilícita[938,939].

Perante este problema podem, em teoria, considerar-se várias soluções. Picó y Junoy[940] enuncia quatro orientações possíveis:

1.ª Considerando que o juiz não pode desvincular-se subjectivamente da realidade que percepcionou (e a que corresponde a prova ilícita) pode defender-se que o resultado da prova deve poder ser valorado no processo (sem prejuízo da eventual responsabilidade daquele que violou o direito fundamental na obtenção da prova);

2.ª O juiz que teve contacto com a prova ilícita deverá ser "recusado", de forma a permitir que a prova ilícita não produza algum efeito;

---

[936] Cfr. César Lorenzón Brondino, La Prueba Ilicita y su efecto en el razionamiento del juzgador", p. 12.

[937] A expressão é de Muñoz Sabaté, Técnica probatória, p. 79: «.una vez adquirida la prueba por el juzgador, no podrán nunca descartarse los efectos de una convicción psicológica por encima de toda inferencia lógica.».

[938] «De esta forma, puede suceder que el juez "fuerce" su razonamiento para concluir de una manera distinta a la que lo hubiera hecho si ese elemento ilegal no hubiera "existido"» (César Lorenzón Brondino, La Prueba Ilicita y su efecto en el razionamiento del juzgador", p. 13).

[939] Juan Picó y Junoy (*"El problema del efecto psicológico de la prueba ilícita*, p. 35) coloca a questão do seguinte modo: «*Entra en juego aquí el principio de la probática de "todo lo que prueba es prueba aunque no sea prueba", desarrollado por Muñoz Sabaté. Como nos enseña este autor, existen huellas invisibles para la investigación que aparecen en la motivación de la sentencia por el juez, muchas veces sin plena conciencia de ello. Y esto es precisamente lo que sucede con la prueba ilícita, pues en las millones de neuronas del córtex cerebral del juez circulan los resultados logrados con la ilicitud probatória que, por mucho que lo intente, no podrá acabar de eliminar*».

[940] *"El problema del efecto psicológico de la prueba ilícita", in* Revista iuris, mayo 2012, pp. 35-36.

A PROVA ILÍCITA NO PROCESSO CIVIL PORTUGUÊS

3.ª Deverá ser articulado um procedimento em que a admissão e produção da prova sejam atribuídas a órgãos jurisdicionais distintos: o primeiro, encarregado de preparar a decisão, e o segundo, encarregado de presenciar a prova e de ditar a sentença;

4.ª Controlar a ineficácia da prova ilícita em função da motivação da sentença[941,942].

Este Autor acaba por acolher a última tese, a qual, de facto é aquela que conduz a resultados satisfatórios.

Ainda a propósito deste problema refere César Lorenzón Brondino[943] que: «*Debemos evitar a ultranza cualquier atisbo de subjetividad o parcialidad en el juzgador. Por todo ello, estamos de acuerdo – claro – con que toda prueba ilícita incorporada (o que se incorpore de manera irregular) al proceso debe ser "excluida". Pero advertimos que no debemos detenernos allí: que el juez tome contacto con este tipo de probanzas provocará en el justiciable un temor fundado de parcialidad. Este motivo, sin lugar a dudas, deberá constituir una "causal de inhibición o de recusación"»*[944].

---

[941] Considerando afastadas as três primeiras orientações, o Autor considera acolhida no ordenamento jurídico espanhol a última. Contudo, adverte: «*Sin embargo, no se me esconde que esta solución puede ser insuficiente para evitar el problema aquí planteado: así, es posible que, gracias al efecto psicológico de la prueba ilícita, el juez otorgue más valor probatório a las pruebas logradas lícitamente del que en otras condiciones –esto es, sin la prueba ilícita– daría. Dicho de outro modo, cabe que el juez inconscientemente sobrevalore la prueba lícita más allá de lo razonable. Este peligro existe y debe ser debidamente evitado: en mi opinión, la solución pasa por exigir un mayor rigor en la valoración de las pruebas utilizadas por el juez para fundamentar su sentencia y su posterior control en apelación y casación».* E conclui o Autor (loc. cit., p. 36) que: «*Los efectos de la ilicitud probatória superan las previsiones normativas. Y el efecto psicológico de la prueba ilícita viene a reflejar la incapacidade legislativa de preverlo y solucionarlo. Aunque, en honor a la verdad, resulta difícil concretarlo en un precepto. El sentido común debe imponerse por encima de cualquier solución radical, por lo que entiendo que la debida motivación judicial –en los términos que he planteado– es suficiente para lograr el razonable equilibrio entre la justa necesidad de evitar que una prueba ilícita tenga efecto alguno y la humana función de juzgar».*

[942] Na mesma linha refere Marcos Alexandre Coelho Zilli (" Ainda sobre as provas ilícitas no processo penal", pp. 58-59): «*Como será possível evitar então que o magistrado se valha da prova ilícita para formar o seu convencimento? Infelizmente, é impossível qualquer segurança absoluta nesta questão. Resta apenas a alternativa do controle rigoroso quanto à exigência da motivação dos atos judiciais, ou seja, somente mediante uma fundamentação pormenorizada é que as partes poderão melhor exercer os direitos processuais impugnativos que lhes são previstos».*

[943] La Prueba Ilicita y su efecto en el razionamiento del juzgador", pp. 13-14.

[944] O autor refere chegar a esta conclusão aplicando analogicamente a norma que impõe um impedimento de julgar à pessoa que tenha conhecido os factos como testemunha.

Não obstante este entendimento e sopesados os motivos que estão na base do disposto no art. 115.º, n.º 1, al. h), do CPC – relacionados com a necessidade de garantir a absoluta imparcialidade do julgador – parece-nos que a situação de apreciação probatória não poderá levar à consequência mencionada por este Autor. Na realidade, a tramitação processual constitui um dever inerente à competência que é atribuída ao julgador para a tomada de decisão de um determinado processo, não constando enunciada entre as causas que colidem com tal competência as relacionadas com a instrução de provas ilícitas.

Por outro lado, se é certo que as garantias de imparcialidade implicam que sejam estabelecidos impedimentos, escusas e suspeições ou outras normas de natureza garantística semelhante, o rol de causas de impedimento do juiz deve considerar-se taxativo (ao contrário do que se infere do art. 120.º, n.º 1 do CPC, a respeito da suspeição), o que obstará à consideração da aplicação analógica do disposto no art. 115.º, n.º 1, al. h) do CPC aos casos em que o juiz presencia uma prova ilícita.

Finalmente, razões de segurança jurídica justificam que não se deva proceder a uma tal aplicação, sob pena de, em todos os julgamentos ser virtualmente possível – com o concurso de um advogado malicioso[945] – a substituição do julgador, para isso bastando apresentar em juízo uma prova ilicitamente obtida, para além de que, o confronto do julgador com a prova ilícita ocorrerá, por regra, numa fase já muito adiantada do processo (as mais das vezes, após a conclusão da fase instrutória do processo, já em fase de prolação de sentença).

Assim, excluídos os casos em que seja patente que a decisão do julgador assentou, indevidamente, em elementos probatórios ilícitos – conduzindo, assim, à nulidade da decisão – só se justificará o impedimento ou a suspeição nos casos e situações tabelarmente elencados na lei, por verificação de alguma das situações contempladas nos arts. 115.º e 120.º do CPC, respectivamente e, não, por qualquer relação da percepção probatória do juiz sobre uma prova ilícita.

---

[945] Cfr. Picó y Junoy (loc. Cit., p. 36).

## b) O problema do denominado "efeito-à-distância"[946]

Outra das questões que se pode suscitar prende-se com a extensão do efeito anulatório da prova ilícita, designadamente quanto a abranger outros

[946] A inadmissibilidade de provas licitamente obtidas a partir de provas ilicitamente obtidas desenvolveu-se na órbita do direito processual penal, tendo tido origem na jurisprudência norte-americana, sendo designada por «teoria dos frutos da árvore envenenada» (*«fruits of the poisonous tree»*) ou por *«prova ilícita por derivação»*. A teoria – enunciando um princípio ou regra de «exclusão» probatória – foi empregada, pela primeira vez, no Caso "Silverthorne Lumber Co. V. United States" (251 US 385; 40 S.Ct. 182; L. Ed. 319) em 1920, tendo o tribunal decidido invalidar um mandado que tinha sido fundado numa busca ilegal. Com base nos elementos recolhidos na busca ilegal, sem mandado, a acusação obteve documentos que, de outro modo, não obteria. O Supremo Tribunal considerou que ficou demonstrado que a busca tinha ocorrido de forma ilegal e reconheceu que a acusação não poderia manter os documentos, afirmando que a essência está em proibir as provas ilegais e se a busca era ilegal são ilegais todas as provas obtidas a partir dela.

Quanto ao princípio de exclusão têm sido delimitadas excepções pela jurisprudência norte-americana, que se podem resumir nas seguintes teorias:

– Teoria da limitação da fonte independente ou "independente source limitation", invocada no caso Bynum v. U.S., 1960, onde o Supremo Tribunal suprimiu a identificação dactiloscópica feita no momento da prisão ilegal do acusado Bynum, levando à anulação de tal prova. Todavia, o órgão de acusação lançou mão de um conjunto de elementos dactiloscópicos provenientes de crime anteriormente cometido pelo acusado e, em função disso, procedeu-se a julgamento de Bynum pelo crime com base em prova independente da ilegalidade cometida;

– Teoria da limitação da descoberta inevitável (ou "inevitable discovery limitation"), que foi aplicada no caso Nix v. Williams II, 1984, quando, de forma ilegal, foi colhido depoimento em que o arguido dissera o lugar onde estava o corpo da vítima de homicídio. Nesse local, porém, já estava uma equipa conduzindo investigações à procura do corpo, o que levaria à sua descoberta, sem qualquer conexão com o depoimento obtido ilegalmente;

– Teoria da limitação da contaminação expurgada (ou "purged taint limitation" ou "attenuated connection limitation"), aplicada no caso Wong Sun v. U.S., de 1963, em que a autoridade policial invadiu ilegalmente um domicílio onde detiveram um suspeito (A), o qual acusou outrem (B) de ter vendido um estupefaciente. Entretanto foi detido um outro suspeito (C) de forma ilegal, o qual, depois de libertado confessou espontaneamente que o delito fora por si praticado. O Supremo Tribunal considerou ilegais as detenções de A e B, mas válida a confissão de C, uma vez que não houve ilegalidade na sua declaração.

– Teoria da excepção da boa-fé (ou "good faith exception") suscitada no caso U.S. v. Leon, de 1984, onde o Supremo Tribunal entendeu que não havia ilegalidade na conduta da autoridade policial quando efectua uma apreensão ilícita, derivada de irregularidade no mandado de busca, por actuar na crença de estar a actuar de acordo com o direito, ou seja, de boa-fé.

meios de prova que, apesar de formalmente terem sido licitamente produzidos, assentam num primário meio de prova de obtenção ilícita[947-948].

A questão coloca-se em saber, por exemplo, se uma testemunha obteve conhecimentos através do acesso a uma prova (v.g. um documento) que foi obtido ilicitamente por outro sujeito.

Neste último exemplo, importa saber se se pode aplicar a teoria dos «frutos da árvore envenenada» a este tipo de prova constituenda (prova testemunhal) e considerar o testemunho que venha a ser produzido ilícito (prova ilícita) considerando que os conhecimentos relatados pela testemunha não teriam sido percepcionados, ou se, ao invés, deve-se rejeitar a aplicação desta teoria ao processo civil, na medida em que, em si mesmo, o modo como a testemunha obteve o conhecimento que relatou foi lícito, para além de que, em si mesmos, se tratam de meios de prova distintos (o depoimento licitamente produzido e o documento ilicitamente obtido).

Refere Isabel Alexandre, quanto à questão da amplitude da nulidade, que, em face do preceito geral que no CPC sanciona os efeitos da nulidade (cfr. artigo 1195.º, n.º 2, do CPC) não decorre o efeito-à-distância das proibições de valoração das provas, dada a inexistência de dependência absoluta entre os actos que seguem procedimentos probatórios distintos.

Tal não implica a admissibilidade da prova obtida na sequência da prova ilícita, se for de afirmar o nexo de causalidade e de imputação objectiva entre o acto ilícito e a prova secundária. No entanto, esse nexo não pode derivar de um entendimento maximalista do efeito à distância que inviabilize a efectivação do direito à prova.

---

[947] São exemplos desta situação, a confissão conseguida por meio da prática de tortura culminando na identificação de objecto ou de documento que, posteriormente, venha a ser obtido ou apreendido por meios processualmente regulares, ou o caso de intercepção telefónica clandestina e ilegal, pela qual se obtém o nome de uma testemunha que pode contribuir na investigação e que, posteriormente, vem a prestar depoimento regular em julgamento.

[948] O termo «*fruit of the poisonous tree*» foi utilizado pela primeira vez no caso Nardone vs. U.S. (308 EU, 338, 60 S.Ct. 266, 84 L. Ed. 307 (1939), onde Franck C. Nardone foi condenado por contrabando com base numa intercepção telefónica ilegal. Em recurso, a questão perante o tribunal era saber se o juiz errou ao recusar que o advogado de Nardone inquirisse a acusação sobre o modo como tinha usado as informações obtidas por meio de escutas ilegais, tendo o tribunal decidido que uma vez arguida a questão da prova ilegalmente fundada, o juiz deve dar ao acusado a oportunidade de provar que uma parcela do processo foi «fruto de uma árvore envenenada».

A mesma Autora, reconhecendo que não são possíveis soluções gerais e uniformes, elenca factores a ter em conta na ponderação casuística:

– A alta probabilidade de obtenção da prova secundária por via legítima (v.g. para decidir sobre a admissibilidade de depoimento testemunhal, em caso de prova primária ilícita, haveria que atender, por exemplo, à profusão de indícios que já existiam à data do acto ilícito, da situação a que a prova se dirige, v.g. adultério);
– A interferência de uma nova fonte legítima de conhecimento (v.g. o depoimento testemunhal seria admissível se, após o acto ilícito, alguém informasse o marido acerca da relação extra-matrimonial da mulher ou se, voluntariamente, ela ou o amante confessassem o facto).[949]

Afigura-se-nos que, mesmo que não se considere a aplicação analógica do art. 32.º, n.º 8, da CRP, o problema em apreço se porá e que os factores apontados podem constituir valiosos indícios para concluir onde começa – e acaba – a consideração da prova ilícita por "derivação".

### c) O problema do valor extraprocessual das provas ilícitas

No que se reporta ao valor extraprocessual das provas, o art. 421.º do CPC considera que os depoimentos e as perícias produzidos num processo com audiência contraditória da parte podem ser invocados noutro processo, contra a mesma parte, sem prejuízo do disposto no n.º 3 do art. 355.º do Código Civil[950].

Contudo, se o regime de produção da prova do primeiro processo oferecer às partes garantias inferiores às do segundo, os depoimentos e perícias produzidos no primeiro só valem no segundo como princípio de prova.

E, por último, dispõe o n.º 2 do mesmo art. 421.º do CPC que, o disposto no número precedente não tem aplicação se o primeiro processo for anulado na parte referente à produção de prova que se pretende invocar no segundo processo.

Deste regime resulta que apenas estão em condições de valer extrajudicialmente os «depoimentos» (de parte, por declarações de parte ou tes-

---

[949] Cfr. As Provas Ilícitas em Processo Civil, p. 272.

[950] A remissão para o n.º 3 do art. 355.º do CC determina que a confissão judicial produzida no primeiro processo apenas valha como confissão extrajudicial no segundo, carecendo para ter força probatória plena de se verificarem os requisitos a que alude o n.º 2 do art. 358.º do mesmo Código.

temunhais) e «as perícias» (a prova pericial), o que exclui a possibilidade de aproveitamento de prova por inspecção judicial ou a prova por admissão (por falta de impugnação de facto ou por operatividade da revelia).

A necessidade de haver identidade de partes e de produção de audiência contraditória[951] sobre a prova, exclui a consideração das situações em que houve revelia no primeiro processo.

Por outro lado, o valor extraprocessual das provas já produzidas num processo antecedente, não se confunde com os factos considerados assentes no primeiro processo[952].

A sentença penal constitui um meio de prova, de acordo com o disposto nos arts. 623.º e 624.º do CPC.

Assim, se existe uma sentença penal condenatória, com decisão transitada em julgado, a mesma constitui, em relação a terceiros, presunção ilidível quanto à existência dos factos que integram os pressupostos da punição e

---

[951] Vd. o Ac. TRC de 09-11-2010 (P.º 32/10.0TBMDA-A.C1, rel. MANUEL CAPELO) onde se decidiu que: «*I – O relatório da perícia médica realizada no âmbito da acção de averiguação oficiosa da paternidade não retira pertinência à perícia, com a mesma finalidade, que seja requerida na acção judicial de investigação da paternidade, na medida em que aquela foi produzida em processo sem o contraditório do demandado, previsto no art. 517.º do CPC. II – O art. 522.º do CPC exige que a parte contra quem a prova é invocada tenha sido também parte no primeiro processo e nele tenha sido respeitado o princípio da "audiência contraditória", nos termos caracterizados pelo art. 517.º do CPC. III – Não se verificando os dois referidos pressupostos, a eficácia extraprocessual da prova está excluída. IV – Assim sendo, é inequívoco que assiste a qualquer das partes da acção de investigação da paternidade o direito a requerer o exame hematológico, mesmo que semelhante exame já tenha sido realizado em antecedente acção de investigação oficiosa da paternidade, nomeadamente quando nesta interveio, como parte, o pretenso pai. V – Assistindo a qualquer das partes da acção de investigação da paternidade o direito a requerer o exame hematológico, não pode esse direito ser coarctado ao réu, com o fundamento de idêntico exame ter tido lugar na acção de averiguação oficiosa da paternidade, nomeadamente quando nesta não interveio, como parte, o pretenso pai*».

[952] Esta precisão foi assinalada no Ac. STJ de 05-05-2005 (P.º 05B691, rel. ARAÚJO BARROS): «*1. O princípio da eficácia extraprocessual das provas, consagrado no art. 522.º, n.º 1, do Código de Processo Civil, significa que a prova produzida (depoimentos e arbitramentos) num processo pode ser utilizada contra a mesma pessoa num outro processo, para fundamentar uma nova pretensão, seja da pessoa que requereu a prova, seja de pessoa diferente, mas apoiada no mesmo facto. 2. Não pode é confundir-se o valor extraprocessual das provas produzidas (que podem ser sempre objecto de apreciação noutro processo) com os factos que no primeiro foram tidos como assentes, já que estes fundamentos de facto não adquirem valor de caso julgado quando são autonomizados da respectiva decisão judicial. 3. Transpor os factos provados numa acção para a outra constituiria, pura e simplesmente, conferir à decisão acerca da matéria de facto um valor de caso julgado que não tem, ou conceder ao princípio da eficácia extraprocessual das provas uma amplitude que manifestamente não possui*».

os elementos do tipo legal do crime cometido, bem como dos que respeitam às formas do crime, nas acções civis onde se discutam as relações jurídicas dependentes da prática da infracção (cfr. art. 623.º do CPC).

Já se a decisão penal – transitada em julgado – for absolutória do crime, com fundamento em que o arguido não praticou os factos que lhe eram imputados, a mesma consititui simples presunção legal da inexistência desses factos, ilidível mediante prova em contrário, sendo que, esta presunção prevalece sobre quaisquer presunções de culpa que a lei civil estabeleça.

A questão que ora se coloca é a de saber se as provas obtidas ilegalmente num processo de natureza não civil poderão valer num processo civil[953].

Pense-se, em especial, em provas obtidas a partir de um processo penal, sendo que, aí são oferecidas todas as garantias de defesa (v.g. autos de notícia, de busca, de revista, exames de ADN, escutas telefónicas), mas que configuram, na realidade, prova ilícita.

A solução desta questão dependerá, também aqui, de uma análise casuística, em que se pondere a necessidade, adequação e proporcionalidade da transmissão de tal prova do processo penal para o processo civil.

*«Quanto a esta transmissão, chamada no Brasil de "prova emprestada"*[954,954]*, entende-se adequada a solução proposta pelo art. 260.º do projecto de lei n.º 166/2010,*

---

[953] O problema também se pode colocar em sentido inverso, como dá conta Paulo Pinto de Albuquerque (cfr. Comentário ao C.P.P., 2.ª ed., 2008, UCP, p. 318), afirmando a este propósito o seguinte: *«No que toca à prova testemunhal, valem desde logo as limitações inerentes ao princípio da imediação vigente no processo penal (...). No que respeita aos demais meios de prova (por exemplo, perícias) e de obtenção de prova (por exemplo, exames), eles podem, em princípio, ser adquiridos para o processo penal desde que os sujeitos processuais tenham tido a oportunidade de participar na sua produção no processo não penal e os possam discutir no processo penal. Esta regra não se aplica, contudo, àqueles meios de prova (por exemplo, perícias sobre a personalidade ou psiquiátricas) cuja produção está directamente conexa com os factos do processo penal (assim também, REIS BRAVO, 2007: 105)».*

[954] Como refere Vinícius Daniel Petry (A prova ilícita) *«a prova emprestada é aquela produzida num processo e transportada para outro, no intento de surtir efeitos jurídicos, sendo considerada pela doutrina brasileira como prova documental no plano formal, porém, não perdendo a natureza originária».* O mesmo Autor salienta que a «prova emprestada» deve possuir quatro requisitos que devem ser observados conjuntamente para a sua admissão: *«o primeiro é que ela tenha sido produzida em processo formado pelas mesmas partes ou, pelo menos, naquela ação judicial em que uma das partes suportou seus efeitos; o segundo princípio exige que na demanda anterior e na qual era primitivamente destinada, tenham sido observados todos os aspectos legais atinentes a sua natureza; outro requisito afirma que os fatos necessitam semelhança e, por último, que no processo o qual foi transportada, devem ser cumpridos os comandos legais acerca da prova documental».*

A PROVA ILÍCITA: VERDADE OU LEALDADE?

*segundo o qual "O juiz poderá admitir a utilização de prova produzida em outro pro-
cesso, atribuindo-lhe o valor que considerar adequado, observado o contraditório."*

*Diga-se que o primeiro crivo de apreciação é da autoridade judiciária que autoriza
a passagem de certidões de provas contidas no processo criminal, pois que só em caso de
interesse legítimo de quem a invoca é que poderá ordenar a sua passagem.*

*De todo o modo, é sempre ao juiz do processo civil que cabe aferir da adequação,
necessidade e proporcionalidade da sua utilização no processo civil. No que se reporta
ao caso específico de utilização de transcrições de escutas entendemos que o art. 187.º,
n.º 7 do Código de Processo Penal apenas visa disciplinar a utilização dos denominados conhecimentos fortuitos em outros processos-crime, admitindo-se que tal se estenda
a outros processos de índole sancionatória, como o processo disciplinar. Já não estará
abarcado o processo civil, em que o juiz apenas deverá admitir a junção de tais transcrições ponderando, como dissemos, por um lado o direito à palavra e privacidade do
visado interceptado telefonicamente e por outra, a descoberta da verdade e os valores e
interesses em causa no processo civil. Será, por exemplo, um caso de acção de indemnização em virtude de homicídio, em que o pedido cível foi deduzido em separado, e em
que as transcrições de escutas são essenciais para provar a autoria do ilícito. Já não seria
admissível, utilizar conhecimentos fortuitos de uma escuta telefónica para tentar provar uma dívida de 1.000€ num processo civil, pois que era claramente desproporcional
a compressão do direito à palavra»[956].*

## 8. Algumas questões complementares

Enquadrada teoricamente a actividade processual probatória, bem como as
regras gerais inerentes à proposição, admissão e valoração dos meios de prova e apreciada a temática da ilicitude da prova em processo civil, estamos em
condições de, complementarmente, dar resposta a algumas questões probatórias com que o julgador processual civil, no seu quotidiano, se defronta,
as quais, nem sempre obtêm uma resposta uniforme, mas cuja importância
para a decisão dos pleitos se torna, as mais das vezes, fulcral.

---

[955] Como reporta Eduardo Talamini *("Prova emprestada no processo civil e penal")*, «a prova
emprestada consiste no transporte de produção probatória de um processo para outro. É o
aproveitamento de *actividade probatória anteriormente desenvolvida, mediante traslado dos elementos
que a documentaram. A prova emprestada ingressa no segundo processo sob a forma de documento. São
trazidos do primeiro processo todos os elementos documentais em que se consignou a actividade probatória
a ser reaproveitada».*

[956] Assim, Tiago Milheiro; *"O Direito, a Internet e as Novas Tecnologias – A Experiência Judicial Portuguesa"*, pp. 25-26.

## 8.1. O conhecimento ulterior da existência de impedimento de pessoa para depor como parte configura ilicitude da prova produzida?

Por vezes sucede – designadamente em sede do depoimento de parte tomado relativamente a pessoas colectivas, com a configuração legal de sociedades anónimas em que, porventura, ocorra renúncia ou destituição relativamente a cargos sociais – que a pessoa indicada para depor como parte, deixa de ter essa qualidade, entre o momento em que foi indicada e o momento da prestação do depoimento.

Em nosso entender, a qualidade de representante de parte deve ser aquilatada aquando da prestação do depoimento, pois só aí o eventual impedimento se torna premente de apreciação.

Sobre este ponto, decidiu-se no Ac. do TRL de 25-01-1994 (P.º 0070471, rel. DINIZ NUNES) que: «*Se no momento do interrogatório preliminar ao depoimento de parte se constatar que o depoente já não tem a qualidade de legal representante da sociedade comercial, é lícito ao magistrado judicial não admitir que se deponha em tal qualidade, uma vez que as inabilidades legais são apreciadas no momento em que o depoimento é prestado*».

E, no Ac. TRP de 28-09-2006 (P.º 0634627, rel. ANA PAULA LOBO) que: «*Haverá de apurar-se, na altura do depoimento[957] quem efectivamente representa essa pessoa colectiva, não tendo qualquer importância, para verificação de inabilidade legal para depor como testemunha a circunstância de, em momento anterior, mesmo na pendência da causa, ter sido a pessoa singular que vai prestar depoimento representante legal da pessoa colectiva*».

Em semelhante sentido, decidiu o Ac. TRL de 09-11-2010 (P.º 4953/08.2TBCSC-A.L1-7, rel. GOUVEIA DE BARROS): «*I) Após a reforma processual de 95/96 não existe impedimento legal a que o cônjuge de uma das partes seja arrolado e ouvido como testemunha sob requerimento de qualquer das partes, sem embargo da possibilidade de se recusar a depor nos termos previstos no art.º 618.º do CPC; II) O art. 617.º do CPC actual tem o mesmo alcance da alínea a) do art. 616.º, na redacção anterior à reforma, ou seja, impede que as próprias partes do processo deponham como testemunhas, mas tal impedimento não se estende a outras pessoas que não são partes no momento em que depõem, ainda que pudessem tê-lo sido*»[958].

---

[957] Em sentido semelhante, reportando ao momento da prestação do depoimento, o pertinente para o aferimento da inabilidade para depor vd. o ac. TRE de 02-11-2006 (p.º 269/06-2, rel. SÍLVIO SOUSA).

[958] Outros problemas se podem configurar, mesmo existindo interesses, porventura, conflituantes, como o decidido no Ac. do TRP de 06-06-2011 (P.º 8201/06.1TBMTS.P1, rel. RUI

A PROVA ILÍCITA: VERDADE OU LEALDADE?

Contudo, pode suceder que o impedimento para depor apenas venha a ser conhecido no processo após a prestação do mesmo e, nalguns casos, mesmo após a prolação da sentença[959]. Como proceder?

Parece claro que, muito embora tal situação possa determinar a invalidade do depoimento prestado – cfr. art. 359.º do CC – determinando a revisão da sentença antes proferida (se já transitada em julgado – cfr. art. 696.º, al. d) do CPC) –, a mesma não configura uma ilicitude probatória.

## 8.2. Como devem ser valoradas as declarações da parte sobre factos não desfavoráveis?

O tribunal pode ouvir qualquer pessoa, incluindo as partes, por sua iniciativa, na busca da verdade material (arts. 6.º n.º 1, 7.º n.º 2, 452.º n.º 1 e 466.º n.º 1, do CPC). Assim, o depoimento de parte não tem apenas por função obter a confissão sobre determinado facto, podendo relevar para o esclarecimento de determinada matéria controvertida. Assim, nada obsta a que o tribunal tome em consideração, para fins probatórios, as declarações não confessórias da parte, as quais serão livremente apreciadas, nos termos do art. 607.º, n.º 5, do CPC[960]

A jurisprudência tem seguido este caminho, de que são exemplo, as seguintes decisões:

– Ac. do STJ de 02-11-2004 (P.º 04A3457, rel. AZEVEDO RAMOS): *«I – O tribunal pode determinar que qualquer parte preste declarações em audiência de julgamento, quando tal seja necessário para esclarecimento da verdade material. II – Tais declarações deverão ser valoradas segundo o prudente arbítrio do julgador, mesmo que versem sobre factos favoráveis à parte que foi ouvida como declarante. III – Tal procedimento não viola o princípio processual da igualdade das partes»*;

– Ac. TRL de 29-03-2001 (P.º 0019372, rel. ANA PAULA BOULAROT): *«Nada existe na Lei que impeça o tribunal de admitir um depoimento da parte*

---

MOURA): *«Podem depor como testemunhas em processo intentado contra o condomínio e em que estão em causa as partes comuns, os respectivos condóminos».* Sobre a representação de entidades com personalidade meramente judiciária vd. Lebre de Freitas, A Confissão no Direito Probatório, pp. 74-75.

[959] A qual, em si mesma, não regista qualquer das nulidades a que alude o art. 615.º do CPC.

[960] Neste sentido, vd. Lopes do Rego, Comentários ao Código de Processo Civil, vol. I, 2.ª ed., p. 486; contra, José Lebre de Freitas, Código de Processo Civil anotado, volume 2.º, pp. 464-466).

## ALGUMAS QUESTÕES COMPLEMENTARES

*sobre factos que lhe não sejam desfavoráveis, embora nenhum efeito relevante se possa retirar do mesmo, para além de um eventual esclarecimento suplementar, o que sempre seria admissível ao abrigo do principio da cooperação»*; e
– Ac. TRL de 31-05-2007 (P.º 2123/2007-2, rel. JORGE LEAL): *«Nada obsta a que o tribunal tome em consideração, para fins probatórios, as declarações não confessórias prestadas em depoimento de parte, as quais serão livremente apreciadas nos termos do disposto no art. 655.º n.º 1 do CPC».*

Como se articula tal possibilidade de requerer a prestação de «declarações de parte» com o requerimento de produção de «depoimento de parte», nos termos dos arts. 466.º e 452.º, n.º 2? E como se articula a necessidade de requisição de prova nos articulados (cfr. arts. 552.º) com a possibilidade de este meio de prova ser requerido até momento tão tardio da produção probatória? Onde se procurou limitar a produção ulterior de prova, veio- -se possibilitar depois, que em sede da audiência de julgamento, ocorra o requerimento desta audição que poderá contender com a boa continuação dos trabalhos desta, sendo certo que, além do mais, não foi alterado o n.º 3 do art. 604.º do CPC, não se prevendo, com a necessária clareza, em que concreto momento dos actos a realizar na audiência, deverá tal meio de prova ter lugar[961].

**8.3. Como decidir da junção de documentos em julgamento, designadamente, se os mesmos estão sujeitos a sigilo comercial?**
Os arts. 41.º, 42.º e 43.º do Código Comercial, na redacção dada pela Lei n.º 76-A/2006, de 29 de Março, estatuem o seguinte:

> *«Art. 41.º Inspecções à escrita*
> *As autoridades administrativas ou judiciárias, ao analisarem se o comerciante organiza ou não devidamente a sua escrituração mercantil, devem respeitar as suas opções, realizadas nos termos do art. 30.º*
> *Art. 42.º Exibição judicial da escrituração mercantil*

---

[961] Outra inovação constante da proposta é a possibilidade de poderem ter lugar *«verificações não judiciais qualificadas»* (cfr. art. 615.º-A do CPC) por intermédio de técnico ou pessoa qualificada para o efeito. Relativamente ao regime precedente, vincula-se, agora, nestes casos, o técnico designado a emitir um relatório escrito (cfr. no regime em vigor e com interesse para o enquadramento genérico da actividade dos novos «verificadores» – técnicos ou pessoas qualificadas para tanto –, os actuais arts. 42.º e 649.º do CPC).

A PROVA ILÍCITA: VERDADE OU LEALDADE?

*A exibição judicial da escrituração mercantil e dos documentos a ela relativos, só pode ser ordenada a favor dos interessados, em questões de sucessão universal, comunhão ou sociedade e no caso de insolvência.*

*Art. 43.º Exame da escrituração e documentos*

*1 – Fora dos casos previstos no art. anterior, só pode proceder-se a exame da escrituração e dos documentos dos comerciantes, a instâncias da parte ou oficiosamente, quando a pessoa a quem pertençam tenha interesse ou responsabilidade na questão em que tal apresentação for exigida.*

*2 – O exame da escrituração e dos documentos do comerciante ocorre no domicílio profissional ou sede deste, em sua presença, e é limitado à averiguação e extracção dos elementos que tenham relação com a questão».*

Como se afirmou no Ac. TCA Sul de 26-10-2006 (P.º 01877/06, rel. António Coelho da Cunha), «*o segredo comercial visa impedir que sejam aproveitadas informações confidenciais, violando as regras da livre concorrência entre as empresas (art. 10.º n.º 1 da LADA). Tais informações podem referir-se a técnicas de fabrico, patentes, informações e estratégias comerciais e de captação de clientes, cujo conhecimento por parte de concorrentes seria susceptível de afectar determinada empresa. Deste modo, a Administração pode restringir o acesso a tal tipo de elementos, sem que com isso seja posto em causa o direito à informação constitucionalmente consagrado*».

Por seu turno, no Ac. do STJ de 22-04-1997 (p.º 087158, rel. MIRANDA GUSMÃO) de uniformização de jurisprudência decidiu-se que: «*O art. 43.º do Código Comercial não foi revogado pelo art. 519.º, n.º 1, do Código de Processo Civil de 1961, na versão de 1967, de modo que só poderá proceder-se a exame dos livros e documentos dos comerciantes quando a pessoa a quem pertençam tenha interesse ou responsabilidade na questão em que tal apresentação for exigida*».

«*Com este segredo procura-se proteger a privacidade do comerciante de afastar os seus bens da cobiça alheia e de evitar que a sua actividade seja afectada por informações sobre a sua situação e as perspectivas do negócio*»[962].

A jurisprudência tem concluindo que tal segredo comercial deve ceder perante o dever de cooperação para a descoberta da verdade.

E, nesta medida, tem-se considerado que, se é certo que, em princípio, a exibição por inteiro dos livros e da escrituração comercial está, em princípio, vedada, tal proibição não impede o exame ou inspecção parcial, na parte em

---

[962] Assim, Luís Brito Correia, Direito Comercial, I, p. 309.

ALGUMAS QUESTÕES COMPLEMENTARES

que seja necessária à prova, para tanto bastando que se requeira o exame da escrituração que for necessária para apuramento de determinados factos.

Assim, se é correcto que, «*o sigilo comercial abrange as situações referidas no art. 42.º do C Comercial (ex-vi art. 534.º do CPC) sendo, assim, impedida a exibição por inteiro dos livros e documentos relativos à escrita*» já não é menos acertado concluir que, «*o mesmo sigilo não impede a junção aos autos de documentos inseridos na escrituração comercial de um terceiro, que não tenha interesse ou responsabilidade nos autos, nomeadamente facturas relativas aos negócios em discussão no processo entre as partes*» (assim, o Ac. do TRP de 17/11/2008, P.º 0855318, rel. Maria Adelaide Domingos)[963].

---

[963] Neste sentido, decidiu-se no Ac. TCA Norte de 23-10-2008 (P.º 03487-A/92 – Porto, 1.ª Secção – Contencioso Administrativo, rel. JORGE MIGUEL BARROSO DE ARAGÃO SEIA) que: «*1- O segredo comercial que protege a escrituração comercial deve ceder perante o dever de cooperação para a descoberta da verdade; 2- O exame à escrita mercantil de uma das partes deve-se cingir apenas aos elementos que digam directamente respeito à questão em litígio, ficando as partes e os peritos obrigados a não violarem o segredo que protege tais documentos. 3- O valor probatório da escrita dos comerciantes é diferente consoante estejam em litigio dois comerciantes ou só um deles seja comerciante, sendo que o facto de um deles não ser comerciante isso não impede que o exame à escrita seja um dos meios probatórios de que as partes possam lançar mão*».

Na mesma linha, decidiu-se no Ac. TRL de 18-11-2004 (P.º 9105/2004-6, rel. OLINDO GERALDES) que: «*O segredo comercial pode ceder perante o dever de cooperação para a descoberta da verdade, consagrado no art. 519.º do CPC. A parte que não é favorecida pelo segredo da escrituração comercial não tem legitimidade para o invocar. Havendo reconhecimento do interesse da outra parte na apresentação da escrita comercial, não pode ser oposta a recusa com fundamento no seu carácter secreto. A apresentação dos documentos em tribunal não contende com a norma do art. 43.º do Código Comercial*».

Em semelhante sentido, o Ac. STJ de 18-10-2007 (P.º 06B3818, rel. PIRES DA ROSA) concluiu: «*1 – Se dois comerciantes se confrontam em juízo em factos do seu comércio a escrituração comercial de cada um deles pode ser exibida como prova por si próprio ou contra o outro, nos termos regulados no art.44.º do CComercial. 2 – Mesmo aí, na controvérsia entre comerciantes em factos de seu comércio, os livros de escrituração comercial não fazem prova plena podendo até mesmo o próprio comerciante proprietário dos livros, arrumados produzir prova em contrário dos seus lançamentos. 3 – Quando não é dessa controvérsia que se trata, mas da responsabilidade extra-negocial de um banco que, ao fazer obras nas suas instalações, provoca danos no estabelecimento da sociedade comercial vizinha, por maioria de razão a escrita comercial é apenas mais um meio de prova a valorar em livre convicção probatória*».

Igualmente, o Ac. TRP de 21/11/2011 (P.º 462/10.8TBVFR-W.P1, rel. JOSÉ EUSÉBIO ALMEIDA) decidiu que: «*1 – A pertinência da junção ou apresentação de um documento em poder da partes contrária, ao abrigo do art. 528.º do Código de Processo Civil decorre da circunstância de os factos a provar com esse documento interessarem à decisão da causa, ou seja, constarem da base instrutória ou estarem em condições de nela poderem ser compreendidos. 2 – A recusa da parte em apresentar ou juntar determinado documento em seu poder só é legítima nas situações excepcionais previstas no n.º 3 do art. 519.º do CPC*

## A PROVA ILÍCITA: VERDADE OU LEALDADE?

*e o segredo comercial não está aí contemplado. E se não está em causa a sua exibição por inteiro, nada impede – nem a lei processual cível nem o Código Comercial – a exibição, para exame ou junção de cópia de (parciais e pertinentes) elementos da escrituração comercial».*

Também no Ac. TRP de 28/11/2011 (P.º 462/10.8TBVFR-V.P1, rel. ABÍLIO COSTA) se decidiu que: *«A exibição por inteiro dos livros da escrituração comercial está, em princípio, vedada, mas tal não impede o exame ou inspecção parcial, na parte que seja necessária à prova "... para tanto bastando que se requeira o exame da "escrituração que for necessária" para apuramento de determinados factos..."»* .

Por sua vez, no Ac. TRC de 19-01-2010 (P.º 7494/06.9TBLRA.C1, rel. GREGÓRIO JESUS) os pressupostos de análise da escrita comercial são considerados do seguinte modo: *«I – O art. 41.º do Código Comercial consagra o princípio geral do carácter secreto da escrituração comercial. II – Porém, no que se refere às relações civis, regulam os art.ºs 42.º e 43.º do Código Comercial as formas de aceder à escrituração mercantil, por remissão do art. 534.º do CPC. III – O art. 42.º permite a exibição judicial por inteiro, da escrituração comercial e dos documentos a ela relativos, a favor dos interessados, em questões de sucessão universal, comunhão ou sociedade e no caso de quebra – em qualquer uma destas circunstâncias o comerciante é obrigado, se lhe for solicitado, a colocar à disposição do tribunal toda a escrituração mercantil, para ser analisada com vista à prova das questões suscitadas. IV – Por sua vez, o art. 43.º admite um exame parcial da escrita mercantil, que pode ser requerido por qualquer uma das partes em litígio ou oficiosamente, relativamente à escrita na posse da outra ou mesmo de terceiro, desde que a pessoa a quem pertençam tenha interesse ou responsabilidade na questão em que tal apresentação for exigida. V – O exame a realizar está conexo com a prova por arbitramento ou inspecção judicial – com efeito, estas diligências permitem conciliar, de forma proporcional, os direitos ao segredo comercial e à descoberta da verdade material. VI – De um lado, os peritos ou o tribunal analisam e avaliam, no escritório do comerciante, o que importa ao apuramento da verdade sem reproduzirem as partes inspeccionadas ou examinadas; de outro lado, assim se evita que a escrita, ou parte dela, estando à disposição do tribunal, possa ficar fora do controle do comerciante e ao alcance de terceiros. VII – O que quer dizer que, se o comerciante não autorizar outra forma de análise da escrita mercantil, esta só poderá ser feita nos termos específicos do art. 43.º do C. Comercial. VIII – Assim, salvo expressa disposição legal nesse sentido, nunca é permitida a cópia, reprodução, requisição ou apreensão dos documentos de escrituração sem a anuência da entidade cuja escrita é examinada».*

Por seu turno, no Ac. do TRE de 09-07-2009 (P.º 15/08.0TBSTR-B.E1, rel. MARIA ALEXANDRA SANTOS) distinguiu-se a «exibição» e a «apresentação» de escrituração comercial, nos seguintes termos: *«I – O exame dos livros de escrituração comercial e documentos do comerciante em nome individual e das sociedades comerciais, só pode ter lugar quando esse comerciante ou sociedade for autor ou réu na acção. II – "Chama-se "exibição" ao exame completo dos livros do comerciante; "Chama-se "apresentação" ao exame que recai apenas sobre os lançamentos referentes a um determinado ponto que, por meio de tal exame se pretenda determinar. III – Não pode ser encarado como devassa à escrita comercial ter sido requerido exame pericial para averiguar se as facturas que são objecto do processo se encontram ou não inscritas e registadas na contabilidade da Ré e se o IVA respectivo consta ou não na declaração periódica enviada à administração tributária, pois que tal perícia está perfeitamente delimitada quer temporalmente, quanto aos documentos a analisar».* Esta distinção foi prosseguida no Ac. TRP de 08-02-2011 (P.º 6271/08.7TBBRG-A.P1, rel. HENRIQUE ARAÚJO) distinguiu-se

ALGUMAS QUESTÕES COMPLEMENTARES

entre exibição e apresentação de escrituração comercial, considerando-se o seguinte: *«I – A 'exibição' a que alude o art. 42º, consiste no exame completo dos livros do comerciante e tem por fim verificar o estado geral do negócio ou a situação do património comercial, só podendo ter lugar nos casos ali previstos. II – A 'apresentação' de que fala o art. 43.º, consiste num exame mais restrito que recai apenas sobre os lançamentos referentes a um determinado ponto que, por meio dele, se pretenda determinar. III – A escrituração pode ser examinada tanto a requerimento da parte contrária, como do próprio comerciante a quem pertencem os livros. IV – O que é decisivo para aquilatar da pertinência do exame é que a parte que o requer tenha interesse legítimo na sua realização, seja para provar factos relacionados com a sua pretensão, seja para se defender de factos alegados pela contraparte, em consonância, aliás, com o disposto no n.º 2 do art. 577.º, do CPC».*

Mais recentemente, admitindo a análise em processo judicial da escrita comercial decidiu-se no Ac. do TRC de 12-03-2013 (P.º n.º 882/09.0TBPMS-A.C1, rel. Catarina Gonçalves) que: *«I – Porque qualquer uma das partes em litígio tem interesse ou responsabilidade nas questões que se suscitam e estão controvertidas no âmbito de uma acção judicial em que são partes e que, como tal, estão inseridas no objecto do litígio que entre elas se desenvolve, não poderá deixar de ser admissível, à luz do disposto no art. 43.º do Código Comercial, o exame à escrita comercial de qualquer uma delas com vista ao apuramento de determinados factos que são necessários à apreciação e decisão daquelas questões. II – O segredo da escrituração comercial – que apenas vigora em plenitude para o efeito de obstar à sua devassa com o único objectivo de verificar se o comerciante arruma ou não devidamente os seus livros (cfr. art. 41.º) – manifesta-se sobretudo nas restrições colocadas à exibição judicial dos livros de escrituração comercial por inteiro (que apenas é admitida nas situações previstas no art. 42.º) e nas restrições colocadas ao exame da escrituração de pessoas estranhas às acções judiciais onde são ordenados (exames que, em conformidade com o disposto no art. 43.º, apenas serão admissíveis quando essas pessoas tenham interesse ou responsabilidade na questão); tal segredo não obsta, porém, à realização de exames ordenados no âmbito de uma acção judicial relativamente à escrituração comercial de qualquer uma das partes, na medida em que estas terão sempre interesse ou responsabilidade na questão que nela se discute e que reclama a realização do exame».*

Por fim, refira-se o Ac. do TRL de 29-01-2015 (P.º 313/11.6TVLSB-B.L1-6, rel. Antonio Martins) onde se decidiu: *«- O que o art. 435.º do CPC ressalva e manda reger pelo disposto na legislação comercial é a "exibição judicial, por inteiro, dos livros de escrituração comercial e dos documentos a ela relativos". – Os art.ºs 42.º e 43.º do Código Comercial, que protegem o segredo comercial, só são aplicáveis quando se trate da exibição de toda a escrituração comercial e documentos a ela relativos (os livros comerciais, máxime as compras, as vendas, o balanço, o inventário, os contratos).*

*– Assim, quando se trata de uma pequena parte dessa escrituração, como a apresentação dos livros de actas das reuniões dos Conselhos de Administração na secretaria do tribunal, com vista a que o autor possa identificar quais as reuniões de que pretende cópias para serem juntas aos autos, a pretensão não se rege pelo disposto na legislação comercial, obedecendo antes aos normativos e princípios atinentes previstos no CPC, maxime o princípio geral da cooperação, previsto no art. 417.º n.º 1, do CPC, justificando-se que as apelantes, apesar de não serem parte na causa, estejam sujeitas ao dever de colaborar para a descoberta da verdade.*

## 8.4. Será possível a uma testemunha, invocando deter o estatuto processual penal de arguido, escusar-se a depor em processo civil?

Ninguém pode ser obrigado a declarar-se culpado, nem a confessar que praticou algum crime, nem sequer obrigado a contribuir para o estabelecimento de uma tal culpabilidade.

Este princípio fundamental do moderno processo penal tem dois vectores: o direito ao silêncio e o privilégio contra a auto-incriminação[964,965].

A lei estabelece o direito fundamental de audiência do arguido – audiência que deve ter lugar em diversos momentos no processo penal[966].

De todas as perguntas que são feitas ao arguido em sede de primeiro interrogatório judicial, as que dizem respeito a este momento são as únicas às quais o arguido é obrigado a responder, decorrência dos arts. 61.º, n.º 3, al. b) e 141.º, n.º 3 do CPP.

Contudo, o arguido não presta juramento e não tem a obrigação de dizer a verdade nas suas declarações, principalmente quando se refiram a factos que o possam auto-incriminar[967].

---

– *Esta interpretação é conforme ao acolhimento, restrito, do sigilo profissional do comerciante o qual, embora se apresente como necessário a garantir um mínimo de segurança e confiança no funcionamento do comércio e no comerciante ou sociedade comercial, deve ceder perante um interesse público superior, o da realização da justiça.*

– *Não permitir o acesso aos documentos em causa, além de contrário ao espírito que anima a moderna dogmática processual civil, de uma exigência crescente quanto a um processo civil assente no apuramento da verdade, configuraria uma violação do princípio geral do processo justo e equitativo, consagrado no art. 20.º n.º 4 da Constituição e com manifestações em instrumentos de direito internacional, máxime no "direito à prova", consagrado na al. d) do n.º 3 do art. 6.º da Convenção Europeia dos Direitos do Homem para o "direito à prova em processo criminal", deduzido daí para todos os processos jurisdicionais».*

[964] Cfr. Figueiredo Dias e Manuel da Costa Andrade, Supervisão, direito ao silêncio e legalidade de prova (CMVM), p. 39.

[965] O arguido pode «*comportar-se como mero espectador que observa como terceiros lidam com o seu caso, não sendo responsável por esta atitude passiva (não tem o dever de colaborar), nem podendo ser por ela penalizado (não tem o ónus de colaborar)*» (assim, Teresa Beleza, «*'Tão amigos que nós éramos': o valor probatório do depoimento do arguido no processo penal português*», *in* RMP, Lisboa, ano 19.º, n.º 74, 1998, p. 50-51.

[966] Cfr. art. 141.º, n.º 1; 343.º e 361.º, n.º 1 do CPP.

[967] Posição diversa, claro está, tem a testemunha, mesmo em processo penal. A este propósito decidiu-se no Ac. TRL de 26-05-2015 (P.º 104/10.1ZRCSC.L1-5, rel. Carlos Espírito Santo) que: «*Nada impede que alguém que através do seu depoimento se possa responsabilizar criminalmente, possa prestar depoimento. Pelo contrário, não constando tal testemunha do elenco dos art. 133.º e*

ALGUMAS QUESTÕES COMPLEMENTARES

O *ius tacere* é um direito constitucionalmente protegido, é um direito que protege qualquer pessoa que venha a ser acusada de um crime, assegurando que não seja obrigada a falar contra si mesma.

O silêncio não pode ser valorado, pelo que não pode ser interpretado como manifestação de culpa, tendo em conta o princípio constitucional da presunção de inocência que consta no art. 32.º, n.º 1 da CRP.

O direito à não auto-incriminação constitui um dos fundamentos do direito do arguido a «*não responder a perguntas feitas, por qualquer entidade, sobre os factos que lhe forem imputados e sobre o conteúdo das declarações que acerca deles prestar*», conhecido como direito ao silêncio, que tem consagração na alínea c) do n.º 1 do art. 61.º do CPP.

A matriz jurídico-constitucional do princípio "*nemo tenetur se ipsum accusare*"[968,969] assenta em valores ou direitos fundamentais, como a dignidade humana, a liberdade de acção e a presunção de inocência[969].

---

134.º, C. P. Pen. (impedimentos e recusas), o seu depoimento é obrigatório, nos termos do art. 131.º e 132.º, C. P. Pen., sendo sujeita e juramento e advertida de que tem de responder com verdade às perguntas que lhe são colocadas, sob pena de incorrer em responsabilidade criminal. II – Assim, aos sujeitos, não arguidos, indicados como testemunhas, a quem possa a vir a ser imputada a prática de crime no âmbito do processo, restam duas alternativas:- ou requer a constituição de arguido, beneficiando, assim, do impedimento previsto no art. 133.º, 1, a), C. P. Pen.;- ou se recusa a responder a pergunta que o possa incriminar, invocando tal argumento – art. 132.º, 2, C. P. Pen. III – Em lado algum da lei processual se institui a obrigatoriedade de o tribunal advertir a testemunha de que a resposta a determinada pergunta o pode incriminar penalmente, constituindo tal apenas um direito a invocar pela testemunha, como sucede, p. ex., no caso do art. 134.º, 2,C. P. Pen. IV – O facto de as testemunhas em causa não se terem recusado a depor acerca de nenhumas das perguntas que lhes foram feitas, apesar de não terem sido advertidas de que determinadas respostas os poderiam fazer incorrer em responsabilidade criminal, não constitui nenhum meio proibido de prova nem qualquer nulidade, nos termos dos arts. 132.º, 2, 126.º, 119.º e 120, C. P. Pen. e, por maioria de razão, não confrontam o art. 32.º, 8 da C. R. Port.».

[968] Princípio processual cuja origem se divisa no século XVII no Reino Unido como forma de oposição contra as práticas inquisitoriais dos tribunais eclesiásticos, onde regularmente os interrogatórios exigiam resposta com honestidade ou, caso contrário, ocorreria severa punição. Tal princípio foi consagrado pelo Parlamento inglês em 1641 e, em 1791 foi recebido na *Bill of Rigths* norte-americana, passando depois a integrar a Quinta Emenda à Constituição dos EUA. No século XIX, na decorrência do caso Miranda v. Arizona, o princípio da não auto--incriminação que, até aí, apenas era compreendido na fase de julgamento, passou a poder ter lugar nos interrogatórios antes da audiência de julgamento, para garantir durante todo o processo de inquirição, o direito do indivíduo escolher entre manter-se em silêncio ou falar.

[969] A jurisprudência constitucional tem afirmado a consagração constitucional – assente nos

O art. 26.º, n.º 1 da CRP reconhece a todos o direito à reserva da intimidade privada. O direito à palavra é um dos atributos da personalidade, o qual garante a todos a possibilidade de manifestação com liberdade. Uma das decorrências do direito ao silêncio é o direito do arguido modificar livremente a versão dos factos sobre os quais tenha entendido prestar declarações, sem que isso comporte a sua responsabilidade jurídico-penal[971].

*«Mas a nossa dúvida é se o direito ao silêncio é uma garantia ou é um direito? É uma garantia porque dá ao arguido liberdade de autodeterminação, dando-lhe a escolha de se calar ou de colaborar com o Estado. É um direito pois encontra-se reconhecido pelo art. 32.º, n.º 1 da CRP. Segundo Gomes Canotilho" [...] as clássicas garantias são também direitos" (Direito constitucional e teoria da constituição, Coimbra, Almedina, 2003, p. 396). Mas para reforçar estes conceitos Jorge Miranda (Manual de direito constitucional: direitos fundamentais, Coimbra, 2000, Tomo IV, p. 95) esclarece que " Os direitos representam só por si certos bens, as garantias destinam-se a assegurar a fruição desses bens, os direitos são principais, as garantias são acessórias e, muitas delas, adjectivas (ainda que possam ser objecto de um regime constitucional substantivo); os direitos permitem a realização das pessoas e inserem-se directa e imediatamente, por isso, nas respectivas esferas jurídicas, as garantias só nelas se projectam pelo nexo que possuem com os direitos; na acepção jusracionalista inicial, os direitos declaram-se, as garantias estabelecem-se" (...)»[972].*

Assim, pode concluir-se que o fundamento para a garantia de defesa do arguido no processo penal e também da garantia do direito ao silêncio assentam na dignidade humana.

O art. 343.º do Código de Processo Penal reconhece que o arguido tem o direito de permanecer calado, mas tal sucede não apenas em sede de audiência de julgamento.

*«O processo penal português consagra um direito ao silêncio do arguido, permitindo-lhe que não responda a perguntas tendentes ao apuramento da sua responsabilidade – em qualquer fase do processo (art. 61.º, n.º 1, alínea c) do CPP), incluindo a*

---

arts. 2.º, 26.º e 32.º, n.ºs 2 e 4 da Constituição – deste princípio (cfr. Ac.s do TC n.ºs 695/95, 542/97, 304/2004, 181/2005 e 155/2007).

[970] Cfr. Manuel da Costa Andrade, Sobre as Proibições de Prova em Processo Penal, p. 125.

[971] Assim, José António Barreiros, Sistema e Estrutura do Processo Penal Português II, p. 258.

[972] Assim, Diana Henriques Marques Silvério, *"O silêncio como garantia de direitos fundamentais das vítimas e dos arguidos no processo penal português"*, p. 39-40.

## ALGUMAS QUESTÕES COMPLEMENTARES

*audiência de julgamento (art. 343.º, n.º 1, do CPP) – assegurando que não será desfavorecido pelo exercício de tal direito»*[973].

Relativamente à extensão deste princípio discute-se se o mesmo tem uma extensão substantiva, compreendendo a própria substância de alguns direitos fundamentais, como os dos arts. 1.º, 25.º e 26.º da CRP, ou se, ao invés, o seu fundamento é processual, caso em que, o direito ao silêncio e à não auto-incriminação deriva das garantias processuais do arguido, consagrados nos arts. 20.º, n.º 4; 32.º, n.º 2 e n.º 8 da CRP.

A doutrina nacional considera a natureza processual deste princípio, aceitando, contudo, que o princípio da não auto-incriminação abarca determinados direitos fundamentais[974,975].

Importa referir que apenas o arguido beneficia da invocação destes princípios.

O suspeito quando presta declarações como testemunha, se estas não o prejudicarem, podem ser valoradas, mas se contiverem elementos que o possam incriminar de alguma forma essa prova é inaceitável, porque ninguém é obrigado a depor contra si mesmo (cfr. art. 58.º do CPP).

Nesta linha, relativamente ao suspeito *«há que que definir o mais cedo possível e prudentemente a sua posição jurídica uma vez que a condição de arguido tem um carácter irreversível, mesmo que os indícios probatórios que contra ele contendem desapareçam, pois terá consequências sociais negativas para a pessoa, para além de poder causar a restrição da liberdade»*[976].

---

[973] Cfr. Maria Fernanda Palma, *"A constitucionalidade do art. 342.º do código de processo penal: o direito ao silêncio do arguido"*, p. 101.

[974] Sobre o ponto, vd. Figueiredo Dias e Manuel da Costa Andrade, Supervisão, direito ao silêncio e legalidade de prova (CMVM), p. 41 e 42; Vânia Costa Ramos, *«Corpus juris 2000 – Imposição ao arguido de entrega de documentos para prova e nemo tenetur se ipsum accusare Parte II»*, p. 69 e ss.; e Liliana da Silva Sá, *"Dever de cooperação versus o direito à não auto-incriminação"*, p. 133.

[975] No ac. STJ de 05-01-2005 (P.º 04P3276, rel. HENRIQUES GASPAR) considerou-se que: *«O privilégio contra a auto-incriminação significa que o arguido não pode ser obrigado, nem deve ser condicionado a contribuir para a sua própria incriminação i.e. tem o direito de não ceder ou fornecer informações ou elementos (v.g. documentais) que o desfavoreçam, ou a não prestar declarações, sem que do silêncio possam resultar quaisquer consequências negativas ou ilações desfavoráveis no plano da valoração probatória».* Por seu turno, o direito ao silêncio terá um sentido mais restrito, abrangendo a colaboração do arguido na sua incriminação através de declarações sobre os factos que lhe são imputados, quando está em questão o meio de prova por declarações (cfr. Ac. TC n.º 372/98).

[976] Assim, Diana Henriques Marques Silvério, *"O silêncio como garantia de direitos fundamentais das vítimas e dos arguidos no processo penal português"*, p. 64.

A PROVA ILÍCITA: VERDADE OU LEALDADE?

Esta constituição de arguido, uma vez verificados os respectivos pressupostos, constitui um dever e um direito de defesa para o próprio arguido poder gozar dos direitos inerentes a tal qualidade processual[977,978].

Importa salientar que, após a entrada em vigor da Lei n.º 48/2007, de 29 de Agosto, a constituição como arguido depende da existência de suspeita fundada da pessoa ter praticado crime[979].

Por outro lado, o art. 59.º do CPP – com a epígrafe «Outros casos de constituição de arguido» – dispõe que: *«1 – Se, durante qualquer inquirição feita a pessoa que não é arguido, surgir fundada suspeita de crime por ela cometido, a entidade que procede ao acto suspende-o imediatamente e procede à comunicação e à indicação referidas no n.º 2 do art. anterior.*

[977] E a importância de tal constituição difere-se no tempo. Por exemplo, em sede de julgamento, o art. 357.º do CPP prescreve que as declarações anteriormente prestadas *pelo arguido* só são permitidas com a sua própria solicitação, ou *quando tendo sido feitas perante o juiz, houver contradições ou discrepâncias sensíveis entre elas e as feitas em audiência que não possam ser esclarecidas de outro modo.* Assim relativamente às declarações anteriormente prestadas, vale em termos absolutos uma proibição de valoração de prova se o arguido nada disser sobre os factos que lhe são imputados e sobre o conteúdo das declarações que acerca deles prestar, segundo o art. 61.º c) do CPP.

[978] Como se referiu no Ac. TRP de 09-06-2010 (P.º 66/08.5TAVNH.P1, rel. JOSÉ CARRETO): *«O suspeito que presta declarações antes de ser constituído arguido presta-as como testemunha, ficando por isso sujeito aos deveres das testemunhas, desde logo o de dizer a verdade, incorrendo no crime de falso testemunho se o não fizer ou se recusar a depor (art. 360.º do CP), embora deva ser constituído arguido logo que das suas declarações resultem elementos para a sua incriminação».*

[979] Cfr. art. 58.º, n.º 1, al. a) do CPP, ao contrário do que resultava da anterior redacção deste normativo, no âmbito da qual era obrigatória e automática a constituição como arguido logo que corresse inquérito contra pessoa determinada e esta prestasse declarações perante qualquer autoridade judiciária ou órgão de polícia criminal. *«A dado passo, começou a surgir o sentimento de que essa forma de proceder – decorrente da lei, diga-se – podia conduzir e conduzia de facto, por vezes, a situações socialmente injustas para com os visados, sabidos que são o desvalor e as consequências negativas que a qualidade de arguido pode assumir em determinadas circunstâncias, ao nível social, familiar e/ou profissional, em face do conhecimento da mesma, o que, no caso de ser dada relevância ao processo e/ou à pessoa visada pela comunicação social, pode ser potenciado pela divulgação de tal facto através desta. O legislador (...) definiu agora a necessidade de a autoridade judiciária ou o órgão de polícia criminal indagarem da existência em concreto de algum elemento indiciário que sustente uma hipótese de ter a pessoa visada efectivamente praticado o facto criminoso, criando o conceito de "suspeita fundada"»* (cfr. Jorge Malhado, *"Constituição como arguido e Segredo de Justiça"*, p. 34).

ALGUMAS QUESTÕES COMPLEMENTARES

*2 – A pessoa sobre quem recair suspeita de ter cometido um crime tem direito a ser constituída, a seu pedido, como arguido sempre que estiverem a ser efectuadas diligências, destinadas a comprovar a imputação, que pessoalmente a afectem.*

*3 – É correspondentemente aplicável o disposto nos n.os 3 e 4 do art. anterior».*

E o art. 60.º do CPP estatui que, desde o momento em que uma pessoa adquirir a qualidade de arguido é-lhe assegurado o exercício de direitos e de deveres processuais, sem prejuízo da aplicação de medidas de coacção e de garantia patrimonial e da efectivação de diligências probatórias, nos termos especificados na lei.

Os arts. 61.º, n.º 1 al. d) e 343.º, n.º 1 do CPP proíbem que o arguido seja obrigado a responder a perguntas e a prestar declarações, mas nada impede que o arguido possa ter que se submeter a *«diligências de prova (...) ordenadas e efectuadas por entidade competente»* (art. 61.º, n.º 3), al. d) do CPP). De facto, em diversos momentos, o arguido tem um dever de cooperação. Tal sucede, por exemplo, nos seguintes casos:

a) Dever de sujeição do arguido a exames (cfr. art. 172.º, n.º 1 do CPP);
b) Dever de sujeição do arguido a diligências de provas previstas na lei (cfr. art. 61.º, n.º 3 al. d) do CPP);
c) Dever do arguido responder com verdade às perguntas sobre a sua identidade, e quando a lei o impuser sobre os seus antecedentes criminais (cfr. art. 61.º, n.º 3 al. b) do CPP) sob pena de incorrer no crime de desobediência, caso não responda (art. 348.º do CP) ou de falsas declarações, caso minta (art. 359.º do CP);
d) Dever de sujeição a perícias médico-legais e forenses quando ordenadas pela autoridade judiciária competente (cfr. art. 6.º da Lei n.º 45/2004, de 29 de agosto);
e) Dever de realização de exames de alcoolemia (cfr. art. 152.º, n.º 3, do Decreto-lei n.º 44/2005 de 23 de Fevereiro; etc.

O arguido ao ficar calado renuncia revelar elementos que o possam dispensar de responsabilidade, e embora não possa ser prejudicado, também não poderá alcançar qualquer benefício se permanecer em silêncio, prescindindo da verificação de circunstâncias atenuantes como a confissão ou o arrependimento[980].

---

[980] *«A génese do direito ao silêncio não assenta num intuito de beneficiar o arguido, antes decorrendo do princípio do acusatório, que impõe à acusação o dever de provar os factos que lhe são imputados, facul-*

A PROVA ILÍCITA: VERDADE OU LEALDADE?

Diferente função – no âmbito do processo penal – tem a prova testemunhal.

Na realidade, o *«sistema nacional autonomiza a prova que tem como fonte o arguido relativamente à prova testemunhal em sentido amplo. No estatuto do arguido como fonte de prova ressaltam duas marcas distintivas: (1) a protecção do arguido contra a autoincriminação, ainda que voluntária, e (2) a responsabilização do juiz pela estratégia e interrogatório do arguido»*[981].

A testemunha tem a função *«de contribuir com o seu património cognoscitivo para o esclarecimento e resolução do concreto problema que no processo se discute e, em última instância, para a realização de justiça criminal»*[982].

A testemunha tem, nomeadamente, o dever de declarar e de *«responder com verdade às perguntas que lhe forem dirigidas»*[983], não podendo recusar-se a depor ou a prestar informação[984].

---

*tando ao arguido um comportamento que, em última análise, poderá obstar a que se auto-incrimine. Se o uso do direito ao silêncio não poderá em caso algum prejudicar o arguido, também o não deverá beneficiar»* (assim, o Ac. TRC de 13-01-2010, p.º 546/06.7GTLRA.C1, rel. JORGE JACOB).

[981] Assim, Paulo Sousa Mendes, *"A questão do aproveitamento probatório das declarações processuais do arguido anteriores ao julgamento"*; p. 12.

[982] Assim, Sandra Oliveira e Silva, A protecção de testemunhas no processo penal, p. 18.

[983] Cfr. art. 132.º, n.º 2, do CPP.

[984] Estabelece o art. 132.º do CPP sobre os direitos e deveres da testemunha o seguinte:

*«1 – Salvo quando a lei dispuser de forma diferente, incumbem à testemunha os deveres de:*

*a) Se apresentar, no tempo e no lugar devidos, à autoridade por quem tiver sido legitimamente convocada ou notificada, mantendo-se à sua disposição até ser por ela desobrigada;*

*b) Prestar juramento, quando ouvida por autoridade judiciária;*

*c) Obedecer às indicações que legitimamente lhe forem dadas quanto à forma de prestar depoimento;*

*d) Responder com verdade às perguntas que lhe forem dirigidas.*

*2 – A testemunha não é obrigada a responder a perguntas quando alegar que das respostas resulta a sua responsabilização penal.*

*3 – Para o efeito de ser notificada, a testemunha pode indicar a sua residência, o local de trabalho ou outro domicílio à sua escolha.*

*4 – Sempre que deva prestar depoimento, ainda que no decurso de acto vedado ao público, a testemunha pode fazer-se acompanhar de advogado, que a informa, quando entender necessário, dos direitos que lhe assistem, sem intervir na inquirição.*

*5 – Não pode acompanhar testemunha, nos termos do número anterior, o advogado que seja defensor de arguido no processo».*

ALGUMAS QUESTÕES COMPLEMENTARES

Estes deveres estão acentuados pelo juramento[985] e pelas sanções previstas na lei[986] para o caso de incumprimento dos mesmos.

No âmbito do processo penal tem sido considerada inadmissível a utilização probatória de declarações e de depoimentos prestados num processo penal para efeitos de valoração probatória no âmbito de outro processo penal[987].

Enunciado o problema no campo do processo penal, será que o mesmo deverá ter idêntica solução no processo civil?

Em suma, a questão enunciada é a de saber se uma pessoa que seja arguido num processo penal poderá invocar tal qualidade no âmbito de um processo

---

[985] Cfr. art. 91.º, n.º 1 do CPP: *"Juro, por minha honra, dizer toda a verdade e só a verdade".*

[986] Cfr. art. 360.º do CP.

[987] O problema foi defrontado pelo TRC o qual, por Ac. de 03-07-2013 concluiu nos termos seguintes: *«I – Sob pena de subversão da disciplina dos arts. 355.º, 356.º e 357.º, todos do CPP, é insusceptível de valoração, como «documental», a prova traduzida em declarações e depoimentos [provas documentais declarativas] proferidos no decurso da audiência de discussão e julgamento no âmbito de um outro processo [em que o arguido não coincide] – cuja certidão [onde, também, se inclui a transcrição daqueles] integra os autos que agora decorrem. II – Juízo contrário conduziria a uma insustentável violação, designadamente: – do princípio da imediação, no sentido de que toda a prova deve, em princípio [cf. as excepções previstas v.g. arts. 356.º e 357.º do CPP], ser produzida na presença do arguido numa audiência pública com vista a uma argumentação contraditória; – do princípio do contraditório, na dimensão de direito à confrontação das fontes de prova, de efectiva inquirição cruzada [contra-inquirição]; – do direito do arguido ao silêncio; da prorrogativa contra a auto-incriminação; e – do direito de recusa [válida] de depor como testemunha. III – Na impossibilidade de valorar a prova resultante da certidão, na parte em que vêm materializadas as declarações e testemunhos produzidos no domínio do "outro processo" [na dimensão de prova do evento narrado na asserção], a consequência, em face da relevância decisiva que assumiram na formação da convicção do tribunal para dar por provados os factos conducentes à responsabilidade jurídico-penal do arguido/recorrente, é a de se considerarem os mesmos como não provados, o que conduz a decisão de absolvição».* Neste aresto questionou-se: *«Será de valorar como «documental», a prova traduzida em declarações e depoimentos [provas documentais declarativas] proferidos no decurso da audiência de discussão e julgamento no âmbito de um outro processo [em que o arguido não coincide] – cuja certidão [onde, também, se inclui a transcrição daqueles] integra os autos, agora, em questão – para efeitos de prova dos factos narrados, de forma decisiva, na formação da convicção do julgador?*

*(...) num processo em que não existe identidade de arguido, vai valorar-se contra o mesmo, o depoimento [como prova do evento narrado na asserção – na terminologia de Paulo Dá Mesquita, in "A Prova do Crime e o que se disse antes do Julgamento", Coimbra Editora, pág. 634] por si, anteriormente, prestado no âmbito de um processo onde, na qualidade de testemunha [no caso pai da ali arguida!] se auto–incrimina?».*

A PROVA ILÍCITA: VERDADE OU LEALDADE?

civil, com vista a se eximir de prestar depoimento como testemunha neste processo.

Em causa está, pois, a extensão do exercício da faculdade a que se reporta o art. 61.º, n.º 1, al. d) do CPP – sobre se a mesma abrangerá também a possibilidade de recusa de prestação de depoimento no âmbito de um processo de natureza não criminal, como o processo civil – e, concomitantemente, quando deve ser actuado o dever de comunicação consignado no art. 59.º do mesmo Código.

Parece-nos, desde logo, de distinguir conforme o momento em que o depoimento testemunhal seja prestado no âmbito do processo civil.

Assim, há que distinguir três situações diversas:

1 – O depoimento da testemunha que é arguido no processo penal tem lugar após a condenação ter tido lugar ou após o julgamento do processo penal ter ocorrido;

2 – O depoimento da testemunha que é arguido no processo penal tem lugar antes do julgamento do processo penal, mas já depois da acusação ter sido proferida;

3 – O depoimento da testemunha que é arguido no processo penal tem lugar antes de ter sido deduzida acusação no processo penal.

Na situação referida em 1, o depoimento que seja prestado no âmbito do processo civil não trará qualquer consequência para o desfecho do processo penal, por o julgamento deste já ter ocorrido.

Contudo, já nas situações enunciadas em 2 e 3 pode discutir-se se poderá o processo penal ser instruído com certidão do processo civil, ou com gravação do depoimento que a testemunha (arguido no processo criminal) nele tenha prestado, sendo certo que, contudo, na situação enunciada em 2, mercê da existência da acusação, o arguido (testemunha no processo civil) estará já, aquando da prestação do seu depoimento no processo civil, em condições de aquilatar se a matéria a que se encontra a responder o fará incorrer em eventual responsabilidade criminal, sendo certo que, um tal conhecimento também transparecerá para os demais participantes do processo civil em curso.

Mais problemática é, de facto, a situação enunciada em 3.

Um ponto parece-nos líquido: Não é por via do estatuto processual de arguido e da amplitude normativa constante do art. 61.º, n.º 1, al. d) do CPP que poderá a testemunha escusar-se a comparecer no momento aprazado para a sua inquirição, com esse fundamento. Do mesmo modo, não é pelo simples facto de uma pessoa deter o estatuto processual penal de arguido que isso a inibe de depor como testemunha em processo civil. Desde logo,

352

ALGUMAS QUESTÕES COMPLEMENTARES

só perante uma acusação e perante o objecto desta poderá ser aferível que as declarações que possam ser prestadas em processo civil podem, concomitantemente, ser auto-incriminadoras para efeito de processo penal.

Contudo, pode suceder que, aquando do depoimento a prestar em processo civil, não tenha ainda sido proferida acusação criminal. Neste último caso, não parece que exista razão suficiente que obste à tomada de depoimento e à prestação de interrogatório como testemunha – pelo arguido de um processo penal – em processo civil, sem restrição da matéria que dele seja objecto.

O ponto é, todavia, duvidoso e não se tem conhecimento que o mesmo tenha sido já afrontado pela jurisprudência dos tribunais superiores portugueses[988,989].

### 8.5. Será possível a uma pessoa, invocando sigilo de inquirição parlamentar, escusar-se a depor como testemunha em processo civil?

Na linha da questão anterior, pode colocar-se a questão da invocação por um sujeito processual da impossibilidade de sujeição a inquirição, em virtude de ter sido inquirido no âmbito de um inquérito parlamentar ocorrido no âmbito de uma Comissão Parlamentar.

Sobre a matéria do regime dos inquéritos parlamentares regula, em particular a Lei n.º 5/93, de 1 de Março[990].

[988] No direito norte-americano a questão foi já objecto de apreciação. Sobre o ponto, com a citação de várias decisões atinentes a esta temática, vd. Gary A. Udashen e Barry Sorrels, P.C., *"Fifth Amendment Right Against Self Incrimination in Civil Cases"*, disponível em http://www.sualaw.com/Appearances-Articles/Fifth_Amendment_Right_Against_Self_Incrimination_in_Civil_Cases.pdf.

[989] Questão também interessante é a de saber se uma testemunha pode, depois de já ter iniciado a prestação de declarações, escusar-se a depôr a determinadas questões, designadamente, quando inquirida pelo advogado da parte contrária. Relativamente a esta questão – também, de acordo com o que se conhece, de resolução inédita junto dos tribunais portugueses – nos EUA a questão foi objecto do Caso Brown v. United States, 356 U.S. 148 (1958) concluindo que, no âmbito de um procedimento civil, a testemunha que testemunhou voluntariamente não poderia recusar a resposta a relevantes questões realizadas no contra-interrogatório, precisamente por ter prescindido do uso do privilégio da não auto-incriminação, justificando-se tal solução pela necessidade de ser assegurado um procedimento justo e íntegro.

[990] Com alterações introduzidas pela Lei n.º 126/97, de 10 de Dezembro e pela Lei n.º 15/2007, de 3 de Abril.

Estabelece o art. 13.º da Lei n.º 5/93 que as comissões parlamentares de inquérito gozam dos poderes de investigação das autoridades judiciais que a estas não estejam constitucionalmente reservados (n.º 1), tendo as comissões direito à coadjuvação das autoridades judiciárias, dos órgãos de polícia criminal e das autoridades administrativas, nos mesmos termos que os tribunais (n.º 2).

Por sua vez, o n.º 7 do art. 13.º da Lei n.º 5/93 prescreve que *«no decorrer do inquérito, a recusa de apresentação de documentos ou de prestação de depoimento só se terá por justificada nos termos da lei processual penal».*

Em sede de prestação de depoimentos estatui o art. 17.º da mesma Lei n.º 5/93 o seguinte:

> *«1 – A falta de comparência ou a recusa de depoimento perante a comissão parlamentar de inquérito só se tem por justificada nos termos gerais da lei processual penal.*
>
> *2 – A obrigação de comparecer perante a comissão tem precedência sobre qualquer acto ou diligência oficial.*
>
> *3 – Não é admitida, em caso algum, a recusa de comparência de funcionários, de agentes do Estado e de outras entidades públicas, podendo, contudo, estes requerer a alteração da data da convocação, por imperiosa necessidade de serviço, contanto que assim não fique frustrada a realização do inquérito.*
>
> *4 – A forma dos depoimentos rege-se pelas normas aplicáveis do Código de Processo Penal sobre prova testemunhal».*

Fora destes casos, a falta de comparência, a recusa a depor ou o não cumprimento de ordens legítimas de uma comissão parlamentar de inquérito no exercício das suas funções constituem crime de desobediência qualificada (cfr. art. 19.º, n.º 1 da Lei n.º 5/93).

Resulta do art. 17.º *supra* mencionado um distinto regime, consoante esteja em causa a prestação de depoimento de funcionários, de agentes do Estado e de outras entidades públicas ou, outras entidades ou pessoas: Relativamente a depoimentos de funcionários, de agentes do Estado e de outras entidades públicas, os mesmos não se podem escusar a comparecer. Contudo, para além da possibilidade prevista na parte final do n.º 3, os mesmos podem recusar-se a depor, tal como as demais pessoas, *«nos termos gerais da lei processual penal».*

Assim, em conformidade com o previsto no art. 132.º, n.º 2, do CPP, a testemunha não é obrigada a responder a perguntas quando alegar que das respostas resulta a sua responsabilização penal, caso em que, poderá escusar-se

ALGUMAS QUESTÕES COMPLEMENTARES

a depor, com a invocação de um tal fundamento. Este regime particular não comporta alguma especialidade para as inquirições que tenham lugar no âmbito de processos civis, pelo que, se nos afigura, não poder ser invocada a anterior prestação de um tal depoimento – designadamente quando a publicidade dos trabalhos da comissão parlamentar não tenha sido suprimida[991,992] – , para se conseguir isenção de prestação de depoimento em sede de processo civil.

### 8.6. Pode a parte recusar-se a prestar depoimento de parte, invocando deter o estatuto processual penal de arguido?

De conteúdo diverso face às duas anteriores questões é a pergunta a que ora se intenta responder.

Repare-se que, nos termos do art. 452.º, n.º 1, do CPC, o juiz pode, em qualquer estado do processo, determinar a comparência pessoal de uma das partes ou de ambas para a prestação de depoimento, informações ou esclarecimentos sobre factos que interessem à decisão da causa.

O depoimento só pode recair sobre factos pessoais do depoente – cfr. art. 454.º, n.º 1, do CPC – não sendo, *«porém, admissível o depoimento sobre factos criminosos ou torpes, de que a parte seja arguida»* (cfr. art. 454.º, n.º 2, do CPC).

Assim, importa saber se tendo sido uma parte chamada a depor, poderá a mesma invocar que é arguida em processo penal sobre esses factos e, que, por isso, sobre eles se recusar a depôr.

Tendo em conta o aludido princípio – de ordem processual penal, da não auto-incriminação – afigura-se-nos que, uma parte, que seja arguida em processo de natureza criminal poderá, relativamente aos factos de que é «arguida», recusar a prestação de tal depoimento.

Contudo, a interpretação da norma será difícil na prática, podendo questionar-se se todo e qualquer facto que esteja em discussão no âmbito do pro-

---

[991] Cfr. art. 15.º da Lei n.º 5/93.

[992] Parece-nos que se for tomada pela comissão parlamentar de inquérito deliberação devidamente fundamentada de exclusão de publicidade dos seus trabalhos, a exclusão de publicidade determinará a impossibilidade da prestação de depoimento, se assim for invocado pelo depoente, designadamente, quando a exclusão de publicidade for determinada de harmonia com o previsto na al. a) do n.º 1 do art. 15.º da Lei n.º 5/93, sendo que, nos casos a que aludem as demais alíneas de tal preceito, o consentimento dos interessados será determinante para aquilatar da viabilidade da prestação de depoimento no âmbito do processo civil.

cesso criminal, constitui motivo suficiente e bastante para ser esgrimido no processo civil como causa escusante da prestação do depoimento de parte.

Em nosso entender, a finalidade da previsão normativa – «*não expor o depoente à necessidade de se pronunciar sobre certos factos ilícitos pessoais, cuja realidade se sentirá inclindo a negar*»[993] – inculca no sentido de que apenas deve ser considerada justificada a recusa relativamente a factos de que a parte tenha sido objecto de acusação ou de pronúncia em sede de processo penal, não sobre quaisquer outros factos – designadamente aqueles que sendo criminosos não tenham determinado a acção penal[994] – , onde, apesar de tudo, a natureza criminal do facto não releva. Contudo, relativamente a estes factos «remanescentes» a prestação do depoimento estará excluída[995] relativamente aos factos que sejam «torpes», ou seja, de natureza sórdida, obscena ou infame[996].

De todo o modo, como ressalta Rui Rangel se, podendo a parte recusar-se, legitimamente a depor – em conformidade com o previsto no actual n.º 3 do art. 417.º do CPC – não o faz e aceite, «*voluntariamente, mesmo nestas condições, a prestar o seu depoimento, então, fica sujeito ao dever de veracidade*»[997].

## 8.7. Será admissível a colheita coactiva de vestígios biológicos de uma das partes para determinação do seu perfil biológico no caso de recusa da mesma em colaborar/permitir tal colheita?

---

[993] Cfr. Alberto dos Reis, CPC anotado, vol. IV, pp. 94-95 e Lebre de Freitas, A Confissão no Direito Probatório, p. 156.

[994] Embora sem fazer expressa menção à necessidade de a acusação/pronúncia criminal reportar-se aos factos objecto do depoimento, refere Rui Rangel (O Ónus da Prova no Processo Civil, p. 73) que «*pensamos que o dever de veracidade cede e encontra-se legalmente excluído, quando o depoimento de parte verse sobre factos criminosos ou torpes de que a parte seja arguida. Quando não ocorra esta situação prevalece o dever de veracidade, em relação a factos criminosos ou torpes, desde que a parte não seja arguida*».

[995] Em sentido algo diverso, Lebre de Freitas (A Confissão no Direito Probatório, p. 156) considera que, «*não deve ser excluído o depoimento de parte quando constitui causa de pedir da acção o próprio facto ilícito, causador de danos de que a vítima se queira ressarcir, ou quando, pelo contrário, ele constitui facto impeditivo da responsabilidade do demandado*».

[996] Cfr. o Dicionário Priberam da Linha Portuguesa [em linha] – 2008-2013, http://www.priberam.pt/dlpo/torpe – reportando que este adjectivo tem a seguinte significação: «*(derivação regressiva de torpecer) adjectivo de dois géneros 1. Que entorpece. 2. Embaraçado; acanhado (...). 1. Impudico; obsceno. 2. Sórdido; infame; ignóbil. 3. Interesseiro. 4. Nojento; impuro. 5. Sujo; manchado*».

[997] Cfr. O Ónus da Prova no Processo Civil, p. 73.

ALGUMAS QUESTÕES COMPLEMENTARES

No Ac. de 11 de Janeiro de 2001[998], o STJ concluiu que, numa acção de investigação da parternidade, a recusa do réu em se apresentar voluntariamente a exame de sangue é ilegítima porque, *«com a sua conduta, viola o dever de cooperação com a justiça previsto nos arts. 264.º, 266.º e 519.º do Código de Processo Civil».* Mais se considerou em tal aresto que *«"medo às agulhas", "fobia aos hospitais", "receio de ver sangue ou entrar no hospital" não constituem razões relevantes que possam sustentar com seriedade a justificação da recusa ao exame de sangue».* Daqui concluiu que, o tribunal deveria apreciar livremente o valor da recusa para efeitos probatórios, sem prejuízo de inversão do ónus da prova. Mas, concomitantemente, esclareceu que *«não é admissível ordem judicial forçando compulsivamente o exame de sangue».*

*«O douto Ac. em apreço é o ponto culminante de diversas decisões do nosso Supremo Tribunal de Justiça tendencialmente similares»*[999].

O TEDH, por decisão de 17-12-1996 (Caso Sauders v. Reino Unido), concluiu que o citado direito à não auto-incriminação se reporta, em primeira linha, ao respeito pela vontade do arguido em não prestar declarações, ao direito ao silêncio, acrescentando que esse direito se não estende ao uso, em processo penal, de elementos obtidos do arguido por meio de poderes coercivos, mas que existam independentemente da vontade do sujeito, por exemplo as colheitas, por expiração, de sangue, de urina, assim como de tecidos corporais com finalidade de análises de A.D.N.

*«O direito à não auto-incriminação se refere ao respeito pela vontade do arguido em não prestar declarações, não abrangendo, como igualmente se concluiu na sentença do TEDH supra citada, o uso, em processo penal, de elementos que se tenham obtido do arguido por meio de poderes coercivos, mas que existam independentemente da vontade do sujeito, como é o caso, por exemplo e para o que agora nos importa considerar, da colheita de saliva para efeitos de realização de análises de A.D.N. Na verdade, essa colheita não constitui nenhuma declaração, pelo que não viola o direito a não declarar contra si mesmo e a não se confessar culpado. Constitui, ao invés, a base para uma mera perícia de resultado incerto, que, independentemente de não requerer apenas um comportamento passivo, não se pode catalogar como obrigação de auto-incriminação»*[1000].

---

[998] P.º n.º 3385/2000, 7.ª Secção (NEVES RIBEIRO, SOUSA DINIS e ÓSCAR CATROLA).

[999] Assim, José António Barreto Nunes, Anot. Ac. do STJ de 11-01-2001, in Rev. Min. Púb. 85.º, Ano 22.º, Jan./Mar. 2001, p. 167.

[1000] Cfr. o Ac. do TC n.º 155/2007, disponível em http://www.tribunalconstitucional.pt/tc/acordaos/20070155.html.

No Ac. TRP de 13-09-2006[1001] decidiu-se, no âmbito de um processo penal que «*não constitui prova proibida o resultado da análise da saliva colhida através de zaragatoa bucal efectuada ao arguido, no inquérito, por decisão do Ministério Público*»[1002].

---

[1001] Processo 0641683, rel. LUÍS GOMINHO, disponível em http://www.dgsi.pt.

[1002] Considerou-se neste Ac., em particular, a seguinte fundamentação: «*De acordo com o C.P.P., o arguido para além dos direitos e deveres consagrados de forma não exaustiva no art. 61.º do C.P.P., tem, como todas as pessoas em geral, o dever de colaboração com as autoridades judiciárias para a realização da justiça nomeadamente o dever de se submeter a exame – arts. 171 e segs. do C.P.P. O exame tem por fim fixar documentalmente ou permitir a observação directa pelo tribunal de factos relevantes em matéria probatória. A perícia, por sua vez, consiste num meio de prova em que a percepção ou a apreciação dos factos recolhidos exigem conhecimentos técnicos, científicos ou artísticos – art. 151.º do C.P.P.*

*Como faz notar o Sr. Prof. Figueiredo Dias, o facto de o arguido ser considerado um sujeito do processo penal "(.) não quer dizer que o arguido não possa, em determinados termos demarcados pela lei por forma estrita e expressa, ser objecto de medidas coactivas e constituir ele próprio um meio de prova. Quer dizer sim, que as medidas coactivas e probatórias que sobre ele se exerçam não poderão nunca dirigir-se à extorsão de declarações ou de qualquer forma de auto-incriminação, e que, pelo contrário, todos os actos processuais do arguido deverão ser expressão da sua livre personalidade". Mas haverá que interpretar "cum grano salis" esta afirmação do insigne Professor. De acordo com a sua lição, o arguido pode constituir meio de prova autónomo no processo penal, quer em sentido material através das declarações que presta sobre os factos, quer em sentido formal na medida em que o seu corpo e o seu estado corporal podem ser objecto de exames. Nesta perspectiva, os exames têm uma dupla natureza: – por um lado, "são meio de prova, enquanto neles se faça avultar o juízo que se emite sobre as qualidades ou características de uma pessoa, isto é, enquanto têm primacialmente em vista a sua mais ou menos acentuada natureza de «inspecção» ou «perícia»"; – por outro lado, "como verdadeiro meio de coacção processual na medida em que a entidade competente que preside à fase processual em causa, pode tornar efectivas as suas ordens, até com o auxílio da força ".*

*No actual C.P.P., de acordo com o disposto no art. 60.º do C.P.P., "Desde o momento em que uma pessoa adquirir a qualidade de arguido é-lhe assegurado o exercício de direitos e deveres processuais, sem prejuízo (...) da efectivação de diligências probatórias, nos termos especificados na lei".*

*Conforme estatui expressamente o art. 61.º n.º 3 do C.P.P.: "Recaem em especial sobre o arguido os deveres de sujeitar-se a diligências de prova (.) ordenadas e efectuadas por entidade competente", ou seja, a todas as que se entenderam como necessárias para a descoberta da verdade e a realização da justiça – sendo a regra a da atipicidade das diligências da prova – desde que não estejam proibidas por lei – cfr. art. 125.º do C.P.P. Daí que o arguido possa ter de submeter-se a exame e a perícia – arts. 151.º a 171.º do C.P.P. – como sucedeu no caso dos autos, ordenada pela autoridade judiciária competente que preside à respectiva fase processual, neste caso, o M.ºP.º.*

*E tal obrigação vem expressamente prescrita e salvaguardada no art. 172.º n.º 1 do C.P.P. "Se alguém pretender eximir-se ou obstar a qualquer exame (.) pode ser compelido por decisão da autoridade judiciária competente".*

## ALGUMAS QUESTÕES COMPLEMENTARES

Contudo, no Ac. TC n.º 155/2007, de 02-03-2007, decidiu-se: «*i) julgar inconstitucional, por violação do disposto nos arts. n.ºs 25.º, 26.º e 32.º, n.º 4, da Constituição, a norma constante do art. 172.º, n.º 1, do Código de Processo Penal, quando interpretada no sentido de possibilitar, sem autorização do juiz, a colheita coactiva de vestígios biológicos de um arguido para determinação do seu perfil genético, quando este*

*Mas esta sujeição do arguido a submeter-se a diligências de prova, só deverá ser coactivamente imposta, tal como se verifica quanto à aplicação da medida de coacção da prisão preventiva, quando a realização da Justiça não possa alcançar-se através de outras diligências, por forma a não contender-se com a decisão de vontade do arguido por ele livremente tomada e com o facto de a sua intervenção no processo representar um meio de defesa que lhe é atribuído no nosso processo penal.*

*Daí que o Sr. Prof. Figueiredo Dias tenha considerado o exame, e para o que interessa para o caso dos autos, mutatis mutandis também a subsequente perícia, como "um verdadeiro meio de coacção processual pelo que se o objecto for uma pessoa" (.) esta vê-se constrangida a sofrer ou a suportar uma actividade de investigação sobre si mesma (.) e por isso, as normas que os permitem não poderão de deixar de ser entendidas e aplicadas nos termos mais estritos tal como sucede com os restantes meios de coacção, maxime com a prisão preventiva: em um como em outro caso a liberdade é a regra e a restrição daquela, a excepção".*

*No mesmo sentido afirma Maia Gonçalves que o que no art. 172.º do C.P.P. "se dispõe sobre a possibilidade de a autoridade judiciária compelir alguém a sujeitar-se a qualquer exame ou a facultar coisa que deva ser examinada é um dispositivo geral, podendo portanto ser afastado pela aplicação de algum regime especial consagrado na lei. É o caso por exemplo, do condutor que recusa submeter-se à prova para detecção do estado de influenciado pelo álcool ou por substâncias estupefacientes ou psicotrópicas" – cfr. arts. 156.º e 157.º n.ºs 1 e 4 do Cód. da Estrada alterado pelo D.L. n.º 44/2005 de 25 de Fevereiro.*

*Para o caso dos autos, a lei não só não afasta a citada regra imposta pelo art. 172.º n.º 1 do C.P.P., como pelo contrário, estatuiu no art. 43 n.º 1 do D.L. n.º 11/98 de 24 de Janeiro que "Ninguém pode eximir-se a ser submetido a qualquer exame médico-legal quando este for necessário ao inquérito ou à instrução de qualquer processo e desde que seja ordenado pela autoridade judiciária competente nos termos da lei de processo".*

*E no art 44.º n.º 1 do mesmo diploma prescreve que "Qualquer pessoa devidamente convocada pelo responsável do serviço do instituto (.) para a realização de uma perícia tem o dever de comparecer no dia, hora e local designados, sob pena das sanções previstas na lei do processo".*

*Certo é, recordemos, que o recurso a tais meios de obtenção da prova só poderão ser ordenados e sobre o arguido impende a consequente obrigação de se sujeitar a eles, tem carácter excepcional, apenas na estrita medida em que se mostrem ineficazes outros meios de prova, devendo observar-se quanto à sua utilização os mesmos princípios que regem a aplicação da medida de coacção da prisão preventiva.*

*No caso sub judice, verifica-se essa situação de excepção, de necessidade e subsidiariedade, porquanto não existem testemunhas presencias dos homicídios qualificados em investigação, de que foram vítimas E.... e F.... e, consequentemente, de meios probatórios que permitam a identificação dos seus autores.*

*Por conseguinte, sem necessidade de mais fundamento ou desenvolvimento, este Tribunal decide julgar improcedente a invocada nulidade e consequente proibição da valoração como prova, do resultado da análise da saliva colhida através de zaragatoa bucal efectuada ao arguido (...)».*

*último tenha manifestado a sua expressa recusa em colaborar ou permitir tal colheita; ii) consequencialmente, julgar inconstitucional, por violação do disposto no art. 32.º, n.º 4, da Constituição, a norma constante do art. 126.º, n.ºs 1, 2 alíneas a) e c) e 3, do Código de Processo Penal, quando interpretada em termos de considerar válida e, por conseguinte, susceptível de ulterior utilização e valoração a prova obtida através da colheita realizada nos moldes descritos na alínea anterior».*

## 8.8. É admissível a invocação de ilicitude probatória como fundamento de recurso de revisão?

O recurso extraordinário de revisão foi criado pelo CPC de 1939, encontran-do-se actualmente previsto nos arts. 696.º e ss. do CPC.

O recurso de revisão apenas é admitido nas situações aí taxativamente indicadas, estando em questão a impugnação de decisões judiciais já cobertas pela autoridade do caso julgado, pretendendo-se assegurar o primado da justiça sobre a segurança.

*«Ao contrário do recurso ordinário, que se destina a evitar o trânsito em julgado de uma decisão desfavorável, o recurso extraordinário de revisão visa a alteração de uma decisão já transitada, pelo que só é admissível em situações limite de tal modo graves que a subsistência da decisão em causa seja susceptível de abalar clamorosamente o princípio da desejada justiça material»[1003].*

Relativamente à questão que nos ocupa e atendendo à enunciação de causas de revisão contidas no art. 696.º do CPC, afigura-se ser possível a con-sideração, em tese, da situação a que alude a alíneas b) (*«se verifique a falsidade de documento ou acto judicial, de depoimento ou das declarações de peritos ou árbitros, que possam, em qualquer dos casos, ter determinado a decisão a rever, não tendo a matéria sido objecto de discussão no processo em que foi proferida»*).

## 9. Conclusão

Alinhando uma conclusão a respeito desta complexa temática importa sa-lientar que, enquanto houver Homem, haverá Direito e procura de Justiça.

Na demanda da Justiça, o Processo e, nele, a Prova, assumem claro desta-que e centralidade, sendo que os problemas que a sua consideração encerra, não cabem nas paredes de qualquer tribunal ou de qualquer faculdade.

As questões da Prova estão intimamente relacionadas com o convenci-mento, pela sociedade, da bondade e justiça das decisões judiciais.

---

[1003] Assim, o Ac. do TRC de 02-12-2014 (P.º 536/2002.C1-A, rel. CARVALHO MARTINS).

CONCLUSÃO

Neste âmbito, a devida consideração das várias questões e problemas atinentes à admissão, produção e valoração probatória, é fundamental para se concretizar a defesa dos direitos e para se conseguir enfim a paz social, finalidade do Direito.

Antevê-se, contudo, ainda um grande caminho a trilhar nesta problemática, sendo de diversa ordem as questões práticas que, quotidianamente, assomam aos tribunais. Em particular, as questões atinentes à prova ilícita não podem deixar de ter relevo e de sobre elas se exigir continuada reflexão.

Assim, a ilimitada consideração da inadmissibilidade das provas ilícitas, tal como, ao invés, a sua ilimitada admissibilidade não conduzem a resultados conformes aos mencionados fins do processo.

A Verdade do processo deve ser a regra. *«No processo civil a verdade deve ser demonstrada através da verdade. Não é lícito mentir»*[1004]. A possibilidade de a mesma ficar relegada para segundo plano deverá ser, sem dúvida, a excepção e, nessa medida, as restrições ao direito à prova – ainda que sustentadas na base de um princípio de Lealdade probatória – deverão conformar-se com este genérico princípio.

Se assim sucede com tudo na vida, na temática da prova ilícita não há regras imutáveis e de aplicação universal, o que deve ser assumido. Como refere Antoine Garapon, *«a perfeição do direito encontra-se no reconhecimento da sua imperfeição»*[1005].

No processo civil português afigura-se ser possível e desejável uma clarificação legal das problemáticas acima enunciadas, em particular das atinentes à ilicitude da prova. Está demasiado em jogo para que tudo continue na mesma. A última reforma do processo civil foi, neste concreto aspecto, uma oportunidade perdida.

Por ora, ficamos como estávamos, com a lei que tínhamos/temos e com os problemas e questões quer todos os dias assaltam os advogados, as partes, o juiz e os demais participantes processuais.

De todo o modo não esqueçamos – como refere Heidegger – que *«toda a verdade autêntica passa pela liberdade da pessoa»* e pela liberdade de pensar e de reflectir sobre esta e outras problemáticas, com vista a que a Verdade preva-

---

[1004] Assim, Salazar Casanova, *"Provas Ilícitas em Processo Civil"*; e Isabel Alexandre, *ob. cit.*, p. 94.
[1005] Antoine Garapon, Bien Juger – Essai sur le rituel judiciare; Odile/Jacob, Paris, 2001, p. 306.

leça como demonstração da realidade, mas com respeito da Lealdade exigível em qualquer processo.

Se assim suceder, a Justiça certamente será obtida, sem postergação das regras do proceder leal, justo e onde imperem comportamentos de boa-fé.

A terminar, não resistirmos a relembrar o saudoso Professor Antunes Varela[1006]:

> *«Qualquer que seja... a evolução próxima do sistema processual ... uma tese pode ainda continuar a dar-se como certa, quanto ao julgamento final da acção cível.*
>
> *Seja qualquer for a natureza global – racional, lógica, retórica, intuitiva ou emocional – da fundamentação do julgado, do que ninguém deve duvidar é do carácter dedutivo, racional, da transição final da fundamentação para a decisão judicial.*
>
> *Apurada a regra geral e abstracta aplicável à situação controvertida – seja a norma formulada na lei, seja a regra criada pelo julgador, com os instrumentos que o próprio sistema lhe faculta – é sempre o trampolim da razão que ele há-de saltar para, do alto do Direito, e não da planície dos sentimentos humanos, num país de gente temperamental como o povo português – ditar a decisão concreta da acção».*

E assim deverá proceder também o juiz na apreciação a efectuar sobre a ilicitude na obtenção das provas em processo civil, sempre em busca da Justiça[1007] do caso concreto e da plena realização da singular função de julgar, de conteúdo cada vez mais exigente[1008].

---

[1006] *"Os juízos de valor da lei substantiva, o apuramento dos factos na acção e o recurso de revista", in* Colectânea de Jurisprudência, 1995, Ano XX, t. 4, p. 14.

[1007] *«A luta judiciária não é um duelo, nem um jogo em que cada litigante se possa utilizar dos meios que melhor lhe assegure a vitória. O juiz não pode ficar sujeito a essas maquinações interesseiras para sentenciar, dando um veredictum falso se comparado com a realidade dos fatos. Fazer justiça é o ideal do magistrado, desde que possa conhecer lisamente, em seu conteúdo, todos os fatos debatidos, para aplicar a lei a favor de quem a mereça. Se o fato existe, mas deixa de ser conhecido, por aspectos meramente formais, e isso influir no julgamento, não haverá justiça, no sentido alcandorado do termo, mas embuste dos mais graves, porque se revela sob o pálio, embora conspurcado, do Poder Judiciário»* (assim, Alcides de Mendonça Lima, *"A eficácia do meio de prova ilícito no Código de Processo Civil brasileiro",* pp. 138 – 141.

[1008] Como eloquentemente reporta Cunha Rodrigues (Recado a Penélope, pp. 33-34): *«Ser juiz, hoje, é (...) exercer uma profissão de desgaste rápido, especialmente para aqueles que não souberem descobrir o lugar em que se resolvem os conflitos de harmonização e de concordância prática a que se encontram expostos. É viver permanentemente entre limites. É resistir à tentação individualista (...). É recusar o pensamento colectivo que interfere com a liberdade de consciência. É estar atento às grandes aspirações sociais na fidelidade à lei e aos valores jurídicos. É conservar o olhar crítico sobre o excesso. É saber lidar com a certeza e a álea, com a verdade e a mentira, com o singular e o universal, com o mesmo rigor ético e intelectual e com adequadas ferramentas profissionais».*

# Adenda
## Jurisprudência em sede de prova ilícita

### A) Jurisprudência do TEDH

**a) Caso Schenk v. Suíça de 12-07-1988:**[1009] No âmbito deste caso, o TEDH teve de apreciar a invocação do Sr. Schenk que alegou que o uso no processo de uma gravação de uma conversa telefónica com o Sr. Pauty em que encarregava este de matar a sua esposa (Sra. Schenk) gravação que não foi autorizada pela autoridade competente violava o art. 6.º, n.º 1 da Convenção Europeia dos Direitos do Homem, considerando que tal registo foi instigado pela polícia Suíça, tendo o Sr. Pauty sido utilizado pelas autoridades policiais como agente provocador, assentando a condenação do queixoso numa tal gravação.

O TEDH concluiu que o art. 6.º da CEDH garante o direito a um julgamento justo, não precludindo tal direito quaisquer regras sobre admissão de prova, cuja regulação cabe ao direito de cada um dos Estados. Ao TEDH apenas cabe apreciar se o julgamento, como um todo, foi justo e, no caso, os direitos de defesa não foram desrespeitados, sendo certo que a gravação telefónica não foi o único meio de prova em que assentou a condenação.

Concluiu, assim, o Tribunal que o uso da gravação em questão não privou o condenado de um julgamento justo, considerando não ter sido violado o art. 6.º, n.º 1 da CEDH.

**b) Caso Kruslin v. França de 24-04-1990:**[1010] Neste caso, em Junho de 1982 o juiz de instrução francês que investigava o homicídio de um ban-

---

[1009] Cfr. http://hudoc.echr.coe.int/sites/eng/pages/search.aspx?i=001-57572.

[1010] Cfr. http://hudoc.echr.coe.int/eng?i=001-57626.

queiro emitiu 2 mandados, um deles instruindo a realização de escutas telefónicas a um suspeito, Dominique Terrieux, que vivia em Toulouse. Entre 15 e 17 de Junho desse ano foram realizadas 17 intercepções telefónicas. O Sr. Kruslin que à época habitava com o Sr. Terrieux, utilizou o telefone ocasionalmente e foi alvo de escutas quando falava com alguém que se encontrava numa cabine telefónica. Durante uma dessas conversas o Sr. Kuslin falou de um caso relacionado com uma morte diferente da do banqueiro ocorrida em 29-05-1982. Em 18 de Junho, a polícia prendeu o Sr. Kruslin na casa do Sr. Terrieux, o qual alegou a sua inocência, negando que fosse sua a voz ouvida na gravação.

O recorrente alegou que ocorreu uma violação do art. 8.º da CEDH. O TEDH concluiu de modo afirmativo entendendo que apesar da intercepção telefónica ter decorrido de acordo com a lei francesa, a gravação e outras formas de intercepção de conversações telefónicas representam uma séria interferência na vida privada e na correspondência e devem ser baseadas numa lei particularmente precisa, sendo necessário existirem regras clara e detalhadas sobre o objecto, especialmente nos casos em que a tecnologia disponível é cada vez mais sofisticada.

**c) Caso Teixeira de Castro v. Portugal, de 09-06-1998**[1011]: Neste Ac. discutiu-se a admissibilidade probatória do denominado «agente provocador».

O TEDH começou por reiterar (citando o Ac. de 23-04-1996, no caso Van Mechelen e outros v. The Netherlands, Reports and Decisions 1997-III, p. 711, § 50) que a admissibilidade probatória é, em primeira linha, uma matéria da regulação interna dos Estados, apenas cabendo ao Tribunal apreciar, globalmente, se o processo – incluindo a obtenção da prova – foi leal.

Depois, o TEDH considerou que, não obstante a necessidade de proteção contra o crime organizado, o uso de agentes infiltrados deve ser restringido de forma apropriada aos casos em que se justifique, sendo que, o direito a uma leal administração da justiça deve ter, no confronto entre esses dois bens jurídicos, prevalência (conforme afirmado em Delcourt v. Belgium, Ac. de 17-01-1970, Series A no. 11, p. 15, § 25).

Considerou o tribunal que, não obstante a operação anti-droga que levou à detenção do recorrente, ter sido judicialmente ordenada, certo é que as autoridades competentes não tinham razão satisfatória para suspeitar de que

---

[1011] Cfr. http://hudoc.echr.coe.int/eng?i=001-58193.

o recorrente fosse um traficante de droga, sendo que o mesmo não tinha registo de antecedentes criminais e, quanto a ele, não tinha sido aberta investigação preliminar.

Em conclusão, o Tribunal considerou que o comportamento das autoridades policiais, que não se limitaram a investigar de forma passiva o recorrente, mas o instigaram ao cometimento de um crime, tendo sido decisivos na prática deste e na condenação ulterior, consubstanciou uma violação do art. 6.º, parágrafo 1.º da CEDH.

**d) Caso Kahn v. Reino Unido de 12-05-2000:**[1012] Em 1992, o Sr. Kahn chegou com um primo ao Aeroporto de Manchester. Nessa ocasião, o primo do Sr. Kahn foi revistado e foi encontrada heroína na sua posse no valor de mais de 100000 libras estrelinas, o que levou à sua prisão e acusação. O sr. Kahn foi libertado. Em 26 de Janeiro de 1993 o sr. Kahn visitou um amigo em Sheffield, local onde tinha sido instalado, em 12 de Janeiro de 1993, um aparelho de escuta instalado pela Polícia, como medida preventiva da prática de crimes. Nem o Sr. Kahn, nem o seu amigo sabiam da colocação do aparelho de escuta.

Por este meio, a Polícia obteve uma gravação de uma conversa, na qual o sr. Kahn admitiu ser cúmplice do primo, na data em que este foi revistado no Aeroporto, razão pela qual foi detido, vindo a ser condenado, tendo a gravação sido prova preponderante de tal condenação.

O Sr. Kahn invocou junto do TEDH a violação dos arts. 6.º e 8.º da CEDH.

O Tribunal considerou existir interferência com os direitos consignados no art. 8.º, n.º 1, da CEDH, concluindo que tal interferência não foi justificada, nos termos do n.º 2 do mesmo artigo.

Relativamente ao art. 6.º da CEDH, o TEDH concluiu que não é sua função apreciar erros de facto ou de Direito alegadamente cometidos por um tribunal nacional, a não ser que eles possam infringir os direitos e liberdades protegidas pela CEDH. Reafirmou que a apreciação não colide com as regras probatórias sobre a admissibilidade da prova, cuja regulação cabe ao direito de cada um dos Estados, tendo concluindo por não ter existido, no caso, violação do art. 6.º da CEDH.

---

[1012] Cfr http://hudoc.echr.coe.int/sites/eng/pages/search.aspx?i=001-58841.

A PROVA ILÍCITA: VERDADE OU LEALDADE?

**e) Caso Allan v. Reino Unido de 05-11-2002:**[1013] Em 3 de Fevereiro de 1995, David Beesley foi morto a tiro no seu escritório sito num supermercado em Manchester e em 18 de Fevereiro desse ano, o recorrente o outro homem foram detidos por suspeita de roubo de um estabelecimento comercial.

O recorrente negou qualquer relação com o roubo desse estabelecimento e de outros que tinham ocorrido, enquanto o outro homem que foi consigo detido admitiu ter cometido tais crimes.

Em 20 de Fevereiro de 1995, um informador anónimo comunicou à polícia que o recorrente tinha estado envolvido no homicídio de David Beesley.

Nesse dia, o recorrente compareceu em tribunal e permaneceu sob custódia, para ser reinquirido a 23 desse mês.

O inspector policial solicitou autorização de colocação de escutas na cela de prisão e na área de visitas da prisão onde o recorrente se encontrava detido, alegando que todos os métodos regulares para identificar o homicida de David Beesley tinham falhado, autorização que lhe foi concedida.

Em 8 de Março de 1995, o recorrente foi preso pelo homicídio e interrogado, tendo-lhe sido dito pela polícia que não estava obrigado a prestar declarações.

Durante este tempo, o recorrente foi visitado pela sua namorada, tendo permanecido na cela com o homem que foi detido consigo e com outro, que era informador da polícia e foi gravado em áudio e video na área prisional entre 12-03-1995 e 28-03-1995.

O recorrente queixou-se do uso dos materiais obtidos por vigilância audio e video encoberta na sua cela e na área de visitantes da prisão que levaram ao seu julgamento por homicídio, tendo o recorrente negado o envolvimento nesse crime.

Em 25 de Julho de 1995, o informador da polícia testemunhou detalhando as conversações que tinha tido com o recorrente.

Posteriormente, as gravações audio e video ou suas transcrições foram utilizadas no julgamento do recorrente, não existindo outro meio de prova que relacionasse o recorrente com a morte de David Beesley.

O recorrente invocou a inadmissibilidade probatória das gravações, o que foi recusado pelo Tribunal considerando que o uso de um informador junto

---

[1013] Disponível no endereço http://hudoc.echr.coe.int/eng?i=001-60713#{%22itemid%22:[%22001-60713%22]}.

do acusado durante um substancial período de tempo não resultou em qualquer meio ilegítimo de prova, tendo esta sido admitida em julgamento.

Em 17 de Fevereiro de 1998, o júri deliberou e o recorrente foi condenado pelo homicídio de David Beesley.

O TEDH apreciando esta matéria concluiu pela violação do disposto nos arts. 8.º, 6.º e 13.º da CEDH.

O Tribunal relembra, como no Ac. Kahn que à data dos factos não existia regulamentação sobre o uso de gravações encobertas pela polícia, pelo que, as interferências decorrentes das medidas implementadas não estavam de acordo com a legalidade, tendo sido violado o art. 8.º da CEDH.

A respeito do art. 6.º da CEDH o Tribunal reitera que é um dever dos Estados, de acordo com o disposto no art. 19.º da CEDH, assegurar as obrigações assumidas pelos Estados Contratantes com a Convenção, não cabendo a esta arredar as regras que regulam sobre a admissibilidade de meios de prova, que é primariamente uma matéria de atribuição do direito nacional (cfr. Ac. Schenk v. Switzerland, de 12-07-1988, Series A n.º 140, p. 29, §§ 45-46 e Ac. Teixeira de Castro v. Portugal, de 09-06-1998, Reports of Judgments and Decision 1998-IV, p. 1462, § 34). A questão a considerar é a de saber se os trâmites do processo, como um todo, incluindo o modo como a prova foi obtida, foram leais, importando apreciar se os direitos de defesa foram respeitados, designadamente, se foi permitida ao visado a possibilidade de contestar a autenticidade da prova e de manifestar a oposição ao seu uso, assim como a oportunidade de examinar relevantes testemunhos. No que respeita ao privilégio da não auto-incriminação o Tribunal tem reiterado que a sua finalidade é permitir ao acusado obter proteção contra indevida intromissão das autoridades (cfr. Ac. John Murray v. Reino Unido, de 08-02-1996, Reports 1996-I, p. 49, § 45), nele se compreendendo o direito de não prestar declarações e a necessidade de a acusação em processo criminal provar o caso contra o acusado sem recurso a provas obtidas por métodos coercivos ou opressivos à margem da vontade do acusado (cfr. Ac. Saunders v. Reino Unido, de 17-12-1996, Reports 1996-VI, p. 2064, §§ 68-69). O TEDH examina se um procedimento comprime o privilégio da não auto-incriminação pela natureza e grau de compulsão, pela existência de relevantes salvaguardas no procedimento e pelo uso e obtenção dos métodos de prova (cfr. Caso Heaney and McGuinness v. Irlanda, n.º 34720/97, §§ 54-55, ECHR 2000 XII, and J.B. v. Suíça, n.º 31827/96, ECHR 2001-III).

O Tribunal considerou que as gravações foram feitas quando o recorrente se encontrava detido e que o companheiro de cela aí foi colocado pela polícia

A PROVA ILÍCITA: VERDADE OU LEALDADE?

para obter a prova conseguida contra o recorrente, a qual constituiu o principal meio de prova da acusação.

E, apreciando que embora não tenha existido contrariedade das gravações à lei interna, nem coerção para a sua obtenção – podendo o recorrente presumir a possibilidade de as gravações estarem a ser efectuadas – certo é que a realização das gravações constituiu um meio para obter confissões ou declarações de natureza incriminatória, que não puderam ser obtidas durante o interrogatório realizado, postergando o direito do acusado à não auto-incriminação, agindo o destinatário das declarações do acusado como "agente do Estado", o qual foi colocado na cela daquele, instruído pela autoridade policial para obter declarações incriminatórias do acusado. O TEDH considerou que o acusado foi sujeito a pressão psicológica que impediu a voluntariedade e espontaneidade nas declarações objecto de gravação, tendo a prova sido obtida à margem da vontade do acusado e a sua utilização em tribunal violou o direito de não auto-incriminação do recorrente.

**f) Caso Mikheyev v. Rússia de 26-01-2006:**[1014] O recorrente era polícia de trânsito em Nizhniy Novgorod. Em 8-9-1998 fora de serviço, conheceu uma amiga a quem deu boleia. Em 10-09-1998, a mãe de rapariga participou o desaparecimento da filha e às 16 horas da tarde desse dia, o recorrente foi detido e levado para a esquadra, tendo sido questionado sobre o referido desaparecimento, o que aconteceu, repetidamente, nos dias seguintes. O recorrente refere ter pedido um advogado, mas que não lhe foi concedido, tendo, em várias ocasiões, a polícia batido e ameaçado com tortura para extrair a confissão de que tinha morto a rapariga, tendo-lhe aplicado choques elétricos.

O TEDH reiterou que as autoridades têm a obrigação de proteger a integridade física das pessoas sob detenção. Se um indivíduo é detido em boas condições de saúde e é encontrado ferido ao tempo da libertação, incumbe ao Estado dar uma explicação plausível de como ocorreram os ferimentos (cfr. Ac. Ribitsch v. Austria, de 04-12-1995, Series A no. 336, § 34 e Ac. Salman v. Turkey [GC], n.º. 21986/93, § 100, ECHR 2000-VII) e concluiu que o recorrente, enquanto detido, foi tratado severamente pelas autoridades, com o fim de extraírem uma confissão ou informação sobre os factos de que

---

[1014] Disponível no endereço http://pytkam.net/web/images/news/2008/12/0000003.doc.

era suspeito, provocando-lhe severas lesões físicas e mentais, concluindo ter sido sujeito a tortura, no sentido do art. 3.º da CEDH.

**g) Caso Jalloh v. Alemanha de 11-07-2006:**[1015] Considerou-se neste Ac. que o tratamento é «desumano» quando premeditado e aplicado durante horas e causou lesões físicas e psíquicas intensas. O tratamento é considerado «degradante» quando provoca medo, angústia ou inferioridade capaz de humilhar e de determinar a quebra da resistência física e psíquica (cfr. Ac. Hurtado v. Suíça, de 28-01-1994, opinion of the Commission, § 67, Series A no. 280), ou quando leva a vítima a actuar contra a sua vontade ou consciência (cfr. Ac. Dinamarca, Noruega, Suécia e Holanda v. Grécia, n.º.s 3321/67, 3322/67, 3323/67 and 3344/67, Commission's report of 5 November 1969, Yearbook 12, p. 186, and Keenan v. the United Kingdom, no. 27229/95, § 110, ECHR 2001-III) e que, no caso, as autoridades ao provocarem ao recorrente o vómito para extrair drogas que este tinha engolido, sujeitaram o recorrente a grave interferência na sua integridade física e mental, contra a sua vontade, forçando a regorgitar, não por razões terapêuticas, mas para obterem prova que poderia ser obtida por meios menos intrusivos do que os aplicados, concluindo ter sido violado o art. 3.º da CEDH.

O Tribunal considerou também ter sido violado o art. 6.º da CEDH, sendo que mesmo que não tenha sido intenção das autoridades provocar dor e sofrimento ao acusado, certo é que a prova foi obtida por um meio que violou os direitos consagrados na Convenção, sendo que a obtenção das drogas regorgitadas foram elemento fundamental para a condenação do recorrente. Concluiu o tribunal que os métodos utilizados foram desleais, comprometendo o seu direito de não se auto-incriminar.

**h) Caso Göçmen v. Turquia de 17-10-2006:**[1016] Em Dezembro de 1992 o cidadão turco Göçmen foi detido pela polícia acusado de pertencer a uma organização ilegal (PKK).

Em 02-01-1993 em busca ao seu domicílio, realizada na presença do recorrente, foram apreendidos uma arma e documentos e cassetes de propaganda da referida organização ilegal, tendo este admitido, em interrogatório

---

[1015] Disponível em http://hudoc.echr.coe.int/eng?i=001-76307.

[1016] Disponível em http://www.bailii.org/eu/cases/ECHR/2006/2003.html.

A PROVA ILÍCITA: VERDADE OU LEALDADE?

realizado, a sua participação em actividades ilegais, a detenção de armas e a propaganda em nome da organização.

Posteriormente, em 12-01-1993 confirmou parcialmente o seu depoimento, referindo que as cassetes pertenciam a uma terceira pessoa de nome Gözlük e que não pertencia à organização, mas tinha uma certa ligação com ela, não tendo então qualquer problema físico.

Em 13-01-1993, o acusado foi examinado por um médico, uma vez que apresentava diminuição de movimentos e dores, designadamente ao nível dorsal e nos dedos da mão, tendo equimoses e sequelas generalizadas.

Em 25-01-1993 foi deduzida acusação penal contra o recorrente, com base no cometimento de delito contra o Estado e poderes públicos.

No TEDH, o recorrente considerou, designadamente, que foram utilizados, no julgamento que levou à sua condenação na pena de prisão de 18 anos e 9 meses, meios de prova extorquidos por tortura e na ausência de um advogado.

Apreciando, o TEDH considerou que quando uma pessoa é ferida enquanto detida, onde se encontra totalmente sob o controlo das autoridades policiais, todo o ferimento superveniente dá lugar a forte presunção de facto (cfr. Ac. Salman v. Turquia, n.º 21986/93, § 100, CEDH 2000-VII), de tal forma que incumbe ao Governo fornecer uma aplicação plausível para a origem dos ferimentos e produzir provas que estabeleçam uma dúvida sobre as alegações da vítima, designadamente se assentes em elementos médicos (cfr. Caso Selmouni v. França, n.º 25803/94, § 87, CEDH 1999-V e Ac. Altay v. Turquia, n.º 22279/93, § 50, de 22-05-2001), sendo que, no caso tal demonstração não teve lugar.

O TEDH considerou que importa apreciar se o processo – nele se compreendendo o modo de apresentação das provas – foi equitativo (cfr. Caso Edwards v. Reino Unido, de 16-12-1992, série A no 247-B, pp. 34 35, § 34), aí se inscrevendo o direito de não contribuir para a própria incriminação, pressupondo que, no processo penal, cabe à acusação fundar a sua argumentação sem recorrer a elementos de prova obtidos por constrangimento ou pressões ou mesmo contra a vontade do acusado (cfr. Caso Shannon v. Reino Unido, de 04-10-2005, n.º 6563/03, § 32).

No caso, o TEDH observa que o recorrente foi interrogado, enquanto detido, durante 14 dias pelas autoridades policiais e, depois, pelo procurador e pelo juiz, não tendo sido assistido por um advogado, tendo, nesse período, feito várias declarações que o auto-incriminavam e que depois constituíram elementos de prova que levaram à sua condenação, concluindo que as condições da detenção importaram na violação do art. 3.º da CEDH e que, nesta medida, *«a utilização no quadro do processo penal de elementos de prova recolhidos em violação do art. 3.º da CEDH permitem questionar a equidade desse processo»* (cfr. Caso Jalloh v. Alemanha, n.º 54810/00, § 104, de 11-07-2006).

As garantias processuais não permitiram obviar ao emprego da tortura, da ausência de um advogado e a tutelar o direito de não auto-incriminação, não tendo sido alcançado o resultado procedimental gizado pelo art. 6.º da CEDH.

Em face disso, o TEDH concluiu terem sido violados os arts. 3.º, 6.º §1 e 13.º da CEDH.

**i) Caso Bogumil v. Portugal de 07-10-2008:**[1017] Em 12 de Novembro de 2002, quando chegava ao Aeroporto de Lisboa proveniente do Rio de Janeiro (Brasil) o cidadão polaco Adam Bogumil foi controlado pelas autoridades aduaneiras portuguesas. Na sequência de revista, foram encontradas várias embalagens de cocaína, com cerca de 360 gramas, dissimuladas no calçado. O requerente informou então as autoridades que tinha ingerido uma embalagem suplementar, que trazia no seu estômago. Conduzido ao Hospital de São José de Lisboa, foi submetido, após consentimento verbal, a exame radiológico que confirmou a presença de uma embalagem a qual lhe foi extraída por intervenção cirúrgica, para a qual o recorrente refere nunca ter dado consentimento.

O juiz de instrução junto do tribunal de instrução criminal de Lisboa, por despacho de 14 de Novembro de 2002, validou a detenção do requerente, por suspeita de tráfico de estupefacientes, ordenou a sua prisão preventiva e a sua comparência para interrogatório logo que o seu estado de saúde o permitisse tendo, após interrogatório judicial sido mantido em prisão preventiva.

Por Ac. de 26 de Setembro de 2003, o tribunal julgou o requerente culpado e condenou-o na pena de quatro anos e dez meses de prisão, bem como na expulsão do território. O tribunal considerou a embalagem de droga retirada aquando da intervenção cirúrgica meio de prova válido. Além disso, o tribunal baseou-se na droga apreendida no Aeroporto de Lisboa bem como

---

[1017] Respeitante à queixa n.º 35228/03, estando o texto do Ac. disponível no endereço http://hudoc.echr.coe.int/eng?i=001-119158.

A PROVA ILÍCITA: VERDADE OU LEALDADE?

nos depoimentos do funcionário das alfândegas que deteve o requerente e do inspector de polícia judiciária que o acompanhou ao hospital.

O TEDH lembra que, na perspectiva do art. 3.º da CEDH, um tratamento desumano deve conter um mínimo de gravidade. A apreciação deste mínimo é relativa; depende do conjunto dos dados da causa, nomeadamente da duração do tratamento e dos seus efeitos físicos ou mentais bem como, por vezes, do sexo, da idade e do estado de saúde da vítima (ver, entre outros, Price c. Reino Unido, n.º 33394/96, §24, TEDH 2001-VII, Mouisel c. França, n.º 67263/01, §37, TEDH 2002-IX, e Gennadi Naoumenko c. Ucrânia, n.º 42023/98, §108, 10 de Fevereiro de 2004). As alegações de tratamentos desumanos devem ser apoiadas por provas adequadas (ver, *mutatis mutandis*, Klaas c. Alemanha, sentença de 22 de Setembro de 1993, série A n.º 269, págs. 17-18, §30).

Tratando-se de intervenções médicas às quais uma pessoa detida é submetida contra a sua vontade, o art. 3.º da Convenção impõe ao Estado uma obrigação de proteger a integridade física das pessoas privadas de liberdade, nomeadamente pela prestação dos tratamentos médicos requeridos. As pessoas em causa não ficam menos protegidas pelo art. 3.º, cujas exigências não sofrem de nenhuma derrogação (Mouisel, sentença supracitada, §40, e Gennadi Naoumenko, sentença supracitada, § 112). Uma medida ditada por uma necessidade terapêutica do ponto de vista das concepções médicas estabelecidas não pode em princípio passar por desumana ou degradante (ver, em particular, Herczegfalvy c. Áustria, sentença de 24 de Setembro de 1992, série A n.º 244, págs. 25-26, §82, e Gennadi Naoumenko, sentença supracitada, §112). Incumbe portanto ao Tribunal indagar se a necessidade médica foi demonstrada de forma convincente e se existem e foram respeitadas as garantias processuais envolvendo a decisão de proceder a uma tal medida (Jalloh c. Alemanha [GC], n.º 54810/00, §69, TEDH 2006-IX).

O TEDH apreciou se o recorrente consentiu ou não na intervenção médica em causa. Se, de facto, houve consentimento esclarecido, como alega o Governo, não se coloca questão alguma na perspectiva do art. 3.º da Convenção. O Tribunal lembra que em matéria de apreciação dos meios de prova, segue o princípio da prova «para além de qualquer dúvida razoável». Semelhante prova pode resultar de uma conjugação de indícios, ou de presunções não refutadas, suficientemente graves, precisas e concordantes (Nevmerjitski c. Ucrânia, n.º 54825/00, §72, TEDH 2005-II). O Tribunal, na falta de elementos suficientes para o efeito, não considerou assente que o requerente tenha dado o seu consentimento para intervenção em causa.

ADENDA – JURISPRUDÊNCIA EM SEDE DE PROVA ILÍCITA

O TEDH concluiu entendendo que houve violação dos n.ºs 1 e 3, do art. 6.º da CEDH.

**j) Caso Lee Davies v. Bélgica de 28-07-2009:**[1018][1019] Em Novembro de 1998, a polícia belga efectuava uma ronda a um terreno industrial, ao qual se acedia por uma porta que estava aberta e aí constatou 2 pessoas a carregar caixas num camião com matrícula inglesa. Procurando indagar mais de perto, os polícias entraram num pavilhão existente no terreno onde se encontravam várias caixas e um veículo, com matrícula francesa, com o motor ainda quente. A polícia abriu uma das caixas e constatou que elas continham pacotes de tabaco. A porta do armazém principal estava fechada, mas os polícias encontraram uma chave dentro de uma peça de vestuário existente nas casas de banho do pavilhão e entraram no armazém principal. Perante a recusa das duas pessoas em revelar o conteúdo das caixas de cartão existentes na traseira do veículo com matrícula inglesa, os polícias demandaram o queixoso para o abrir e constataram que ele continha estupefacientes. O queixoso alegou a nulidade da revista e dos actos subsequentes, tendo sido condenado por decisão de 16-06-2004 por um tribunal belga a uma pena de prisão de 2 anos e a uma multa de 9.916 euros. O queixoso considerou terem sido violados os arts. 6.º e 8.º da CEDH.

O TEDH concluiu que o art. 6.º da CEDH não regula sobre a admissibilidade das provas enquanto tal, nem sobre a forma como a qual, tal matéria, deve ser regulada pelo direito interno, não incumbindo ao TEDH pronunciar-se sobre o princípio da admissibilidade das provas recolhidas ilegalmente, cabendo-lhe antes apreciar se o procedimento foi globalmente equitativo. Neste exame, contudo, o TEDH pode apreciar o modo como foram recolhidos os elementos de prova e sobre a sua ilegalidade, quer respeite ao direito interno, quer à CEDH. Para determinar se o processo foi equitativo importa apreciar se os direitos de defesa foram respeitados e verificar, nomeadamente, se o queixoso teve a possibilidade de se pronunciar sobre a autenticidade do elemento de prova e de se opor à sua utilização. É necessário, igualmente, em sede de apreciação da qualidade do elemento de prova,

---

[1018] Respeitante à queixa n.º 18704/05, estando o texto do Ac. disponível no endereço http://hudoc.echr.coe.int/fre?i=001-93820.

[1019] Apreciando criticamente esta jurisprudência vd. Karen Rosier e Steve Gilson, «*La preuve irrégulière: quand Antigone ouvre la boîte de Pandore : commentaire de l'arrêt Lee Davies rendu par la Cour européenne des droits de l'homme le 28 juillet 2009*», Chron. D.S., 2010, nº6, pp. 289-292.

apreciar as circunstâncias nas quais foi recolhida a prova, para apreciar da sua fiabilidade e exactidão. O TEDH considerou que uma prova obtida ilegalmente deve ser excluída, a fim de preservar a equidade do processo, quando a irregularidade cometida ofenda certos direitos considerados como fundamentais pela CEDH, nomeadamente, nos termos do art. 3.º. O TEDH considerou que para apreciar da equidade do processo importava saber se os direitos de defesa foram respeitados, tendo examinado se ao queixoso foi oferecida a possibilidade de apreciar a autenticidade do elemento de prova obtido legalmente e de se opor à sua utilização, o que no caso, entendeu ter sido respeitado.

l) **Caso Gäfgen v. Alemanha de 01-06-2010**[1020][1021]: Em 27 de Setembro de 2002, em Frankfurt, Alemanha, Magnus Gäfgen, estudante de direito, de 27 anos, rapta Jakob von Metzler, de 11 anos, filho de um banqueiro, no caminho da escola para casa. Leva-o para o seu apartamento, onde o mata por asfixia, atando-lhe fita isoladora à volta da boca e do nariz. Com a criança morta na mala do carro, dirige-se a casa da família Metzler, onde deixa um pedido de resgate de 1 milhão de euros. Os pais decidem pagar, mas informam a polícia.

A 29 de Setembro, Gäfgen recolhe o resgate no local combinado, sendo observado à distância pela polícia, mas esta não interfere, para não pôr em risco a vida da criança. Mantém-o sob vigilância a partir desse momento e, no dia seguinte, a polícia prende Gäfgen e a namorada no aeroporto de Frankfurt. Gäfgen culpa outros pelo rapto, e dá uma série de falsas pistas.

A 1 de Outubro, o director –adjunto da polícia, Wolfgang Daschner, ordena ao inspector Ortwin Ennigkeit que faça Gäfgen falar, se necessário ameçando-o com tortura. O inspector diz a Gäfgen que já está a caminho um perito em artes marciais, que lhe infligirá dores que ele jamais esquecerá; entretanto abana-o violentamente, atirando-o contra as paredes do gabinete e dá-lhe pancadas no peito, segundo relato posterior de Gäfgen. Este, em

---

[1020] Queixa n.º 22978/05.

[1021] Em comentário a esta decisão, vd. João Henrique Gomes de Sousa ("Em busca da regra mágica – O TEDH e a universalização da regra de exclusão da prova – o caso Gäfgen v. Alemanha", in Julgar, n.º 11, 2010, pp. 31 e ss.) e, bem assim, Alessandro Schillaci ("Male captum bene retentum" e teoria dei "frutti dell'albero avvelenato" nella giurisprudenza italiana e secondo la Corte Europea dei Diritti dell'Uomo; Università degli Studi di Trento, Facoltà di Giurisprudenza, 2011/2012, p. 209 e ss.).

poucos minutos, confessa onde se encontra o cadáver da criança. A polícia dirige-se a esse local, um lago nas proximidades de Frankfurt, e aí o encontra, dentro de água, embrulhado em plásticos e sob um pontão de madeira.

A 23-01-2003, o relatório de Daschner sobre a ameça de tortura feita a Gäfgen chega ao conhecimento do seu advogado de defesa.

No dia 9 de Abril de 2003 começa o julgamento contra Gäfgen. O tribunal estadual de Frankfurt esclarece que por causa das ameaças de violência cometidas pela polícia as declarações até aí feitas pelo acusado não são válidas. O juiz que preside informa que as ameaças feitas ao acusado pela polícia são uma infracção constitucional, mas que daí não se segue que o processo não seja válido.

No dia 11 de Abril, Gäfgen entrega ao tribunal uma confissão escrita completa e, em Julho desse ano, o tribunal condena Gäfgen por rapto e homicídio, com circunstâncias particularmente agravantes (o que impossibilita a sua libertação ao fim de 15 anos), a prisão perpétua.

No dia 20-02-2004, o procurador estadual emite uma nota de acusação contra Daschner e o seu inspector.

No dia 24-05-2004, um tribunal federal alemão recusa a revisão do processo contra Gäfgen, requerida pela defesa, considerando o pedido de revisão injustificado.

No dia 14 de Dezembro desse ano, o tribunal constitucional alemão esclarece que a queixa de inconstitucionalidade apresentada por Gäfgen contra o seu julgamento não é procedente, pois o tribunal estadual não considerou como válidas as provas obtidas sob ameaça de violência.

Em 20 de Dezembro de 2004, o tribunal estadual de Frankfurt condena Daschner e o seu inspector a repreensão e multas pela sua conduta.

Em Junho de 2005, Gäfgen apresenta uma queixa contra a Alemanha, junto do tribunal europeu dos direitos humanos, por violação dos seus direitos ao abrigo da convenção europeia sobre direitos humanos, nomeadamente do seu art. 3.º, proibição de tortura e maus tratos.

Em 30 de Junho de 2008, o TEDH decide rejeitar a queixa de Gäfgen e iliba a Alemanha de ter tolerado tortura. O tribunal considerou que o tratamento a que Daschner e Ennigkeit submeteram Gäfgen não chega ao patamar que permite ser considerado como tortura; mas constituiu, no entanto um tratamento desumano, também coberto pelo referido art. 3.º, ao qual no entanto já tinha sido dada reparação suficiente pelos tribunais alemães. Contrariamente ao art. 3.º, o art. 6.º da CEDH não representa um direito absoluto: A lealdade num processo penal apenas está em disucssão se for demonstrado que a violação do art. 3.º teve um papel no resultado dos procedimentos, sendo que, no caso em apreço, a condenação foi baseada, exclusivamente, na confissão feita em julgamento, tendo sido quebrado o nexo causal entre a ameaça de tortura e a condenação.

**m) Caso Bărbulescu v. Roménia de 12-01-2016[1022]:** Tratou-se de um interessante caso apreciado pelo TEDH na órbita do direito laboral, onde, em suma, esteve em apreciação a seguinte factualidade: O recorrente esteve ao serviço de uma empresa, entre Agosto de 2004 e Agosto de 2007, tendo tido as funções de chefe de vendas. A pedido da empresa, o recorrente criou uma conta de "Yahoo Messenger" para responder a perguntas dos seus clientes. Em 13-07-2007, o empregador informou o trabalhador que as suas comunicações de "Yahoo Messenger" foram monitorizadas entre 5 e 13-07-2007, tendo os registos demonstrado que o mesmo tinha usado a internet para fins pessoais, contrariamente aos regulamentos internos da empresa, tendo a empresa apresentado um documento com 45 páginas de transcrições das comunicações, entre as quais se encontravam algumas trocadas pelo trabalhador com a sua noiva e o seu irmão, de carácter pessoal, mas não íntimo.O trabalhador replicou, por escrito, no sentido de que apenas tinha usado o "Yahoo Messenger" para fins profissionais e notificou a entidade empregadora de que, por ter violado a sua correspondência, era responsável criminalmente pelo sucedido. Em 01-08-2007, a empresa despediu o trabalhador, com fundamento na violação por este do regulamento da empresa que estatuía, nomeadamente, ser estritamente proibido perturbar a ordem e a disciplina no espaço da empresa e, especialmente, utilizar computadores, fotocopiadoras, telefones, telex ou telefax para fins pessoais. O trabalhador impugnou o despedimento no Tribunal de Bucareste, o qual julgou a ação improcedente, considerando que o trabalhador tinha sido devidamente informado sobre os regulamentos da empresa e sobre as normas proibitivas do uso de recursos da empresa para fins pessoais. Desta decisão foi interposto recurso, que foi julgado improcedente, tendo o tribunal de recurso considerado que a conduta do empregador foi razoável e que a monitoriza-

---

[1022] Processo n.º 61496/08, disponível em http://hudoc.echr.coe.int/fre-press?i=001-159906.

ADENDA – JURISPRUDÊNCIA EM SEDE DE PROVA ILÍCITA

ção das comunicações do trabalhador foram o único meio para estabelecer que tinha havido uma falta disciplinar[1023].

O TEDH considerou que a noção de «vida privada» tem um sentido amplo[1024], compreendendo, por exemplo, o direito de estabeler e de desenvolver relações com outros seres humanos e o dirieto à identidade e desenvolvimento pessoais[1025]. Contudo, entendeu o Tribunal que uma leitura ampla do art. 8.º da CEDH não significa, contudo, que tal norma vise proteger toda a actividade que uma pessoa realize para se relacionar com outros seres humanos em ordem a estabelecer e a desenvolver tais relações, não incluindo, por exemplo, os actos relativamente aos quais não se possa conceber uma ligação directa entre uma acção ou inação do Estado e a vida privada de uma pessoa[1026].

O TEDH considera que as chamadas telefónicas a partir do local de trabalho encontram-se, prima facie, cobertas na noção de "vida privada" e "correspondência" para os efeitos do art. 8.º, § 1[1027] e entende que os "e-mails" enviados do local de trabalho encontram-se protegidos pela mesma norma, tal como sucede com a informação decorrente da monitorização do uso pessoal de internet[1028].

---

[1023] O TEDH analisa, depois, o direito interno romeno, cujas disposições (arts. 26.º e 28.º da Constituição, art. 40.º do Código do Trabalho e a Lei n.º 677/2001 sobre a protecção dos indivíduos relativamente ao processamento de dados pessoais e sobre a livre transferência de dados pessoais que aplica a Directiva EU n.º 95/46/EC) são muito semelhantes às que, no ordenamento jurídico português tutelam, respectivamente, a protecção da intimidade da vida privada, a protecção do sigilo da correspondência, o direito do empregador em monitorizar a forma como os empregados realizam o seu trabalho e que o processamento de dados pessoais apenas pode ter lugar com o consentimento do visado, designadamente, em virtude de uma obrigação contratualmente assumida). O TEDH enquadra também a temática no direito internacional relevante, designadamente, as disposições dos arts. 2.º, 3.º, 5.º e 8.º da Convenção do Conselho da Europa de 1981 sobre a proteção de dados e as regras pertinentes da Directiva supra identificada.

[1024] Cfr. Caso E.B. v. França [GC], n. 43546/02, § 43 de 22-01-2008 e o caso Bohlen v. Alemanha, no. 53495/09, § 45, de 19-02-2015.

[1025] Cfr. Caso Niemietz v. Alemanha, de 16-12-1992, Série A n.º 251-B, § 29 e Caso Fernández Martínez v. Espanha [GC], n. 56030/07, § 126, ECHR 2014.

[1026] Cfr.Botta v. Itália, de 24-02-1998, § 35, Reports of Judgments and Decisions 1998 I

[1027] Vd. Caso Halford v. Reino Unido, de 25-06-1997, § 44 e Caso Amann v. Switzerland [GC], n.º 27798/95, § 43, ECHR 2000 II).

[1028] Conforme afirmado no Caso Copland v. Reino Unido, n.º 62617/00, ECHR, 2007-I.

A PROVA ILÍCITA: VERDADE OU LEALDADE?

Na ausência de aviso ao trabalhador sobre se as suas chamadas seriam monitorizadas, o mesmo teria uma razoável expectativa de privacidade sobre tais chamadas feitas a partir do local de trabalho e a mesma expectativa aplica-se ao uso de e-mail e de internet[1029].

Nesta decorrência, o TEDH examina que o trabalhador tem uma razoável expectativa de privacidade quando comunica através da conta de Yahoo Messenger registada a pedido do empregador mas, no caso, tal expectativa é diversa, por o regulamento interno da empresa proibir estritamente os empregados do uso dos computadores e recursos da empresa para fins pessoais.

O TEDH entendeu ser necessário, no enquadramento da genérica proibição imposta pelo empregador, apurar se o trabalhador mantinha, ainda assim, uma razoável expectativa no sentido de que as suas comunicações não seriam monitorizadas.

Tendo presentes estas premissas, o TEDH considerou que os tribunais romenos atenderam ao facto de o empregador ter acedido à conta de Yahoo Messenger na convicção de que o mesmo tinha um conteúdo de mensagens profissionais, dado que o seu uso era para relações com os clientes da empresa, pelo que o conteúdo das comunicações não foi um elemento decisivo nas decisões proferidas pelos tribunais romenos, não tendo o trabalhador explicado convenientemente qual a razão de ter usado a referida conta para fins pessoais, pelo que considerou não ter sido violado o art. 8.º da CEDH[1030].

---

[1029] No Caso Peev v. Bulgária, n.º. 64209/01, de 26-07-2007, o TEDH considerou que revista e busca sobre o local de trabalho constituem uma interferência na vida privada do trabalhador, tendo este a razoável expectativa de privacidade relativamente aos bens guardados no seu local de trabalho, o que constitui um acordo implícito nas relações empregador-empregado.

[1030] Relativamente à decisão do TEDH, o Juiz Paulo Pinto de Albuquerque votou vencido, em suma, apresentando os seguintes argumentos: 1. Em princípio as comunicações por internet não têm menor protecção apenas por ocorrerem durante o horário ou no local de trabalho ou num contexto de trabalho; 2. A protecção inclui não só o conteúdo das comunicações como também os metadados resultantes da recolha e retenção de dados que possam constituir uma intromissão sobre o modo individual de vida, convicções religiosas e políticas, preferências privadas e relações sociais; 3. Na falta de aviso do empregador sobre a monitorização das comunicações, o empregado tem uma razoável expectativa de privacidade; 4. No caso, algumas mensagens obtidas relacionam-se com a saúde sexual do trabalhador e da sua noiva, sendo esta matéria atinente ao núcleo central da intimidade da vida privada, tendo a empresa acedido a estas mensagens e a outras de contéudo pessoal, sabendo que as mes-

## B) Jurisprudência do TJUE

**1. Ac. TJUE de 11-12-2014 (P.º C-212/13, František Ryneš contra Úřad pro ochranu osobních údajů):** «*O artigo 3.º, n.º 2, segundo travessão, da Diretiva 95/46/CE do Parlamento Europeu e do Conselho, de 24 de outubro de 1995, relativa à proteção das pessoas singulares no que diz respeito ao tratamento de dados pessoais e à livre circulação desses dados, deve ser interpretado no sentido de que a exploração de um sistema de câmara que dá lugar a uma gravação em vídeo de pessoas, guardada num dispositivo de gravação como um disco rígido, sistema esse instalado por uma pessoa singular na sua casa familiar para proteger os bens, a saúde e a vida dos proprietários dessa casa e que vigia igualmente o espaço público, não constitui um tratamento de dados efetuado no exercício de atividades exclusivamente pessoais ou domésticas, na aceção desta disposição*».

**2. Ac. TJUE de 19-10-2016 (P.º C-582/14, Patrick Breyer contra Bundesrepublik Deutschland):** Considerou-se nesta decisão que o endereço IP (de protocolo Internet dinâmico) registado por um prestador de serviços de meios de comunicação em linha aquando da consulta por uma pessoa de um síto da Internet constitui, relativamente a esse prestador, um dado pessoal (quando o prestador disponha de meios legais que lhe permitam a pessoa em causa graças às informações suplementares que o fornecedor de acesso à Internet dispõe dessa pessoa), por isso, a sua recolha e tratamento não pode ser livremente efetuada. Porém, é legítima a guarda de endereços IP dos visitantes de sites web, mesmo após o termo das sessões, podendo um site armazenar os IPs dos seus visitantes para fins de defesa de um ataque informático, ou para fins de queixa-crime contra os eventuais atacantes.

mas eram de conteúdo particular, a elas tendo acedido sem autorização do trabalhador e sem ordem judicial que o permitisse; 5. O empregador não tinha direitos de propriedade sobre a conta pessoal de Yahoo Messenger criada pelo trabalhador, muito embora o computador fosse pertença da empresa; 6. A empresa não tomou as medidas necessárias para assegurar que as mensagens de conteúdo mais sensível fossem apenas conhecidas no âmbito do processo disciplinar, tendo a interferência ido mais além do que o necessário.

A PROVA ILÍCITA: VERDADE OU LEALDADE?

## C) Jurisprudência em Direito Penal

**1. Ac. TC n.º 172/92 (de 06-05-1992, rel. Messias Bento)**[1031]: Julgou inconstitucional – por violação dos n.os 1 e 2 do art. 32.º da Constituição – a norma do art. 443.º do Código de Processo Penal de 1929, «*interpretado em termos de consentir a utilização, num determinado processo-crime, como prova contra o arguido, de decisões judiciais sobre matéria de facto, que o incriminam, proferidas num outro processo-crime, em que ele, arguido, não interveio com esse estatuto*».

**2. Ac. STJ de 20-02-2003 (Processo n.º 02P4510, Relator Simas Santos):** «*1 – Tem sido, em geral, admitidas medidas de investigação especiais, como último meio, mas como estritamente necessárias à eficácia da prevenção e combate à criminalidade objectivamente grave, de consequências de elevada danosidade social, que corroem os próprios fundamentos das sociedades democráticas e abertas, e às dificuldades de investigação que normalmente lhe estão associadas, como sucede com o terrorismo, a criminalidade organizada e o tráfico de droga.*

*2 – A pressão das circunstâncias e das imposições de defesa das sociedades democráticas contra tão graves afrontamentos tem imposto em todas as legislações, meios como a admissibilidade de escutas telefónicas, a utilização de agentes infiltrados, as entregas controladas.*

*3 – No quadro normativo vigente, a actuação do agente provocador é normalmente considerada como ilegítima, caindo nos limites das proibições de prova, sendo patente o consenso da doutrina e da jurisprudência de que importa distinguir os casos em que a actuação do agente policial (agente encoberto) cria uma intenção criminosa até então inexistente, dos casos em que o sujeito já está implícita ou potencialmente inclinado a delinquir e a actuação do agente policial apenas põe em marcha aquela decisão. Isto é, importa distinguir entre a criação de uma oportunidade com vista à realização de uma intenção criminosa, e a criação dessa mesma intenção.*

*4 – Com efeito, na distinção e caracterização da proibição dum meio de prova pessoal é pertinente o respeito ou desrespeito da liberdade de determinação de vontade ou de decisão da capacidade de memorizar ou de avaliar. Desde que estes limites sejam respeitados, não será abalado o equilíbrio, a equidade, entre os direitos das pessoas enquanto fontes ou detentoras da prova e as exigências públicas do inquérito e da investigação. A provocação, em matéria de proibição de prova só intervém se essas actuações visam inci-*

---

[1031] Consultado em http://www.tribunalconstitucional.pt/tc/acordaos/19920172.html.

ADENDA – JURISPRUDÊNCIA EM SEDE DE PROVA ILÍCITA

*tar outra pessoa a cometer uma infracção que, sem essa intervenção, não teria lugar, com vista a obter a prova duma infracção que sem essa conduta não existiria.*

*5 – Não se verifica a actuação de agente provocador, mas sim de agente infiltrado se: – já está em execução uma operação de importação e introdução na Europa de 1.105 Kgs de cocaína, através de Portugal, com a droga a bordo de uma embarcação em alto mar, quando é contactado um português, livre e autonomamente escolhido pelos traficantes, para colaborar na transferência dessa substância no mar, no desembarque em território português e depósito até ser transportada para Espanha; – esse cidadão se oferece para colaborar com a Polícia Judiciária, o que esta aceita; – obtém uma embarcação, com outros agentes encobertos e efectua o transbordo, com a presença de um representante dos traficantes que é o único que detém as coordenadas do ponto de encontro e o número do telefone satélite da outra embarcação; – são os traficantes que decidem onde deve ser finalmente descarregada e depositada a droga, tendo enviado um casal para estar presente no arrendamento da casa destinada a depósito; – e são presos quando carregavam parte daquela substância para levar para a Espanha.*

*6 – Neste caso, também não se pode dizer que os agentes infiltrados tenham tido o total domínio do facto».*

## 3. Ac. TC n.º 198/2004 (Processo n.º 39/2004, relator MOURA RAMOS)[1032]:

*«2.2.1. (...) A questão que (...) se coloca, e com a qual este processo nos confronta, é a de saber se essas ("todas as") "garantias de defesa" não abrangem, também, numa leitura conjugada dos n.ºs 1 e 8 do art. 32.º e com base no «princípio da formalidade» referido, para além da invalidade da própria prova nula, a afirmação do «efeito-à-distância» dessas provas inválidas sobre outras provas válidas. Note-se que estas últimas, relativamente às quais o possível «efeito-à-distância» se coloca, constituem, quando isoladamente consideradas, meios legais de prova, aptos, em princípio, a ser utilizados no processo. A sua supressão, quando ocorra, constitui assim uma extensão da ilegalidade do meio de prova anterior (...).*

*Pode, assim, afirmar-se com segurança que o sentido de uma norma prescrevendo que a invalidade do acto nulo se estende aos que deste dependerem ou que ele possa afectar (art. 122.º, n.º 1 do CPP) é, desde logo, o de abrir caminho à ponderação que – como adiante se verá – subjaz à chamada doutrina dos «frutos proibidos». Isto, cotejado com a apontada amplitude das garantias de defesa contidas no art. 32.º da CRP, leva a que este Tribunal considere que, efectivamente, certas situações de «efeito-à-distância» não deixam de constituir uma das dimensões garantísticas do processo criminal, permitindo*

---

[1032] Publicado no D.R.; II, n.º 129, de 02-06-2004, pp. 8544-8551.

*verificar se o nexo naturalístico que, caso a caso, se considere existir entre a prova inválida e a prova posterior é, também ele, um nexo de antijuridicidade que fundamente o «efeito-à-distância», ou se, pelo contrário, existe na prova subsequente um tal grau de autonomia relativamente à primeira que a destaque substancialmente daquela.*

*Outro sentido não tem, aliás, a doutrina dos «frutos da árvore venenosa», desde a sua formulação no direito norte-americano, que não seja aquele que exige a ponderação do caso concreto determinando a existência, ou não, desse nexo de antijuridicidade entre a prova proibida e a prova subsequente que exige para esta última o mesmo tratamento jurídico conferido àquela.*

*2.2.2 É universalmente conhecida a metáfora empregue pelo Juiz do Supremo Tribunal Federal dos Estados Unidos, Felix Frankfurter, na decisão Nardone v. United States [308 U.S. 338 (1939), esta e as outras decisões do Supremo Tribunal dos Estados Unidos adiante referidas, podem ser consultadas em: http://supct.law.cornell.edu/supct/search ], «Fruit of the poisonous tree» («Fruto da árvore venenosa») podendo, através dela, dizer-se constituir um meio de prova inválido a «árvore venenosa», importando determinar se a prova que aparece depois constitui «fruto» daquela «árvore» estando, por isso, também ele – o «fruto» –, «envenenado».*

*Poucas máximas conseguem sintetizar como esta de uma forma tão sugestiva aquilo que pretendem expressar. Por trás dela encontramos no entanto uma realidade extremamente complexa que vem fornecendo critérios de decisão, desde o seu aparecimento na ordem jurídica norte-americana, passando pelo seu desenvolvimento jurisprudencial pelo Supremo Tribunal Federal, durante um período de mais de oitenta anos, e culminando com os importantes reflexos que tem noutros sistemas jurídicos, designadamente nos europeus continentais. Estamos, portanto, face a uma realidade com uma teorização suficientemente desenvolvida, para que se possa mesmo falar na formação – assentes na doutrina dos «frutos de uma árvore venenosa» – de verdadeiros modelos de decisão. Veja-se, aliás, como o recorrente pretendeu, citando expressamente esta doutrina (por exemplo a fls. 742), retirar o sentido que entende ser o adequado para o art. 122.º, n.º 1 do CPP, e como o Tribunal da Relação de Coimbra, também citando a mesma doutrina (v. fls. 801/802), construiu o seu entendimento interpretativo relativamente ao «efeito – à – distância».*

*2.2.3. A afirmação de um claro efeito reflexo de uma prova proibida sobre uma prova, em si mesma legal, mas derivada daquela, aparece pela primeira vez na decisão de 1920 do Supremo Tribunal norte-americano, Silverthorne Lumber Co. v. United States (251 U.S. 385), redigida pelo Juiz Oliver Wendell Holmes, onde, aliás, a metáfora da «árvore venenosa» não é ainda empregue. Estava em causa nesta decisão uma apreensão reconhecidamente ilegal de determinados livros de contabilidade de uma sociedade, e os factos conhecidos através destes documentos, ilegalmente obtidos, servi-*

ADENDA – JURISPRUDÊNCIA EM SEDE DE PROVA ILÍCITA

*ram de base a uma ulterior incriminação dos dois sócios dessa sociedade ("O Governo, embora repudie e condene a apreensão ilegal, pretende prevalecer-se do direito de utilizar o conhecimento adquirido por esse meio que, de outra forma, não teria obtido"). Os termos precisos através dos quais o Tribunal expressou o seu entendimento, são fundamentais para uma correcta caracterização da doutrina então estabelecida:*

*"O sentido profundo de um preceito proibindo a aquisição de prova de determinada forma não é apenas que essa prova, assim adquirida, não seja usada em tribunal naquelas circunstâncias. É, também, que ela não seja, pura e simplesmente, utilizada em quaisquer circunstâncias. Claro que isto não significa que os factos resultantes dessa prova se tornem sagrados e inacessíveis. Se o conhecimento deles é adquirido por uma fonte independente [independent source] podem ser provados, como quaisquer outros, mas o conhecimento adquirido através do procedimento ilegal do Governo não pode ser utilizado" (251 U. S. pág. 392).*

*Significa isto que o que se considerou ilegítimo foi o uso indirecto (para além do uso directo, que é pressuposto pela proibição) do procedimento probatório ilegal. O Tribunal, porém, não excluiu em Silverthorne que esses mesmos factos pudessem ser obtidos no processo, desde que essa aquisição proviesse de uma «fonte independente», ou seja, não se traduzisse numa atribuição de eficácia indirecta à prova proibida.*

*Este mesmo entendimento foi fixado, de forma mais clara, na decisão, já anteriormente referida, do Supreme Court onde a metáfora «fruto de uma árvore venenosa» foi pela primeira vez empregue (a segunda decisão Nardone de 1939). Nesta, estando em causa uma intercepção telefónica ilegal [ que como tal havia sido anteriormente declarada na primeira decisão Nardone de 1937 (302 U. S. 379)], o Juiz Frankfurter, citando como precedente a sentença Silverthorne, e concretamente o trecho desta acima transcrito, afirmou o seguinte: "Na prática esta afirmação genérica [referia-se à citação extraída de Silverthorne] coloca problemas de grande complexidade. Através de uma argumentação sofisticada é possível demonstrar uma conexão causal entre a informação obtida através da escuta ilegal e a prova do Governo [acusação]. Não obstante, tal conexão pode ser tão atenuada que, por razões de bom senso, dissipe essa mácula [dissipate the taint]. Uma forma simples de lidar com esta situação – que cumpra o § 605 [a norma de que resultava a ilegalidade da escuta], mas cumpra, igualmente, os fins da lei penal – é deixá-la nas mãos de juízes experientes. O ónus recai, obviamente sobre o acusado, que deve provar, primeiro, que a escuta foi ilegal. Uma vez estabelecido isto – como aconteceu neste caso –, o juiz de julgamento deve dar a oportunidade ao acusado de provar que parte substancial da acusação constitui «fruto de uma árvore venenosa» [the case against him was a fruit of the poisonous tree]. Isto deixa aberta uma ampla oportunidade de a acusação convencer o tribunal de julgamento de que a sua prova tem uma origem autónoma [independent origin]" (308 U. S. pág. 341).*

*O contexto destas decisões foi o da afirmação da «regra de exclusão» (exclusionary rule) segundo a qual a prova obtida pela acusação através da violação dos direitos constitucionais do acusado, não pode ser usada contra este [esta regra foi afirmada pelo Supremo Tribunal, pela primeira vez, em 1914 na decisão Weeks v. United States (232 U.S. 383), no contexto da Federação e foi estendida aos Estados em 1961 com Mapp v. Ohio (367 U.S. 643); v. sobre a exclusionary rule: Kermit L. Hall, The Oxford Companion to the Supreme Court of the United States, Nova Iorque/Oxford, 1992, pág. 264; Leonard W. Levy, Exclusionary Rule, in Criminal Justice and the Supreme Court, Nova Iorque, 1990, pág. 147].*

*Trata-se, assim, com a doutrina do «fruto da árvore venenosa», de estender a «regra de exclusão» às provas reflexas. Porém, esta projecção de invalidade aparece, desde os primórdios da formulação da doutrina, matizada por uma série de circunstâncias em que a prova derivada (derivada porque de alguma forma relacionada com a prova inválida) pode, não obstante, ser aceite como prova válida.*

*Através de uma longa elaboração jurisprudencial o Supremo Tribunal norte-americano pôde particularizar as circunstâncias em que uma prova reflexa deve ser excluída do efeito próprio da doutrina do «fruto da árvore venenosa». São fundamentalmente três esses grupos de circunstâncias: a chamada limitação da «fonte independente» (independent source limitation); a limitação da «descoberta inevitável» (inevitable discovery limitation); e a limitação da «mácula (nódoa) dissipada» (purged taint limitation) (v. Jerold H. Israel e Wayne R. LaFave, Criminal Procedure – Constitutional Limitations, 6.ªed. St. Paul, Minnesota, 2001, págs. 291/301).*

*A primeira situação, a «fonte independente», remonta à decisão Silverthorn, onde o Juiz Holmes excepcionou, expressamente, a existência de uma independent source corroborando os conhecimentos que também eram derivados da prova proibida; tal fonte possibilitaria a aceitação daqueles conhecimentos. Existem diversas decisões do Supreme Court afirmando esta limitação (v. Israel/LaFave, ob. cit., págs. 294/297), a título de exemplo cita-se Segura v. United States de 1983 (468 U.S. 796), onde a uma busca inicial sem mandado, na qual foi observada "parafernália própria para o tráfico de droga", mas não a própria droga, se seguiu uma segunda busca com mandado (baseado este numa «causa provável» anterior à primeira busca) em que a droga foi efectivamente encontrada. O Tribunal, excluindo o que foi encontrado na primeira busca (ilegal), manteve, no entanto, como prova válida o estupefaciente apreendido na segunda busca (legal), considerando-o proveniente de uma «fonte independente»: "A nossa conclusão segundo a qual a prova em causa é admissível, é inteiramente consistente com os casos anteriores, que representam mais de meio século de decisões. O Tribunal nunca afirmou que a prova constitua «fruto da árvore venenosa» apenas porque não teria aparecido se não fosse a actividade ilegal da polícia. [Desses casos decorre]*

ADENDA – JURISPRUDÊNCIA EM SEDE DE PROVA ILÍCITA

*claramente que a prova não será excluída como «fruto» a não ser que a ilegalidade tenha sido causa sine qua non da própria descoberta dessa prova" (468 U.S. pág. 815).*

*A outra restrição à doutrina do «fruto da árvore venenosa», que é referida como limitação da «descoberta inevitável», assenta na ideia de que a projecção do efeito da prova proibida não impossibilita a admissão de outras provas derivadas quando estas tivessem inevitavelmente (would inevitably) sido descobertas, através de outra actividade investigatória legal. Note-se que o que aqui está em causa não é, contrariamente ao que sucede no caso da «fonte independente», a constatação de que através de uma actividade de investigação autónoma daquela que originou a prova ilegal se chegou efectivamente à prova derivada. Contrariamente, nestas situações, está em causa a demonstração pela acusação de que uma outra actividade investigatória não levada a cabo, mas que seguramente iria ocorrer naquela situação, não fora a descoberta através da prova proibida, conduziria inevitavelmente ao mesmo resultado (cfr. Israel/ LaFave, ob. cit. pág. 297).*

*Constitui paradigma desta limitação o caso de 1983, Nix v. Williams (467 U.S. 430), também conhecido por Williams II, onde um interrogatório ilegal, porque não precedido da leitura dos Miranda warnings, levou o suspeito a indicar a localização do cadáver da vítima. Este, porém, sendo certo que ocorriam concomitantemente buscas no local onde foi encontrado, viria seguramente, embora eventualmente mais tarde, a ser descoberto. A respeito da validade processual da descoberta baseada na prova inquinada, observou o Tribunal nesta decisão (Williams II): "O fundamento da extensão da regra de exclusão à prova que constitui «fruto» da actuação ilegal da polícia, é a de que essa consequência extrema se mostra necessária para dissuadir a polícia de violar os direitos constitucionais dos suspeitos, não obstante o elevado custo social que representa deixar impunes óbvios culpados [letting obviously guilty persons go unpunished]. Significa este fundamento que a acusação não deve ser colocada numa melhor posição do que aquela em que estaria na ausência da ilegalidade. Por contraste, a doutrina da fonte independente – permitindo a admissão de prova descoberta por meios inteiramente independentes de qualquer violação constitucional – assenta no fundamento lógico de que o interesse da sociedade em evitar condutas policiais ilegais e o interesse público em que os jurados tenham acesso a toda a prova existente de um crime, sejam postos em equilíbrio, colocando a polícia na mesma, e não em pior, posição do que aquela em que estaria, não fora o seu erro ou conduta incorrecta. Embora a doutrina da fonte independente não se aplique nesta situação, a sua razão de ser é consistente e justifica a adopção da excepção da descoberta inevitável à regra de exclusão. Quando a acusação logra estabelecer, por critérios de preponderância da prova, que determinada informação, em última análise ou inevitavelmente, teria sido descoberta por meios legais, neste caso buscas que estavam em curso, então o fundamento da dissuasão [de*

A PROVA ILÍCITA: VERDADE OU LEALDADE?

*procedimentos ilegais] apresenta uma base tão reduzida que não impede a admissão da prova [then the deterrence rationale has so little basis that the evidence should be received]". [resumo oficial (Syllabus) da decisão, in 467 U.S. pág. 432, com correspondência no texto a págs. 441/444].*

*A terceira limitação estabelecida pelo Supremo Tribunal norte-americano à doutrina dos «frutos de uma árvore venenosa», pode ser denominada, numa tradução algo livre, «mácula dissipada» (purged taint limitation) (cfr. Israel/LaFave, ob. cit. págs. 299/301). Nesta, admite-se que uma prova, não obstante derivada de outra prova ilegal, seja aceite, sempre que os meios de alcançar aquela apresentem uma forte autonomia relativamente a esta, em termos tais que produzam uma decisiva atenuação da ilegalidade precedente. Como se viu do trecho antes transcrito de Nardone II, o Juiz Frankfurter já falava em 1939 numa conexão tão atenuada com a prova proibida que «dissipava a mácula» (such conection have become so attenuated as to dissipate the taint). O Supreme Court vem, desde então, ao longo de seis décadas, exprimindo esta ideia ao falar de meios de aquisição da prova derivada "suficientemente distintos" da prova ilegal que a tornam algo de tão longínquo que a «mácula» se dissipa. Foi o que se disse, em 1962, em Wong Sun e al. v. United States (371 U.S. 471), numa situação que, por se referir a uma confissão posterior à prova proibida, apresenta certo paralelismo com o caso que nos ocupa. Nesta decisão considerou-se que a invalidade de uma detenção inicial, não assente em «causa provável», não afectava uma posterior confissão voluntária e esclarecida quanto às suas consequências, tratando-se esta de um «acto independente praticado de livre vontade» (independent act of free will) (cfr. Israel/LaFave, ob. cit. pág. 302).*

*A este respeito constata-se mesmo a existência de um sentido uniforme nas decisões do Supremo Tribunal norte-americano, considerando que nos casos de prova derivada envolvendo actos de vontade (derivative evidence involving volitional acts), traduzidos, por exemplo, no depoimento de testemunhas ou na decisão do suspeito de confessar o crime ou de prestar declarações relevantes quanto a este, a invalidade da prova anterior não se projecta na prova posterior, porque assente em decisões autónomas e produto de uma livre vontade [v. Steven D. Clymer, Are Police Free to Disregard Miranda?, The Yale Law Journal, vol. 112, n.º 3, Dezembro de 2002, pág. 510; cf. neste sentido as decisões, respectivamente de 1971 e 1985, Michigan v. Tucker (417 U. S. 433) e Oregon v. Elstad [470 U.S. 298]).*

*2.2.4. Com estes exemplos respeitantes à doutrina dos «frutos» nos Estados Unidos, procurou-se traçar, genericamente, o quadro de referência desta no que podemos chamar o seu «ambiente natural». Note-se que estão em causa soluções próprias de uma ordem jurídica que é substancialmente diferente da nossa, o que não impediu tal doutrina de nos influenciar. Muitas destas soluções não têm nem poderiam ter corres-*

*pondência no nosso direito. Porém, o que importa reter – e que nos permitirá avançar na subsequente indagação – é que a doutrina, amplamente citada neste processo pelo recorrente e pelos diversos tribunais recorridos, dos «frutos da árvore venenosa», nunca teve, na sua origem e desenvolvimento no direito norte-americano, o sentido que o recorrente parece querer atribuir-lhe de um «efeito dominó» que arrasta todas as provas que, em quaisquer circunstâncias, apareçam em momento posterior à prova proibida e com ela possam, de alguma forma, ser relacionadas.*

*Pelo contrário, aquilo que está em causa – e os exemplos acima referidos demonstram-no amplamente – é uma doutrina que abre um amplo espaço à ponderação das situações concretas, ou seja à interpretação, e que está longe de justificar, através da sua invocação, o caminho único de invalidar todas as provas posteriores à prova ilegal. Diversamente, trata-se com esta doutrina da procura de modelos de decisão assentes em critérios coerentes com a ponderação de interesses que justifica que, em determinadas circunstâncias, se projecte a invalidade de uma prova proibida, para além de nela própria, noutras provas e, em circunstâncias distintas, se recuse tal projecção.*

*Adiantando uma conclusão que posteriormente será explicitada, dir-se-á, por referência ao art. 122.º do CPP, que, lendo-o integralmente e à luz dos critérios em que nos Estados Unidos, designadamente através do labor do Supremo Tribunal, se fez assentar a doutrina dos «frutos da árvore venenosa», se pode dizer que esta norma abre um espaço interpretativo no qual há que procurar relações de dependência ou de produção de efeitos (o art. 122.º, n.º 1 do CPP fala em actos dependentes ou afectados pelo acto inválido) que, com base em critérios racionais, exijam a projecção do mesmo valor negativo que afecta o acto anterior. Daí que os critérios atrás enunciados, fixados na jurisprudência norte-americana, acabem por constituir bons instrumentos de trabalho, que sugerem mesmo caminhos passíveis de ser seguidos entre nós, como aliás tem sucedido em outras ordens jurídicas (...).*

*2.3. Esta abordagem de direito comparado, estando em causa uma figura doutrinária aparecida fora do nosso espaço jurídico, permite-nos colher elementos de grande utilidade para a caracterização do sentido do art. 122.º, n.º 1 do CPP, não esquecendo que este, como se afirmou precedentemente, condensa o sentido prático que, enquanto garantia constitucional que é, o «efeito-à-distância» tem no nosso processo criminal.*

*2.3.1 Está em causa na situação que nos ocupa o aproveitamento de prova traduzida em confissão, ou num sentido mais amplo em declarações relevantes dos próprios arguidos. Esta – a confissão – funciona, de forma quase intuitiva, como verdadeiro paradigma de uma prova subsequente autónoma, concretamente por decorrer de um acto de vontade – de uma decisão de agir de determinada forma – de quem é advertido (trata-se de prova produzida na audiência de julgamento) do sentido das declarações que eventualmente venha a prestar (v. art. 343.º, n.º 1 do CPP) e que, enfim,*

A PROVA ILÍCITA: VERDADE OU LEALDADE?

*se encontra assistido por advogado. Aliás, sem que isto signifique uma apreciação por parte deste Tribunal da própria decisão recorrida, fora dos parâmetros da questão de inconstitucionalidade normativa que dessa decisão emergiu, não pode deixar de se sublinhar que o recorrente havia contestado, desde o debate instrutório, a legalidade das escutas telefónicas, que os seus argumentos foram a esse respeito aceites pelo Tribunal de julgamento e que, por isso, não tem qualquer sentido a afirmação, constante das suas alegações, de que a confissão, dele recorrente e do co-arguido não recorrente, não foi "livre e esclarecida, pois, só o seria caso o Tribunal o tivesse informado de que as escutas (eram) ilegais e que não (podiam) ser utilizadas contra ele" (v. fls. 934). Trata-se, obviamente, de um absurdo, quando, sublinha-se de novo, era o próprio recorrente que desde muito antes defendia veementemente a ilegalidade dessas escutas.*

*Tudo se prende, assim, com o entendimento do próprio art. 122.º, n.º 1 do CPP e com o relacionamento de uma prova de natureza confessória com anterior prova inválida, consubstanciada em intercepções telefónicas. Quanto ao primeiro aspecto, como já se referiu, está em causa uma doutrina que entende o «efeito-à-distância» como uma construção interpretativa que possibilita considerar em determinadas circunstâncias, e recusá-lo noutras, que os fundamentos jurídicos da invalidade de determinada prova se mantêm (e, por isso, se devem projectar) numa prova que aparece depois. Quanto à confissão, o que foi considerado é que esta tem tal autonomia que possibilita um acesso aos factos totalmente destacável de qualquer outra forma de acesso anteriormente surgida e afectada por um valor negativo [este Tribunal, no Ac. n.º 288/99 ( Ac.s do Tribunal Constitucional, 43.º vol., pág. 529) entendeu como constitucionalmente conforme a livre valoração, enquanto prova, de declarações confessórias relativamente às quais não se verificou o condicionalismo estabelecido no n.º 1 do art. 344.º do CPP].*

*Ora, e assim se alcança uma conclusão, o entendimento do art. 122.º, n.º 1 do CPP, subjacente à decisão recorrida, segundo o qual este abre a possibilidade de ponderação do sentido das provas subsequentes, não declarando a invalidade destas, quando estiverem em causa declarações de natureza confessória, mostra-se constitucionalmente conforme, não comportando qualquer sobreposição interpretativa a essa norma que comporte ofensa ao disposto nos preceitos constitucionais invocados (...)».*

**4. Ac. TRG de 29-03-2004 (P.º 1680/03-2, rel. Maria Augusta):** *«I – Os meios de prova são os elementos de que o julgador se pode servir para formar a sua convicção acerca de um facto, conf. Antunes Varela, J. Miguel Bezerra e Sampaio e Nora – Manual de Processo Civil, pág.452. II – Os meios de obtenção de prova são os instrumentos de que se servem as autoridades judiciárias para investigar e recolher meios de prova, conf. Germano Marques da Silva, Curso de Processo Penal II, pág. 209 a 210, que distingue os meios de prova dos meios da sua obtenção: " É claro que*

ADENDA – JURISPRUDÊNCIA EM SEDE DE PROVA ILÍCITA

*através meios de obtenção de prova se podem obter meios de prova de diferentes espécies, v.g. documentos, coisas, indicação de testemunhas, mas o que releva de modo particular é que, nalguns casos, o próprio meio de obtenção da prova acaba por ser também um meio de prova. Assim, por exemplo, enquanto a escuta telefónica é um meio de obtenção de prova, as gravações são já um meio de prova" podendo, no entanto, " suceder que a distinção resulte penas da lei ter dado particular atenção ao modo de obtenção da prova, como nos parece acontecer, v.g., com as escutas telefónicas." III – Aos meios de obtenção da prova reportam-se os art°s 171° a 190° do C.P.P., sendo eles: os exames (art°171°a 173°), as revistas e buscas (art°174° a 177°), a apreensão (art°178° a 186°) e as escutas telefónicas (187° e seg.), não se mostrando assim expressamente previstos pelo legislador, como meio de obtenção de prova, os meios electrónicos de vigilância, o que não significa, sem mais, que os meios de prova assim obtidos sejam ilegais, mas apenas que não lhes foi dada "particular atenção" (...). VI – Ainda relativamente ao direito à imagem, dispõe o art.° 79.° do C. Civil: " 1. O retrato de uma pessoa não pode ser exposto, reproduzido ou lançado no comércio sem o consentimento dela; (..). 2. Não é necessário o consentimento da pessoa retratada quando assim o justifiquem a sua notoriedade, o cargo que desempenhe, exigências de polícia ou de justiça, finalidades científicas, didácticas ou culturais, ou quando a reprodução da imagem vier enquadrada na de lugares que hajam decorrido publicamente." VII – Urge, pois, verificar se os fotogramas foram obtidos ou não de forma ilícita, isto é, através de abusiva intromissão na vida privada do arguido e/ou com violação do seu direito à imagem, uma vez que resultaram de gravações em vídeo feitas em posto de abastecimento de combustível, sem a autorização ou consentimento do arguido e sem que tenha havido qualquer despacho a autorizar ou ordenar as gravações. VIII – A resposta terá de ser negativa, com base na seguinte ordem de considerações: 1 – A captação de imagens ocorreu em lugar público, entendido este no sentido de lugar de livre acesso de público. 2 – É a própria lei que prevê a obrigatoriedade de adopção de sistemas de segurança privada nos espaços de livre acesso de público que, pelo tipo de actividades que neles se desenvolvem, sejam susceptíveis de gerar especiais riscos de segurança – n° 3 do art° 5° do Dec. Lei n° 231/98, de 22/07 – podendo ser utilizados equipamentos electrónicos de vigilância e controlo (n° 1 do art°12° do citado diploma ). 3 – Também a gravação não foi obtida às ocultas, pois foi feita num espaço público, onde é sabido que existem câmaras de vídeo que fazem a vigilância electrónica. 4 – Quanto à reserva da vida privada, verifica-se que o arguido não foi filmado no contexto da sua área privada mas, tal como qualquer utente do posto de combustível, numa área de acesso de público, onde qualquer pessoa, seja ou não cliente, pode aceder, sendo que o que está constitucionalmente protegido é apenas a esfera privada e íntima do indivíduo (...)».*

**5. Ac. STJ de 06-05-2004 (P.º 04P908, rel. Santos Carvalho):** *«A «nulidade» cominada pelo art. 189.º do CPP não tem a ver com as «nulidades dos actos processuais» (Livro II, Título V da Parte Primeira do Código de Processo Penal) mas, antes, com as «nulidades da prova» (Livro III, Título I): enquanto a nulidade dos «actos processuais», depois de declarada (se entretanto não sanada, quando sanável), «tornam inválido o acto em que se verificarem, bem como os que dele dependerem e aquelas puderem afectar» (art. 122.º.1), já a «nulidade da prova» obsta, radicalmente, à sua «utilização» (art. 126.º.1). Ramificando um inquérito por via de um meio proibido de prova (v.g. escutas ilegais), os respectivos "frutos" aparentam estar contaminados com esse "pecado original". Mas, se a entidade investigatória tem conhecimento da existência de droga em certo local por via de escutas telefónicas ilegais, a respectiva apreensão não deixa de ser um meio legal de prova, desde que feita de acordo com o formalismo respectivo. Nessa apreensão haverá, porém, que distinguir os aspectos objectivos (onde, como, a quem, em que quantidade) dos que apenas possam ter resultado das escutas ilegais (v.g., a que fins se destinava a droga). Do mesmo modo, o depoimento do agente policial contém elementos que ele observou directamente e outros de que ele tomou conhecimento pelas escutas. Não são "factos" susceptíveis de sustentar uma condenação penal as imputações genéricas, em que não se indica o lugar, nem o tempo, nem a motivação, nem o grau de participação, nem as circunstâncias relevantes, mas um conjunto fáctico não concretizado ("procediam à venda de produtos estupefacientes", "essas vendas eram feitas por todos e qualquer um dos arguidos", "a um número indeterminado de pessoas consumidoras de heroína e cocaína", "utilizavam também "correios", "utilizavam também crianças", etc.). As afirmações genéricas, contidas no elenco desses "factos" provados do Ac. recorrido, não são susceptíveis de contradita, pois não se sabe em que locais os citados arguidos venderam os estupefacientes, quando o fizeram, a quem, o que foi efectivamente vendido, se era mesmo heroína ou cocaína, etc. Por isso, a aceitação dessas afirmações como "factos" inviabiliza o direito de defesa que aos mesmos assiste e, assim, constitui uma grave ofensa aos direitos constitucionais previstos no art. 32.º da Constituição».*

**6. Ac. STJ de 06-05-2004 (P.º 04P774, rel. Pereira Madeira):** *«I – No âmbito dos efeitos à distância emergente do recurso a «métodos proibidos de prova» poderá dar-se consistência prática à distinção entre os métodos previstos no n.º. 1 do art. 126.º e os previstos no n.º. 3. II – Com efeito, enquanto o recurso aos meios radicalmente proibidos de obtenção de provas inutilizará – expansivamente – as provas por eles directa e indirectamente obtidas, já deverá ser mais limitado – em função dos interesses conflituantes – o efeito à distância da «inutilização» das provas imediatamente obtidas através dos demais meios proibidos de obtenção de provas (ofensivos não do*

*«valor absoluto da dignidade do homem», mas de «interesses individuais não directa-
mente contendentes com a garantia da dignidade da pessoa», como a «intromissão sem
consentimento do respectivo titular» na «vida privada», «no domicílio», na «correspondência» ou nas «telecomunicações»). III – Sobretudo quando, como no caso, a nulidade do meio utilizado (a «escuta telefónica») radique não nos seus «requisitos e condições de admissibilidade» (art. 187.º) mas nos «requisitos formais» das correspondentes
«operações». Pois que, sendo esta modalidade, ainda que igualmente proibida (arts.
126.º.1 e 3 e 189.º), menos agressiva do conteúdo essencial da garantia constitucional
da inviolabilidade das telecomunicações (art. 34.º.4 da Constituição), a optimização
e a concordância prática dos interesses em conflito (inviolabilidade das comunicações
telefónicas versus «verdade material» e «punição dos culpados mediante sentenciamento criminal em virtude de lei anterior que declare punível a acção») poderá reclamar a limitação – se submetida aos princípios da necessidade e da proporcionalidade
– dos «interesses individuais, ainda que emanações de direitos fundamentais, que não
contendam directamente com a garantia da dignidade da pessoa».*

**7. Ac. TRL de 03-05-2006 (P.º 83/2006-3, rel. Carlos Sousa):** *«I – São
provas nulas as imagens de vídeo obtidas sem o consentimento ou conhecimento do
arguido, através de câmara oculta colocada pelo assistente no seu estabelecimento de
gelataria, e que é o local de trabalho do arguido, e sem que estivesse afixada informação
sobre a existência de meios de videovigilância e qual a sua finalidade – art.ºs 118.º n.º
3, 126.º, 167.º n.º 1 do C.P.P., D.L. n.º 267/93 de 10/8, Lei n.º 67/98 de 26/10, D.L.
n.º 231/98 de 22/7, D.L. 263/01 de 28/9 e art.ºs 18.º, 26.º n.º 1 e 32.º n.º 8 da C.R.P.
II – Arrolados tais meios de prova na acusação pública por crime de furto e valorados
em audiência, onde foram visionadas as imagens de vídeo, é nulo todo o processado
desde a acusação, inclusivé, e ulteriores termos do processo – art.º 122.º n.º1 do C.P.P.».*

**8. Ac. STJ de 07-06-2006 (P.º 06P650, rel. Henriques Gaspar):** *«Pode,
hoje, considerar-se assente na doutrina e na jurisprudência (cf., por todos, o Ac. do TC
de 24-03-2004) que a projecção da invalidade de prova em matéria de legitimidade
ou validade da prova sequencial a prova nula não é automática, e que, em cada caso,
há que determinar se existe um nexo de antijuridicidade que fundamente o "efeito-à-
-distância", ou se, em diverso, existe na prova subsequente um tal grau de autonomia
relativamente à prova inválida que destaque o meio de prova subsequente substancialmente daquela. A doutrina foi formada no contexto jurídico anglo-saxónico de afirmação da "regra da exclusão", segundo a qual uma prova obtida em violação dos direitos
constitucionais do acusado não pode ser usada contra este; mas a extensão da "regra da
exclusão" às provas reflexas e a projecção de invalidade foi sempre conformada e limi-*

*tada por circunstâncias particulares que determinam que a invalidade da prova se não projecte à prova reflexa. São os casos de prova obtida por "fonte independente", "descoberta inevitável" ou "mácula dissipada". No caso de "fonte independente", a produção de prova autónoma corroborando os conhecimentos também derivados da prova inválida afastaria o "efeito-à-distância"; a confissão ou a prova testemunhal autónoma têm sido consideradas o paradigma da chamada "fonte independente". Num caso em que, confrontada a fundamentação da matéria de facto e a enunciação dos elementos de prova de que as instâncias se serviram para formar a convicção sobre os factos, se verifica que a convicção do tribunal colectivo, com a concordância do tribunal da Relação, foi formada com base, entre outros elementos, na confissão dos arguidos, em vigilâncias, buscas e apreensões, sendo que em todos estes elementos estão presentes fontes independentes, no sentido da formulação dos modelos de decisão da doutrina referida, bem como outros meios de prova e de obtenção da prova que poderiam – deveriam – levar a idêntico resultado, revelando os factos através de outra actividade de investigação legítima, a invalidade das intercepções não se projecta consequencialmente em termos de ilegitimar as provas subsequentes referidas, administradas e valoradas pelas instâncias».*

**9. Ac. TRP de 13-09-2006 (P.º 0641683, rel. Luis Gominho):** *«Não constitui prova proibida o resultado da análise da saliva colhida através de zaragatoa bucal efectuada ao arguido, no inquérito, por decisão do Ministério Público».*

**10. Ac. STJ de 20-09-2006 (P.º 06P2321, rel. Armindo Monteiro):** *«(...) III – O regime jurídico das buscas domiciliárias é sujeito ao regime especialmente vertido no art. 177.º do CPP, cujo n.º 1 preceitua que a busca em casa habitada ou numa sua dependência fechada só pode ser ordenada ou autorizada pelo juiz e efectuada entre as 07h00 e as 21h00, sob pena de nulidade. IV – Nos casos de tráfico de estupefacientes, visto aquele art. 51.º do DL 15/93, de 22-01, a busca em casa habitada ou numa sua dependência fechada também pode ser ordenada pelo MP ou pelos órgãos de política criminal, mas, por força do art. 177.º, n.º 2, do CPP, por remissão para o n.º 5 do art. 174.º do mesmo diploma legal, a realização dessa diligência é, sob pena de nulidade, imediatamente comunicada ao juiz de instrução e por este apreciada em ordem à sua validação. V – Estabelece-se aqui uma excepção ao regime jurídico da autorização judicial prévia ou do consentimento do visado, já que a gravidade e celeridade dos interesses a proteger, com o consequente perigo social e colectivo, se não compadecem com a demora de obtenção da autorização ou consentimento, sobrelevando aqueles ao valor individual de inviolabilidade do domicílio. VI – A intervenção judicial a posteriori ao acto consumado de busca é apenas homologatória. VII – Igual regime se seguirá quando*

ADENDA – JURISPRUDÊNCIA EM SEDE DE PROVA ILÍCITA

*o visado consentir na busca, nos termos das disposições conjugadas dos arts. 177.º, n.º 2, 174.º, n.º 4, al. b), e 174.º, n.º 5, todos do CPP. VIII – O regime tutelar consagrado em relação a casa habitada ou sua dependência, na hipótese de busca, mostra-se exigível como forma de acautelar o direito à inviolabilidade do domicílio, previsto no art. 34.º, n.º 1, da CRP, exprimindo tal conceito, na óptica, sempre uniforme, do TC, aquela área que tem por objecto a habitação humana, aquele espaço fechado e vedado a estranhos, onde recatada e livremente se desenvolve toda uma série de condutas e procedimentos característicos da vida privada e familiar, ou seja, um núcleo restrito sob o signo da intimidade, de protecção da vida privada, da liberdade e da segurança individual, onde se desenrola a vivência essencial, no aspecto existencial, da pessoa. IX – Uma garagem fechada – e não um espaço aberto, inserto num espaço mais amplo de garagens de um condomínio – como é a natureza daquela onde foi efectuada a busca nos autos, é um espaço fechado dependente da casa, local ocupante de uma relação de complementaridade com aquela – foi arrendada conjuntamente com o apartamento pelo arguido – concorrendo ambas para a realização dos fins próprios do domicílio, sem ser, no entanto, isoladamente, considerada domicílio. X – Conjugadamente casa e garagem, enquanto espaço fechado dela dependente, merecem a tutela cominada na lei processual penal, penal e constitucional, para a busca domiciliária, não já, no caso de garagem, por se tratar de domicílio stricto sensu – em cuja intromissão indevida se não configura crime de violação de domicílio, nos termos dos arts. 190.º e 378.º do CP –, mas por imperativo legal (...). XIII – Tendo o arguido dado o seu consentimento para a realização da busca à sua residência, e tendo estado presente aquando da sua efectivação, designadamente na garagem, sem oposição manifestada no acto (só meses depois), não se pode considerar que a garagem é parte dissociada da autorização, que assim se restringia apenas ao apartamento. XIV – Mas ainda que, porventura, se considerasse a garagem parte dissociada da autorização, estando-se ante a indiciação do crime de tráfico de estupefacientes, com alguma dimensão, de que era suspeito o arguido, tornando-se a diligência de busca e apreensão (de 90 kg de cocaína) verdadeiramente necessária para sua comprovação, correndo-se sério risco de desaparecimento desse elemento, fundamental à configuração do crime, cessando a sua utilidade, pela mais que previsível sonegação posterior, se na data não fosse efectuada pela PJ (órgão de polícia criminal), mostrava-se inteiramente proporcionada a diligência, imperativa à aquisição, recolha e conservação da prova, que a posteriori foi homologada pela autoridade judiciária. XV – Sobre a leitura do cartão de telemóvel sem o consentimento do arguido, a lei constitucional – art. 34.º, n.º 4, da CRP – proíbe toda a ingerência nas telecomunicações, salvo os casos previstos em matéria de processo criminal. XVI – O cartão do telemóvel é o repositório de mensagens, a respectiva caixa de correio, que as recebe até serem inutilizadas pelo seu destinatário; a mensagem uma forma de telecomunicação, por meio*

A PROVA ILÍCITA: VERDADE OU LEALDADE?

*diferente do telefone, à qual se aplicam as regras sobre as escutas telefónicas, por força do art. 190.º do CPP. XVII – Aquela mensagem reveste a forma de telecomunicação (electrónica), conceito que se mostrava delineado no art. 2.º da Lei 91/97, de 01-08, revogada pela Lei 5/2004, mas que se alcança do art. 2.º, n.º 1, al. a), da Lei 41/2004, de 18-08 (Lei das Comunicações Electrónicas, definindo o tratamento de dados pessoais e a privacidade no sector das comunicações electrónicas), enunciando a comunicação electrónica enquanto informação trocada ou enviada entre um número finito de pessoas mediante um serviço de comunicações electrónicas acessível ao público. XVIII – A sua intercepção em tempo real, como algo incorpóreo, ocorrendo «num lapso de tempo localizado», que começa e cessa quando se «entra e sai de uma rede de comunicações» (Pedro Verdelho, Apreensão de Correio Electrónico em Processo Penal, in RMP, Ano 25.º, 2004, p. 157 e ss.) é uma interferência numa comunicação electrónica, interferência que, sem a devida autorização judicial, não pode deixar de constituir clara ofensa às normas sobre escutas, nos termos dos arts. 187.º, n.º 1, e 188.º do CPP, aplicáveis por força do art. 190.º do mesmo diploma legal, que para aqueles remete, importando aquela crime de violação de telecomunicações – art. 194.º, n.º 2, do CP. XIX – Defende, porém, aquele autor que após a cessação da transmissão as «mensagens deixam de ter a essência de uma comunicação em transmissão para passarem a ser antes uma comunicação já recebida, que terá porventura a mesma essência da correspondência», em nada se distinguindo de uma «carta remetida por correio físico», assimilando-se à correspondência em forma digital. E tendo sido já recebidas, «se já foram abertas e porventura lidas e mantidas no computador a que se destinavam, não deverão ter mais protecção que as cartas em papel em que são recebidas, abertas ou porventura guardadas numa gaveta, numa pasta ou num arquivo», visto o disposto no art. 194.º, n.º 1, do CP. E a concluir afirma que «serão meros documentos escritos que podem sem qualquer reserva ser apreendidos numa busca». XX – Mas, escreve o mesmo autor (op. cit. p. 160), se as mensagens não foram lidas pelo seu destinatário, a devassa, a partir da apreensão, está sujeita à ordem prévia de apreensão pelo juiz competente; e, escreve, ainda, se o órgão de polícia criminal se aperceber de mensagens naquelas condições deve «apresentar o computador (ou outro eventual suporte onde estiver registada a informação) ao Ministério Público que o deverá apresentar ao juiz de instrução, para que este seja o primeiro a tomar conhecimento do correio». Em qualquer dos casos incumbe ao juiz ordenar ou não a junção de cópia do correio em causa ao processo. XXI – Discorda-se da conclusão daquele autor no caso de as mensagens já terem sido lidas, porque, quer as mensagens tenham sido lidas ou não pelo destinatário, o que nem sempre se torna de destrinça fácil, sobretudo se e quando algum do software de gestão de correio electrónico possibilita marcar como aberta ou não aberta uma mensagem, por vontade do seu destinatário, independentemente de ter sido ou não lida, aquele tem sempre o*

ADENDA – JURISPRUDÊNCIA EM SEDE DE PROVA ILÍCITA

*direito a não ver essa correspondência que lhe foi endereçada devassada por alguém, sem sua autorização, constituindo a leitura dessa correspondência intromissão absolutamente ilegítima nela, atentado ao direito à inviolabilidade da mesma, consagrado no art. 34.º, n.º 4, da CRP. XXII – A mensagem (vulgo SMS) tem um específico destinatário e, enquanto arquivada no cartão do telemóvel, assiste àquele o direito a não ver o teor daquela divulgado, o que não sucedeu no caso vertente quando a PJ procedeu à leitura do cartão telemóvel sem prévia autorização judicial ou validação daquela. XXIII – O juiz que tiver autorizado a leitura é mesmo, à face da lei, o primeiro a tomar conhecimento do teor da correspondência apreendida para a juntar ao processo, se for relevante para a prova, ou inutilizá-la, no caso contrário, nos termos do n.º 3 do art. 179.º do CPP, o que realça a importância da intromissão na esfera de correspondência dirigida a qualquer cidadão (...). XXIX – Os métodos de proibição absoluta ou relativa de prova constituem limites, obstáculos absolutamente ou relativamente intransponíveis à descoberta da verdade, e têm a ver com a inadmissibilidade ou admissibilidade da sua valoração no processo, com a consequência da nulidade insanável da prova ou a simples anulabilidade, respectivamente. XXX – No caso dos autos, com a leitura dos 2 cartões de telemóvel, em inquérito, cometeu-se nulidade não insanável, por se não compendiar entre as nulidades insanáveis do art. 119.º do CPP: o órgão de polícia criminal, a PJ, procedeu à apreensão e leitura dos cartões em 03-02-2005, mas desacompanhada de autorização judicial, sem suporte legal; o arguido interveio no processo logo em 03-02-2005, pelo que a nulidade de tal meio de prova, derivada daquela leitura e da prévia apreensão sem autorização judicial, deveria ser arguida até 5 dias sobre o encerramento do inquérito, nos termos das als. a) e c) do n.º 3 do art. 120.º do CPP, o que não sucedeu, não obstante a constituição de advogado em 17-02-2005. De resto, o arguido foi notificado, pessoalmente, da acusação em 07-09-2005 e o seu advogado em 02-09-2005, mas só em 30-09-2005 invocou a nulidade da leitura das mensagens gravadas nos cartões e em 05-12-2005, em julgamento, a derivada das apreensões, mostrando-se exaurido o prazo legal em que o podia fazer, pelo que se mostra sanada a nulidade realmente cometida quanto à leitura dos dois cartões e sua apreensão. XXXI – A tese da inadmissibilidade relativa de tal meio de prova, ou seja da intercepção da correspondência, sem consentimento do visado, que acolhemos, pode reputar--se dominante no seio da jurisprudência. Porém, ao nível da doutrina, e em contraposição à opinião de Maia Gonçalves, os Profs. Teresa Beleza e Germano Marques da Silva (in A Prova, Apontamentos de Direito Processual Penal, 1992, II vol., p. 151-152, e Curso de Processo Penal, 2.ª ed., Ed. Verbo, 1999, II vol., p. 116 e ss., respectivamente) têm entendido que se o legislador quisesse considerar o regime das nulidades previsto no art. 118.º e ss. do CPP ter-se-ia referido a elas nesse lugar sistemático, interpretando o termo "nulas" no sentido de em caso algum poderem ser valoradas, do* conhecimento oficioso, até ao trânsito em julgado. *XXXII – De todo o modo, no caso dos autos, a leitura das mensagens, a reputar a prova respectiva absolutamente nula, em caso algum podendo ser valorada, nem por isso se comunica (essa nulidade) a outros meios de prova, designadamente à busca e apreensão de droga, tornada possível pelo recurso a meio lícito; esse «veneno», no contexto global da prova, não leva à "vinculação normativa do fruto à «árvore envenenada» " (cf. Prof. Costa Andrade, Sobre as Proibições de Prova em Processo Penal, pág. 61), apresentando-se essa prova com a demais bastante para convencer e fundamentar a condenação imposta».*

**11. Ac. STJ de 31-01-2008 (P.º 06P4805, rel. Carmona da Mota):** *«I – Pode acontecer que a obtenção de determinada prova, com abusiva intromissão [..] nas telecomunicações, torne possível a realização de novas diligências probatórias contra o arguido ou contra terceiro, casos em que se põe a questão de saber qual a influência do vício que afecta a prova inicial ou directa na prova secundária ou indirecta, designadamente se este vício provoca uma reacção em cadeia, impedindo a utilização das provas consequenciais». II – «No sentido da sua relevância apontam critérios como o interesse protegido pela norma jurídica violada, a gravidade da lesão, a inexistência de um nexo causal entre a prova inicial e a prova final e a probabilidade de obtenção da prova secundária, independentemente da violação». Mas, «em sentido inverso invoca-se, sobretudo, que a utilização das provas subsequentes permitiria ultrapassar as proibições de prova, pelas instâncias formais de controlo ou por particulares, comprometendo os seus objectivos». (...). VII – «Repensar os numerosos e difíceis problemas que se situam em zonas conflituais» era tarefa que – ao tempo (1983) – haveria de cometer «ao reformador da legislação processual penal». E este, no CPP de 1987, distinguiu as «provas obtidas mediante tortura, coacção ou, em geral, ofensa da integridade física ou moral das pessoas» (art. 126.1 do CPP) das «provas obtidas mediante intromissão na vida privada, no domicílio, na correspondência ou na telecomunicações» (n.º 2): aquelas – em que os meios de obtenção da prova ofendiam «interesses individuais que contendem directamente com a garantia da dignidade humana» – considerou-as absolutamente nulas; mas já «admitiu» (art. 125.º) as demais – por não contenderem directamente com a garantia da dignidade da pessoa – quando obtidas «com o consentimento do titular» ou, mesmo sem este, nos «casos previstos na lei» (art. 126.2). VIII – «É certo que estas «são igualmente nulas» (também, por isso, «não podendo ser utilizadas») quando, «ressalvados os casos previstos na lei», forem «obtidas sem o consentimento do respectivo titular». Mas se assim é quanto às provas directamente obtidas por «métodos proibidos» (que «são nulas, não podendo ser utilizadas»), já – «perante interesses individuais que não contendam directamente com a garantia da dignidade da pessoa» – «poderá eventualmente vir a reconhecer-se a admissibilidade*

ADENDA – JURISPRUDÊNCIA EM SEDE DE PROVA ILÍCITA

*de provas consequenciais à violação da proibição de métodos de prova». IX – «E, em tal hipótese, a circunscrita invalidação (ou inutilização) da prova (directamente) obtida poderá satisfazer os interesses (de protecção constitucional da privacidade das conversações ou comunicações telefónicas, sem afectação do conteúdo essencial do correspondente preceito constitucional) decorrentes da proibição do art. 126.3 do CPP. X – «Pois que a optimização dos interesses em conflito (aqueles, por um lado, e os de «um eficaz funcionamento do sistema de justiça penal», por outro) poderá demandar – ante a (estrita) «necessidade» de protecção «proporcionada» dos últimos (também eles «juridicamente protegidos por essenciais à vida comunitária») – a conjugação (ou «concordância prática») de ambos em termos de «criação e conservação de uma ordem na qual uns e outros ganhem realidade e consistência». XI – «Ora, será justamente no âmbito dos efeitos à distância dos «métodos proibidos de prova» que se poderá dar consistência prática a essa distinção entre os métodos previstos no n.º 1 do art. 126.º e os previstos no n.º 3, pois que, enquanto os meios radicalmente proibidos de obtenção de provas inutilizará – expansivamente – as provas por eles directa e indirectamente obtidas, já deverá ser mais limitado – em função dos interesses conflituantes – o efeito à distância da «inutilização» das provas imediatamente obtidas através dos demais meios proibidos de obtenção de provas (ofensivos não do «valor absoluto da dignidade do homem», mas de «interesses individuais não directamente contendentes com a garantia da dignidade da pessoa», como a «intromissão sem consentimento do respectivo titular» na «vida privada», «no domicílio», na «correspondência» ou nas «telecomunicações»). XII – «Sobretudo quando [como no caso] a nulidade do meio utilizado (a «escuta telefónica») radique não nos seus «requisitos e condições de admissibilidade» (art. 187.º) mas nos «requisitos formais» das correspondentes «operações». Pois que, sendo esta modalidade, ainda que igualmente proibida (art.s 126.1 e 3 e 189.º), menos agressiva do conteúdo essencial da garantia constitucional da inviolabilidade das telecomunicações (art. 34.4 da Constituição), a optimização e a concordância prática dos interesses em conflito (inviolabilidade das comunicações telefónicas versus «verdade material» e «punição dos culpados mediante sentenciamento criminal em virtude de lei anterior que declare punível a acção») poderá reclamar a limitação – se submetida aos princípios da necessidade e da proporcionalidade – dos «interesses individuais, ainda que emanações de direitos fundamentais, que não contendam directamente com a garantia da dignidade da pessoa». XIII – Ora, no caso, não se afiguram «desproporcionados» os limitados efeitos sequenciais que as instâncias possam ter retirado das escutas anuladas (com base, aliás, «não nos seus "requisitos e condições de admissibilidade" – art. 187.º – mas nos "requisitos formais" das correspondentes "operações"»), tendo em conta, por um lado, a própria «limitação – em função dos interesses conflituantes – do efeito à distância da «inutilização» das provas (i)mediatamente obtidas através dos meios*

A PROVA ILÍCITA: VERDADE OU LEALDADE?

*proibidos de obtenção de provas previstos no n.º 3 do art. 126.º do CPP (já que ofensivos não do «valor absoluto da dignidade do homem», mas de «interesses individuais não directamente contendentes com a garantia da dignidade da pessoa») e, por outro, a «necessidade» de «optimização da concordância prática dos interesses em conflito) ("inviolabilidade das comunicações telefónicas" versus "verdade material" e "punição dos culpados")».*

**12. Ac. STJ de 20-02-2008 (P.º 07P4553, rel. ARMINDO MONTEIRO):**
*«(...) II – As proibições de prova são autênticos limites à descoberta da verdade material, «barreiras colocadas à determinação do objecto do processo», no dizer de Gössel; as regras sobre a produção das provas configuram, diversamente, meras prescrições ordenativas da produção de prova, cuja violação não poderia acarretar a proibição de valorar como prova, no ensinamento do Prof. Figueiredo Dias (Processo Penal, pág. 446). III – As provas obtidas, além do mais, mediante o recurso à intromissão na correspondência são nulas, nos termos do art. 32.º da CRP, com a consequência da invalidade do acto em que se verificarem, bem como dos que dele dependerem e aquelas puderem afectar – art. 122.º, n.º 1, do CPP. A declaração de nulidade determina quais os actos que passam a considerar-se inválidos ou ordena, sempre que possível e necessário, a sua repetição (n.º 2), e ao declará-la o juiz aproveita todos os actos que ainda possam ser salvos, de acordo com o princípio utile per inutile non vitiatur – n.º 3 daquele preceito. IV – O art. 122.º do CPP é um afloramento do problema denominado de «efeito à distância», ou seja, quando se trata de indagar da comunicabilidade ou não da valoração aos meios secundários da prova tornados possíveis à custa de meios ou métodos proibidos de prova. V – Uma longa evolução jurisprudencial, de que dá nota o Ac. do TC n.º 198/04, de 24-03-2004 (DR, II Série, de 02-06-2004), exemplificou os casos em que aquele efeito à distância se não projecta, os casos em que a indissolubilidade entre as provas é de repudiar, por não verificação da árvore venenosa, reconduzindo-os a três hipóteses que o limitam: a chamada limitação da fonte independente, a limitação da descoberta inevitável e a limitação da mácula «(nódoa) dissipada» – cf. Criminal Procedure, Jerold H. Israel e Wayne R. Lafave, 6.ª Ed., St. Paul, Minnesota, 2001, págs. 291-301. VI – A fonte independente respeita a um recurso probatório destacado do inválido, usualmente com recurso a meio de prova anterior que permite induzir, probatoriamente, aquele a que o originário tendia, mas foi impedido, ou seja, quando a ilegalidade não foi conditio sine qua da descoberta de novos factos. VII – O segundo obstáculo ao funcionamento da doutrina da «árvore envenenada» tem lugar quando se demonstre que uma outra actividade investigatória, não levada a cabo, seguramente iria ocorrer na concreta situação, não fora a descoberta através da prova proibida, conducente inevitavelmente ao mesmo resultado, ou seja, quando, apesar da proibição, o*

ADENDA – JURISPRUDÊNCIA EM SEDE DE PROVA ILÍCITA

*resultado seria inexoravelmente alcançado. VIII – A terceira limitação da «mácula dissipada» (purged taint limitation) leva a que uma prova, não obstante derivada de outra prova ilegal, seja aceite sempre que os meios de alcançar aquela representem uma forte autonomia relativamente a esta, em termos tais que produzam uma decisiva atenuação da ilegalidade precedente. IX – Resultando dos autos, além do mais, que: – a investigação desencadeada nos autos teve início com uma denúncia anónima de que o arguido se dedicava ao tráfico de heroína e cocaína, com utilização de correios, coadjuvado por familiares, servindo a residência do arguido ou de uma mulher com quem mantinha uma relação amorosa, sita na T..., como depósito; – uma fonte anónima, em 22-03-2004, revelou que o arguido, com a irmã e a sua companheira, se deslocou ao Brasil, e uma outra que seria usada uma morada da irmã em B..., para guardar estupefacientes; – atentas as dificuldades de indagação do tráfico denunciado e de localização dos seus presumíveis agentes e colaboradores, foi ordenada judicialmente a intercepção telefónica aos postos telefónicos n.ºs 9675... e respectivo IMEI, 9698... e respectivo IMEI e 9677... e respectivo IMEI; – em sequência foi obtida a informação, em 16-04-2004, de que estaria a ser preparada a chegada de um contentor do Brasil, e de outros n.ºs de telemóvel, cuja intercepção foi judicialmente autorizada; – em 30-04-2004 foi lavrada a informação de que foi detectada na Alfândega do Aeroporto de Lisboa uma encomenda destinada a MS, que foi vistoriada e tinha estupefaciente, na sequência do que foi estabelecida uma operação no Aeroporto a fim de seguir quem a levantasse, solicitando-se buscas, que não incluíam a casa da Rua R...; – a autoridade judiciária abriu a encomenda – fls. 88 – e substituiu as 18 embalagens de cocaína por outras tantas de farinha de trigo; – esta encomenda – já com produto inócuo – foi depois levantada por terceiro e entregue na Quinta ... na residência da MS, sendo depois transportada para a Rua R..., numa mala tipo trolley, pelo arguido, onde, em 11-05-2004, foi apreendida conjuntamente com uma outra com estupefacientes, devidamente fechada a cadeado e cuja chave estava na posse do arguido; a Relação, ao determinar a nulidade da busca e apreensão da cocaína vinda do Brasil e a que se faz alusão no auto – falso – de fls. 88, de 10-05-2004, definiu o âmbito do alcance da nulidade não só à busca e apreensão de 29-04-2004 mas também a outras dela dependentes, particularmente à apreensão da farinha, à determinação da pertença da impressão digital existente no saco de plástico a que se reporta o exame de fls. 1008-1018 e ao exame do estupefaciente apreendido, não se suscitando dúvidas de que aquela invalidade derivada da busca sem autorização judicial contamina as demais provas postuladas ao nível da investigação e em estrita conexão com elas, pois que subsiste um evidente nexo de antijuridicidade entre a prova principal e a secundária, mercê de um nexo causal informativo entre elas que não pode ser usado contra o arguido. X – Já quanto ao demais produto estupefaciente e à caçadeira apreendidos na casa da Rua R..., e ao revólver contido no interior do veículo do arguido JS, essa busca e apreensão inscrevem-se no âmbito de uma persistente e prévia actividade investigatória que, a partir da denúncia de que o arguido, familiares e seus correios, estavam ligados ao tráfico, levou a intercepções telefónicas prévias à busca e apreensão a fim de não o deixar escapar à malha penal, em qualquer caso, pelo que se pode concluir que tal obtenção de prova não se mostra contaminada pela busca e apreensão nulas (...)».*

**13. Ac. TRL de 15-07-2008 (P.º 3453/2008-5, rel. Simões de Carvalho):** *«I – As mensagens que, depois de recebidas, ficam gravadas no receptor deixam de ter a natureza de comunicação em transmissão, nesta perspectiva, são comunicações recebidas, pelo que deverão ter o mesmo tratamento da correspondência escrita já recebida e guardada pelo destinatário tal como acontece na correspondência efectuada pelo correio tradicional, iferenciar-se-á a mensagem já recebida mas ainda não aberta da mensagem já recebida e aberta. II – Na apreensão daquela rege o Art.º 179º do C.P.Penal, mas a apreensão da já recebida e aberta não terá mais protecção do que as cartas recebidas, abertas e guardadas pelo seu destinatário. III – As mensagens escritas – SMS – que o arguido remeteu ao queixoso via telemóvel, cujo conteúdo foi copiado pela PJ e junto aos autos, constituem um meio de prova lícito e não configuram, de forma alguma, um caso de intromissão na vida privada do mesmo».*

**14. Ac. TRC de 28-10-2008 (P.º 103/06.8GAAGN.C1, rel. Vasques Osório):** *«I. – O acesso a uma conversação telefónica através do sistema técnico de audição designado por "alta voz" integra o conceito jurídico-penal de intromissão (objectiva) no conteúdo de telecomunicações (cfr. Ac. do STJ de 07/02/2001, processo n.º 2555/00, 3.ª secção, acessível na jurisprudência do STJ, do site da Procuradoria Distrital de Lisboa). II. – O depoimento prestado por uma testemunha, sobre factos jurídico-penalmente relevantes e obtidos através da função de "alta voz", quando efectuado sem o conhecimento e o consentimento do emissor de voz, constitui-se como uma intromissão em telecomunicações e deve ser taxado como prova nula».*

**15. Ac. TRL de 30-10-2008 (P.º 8324/2008-9, rel. Margarida Veloso):** *«1 – É pacífico que a licitude da videovigilância se afere pela sua conformidade ao fim que a autorizou. O fim visado pela videovigilância instalada na escola, um local público, por um cidadão, só poderia ser exclusivamente o de prevenir a segurança do estabelecimento, mas devendo conter o aviso aos que lá se encontram ou se deslocam de que estão a ser filmados e só, nesta medida, a videovigilância é legítima. 2 – Não basta, como refere o recorrente, que as referidas imagens tenham sido colhidas numa escola pública, em local público, de não terem sido obtidas às ocultas e de não visarem o* *contexto da vida privada dos arguidos, enquanto autores do crime de furto qualificado, para se concluir, que a utilização dessas imagens não viola a intimidade ou a esfera privada dos arguidos. 3 – Na verdade, como entendeu e bem, o Mmo juiz da 1.ªinstân-cia, as imagens oferecidas como meio de prova pelo Digno Magistrado do Ministério Público, e destinado a fazer prova de factos imputados aos arguidos, não obedeceram aos requisitos impostos por lei, ou seja, o cidadão não estava autorizado para o fazer e o sistema de videovigilância não se encontrava devidamente assinalado, sendo que, nes-tas circunstâncias as imagens constituem, uma abusiva intromissão na vida privada e a violação do direito à imagem dos arguidos».*

**16. Ac. STJ de 12-03-2009 (P.º 09P0395, rel. Santos Cabral): «(...)**
*XI – É inequívoca a conclusão de que o conteúdo normativo do direito fundamental previsto no art. 32.º, n.º 8, da CRP inclui no seu âmbito o efeito remoto da utilização de métodos proibidos de prova. XII – O efeito à distância da prova proibida nunca poderá alcançar uma abrangência que congregue no seu efeito anulatório provas que só por uma mera relação colateral, e não relevante, se encontram ligadas à prova proibida ou que sempre se produziriam, ou seria previsível a sua produção, independentemente da existência da mesma prova proibida. XIII – Nada obsta a que as provas mediatas pos-sam ser valoradas quando provenham de um processo de conhecimento independente e efectivo, uma vez que não há nestas situações qualquer relação de causalidade entre o comportamento ilícito inicial e a prova mediatamente obtida. Pode afirmar-se que o efeito metastizante da violação das regras de proibição de prova apenas tem razão de ser em relação à prova que se situa numa relação de conexão de ilicitude. XIV – Não está abrangida pela conexão de ilicitude a prova produzida quando os órgãos de inves-tigação criminal dispõem de um meio alternativo de prova, ou seja, de um processo de conhecimento independente e efectivo, nem nas situações em que a "mancha" do pro-cesso é apagada pelas próprias autoridades judiciárias ou através da actuação livre do arguido ou de um terceiro. XV – O mesmo se dirá em relação à prova produzida através de uma prova ilícita pela sua proibição quando for imperativa a conclusão de que o mesmo resultado probatório seria sempre atingido por outro meio de obtenção de prova licitamente conformado (...)».*

**17. Ac. TRC de 25-03-2009 (P.º 17/08.7TGCTB.C1, rel. Fernando Ventura):** *«O n.º3 do art.º 126.º do CPP apenas estabelece a nulidade das provas com intromissão da vida privada não previstas na lei. Não viola os preceitos consti-tucionais, ínsitos nos arts. 26.º, n.º1 e 32.º, n.º 8 da Constituição da República Por-tuguesa, a prova recolhida por meio de alcoolímetro por a sujeição a exame ter sido efectuada de acordo com os requisitos impostos pelo ordenamento estradal».*

**18. Ac. TRL de 28-05-2009 (P.º 10210/2008-9, rel. Fátima Mata-Mouros):** *«1. As proibições de prova representam meios processuais de imposição da tutela de direitos materiais, constituindo limites à descoberta da verdade que têm em si subjacentes o fim de tutela de um direito. Nesta perspectiva as proibições de prova representam, portanto, «meios processuais de imposição do direito material» que visam «prevenir determinadas manifestações de danosidade social» e garantem «a integridade de bens jurídicos prevalentemente pessoais». 2. As regras de proibição de prova constitucionalmente definidas ou concretizadas pelo legislador ordinário na legislação processual penal, mormente o CPP, servindo a tutela dos direitos fundamentais, dirigem-se em primeira mão às instâncias formais de controle, designadamente aos investigadores, ministério público e juiz de instrução. 3. Ao prescrever a proibição de prova obtida mediante intromissão na vida privada sem o consentimento do respectivo titular, o art. 126.º/3 do CPP indica o dever dos investigadores e autoridades judiciárias respeitarem normativos que, excepcionalmente, e para prossecução de outros direitos ou fins constitucionalmente contemplados, designadamente a perseguição penal, autorizam restrições aos direitos fundamentais. 4. No que respeita, por seu lado, a provas obtidas por particulares o legislador remete-nos para a tipificação dos ilícitos penais previstos no Código Penal como tutela do referido direito fundamental à privacidade de que é ilustrativo o normativo inserto no art. 167.º do CPP ao fazer depender a validade da prova produzida por reproduções mecânicas da sua não ilicitude penal. 5. A diferenciação legalmente assumida no art. 199.ºCP com a incriminação das gravações ilícitas quando confrontada com a incriminação das fotografias ilícitas, para que este último crime se verifique, não basta o não consentimento do titular do direito, é necessário que a produção das fotografias ou filmagens das imagens ou a sua utilização se faça contra a vontade do titular do direito à imagem. 6. A visualização das imagens recolhidas de forma não penalmente ilícita (já que à vista de toda a gente, e portanto sem surpresa para os filmados, de acordo com o acima explanado) só passou a poder integrar a tipicidade do ilícito previsto no art. 199.º/2b) do CP, e com ela, a anular o respectivo valor probatório para efeitos processuais penais nos termos do art. 167.º do CPP, a partir do momento em que foi instaurado o procedimento criminal contra as pessoas filmadas (ou numa visão que maximalize ao extremo a referida garantia), a partir do momento em que alguém decida usá-las, uso esse que pressupõe a respectiva visualização, pelo menos por uma vez. Antes de ser instaurado aquele procedimento criminal, nada impedia, com efeito, o dono da câmara de visualizar as imagens recolhidas. 7. Por esta via, mesmo no caso de confirmação da invalidade do uso das imagens recolhidas pela câmara de filmar colocada no portão, nada obstaria, porém, à consideração do testemunho de quem, através da visualização das filmagens captadas, identificou os autores do dano, prova esta apreciar livremente pelo tribunal nos termos do* *art. 127.º CPP. 8. O direito à imagem confere aos respectivos titulares a prerrogativa de impedirem a exposição das suas fotos. Não permite, porém, e muito menos impõe, a desconsideração dos depoimentos prestados no inquérito, designadamente por quem visualizou as referidas filmagens antes ainda de apresentada a queixa que deu início aos autos. 9. O uso das imagens captadas pela câmara de vídeo colocada pelo assistente na entrada do seu prédio rústico, desde que limitado à identificação do(s) autor(es) dos danos provocados na propriedade do assistente, e enquanto reportado ao momento da prática dos factos integradores dos referidos estragos, configura um meio necessário e apto a repelir a agressão ilícita da propriedade do assistente».*

**19. Ac. TRG de 28-09-2009 (P.º 239/06.5GAVNC.G1, rel. ANSELMO LOPES):** *«I – Não constitui prova obtida mediante a intromissão na vida privada, podendo ser utilizada no julgamento, a fotografia tirada ao arguido quando este, na esplanada dum café, induzia uma menor de sete anos a tocar-lhe no pénis».*

**20. Ac. TRL de 22-12-2009 (P.º 60/09.PJCSC-A.L1-5, rel. PEDRO MARTINS):** *«I – As irregularidades do auto de busca e apreensão, quando não arguidas, apenas têm relevo na medida em que não permitirem a verificação dos pressupostos da legalidade da busca efectuada ou na medida em que depois não puderem fazer prova dos factos respectivos. II – Uma busca domiciliária nocturna (entre as 21h e as 7h) só pode ser realizada pela polícia, no caso de flagrante delito, se se verificar uma situação grave que implique a necessidade urgente de tal diligência. III – Não sendo esse o caso dos autos, em que o arguido foi detido na rua às 22h45 e a busca a casa do mesmo pode ter sido efectuada só às 5h06 do outro dia, a busca traduz-se num método proibido de prova não podendo ser utilizadas as provas obtidas (excepto, para alguns autores, se houver um consentimento posterior do visado, o que não é o caso dos autos, em que a nulidade foi invocada). IV – Se forem utilizadas as provas obtidas nessa busca proibida para fundamentar o despacho de aplicação prisão preventiva, o despacho é nulo (art. 122/1 do CPP). V – Não podem ser considerados para fundamentar a aplicação de qualquer medida de coacção, os factos e os elementos do processo que não tenham sido comunicados ou que não constem como tendo sido comunicados. Não o podem ser nem para 1.ª instância, nem pelo tribunal de recurso, pelo que, se não houver quaisquer factos imputáveis ou elementos do processo que possam ser considerados, não pode ser aplicada qualquer medida de coacção pelo tribunal de recurso. VI – A falta de referência a quaisquer factos concretos que preencham os pressupostos de aplicação da medida, implicam a nulidade do despacho (art. 194/4, parte final) e a ausência de fundamentação da medida de coacção aplicada, tornando impossível a sua confirmação».*

A PROVA ILÍCITA: VERDADE OU LEALDADE?

## 21. Ac. STJ de 03-03-2010 (P.º 886/07.8PSLSB.L1.S1, rel. SANTOS CABRAL): «*I – Os princípios constitucionais da busca da verdade material e da realização da justiça, mesmo em matéria de funcionalidade da justiça, penas e da tutela de valores, têm limites, impostos pela dignidade e pelos direitos fundamentais das pessoas, que se traduzem processualmente nas proibições de prova. II – A proibição de obtenção de meios de prova mediante intromissão na vida privada, no domicílio, na correspondência e nas telecomunicações pode ser afastada, quer pelo acordo do titular dos direitos em causa, quer pelas restrições à inviolabilidade desses direitos expressamente autorizadas pela CRP. III – O legislador constitucional, atento à necessidade de compaginar interesses e valores igualmente merecedores de tutela e, ainda, da circunstância de uma leitura fundamentalista do catálogo dos direitos da personalidade deixar desarmada a comunidade perante as exigências de perseguição de uma criminalidade cada vez mais organizada e eficiente na prossecução dos seus propósitos, veio admitir, na área menos densa dos mesmos direitos, restrições à intangibilidade da vida privada, domicilio, correspondência ou telecomunicações. IV – A regra neste domínio é a da proibição de produção e de valoração das gravações; a excepção será a existência de uma lei ordinária relativa ao processo criminal que estabeleça uma autorização de produção e consequente valoração probatória. V – O sigilo das telecomunicações, protegido legalmente e com inscrição no texto constitucional – art. 34.º, n.º 1 – tem uma perspectiva dual em que está subjacente a possibilidade de cada cidadão poder emitir, ou receber informação produzida para ou por terceiro, desenvolvendo ideias e valorações que não são mais do que emanações da sua personalidade. Relativamente às mesmas assiste-lhe o direito de preservar tal informação, impedindo o seu acesso por outrem, o que postula a ideia de que o que está em causa é a transmissão à distância e tal informação e todo o conteúdo que esta comporte ou seja o conteúdo das comunicações e, também, os dados de tráfego. VI – Num Estado de Direito democrático, assiste a qualquer cidadão o direito de telefonar quando, e para quem quiser, com a mesma privacidade que se confere ao conteúdo da sua conversa. Porém, diferentemente se alinham os elementos, ou dados de base, pois que aqui, e nomeadamente no que toca ao catálogo de número de telemóveis, estamos perante algo exógeno a qualquer comunicação, ou ao conjunto das comunicações, e antes se perfila uma situação em tudo semelhante à informação constante de um documento, de uma agenda ou eventualmente de uma base de dados. VII – A mera identificação do titular de um número de telefone fixo ou móvel, mesmo quando confidencial, surge com uma autonomia e uma instrumentalidade relativamente às eventuais comunicações e, por isso mesmo, não pertence ao sigilo das telecomunicações, nem beneficia das garantias concedidas ao conteúdo das comunicações e aos elementos de tráfego gerados pelas comunicações propriamente ditas. VIII – A consulta da agenda contida num telemóvel não representa uma intromissão nas telecomunicações nem representa a vio-*

ADENDA – JURISPRUDÊNCIA EM SEDE DE PROVA ILÍCITA

*lação da reserva da vida privada. Outrossim, a ponderação investigatória e probatória, da agenda do telemóvel como factor de determinação da sua propriedade, e da relação sequente com o crime praticado, não colide com nenhum núcleo fundamental da dignidade do investigado e está perfeitamente justificada pela ponderação do interesse em perseguir criminalmente quem comete um crime de homicídio voluntário, sob a forma tentada, face à mera determinação dos contactos telefónicos existente na agenda do telemóvel que foi abandonado. Estamos em face de uma situação análoga à da mera agenda, ou do documento, que por mero descuido o agente criminoso esqueceu no local do crime, não existindo qualquer utilização de meio proibido de prova (...). XI – Em sede de audiência de julgamento rege o princípio da publicidade. A partir do momento em que é pública a identidade do arguido, não se vê como se possa evitar o eventual contacto ou uma possível identificação num espaço público, ou privado, ou até a própria interpelação na abertura da audiência. XII – Um reconhecimento realizado, pela primeira vez, em audiência de julgamento mostra-se substancialmente injusto, pois que já exposto o arguido aos olhares das testemunhas que o irão reconhecer. E aqui basta a mera possibilidade de tal já ter ocorrido. Desaconselhável, também, por ser já um dado adquirido por estudos em psicologia da memória que o "reconhecimento" deve ser realizado o mais próximo possível da data do evento. XIII – Admitir um reconhecimento realizado pela primeira vez em audiência de julgamento é, além do exposto, uma clara violação do due process of law, na medida em que, na audiência, o arguido está exposto publicamente. XIV – Na situação em que a testemunha, ou a vítima, é solicitada a confirmar o arguido presente como agente da infracção, a confirmação da identidade de alguém que se encontra presente, e perfeitamente determinado, apenas poderá ser encarado como integrante do respectivo depoimento testemunhal (...). XVI – O depoimento indirecto refere-se a um meio de prova, e não aos factos objecto de prova, pois que o que está em causa não é o que a testemunha percepcionou mas sim o que lhe foi transmitido por quem percepcionou os factos. Assim, o depoimento indirecto não incide sobre os factos que constituem objecto de prova mas sim sobre algo de diferente, ou seja, sobre um depoimento. XVII – Uma vez que a prova testemunhal tem como referência o princípio da imediação e do contraditório não admiram as reservas suscitadas pelo depoimento indirecto em que está ausente a relação de imediação entre a testemunha e o objecto por ele percebido. XVIII – Não integram a proibição do art. 129 do CPP, os depoimentos de agentes de autoridade que relatam o conteúdo de diligências de investigação, nomeadamente a prática das providências cautelares a que se refere o art. 249.º do CPP. Na verdade, nesta a autoridade policial procede a diligências investigatórias, no âmbito do inquérito, em relação a infracção de que teve noticia. Sobre a mesma incumbe o dever de, nos termos do art. 249.º do CPP, praticar "os actos necessários e urgentes para assegurar os meios de prova", entre os quais, "colher informações das pessoas que facilitem*

A PROVA ILÍCITA: VERDADE OU LEALDADE?

*a descoberta dos agentes do crime". Estas "providências cautelares" são fundamentais para investigar a infracção, para que essa investigação tenha sucesso. E daí que a autoridade policial deva praticá-las mesmo antes de receberem ordem da autoridade judiciária para investigar (art. 249.º, n.º 1). Nessa fase não há ainda inquérito instaurado, não há ainda arguidos constituídos. XIX – É uma fase de pura recolha informal de indícios, que não é dirigida contra ninguém em concreto. XX – As informações que então forem recolhidas pelas autoridades policiais são necessariamente informais, dada a inexistência de inquérito. Ainda que provenham de eventual suspeito, essas informações não são declarações em sentido processual, precisamente porque não há ainda processo. XXI – Se o agente policial inquirido apenas se refere às diligências a que procedeu em termos cautelares e de inquérito fazendo perante o tribunal uma súmula dos factos que entendeu estarem apurados e da sua razão de ciência, não se vislumbra a afirmação de estarmos perante um depoimento indirecto, sendo certo que a remissão feita para as pessoas que confirmaram ter sido o arguido quem praticou determinados factos pode, e deve, ser entendida em relação a audição que se produziu em fase prévia ao inquérito e, posteriormente, concretizada na prova testemunhal produzida em audiência (...)».*

**22. Ac. TRL de 18-01-2011 (P.º 3142/09.3PBFUN-A.L1-5, rel. FILOMENA CLEMENTE LIMA):** *«I.º Nos serviços de telecomunicações podem distinguir-se, fundamentalmente, três espécies ou tipologias de dados: os dados de base, os dados de tráfego e os dados de conteúdo; II.º Os dados de base, são relativos à conexão à rede, os dados de tráfego, são os dados funcionais necessários ao estabelecimento de uma ligação ou comunicação e dados gerados pela utilização da rede, os dados de conteúdo, são os dados relativos ao conteúdo da comunicação ou da mensagem; III.º A identificação completa, morada e endereço de correio electrónico do titular de determinado blog, bem como o IP de criação desse blog e o IP onde foi efectuado determinado "post", constituem dados de base, que embora cobertos pelo sistema de confidencialidade, podem ser comunicados a pedido de uma autoridade judiciária, aplicando-se o regime do art.135, do CPP, quando tenha sido deduzida escusa; IV.º Considerando que o bem jurídico protegido pelos crimes de injúria e difamação é o mesmo, deve entender-se que este é abrangido pela al.e, do n.º1, do art.187, CPP, integrando, assim, os crimes de "catálogo" referidos nesse preceito».*

**23. Ac. TRG de 24-01-2011 (P.º 527/08.6GCVCT.G1, rel. FERNANDO CHAVES):** *«As mensagens recebidas em telemóvel e mantidas em suporte digital, depois de recebidas e lidas, não têm mais protecção do que as cartas recebidas, abertas e guardadas pelos seus destinatários».*

ADENDA – JURISPRUDÊNCIA EM SEDE DE PROVA ILÍCITA

Na fundamentação deste Ac. referiu-se, designadamente, o seguinte:
«(...) Não acompanhamos a decisão recorrida quando sustenta que o regime a aplicar a uma mensagem de voz, em que o emitente sabia que a mesma ficaria guardada, é o que regula as escutas telefónicas e as intercepções de outras conversações de outras conversações ou comunicações (arts. 187.º e segs.).

O que a norma do art. 189.º prevê e regula por remissão para os arts. antecedentes é a intercepção e a gravação da transmissão das conversações ou comunicações efectuadas por qualquer meio diverso do telefone, designadamente pelo correio electrónico ou por outras formas de transmissão de dados por via telemática.

Como em qualquer outra comunicação, também as comunicações por via electrónica ocorrem durante certo lapso de tempo. Começam quando entram na rede e acabam quando saem da mesma. É a sua intercepção neste lapso de tempo o objecto do preceito.

Quando o momento do seu recebimento já pertence ao passado, qualquer contacto com a comunicação feita não tem qualquer correspondência com a ideia de intercepção a que se reportam os arts. 187.º a 190.º.

As mensagens que, depois de recebidas, ficam gravadas no receptor deixam de ter a natureza de comunicação em transmissão.

Nesta perspectiva, são comunicações recebidas, pelo que deverão ter o mesmo tratamento da correspondência escrita já recebida e guardada pelo destinatário. Tal como acontece na correspondência efectuada pelo correio tradicional, diferenciar-se-á a mensagem já recebida mas ainda não aberta da mensagem já recebida e aberta.

A mensagem recebida em telemóvel, atenta a natureza e finalidade do aparelho, é de presumir que uma vez recebida foi lida pelo seu destinatário. Deste modo, na sua essência, a mensagem mantida em suporte digital depois de recebida e lida terá a mesma protecção da carta em papel que tenha sido recebida pelo correio e que foi aberta e guardada em arquivo pessoal. Tratando-se de meros documentos escritos, estas mensagens não gozam de aplicação do regime de protecção da reserva da correspondência e das comunicações (Cfr., neste sentido, Ac.s da Relação do Porto de 19/6/2002, CJ, Ano XXVII, Tomo III, pág. 218, da Relação de Coimbra de 29/3/2006 e da Relação de Lisboa de 15/7/2008, estes disponíveis em www.dgsi.pt.). Aliás, importa distinguir entre meios de prova, cuja regulamentação consta dos arts. 128.º e seguintes, e meios de obtenção de prova, cuja disciplina consta dos arts. 171.º e seguintes, todos do Código de Processo Penal. Um registo de voz é um documento, no sentido de uma declaração corporizada num suporte técnico (arts. 164.º do CPP e 255.º, a) do CP), que pode ser obtido através de um processo de escuta telefónica ou de outro tipo de intercepção de conversações ou comunicações entre ausentes ou entre presentes (arts. 187.º e 190.º), ou através de qualquer outro processo técnico.

*No caso em apreço, o registo não resultou de qualquer ordem judicial mas de um acto de alguém que, voluntariamente, pretendeu que a sua voz ficasse registada no sistema de gravação do telefone de outra pessoa para que a mensagem pudesse ser ouvida por ela num momento posterior e, eventualmente, conservada. Nenhum fundamento existe, portanto, para aplicar ao processo que permitiu a sua obtenção o regime previsto nos arts. 187.º e seguintes para a intercepção e gravação de conversações ou comunicações telefónicas. A danosidade social que as escutas acarretam, que justificam o regime estabelecido na lei, não existe numa gravação voluntária da voz promovida pelo titular dos bens jurídicos que com ela podem ser postos em causa( – Cfr. Ac. da Relação de Lisboa de 5/2/2003, CJ, Ano XXVIII, Tomo I, pág. 134.). Não sendo a gravação ilícita, nomeadamente nos termos do art. 199.º do Código Penal, nada obsta, portanto, à sua valoração como meio de prova (art. 167.º do Código de Processo Penal).*

*De todo o modo, nos termos do n.º 3 do art. 166.º, se o documento consistir em registo fonográfico, é, sempre que necessário, transcrito nos autos, nos termos do art. 101.º, n.º 2, podendo o Ministério Público, o arguido, o assistente e as partes civis requererem a conferência, na sua presença, da transcrição( – Conforme refere Paulo Pinto de Albuquerque, a transcrição de documento em registo fonográfico é feita pelo funcionário, no prazo mais curto possível, devendo a entidade que presidiu ao acto certificar-se da conformidade da transcrição. O Ministério Público, o arguido, o assistente e as partes civis podem requerer a conferência, na sua presença, da dita transcrição – Comentário do Código de Processo Penal, 3.ª edição actualizada, pág. 449.).*

*Ora, tanto quanto resulta dos autos, não foi ordenada qualquer transcrição, isto é, o conteúdo da mensagem constante do registo fonográfico não foi reduzido a escrito por funcionário nos termos do citado preceito. O que se pode ver dos autos, designadamente do termo de juntada de fls. 32, é que a própria assistente entregou ao órgão de polícia criminal a transcrição da mensagem de voz que consta de fls. 34 bem como o respectivo CD. Não foi, portanto, utilizado o mecanismo previsto no art. 101.º, n.º 2, sendo certo que a transcrição de uma mensagem de voz é uma reprodução fiel, feita por escrito, do que se encontra registado por outros meios, fidelidade essa que não se compadece com o indicado procedimento. Como refere o Ministério Público na sua resposta, a assistente fez chegar ao processo uma transcrição da mensagem de voz deixada no seu telemóvel, acompanhada de um CD com a respectiva gravação, sem que qualquer autoridade judiciária possa ter aferido a proveniência daquela gravação, desacompanhada também de qualquer documento que comprove o recebimento da chamada que deu azo a tal gravação (...)».*

## 24. Ac. TRE de 28-06-2011 (P.º 2499/08.8TAPTM.E1, rel. José Maria Martins Simão): *«I – A obtenção das imagens da testemunha e do arguido através*

*do videograma, instalado pela assistente tendo em vista a identificação dos autores do dano provocado na porta de entrada da sua habitação, não constitui um método proibido de prova, dado que existe uma causa de justificação para a sua obtenção, isto é, visava documentar uma infracção criminal e não diz respeito ao «núcleo duro da vida privada» da pessoa visionada. II – A conduta da assistente constitui um meio necessário e apto ao exercício do seu direito de defesa pelo que está excluída a ilicitude da mesma».*

## 25. Ac. STJ de 28-09-2011 (P.º 22/09.6YGLSB.S2, rel. Santos Cabral):

*«A segurança é um elemento essencial da vida dos cidadãos, consubstanciando-se num direito à existência de um clima de paz e confiança mútua, que lhes permite o livre exercício dos seus direitos individuais, sociais e políticos. O direito à segurança não sendo um direito absoluto é, todavia, um direito constitucional que, qualitativamente, se situa num nível equiparável a outros direitos fundamentais que, pelo simples facto de o serem, não deixam de estar sujeitos a uma ponderação de valores. O Direito á segurança é uma garantia de outros direitos fundamentais e, simultaneamente, um direito inscrito no património de cada cidadão. Um dos pilares fundamentais do Estado de Direito é a relação equilibrada construída entre segurança e democracia ou entre segurança e direitos fundamentais. O TEDH tentou, em diversas decisões, responder a esta questão fundamental, reconhecendo que, numa sociedade democrática, os interesses da segurança nacional prevalecem sobre os interesses individuais, mas tornando, também, claro os limites que não podem ser ultrapassados em nome da segurança, nomeadamente em termos de inserção naquelas bases de dados. Assim, o poder de vigiar em segredo os cidadãos só pode ser tolerado na medida estritamente necessária à salvaguarda das instituições democráticas. É o grau mínimo de protecção requerido pela prevalência do direito numa sociedade democrática. A videovigilância surge, simultaneamente, como uma imposição das exigências de segurança, uma forma do desenvolvimento das tecnologias de segurança e também uma consequência de novas formas de abordagem do fenómeno da criminalidade. A sua utilização no domínio da segurança é muitas vezes o ponto de encontro ou o resultado da aplicação de estratégias que visam o controle do espaço em que o cidadão se realiza e, nomeadamente, o espaço urbano e a sua gestão. O uso das tecnologias de informação, das comunicações e da videovigilância (com tratamento automatizado dos dados de natureza pessoal ou gravação de imagens) pode conflituar com o direito à intimidade. O âmbito normativo do direito fundamental à reserva da intimidade da vida privada e familiar deverá delimitar-se com base num conceito de vida privada que tenha em conta a referência civilizacional sob três aspectos: o respeito dos comportamentos; o respeito do anonimato; e o respeito da vida em relação. Não se deve distinguir entre "intimidade" e "vida privada" simples, com apelo á denominada "teoria das esferas" porquanto é difícil determinar o que é que deve ser*

A PROVA ILÍCITA: VERDADE OU LEALDADE?

*incluído em cada uma das classificações, sendo sempre uma opção em alguma medida, arbitrária. Aliás, não se vislumbra uma área que mereça uma protecção tão intensa que se sobreponha a todos os restantes valores da ordem jurídico constitucional e cuja protecção seja absoluta e, por outro lado é impossível configurar cada uma das esferas como compartimentos estanques sem inter-relação. (...). A finalidade da Lei 67/98 está impressa no juízo de proporcionalidade que constitui o critério de admissibilidade da videovigilância (...). O princípio da proporcionalidade constitui, conjuntamente com os pressupostos materiais de previsão constitucional expressa, fundamento de restrições ao exercício de direitos, liberdades e garantias com foro constitucional (...). É criminalmente atípica a obtenção de fotografias ou de filmagens, mesmo sem consentimento do visado, sempre que exista justa causa nesse procedimento, designadamente quando as mesmas estejam enquadradas em lugares públicos, visem a realização de interesses públicos ou hajam ocorrido publicamente, constituindo único limite a esta justa causa a inadmissibilidade de atentados intoleráveis à liberdade, dignidade e integridade moral do visado. Assim, os fotogramas obtidos através do sistema de videovigilância existentes num local de acesso público, para protecção dos bens e da integridade física de quem aí se encontre, mesmo que se desconheça se esse sistema foi comunicado à Comissão Nacional de Protecção de Dados ou tenha sido objecto de deliberação favorável da Assembleia de Condóminos do respectivo prédio constituído em propriedade horizontal, não correspondem a qualquer método proibido de prova, desde que exista uma justa causa para a sua obtenção, como é o caso de documentarem a prática de uma infracção criminal, e não digam respeito ao «núcleo duro da vida privada» da pessoa visionada (onde se inclui a sua intimidade, a sexualidade, a saúde, a vida particular e familiar mais restrita, que se pretende reservada e fora do conhecimento das outras pessoas) (...). Nesta decorrência, a reprodução de imagens obtidas através do sistema de videovigilância instalado nas partes comuns de um prédio constituído em regime de propriedade horizontal não representa qualquer ilícito criminal, assumindo-se como um meio de prova admissível e objecto de valoração A ponderação entre custos para a reserva da intimidade e os benefícios para a segurança tem de levar em conta o facto de as partes comuns do condomínio serem totalmente diferentes das parcelas privadas, essas sim de utilização exclusiva. Há uma necessidade de conciliar os direitos com a realidade e as necessidades actuais da vida em sociedade. A privacidade não é um espaço material estabilizado e fixo, na medida em que existe uma "relatividade histórico-cultural da privacidade, isto é, a oscilação das fronteiras entre o privado e o público ao ritmo das transformações civilizacionais».*

### 26. Ac. TRP de 12-10-2011 (P.º 1488/09.0TAMTS.P1, rel. ERNESTO NASCIMENTO): *«Exerce um direito subjetivo, sem lesão dos bens jurídico-penalmente*

*tutelados pelo art.º 199.º do C. Penal, quem, na posse de fotografias, as usa, ainda que presuntivamente contra a vontade da pessoa nelas visada, como prova de factos que alegou em processo de divórcio e cujo ónus de prova lhe competia».*

**27. Ac. TRC de 02-11-2011 (P.º 106/09.0PAVNO.C1, rel. OLGA MAURÍCIO):** *«1.- A videovigilância visa finalidades sociais de "protecção de pessoas e bens". É uma medida preventiva e de dissuasão em relação à prática de infracções penais. 2.- As imagens dos arguidos obtidas através de sistema de videovigilância instalado na ourivesaria onde foi praticado o furto julgado nos autos, e com vista a prevenir a segurança desse estabelecimento, não se traduziram em qualquer acto de intromissão na vida privada alheia, podendo ser validamente utilizadas como meio de prova».*

**28. Ac. TRL de 29-03-2012 (P.º 744/09.1S5LSB-A.L1-9, rel. JOÃO CARROLA):** *«A junção aos autos da transcrição das mensagens SMS gravadas no telemóvel do queixoso, depois do consentimento deste, não está dependente da autorização do Juiz de Instrução Criminal».*

**29. Ac. TRL de 17-04-2012 (P.º 594/11.5TAPDL.L1-5, rel. SIMÕES DE CARVALHO):** *«I.º As garantias próprias do processo penal têm vindo a ser paulatinamente adquiridas pelo processo contra-ordenacional e pelo direito sancionatório em geral; II.º O princípio da não auto-incriminação surge como uma emanação do catálogo dos direitos de defesa consagrados para os ilícitos contra-ordenacionais no art.32, n.º10 da Constituição da República Portuguesa, devendo prevalecer sobre o direito de, as autoridades administrativas, utilizarem elementos fornecidos pelos arguidos; III.º Não obstante o princípio nemo tenetur – seja na sua vertente de direito ao silêncio do arguido, seja na sua dimensão de "privilégio" do arguido contra uma auto-incriminação – não estar expressa e directamente plasmado no texto constitucional, a doutrina e a jurisprudência portuguesas são unânimes não só quanto à sua vigência no direito processual penal português, como quanto à sua natureza constitucional; IV.º Quando os poderes de supervisão e de aplicação de coimas estão concentrados na mesma entidade, há que distinguir cada um deles, como forma de assegurar os direitos constitucionalmente garantidos aos arguidos; V.º Tendo a 6companhia aérea em causa, agindo de boa-fé e em cumprimento do disposto no Contrato de Concessão de Serviços Aéreos Regulares que havia celebrado com o Estado Português para determinada rota, apresentado o Relatório de Execução, não podia a entidade administrativa, com poderes de supervisão e de aplicação de coimas, instaurar processo de contra-ordenação contra a mesma, com base naquele relatório, sem a advertência que tais elementos podiam servir para a instauração de um processo; VI.º O princípio da transparência e o res-*

*peito pelos direitos da arguida exigiria que, no mínimo, a entidade administrativa referisse à arguida que os elementos que remeteu podiam servir para a instauração de um processo de contra-ordenação; VII.º Ao instaurar o processo de contra-ordenação, com base naquele relatório e sem aquela advertência, a entidade administrativa, recolheu elementos de prova de forma ilegítima, desse modo suprimindo o direito à não auto-incriminação da arguida, violando o princípio da proporcionalidade (art.18, n.º2 da C.R.P.), na sua vertente de necessidade, já que optou pelo meio de prova mais lesivo para os direitos fundamentais da arguida, sem curar de ponderar e optar por outros meios de obtenção de prova; VIII.º A utilização daqueles meios enganosos, através dos quais se obteve a prova junto da arguida, perturbou a liberdade de os seus representantes decidirem, pelo que são ofensivos da integridade moral das pessoas, sendo, por isso, nulas as provas consubstanciadas no Relatório de Execução, o que, de acordo com o entendimento dominante, na esteira da chamada teoria dos frutos da árvore envenenada, projecta-se à distância, abrangendo as outras provas posteriores que se referem aos mesmos factos».*

**30. Ac. TRL de 03-07-2012 (P.º 14538/10.4TFLSB.L1-5, rel. JORGE GONÇALVES):** *«A doutrina dos "frutos da árvore venenosa", não tem o sentido de um forçoso e inevitável "efeito dominó" que arraste, forçosamente, em cascata, todas as provas que, em quaisquer circunstâncias, apareçam em momento posterior à prova proibida e com ela possam, de alguma forma, ser relacionadas, antes abrindo um amplo espaço à ponderação das situações concretas, não conduzindo necessariamente à invalidação de todas as provas posteriores à prova ilegal. Assumindo a decisão recorrida que as denúncias e documentos anexos constituíram a "prova primária" nula, todas as demais provas não podiam ser "anuladas" indiscriminadamente, sem que a fosse ponderada "prova" a "prova", analisando a conexão de sentido existente entre cada prova e a dita "prova primária". Mesmo admitindo que os documentos, com base nos quais a autoridade administrativa iniciou o processo, tenham chegado à mão de quem os enviou a essa autoridade, por força de um acto ilícito de outrem, tal não impedia a autoridade administrativa de desencadear averiguações e de, com base nos elementos apurados, instruir o processo por contra-ordenação, não se confundindo o acto de denunciar e a transmissão de meios de prova».*

**31. Ac. TRE de 07-12-2012 (P.º 72/11.2DFTR-A.E1, rel. MARTINHO CARDOSO):** *«A identidade de um cidadão que se liga a determinado blogue ou sítio da Internet está coberto não pelo segredo das conversações ou comunicações regulado pelos art.187.º a 190.º do Código de Processo Penal, mas antes pelo segredo profissional a que* *se reporta o art. 135.º do mesmo código e a ser tratado, quanto ao respectivo levantamento, nos termos indicados por esta disposição legal».*

**32. Ac. TRP de 12-09-2012 (P.º 787/11.5PWPRT.P1, rel. ALVES DUARTE):** *«I – O órgão de polícia criminal pode proceder a pesquisa em telemóvel ou outro suporte informático, sem prévia autorização da autoridade judiciária, para que decida da conveniência da sua apreensão. Porém, essa possibilidade está limitada aos casos em que a mesma seja voluntariamente consentida por quem tiver a disponibilidade ou o controlo desses dados – desde que o consentimento prestado fique, por qualquer forma, documentado – ou, nos casos de terrorismo, criminalidade violenta ou altamente organizada, quando haja fundados indícios da prática iminente de crime que ponha em grave risco o vida ou a integridade de qualquer pessoa. II – Não sendo essa a situação, se as sms [short message service] guardadas no telemóvel do arguido foram lidas e transcritas pelo órgão de polícia criminal sem o seu consentimento nem foi autorizada a sua apreensão pelo juiz de instrução criminal, autoridade judiciária naquele momento competente para o efeito, estamos perante um caso de prova proibida».*

**33. Ac. TRC de 03-10-2012 (P.º 84/11.6JAGRD-A.C1, rel ALICE SANTOS):** *«1.- Por força da lei do Cibercrime é legalmente admissível o recurso à interceção de comunicações em processos relativos a crimes previstos na referida lei, aí se incluindo o tipo legal de falsidade informática; 2.- A informação relativa à identificação de determinado IP que realizou uma concreta comunicação em certo grupo data/hora, respeita a dados de tráfego; 3.- Assim a obtenção e junção aos autos de tais dados e a sua validade enquanto meio de prova está dependente da intervenção e autorização do Juiz de Instrução».*

**34. Ac. TRG de 15-10-2012 (P.º 68/10.1GCBRG.G1, rel. FERNANDO MONTERROSO):** *«Da interpretação da norma do art.º 189.º, n.º 1 do CPP, na redação da Lei 48/07 de 29 de Agosto, decorre que a transcrição de mensagens sms existentes no telemóvel de um queixoso pode valer como prova apesar de não ter sido ordenada pelo juiz de instrução».*

**35. Ac. TRP de 07-11-2012 (P.º 765/08.1PRPRT.P2, rel. PEDRO VAZ PATO):** *«Integra a prática do crime p. e p. pelo art. 190.º, n.ºs 1 e 2, do Código Penal o envio de mensagens escritas (sms) através de telemóvel com a intenção de perturbar a vida privada, a paz e o sossego de outra pessoa».*

A PROVA ILÍCITA: VERDADE OU LEALDADE?

**36. Ac. TRC de 06-03-2013 (P.º 119/11.2GDAND.C1, rel. ALICE SAN-TOS):** «*Não constitui prova proibida a divulgação de uma conversa telefónica pelo sistema de alta voz quando essa precisa comunicação telefónica é o meio utilizado para cometer um crime de ameaça ou injúria e a vítima consinta, de modo expresso ou implícito, na sua divulgação a terceiros como forma de se proteger de tais ameaças ou injúrias, sendo por essa razão permitido o depoimento de quem a ouviu*».

**37. Ac. TRP de 21-03-2013 (P.º 246/12.9TAOAZ-A.P1, rel. JOAQUIM GOMES):** «*A localização através da tecnologia GPS (Global Positioning System) está sujeita a autorização judicial, aplicando-se, por interpretação analógica, o disposto no art. 187.º do Código de Processo Penal*».

**38. Ac. TRP de 03-04-2013 (P.º 856/11.1PASJM.P1, rel. ARTUR OLI-VEIRA):** «*I – As SMS recebidas no equipamento de comunicação (telemóvel) da ofendida e por ela disponibilizadas estão a coberto de qualquer procedimento de validação judicial. II – Trata-se de um meio de prova fornecido de forma espontânea pelo receptor e seu legítimo detentor. III – O seu uso em processo não constitui meio de prova proibido*».

**39. Ac. STJ de 03-04-2013 (P.º 157/05.4JELSB-N.S1, rel. MAIA COSTA):** «*Segundo a recorrente, uma sentença da Audiência Nacional de Espanha considerou nulas as escutas telefónicas que estiveram na origem da investigação feita pelas autoridades policiais portuguesas e que foram elementos determinantes para a sua condenação nestes autos. É com base nessa anulação das escutas pelo tribunal espanhol que a recorrente invoca a verificação do pressuposto da al. a) do n.º 1 do art. 449.º do CPP (falsidade dos meios de prova), do pressuposto da al. e) do mesmo art. (utilização de meios de prova proibidos – as escutas), do pressuposto da al. c) do mesmo art. (inconciliabilidade entre os factos da sentença condenatória e os da sentença espanhola), e ainda do pressuposto da al. d) ainda do mesmo art. (novos meios de prova). A sentença da Audiência Nacional de Espanha, enquanto sentença emanada de outra jurisdição nacional, não tem eficácia em Portugal. Na verdade, o princípio da soberania do Estado Português opõe-se ao reconhecimento de uma sentença proferida por um outro Estado, sem que previamente seja revista e confirmada pelos tribunais portugueses. É o que está expressamente consagrado, em processo penal, no art. 234.º, n.º 1, do CPP. Não sendo essa decisão relevante na jurisdição nacional, não tem cabimento falar na utilização de meios de prova proibidos. Aliás, a anulação das escutas no processo que decorreu perante a Audiência Nacional de Espanha resultou da aplicação da lei nacional, concretamente do art. 11.º da LOPJ espanhola. E lembre-se que a questão da invalidade* *das escutas foi suscitada neste processo pela recorrente, antes e depois do julgamento, sendo julgada improcedente. Não tem também fundamento falar na "falsidade" dos meios de prova da decisão condenatória, até porque a falsidade é um conceito diferente do de proibição de prova. Também não é possível invocar inconciliabilidade entre os factos da sentença dos autos e os de uma sentença estrangeira sem validade na nossa ordem jurídica».*

**40. Ac. TRC de 26-06-2013 (P.º 467/11.1GBAGD.C1, rel. Cacilda Sena):** *«Resultando da prova produzida que o ofendido accionou, no seu telemóvel, o sistema sonoro de "alta voz", quando estava a receber ameaças, visando, por esse meio, a obtenção de prova contra o arguido, actuou com causa legítima, mostrando-se proporcional e adequada a divulgação da conversação telefónica. Consequentemente, a prova testemunhal obtida desta forma constitui prova válida, idónea a basear-se nela a condenação do autor do telefonema».*

**41. Ac. TRP de 10-07-2013 (P.º 1728/12.8JAPRT.P1, rel. Joaquim Gomes):** *«As intervenções corporais como modo de obtenção de prova, como seja a recolha de saliva através de zaragatoa bucal, podem ser obtidas por via compulsiva, para determinação do perfil de ADN e posterior comparação com vestígios recolhidos no local do crime. II – Mostram-se aceitáveis e legitimadas se estiverem legalmente previstas (i), perseguirem uma finalidade legítima (ii), mostrarem-se proporcionais entre a restrição dos direito fundamentais em causa (integridade pessoal; intimidade, autodeterminação informativa) e os fins perseguidos (iii), revelando-se idóneas (a), necessárias (b) e na justa medida (c). III – Para o efeito essas intervenções corporais devem ser judicialmente determinadas (iv) e estar devidamente motivadas (v),. não sendo admissíveis quando corresponderem, na sua execução, a tratamentos desumanos ou degradantes (vi), optando-se, neste casos e em sua substituição, por qualquer outra mostra de fluído orgânico que possa ser devidamente recolhida para determinação do ADN (vii)».*

**42. Ac. TRC de 10-07-2013 (P.º 907/10.7TAGRD.C1, rel. Jorge Dias):** *«1.- Quando a vítima seja interlocutora e destinatária da comunicação telefónica ou outra comunicação técnica equiparada, considera-se justificada a divulgação do teor da conversa telefónica pelo sistema de alta voz (a que é semelhante a mensagem sonora) quando essa precisa comunicação telefónica é o meio utilizado para cometer um crime de ameaças, ou injurias e a vítima consinta, de modo expresso ou implícito, na sua divulgação a terceiros como forma de se proteger de tais ameaças e, como tal não constitui prova proibida. 2.- O arguido ao enviar a mensagem sonora para o telemóvel da*

A PROVA ILÍCITA: VERDADE OU LEALDADE?

*ofendida sabia e queria que esta a ouvisse, sabendo que era gravada, com essa mesma finalidade de ser ouvida pelo destinatário. Não se trata de qualquer intromissão ilícita nas telecomunicações que necessite de salvaguarda, porque não há sequer intromissão, não há violação à reserva constitucional da privacidade. 3.- Mesmo não utilizando a gravação (mensagem de voz gravada), ou seja, em telefonema direto, o teor da conversa pode ser escutado por terceiros, ou porque estão perto do auscultador do telefone ou, o aparelho é colocado em alta voz».*

### 43. Ac. TRG de 23-09-2013 (P.º 689/10.2GAPTL.G1, rel. Tomé Branco): *«I – As gravações realizadas por particulares no âmbito de relações privadas podem ser utilizadas como meio de prova, quando quem a fez está a ser vítima de um crime, ou presencia a prática de um crime, e com a gravação pretende facilitar a sua averiguação e posterior condenação. II – Pode ser utilizada como meio de prova a gravação, feita por um filho da ofendida, de insultos dirigidos pela arguida à ofendida, na presença de várias pessoas (o que vale por dizer que as palavras proferidas se destinavam ao público)».*

### 44. Ac. TRL de 24-09-2013 (P.º 145/10.9GEALM.L2-5, rel. Vieira Lamim): *«I – As mensagens electrónicas (sms) deixam de ter a essência de uma comunicação em transmissão para passarem a ser antes uma comunicação já recebida, que terá porventura a mesma essência da correspondência», em nada se distinguindo de uma «carta remetida por correio físico». E tendo sido já recebidas, «se já foram abertas e porventura lidas e mantidas no computador (ou no telemóvel, acrescenta-se) a que se destinavam, não deverão ter mais protecção que as cartas em papel em que são recebidas, abertas ou porventura guardadas numa gaveta, numa pasta ou num arquivo», visto o disposto no art.194, nº1, do CP. II – É o destinatário da correspondência que sobre a mesma tem toda a disponibilidade e não o seu remetente, tendo toda a legitimidade para divulgar o seu conteúdo, nomeadamente autorizar que deste tomassem conhecimento as autoridades policiais».*

### 45. Ac. TRP de 23-10-2013 (P.º 585/11.6TABGC.P1, rel. Maria do Carmo Silva Dias)[1033]: *«I – São válidas, podendo ser valoradas pelo julgador (não*

---

[1033] Em comentário a este Ac. refere Ana Raquel Conceição ("A relevância probatória das gravações e fotografias realizadas por particulares: análise crítica do Ac. da Relação do Porto de 23-10-2013", in Lusíada – Direito, n.º 13, 2015, pp. 150-151, disponível em http://hdl.handle. net/11067/2818) o seguinte: *«(...) é nosso entendimento que as gravações efetuadas pelo particular, nos termos retratados no Ac. em análise, não podem ser valorados como meio de prova. Não podemos permitir*

ADENDA – JURISPRUDÊNCIA EM SEDE DE PROVA ILÍCITA

*constituindo métodos proibidos de prova) as provas que consistem na gravação de imagens (no caso filmagem) feita por particular (ofendido), direccionada para um local público, particularmente dirigida para o seu veículo automóvel, estacionado na via pública, apenas com vista a apurar quem era o autor dos danos (consistentes em sucessivos e repetidos riscos e outros estragos) que nele vinham sendo causados, bem como a reprodução, em suporte de papel, de imagens dessa filmagem retiradas. II – A gravação de imagens em local público, por factos ocorridos na via pública, sem conhecimento do visionado, tendo como única finalidade a identificação do autor do crime de dano (que atinge o património do particular que fez a filmagem), o qual veio a ser denunciado às autoridades competentes, mesmo que não haja prévio licenciamento pela Comissão Nacional de Protecção de Dados, constitui prova válida (art. 125.º do CPP) por neste caso existir justa causa para essa captação de imagens (desde logo documentar a prática de infracção criminal que atenta contra o património do autor da filmagem, que depois apresentou a respectiva queixa crime), por não serem atingidos dados sensíveis da pessoa visionada e nem ser necessário o seu consentimento até olhando para as exigências*

*que a investigação criminal, que é da competência exclusiva das autoridades judiciárias e dos órgãos de polícia criminal, possa também ser realizada por comuns cidadãos. Mesmo que a recolha de prova seja efetuada com vista à prevenção ou repressão da criminalidade. Tal permissão seria aniquilar a estrutura essencialmente acusatória do nosso processo penal, bem como a nossa conceção de Estado de direito democrático. A conduta de um particular que procede a filmagens e gravações da imagem do investigado, mesmo enquanto este se encontra na via pública, contra a sua vontade consiste na prática do crime previsto e punido nas alíneas a) e b) do n.º 2 do art. 199.º CP. Quer do ponto de vista objectivo (pois o agente está a preencher os elementos objectivos do tipo ao fotografar ou filmar outra pessoa e/ou a utilizar ou permitir que se utilizem fotografias ou filmes obtidos nos termos descritos), quer do ponto de vista subjetivo (pois o particular conhece e quer a conduta descrita, até pelo caráter dissimulado que utilizou na sua obtenção). Tipicidade que indicia a ilicitude do facto que quanto a nós não é afastada. Pois sendo a conduta a prática de um crime a sua utilização para efeitos probatórios só é lícita se corresponder a algum dos meios de obtenção de prova ou meios de prova previstos no CPP. Pois aqui, neste catálogo, já o legislador ordinário, respeitando os princípios da proporcionalidade, adequação e necessidade, admite certos métodos de obtenção de prova com a restrição de direitos fundamentais. Ou seja os meios de obtenção da prova descritos no CPP são, em bom rigor dogmático, causa de exclusão da ilicitude de natureza processual penal. Logo para determinada conduta que corresponda à prática do crime poder ter valor probatório terá de estar catalogada na lei do processo como meio de obtenção da prova, sob pena de ser abusiva a intromissão nos direitos fundamentais dos investigados. Não se bastando a enunciação de exigências de justiça. No direito probatório em processo penal os meios de obtenção da prova para serem válidos não carecem de estar previstos na lei, é certo e assim nos impõe o princípio da legalidade das provas, todavia carecem sempre de não serem proibidos. E sê-lo-ão, sempre que constituírem a prática de um crime e não se encontre verificada nenhuma causa exclusão da ilicitude ou da culpa penal ou processual penal, pois nestes casos a intromissão nos direitos fundamentais do investigado em particular e dos cidadãos em geral será sempre abusiva».*

*de justiça. III – A imagem captada nas circunstâncias deste caso concreto, por um lado não constitui nenhuma violação do "núcleo duro da vida privada", nem do direito à imagem do visionado, não sendo necessário o seu consentimento para essa gravação, tal como decorre do art. 79.º, n.º 2, do CC (estando a filmagem do suspeito justificada por exigências de justiça) e, por outro lado, aquela conduta do particular que fez a filmagem de imagens em local público não constitui a prática do crime de "gravações e fotografias ilícitas" p. e p. no art. 199.º, n.º 2, do CP, nem tão pouco integra a prática de qualquer ilícito culposo segundo o ordenamento jurídico, mesmo considerado este globalmente. IV – Não sendo ilícita, nos termos da lei penal, a filmagem de imagens em local público, feita por particular, nas circunstâncias deste caso concreto, também a reprodução mecânica dessa filmagem (através da junção ao processo, quer do CD contendo a dita gravação de imagens, quer da reprodução em papel de imagens dela retiradas) é permitida, tal como decorre do art. 167.º, n.º 1, do CPP. V – Esta nova forma de "privatização da investigação" (expressão usada por Costa Andrade a propósito, entre outros casos, de gravação de imagens por agentes privados, por eles trazidas ao processo) tem de ser analisada caso a caso, tendo em vista a salvaguarda daquele «núcleo duro» da vida privada da pessoa visionada (que abrange os dados sensíveis tal como definidos pela Lei de Protecção de Dados Pessoais), o qual assume uma multiplicidade de vertentes».*

**46. Ac. TRL de 24-10-2013 (P.º 102197/12.1YIPRT-A.L1-2, rel. Tibério Silva):** *«1. Sendo admissível, em abstracto, a indicação de registos fonográficos como meio de prova, importará saber se eles consubstanciam abusiva intromissão na vida privada que torne ilícita a recolha desses registos. 2. Ainda que tal não ocorra, estando em causa uma comunicação telefónica destinada à adesão a um contrato de seguro, haverá que apurar se não estará configurada a ofensa do direito à palavra, constitucionalmente consagrado, através da gravação não autorizada das respostas/ declarações do contactado».*

**47. Ac. TRG de 29-04-2014 (P.º 102/09.8GEBRG.G2, rel. Maria Luísa Arantes):** *«I – O direito à imagem está tutelado criminalmente, mas apenas na medida em que não esteja coberto por uma causa de justificação da ilicitude. II – Não constituem provas ilegais, podendo ser valoradas pelo tribunal, a gravação de imagens por particulares em locais públicos, ou acessíveis ao público, nem os fotogramas oriundos dessas gravações, se se destinarem a documentar uma infração criminal e não disserem respeito ao «núcleo duro da vida privada» da pessoa visionada (onde se inclui a intimidade, a sexualidade, a saúde e a vida particular e familiar mais restrita)».*

**48. Ac. TRP de 07-05-2014 (P.º 8292/12.6TDPRT.P1, rel. LÍGIA FIGUEIREDO):** *«I – O regime legal das acções encobertas para fins de prevenção e investigação criminal encontra-se previsto na Lei 101/2001, de 25 de Agosto. II – São definidas como sendo as «(..) que sejam desenvolvidas por funcionários de investigação criminal ou por terceiro actuando sob o controlo da Policia Judiciária (..) com ocultação da sua qualidade e identidade. III – Segundo Germano Marques da Silva "os agentes informadores e infiltrados não participam na prática do crime, a sua actividade não é constitutiva do crime, mas apenas informativa, e, por isso, é de admitir que, no limite, se possa recorrer a estes meios de investigação". IV – As acções encobertas apenas são admissíveis no âmbito da prevenção e repressão dos crimes mencionados no art. 2.º da citada lei e desde que obedeçam aos requisitos previstos no art.º 3.º, ou seja, "devem ser adequadas aos fins de prevenção e repressão criminais identificados em concreto, nomeadamente a descoberta de material probatório, e proporcionais quer àquelas finalidades quer à gravidade do crime em investigação". V – O agente provocador é aquele que "actuando sob uma falsa identidade e sem revelar a sua verdadeira qualidade, fazendo-se assim passar por aquilo que não é, convence outrem a cometer um crime". VI – O agente provocador é agente do próprio crime e, por isso, as provas assim obtidas são reconductíveis aos "métodos proibidos de prova" a que alude a última parte da alínea a) do nº 2 do art. 126 do CPP».*

**49. Ac. STJ de 28-05-2014 (Unif. Jurisprudência, P.º 171/12.3TAFLG. G1-A.S1, rel. ARMINDO MONTEIRO):** *«Os arguidos que se recusarem à prestação de autógrafos, para posterior exame e perícia, ordenados pelo Exm.º Magistrado do M.º P.º, em sede de inquérito, incorrem na prática de um crime desobediência, previsto e punível pelo art. 348.º, n.º 1 b), do Código Penal, depois de expressamente advertidos, nesse sentido, por aquela autoridade judiciária».*

**50. Acórdão TRL de 19-06-2014 (P.º 1695/09.5PJLSB.L1-9, rel. MARGARIDA VIEIRA DE ALMEIDA):** *«I – Estando apenas em causa a obtenção da identificação de um utilizador de um endereço IP ou o número de IP usado por um determinado indivíduo, em circunstâncias temporais determinadas, a competência para a respectiva obtenção é do MºPº. II – A identificação de um determinado endereço de IP conjugada com a identidade de quem o utilizou num dado dia e hora não revela informação sobre o percurso da comunicação nem sobre outro eventual tráfego comunicacional da pessoa em causa. III – Os direitos constitucionais dos arguidos não são absolutos, face aos direitos dos restantes cidadãos, mormente das vítimas em processo penal, e as entidades públicas, ao enquadrar o uso dos diversos meios de prova têm de considerar os direitos dos vários intervenientes processuais».*

# A PROVA ILÍCITA: VERDADE OU LEALDADE?

**51. Ac. TRP de STJ de 10-09-2014 (P.º 1953/00.4JAPRT-B.P1, rel. Coelho Vieira):** *«No serviço de telecomunicações a obtenção dos dados de base, isto é dos dados de conexão à rede, tais como a identidade do titular do telefone o seu número e a sua morada, ainda que cobertos pelo sistema de confidencialidade a solicitação do assinante, não contendem com a privacidade do seu titular pelo que devem ser comunicados a pedido de qualquer autoridade judiciária».*

**52. Ac. TRE de 25-11-2014 (P.º 187/10.4ZRLSB.E1, rel. Gilberto Cunha):** *«I – O sistema de alta voz, mais não é do que um altifalante por onde é emitido o som para o exterior, que se processa por ondas sonoras, ocorrendo a exteriorização do som, pelo que nada mais se trata do que o amplificar; através dessa função nenhum elemento técnico é adicionado ao telefone, ilicitamente, permitindo a captação, audição ou gravação da chamada telefónica. II – A prova por depoimento de testemunha que escutou conversação telefónica por intermédio de sistema alta-voz não é, em princípio, prova livre, podendo cair nas proibições de prova, mas uma conclusão definitiva exige o conhecimento e apreciação dos contornos totais do acontecido. III – Assim, pese embora, em princípio, o conhecimento de uma comunicação telefónica pelo sistema de alta voz não seja admissível, pode a mesma ser justificada desde que esse meio de prova se mostre imprescindível, atentas as circunstâncias concretas que estão subjacentes a cada caso, designadamente, ocorrer causa de justificação, consistente numa legítima defesa – obter testemunho do crime praticado pelo arguido para o enfrentar e obstar a que prossiga na agressão – ou num direito de necessidade (probatório) – agir para obter prova para o perseguir criminalmente. IV – Tem de considerar-se válida a prova testemunhal cujo conhecimento dos factos em que se estriba a conduta apurada da arguida, pela qual foi condenada pela prática do crime de injúria, adveio da circunstância da ofendida ter accionado o sistema de alta voz do telefone, permitindo e consentindo de modo expresso ou implícito que as testemunhas ouvissem a conversa que mantinha com a arguida, apesar da falta de consentimento desta. V – Neste caso, mostra-se justificada a divulgação dessa conversa a terceiros pelo sistema de alta voz, pois foi a comunicação telefónica o meio utilizado para cometer o crime de injúria e o recurso a esse sistema visou, assim, a obtenção de prova contra a arguida, actuando a ofendida com causa legítima, proporcional e adequada à divulgação da conversa entre ambas mantida».*

**53. Ac. TRC de 04-02-2015 (P.º 73/14.9JALRA-A.C1, rel. Alice Santos):** *«I – Quando os elementos pretendidos, funcionalmente constituem já elementos inerentes à própria comunicação, na medida em que permitem identificar, em tempo real ou à posterior, os utilizadores, o relacionamento directo entre uns e outros através da rede, a localização, a frequência, a data, hora, e a duração da comunicação, devem* *participar das garantias a que está submetida a utilização do serviço, especialmente tudo quanto respeite ao sigilo das comunicações. II – Desde que os dados de base estejam em interligação com dados de tráfego ou dados de conteúdo, torna-se necessária a autorização do Juiz para a sua obtenção e junção aos autos».*

**54. Ac. TRP de 25-02-2015 (P.º 349/13.2PEGDM.P1, rel. Maria Deolinda Dionísio:** *«I – A obtenção de fotografias ou de filmagens, sem o consentimento do visado, sempre que exista justa causa nesse procedimento, nomeadamente quando as mesmas estejam enquadradas em lugares públicos, visem a realização de interesses públicos ou hajam, ocorrido publicamente não constitui ilícito típico. II – Nessas circunstancias mesmo que haja falta de licenciamento da CNPD podem ser usadas como meio de prova».*

**55. Ac. TRE de 07-04-2015 (P.º 13/15.8PAOLH-A, rel. Fernando Pina):** *«As comunicações por telemóvel, têm uma dinâmica entre a realização da chamada e o termo da mesma, que perdura durante determinado lapso de tempo e, ultrapassado o mesmo, deixam de constituir ou serem consideradas comunicações telefónicas, nos termos da lei penal, nomeadamente do artigo 187.º, do Código de Processo Penal e, passam a constituir um mero documento demonstrativo dessas mesmas comunicações telefónicas. Assim, encontrando-se apreendido nos autos o telemóvel em causa e o cartão SIM, ao mesmo associado, o exame pericial aos mesmos, relativo à respectiva lista telefónica, aos registos das chamadas recebidas e atendidas, das recebidas e não atendidas e, das chamadas efectuadas, não carece da prévia autorização do Juiz de Instrução».*

**56. Decisão Sumária do STJ de 17-04-2015 (P.º 1/13.9YGLSB.S1, rel. Raul Borges):** *«(...) A lei portuguesa proíbe as provas fundadas na violação da integridade física e moral do agente e as provas que violem ilicitamente a privacidade. Não podem ser aproveitados, não podem servir em juízo os actos e as diligências probatórias realizadas em sede de inquérito, que representem, directa ou indirectamente, uma violação do segredo profissional do advogado, assim como não podem ser valorados em tribunal meios enganosos de obtenção de prova, como o daquele que instiga ou que determina outrem à prática de um comportamento delituoso. A proibição de valoração de provas ilícitas suscita dificuldades sempre que implique o problema do «efeito à distância» ou do «fruto de prova proibida», mas a ponderação a efectuar caso a caso das provas subsequentes não deve neutralizar a regra constitucional, tornando legítimas «provas proibidas» (cfr. AcTC n.º 407/97). "As proibições de prova não são uma subespécie de nulidade. São, isso sim, uma espécie de invalidade, tal como o são as nuli-*

*dades. Esse é o seu verdadeiro referente comum". A afirmação da autonomia das proibições de prova em relação às nulidades e a destrinça entre métodos, absoluta e relativamente proibidos, estava já presente no Ac. deste Supremo Tribunal de 8 de Fevereiro de 1995, proferido no processo n.º 47.084, publicado in CJSTJ 1995, tomo 1, pág. 194. A utilização de provas proibidas que tenham servido de fundamento à condenação pode constituir, a partir da revisão do CPP, operada pela Lei n.º 48/2007, de 29 de Agosto, fundamento do recurso extraordinário de revisão, conforme o disposto no art. 449.º, n.º 1, alínea e), do CPP. O segredo profissional mostra-se inerente, não ao próprio advogado em si, mas à actividade desenvolvida por este profissional da Justiça, o que significa que nem todos os factos transmitidos ou conhecidos pelo advogado estão a coberto do dever de confidencialidade previsto pelo art. 87.º, n.º 1, do EOA, mas simplesmente aqueles que sejam relativos ao exercício desta actividade profissional. Só estão abrangidos pelo segredo profissional do advogado os factos que resultem do desempenho desta actividade profissional (ou, de acordo, com os termos da própria lei, "os factos cujo conhecimento lhe advenha do exercício das suas funções"), o que leva a excluir do âmbito de protecção desta norma tudo aquilo que é comunicado ao advogado, mas que não respeite a actos próprios da advocacia, ou seja, todos os acontecimentos da vida real que não se prendam com este desempenho profissional, mesmo que cheguem ao conhecimento do advogado no seu local de trabalho. O segredo profissional do advogado, à semelhança do sigilo previsto para outras categorias profissionais, visa tutelar, em primeira linha, as relações de confiança que se estabelecem com os clientes e com outros colegas de profissão, que não são postas em crise quando não estão em causa factos relacionadas com o estrito exercício da advocacia (...). A intervenção em sede de inquérito do advogado R – o qual denunciou a um Inspector da Polícia Judiciária os factos que deram origem ao inquérito, de que teve conhecimento em virtude de o escritório ser, também seu, à data da prática dos factos, e que relatou conversas que ouviu no escritório e que fotocopiou documentos existentes no mesmo escritório – em nada belisca o disposto no art. 87.º, n.ºs 1, 2, 3 e 7, do EOA, na medida em que, os factos, os documentos e as diligências em referência em nada se relacionam com assuntos profissionais do Advogado. Não está em causa uma relação advogado-cliente, uma actividade no contexto de uma prestação de serviços, de um mandato. Não estão em causa relatos de factos revelados por cliente que tenham sido transmitidos por cliente/consulente. Não estão em causa informações sigilosas recolhidas/transmitidas no pressuposto da confidencialidade. Sobre o que debitou, o Advogado não era um "confidente necessário". Estes factos em nada se relacionam com o exercício da advocacia; as imputadas condutas não se mostram minimamente atinentes ao exercício pelo Advogado das suas funções profissionais, não traduzem a prática de qualquer acto próprio do advogado, pelo que não se pode sustentar, de modo algum, a violação do segredo profissional do advo-*

ADENDA – JURISPRUDÊNCIA EM SEDE DE PROVA ILÍCITA

*gado R. Para além do local (escritório de Advogados) e dos intervenientes nos factos em apreciação (Advogados), mais nenhum outro elemento se relaciona directa ou indirectamente com o exercício de funções profissionais do Advogado, muito em particular com o exercício de funções de representação do mandante (em juízo ou em negociações) ou de aconselhamento jurídico. Nem tão pouco existe qualquer relação de confiança que se prenda com o exercício de funções de representação forense ou negocial (...). Concluiu-se que a testemunha de acusação – Advogado R – não incorreu em violação do segredo profissional de advogado por ter colaborado com a investigação durante a fase processual de inquérito, pelo que os actos praticados por este e as declarações prestadas pelo Advogado R, bem como, a jusante, noutro bem diferente contexto, as declarações prestadas pela Advogada J, podem fazer prova em juízo (...). A jurisprudência do STJ tem vindo a entender, de modo pacífico, que o recurso à figura do agente(s) provocador(es) consubstancia um método proibido de obtenção de prova, na medida em que esta prova é obtida mediante meios enganosos, ou seja, em que os suspeitos (ou arguidos) da investigação criminal, de modo astucioso, são chamados a executar e a participar em actos ilícitos, resultantes da própria iniciativa do agente provocador, que se apresenta com uma identidade falsa ou fictícia e/ou que não deixa conhecer essa sua qualidade, com a finalidade de os incriminar e de recolher provas que atestem a sua culpabilidade em juízo. A testemunha de acusação – Advogado R – trabalhava, desde há vários anos, no escritório da advogada arguida, o que fez, dando a conhecer a sua verdadeira identidade, até que a dado momento, de forma ocasional, tomou conhecimento dos factos, que mais tarde decidiu transmitir às autoridades de investigação criminal. Esta testemunha não se insinuou nem se inseriu nesse escritório de advocacia, com identidade fictícia e com actuação concertada com as autoridades policiais ou judiciárias, por forma a ganhar a confiança das duas arguidas e com o intuito de proceder à recolha de informações, de indícios ou de elementos de prova, por existirem suspeitas de que nesse local se desenvolvia a prática de comportamentos delituosos, muito menos ainda que tenha tido um papel activo, que tenha sido ele a incentivar a prática dos crimes de peculato imputados em co-autoria às duas arguidas. O Advogado R não agiu como agente provocador, pois o processo de elaboração de projectos de Ac.s já estava em marcha, em nada tendo contribuído para a sua génese ou mesmo continuação, pelo que, não existem fundamentos para que o STJ decrete que o MP fez uso de "prova proibida" ou que se verifica uma "nulidade da prova oferecida na acusação". Analisada toda a prova documental, conclui-se apresentarem-se como cruciais – no plano da averiguação da existência dos indícios a nível fáctico – os documentos apreendidos nas buscas, como os projectos de Ac.s, as folhas manuscritas, os trabalhos preparatórios, os e-mails, os dados extraídos de computadores. A prova testemunhal, adrede arrolada pela defesa, não tem a virtualidade de destruir, contrariar, infirmar, abalar, minimizar ou sequer beliscar a*

A PROVA ILÍCITA: VERDADE OU LEALDADE?

*força probatória dos e-mails, que traduzem a revelação das comunicações que foram sendo estabelecidas entre a arguida Advogada e a arguida Juíza e a advogada J, as intervenientes neste exercício de que resultou a formulação de projectos de Ac.s para a arguida Juíza e o pagamento destes serviços pela Delegação M da Cruz Vermelha Portuguesa. Os E-mails constantes dos autos, atendendo a que constituem veículo de conteúdo informacional, tratando-se de uma comunicação à distância levada a cabo por meios informáticos, revestem-se de primordial importância por exporem o que, em determinado contexto temporal, rigorosamente marcado, incluindo dia de semana, hora, minuto, segundo, umas pessoas transmitiram às outras (...)».*

**57. Ac. TRL de 11-06-2015 (P.º 7406/14.6TDLSB-A.L1-9, rel. Gui-lherme Castanheira):** *«I – A definição do concreto interesse em agir supõe, pois, que se identifique qual o interesse que, no caso, a assistente pretende realizar no processo, e especificamente em cada fase do processo: o interesse em agir consiste na necessidade de apelo aos tribunais para acautelar um direito ameaçado que necessite de tutela e só por essa via possa obtê-la; II – O interesse em agir radica na utilidade e imprescindibilidade o recurso aos meios judiciários para assegurar um direito em perigo: trata-se de uma posição objectiva perante o processo, que é ajuizada a posteriori" e que "não tendo invocado qualquer interesse específico – um "concreto e próprio" interesse ou vantagem – na aplicação de uma pena mais elevada, distinto das finalidades públicas de aplicação da pena, não apresenta ao tribunal base suficiente para poder determinar se a decisão, que foi de condenação, foi proferida «contra» a assistente, e se existe «interesse em agir» relevante que possa integrar o pressuposto de admissibilidade do recurso. III – A gravação de conversas ou contactos telefónicos, sem consentimento do outro interlocutor ou autorização concedida pela forma prevista na lei processual", não consubstancia intercepção telefónica, mas sim documento, in casu fonográfico, com as respectivas transcrições, as quais representam, obviamente, um documento escrito. IV – Os elementos apreendidos no âmbito de busca que não forem obtidos mediante intromissão na vida privada, no domicílio, na correspondência ou nas telecomunicações sem o consentimento do respectivo titular, não se podem considerar como sendo "provas nulas"».*

**58. Ac. TRC de 07-10-2015 (P.º 174/13.0GAVZL.C1, rel. Maria José Nogueira):** *«I – O meio processualmente adequado para reagir contra despacho que, no decurso da audiência de discussão e julgamento, indefere diligência de prova requerida, expressa ou implicitamente, ao abrigo do art. 340.º do CPP, é o recurso, e não a arguição da nulidade prevista no art. 120.º, n.º 2, alínea d), do mesmo diploma legal. II – Assim, se o sujeito processual interessado, na sequência de tal despacho de* *indeferimento, do mesmo não recorre, limitando-se a arguir a referida nulidade, deixando ocorrer, deste modo, o trânsito em julgado do despacho, fica o tribunal de recurso impedido de sindicar a referida decisão. III – A prova proibida afecta sequencialmente as demais provas obtidas posteriormente com base naquela. IV – Contudo, esse "efeito à distância" da prova proibida resulta afastado por via, inter alia, da produção de prova autónoma, onde se inscrevem as declarações confessórias, livres, voluntárias e esclarecidas, do arguido [mácula dissipada]. V – As vulgarmente designadas "conversas informais" de arguido a órgão de polícia criminal, ocorridas antes de o primeiro obter formalmente aquele estatuto [no caso, então o mesmo nem sequer era suspeito], se reveladas, no decurso da audiência de julgamento, pelo segundo, enquanto testemunha, não traduzem violação de qualquer norma processual, nomeadamente do disposto no art. 356.º, n.º 7, do CPP, a menos que resulte demonstrado que o órgão de polícia criminal tivesse, no momento da revelação do arguido, agido deliberadamente para contornar os limites legalmente impostos. VI – Os casos de interrupção do nexo de imputação da conduta ao resultado são aqueles em que à causa (adequada) posta pelo agente se sobrepõe uma outra causa (igualmente adequada) para produzir o evento, mas que não provém do mesmo agente, quer directamente, quer como consequência da causalidade inicial».*

**59. Ac. TRP de 14-10-2015 (P.º 78/15.2GAMCN-A.P1, rel. Vítor Morgado):** *«I – Deve ser autorizada a busca domiciliária com vista à apreensão de fotografias ou filmes feitos pela arguida, quando o denunciante procedia ao corte de árvores num prédio rústico, por tal se revelar indispensável e não constituir uma contração desproporcionada do direito à reserva de domicílio. II – Tal não representa um juízo definitivo sobre a ilicitude da conduta da arguida e sobre a admissibilidade como prova em processo civil das imagens obtidas».*

**60. Ac. TRL de 17-12-2015 (P.º 253/14.7YUSTR-9, rel. Maria da Luz Batista):** *«I – No processo contra-ordenacional vigora o princípio da verdade material que decorre do princípio da subsidiariedade do processo penal em relação ao processo contra-ordenacional. II – Vigora, igualmente, o princípio da investigação pelo qual a autoridade administrativa ou o juiz têm o poder/dever de ordenar oficiosamente a produção de todos os meios de prova que entendam necessários para a descoberta da verdade e a boa decisão da causa – nos termos dos arts. 54.º n.º 1 e 72.º n.º 2 do RGCO. III – Nunca o tribunal poderá ser considerado "um terceiro". IV – Numa perspetiva da proteção de dados pessoais e à luz da LPDP, a comunicação dos dados pessoais constantes das gravações das chamadas ao Tribunal, para efeitos de prova da existência e teor das instruções transmitidas pelo cliente ao banco durante essas conversas, está abran-*

*gida na finalidade do tratamento de dados pessoais autorizado pela CNPD e consentido pela cliente e pelos trabalhadores do XXX, pelo que não é necessário qualquer consentimento adicional do cliente ou dos trabalhadores do XXX para a sua junção aos autos em conformidade com a LPDP. V – As reproduções fonográficas em causa constituem documentos das relações comerciais entre o banco e clientes que não colidem com a reserva da intimidade da cliente».*

**61. Ac. TRP de 20-01-2016 (P.º 1145/08.4PBMTS.P1, rel. ARTUR OLIVEIRA):** *«Se o arguido enviou ao ofendido mensagem por sms o seu destinatário pode fazer da missiva o uso que entender, nomeadamente apresentá-la às autoridades judiciárias para poder servir como prova de um crime de que é vitima».*

**62. Ac. TRC de 24-02-2016 (P.º 2638/12.4TALRA.C1, rel. CACILDA SENA):** *«I – A captação de imagens por particulares, em locais públicos ou de livre acesso ao público, não estando ferida de qualquer ilegalidade nem violando os direitos de personalidade que compreendem o direito à imagem, é meio admissível de prova. II – Efectivamente, as imagens assim captadas, por factos ocorridos nos referidos locais, do suposto autor do crime, não constituem nenhuma violação do "núcleo duro da vida privada" nem do direito à imagem daquele; por conseguinte, não é necessário o consentimento do visado para essa filmagem, nos termos exigidos pelo art. 79.º, n.º 2, do CC, porquanto a imagem do suspeito se encontra justificada por razões de justiça, nem tão pouco a referida recolha de imagens integra o crime de p. p. pelo art. 199.º, n.º 2, do CP. III – Os depoimentos que reproduzem as ditas filmagens, não estando afectados por qualquer proibição de prova, devem ser livremente apreciados e valorados pelo tribunal».*

**63. Ac. TRE de 29-03-2016 (P.º 558/13.4GBLLE.E1, rel. ANTÓNIO JOSÉ LATAS):** *«I – O art.167.º do CPP contempla uma das hipóteses de proibição de prova expressamente previstas no CPP, pelo que é à luz do regime respetivo que deve ser apreciada a invocada proibição de prova por obtenção e utilização de imagens do arguido captado em vídeo contra a sua vontade presumida. II – Resulta da remissão do art. 167.º do CPP para o campo da ilicitude penal, ser inadmissível e proibida a valoração de qualquer registo fotográfico (fílmico, vídeo, etc.) que, pela sua produção ou utilização, constitua o seu agente em autor de um crime de Gravações e fotografias ilícitas, previsto entre os Crimes contra outros bens jurídicos pessoais no art. 199.º do C.Penal, ou de um crime de Devassa da vida privada, previsto no art.192.º do C.Penal entre os crimes contra a reserva da vida privada. III – Assim, como reverso da proibição da valoração das fotografias ou filmes ilícitos contida no art. 167.º do*

*CPP, é em princípio admissível a valoração das fotografias ou filmes que não tenham sido obtidos de forma penalmente ilícita, quer tal licitude resulte de não ser penalmente típico o comportamento em causa, quer de ser-lhe aplicável causa de justificação legalmente prevista, o que vale sobremaneira para as situações, como a presente, em que o agente da ação de fotografar ou filmar foi um particular. IV – Mesmo a entender-se que a finalidade, comum, de filmar a materialidade e autoria do crime e de utilizar posteriormente o vídeo como prova do facto, não constitui fundamento de atipicidade da conduta da assistente relativamente ao tipo legal de Gravações e fotografias ilícitas previsto no art. 199.º do C.Penal, sempre se mostra excluída a ilicitude no caso concreto por se considerar ter a assistente agido ao abrigo do direito de necessidade previsto no art. 34.º do C. Penal, o que vale tanto para a obtenção do vídeo como para a sua posterior utilização no presente processo, pois esta utilização constitui a concretização daquele mesmo fim».*

**64. Ac. TRE de 29-03-2016 (P.º 87/12.3GGBJA-A.E1, rel. Carlos Berguete Coelho:** *«I – Configura prova proibida, nos termos e para os efeitos do artigo 167.º do CPP, por referência ao disposto no artigo 199.º, n.º2, alínea a) do Código Penal, as fotografias obtidas por uma testemunha, em situação que não pode enquadrar-se em lugar público, sem o consentimento do visado e com o sentido inequívoco de ulterior demonstração probatória da acção deste, que não lhe era dirigida a si, mas a outra pessoa».*

**65. Ac. TRL de 13-04-2016 (P.º 2903/11.8TACSC.L1-3, rel. Carlos Almeida):** *«(...) XV–Um aparelho conhecido vulgarmente como "GPS tracker" contém, em geral, para além de um receptor de GPS, um módulo de comunicações que, através da utilização de uma diferente tecnologia (eventualmente GPRS), permite a transmissão dos dados obtidos pelo receptor para a empresa que instala e controla o aparelho, sendo os mesmos facultados, em tempo real, a quem contratou essa empresa através da utilização de um simples computador com ligação à internet, o que permite o acesso ao sítio da empresa e a obtenção dos dados que para ela vão sendo enviados. XVI–Estes aparelhos e as tecnologias que os mesmos utilizam permitem conhecer, pelo menos, a localização instantânea e precisa do veículo em que se encontram instalados, o percurso pelo mesmo efectuado, os tempos e locais de paragem, o período de funcionamento do motor e a velocidade a que o automóvel circula, podendo propiciar ainda, se tal for pretendido, a obtenção de um leque muito mais alargado de dados, a transmissão de mensagens escritas e o bloqueio da circulação da viatura. XVII–Os dados obtidos por cada um destes aparelhos constitui prova documental, tal como ela é definida pelo artigo 164.º, n.º 1, do Código de Processo Penal. XVIII–A questão que se coloca é a de* saber se um meio de obtenção de prova com estas características, que não se confunde nem se equipara à intercepção das comunicações, é, entre nós, permitido, dada a ausência de lei que legitime a sua utilização, delimite os crimes que a admitem, estabeleça o procedimento a adoptar e fixe a competência para autorizar o seu uso e controlar todo o procedimento que tiver lugar. XIX–A resposta a esta questão deve ser negativa, em primeiro lugar porque um aparelho de geolocalização, no caso, um "GPS tracker", é um meio oculto de investigação que, por isso mesmo, só poderia ser admitido se existisse lei que o consagrasse como um meio de obtenção de prova legítimo e regulasse todos os referidos aspectos do seu regime. XX–Não se compreenderia que a localização celular de um telemóvel estivesse sujeita aos apertados limites traçados pelos artigos 252.º-A e 189.º, n.º 2, do Código de Processo Penal e a geolocalização através de meios muito mais precisos fosse admitida sem qualquer limitação e sem controlo. XXI–A utilização destes aparelhos, pelo sistemático e permanente registo de dados que propicia, cujo tratamento permite, e pela natureza dos mesmos, é susceptível de violar a vida privada dos utilizadores dos veículos em que se encontrem instalados. XXII–O conceito de vida privada é amplo e embora seja insusceptível de uma exaustiva definição, o seu conteúdo «vai para além dos estreitos limites inerentes à ideia anglo-americana de privacidade, que põe a ênfase no secretismo da informação pessoal e no recato do acto», abrangendo muitos âmbitos que extravasam a habitação e os domínios privados, atingindo mesmo «a zona de interacção de uma pessoa com os outros, mesmo num contexto público». XXIII–Para além da violação deste direito fundamental, protegido pelo n.º 1 do artigo 26.º da Constituição, o artigo 35.º, n.º 3, da Lei Fundamental impede que os dados obtidos através desses aparelhos sejam objecto de tratamento informático, a não ser nos casos ressalvados na parte final desse preceito, o que constitui uma forma indirecta de proteger a própria privacidade. XXIV–Por tudo isto, e não obstante o facto de a prova assim obtida não ter resultado da actividade dos órgãos de polícia criminal, deve entender-se que é proibida a valoração dos registos obtidos através dos dois geolocalizadores instalados pela assistente nos seus veículos sem consentimento os utilizadores dos mesmos, nem autorização da CNPD. É o que resulta do artigo 32.º, n.º 8, da Constituição e do artigo 126.º, n.º 3, do Código de Processo Penal. XXV–A utilização dos dois geolocalizadores nas indicadas condições determina, como se disse, a proibição de valoração dos registos através deles obtidos, podendo também «contaminar a restante prova se houver um nexo de dependência cronológica, lógica e valorativa entre a prova proibida e a restante prova». XXVI–Não implica, no entanto, como afirma o Tribunal Constitucional, «um 'efeito dominó' que arrasta todas as provas que, em quaisquer circunstâncias, apareçam em momento posterior à prova proibida e com ela possam, de alguma forma, ser relacionadas». XXVII–Para que possam ser valoradas «é necessário que exista um clean path, um caminho lícito, que conduza às provas secundárias», *parecendo «que nada obsta, obviamente, a que as provas mediatas possam ser valoradas quando provenham de um processo de conhecimento independente e efectivo, uma vez que não há nestas situações qualquer relação de causalidade entre o comportamento ilícito inicial e a prova mediatamente obtida». XXVIII–Partindo deste critério, a invalidade daquele meio de obtenção de prova impede, a nosso ver, a valoração dos registos obtidos pelos geolocalizadores e a valoração dos resultados das vigilâncias policiais efectuadas e das imagens recolhidas durante a sua realização uma vez que essas vigilâncias foram coordenadas com as informações sobre a localização dos veículos, obtidas através daqueles aparelhos. XXIX–Impede também a valoração das declarações de natureza confessória prestadas por um dos arguidos porque o mesmo, para além de não se encontrar assistido por advogado, foi confrontado com os dados obtidos através dos aparelhos de GPS. XXX–Se se aceitarem, para o efeito, raciocínios hipotéticos, poder-se-á entender que as buscas efectuadas aos locais que eram utilizados por três dos arguidos e as apreensões então efectuadas não são atingidas por esse efeito-à-distância uma vez que esses arguidos foram indicados como suspeitos do crime logo num momento inicial, muito anterior ao da instalação dos geolocalizadores nos veículos, sendo as buscas um acto normal de investigação do fundamento da denúncia que, com toda a probabilidade, viria a ter lugar».*

**66. Ac. TRL de 10-05-2016 (P.º 12/14.7SHLSB.L1.L1-5, rel. Vieira Lamim):** *«I.A videovigilância, nos dias de hoje, é um fenómeno omnipresente em espaços públicos e privados, de tal modo que, quando nos deslocamos pelas nossas cidades ou em espaços comerciais, todos sabemos que um número infindo de olhos eletrónicos, sem rosto e estrategicamente colocados, nos vigiam em contínuo, o que se justifica por necessidades de segurança e a racionalização de meios, através do aproveitamento de dispositivos tecnológicos em substituição de agentes de segurança; II.A valoração probatória de imagens obtidas por câmara de videovigilância instalada na entrada de um prédio particular, captando imagens da via pública e da entrada comum do prédio, pressupõe que a captação das mesmas não seja ilícita, nos termos da lei penal (art.167. do CPP); III.A falta de parecer prévio favorável da CNPD, só por si, não torna a gravação ilícita, nos termos da lei penal, como exige o art.167, n.º1, do CPP, uma vez que, de acordo com a Lei n.º67/98, só o não cumprimento intencional das obrigações relativas à protecção de dados, designadamente a omissão das notificações ou os pedidos de autorização a que se referem os artigos 27.º e 28.º, constituem o crime da previsão do art.43 dessa lei; IV.Visando essas filmagens a realização de interesses públicos, designadamente prevenção criminal, existe justa causa nesse procedimento, por exigências de eficiência da justiça, o que afasta a ilicitude da sua captação e não atingindo dados sensíveis da pessoa visionada, que é vista a circular em local público, justifica-se apelo ao princípio* *da proporcionalidade entre os bens jurídicos em confronto, devendo prevalecer a realização da justiça sobre o direito à imagem; V.Numa perspectiva de unidade da ordem jurídica, este procedimento encontra apoio, também, no art.79, n.º2, do Código Civil, em relação a situações de falta de consentimento do visado, desde que exista uma justa causa nesse procedimento, designadamente, quando as mesmas estejam enquadradas em lugares públicos, visem a realização de interesses públicos ou que hajam ocorrido publicamente; VI.Imagens captadas em local de acesso público, mesmo na falta de consentimento do visado, não correspondem a qualquer método proibido de prova, por não violarem o núcleo duro da vida privada, avaliado numa ideia de proporcionalidade e por existir uma justa causa na sua obtenção e utilização, que é a prova de uma infracção criminal; VII.Num mundo que se pretende cada vez mais transparente, em que se aceita como normal que o sigilo de operações financeiras seja cada vez menos protegido em nome de interesses patrimoniais, como sejam o do efectivo cumprimento por todos das obrigações fiscais, não seria compreensível a proteção do direito a não serem utilizadas, perante o tribunal, imagens de um particular a circular em locais públicos, quando essa utilização visa, apenas, contribuir para a eficiência do sistema de justiça».*

**67. Ac. TRC de 18-05-2016 (P.º 148/12.9PBLMG.C1, rel. MARIA PILAR DE OLIVEIRA:** «*São lícitas as imagens obtidas, através de câmaras de vigilância, em espaços destinados à vida estritamente privada, como o interior de habitações, pelos legítimos utilizadores de tais espaços, visando a defesa dos seus bens pessoais e patrimoniais – independentemente de terem sido captadas com o conhecimento do visado, de autorização do mesmo, ou de esses sistemas de vigilância terem sido aprovados pela CNDP –, desde que não digam respeito ao núcleo duro da vida privada e mais sensível de cada pessoa, como seja a intimidade, a sexualidade, a saúde, a vida particular e familiar mais restrita, bens fundamentais esses que nunca estarão em causa quando as imagens documentam a prática de crimes por agentes estranhos ao espaço e que nele se introduziram ilegitimamente*».

**68. Ac. TRP de 01-06-2016 (P.º 1345/10.7JAPRT.P1, rel. ANTÓNIO GAMA):** «*I – As escutas telefónicas são um meio de obtenção de prova, mas as conversações recolhidas através dessas interceções constituem meio de prova; transcrito e inserido no processo o conteúdo das gravações possa a constituir prova documental submetida ao princípio da livre apreciação da prova. II – Não sendo a paternidade ou origem das conversações e comunicações refutadas pelas pessoas a quem se atribuem cabe á defesa o ónus processual de impugnar a autenticidade ou a genuinidade dos fluxos comunicacionais (...)*».

**69. Ac. TRL de 22-06-2016 (P.º 48/16.3PBCSC-A.L1-9, rel. Sérgio Calheiros da Gama):** «*I – Tendo, num processo crime em fase de inquérito, requerido o Ministério Público, ao Juiz de Instrução Criminal, que fosse oficiado às operadoras de telemóveis o envio de listagem contendo todos os dados de tráfego – registos completos das comunicações efectuadas e recebidas nas BTS com indicação da hora e com indicação dos números chamados e chamadores, incluindo as mensagens de texto, duração e hora das chamadas e localização celular – relativos aos cartões SIM que operaram num determinado período de tempo, quanto às antenas que identificou (19 todas situadas no Centro de Cascais), mas não estando concretizados alvos determináveis, e atingindo a diligência pretendida um universo ilimitado e indiferenciado de cidadãos que não se integram no conceito jurídico-penal de "suspeitos", o deferimento da sua realização iria contra o disposto na al. a) do n.º 3 do art. 9.º da Lei n.º 32/2008, de 17 de Julho, para além de não respeitar os princípios da proporcionalidade e da adequação cuja observância o n.º 4 desse normativo e o art. 18.º, n.º 2, da CRP impõem. II – Posição diversa poder-se-ia porventura aceitar num caso em que desconhecendo-se quem eram os suspeitos a diligência requerida presumivelmente não atingisse um grande e incerto número de cidadãos mas tão só os potenciais autor(es) do crime e sua(s) vítima(s), como sucederia perante uma baixíssima densidade populacional no território para o qual se pretendia que as operadoras de telemóveis facultassem os dados conservados de tráfego e de localização celular relativos a comunicações telefónicas. III – Situação diferente será também aquela em que um dia os avanços tecnológicos nos permitam circunscrever à localização de um único prédio ou a um raio de muito curta distância em volta deste a informação sobre o tráfego de dados de telemóveis ocorrido num determinado período de tempo, também ele reduzido, que se saiba ter sido o da consumação de um crime violento, nele se incluindo os minutos que imediatamente o antecederam e precederam. IV – O não se ficar a conhecer o conteúdo do tráfego não exclui a possibilidade de graves repercussões na vida de um inocente estranho ao processo crime em fase de inquérito/investigação, porquanto o simples facto de uma pessoa ligar para outra, cujos números de telemóvel e de IMEI são revelados, a determinada hora, a partir de certo local e com uma duração de chamada telefónica de X tempo, já está por si só a facultar a terceiros preciosos elementos de referenciação*».

**70. Ac. TRP de 05-04-2017 (P.º 671/14.0GAMCN.P1, rel. Moreira Ramos):** «*I – O Facebook é uma rede social que funciona através da internet, operando no âmbito de um sistema informático pelo que a recolha de prova está sujeita à Lei do Cibercrime – DL 109/2009 de 15/9. II – Constitui prova legal a cópia de* *informação que alguém publicita no seu mural do Facebook[1034] sem restrição de acesso. III – Só esta sujeita à disciplina do art. 16.º 1 e 3 da Lei do Cibercrime a apreensão da informação original inserta na plataforma, esteja ou não disponível».*

### 71. Ac. TRE de 02-05-2017 (P.º 445/10.8JAFAR.E2, rel. CLEMENTE LIMA): «*I – Os dados, preservados ou conservados em sistemas informáticos só podem ser acedidos, em inquérito, por injunção do Ministério Público ou por decisão do Juiz de instrução; II – Ressalva-se do disposto no número anterior, podendo o órgão de polícia criminal proceder à pesquisa sem prévia autorização da autoridade judiciária tão--apenas nos casos prevenidos no n.º 3 do artigo 15.º, da Lei n.º 109/2009, quando (i) a mesma for voluntariamente consentida por quem tiver a disponibilidade ou controlo desses dados, desde que o consentimento prestado fique, por qualquer forma, documentado, ou (ii) nos casos de terrorismo, criminalidade violenta ou altamente organizada, quando haja fundados indícios da prática iminente de crime que ponha em grave risco a vida ou a integridade de qualquer pessoa; III – Não se verificando esta situação excepcional e tendo a prova em causa sido obtida pela Polícia Judiciária, sem prévio despacho do Magistrado do Ministério Público, rectius, sem precedente decisão do Juiz de instrução, deve ter-se por inválida».*

### 72. Ac. TRG de 11-07-2017 (P.º 2182/15.8PBBRG.G1, rel. FILIPE MELO: «*Pode ser valorado pelo tribunal, o teor das filmagens recolhidas pelo sistema de videovigilância de um condomínio, independentemente de ter ou não havido comunicação à*

---

[1034] Conforme sintetiza Maria João Monteiro (A possibilidade de utilização das publicações nas redes sociais como prova nos procedimentos disciplinares e despedimento dos trabalhadores, p. 97) «*tendemos a aceitar a utilização das publicações nas redes sociais como prova nos procedimentos disciplinares e despedimentos. Como em muitas outras situações, a resposta não poderá passarsimplesmente por dizer "sim ou nao", impondo-se, antes, uma ponderação das circunstâncias. Assim, acreditamos que, pela natureza e importância dos direitos envolvidos, a questão não deve ter uma resposta linear, mas sim uma resposta a que se chegue depois de ponderadas as circunstâncias do caso e decidindo pela melhor articulação dos direitos envolvidos. Para essa decisão deve ser tida em conta a necessidade de tutela dos direitos fundamentais na relação de trabalho, embora admitindo algumas restrições pela necessidade de respeito pelos direitos do empregador, bem como a natureza das publicações nas redes sociais, cremos que tendencialmente semi-pública ou pública, conforme a visibilidade e as definições de privacidade da conta. Estando dentro da esfera privada, respeitando por isso a informações estritamente pessoais, é ilícita essa intromissão na esfera privada, negando-se a admissibilidade probatória. Estando em causa (...) publicações que respeitem ou tenham ligação com a prestação laboral, seja ao empregador ou pessoas ligadas à empresa ou a aspectos relativos à empresa, vamos no sentido em que essa informação, não beneficiará da protecção legal da proibição de intromissão na esfera privada, podendo valer como prova».*

*CNPD e de ter ou não anúncio do seu accionamemto, por estar em causa prova válida e, por existir justa causa para a captação das imagens, concretamente documentar um crime de furto ocorrido em área particular contígua à condominial, não sendo atingidos dados sensíveis da pessoa visionada nem o "núcleo duro" da sua vida privada».*

**73. Ac. TC n.º 420/2017 (P.º 917/16, 1.ª Secção, rel. MARIA DE FÁTIMA MATA-MOUROS):** Concluindo: *«Não julgar inconstitucional a norma que estabelece o dever de os fornecedores de serviços de comunicações eletrónicas publicamente disponíveis ou de uma rede pública de comunicações conservarem pelo período de um ano a contar da data da conclusão da comunicação, os dados relativos ao nome e o endereço do assinante ou do utilizador registado, a quem o endereço do protocolo IP estava atribuído no momento da comunicação, constante do disposto no artigo 6.º e do artigo 4.º, n.º 1, alínea a), 2.ª parte, e n.º 2, alínea b), subalínea iii), ambos da Lei n.º 32/2008 de 17 de julho».*

**74. Ac. TRC de 20-09-2017 (P.º 167/15.3PBVFX.C1, rel. MARIA PILAR DE OLIVEIRA):** *«I – A obtenção de imagens, através do sistema de videovigilância existente num estabelecimento comercial, e a posterior utilização daquelas no âmbito de um processo penal, não corresponde a qualquer método proibido de prova, porquanto, no circunstancialismo referido – que não respeita ao "núcleo duro da privada" das pessoas visionadas, os arguidos –, existe justa causa, consubstanciada na documentação da prática de uma infracção criminal. II – As precedentes considerações não são infirmadas pela falta de autorização da CNPD (Comissão Nacional da Protecção de Dados) para a instalação do sistema de recolha de imagens».*

**74. Ac. TRP de 11-10-2017 (P.º 636/15.5T9STS.P1, rel. MARIA DOS PRAZERES SILVA):** *«Não constitui prova proibida nem é ilícita a captação de imagens por aparelho de videovigilância, se esta captação não ocorre em local privado mas antes para local acessível ao publico e os acontecimentos filmados não atingem o núcleo essencial da intimidade da vida privada».*

## D) Jurisprudência em Direito Civil

**1. Ac. STJ de 17-12-2009 (P.º 159/07.6TVPRT-D.P1.S1, rel. HÉLDER ROQUE):** ACESSO A INFORMAÇÕES BANCÁRIAS NÃO VIOLAM RESERVA DA INTIMIDADE DA VIDA PRIVADA: *«Não implicando o direito subjectivo à prova a admissão de todos os meios de prova permitidos em direito, a parte* *só deve soçobrar na pretensão deduzida em juízo, por dificuldades inultrapassáveis de obtenção dos meios de prova que, por sua iniciativa pessoal, razoavelmente, sem o concurso de outra ou de terceiro, não esteja em condições de conseguir. As informações pretendidas pela autora, relacionadas com o aprovisionamento e utilização de contas à ordem, de que eram titulares a ré e o marido da autora, não constituem violação do princípio da reserva da intimidade da vida privada. A exigência da divulgação dos elementos da conta bancária de uma das partes que permitam o apuramento da situação patrimonial da outra, em causa pendente, no âmbito do, estritamente, indispensável à realização dos fins probatórios visados por aquela, e com observância rigorosa do princípio da proibição do excesso, é garantia da justa cooperação das partes com o Tribunal, com vista à descoberta da verdade, **à luz da doutrina da ponderação de interesses, sob pena de insanável comprometimento do direito da autora a produzir as provas que indicou e a alcançar uma tutela jurisdicional efectiva, com o consequente e inequívoco abuso de direito da parte que a tal se opõe.** O direito à reserva sobre a intimidade da vida privada tutela a esfera da vida íntima ou de segredo, compreendendo todos aqueles aspectos que fazem parte do domínio mais particular e íntimo que se quer manter afastado de todo o conhecimento alheio, com exclusão da vida normal de relação, ou seja, dos factos que o próprio interessado, apesar de pretender subtraí-los ao domínio do olhar público, isto é, da publicidade, não resguarda do conhecimento e do acesso dos outros. Ao contrário do que acontece no caso da violação da integridade física ou moral das pessoas, que se trata de direitos absolutos ou intangíveis, estando em causa os direitos fundamentais da não intromissão no sigilo bancário, trata-se de "direitos condicionais", em que já não existe uma proibição absoluta da admissibilidade da prova que, em função das circunstâncias do caso concreto em que foi obtida e do estado de necessidade da situação, será ou não valorizada pelo Tribunal».*

### 2. Ac. STJ de 19-05-2010 (P.º 158/06.5TCFUN.LIS1; rel. FONSECA RAMOS) A OBTENÇÃO DE CERTIDÃO FISCAL DE FORMA ILÍCITA NÃO INVALIDA A PROVA OBTIDA:

«*Sendo deontologicamente censurável a actuação da Mandatária da Autora, que invocou ser Advogada dos RR. para obter uma certidão fiscal relativa à situação tributária destes, almejando, assim, prova que certificava a existência de dívidas ao Fisco, tendo essa prova sido obtida ilicitamente, tal não implica que os factos certificados nesse documento autêntico, não arguido de falsidade, não possam ser considerados probatoriamente. No direito probatório processual civil não vigora, salvo casos excepcionais, o princípio do direito anglo-saxónico denominado "fruits of poisenous tree" – frutos da árvore envenenada, segundo o qual seriam contaminadas todas as provas obtidas com base numa actuação ilícita quanto* ao modo como foram obtidas – se a árvore está envenenada, envenenados estão os frutos que produzir».

**3. Ac. TRP de 15-04-2010 (P.º 10795/08.8TBVNG-A.P1, rel. Teixeira Ribeiro): A GRAVAÇÃO DE CONVERSAS OU CONTACTOS TELEFÓNICOS SEM O CONSENTIMENTO DO OUTRO INTERLOCUTOR OU AUTORIZAÇÃO JUDICIAL CONSTITUI ABUSIVA INTROMISSÃO NA VIDA PRIVADA E POR ISSO NULA A PROVA ASSIM OBTIDA MESMO NO PROCESSO CIVIL. APLICAÇÃO DO ART. 32.º, N.º 8, DA CRP:** *«I – Não sendo o CPC tão claro como o C. Proc. Pen. (art. 126.º) quanto à nulidade das provas e à sua inadmissibilidade no processo civil, hão-de, todavia, as suas normas conformar- -se – tal como as demais de todo o nosso ordenamento jurídico – às normas e princípios constitucionais em vigor (art. 204.º da CRP), particularmente, e no que agora releva, às dos arts. 26.º, n.º1 e 32.º, n.º8, da CRP. II – Por isso, a disciplina normativa deste art. 32.º, n.º8, apesar de epigraficamente referenciada para o processo penal, tem aplicação analógica ao processo cível, sendo a interpretação por analogia possível devido a não ser excepcional a regra deste art., nem as suas razões justificativas (dimanadas dos direitos individualmente reconhecidos no art. 26.º, n.º1 da mesma Constituição) serem válidas apenas para o processo penal (art. 126.º, n.º3 do Cod. Proc. Pen.). III – Constitui abusiva intromissão na vida privada a gravação de conversas ou contactos telefónicos, sem consentimento do outro interlocutor ou autorização judicial concedida pela forma prevista na lei processual, sendo nulos quanto à sua obtenção os respectivos registos fonográficos e, como tal, inadmissíveis como meio de prova, mesmo no processo civil».*

**4. Ac. do TRP de 06-01-2009 (P.º 0825375, rel. M. Pinto dos Santos): INADMISSIBILIDADE DA UTILIZAÇÃO DE PROVA DOCUMENTAL QUE CONTENHA DADOS DE SAÚDE SENSÍVEIS SEM AUTORIZAÇÃO DA CNPD, POR VIOLAÇÃO DA INTIMIDADE NA VIDA PRIVADA. NULIDADE DA PROVA. APLICAÇÃO DO ART. 32.º, N.º 8, DA CRP:** *«I – A "intromissão na vida privada" a que se refere o art. 32.º, n.º 8 da CRP engloba a saúde, parece que podemos concluir que a obtenção e utilização de documentos relativos a esses dados sensíveis sem a necessária autorização da CNPD configura uma intromissão abusiva na vida privada do identificado... e, por via disso, um tratamento de dados ilegal e determina a nulidade das provas deles obtidas, nos termos daquele preceito constitucional aplicável por analogia ao processo civil. II. – Face a esta nulidade da prova, não podiam, com base nela, ter sido dados como provados os factos exarados nas alíneas ....da matéria de facto assente, havendo, por isso, que anular tal despacho de* *selecção dos factos provados (e dos controvertidos) e o processado subsequente, de modo a permitir que a ré seguradora, se quiser fazer uso dos aludidos documentos, se muna da competente autorização da CNPD».*

### 5. Ac. TRL de 09-06-2011 (P.º 840/06.7TCSNT.L1-2, rel. Ezagüy Martins): ILICITUDE DE PROVA TESTEMUNHAL DECORRENTE DE INTERFERÊNCIA ILEGÍTIMA EM TELECOMUNICAÇÃO: *«É ilícita a prova testemunhal baseada na audição por terceiro – com o consentimento do A. – da voz dos RR., transportada por meio de telecomunicação, e através do sistema de "alta--voz", sem que se mostre terem aqueles prestado o seu consentimento a tal interferência».*

Retira-se da fundamentação desse Ac. o seguinte excerto: *«(...) Confirma--se não terem as testemunhas "M", "P" – este cunhado do A. – e "N", conhecimento directo dos factos, e a fraca credibilidade da referência por aquelas feita às conversas telefónicas entre o Autor e os Réus "B" e "D", que teriam ouvido por o telefone do Autor ter sido colocado em alta voz. Situação que aliás se poderia pretender interessar à integração de ilícito criminal, vd. art. 194.º, n.º 3, do Código Penal. Resultando numa tal conformidade ilícita a prova testemunhal baseada nessa audição por terceiro – com o consentimento do A. – da voz dos RR., transportada por meio de telecomunicação, sem que se mostre terem aqueles prestado o seu consentimento a tal interferência».*

### 6. Ac. TRP de 25-05-2009 (P.º 159/07.6TVPRT-D.P1, rel. Maria José Simões): PONDERAÇÃO DE INTERESSES. ADMISSIBILIDADE DE OBTENÇÃO DE INFORMAÇÕES SOBRE VIDA PATRIMONIAL DE UMA DAS PARTES: *«I – É princípio geral do direito processual civil (aquisição processual) que todas as provas relevantes sejam admissíveis. II – Todavia, em certos casos, a descoberta da verdade tem limites e a colaboração para a mesma pode ser recusada, designadamente se importar violação da vida privada e familiar, da dignidade humana ou do sigilo profissional. III – Pode, assim, considerar-se que face à nossa lei, determinados valores são, em princípio, intocáveis podendo até justificar uma recusa do dever de colaboração e fundamentar a inadmissibilidade de certos meios de prova que com eles colidam».*

### 7. Ac. do TRL de 24-10-2013 (P.º 102197/12.1YIPRT-A.L1-2, rel. Tibério Silva): NECESSIDADE DE APURAMENTO SE UMA COMUNICAÇÃO TELEFÓNICA DESTINADA A ADESÃO A UM CONTRATO DE SEGURO OFENDE OU NÃO O DIREITO CONSTITUCIONAL À PALAVRA, POR GRAVAÇÃO NÃO AUTORIZADA: *«Sendo admissível, em abstracto, a indicação de registos fonográficos como meio de prova, importará saber se eles con-*

substanciam abusiva intromissão na vida privada que torne ilícita a recolha desses registos. Ainda que tal não ocorra, estando em causa uma comunicação telefónica destinada à adesão a um contrato de seguro, haverá que apurar se não estará configurada a ofensa do direito à palavra, constitucionalmente consagrado, através da gravação não autorizada das respostas/declarações do contactado».

**8. Ac. TRG de 16-02-2012 (P.º 435234/09.8YIPRT-A.G1, rel. José Rainho): INADMISSIBILIDADE DE PROVA ASSENTE EM GRAVAÇÃO DE CONVERSA TELEFÓNICA TIDA ENTRE AS PARTES**: *«Por ser ilícita e nula, não pode ser atendida como prova em processo judicial cível uma gravação de conversação telefónica estabelecida entre as partes».*

**9. Ac. TRL de 26-09-2013 (P.º 1130/10.6YXLSB.L1-2, rel. Teresa Albuquerque): INADMISSIBILIDADE DE TRANSCRIÇÃO TELEGRÁFICA DE CHAMADAS TELEFÓNICAS ENTRE AS PARTES**: *«Quando está em causa prova absolutamente inadmissível, mesmo mostrando-se transitado o despacho que a tenha admitido – desde que no mesmo se não tenham analisado as questões que implicam essa inadmissibilidade – o juiz não poderá vir a valorá-la. São provas absolutamente inadmissíveis as que forem obtidas mediante tortura, coacção, ofensa da integridade física ou moral das pessoas (casos referidos no art 126.º/2 CPP e na 1.ª parte do art 32.º/8 da CRP); são provas relativamente inadmissíveis as que se mostrem susceptíveis de colocar em causa os direitos a que se refere o art 519.º/3 al b) do CPC, referidos na 2.ª parte do art 32.º/8 da CRP – intromissão na vida privada ou familiar, no domicilio, na correspondência ou nas telecomunicações. No caso das provas relativamente inadmissíveis, não decorre da lei processual civil a proibição absoluta de admissibilidade da prova, podendo a mesma ser ou não valorizada pelo tribunal em função das circunstâncias como foi obtida. Na situação dos autos estava em causa prova relativamente inadmissível, pelo que tendo a apelante deixado transitar o despacho que admitiu a junção aos autos dessa prova (concretamente, um registo fonográfico), apenas poderia fazer valer de novo considerações sobre a respectiva ilicitude ou ilegalidade em sede de valoração da mesma, mas aí teria que ter permitido ao tribunal que ponderasse tais razões em função dos demais meios de prova constantes dos autos, para o que teria que ter procedido à impugnação da decisão da matéria de facto, o que não fez».*

**10. Ac. STJ de 14-06-2005 (P.º 05A945, rel. Nuno Cameira)**: *«1 – O direito à imagem e direito à reserva sobre a intimidade da vida privada, enquanto direitos fundamentais de personalidade, são inatos, inalienáveis, irrenunciáveis e* absolutos, no sentido de que se impõem, por definição, ao respeito de todas as pessoas. 2 – O que se passa no interior da residência de cada pessoa e na área, privada, que a circunda, integra o núcleo duro da reserva da intimidade da vida privada legalmente protegida. 3 – A publicação numa revista pertencente à ré de uma reportagem foto-gráfica legendada divulgando, sem consentimento do autor, uma visita por ele feita na companhia da mulher à residência familiar então em fase de construção na cidade de Madrid, integra a violação simultânea dos seus direitos à imagem e à reserva da inti-midade da vida privada. 4 – A ilicitude desta conduta não é afastada, nem pelo facto de o autor ser uma pessoa de grande notoriedade, adquirida graças à sua condição de futebolista profissional mundialmente reconhecido (figura pública), nem pela circuns-tância de as fotografias mostrarem apenas a entrada da casa e de esta se encontrar em fase de construção. 5 – O direito da liberdade de imprensa tem como limite intranspo-nível, entre outros, a salvaguarda do direito à reserva da intimidade da vida privada e à imagem dos cidadãos. 6 – De igual modo, também a invocação do direito de informar consagrado no art. 37.º, n.º 1, da Constituição não legitima a conduta do lesante se não houver qualquer conexão entre as imagens ou factos divulgados pertencentes ao foro privado do lesado e a actividade profissional por ele desempenhada que originou a sua notoriedade pública».

**11. Ac. TRL de 19-04-2007 (P.º 317/07-2, rel. Jorge Leal): ADMIS-SIBILIDADE DE EXIBIÇÃO POR UMA DAS PARTES A UMA TESTE-MUNHA DE UMA MENSAGENS ALEGADAMENTE ENVIADA DO RÉU PARA O TELEMÓVEL DO AUTOR:** *«O art. 26.º n.º 1 da CRP estipula que "a todos são reconhecidos os direitos à identidade pessoal, ao desenvolvimento da per-sonalidade, à capacidade civil, à cidadania, ao bom nome e reputação, à imagem, à palavra, à reserva da intimidade da vida privada e familiar e à protecção legal con-tra quaisquer formas de discriminação". O art. 34.º n.º 1 da CRP estabelece que "o domicílio e o sigilo da correspondência e dos outros meios de comunicação privada são invioláveis". O n.º 4 do mesmo art. diz que "é proibida toda a ingerência das autoridades públicas na correspondência, nas telecomunicações e nos demais meios de comunicação, salvos os casos previstos na lei em matéria de processo criminal". (...) não se vislumbra que o acto sub judicio violou qualquer um dos preceitos constitucio-nais referidos: não houve qualquer interferência de terceiros, nomeadamente autori-dades públicas, em actos de correspondência ou de telecomunicações alheios. Também não está em causa o cumprimento do dever de sigilo pelos operadores dos serviços de telecomunicações. O que ocorreu foi a voluntária exibição, por parte do titular do meio de comunicação em causa (a A.), das mensagens que aí estavam registadas e que lhe terão sido voluntariamente enviadas pelo Réu, mensagens essas supostamente* *atinentes ao negócio que constitui objecto do processo, sem que se mostre que sobre elas fora solicitado pelo Réu que o respectivo destinatário as mantivesse confidenciais (cfr., por aplicação analógica, o art. 75.º do Código Civil: "o destinatário de carta-missiva de natureza confidencial deve guardar reserva sobre o seu conteúdo") e sendo certo que a sua divulgação inscreve-se, no caso dos autos, dentro dos limites admissíveis do exercício do direito de acesso ao direito e aos tribunais, consagrado na Constituição da República Portuguesa (art. 20.º n.º 1 da Constituição da República Portuguesa), exercício esse com o qual os Réus deveriam contar (cfr. aplicação analógica do disposto no art. 78.º do Código Civil: "o destinatário de carta não confidencial só pode usar dela em termos que não contrariem a expectativa do autor")».*

**12. Ac. TRL de 17-10-2013 (P.º 1974/11.1TVLSB-A.L1-2, rel. Eduardo Azevedo): ADMISSIBILIDADE DE JUNÇÃO PELA SEGURADORA DE CERTIFICADO DE ÓBITO REFERENTE A SINISTRADO E NECESSIDADE DE COMPROVAÇÃO DE AUTORIZAÇÃO DA CNPD PARA A JUNÇÃO DE ATESTADO MÉDICO**: *«1 – A legalidade da junção pela seguradora com a petição inicial de documentos relacionados com dados de saúde de segurado por seguro de vida, estando em causa o direito à reserva da vida privada consagrado constitucionalmente, pode ser apreciada na primeira instância até ao momento do encerramento da discussão da causa. 2- Em processo civil, a validade da junção pela seguradora do certificado de óbito referente a esse segurado, sendo o emissor uma entidade administrativa, pertencendo à categoria dos documentos cuja utilização se deve sujeitar ao regime previsto na Lei n.º 46/2007, de 24.08 (Lei do Acesso aos Documentos Administrativos, LADA), está dependente do segurado ter anuído nesse sentido. 3- Já a junção do atestado médico pela seguradora, em conformidade com o que resulta dos autos, ainda referente a esse segurado, deve ser enquadrada no âmbito de aplicação da Lei da Protecção de Dados Pessoais, Lei n.º 67/98, de 26.10, exigindo-se, além do mais, autorização da CNDP».*

**13. Ac. do STJ de 02-03-2011 (P.º 2420/07.0TBVNF.P1.S1, rel. Maria Dos Prazeres Pizarro Beleza):** *«1. A protecção constitucional contra a ingerência das autoridades públicas nas telecomunicações inclui os dados de tráfego. 2. Não é admissível a utilização como prova, em processos de natureza cível, de tais dados».*

**14. Ac. TRG de 24-11-2004 (P.º 1701/04-1, rel. Espinheira Baltar): ADMISSIBILIDADE DE JUNÇÃO DE VIDEO CONTENDO IMAGENS FILMADAS SEM CONSENTIMENTO EM LUGAR DE ACESSO AO**

PÚBLICO[1035,1036]: «*O direito à imagem e da reserva da vida privada, consagrados constitucionalmente como direitos de personalidade nos arts. 25 e 26 da CRP, e regulados nos arts. 70, 79 e 80 do C.Civil, não são violados pelo uso de cassetes de vídeo, em julgamento, quando as imagens tenham sido filmadas sem consentimento e em lugar de acesso ao público, e usadas para fins da descoberta da verdade material».*

**15. Ac. TRP de 03-12-2013 (P.º 37/12.7TBALJ-A.P1, rel. JOSÉ IGREJA MATOS): ADMISSIBILIDADE DE JUNÇÃO DE "SMS" ABERTA, RECEBIDA E LIDA**: «*I – Uma mensagem telefónica, vulgo SMS, uma vez aberta, recebida e lida terá a mesma protecção da carta em papel que tenha sido recebida pelo correio e que foi aberta e guardada em arquivo pessoal. II – Em tese geral, o destinatário de um SMS pode fazer uso do mesmo em sede probatória uma vez descartada a confidencialidade da mensagem enviada ou algum dever especial de sigilo que possa impender, quer pela natureza da mensagem quer pela qualidade dos intervenientes nessa comunicação electrónica».*

**16. Ac. TRG de 07-05-2015 (P.º 329/13.8TBAMR.G1, relator FERNANDO FERNANDES MARTINS): ADMISSIBILIDADE DE JUNÇÃO DE "SMS" ABERTA, RECEBIDA E LIDA**: «*Nos termos do art. 32.º, n.º 8 da Constituição, são nulas todas as provas obtidas (dentre outras) com "abusiva intromissão da vida privada". Conquanto a nulidade esteja ali prevista para o processo criminal, posto que os direitos de personalidade são direitos absolutos, impõem-se erga omnes, deve entender-se que a impossibilidade do recurso àquelas provas se estende às demais jurisdições, abrangendo não só as entidades públicas como também os particulares. Uma vez que o segredo bancário integra o âmbito da reserva da intimidade da vida privada, não podem valer como prova afirmações produzidas por uma testemunha, violadoras daquele segredo, sem que se tenham antes accionado os mecanismos da dispensa do dever de sigilo».*

---

[1035] Na órbita do processo penal já se decidiu que «*não constituem prova de valoração proibida as imagens recolhidas por meio de uma câmara de videovigilância colocada na garagem colectiva de um prédio de apartamentos*» (assim, o Ac. do TRP de 23-11-2011, processo n.º 1373/08.2PSPRT.P1, rel. MOURAZ LOPES, disponível em http://www.dgsi.pt).

[1036] Num interessante e paralelo caso, julgado pelo Supremo Tribunal Federal do Brasil, considerou-se legítima a prova adveniente da realização de uma gravação vídeo efectuada por um habitante de um prédio relativamente ao seu lugar de garagem privado, com vista a descobrir quem estava a danificar o seu veículo (HC 84203 RS, de 19-10-2004, rel. Ministro Celso de Mello, 2.ª Turma, DJ 181, de 25-09-2009, EMENT VOL-02375-02 PP-00871, Parte(s): EDUARDO LUIS GARCIA DE OLIVEIRA MAURÍCIO MICHAELSEN E OUTRO).

ADENDA – JURISPRUDÊNCIA EM SEDE DE PROVA ILÍCITA

**17. Ac. TRL de 31-03-2011 (P.º 13559/09.8T2SNT-A.L1-6, rel. AGUIAR PEREIRA):** «*É lícita e admissível a prova pré-constituída consistente em fotografias juntas aos autos com a petição inicial e em que se reproduza local acessível ao público em que ocorreram os factos que servem de causa de pedir, mesmo que tenham sido obtidas sem autorização do proprietário do local*».

**18. Ac. TRE de 15-12-2016 (P.º n.º 3397/14.1T8LLE.E1, relator FRANCISCO MATOS):** «*I – Nas provas pré-constituídas a parte contra quem a prova é apresentada pode impugnar a admissibilidade da prova no processo e a sua força probatória. II – Formada invalidamente a prova, no domínio contra-ordenacional, por inobservância de formalidades prescritas na lei e assim ingressando no processo, mostra-se destituída de qualquer força probatória por impossibilidade lógica de se expressar racionalmente um juízo de facto assente numa prova inválida. III – Para efeitos de direito de regresso da empresa de seguros, não pode haver-se como provada a TAS resultante da contraprova da pesquisa de álcool no ar expirado, quando esta e o exame inicial foram realizados no mesmo alcoolímetro*».

**19. Ac. TRE de 11-05-2017 (P.º 8346/16.0T8STB.E1, rel. MÁRIO COELHO):** «*1. Apesar do art. 32.º, n.º 8, da Constituição estar inserido entre as garantias de processo criminal, é também aplicável em sede de processo civil a proibição de meios de prova obtidos com violação de direitos fundamentais. 2. Por constituir meio de prova obtido de forma ilícita, não pode ser admitida a junção, em processo civil, de gravações não consentidas de comunicações orais, por telefone ou de viva voz, não destinadas ao público, mesmo que sejam dirigidas a quem fez a gravação, sendo igualmente proibido utilizar ou deixar utilizar as ditas gravações. 3. O direito de acesso aos tribunais não impõe a admissibilidade de qualquer meio de prova, em especial quando este for obtido com violação de direitos fundamentais*».

### E) Jurisprudência em Direito da Família

**1. Ac. TC N.º 263/97[1037] (P.º 179/95, 1.ª Secção, rel. Cons. TAVARES DA COSTA) NÃO JULGOU INCONSTITUCIONAL A UTILIZAÇÃO EM ACÇÃO DE DIVÓRCIO, POR UM CÔNJUGE, DE FOTOS DA VIDA AMO-**

---

[1037] Toda a jurisprudência do Tribunal Constitucional citada encontra-se disponível em http://www.tribunalconstitucional.pt.

**ROSA EXTRA-CONJUGAL DO OUTRO CÔNJUGE:** Tratou-se de acção de divórcio litigioso que A intentou contra seu marido, com fundamento na violação culposa dos deveres conjugais. O réu contestou e em reconvenção pediu que fosse decretado o divórcio mas com base na motivação por si alegada, de modo a declarar-se a autora como cônjuge culpado. Iniciado julgamento foi deduzido articulado superveniente onde a autora invocou factos e juntou fotos utilizando a máquina fotográfica do casal para completar a tese de docência em arquitectura que estava a elaborar e ao mandar revelar o rolo resultaram fotos onde consta a cama do casal, o réu e uma terceira pessoa. O articulado superveniente foi admitido, com oposição do réu. Efectuado o julgamento foi lavrada sentença que julgou improcedente o pedido reconvencional e procedente a acção, desse modo se decretando o divórcio e declarando-se dissolvido o casamento, sendo o réu considerado o único culpado pela dissolução. Tendo sido interpostos recursos pelo réu para o TRL e, depois, para o S.T.J., ambos vieram a ser julgados improcedentes. O réu apresentou então novo recurso para o Tribunal Constitucional reportando-se às normas dos arts. 523.º e 663.º do CPC, *«em ambos os casos no segmento em que leva que possam ser admitidas tais provas sem restrições de qualquer espécie mesmo que a sua produção implique a violação dos direitos constitucionalmente consagrados, tal como o R. os identificou nestes autos»*.

**2. Ac. TRL de 09-06-2009 (P.º 321/05.6TMFUN-CL1-7; rel. MARIA DO ROSÁRIO MORGADO)**[1038]**: ADMISSIBILIDADE DA PROVA OBTIDA POR VIGILÂNCIAS DA P.S.P. A MÃE DE MENOR EM PROCESSO DE ALTERAÇÃO DA REGULAÇÃO DO PODER PATERNAL/ VIOLAÇÃO DO DIREITO À INTIMIDADE DA VIDA PRIVADA:** *«A recusa de um meio de prova deve ser sempre fundamentada, sendo certo que o direito processual civil português não contém, nenhuma norma que regule especificamente a inadmissibilidade da chamada prova ilícita (ilicitude material). No que toca a certos direitos fundamentais, (como será o caso do direito à intimidade), perante uma eventual colisão de direitos, a admissibilidade do meio de prova deve ser encontrada à luz da ponderação dos interesses em jogo, averiguando, caso a caso, qual o direito fundamental atingido e as circunstâncias que rodearam a actuação «lesiva» (...)».*

---

[1038] Considera-se neste Ac. não ser de aplicar ao processo civil o art. 32.º, n.º 8 da CRP.

ADENDA – JURISPRUDÊNCIA EM SEDE DE PROVA ILÍCITA

**3. Ac. TRL de 03-06-2004 (P.º 1107/2004-6, rel. Fátima Galante): PONDERAÇÃO DE INTERESSES. ADMISSIBILIDADE NA JUNÇÃO DE GRAVAÇÃO AUDIO RELATIVAMENTE AO OBJECTO DO PROCESSO. INADMISSIBILIDADE DE GRAVAÇÃO VÍDEO OFENSIVA DA INTIMIDADE DA VIDA PRIVADA:** «*A ilicitude na obtenção de determinados meios de prova não conduz necessariamente à sua inadmissibilidade, mas também não implica a garantia do seu aproveitamento. Numa acção em que se pretende a indemnização decorrente de ofensas ao bom nome imputadas ao ex-cônjuge é pertinente a junção de uma gravação áudio referente a uma conversa mantida entre a R. e outra pessoa mediante a qual o autor pretende demonstrar a inveracidade de alegadas cenas de violência domésticas que a R. lhe imputou. Ao invés, por falta de pertinência relativamente ao objecto da acção de indemnização, deve ser indeferida a junção de uma gravação vídeo reportando factos integrantes de uma situação de adultério em que foi interveniente a R., ainda que a gravação tenha sido feita através de um sistema instalado na casa de morada do ex-casal com o conhecimento de ambos. A tal junção obstaria ainda o facto de a gravação abarcar não apenas a pessoa do ex-cônjuge, mas ainda uma terceira pessoa*».

**4. Ac. TRG de 30-04-2009 (P.º 595/07.8TMBRG, rel. Manso Raínho): ACÇÃO DE DIVÓRCIO. INADMISSIBILIDADE DE GRAVAÇÃO AUDIO. NULIDADE DE TESTEMUNHO RELATIVO A GRAVAÇÃO AUDIO ILICITAMENTE OBTIDA POR VERIFICAÇÃO DO «EFEITO À DISTÂNCIA»:** «*I – A CRP garante o direito à reserva da intimidade da vida privada. II – Tal direito é directamente aplicável e exequível por si mesmo, sem necessitar da intervenção da lei ordinária, e vincula entidades públicas (a começar pelos tribunais) e privadas. III – Nos termos da CRP é nula – logo necessariamente ilícita e proibida – a prova obtida mediante abusiva intromissão na vida privada. IV – Esta regra, conquanto formalmente prevista para o processo penal, deve ser tida como aplicável em todo e qualquer processo, e reporta-se tanto à prova obtida tanto pelas entidades públicas como pelas entidades particulares. V – As proibições de prova produzem, na sua atendibilidade e valoração, aquilo a que se costuma chamar "efeito à distância", no sentido (que porém não esgota o conteúdo da figura) de que da mesma maneira que não é admissível a prova proibida directa, também não é tolerável a prova mediata, fundada naquela outra. VI – O cônjuge não está legitimado a interceptar e gravar, para efeitos de acção de divórcio, conversa telefónica ou outros sons provenientes do outro cônjuge em interacção com terceiro a partir do espaço do automóvel que tal cônjuge utiliza. VII – O casamento, pese embora as variáveis mais ou menos morais, filosóficas e societárias que lhe estão associadas, não pode ser visto como implicando a demissão* *de uma certa privacidade, aí onde os cônjuges a queiram preservar. VIII – Verificado que uma testemunha adquiriu o seu conhecimento a partir de prova obtida mediante violação do direito à reserva da vida privada da ré – gravação audio – deverá o seu depoimento ser recusado ou, se prestado, ser tido como nulo».*

**5. Ac. TRL de 07-05-2009 (P.º 2465/08-2; rel. Sousa Pinto): ACÇÃO DE DIVÓRCIO. INADMISSIBILIDADE DE JUNÇÃO DE DOCUMENTOS (E-MAILS) OBTIDOS ILICITAMENTE POR ABUSIVA INTROMISSÃO NA VIDA PRIVADA. APLICAÇÃO ANALÓGIA AO PROCESSO CIVIL DO ART. 32.º, N.º 8, DA CRP:** *«Não devem ser admitidos no processo documentos que tenham sido obtidos por forma ilícita, sendo que esta poderá decorrer da violação do estipulado no art. 32.º, n.º 8 da Constituição da República Portuguesa, aplicável analogicamente ao processo civil».*

**6. Ac. TRG de 28-06-2004 (P.º 718/04-2; rel. Heitor Gonçalves) ABERTURA DE CORRESPONDÊNCIA ALHEIA UTILIZADA COMO PROVA EM PROCESSO DE DIVÓRCIO:** *«I – O texto do art. 194.º do Código Penal resulta da revisão operada pelo Decreto Lei 48/95, de 15 de Março, e uma das novidades foi, precisamente, o de autonomizar como ilícito crime o que anteriormente constituía apenas uma agravação da pena prevista para o crime de violação de correspondência, pela abertura de encomenda, carta ou outro escrito fechado, sem consentimento (cfr. art. 182.º, do Código Penal aprovado pelo DL 400/82, de 23.09). II – Ou seja, a partir dessa revisão, o desvalor da acção traduzido na divulgação do conteúdo de uma carta ou qualquer outro escrito, sem consentimento, passou a merecer uma incriminação directa e autónoma, sendo indiferente saber se foi ilícito o processo da sua obtenção, o que, no dizer de Manuel da Costa Andrade (Comentário Conimbricense ao Código Penal, Vol. I, pag. 763), está "em consonância com a estrutura normal dos crimes de devassa que, em princípio, tanto compreendem a intromissão indevida na área de reserva como o alargamento indevido no universo de pessoas a tomar conhecimento". III – Aliás, como também resulta do preâmbulo do DL 48/95, de 15.03, o legislador, para protecção dos últimos redutos da privacidade a que todos têm, e na sequência da norma de conteúdo programático do então n.º2, do art. 33.º, da Constituição da República Portuguesa, quis claramente definir outros específicos tipos legais de crime, como foi o caso do tipo legal do n.º3, do art. 194.º, do CP, o qual passou a concorrer com o previsto no n.º1, do mesmo preceito legal, embora ambos se reconduzam, ao fim e ao cabo, à protecção de um mesmo bem jurídico. IV – Assim, os elementos gramatical, sistemático, histórico e teleológico não autorizam nem legitimam a interpretação que o recorrente faz do preceito, ou seja de um estado de necessidade probatório, antes recla-*

*mam e impõem a interpretação dada pelo Ministério Público, na 1.ª e 2.ª instâncias, que vai de encontro ao enquadramento jurídico dado aos factos pelo tribunal recorrido. V – Inequivocamente, o arguido, ao juntar ao processo de divórcio, sem consentimento da ofendida, uma carta que a esta tinha sido dirigida para a sua morada, divulgou ilicitamente o seu conteúdo, ainda que num universo restrito de pessoas, pelo que esse seu comportamento integra o tipo legal de crime previsto no n.º 3, do art. 194.º, mesmo não se tendo provado ter sido ele autor da violação dessa correspondência. VI – A circunstância de a carta ter sido recebida na casa de morada de família que a destinatária anteriormente tinha abandonado, não obsta a que se considere que a missiva tenha entrado na esfera de disponibilidade fáctica da ofendida, nem legitima o arguido a considerá-la como sua. VII – É que os interesses particulares do arguido em provar, com a carta, factos alegados na acção de divórcio contra ele instaurada pela ofendida, não se podem sobrepor nem justificam o sacrifício dos direitos de personalidade desta, tanto mais que o arguido não demonstrou a impossibilidade de substituir esse meio de prova, designadamente a convocação como testemunha do autor da missiva».*

**7. Ac. TRL de 28-11-2013 (P.º 618/11.6TMLSB-A.L1-6; rel. Fátima Galante): INADMISSIBILIDADE DE JUNÇÃO DE PEN CONTENDO FOTOS E VIDEOS CASEIROS E IMAGENS DE CÂMARAS DE VIDEOVIGILÂNCIA EM PROCESSO DE REGULAÇÃO DAS RESPONSABILIDADES PARENTAIS**: *«1. A liberdade de prova não deve pôr em causa valores como a intimidade da vida privada, a dignidade da pessoa humana ou a integridade pessoal, a que se refere o art. 25.º da CRP, defendendo que o art. 32.º da Lei Fundamental é aplicável não só ao processo criminal, como, por interpretação analógica, ao processo civil, com as necessárias adaptações. 2. Tendo presente o disposto no art. 443.º do NCPC, apenas deve ser admitida a junção aos autos dos documentos pertinentes ou necessários à prova dos fundamentos da acção ou da defesa. 3. Não é de admitir a junção aos autos de regulação de responsabilidades parentais, uma pen contendo fotografias e vídeos caseiros bem como imagens captadas por câmaras de videovigilância instaladas no prédio. 4. A parte sempre poderá extrair da dita pen suporte físico das imagens que entender relevantes para a causa e requerer a sua junção aos mesmos».*

**8. Ac. TRL de 09-06-2009 (P.º 321/05.6TMFUN-C.L1-7, rel. Maria do Rosário Morgado):** *«A recusa de um meio de prova deve ser sempre fundamentada, sendo certo que o direito processual civil português não contém, nenhuma norma que regule especificamente a inadmissibilidade da chamada prova ilícita (ilicitude material). No que toca a certos direitos fundamentais, (como será o caso do direito à intimidade), perante uma eventual colisão de direitos, a admissibilidade do meio de* *prova deve ser encontrada à luz da ponderação dos interesses em jogo, averiguando, caso a caso, qual o direito fundamental atingido e as circunstâncias que rodearam a actuação «lesiva»».*

**9. Ac. TRL de 12-01-2016 (P.º 744/14.0T8SXL-B.L1-7, rel. ROQUE NOGUEIRA):** *«I-Documentos obtidos através de intromissão na correspondência de uma das partes, devem considerar-se obtidos ilicitamente. II-Poderão, porém, ser admitidos nos autos, se, mostrando-se relevantes para a decisão, a sua veracidade não foi posta em causa, os mesmos não foram obtidos com violação da integridade física ou moral de quem quer que seja e, atendendo às circunstâncias que rodeiam o caso concreto, se justifica a restrição ao direito fundamental em causa, em nome da descoberta da verdade que interessa ao fim do processo».*

## F) Jurisprudência em Direito do Trabalho[1039]:

No âmbito das relações laborais, os litígios onde se tem afrontado a temática da ilicitude da prova prendem-se, entre outros, com os casos de utilização de meios de vigilância à distância pelo empregador sobre os trabalhadores ao seu dispor[1040] e com os controlos que o empregador efectua sobre os instrumentos de trabalho – v.g., telemóvel, veículo de transporte ou

---

[1039] A nível europeu, o TEDH, no caso Niemietz contra a Alemanha, de 23-11-1992 concluiu que *«não há qualquer razão de princípio para interpretar a noção de «vida privada» de forma a dela excluir as actividades comerciais ou profissionais; para além de tudo, é nas relações de trabalho que a maioria das pessoas tem muitas e grandes ocasiões para estreitar as suas relações com o mundo exterior»* e, o mesmo tribunal, no caso Halford contra Reino Unido, de 27-05-1997 considerou que: *«As chamadas telefónicas provenientes do local de trabalho, tal como aquelas que são feitas do domicílio, podem encontrar-se compreendidas nas noções de «vida privada» e de correspondência previstas no art. 8.º».*

[1040] Conforme dá nota André Pestana Nascimento (O impacto das novas tecnologias no direito do trabalho e a tutela dos direitos de personalidade do trabalhador, pp. 23), *«questão de extraordinário interesse prático prende-se com a possibilidade de os meios de vigilância à distância, autorizados para a prossecução de uma determinada finalidade, poderem indirectamente controlar o desempenho profissional do trabalhador, constituindo inclusivamente prova legítima em sede disciplinar ou judicial. GUILHERME DRAY é da opinião que este meio não poderá ser uma prova lícita, uma vez que o art. 20.º é lapidar em proibir o controlo do desempenho da actividade profissional através de meios de vigilância à distância.*

## ADENDA – JURISPRUDÊNCIA EM SEDE DE PROVA ILÍCITA

computador e respectivo tráfego de internet ou de email[1041,1042] – colocados à disposição do trabalhador[1042].

*Segundo entendemos, esta posição não deve ser acolhida quando a violação cometida pelo trabalhador seja igualmente atentatória da finalidade de protecção e segurança de pessoas e bens ou de particulares exigência inerentes à natureza da actividade.*

*Como refere David Oliveira Festas, "estranho seria que a videovigilância, instalada e utilizada, por exemplo, para a protecção e segurança de pessoas e bens, não pudesse fundamentar uma actuação contra aqueles que, pelas funções que desempenham, mais poderão atentar contra as finalidades que a instalação visa defender. Assim, cumpre proteger pessoas e bens não apenas contra actos ilícitos de terceiros mas também de trabalhadores."*

*Será naturalmente o caso do empregado de caixa de um banco que é detectado através do sistema de vigilância a furtar dinheiro do cofre. Parece-nos impensável que perante uma situação destas o empregador não possa despedir o funcionário com recurso às imagens captadas e fazer prova em juízo. Se esta prova é admissível perante um furto cometido por um terceiro, também o deverá ser se praticado por um trabalhador.*

*Este critério deve ser utilizado de forma prudente, uma vez que não deve fundamentar o direccionamento das câmaras para os postos de trabalho, com o fim de controlar a actividade do trabalhador. Impõe-se, naturalmente, uma análise casuística.*

*Se é verdade que os trabalhadores não perdem a sua qualidade de cidadãos no exercício da sua actividade laboral, não é menos verdade que não beneficiam de uma especial protecção e impunidade pelo simples facto de terem celebrado um contrato de trabalho».*

[1041] Estabelece o art. 22.º (Confidencialidade de mensagens e de acesso a informação) que: *«1 – O trabalhador goza do direito de reserva e confidencialidade relativamente ao conteúdo das mensagens de natureza pessoal e acesso a informação de carácter não profissional que envie, receba ou consulte, nomeadamente através do correio electrónico. 2 – O disposto no número anterior não prejudica o poder de o empregador estabelecer regras de utilização dos meios de comunicação na empresa, nomeadamente do correio electrónico».*

[1042] Refere André Pestana Nascimento (O impacto das novas tecnologias no direito do trabalho e a tutela dos direitos de personalidade do trabalhador, pp. 27-31) que, *«esta é de facto uma das grandes problemáticas que tem surgido no seio das empresas, em resultado do desenvolvimento dos novos processos de comunicação. Tal como em relação à videovigilância, também neste caso surgem questões relacionadas com a imperceptibilidade do controlo, na medida em que os empregadores podem aceder a todos os dados armazenados e editados nos computadores dos trabalhadores, sem que estes disso estejam conscientes. (...). Não é admissível que, no desempenho diário da sua actividade, qualquer comunicação recebida ou enviada pelos trabalhadores seja monitorizada pelo empregador, suprimindo uma esfera privada e pessoal do trabalhador (...). Como ponto de partida, é inegável que a utilização de computadores com acesso à Internet e com conta de correio electrónico é conferida pelos empregadores enquanto instrumento de trabalho e com vista à melhor prossecução da actividade empresarial. Por outro lado, os trabalhadores têm o dever de velar pela conservação e boa utilização dos instrumentos de trabalho que lhe forem confiados pelo empregador, bem como o de promover ou executar todos os actos tendentes à melhoria da*

# 1. Ac. TC n.º 241/02 (P.º 444/01, 1.ª Secção, rel. Artur Maurício):

Decidiu: *«julgar inconstitucional a norma ínsita no art. 519.º n.º 3 alínea b) do CPC*

*produtividade da empresa (art. 121.º, n.º 1, alíneas f) e g) do Código do Trabalho) (...). Em nosso entender, a faculdade conferida ao empregador de definir os termos em que a utilização dos e-mails, da Internet, dos telefones, etc. possa ser efectuada, tem de ser conjugada com o direito à reserva das comunicações pessoais e ao acesso a informação não profissional, prevista no art. 21.º, n.º 1. Conforme se verá adiante, é praticamente unânime que o empregador não pode aceder ao conteúdo das mensagens pessoais enviadas ou recebidas pelo trabalhador, às páginas de Internet consultadas pelos mesmos e ao conteúdo das conversas telefónicas. Sem perder de vista a ideia de que estes instrumentos de trabalho são colocados à disposição dos trabalhadores para a melhor execução da prestação laboral e dos deveres a que estão adstritos, entendemos que o empregador não está obrigado a permitir a utilização dos mesmos para fins não profissionais. Desde logo no que diz respeito à utilização dos e-mails para fins pessoais. Julgamos que, juridicamente, os empregadores não estão de modo algum obrigados a colocar computadores à disposição dos seus empregados. Por outro lado, ainda que os disponibilizem, não são igualmente obrigados a conferir o acesso à Internet, podendo os mesmos nem sequer estar ligados em rede. Ora, se não existe qualquer obrigação de atribuir estes instrumentos aos trabalhadores, não se compreende porque é que, sendo disponibilizados, os empregadores têm que aceitar que eles sejam utilizados para fins pessoais. Por outro lado, a proibição total do uso destes meios para fins não profissionais não tem como consequência esvaziar o sentido do n.º 1. Muito antes pelo contrário. Uma vez que os empregadores não podem aceder (salvo em casos de abuso) ao conteúdo das mensagens de carácter pessoal, nem às páginas de Internet consultadas pelos trabalhadores fora do âmbito da relação laboral, uma forma de se protegerem de eventuais abusos é precisamente determinar uma proibição total. E nem se diga que a previsão do art. 21.º, n.º 1 perde qualquer sentido útil. Este preceito tem plena aplicação quando os empregadores nada disserem quanto ao modo de utilização dos instrumentos de trabalho ou quando permitam o seu uso extra profissional. Naturalmente que a proibição estabelecida não pode ter como consequência "aprisionar" os trabalhadores no local de trabalho, impedindo que os mesmos comuniquem com o exterior. Isso constituiria, em nossa opinião, uma violação ao livre desenvolvimento da personalidade e à dignidade da pessoa humana, direitos constitucionalmente consagrados. No entanto, basta que o empregador disponibilize um meio de comunicação para o exterior (e.g. um computador partilhado para fins pessoais que pode ser utilizado dentro de um horário predeterminado), para que os direitos de personalidade do trabalhador estejam garantidos.80 Esta alternativa, notamos, não tem necessariamente de ser feita à custa do empregador (...). Por outro lado, quando o empregador não condiciona o uso da Internet, o trabalhador tem ao seu dispor inúmeros sites onde pode criar endereços de correio electrónico pessoais, não ficando de forma alguma limitada a sua cidadania se não puder utilizar o e-mail da empresa para fins pessoais».*

[1043] *«É importante reter que todo e qualquer controlo que se pretenda efectuar relativamente à utilização do e-mail ou da Internet está sujeita à Lei n.º 67/98, devendo o empregador notificar a CNPD do mesmo (...). Assim, deverá ser privilegiada uma metodologia genérica de controlo e não uma identificação individualizada das mensagens enviadas e recebidas e das páginas de Internet consultadas. Em casos extremos, contudo, entendemos que o acesso ao conteúdo dos e-mails ou dos sites visitados é legítimo e deverá ser feito na presença do próprio trabalhador ou de um representante do mesmo, por forma a impedir eventuais abusos. Finalmente, em sede disciplinar ou judicial, as provas obtidas em violação do que expusemos deverão*

*quando interpretada no sentido de que, em processo laboral, podem ser pedidas, por despacho judicial, aos operadores de telecomunicações informações relativas aos dados de tráfego e à facturação detalhada de linha telefónica instalada na morada de uma parte, sem que enferme de nulidade a prova obtida com a utilização dos documentos que veiculam aquelas informações, por infracção ao disposto nos arts. 26.º n.º 1 e 34.º n.ºs 1 e 4 da Constituição».*

**2. Ac. TC n.º 368/2002[1044] (P.º 577/98, rel. Artur Maurício):** Considerou-se neste aresto que não é violado o direito à intimidade da vida privada a instituição de um dever de cooperação necessária em matéria de segurança, higiene e saúde nos locais de trabalho.

**3. Ac. STJ de 08-02-2006 (P.º 05S3139, rel. Fernandes Cadilha): INADMISSIBILIDADE DE PROVA DE ACTOS ILÍCITOS DO TRABA-LHADOR POR CAPTAÇÃO DE IMAGENS POR SISTEMA DE VIDEOVI-GILÂNCIA:** *«I – A instalação de sistemas de vídeovigilância nos locais de trabalho envolve a restrição do direito de reserva da vida privada e apenas poderá mostrar-se justificada quando for necessária à prossecução de interesses legítimos e dentro dos limites definidos pelo princípio da proporcionalidade. II – O empregador pode utilizar meios de vigilância à distância sempre que tenha por finalidade a protecção e segurança de pessoas e bens, devendo entender-se, contudo, que essa possibilidade se circunscreve a locais abertos ao público ou a espaços de acesso a pessoas estranhas à empresa, em que exista um razoável risco de ocorrência de delitos contra as pessoas ou contra o patrimó-nio. III – Por outro lado, essa utilização deverá traduzir-se numa forma de vigilância genérica, destinada a detectar factos, situações ou acontecimentos incidentais, e não numa vigilância directamente dirigida aos postos de trabalho ou ao campo de acção dos trabalhadores. IV – Os mesmos princípios têm aplicação mesmo que o fundamento da autorização para a recolha de gravação de imagens seja constituído por um poten-cial risco para a saúde pública que possa advir do desvio de medicamentos do interior de instalações de entidade que se dedica à actividade farmacêutica. V- Nos termos das precedentes proposições, é ilícita, por violação do direito de reserva da vida privada, a captação de imagem através de câmaras de vídeo instaladas no local de trabalho e*

---

*ser consideradas nulas»* (assim, André Pestana Nascimento; O impacto das novas tecnologias no direito do trabalho e a tutela dos direitos de personalidade do traalhador, Lisboa, 2009, pp. 34-35).

[1044] Publicado no D.R., II série, n.º 247, de 25-10-2002, pp. 17780-17791.

A PROVA ILÍCITA: VERDADE OU LEALDADE?

*direccionadas para os trabalhadores, de tal modo que a actividade laboral se encontre sujeita a uma contínua e permanente observação».*

**4. Ac. TRL de 03-05-2006**[1045] **(P.º 872/2006-4, rel. Isabel Tapadinhas): INADMISSIBILIDADE DE PROVA DE ACTOS ILÍCITOS DO TRABALHADOR POR CAPTAÇÃO DE IMAGENS POR SISTEMA DE VIDEOVIGILÂNCIA**[1046]: *«I A licitude da videovigilância afere-se pela sua conformidade ao fim que a autorizou. II Sendo o fim visado pela videovigilância exclusivamente o de prevenir ou reagir a casos de furto, vandalismo ou outros referentes à segurança de um estabelecimento, relacionados com o público – e, ainda assim, com aviso aos que se encontram no estabelecimento ou a ele se deslocam de que estão a ser filmados – só, nesta medida, a videovigilância é legítima. III A videovigilância não só não pode ser utilizada como forma de controlar o exercício da actividade profissional do trabalhador, como não pode, por maioria de razão, ser utilizado como meio de prova em sede de procedimento disciplinar pois, nestas circunstâncias, a divulgação da cassete constitui, uma abusiva intromissão na vida privada e a violação do direito à imagem do trabalhador, – arts. 79.º do Cód. Civil e 26.º da Constituição da República Portuguesa – criminalmente punível – art. 199.º, n.º 1, alínea b) do Cód. Penal. IV Embora o reconhecimento dos direitos de personalidade do trabalhador no âmbito da relação de trabalho só tenha tido consagração expressa no Código do Trabalho, já anteriormente se entendia que os direitos fundamentais consagrados na Constituição da República Portuguesa – Capítulo I, Título II – e previstos no Código Civil – art. 70 e seguintes – tinham aplicação plena e directa aos trabalhadores no âmbito da execução do contrato*

---

[1045] *«No conceito de meios de vigilância à distância incluem-se as câmaras de vídeo, equipamento audiovisual, microfones dissimulados ou mecanismos de escuta e registo telefónico com a intenção de controlar o exercício da actividade profissional do trabalhador. A utiliza-se deste equipamento apenas é permitida se tiver por finalidade a protecção e segurança de pessoas e bens ou quando particulares exigências relacionadas com a natureza da actividade o justifiquem. Inclui-se no primeiro caso a instalação de câmaras de vídeo em estabelecimentos de venda ao público, dependências bancárias, aeroportos ou postos de abastecimento de combustíveis. No segundo caso, a escuta e registo de todas as comunicações estabelecidas entre um piloto de aviação e os controladores aéreos durante uma viagem. Nestes casos o empregador deve informar o trabalhador sobre a existência e finalidade dos meios de vigilância utilizados»* (cfr. anotação ao Ac. em apreço, na revista Trabalho e Segurança Social; Julho de 2006, Vida Económica, Lisboa, p. 16).

[1046] Sobre esta temática, vd. Luís Menezes Leitão, *"A Protecção dos Dados Pessoais no Contrato de Trabalho"*, in Estudos em Homenagem ao Professor Doutor António Castanheira Neves; Vol. II, Boletim da Faculdade de Direito da Univ. de Coimbra, Col. Stvdia Ivuridica, n.º 91, Ad honorem n.º 3, Coimbra Editora, Coimbra, 2008, pp. 389 e ss.

ADENDA – JURISPRUDÊNCIA EM SEDE DE PROVA ILÍCITA

*de trabalho, uma vez que a celebração deste não implica a privação dos direitos que a Constituição reconhece a qualquer cidadão e o trabalhador não deixa de ser um cidadão como qualquer outro».*

**5. Ac. TRP de 26-06-2006 (P.º 0610399, rel. Fernanda Soares) ADMISSIBILIDADE DE ACESSO DO EMPREGADOR A MENSAGENS DE EMAIL GERAL OU PARTILHADO NA EMPRESA DO TRABALHA-DOR. REGULAMENTO DE UTILIZAÇÃO DE EMAILS**: *«I – Nos termos do art. 21.º, 1 do CT "o trabalhador goza do direito de reserva e confidencialidade relativamente ao conteúdo das mensagens de natureza pessoal e acesso a informação de carácter não profissional que envie, receba ou consulte, nomeadamente através do correio electrónico". II- Não viola tal direito, o superior hierárquico que acede ao endereço electrónico interno da empresa e lê um e-mail dirigido à funcionária que, por regra, acede ao referido correio electrónico, através de "password" que revela a outros funcionários que a tenham que substituir na sua ausência. III- As expressões usadas pela autora no referido e-mail – "e durante a prelecção sobre filosofia japonesa (que para estes gajos por acaso não é japonês mas sim chinês), pensei que devia estar sentada ao lado de algum yuppi cá da empresa."... "Quando resolvi olhar-lhe para a tromba é que vi que era o nosso querido futuro boss" – merecem censura, mas não constituem justa causa de despedimento».*

**6. Ac. STJ de 22-05-2007 (P.º 07S054, rel. Pinto Hespanhol)**: *«1. Embora a formulação literal do n.º 1 do art. 20.º do Código do Trabalho não permita restringir o âmbito da previsão daquela norma à videovigilância, a verdade é que a expressão adoptada pela lei, «meios de vigilância a distância no local de trabalho, mediante o emprego de equipamento tecnológico, com a finalidade de controlar o desempenho profissional do trabalhador», por considerações sistemáticas e teleológicas, remete para formas de captação à distância de imagem, som ou imagem e som que permitam identificar pessoas e detectar o que fazem, quando e durante quanto tempo, de forma tendencialmente ininterrupta, que podem afectar direitos fundamentais pessoais, tais como o direito à reserva da vida privada e o direito à imagem. 2. Não se pode qualificar o dispositivo de GPS instalado no veículo automóvel atribuído a um técnico de vendas como meio de vigilância a distância no local de trabalho, já que esse sistema não permite captar as circunstâncias, a duração e os resultados das visitas efectuadas aos seus clientes, nem identificar os respectivos intervenientes. 3. Assim, deve concluir--se que carece de justa causa a resolução do contrato de trabalho efectivada por aquele trabalhador com fundamento em alegada violação do disposto no art. 20.º do Código do Trabalho».*

# 7. Ac. STJ de 05-07-2007 (P.º 07S043, rel. Mário Pereira). INADMISSIBILIDADE DE ACESSO DO EMPREGADOR A MENSAGENS DE CORREIO ELECTRÓNICO: «*O art. 21.º, n.º 1 do CT garante o direito à reserva e à confidencialidade relativamente a mensagens pessoais e à informação não profissional que o trabalhador receba, consulte ou envie através de correio electrónico, pelo que o empregador não pode aceder ao conteúdo de tais mensagens ou informação, mesmo quando esteja em causa investigar e provar uma eventual infracção disciplinar. Não são apenas as comunicações relativas à vida familiar, afectiva, sexual, saúde, convicções políticas e religiosas do trabalhador mencionadas no art. 16.º, n.º 2 do CT que revestem a natureza de comunicações de índole pessoal, nos termos e para os efeitos do art. 21.º do mesmo código. Não é pela simples circunstância de os intervenientes se referirem a aspectos da empresa que a comunicação assume desde logo natureza profissional, bem como não é o facto de os meios informáticos pertencerem ao empregador que afasta a natureza privada da mensagem e legitima este a aceder ao seu conteúdo. A definição da natureza particular da mensagem obtém-se por contraposição à natureza profissional da comunicação, relevando para tal, antes de mais, a vontade dos intervenientes da comunicação ao postularem, de forma expressa ou implícita, a natureza profissional ou privada das mensagens que trocam. Reveste natureza pessoal uma mensagem enviada via e-mail por uma secretária de direcção a uma amiga e colega de trabalho para um endereço electrónico interno afecto à Divisão de Após Venda (a quem esta colega acede para ver e processar as mensagens enviadas, tendo conhecimento da necessária password e podendo alterá-la, embora a revele a funcionários que a substituam na sua ausência), durante o horário de trabalho e a partir do seu posto de trabalho, utilizando um computador pertencente ao empregador, mensagem na qual a emitente dá conhecimento à destinatária de que vira o Vice-Presidente, o Adjunto da Administração e o Director da Divisão de Após Venda da empresa numa reunião a que estivera presente e faz considerações, em tom intimista e jocoso, sobre essa reunião e tais pessoas. A falta da referência prévia, expressa e formal da "pessoalidade" da mensagem não afasta a tutela prevista no art. 21.º, n.º 1 do CT. Não tendo o empregador regulado a utilização do correio electrónico para fins pessoais conforme possibilita o n.º 2 do art. 21.º do CT, o envio da referida mensagem não integra infracção disciplinar. Tendo o Director da Divisão de Após Venda acedido à pasta de correio electrónico, ainda que de boa-fé por estar de férias a destinatária da mensagem em causa, e tendo lido esta, a natureza pessoal do seu conteúdo e a inerente confidencialidade impunham-lhe que desistisse da leitura da mensagem logo que se apercebesse dessa natureza e, em qualquer caso, que não divulgasse esse conteúdo a terceiros. A tutela legal e constitucional da confidencialidade da mensagem pessoal (arts. 34.º, n.º 1, 32.º, n.º 8 e 18.º da CRP, 194.º, n.ºs 2 e 3 do CP e 21.º do CT) e a consequente nulidade da prova obtida com base na mesma, impede que*

*o envio da mensagem com aquele conteúdo possa constituir o objecto de processo disciplinar instaurado com vista ao despedimento da trabalhadora, acarretando a ilicitude do despedimento nos termos do art. 429.º, n.º 3 do CT».*

**8. Ac. STJ de 14-05-2008 (P.º 08S643, rel. Pinto Hespanhol) CONSEQUÊNCIA DA INADMISSIBILIDADE DE PROVA:** «*Sendo ilícitas as filmagens utilizadas pelo empregador no processo disciplinar, daí não resulta a nulidade de todo o processo, antes determinando essa ilicitude que a sobredita recolha de imagens não possa ser considerada na indagação da justa causa de despedimento*»[1047].

**9. Ac. TRL de 05-06-2008 (P.º 2970/2008-4, rel. Leopoldo Soares): INADMISSIBILIDADE DE ACESSO DO EMPREGADOR A MENSAGENS DE EMAIL DE NATUREZA PESSOAL DO TRABALHADOR. REGULAMENTO DE UTILIZAÇÃO DE EMAILS:** «*I – O envio de mensagens electrónicas de pessoa a pessoa («e-mail») preenche os pressupostos da correspondência privada (Internet – Serviço de comunicação privada). II – A inviolabilidade do domicílio e da correspondência vincula toda e qualquer pessoa, sendo certo que a protecção da intimidade da vida privada assume dimensão de relevo no âmbito das relações jurídico – laborais. III – Resulta do art. 21.º do CT que se mostram vedadas ao empregador intrusões no conteúdo das mensagens de natureza não profissional que o trabalhador envie, receba ou consulte a partir ou no local do trabalho, independentemente da sua forma. IV – A protecção em apreço, pois, abrange a confidencialidade das cartas missivas, bem como as informações enviadas ou recebidas através da utilização de tecnologias de informação e comunicação, nomeadamente o correio electrónico. V – Todavia a reserva da intimidade da vida privada do trabalhador não prejudica a possibilidade de o empregador estabelecer, nomeadamente através de regulamento de empresa, regras de utilização dos meios de comunicação e das tecnologias de informação e comunicação manuseados na empresa (vg: imposição de limites, tempos de utilização, acessos ou sítios vedados aos trabalhadores). VI – Se a entidade patronal incumprir as supra*

---

[1047] Contudo, como refere Miguel Basto (*"Da (I)legalidade da utilização de meios de vigilância electrónica (para controlo do desempenho profissional do trabalhador)"*, 2011, art. disponível no endereço http://www.verbojuridico.com/doutrina/2011/miguelbasto_vigilanciaelectronica.pdf, p. 17, nota 94), nada impedirá que a prova se faça com recurso a outros meios de prova, desde que o julgador forme a sua convicção *"com autonomia e plena independência da prova ilícita decorrente de imagens de videovigilância"* (assim, o Ac. TRP de 26/06/2008, em http://www.dgsi.pt, com o n.º convencional JTRP00041488).

A PROVA ILÍCITA: VERDADE OU LEALDADE?

*citadas regras não serão de atender os decorrentes meios de prova juntos ao processo disciplinar».*

*«Neste caso, a entidade patronal acedeu ao correio electrónico do trabalhador. Tratava-se da situação de um repórter fotográfico que trabalhava para um jornal, mas que do seu local de trabalho e através da internet enviou fotografias tiradas ao serviço da sua entidade patronal para outro jornal, ali tendo sido publicadas. Considerou-se que não poderiam ser utilizados os conhecimentos advenientes do teor de tais e-mails. Chama-se a atenção, contudo, que "A reserva da intimidade da vida privada do trabalhador não prejudica a possibilidade de o empregador estabelecer regras de utilização dos meios de comunicação e das tecnologias de informação e comunicação manuseados na empresa, nomeadamente através da imposição de limites, tempos de utilização, acessos ou sítios vedados aos trabalhadores; sendo certo que se sustenta que a forma por excelência, para a comunicação dessas regras deve ser o regulamento de empresa". No entanto, no caso não havia tal regulamento, nem mail profissional, pelo que não haveria qualquer motivo para acreditar que a mensagem assim o fosse, ou seja, para legitimamente acreditar que não fossem pessoal»*[1048].

**10. Ac. TRL de 19-11-2008 (P.º 7125/2008-4, rel. RAMALHO PINTO): INADMISSIBILIDADE DE PROVA DE ACTOS ILÍCITOS DO TRABALHADOR POR CAPTAÇÃO DE IMAGENS POR SISTEMA DE VIDEOVIGILÂNCIA:** *«Não é admissível, no processo laboral e como meio de prova, a captação de imagens por sistema de videovigilância, envolvendo o desempenho profissional do trabalhador, incluindo os actos disciplinarmente ilícitos por ele praticados».*

**11. Ac. TRP de 09-05-2011 (Apelação 379/10.6TTBCL-A.P1, 4.ª Sec.; rel. PAULA LEAL DE CARVALHO): INADMISSIBILIDADE DE PROVA DE ACTOS ILÍCITOS DO TRABALHADOR POR CAPTAÇÃO DE IMAGENS POR SISTEMA DE VIDEOVIGILÂNCIA AINDA QUE AUTORIZADA A RECOLHA PELA CNPD**[1049]: *«O empregador não pode, em processo laboral e como meio de prova, recorrer à utilização de imagens captadas por sistema de videovigilância*

---

[1048] Assim, Tiago Milheiro, *"O Direito, a Internet e as Novas Tecnologias – A Experiência Judicial Portuguesa"*, 2011, em http://www.cej.mj.pt/cej/forma-ingresso/fich.pdf/arquivo-documentos/arquivo-documentos_2011-12/Dr_Tiago_Milheiro.pdf, p. 10.

[1049] Cfr. Deliberação n.º 61/2004 da Comissão Nacional de Protecção de Dados, em http://www.cnpd.pt definindo os critérios gerais a adoptar na autorização de instalação de sistemas de videovigilância.

ADENDA – JURISPRUDÊNCIA EM SEDE DE PROVA ILÍCITA

*para fundamentar o exercício da acção disciplinar, ainda que a infracção disciplinar possa, simultaneamente, constituir ilícito penal».*

**12. Ac. TRL de 30-06-2011 (P.º 439/10.3TTCSC-A.L1-4, rel. Isabel Tapadinhas): ADMISSIBILIDADE DE ACESSO DO EMPREGADOR A MENSAGENS DE EMAIL DE NATUREZA NÃO PESSOAL DO TRABA-LHADOR**[1050]: *«I – Na personalidade humana e de relação é possível diferenciar três dimensões, isto é, "a vida íntima" que compreende os gestos e factos que, em absoluto, devem ser subtraídos ao conhecimento de outrem, concernentes não apenas ao estado do sujeito, enquanto separado do grupo, mas, também, a certas relações sociais, totalmente, protegida, "a vida privada" que engloba os acontecimentos que cada indivíduo partilha com um número restrito de pessoas, tão-só, relativamente, protegida, e que pode ter de ceder, no caso concreto, perante outros interesses ou bens, e "a vida pública" que, corres-pondendo a eventos susceptíveis de serem conhecidos por todos, respeitam à participa-ção de cada um na vida da colectividade. II – O direito à prova encontra-se consagrado, constitucionalmente, no art. 20.º, n.º 1, do diploma fundamental, como componente do princípio geral do acesso ao direito e aos tribunais, que a todos é assegurado, para defesa dos seus direitos e interesses, legalmente, protegidos. III – Destinando-se o dever de reserva e confidencialidade previsto no art. 22.º do Cód. Trab. a proteger direitos pessoais como o direito à reserva da vida privada consagrado no art. 26.º da Constitui-*

---

[1050] Questiona a este respeito Joana Vasconcelos (O Contrato de Trabalho. 100 Questões; Campus do Saber, N.º9, 2004, pp. 91 a 93): *«**Pode o empregador ler os e-mails pessoais do traba-lhador?** "Não, em caso algum. A nossa lei garante, sem mais, o direito à reserva e à confidencialidade de quaisquer mensagens de natureza pessoal – cartas, faxes, correio electrónico, sms, telefonemas, etc. – que o trabalhador envie ou receba no local de trabalho, ainda que utilizando meios de comunicação pertencen-tes ao empregador. As mesmas reservas e confidencialidade são asseguradas relativamente a informação não profissional que o trabalhador receba ou consulte – por ex., via Internet – no local de trabalho. Esta garantia não cede nem nas situações em que a recepção ou envio de mensagens, ou o acesso a informação não profissional contrarie regras definidas pelo empregador quanto à utilização de meios de comunicação e de tecnologias de informação, e constitua infracção disciplinar. Quando tal suceda, o empregador pode controlar, por ex., o remetente ou o destinatário de mensagens de correio electrónico e o seu assunto, de modo a aferir o seu carácter pessoal, mas nunca o seu conteúdo, tal como pode verificar quais os sites a que trabalhador acedeu, mas não o conteúdo da pesquisa efectuada ou da informação neles obtida.(...). **Pode o empregador proibir a utilização do correio electrónico da empresa para mensagens pessoais?"** Sim. O empregador pode, em geral, estabelecer regras quanto à utilização de meios de comunicação – telefone, fax; telemóvel; correio electrónico – e de tecnologias de informação – ligações à Internet pertencentes à empresa, designadamente proibindo ou restringindo a sua utilização para fins pessoais dos trabalhadores a quem são atribuídos. O desrespeito de tais regras pelo trabalhador constitui infracção disciplinar».*

*ção da República Portuguesa e 80.º do Cód. Civil, enquanto que o dever de cooperação para a descoberta da verdade visa a satisfação do interesse público da administração da justiça, a contraposição dos dois interesses em jogo deve, no caso concreto, ser dirimida, atento o teor do pedido e da causa de pedir da acção, com prevalência do princípio do interesse preponderante, segundo um critério de proporcionalidade na restrição de direitos e interesses, constitucionalmente, protegidos, como decorre do art. 18.º, n.º 2, da Constituição da República Portuguesa, concedendo-se primazia ao último, ou seja, ao dever de cooperação para a descoberta da verdade, sobre o primeiro».*

**13. Ac. TRL de 16-11-2011 (P.º 17/10.7TTBRR.L1-4, rel. PAULA SÁ FERNANDES): ADMISSIBILIDADE DE PROVA DE ACTOS ILÍCITOS DO TRABALHADOR CONFIRMADA POR CAPTAÇÃO DE IMAGENS POR SISTEMA DE VIDEOVIGILÂNCIA AUTORIZADA PELA CNPD**: *«Tendo--se apurado que o visionamento das imagens captadas pelas câmaras de videovigilância, autorizadas pela CNPD, serviu apenas para a entidade empregadora confirmar a actuação ilícita do trabalhador que foi atentatória da finalidade de protecção de pessoas e bens, e não para o controle do seu desempenho profissional, é lícito o seu tratamento como meio de prova no âmbito do processo disciplinar e judicial[1051]».*

**14. Ac. TRP de 20-12-2011 (P.º 520/08.9TTMTS.P2, rel. FERREIRA DA COSTA): INADMISSIBILIDADE DE PROVA, PARA EFEITOS DISCIPLINARES, DE ACESSO DO EMPREGADOR A TELEMÓVEL FORNECIDO AO TRABALHADOR**: *«O trabalhador pode usar o telemóvel fornecido pelo empregador, tanto em serviço, como para uso pessoal, sem que este possa opor àquele a propriedade do equipamento, salvo no que respeita ao uso pessoal, se tal tiver sido excluído pelo regulamento da empresa ou por ordem do empregador, sendo certo que não pode haver intromissão nas conversações telefónicas e nas mensagens, enviadas e*

---

[1051] Tiago Milheiro (*"O Direito, a Internet e as Novas Tecnologias – A Experiência Judicial Portuguesa"*, pp. 12-13) reporta ainda um invulgar caso de gravação do trabalhador ao empregador. Tratou-se de *«uma decisão brasileira em que se analisou uma situação inversa do normal, ou seja, foi o trabalhador que fez gravações do empregador, sem este o consentir, tendo em vista provar as pressões que sofreu para cessar a relação laboral (http://blog.26notas.com.br/?p=3256). Tratou-se de uma decisão da 11.ª vara do Trabalho de Recife, em Pernambuco, em que o trabalhador gravou com aparelho de MP3 conversas com o dono da empresa em que este o coagia a despedir-se, gravação valorada para considerar o despedimento ilícito, tendo sido confirmada pelo tribunal superior, pois que os diálogos foram realizados no ambiente de trabalho, sem violação à intimidade e privacidade das pessoas envolvidas. Considerou-se, pois, que a gravação visava a defesa de um direito do trabalhador, devendo considerar-se prova lícita».*

ADENDA – JURISPRUDÊNCIA EM SEDE DE PROVA ILÍCITA

*recebidas pelo trabalhador, sob pena de invasão da esfera privada deste, quando ele goza do direito de reserva e de confidencialidade, nesta matéria. Tal direito está constitucionalmente garantido, entendendo-se que o Art. 34.º, n.º 4 da CRP, embora indique como destinatárias as autoridades públicas, é dirigido por maioria de razão às entidades privadas, como são os empregadores. A reserva da esfera privada do trabalhador abrange as conversações e mensagens emitidas e recebidas por telemóvel fornecido pelo empregador, bem como o respectivo tráfego, isto é, a sua quantidade, duração, hora a que foram efectuadas e espécie, sendo constitucionalmente proibida a obtenção de prova, nomeadamente, para efeitos disciplinares, através da intromissão do empregador nas telecomunicações – Art. 32.º, n.º 8 da CRP. Embora o empregador não possa invocar a propriedade do telemóvel para se intrometer indevidamente na esfera privada do trabalhador, certo é no entanto que este não poderá fazer um uso abusivo de tal ferramenta que é, exclusiva ou igualmente, de trabalho, sob pena de estarem preenchidos os pressupostos do abuso do direito, atento o disposto no Art. 334.º do Cód. Civil».*

**15. Ac. TRL de 07-03-2012 (P.º 24163/09.0T2SNT.L1-4, rel. José Eduardo Sapateiro) INADMISSIBILIDADE DE PROVA, PARA EFEITOS DISCIPLINARES, DE ACESSO À AUDIÇÃO DE TELEFONEMAS PARTICULARES:** *«Face à inexistência de qualquer regulamentação prévia para a utilização pessoal e profissional da Internet por parte dos trabalhadores da Ré verifica-se o acesso e conhecimento indevidos e ilícitos por parte da empresa ao conteúdo de conversas de teor estritamente pessoal da Apelada com três amigas e o marido/namorado, numa situação que se pode equiparar, de alguma maneira, à audição de vários telefonemas particulares (no fundo, uma espécie de "escutas" ilegais) ou à leitura de cartas dessa mesma índole, sem que, quer o remetente, como o destinatário, tenham dado o seu consentimento prévio a tal "visionamento" escrito das ditas conversas (arts. 15.º e 21.º e 16.º e 22.º dos Código do Trabalho de 2003 e 2009). O facto das referidas conversas/mensagens electrónicas se acharem guardadas no servidor central da Ré, a ela pertencente, não lhes retira, por um lado, a sua natureza pessoal e confidencial. As pessoas, normalmente, quando estão em círculos privados e fechados, em que sabem que só são escutadas pelo destinatário ou destinatários presentes e relativamente aos quais existe um mínimo de confiança no relacionamento que se estabelece – como parece ser o caso dos autos –, falam à vontade, dizem disparates, queixam-se, exageram, troçam de terceiros, dizem mal deles, qualificando-os, muitas vezes, de forma pouco civilizada, "confessam-se", afirmam coisas da boca para fora, no calor da conversa ou discussão, e tudo isso porque contam com a discrição dos seus interlocutores para a confidencialidade de algumas das coisas referidas e a compreensão e o inevitável "desconto" para as demais. Uma das inúmeras vertentes em que se desdobra o direito fundamental e cons-*

*titucional da liberdade de expressão e opinião é aquela que normalmente se define como uma conversa privada entre familiares e/ou amigos, num ambiente restrito e reservado, tendo a Autora, bem como as suas amigas e companheiro, se limitado a exercê-lo, por estarem convictos de que mais ninguém tinha acesso e conhecimento, em tempo real ou diferido, do teor das mesmas. Tendo tais conversas essa natureza e não havendo indícios de que delas derivaram prejuízos de índole interna ou externa para a Ré, tendo sido desenvolvidas por uma trabalhadora com 8 anos de antiguidade e com um passado disciplinar imaculado, tal conduta, ainda que prolongada no tempo, não se reveste de uma gravidade e consequências tais que, só por si e em si, de um ponto de vista objectivo, desapaixonado, jurídico, implique uma quebra irremediável e sem retorno da relação de confiança que o vínculo laboral pressupõe entre empregado e empregador, impondo, nessa medida, a este último, o despedimento com justa causa, por ser a única medida reactiva de cariz disciplinar que se revela proporcional, adequada e eficaz à infracção concreta e em concreto praticada pelo trabalhador arguido».*

**16. Ac. TRP de 22-04-2013 (P.º 73/12.3TTVNF.P1, rel. ANTÓNIO JOSÉ RAMOS):** *«I – O empregador não está impedido de, na ação de impugnação judicial do despedimento, invocar elementos probatórios que não considerou no processo disciplinar. II – O efeito horizontal dos direitos fundamentais constitucionalmente garantidos faz com que estes direitos devam ser respeitados não apenas pelas entidades públicas, mas também pelas entidades privadas, e, assim, também, no contexto das relações laborais de direito privado. III – Se é verdade que o empregador está impedido de invocar na acção de impugnação judicial do despedimento factos e fundamentos que não constem da decisão disciplinar ( art. 98.º- J, n.º 1 do CPT e 387.º, n.º 3 do CT) e que nesta não podem ser invocados factos não constantes na nota de culpa ou da resposta do trabalahdor, salvo se atenuarem a sua responsabilidade (art. 357.º, n.º 3, parte final do CT), tal não significa que esteja impedido de invocar outros elementos probatórios que não considerou no processo disciplinar. E a invocação destes «outros» meios de prova não põem em causa o direito de defesa do trabalhador, pois este pode, na respectiva acção judicial, defender-se, exercendo o respectivo contraditório. IV – O art. 20.º, n.º 1 do Código do Trabalho consagra um princípio geral que consiste na proibição de o empregador utilizar quaisquer meios tecnológicos com a finalidade exclusiva de vigiar, à distância, o comportamento do trabalhador no tempo e local de trabalho ou o modo de exercício da prestação laboral. V – A vigilância a que se refere a proibição deste princípio incide sobre o comportamento profissional do trabalhador no tempo e local de trabalho. Ao empregador é vedado controlar não apenas condutas que reentrem na esfera da vida privada do trabalhador [cfr. art. 16.º], como vigiar ou fiscalizar o modo de execução da prestação laboral pelo trabalhador. VI – "A utilização de meios* *de vigilância à distância só será lícita se e enquanto tiver por finalidade exclusiva a protecção de pessoas e bens. Protecção ou segurança dos sujeitos da relação de trabalho, de terceiros ou do público em geral, mas também de instalações, bens, matérias-primas ou processos de fabrico, nomeadamente. Significa isto que a vigilância não será permitida se tiver por finalidade última ou determinante o mero controlo do modo de execução da prestação laboral. VII – Seja através de uma interpretação extensiva ou mediante uma interpretação actualista o dispositivo GPS instalado no veículo automóvel atribuído ao trabalhador deve ser englobado no conceito de meio de vigilância à distância no local de trabalho. VIII – A geolocalização mediante a utilização do GPS pode ser utilizada com o objectivo de "protecção de pessoas e bens", mas não pode servir de meio de controle desempenho profissional do trabalhador, uma vez que a respectiva utilização com esses objectivos comprime o direito à reserva da vida privada do trabalhador. IX – A utilização do GPS – como equipamento electrónico de vigilância e controlo que é – e o respectivo tratamento, implica uma limitação ou restrição do direito à reserva da intimidade da vida privada, consignada no art. 26.º n.º 1 da CRP, nomeadamente uma restrição à liberdade de movimento, integrando esses dados, por tal motivo, informação relativa à vida privada dos trabalhadores. X – A utilização do GPS está sujeita à autorização da Comissão Nacional de Protecção de Dados. XI – A consequência da utilização ilícita dos meios de vigilância à distância invalida a prova obtida para efeitos disciplinares. Assim, à luz do art. 32.º, n.º 8 da Constituição da República Portuguesa, a prova produzida através desses registos é nula, uma vez que a sua aquisição, o seu tratamento e posterior utilização constitui uma evidente violação da dignidade e privacidade do trabalhador, não podendo, assim, a mesma ser utilizada como meio de prova em sede de procedimento disciplinar».*

**17. Ac. TRL de 22-05-2013 (P.º 2567/12.1TTLSB.L1-4, rel. FRANCISCA MENDES):** *«1- Estando o trabalhador obrigado a proceder ao voice recording, com vista ao suporte contratual da transacção celebrada com terceiro, a verificação de tal omissão pela entidade empregadora não consubstancia a utilização de uma gravação para controle do desempenho profissional do trabalhador (art. 20.º, n.º1, do Código do Trabalho), porque a gravação (prestação a que o trabalhador se obrigou) não foi efectuada. 2- A audição, por amostragem, pela entidade empregadora dos voice recording efectuados pelo trabalhador não constitui violação dos arts. 20.º e 21.º do Código do Trabalho, dado que o meio de controle à distância (registo telefónico do contrato celebrado com terceiro com autorização da CNPD) é efectuado pelo próprio trabalhador, sendo lícita à entidade patronal tal audição, a fim de verificar se as gravações estão de acordo com as normas legais e internas da empresa. 3- A prova obtida com base nas listagens em nome do trabalhador (elaboradas sem o estabelecimento de regras pela* *entidade patronal quanto à utilização dos seus meios de comunicação) das chamadas telefónicas (incluindo as chamadas de natureza particular) efectuadas no local de trabalho deverá ser considerada nula, em virtude de ocorrer o tratamento de dados pessoais, de natureza privada, sem o consentimento previsto no art. 6.º da lei n.º 67/98, de 26/10. 4- Por não se verificarem as causas de invalidade do processo disciplinar consignadas no art. 382.º, n.º2 do Código do Trabalho, a nulidade de tal meio de prova não acarreta a nulidade de todo o processo disciplinar. 5- Tendo resultado provada a omissão repetida pelo trabalhador do registo telefónico dos contratos celebrados com terceiros e omissões das normas estabelecidas para a realização dos referidos voice recording (não obstante já ter sido alertado previamente pela entidade empregadora para a necessidade de cumprir os parâmetros estabelecidos), dever-se-á considerar que estamos perante uma conduta culposa que, atenta a quebra de confiança verificada, torna impossível a subsistência da relação laboral».*

**18. Ac. TRP de 10-07-2013 (P.º 313/12.9TTOAZ.P1, rel. EDUARDO PETERSEN SILVA):** *«I – A utilização de documento que comprova que um trabalhador tinha determinado grau de álcool no sangue quando seguia como acompanhante numa viatura da empresa que se acidentou, sem que o empregador tenha demonstrado que o trabalhador lhe autorizou o acesso a tal documento, constitui prova ilegal e, como tal, não serve para demonstrar a realidade do facto. II – Ao empregador que invoca a violação, pelo trabalhador, de uma norma interna que proíbe o consumo de álcool compete provar a existência dessa norma, não podendo limitar-se a afirmar que a norma resulta do bom senso».*

**19. Ac. STJ de 13-11-2013 (P.º 73/12.3TTVNF.P1.S1, rel. MÁRIO BELO MORGADO): GPS[1052] – VIGILÂNCIA DO TRABALHADOR:** *«1. O conceito de «meios de vigilância à distância» expresso no n.º 1 do art. 20.º do Código do Trabalho de 2009 está reportado aos equipamentos que traduzam formas de captação à distância de imagem, som ou som e imagem que permitam identificar pessoas e detetar o que fazem, como é o caso, entre outros, de câmaras de vídeo, equipamento audiovisual, microfones dissimulados ou mecanismos de escuta e registo telefónico. 2. O dispositivo de GPS instalado, pelo empregador, em veículo automóvel utilizado pelo seu trabalhador no exercício das respetivas funções, não pode ser qualificado como meio de vigi-*

---

[1052] No precedente Ac. TRP de 22/04/2013, proferido no mesmo processo (rel. ANTÓNIO JOSÉ RAMOS) considerou-se que, «*o empregador não pode utilizar de meios de vigilância a distância no local de trabalho mediante o emprego de equipamento tecnológico, com a finalidade de controlar o desempenho profissional do trabalhador*».

*lância à distância no local de trabalho, nos termos definidos no referido preceito legal, porquanto apenas permite a localização do veículo em tempo real, referenciando-o em determinado espaço geográfico, não permitindo saber o que faz o respetivo condutor. 3. O poder de direção do empregador, enquanto realidade naturalmente inerente à prestação de trabalho e à liberdade de empresa, inclui os poderes de vigilância e controle, os quais, têm, no entanto, de se conciliar com os princípios de cariz garantístico que visam salvaguardar a individualidade dos trabalhadores e conformar o sentido da ordenação jurídica das relações de trabalho em função dos valores jurídico-constitucionais. 4. Encontrando-se o GPS instalado numa viatura exclusivamente afeta às necessidades do serviço, não permitindo a captação ou registo de imagem ou som, o seu uso não ofende os direitos de personalidade do trabalhador, nomeadamente a reserva da intimidade da sua vida privada e familiar».*

**20. Ac. TRP de 08-09-2014 (P.º 101/13.5TTMTS.P1, rel. Maria José Costa Pinto): ADMISSIBILIDADE DA PROVA REFERENTE A «POSTS» PUBLICADOS POR UM TRABALHADOR NO FACEBOOK**: *«I – As redes sociais fizeram surgir novos espaços que não se reconduzem facilmente às tradicionais esferas que se alargam progressivamente à volta do irredutível núcleo íntimo de privacidade do indivíduo, o que adensa as dificuldades em traçar os contornos da privacidade que merece a tutela da confidencialidade, pelo que se torna necessária, para a caracterização de cada situação, uma cuidada apreciação casuística. II – Em tal apreciação, é de fundamental relevância a ponderação dos diversos factores em presença – designadamente o tipo de serviço utilizado, a matéria sobre que incidem as publicações, a parametrização da conta, os membros da rede social e suas características, o número de membros e outros factores que se perfilem como pertinentes em cada caso a analisar –, de molde a poder concluir-se se na situação sub judice havia uma legítima expectativa de que o círculo estabelecido era privado e fechado. III – Tal ocorre se se descortina a existência de um laço estreito entre os membros da rede social que não era expectável que fosse quebrado, contando aqueles membros com a discrição dos seus interlocutores para a confidencialidade dos posts publicados e estando convictos de que mais ninguém terá acesso e conhecimento, em tempo real ou diferido, ao seu teor. IV – Não havendo essa expectativa de privacidade, e estando o trabalhador ciente de que publicações com eventuais implicações de natureza profissional, designadamente porque difamatórias para o empregador, colegas de trabalho ou superiores hierárquicos, podem extravasar as fronteiras de um "grupo" criado na rede social facebook, não lhe assiste o direito de invocar o carácter privado do grupo e a natureza "pessoal" das publicações, não beneficiando da tutela da confidencialidade prevista no art. 22.º do Código do Trabalho».*

**21. Ac. TRL de 24-09-2014 (P.º 431/13.6TTFUN.L1-4, rel. Jerónimo Freitas): ADMISSIBILIDADE DA PROVA REFERENTE A «POSTS» PUBLICADOS POR UM TRABALHADOR NO FACEBOOK:** «*I. No conceito de "amigos" do Facebook cabem não só os amigos mais próximos, como também outros amigos, simples conhecidos ou até pessoas que não se conhece pessoalmente, apenas se estabelecendo alguma afinidade de interesses no âmbito da comunicação na rede social que leva a aceitá-los como "amigos". II. Através de um amigo a publicação de um conteúdo pode tornar-se acessível aos amigos deste, além de poder ser copiado para papel e exportado para outros sítios na internet ou para correios electrónicos privados e de se manter online por um período indeterminado de tempo. III. O recorrente não podia deixar de levar em conta todos estes factores e, logo, não poderia, nem é credível que o tenha suposto, ter uma expectativa minimamente razoável de reserva na divulgação do conteúdo. Daí não surpreender, antes sendo o desfecho normal e previsível da conduta do A., que o resultado tenha sido o que se provou, sendo forçoso concluir que a divulgação do conteúdo em causa, apesar de disponibilizada a "amigos", deve ser considerada como pública. IV. Se alguma dúvida houvesse, bastaria atentar na parte final do mesmo, de onde resulta claro que o A. deixou um verdadeiro apelo à divulgação (partilha) do comunicado para além dos seus amigos, ao rematar o texto escrevendo "PARTILHEM AMIGOS", expressão tem um sentido equivalente ao que num outro contexto teria dizer-se "divulguem amigos". V. É entendimento pacífico da jurisprudência que a tutela legal e constitucional da confidencialidade da mensagem pessoal veda ao empregador a possibilidade de procurar obter provas para instruir processo disciplinar através do acesso às mensagens pessoais. As provas obtidas em violação daquele direito do trabalhador são nulas e, logo, insusceptíveis de serem atendidas. VI. Mas como se concluiu, o trabalhador, por sua livre iniciativa, ao proceder aquela publicação, não só quis deixar ao livre arbítrio dos seus "amigos" de Facebook procederem conforme lhes aprouvesse na divulgação do conteúdo que publicou, como inclusive tinha em vista que através deles houvesse uma divulgação mais ampla, nomeadamente, aos "amigos" dos seus "amigos". Por conseguinte, não podia ter qualquer expectativa de privacidade, já que deliberadamente nem a procurou preservar, antes apelando a que os seus amigos partilhassem o conteúdo (post) que publicou. VII. Nesse quadro, tanto mais que o conteúdo publicado é expressivo na ofensiva e difamação da sua entidade empregadora e do presidente do conselho de administração, o trabalhador não podia ignorar a possibilidade séria e previsível de que o conteúdo publicado (post), chegasse ao conhecimento de um leque alargado de trabalhadores, ou mesmo de superiores hierárquicos, ou até à sua entidade empregadora. E, assim aconteceu: a publicação do conteúdo foi efectuada a 1 de Maio de 2013 e no dia imediatamente seguinte, a 2 de Maio, já tinha extravasado os "amigos" do Facebook e chegado ao conhecimento de outros trabalhadores e da entidade* *empregadora. VIII. Assim, está claramente afastado o carácter privado do grupo e a natureza "privada" ou "pessoal" das publicações e, logo, aquele conteúdo (post) e o seu autor não beneficiam da tutela da confidencialidade prevista no art. 22.º do Código do Trabalho. IX. O exercício do direito à liberdade de expressão e de opinião, consagrado no art. 14.º do CT/09, deve conter-se dentro de determinados limites, nomeadamente, respeitando os "direitos de personalidade do trabalhador e do empregador, incluindo as pessoas singulares que o representam, e do normal funcionamento da empresa". X. O A. podia livremente exerce-lo, inclusive no Facebook e reportando-se à situação e manifestando o seu desagrado, ainda que com uma linguagem "mais vigorosa", como refere. Porém, esse maior vigor na linguagem, ou mesmo o estilo "panfletário" a que também alude, não podem dar cobertura à violação dos direitos da entidade empregadora e dos seus representantes. O exercício do direito de opinião não fica diminuído por isso. Dito por outras palavras, não é necessário recorrer à ofensa grosseira e pessoal, bem como à difamação para afirmar e reclamar um direito».*

**22. Ac. TRP de 17-12-2014 (P.º 231/14.6TTVNG.P1, rel. ANTÓNIO JOSÉ RAMOS): INADMISSIBILIDADE DE PROVA POR CAPTAÇÃO DE IMAGENS DE VIDEOVIGILÂNCIA PARA EFEITOS DISCIPLINARES**: *«I – Em princípio, não é admissível, no processo laboral e como meio de prova, a captação de imagens por sistema de videovigilância, envolvendo o desempenho profissional do trabalhador, incluindo os actos disciplinarmente ilícitos por ele praticados. II – A consequência legal dessa utilização ilícita dos meios de vigilância à distância é a invalidade da prova obtida para efeitos disciplinares. III – Cabe à entidade empregadora fazer a prova da licitude da utilização desses meios de controle à distância. IV – Sendo a prova obtida mediante um método proibido e ilícito, ilícita é a prova adquirida mediante esse mesmo método, bem como a prova derivada ou mediata. V – O depoimento de uma testemunha que tenha por base o visionamento das imagens recolhidas através de um método proibido, não deve ser valorado. Só através da utilização de um meio de prova ilícito, no caso o visionamento de imagens ilicitamente obtidas para os fins disciplinares, é que a aludida testemunha teve acesso ou conhecimento de factos que posteriormente foram imputados à trabalhadora. Não fosse aquele conhecimento ilícito nunca o depoimento da testemunha poderia ter ocorrido. Ora, esta segunda prova – a mediata ou derivada – é aquilo que se chama um "fruto envenenado».*

**23. Ac. TRC de 06-02-2015 (P.º 359/13.0TTFIG-A.C1, rel. AZEVEDO MENDES):** *«I – O art.º 20.º, n.º 1 do Código do Trabalho proíbe a utilização de meios de vigilância à distância para controlar de forma dedicada e permanente o desempenho profissional do trabalhador. II – A utilização desses meios de vigilância no local*

A PROVA ILÍCITA: VERDADE OU LEALDADE?

*de trabalho é, no entanto, lícita se cumprir os requisitos de fim e publicidade previstos nos n.ºs 2 e 3 do mesmo art.º 20.º e for obtida a autorização da Comissão Nacional de Protecção de Dados. III – Estando em causa uma das finalidades legalmente previstas no n.º 2 desse art., concretamente a protecção e segurança de pessoas e bens, as actuações ilícitas do trabalhador lesivas de pessoas e bens podem ser licitamente verificadas, tanto quanto o podem ser idênticas condutas de terceiros, como uma consequência fortuita ou incidental da utilização dos meios de vigilância à distância, podendo os dados obtidos servir de meio de prova em procedimento disciplinar e no controlo jurisdicional da licitude da decisão disciplinar».*

**24. Ac. TRG de 25-06-2015 (P.º 522/14.6TTGMR-A.G1, rel. Moisés Silva):** *«A regra geral prevista no art. 20.º n.º 1 do CT concede a exceção prevista no n.º 2 do mesmo art., quando a utilização dos meios de vigilância à distância, de acordo com as circunstâncias de cada caso, tem por finalidade a proteção e segurança de pessoas e bens, a qual no caso tem uma especial acuidade, face à natureza da actividade exercida (bancária), onde são movimentados valores muito elevados e está em causa o património e a segurança dos clientes, trabalhadores e do banco».*

**25. Ac. TRG 03-03-2016 (P.º 20/14.7T8VRL.G1, rel. Manuela Fialho):** *«A utilização de um equipamento GPS num veículo, que tem por finalidade – provada- controlar o trabalho do A., não é permitida por se tratar de um meio de vigilância à distância. Deste modo, todas as provas obtidas pela utilização do mesmo e que se reportem ao controlo do desempenho profissional do trabalhador são ilícitas. Se a empregadora recorre ao aparelho em causa para obter outro tipo de dados, designadamente a conferência da quilometragem percorrida em confronto com os dados transmitidos pelo próprio trabalhador, não está a avaliar o desempenho profissional, situação em que os dados obtidos são lícitos. Revelando o acervo fático que o trabalhador declarou mais 7851 quilómetros percorridos a título profissional do que os transmitidos pelos GPS e que interferiu no funcionamento deste retirando o cartão ali inserido da sua posição correta com intenção de impedir a transmissão fidedigna de dados, a sanção de despedimento é justificada e proporcional».*

**26. Ac. TRP de 14-03-2016 (P.º 1097/15.4T8VLG-A.P1, rel. Paula Leal De Carvalho):** *«I – O elenco constante do art. 382.º, n.º 2, do CT72009 [relativo às causas determinantes da invalidade do procedimento disciplinar com vista ao despedimento] tem natureza taxativa, dele não constando o recurso, pelo empregador, a meios de prova eventualmente ilícitos (v.g., videovigilância) para fundamentar as acusações imputadas no âmbito do procedimento disciplinar. II – À exceção das dili-*

gências probatórias requeridas pelo trabalhador na resposta à nota de culpa e que o empregador, nos termos do art. 356.º, n.º 1, do CT/2009, deverá levar a cabo [a menos que as considere patentemente dilatórias ou impertinentes, caso em que o deverá alegar fundamentadamente, por escrito], o Código do Trabalho não lhe impõe a realização, no âmbito do procedimento disciplinar, de diligências probatórias tendentes a demonstrar a bondade das acusações que imputa ao trabalhador. III – O procedimento disciplinar é um processo de parte, que está na disponibilidade e sob tutela do empregador e que é por ele, e por sua conta e risco, conduzido, cabendo-lhe decidir da realização, ou não, de diligências probatórias que sustentem a nota de culpa e a decisão do despedimento, sendo certo que se, porventura, imputar ao trabalhador factos que, em caso de impugnação judicial do despedimento, não logre provar em sede de processo judicial, o despedimento deverá ser declarado ilícito. IV – No âmbito da impugnação judicial do despedimento, não cabe ao tribunal apreciar se a decisão do despedimento é, ou não, sustentada e justificada perante a prova que foi (ou não foi) produzida no procedimento disciplinar. O juízo quanto à existência ou não de justa causa para o despedimento apenas será feito pelo Tribunal perante e de acordo com a prova que seja oferecida e efetuada no âmbito do processo judicial e de acordo com as normas processuais próprias deste. V – Tendo em conta as preposições anteriores, mesmo que, eventualmente, não fosse admissível o recurso à videovigilância, nem o procedimento disciplinar, ainda que assentando nesse meio de prova, poderia ser considerado inválido, nem a justa causa poderia ser julgada improcedente com fundamento, designadamente, na falta de prova produzida em sede de procedimento disciplinar».

**27. Ac. TRP de 15-12-2016 (P.º 208/14.1TTVFR.D.P1, rel. PAULA LEAL DE CARVALHO):** «*I – A recolha e tratamento de dados relativos a correio eletrónico (emails, anexos e dados de tráfego) está sujeita à tutela da Lei 67/98, bem como da Lei 41/2004. II – O conteúdo dos emails enviados ou rececionados pelo trabalhador, quer de conta de correio pessoal, quer de conta de correio profissional que tenham natureza pessoal/extraprofissional, estão abrangidos pela tutela dos direitos à privacidade e à confidencialidade das mensagens conferida pela CRP e pelo CT/2009. III – Sendo disponibilizado ao trabalhador conta de correio eletrónico profissional, mas sem definição de regras quanto à sua utilização, mormente sem que seja proibida a sua utilização para efeitos pessoais (arts. 22.º, n.º 2, e 106.º, n.º 1, do CT/2009), não pode o empregador aceder ao conteúdo dos emails, e dos seus anexos, enviados ou rececionados nessa conta, mesmo que não estejam marcados como pessoais ou dos seus dados externos não resulte que sejam pessoais. IV – Pelo menos nas situações em que o empregador, ao abrigo do disposto nos citados arts. 22.º, n.º 2, e 106.º, n.º 1, não haja regulamentado e proibido a utilização de contas de correio eletrónico pessoais, o controlo dos dados*

A PROVA ILÍCITA: VERDADE OU LEALDADE?

*de tráfego dos emails enviados ou rececionados em tais contas é sempre inadmissível. V – No que se reporta a contas de correio eletrónico profissionais com utilização indistinta para fins profissionais e pessoais, o empregador pode tomar conhecimento da data e hora do envio do email, dos dados externos dos anexos (que não do seu conteúdo), mas não do remetente e/ou destinatário do email que seja terceiro. VI – Em qualquer caso, o acesso e tratamento de correio eletrónico (emails, anexos e dados de tráfego) pelo empregador tem que observar os princípios consagrados na Lei 67/98, designadamente os princípios da finalidade, da transparência e da notificação da CNPD. VII – A violação da proibição de recolha e utilização dos dados de correio eletrónico (conteúdo dos emails, anexos e dados de tráfego) e/ou dos princípios previstos na Lei 67/98 determina a nulidade da prova obtida por via dessa recolha, bem como da que assente, direta ou indiretamente, no conhecimento adveniente dessa prova nula. VIII – O art. 466.º do CPC/2013 veio consagrar, como meio de prova, as declarações de parte, não estando a admissibilidade da produção desse meio de prova sujeito a um juízo de prognose, por parte do juiz, da sua utilidade. IX – A parte pode requerer, nos termos do citado preceito, as suas declarações de parte à matéria do processo em que é parte, mas não já à matéria do processo (apenso) em que o requerente não é parte».*

**28. Ac. TRL de 12-10-2016 (P.º 204/13.6TTALM.L1.4, rel. José Eduardo Sapateiro):** *«(...) VIII– O processo disciplinar (com intenção de despedimento), para além de ser enformado pelos princípios do contraditório, da boa-fé/celeridade processual e de recurso, obedece a uma estrutura própria e sequencial, organizada por fases, com um determinado conteúdo e finalidade, visando o conjunto em si objectivos estabelecidos pelo legislador (e que não podem ser deturpados ou transviados, quer pelo empregador, quer pelo trabalhador), podendo definir-se tais procedimentos, em traços gerais e em regra, da seguinte forma: inquérito prévio (facultativo) + Nota de Culpa (acusação) + defesa + instrução + pareceres + decisão disciplinar. IX–O empregador – ou o seu representante no quadro do processo disciplinar – não possui um poder discricionário de mandar fazer as diligências probatórias quando e como entende mas está vinculado aos aludidos princípios e regras. X–O legislador laboral, para efeitos de verificação da invalidade insanável do procedimento disciplinar, reconduz essencialmente o direito de defesa à possibilidade oportuna e esclarecida de resposta à Nota de Culpa, com a indicação da prova que entender por pertinente, bem como à prévia consulta dos elementos existentes no dito procedimento, com vista a preparar devida e objetivamente essa sua oposição. XI–Não estão abrangidas pelo sigilo bancário as informações de carácter geral prestadas pelo Banco Réu ao instrutor do procedimento disciplinar ou os documentos respeitantes aos negócios jurídicos que estão no cerne do procedimento disciplinar mas já os extratos bancários e outros documentos comprova-*

*tivos de outros negócios e demais operações realizados pelos titulares das contas com o BB nos parecem estar abarcados pela proibição legal constante dos arts. 78.º e 79.º do Regime Geral das Instituições de Crédito e Sociedades Financeiras e art. 16.º do C.T./2009, não podendo ser carreados para o referido processo disciplinar, sem a devida autorização do próprio visado ou fora das exceções referidas no número 2 do art. 79.º do RGICSF. XII– Estando face a prova ilícita, a mesma não gera, contudo, a nulidade do procedimento disciplinar (pois tal fundamento não consta quer do art. 381.º, quer do art. 382.º do C.T./2009) mas apenas a sua desconsideração naquela sede, assim como no seio desta ação judicial, com eventuais efeitos jurídicos ao nível da demonstração das condutas imputadas ao trabalhador arguido e à apreciação da verificação da justa causa de despedimento. XIII–Não se pode invocar na decisão de despedimento factos essenciais ou complementares de cariz acusatório que não constassem da Nota de Culpa, mas não somente a sua inclusão, à revelia da lei, não implica a nulidade do procedimento disciplinar (cfr. o art. 382.º do C.T./2009) mas tão-somente a sua desconsideração jurídica pelo tribunal do trabalho (com os inerentes efeitos jurídicos a jusante, em sede da valoração da justa causa invocada), como os factos que em concreto estão em causa nos autos nem sequer possuem tal natureza mas apenas uma índole residual e instrumental, tendo os mesmos se limitado a fundamentar os factos provados no âmbito da instrução a que se procedeu. XIV–O facto do advogado do Banco Réu ter primeiramente intervindo no processo disciplinar como instrutor do mesmo e só depois como advogado do Apelado no seio desta ação de impugnação de despedimento não implica a violação da regra profissional do Estatuto da Ordem dos Advogados em vigor à data (Lei n.º 15/2005, de 26/01), inserida no seu art. 94.º (conflito de interesses). XV–Constitui justa causa de despedimento o «esquema» montado entre a família do Autor – mulher, sogro e filho – e este último, com a eventual colaboração de terceiros, para comprar a Loja por 300.00 Euros ao Banco Réu e vendê-la depois a terceiros (cidadãos chineses) por mais 200.000 Euros, tendo os referidos cidadãos chineses entrado entretanto na posse e exploração comercial de tal loja, por lhes ter sido entregue as correspondentes chaves, que para o efeito foram disponibilizadas pelo trabalhador arguido aos seus familiares, tendo a referida utilização como contrapartida o pagamento aos mesmos de uma «renda» ou prestação mensal, tendo todos esses factos ocorrido à revelia e sem o consentimento da entidade empregadora do recorrente, na sua qualidade de única e legítima proprietária do imóvel».*

## 29. Ac. TRP de 26-06-2017 (P.º 6909/16.2T8PRT.P1, rel. Jerónimo Feitas): *«I – Do quadro normativo que regula a reserva da vida privada e, em particular, os meios de vigilância à distância, ressalta que, verificados os pressupostos legais, mormente a autorização da Comissão Nacional de Protecção de Dados, a lei não obsta*

à instalação dos meios de vigilância à distância, incluindo a captação de imagem, nos locais de trabalho. II – Contudo, dele decorre igualmente que essa vigilância apenas poderá ser utilizada quando vise a protecção e segurança de pessoas e bens ou quando particulares exigências inerentes à natureza da actividade o justifiquem, não podendo nunca ter a finalidade de controlar o desempenho profissional do trabalhador. III – É de aceitar as imagens captadas por sistema de videovigilância como meio de prova em processo disciplinar e na subsequente acção judicial em que se discuta a aplicação de sanção disciplinar, mormente o despedimento, desde que sejam observados os pressupostos que decorrem da legislação sobre a protecção de dados e concomitantemente se conclua que a finalidade da sua colocação não foi exclusivamente a de controlar o desempenho profissional do trabalhador. Num quadro circunstancial assim apurado, o trabalhador não merece – nem a lei lhe confere – maior protecção do que aquela que é conferida aos demais cidadãos e, logo, o meio de prova é lícito e admissível. IV – Concluindo--se que foram observados os pressupostos que decorrem da legislação sobre a protecção de dados no que respeita à autorização do sistema de videovigilância, que nem a sua colocação nem as imagens captadas visam exclusivamente controlar o desempenho profissional dos trabalhadores e que a autora tinha conhecimento da existência do sistema de videovigilância e, logo, que estariam a ser captadas imagens quando, na versão do R., " inesperadamente e na presença de uma cliente, tenha começado a agredir a sua colega de trabalho, E..., com murros, bofetadas e puxões de cabelo", ou, na sua versão, foi ela a agredida, inicialmente pela aludida E... "com bofetadas na cara e pontapés nas pernas", que depois foi secundada pela irmã que "decid(iu) participar nas agressões à aqui A. e lança-se nas suas costas, puxando-lhe o cabelo com extrema violência", não se verifica qualquer violação dos princípios enunciados no art. 20.º n.ºs 1, 2 e 3, bem como do n.º1, do art. 21.º., do CT e, logo, crê-se que a prova obtida pelo sistema de videovigilância é não só lícita e válida para sustentar o processo disciplinar quanto àquela imputação, como também deveria ter sido admitida para ser visionada na audiência de julgamento, confrontando-se as testemunhas e a própria autora com as mesmas, relevando, no conjunto da prova produzida, para ser apreciada livremente segundo a prudente convicção do Senhor Juiz (art. 607.º n.º5, do CPC)».


## G) Jurisprudência em Direito Administrativo

**1. Ac. do STA de 30-10-2008 (P.º 0878/08, rel. Costa Reis): UTILI-ZAÇÃO EM PROCESSO DISCIPLINAR DE ESCUTAS TELEFÓNICAS LEGALMENTE OBTIDAS NUM PROCESSO CRIME:** «A obtenção de prova através violação do sigilo inerente aos meios de comunicação privada é excepcional,

ADENDA – JURISPRUDÊNCIA EM SEDE DE PROVA ILÍCITA

*só sendo possível de adoptar quando, por um lado, haja a convicção de que a mesma é indispensável para a descoberta da verdade ou que, de outra forma, a prova seria impossível ou de muito difícil obtenção e, por outro, quando em causa estiverem os crimes enumerados no n.º 1 do art.º 187.º do CPP, os chamados crimes de catálogo. A transposição das escutas telefónicas legalmente obtidas um processo crime para o processo disciplinar instaurado contra o arguido e a sua manutenção e valoração neste processo é ilegal porque, nos termos do citado art.º 187.º do CPP, as mesmas só podem ser colhidas e utilizadas quando esteja em causa a investigação e punição de um dos crimes previstos no seu n.º 1. Inexistindo providência cautelar capaz de obter, em tempo útil, decisão que determine o desentranhamento das transcrições das escutas do processo crime para o processo disciplinar nada impede que o interessado recorra ao processo de intimação previsto no art.º 109º do CPTA para alcançar esse efeito».*

**2. Ac. do TCA Sul de 11-06-2015 (P.º 11979/15, rel. PAULO PEREIRA GOUVEIA): UTILIZAÇÃO EM PROCESSO DISCIPLINAR DE ESCUTAS TELEFÓNICAS LEGALMENTE OBTIDAS NUM PROCESSO CRIME:** *«A inadmissibilidade de aproveitamento, num processo disciplinar, de escutas legalmente efetuadas e utilizadas num processo criminal resulta da vontade do legislador ordinário (ainda que submetido ao art. 18.º da CRP), no quadro do direito fundamental à não ingerência na correspondência e demais meios de comunicação (art. 34.º da CRP)».*

Em jeito de síntese, refira-se que, os casos assinalados não esgotam a pertinência da matéria, podendo configurar-se situações atinentes à ilicitude da obtenção de prova em outros ramos do direito, designadamente, no direito da propriedade industrial[1053], no direito da concorrência[1054] ou no direito tributário[1054,1055] ou no direito fiscal[1056].

---

[1053] Remédio Marques (Acção Declarativa à Luz do Código Revisto, 2.ª ed., p. 549, nota 2) exemplifica que se for necessário divulgar, em audiência, factos sujeito a segredo industrial ou segredo de negócios (cfr. art. 318.º do Código da Propriedade Industrial) poderá ter lugar uma restrição ao princípio da publicidade da audiência e assegurar-se que todos os intervenientes na mesma guardarão segredo dos depoimentos e das informações, dados ou elementos que aí venham a ser revelados.

[1054] Refira-se, a este respeito, o «*PROJETO DE LINHAS DE ORIENTAÇÃO SOBRE PROTEÇÃO DE CONFIDENCIALIDADES NO ÂMBITO DE PROCESSOS SANCIONATÓRIOS E PROCEDIMENTOS DE SUPERVISÃO*» (de 04-05-2017, documento consultado em http://www.concorrencia.pt/vPT/Noticias_Eventos/ConsultasPublicas/Documents/Projeto%20de%20

A PROVA ILÍCITA: VERDADE OU LEALDADE?

Linhas%20de%20Orienta%C3%A7%C3%A3o%20sobre%20Prote%C3%A7%C3%A3o%20
de%20Confidencialidades.pdf) elaborado pela Autoridade da Concorrência, onde esta entidade visa fornecer orientações relativamente ao que se considera informação confidencial e
ao procedimento a seguir na submissão à Autoridade da Concorrência de pedidos de proteção de confidencialidades.

[1055] Cfr. v.g. o Ac. do TCA Sul de 13-03-2014 (P.º 02274/08, rel. BENJAMIM BARBOSA) enunciando que *«não podem ser valoradas as provas obtidas com derrogação ilícita do sigilo bancário. Se os
respectivos factos ficarem sem suporte probatório devem ser considerados não provados. Contudo, as provas ilícitas só contaminam os factos a que dizem respeito, não tendo qualquer influência sobre os restantes
e a sua ilicitude não abrange também as demais provas»*.

[1056] Cfr. Ac. do TCA Sul de 08-03-2018 (P.º 942/10.5BELRA, rel. ANA PINHOL) considerando
que *«as declarações que o sócio gerente da Impugnante prestou à AT, na qualidade de arguido e no cumprimento dos deveres de cooperação [cf. artigo 9.º, n.º1 do Regime Complementar do Procedimento de Inspecção Tributária e Aduaneira -RCPIT-], não podem ser consideradas "provas nulas"»*.

[1057] Recordem-se os casos de dados relativos a evasões fiscais registados na UBS na Suíça,
HSBC em Genebra e LGT do Liechtenstein. Veja-se com interesse sobre o tema da lealdade
da prova em matéria fiscal, analisando varias decisões jurisprudenciais francesas, o interessante texto de Patrick Michaud; "L'Obligation de Loyauté en Droit Fiscal").

# BIBLIOGRAFIA

**Bibliografia Nacional**

ABRANCHES, César; *"O dever de colaboração dos terceiros para com a Justiça" in* ROA, Ano 1.º, n.º 4, 1941, Lisboa, pp. 380-397.

ABRANTES, José Fernando de Salazar Casanova; *"Provas ilícitas em processo civil. Sobre a admissibilidade e valoração de meios de prova obtidos pelos particulares", in* Direito e Justiça, Vol. XVIII, 2004, Tomo I, pp. 93-130.

ABRANTES, José João; *"Prova Ilícita" in* Revista Jurídica, n.º 7, Jul.-Set. 1986, A.A.F.D.L, pp. 7 e ss.

ABRANTES, José João; *"Algumas notas sobre o direito do trabalhador à reserva da vida privada", in* Estudos Comemorativos dos 10 Anos da Faculdade de Direito da Univ. Nova de Lisboa; Vol. II., Almedina, Coimbra, 2008, pp. 241-248.

AGUIAR, Madalena; *"Os esforços dos Magistr@dos", in* Direito em Revista, n.º 2, Março--Maio de 2001, Pressmundo – Editora de Publicações, S.A.

ALBERTO DOS REIS, José; Código de Processo Civil Anotado; Vol. I, 3.ª ed., reimp., Coimbra Editora, 1982.

ALBERTO DOS REIS, José; Código de Processo Civil Anotado; Vol. III, 4.ª ed., reimp., Coimbra Editora, 1985.

ALBERTO DOS REIS, José; Código de Processo Civil Anotado; Vol. IV, reimp., Coimbra Editora, 1987.

ALBUQUERQUE, Paulo Pinto de; Comentário ao Código de Processo Penal, 3.ª ed., Univ. Católica Portuguesa, 2009, pp. 316-317.

ALEXANDRE, Isabel, As Provas Ilícitas em Processo Civil, Almedina, Coimbra, 1998.

ALEXANDRE, Isabel; *"A fase da instrução no processo declarativo comum", in* Aspectos do Novo Processo Civil, Lisboa, Lex, 1997, página 273 e seguintes.

ALEXANDRE, Isabel; *"A fase da instrução e os novos meios de prova no Código de Processo Civil de 2013", in* Revista do Ministério Público, Abril-Junho de 2013, n.º 134, pp. 9-42.

ALMEIDA, Francisco Manuel Lucas Ferreira de; Direito Processual Civil, Il, Almedina, Coimbra, 2015, p. 249.

ALMEIDA, Teodoro Bastos de; *"O Direito à Privacidade e a Protecção de Dados Genéticos: Uma perspectiva de direito comparado", in* Boletim da Faculdade de Direito da Univ. de Coimbra, 79.º, 2003, pp. 355-436.

ALVES, Jorge de Jesus Ferreira;Convenção Europeia dos Direitos do Homem Anotada e Protocolos Adicionais Anotados (Doutrina e Jurisprudência), Colecção Acessorium, Legis Editora, 2008, pp. 71 e ss.

ANDRADE, José Carlos Vieira de; Direitos Fundamentais na Constituição Portuguesa de 1976, 4.ª ed., Almedina, Coimbra, 2009.

ANDRADE, José Carlos Vieira de; *"Publicidade e segredo no Conselho de Estado", in* Revista de Direito Público e Regulação, n.º 1, Maio de 2009, pp. 77-97, CEDIPRE.

ANDRADE, Manuel A. Domingues de; Noções Elementares de Processo Civil; Coimbra Editora, Coimbra, Reimp., 1993.

ANDRADE, Manuel A. Domingues de, Teoria Geral da Relação Jurídica, vol. II, Coimbra, Almedina, 1960.

ANDRADE, Manuel da Costa; Sobre as Proibições de Prova em Processo Penal; Coimbra Editora, 1992.

ANDRADE, Manuel da Costa; *"Sobre o regime processual penal das escutas telefónicas", in* Revista Portuguesa de Ciência Criminal; Ano 1, 3.º, Jul.-Set. 1991, Aequitas, Editorial Notícias; p. 369 e ss.

ANTUNES, Henrique Ataíde Rosa; *"Recurso de apelação e controlo da decisão da questão de facto";* texto disponível em *http://www.stj.pt/ficheiros/coloquios/coloquios_STJ/ CPC2015/painel%203_recursos_henriqueantunes.pdf-*

ASCENSÃO, José de Oliveira; O Direito – Introdução e Teoria Geral; 4.ª ed., Ed. Verbo, 1987.

AZEVEDO, Maria Eduarda; *"O Segredo Bancário", in* Cadernos de Ciência e Técnica Fiscal, 157, Lisboa, 1989, Centro de Estudos Fiscais.

AZEVEDO, Maria Eduarda; *"O segredo bancário e a fiscalidade na ordem jurídica portuguesa", in* Lusíada. Direito. Lisboa, n.º 10 (2012), pp. 213-236.

AZEVEDO, Tiago Lopes; A Acção de Investigação da Paternidade – Da Recusa de Submissão aos Exames Científicos e as Suas Consequências, Univ. do Minho, 2009, texto disponível em *http://www.verbojuridico.net/doutrina/2009/tiagoazevedo_accaoinvestigacaopaternidade.pdf.*

BARATA-MOURA, José; *"Sobre a verdade. Um roteiro de problemas", in* Revista do CEJ, n.º 10, 2008, pp. 9-23.

BARNABÉ, Augusto Ngongo; Direito Probatório, Faculdade de Direito da Univ. de Coimbra, Coimbra, 2014.

# BIBLIOGRAFIA

BARRETO, Ireneu Cabral; A Convenção Europeia dos Direitos do Homem Anotada, Coimbra Editora, 3.ª edição, 2005.

BASTO, Miguel; *"Da (I)legalidade da utilização de meios de vigilância electrónica (para controlo do desempenho profissional do trabalhador)"*, 2011, art. disponível no endereço *http://www.verbojuridico.com/doutrina/2011/miguelbasto_vigilanciaelectronica.pdf*

BASTOS, Jacinto Rodrigues; Notas ao Código de Processo Civil; 2.ª ed., 1.º Vol.

BEXIGA, Vanessa Vicente; O direito à imagem e o direito à palavra no âmbito do processo penal; UCP, Lisboa, 2013.

BORGES, Hermenegildo Ferreira; "Da epistemologia da decisão judiciária e sua função social", Comunicação no II Congresso da Sopcom, Março de 1999, disponível em *http://ubista.ubi.pt/~comum/borges-ferreira-epistemologia-decisao-judiciaria.html*.

BORGES, Hermenegildo Ferreira; *"Racionalidade e experiência na motivação judiciária"*, in Revista do CEJ, n.º 10, 2008, pp. 297-310.

BORGES, Marta Alexandra Frias; Algumas Reflexões em Matéria de Litigância de Má-Fé, Faculdade de Direito da Univ. de Coimbra, Coimbra, 2014.

BRANCO, Isabel Maria Fernandes; As gravações e fotografias ilícitas como prova a valorar no âmbito do processo penal e civil (Tendências Jurisprudenciais); Univ. Coimbra, Coimbra, Junho de 2015, disponível no endereço *http://www.verbojuridico.net/ficheiros/doutrina/ppenal/isabelbranco_gravacoesfotografias.pdf*.

BRITO, Rui Azevedo de; "Das Respostas aos Quesitos do Questionário", Comunicação no I Congresso da Magistratura Judicial Portuguesa, 1984, Ed. A.S.M.J. Portugueses.

BUCHO, José Manuel Saporiti Machado da Cruz; Sobre a recolha de autógrafos do arguido: natureza, recusa, crime de desobediência v. direito à não auto-incriminação (notas de estudo); Guimarães, 2013, acessível em *http://www.trg.pt/ficheiros/estudos/sobre_a_recolha_de_autografos_do_arguido.pdf*.

BURGOA, Elena; *"La prueba ilícita en el processo penal portugués"*, in Estudos Comemorativos dos 10 Anos da Faculdade de Direito da Univ. Nova de Lisboa; Vol. II., Almedina, Coimbra, 2008, pp. 593-626.

CALHEIROS, Maria Clara; *"Verdade, prova e narração"*, in Revista do CEJ, n.º 10, 2008, pp. 281-296.

CALHEIROS, Maria Clara; *"Prova e verdade no processo judicial. Aspectos epistemológicos e metodológicos"*, in Revista do Ministério Público (Abr-Jun 2008). Ano 29.º, n.º 114.

CAMPOS, Sara Raquel Rodrigues; (In)admissibilidade de provas ilícitas – Dissemelhança na produção de prova no Direito Processual?, Univ. de Coimbra, 2015, disponível no endereço *https://estudogeral.sib.uc.pt/bitstream/10316/28674/1/Inadmissibilidade%20de%20provas%20ilicitas.pdf*.

CANOTILHO, J. J. Gomes e MOREIRA, Vital; Constituição da República Portuguesa Anotada, 3.ª ed., Coimbra Editora, Coimbra, 1993.

CANOTILHO, J.J. Gomes; Direito Constitucional e Teoria da Constituição, Almedina, 2.ª edição, 1998.

CARDOSO, Augusto Lopes; Do segredo profissional na advocacia, Celoa, 1998.

CARDOSO, Augusto Lopes; *"Poderes de cognição do juiz – princípio dispositivo e princípio inquisitório – "Recolha e Valoração da Prova"; in* Revista da Ordem dos Advogados, ano 43, 1983, vol. I, Jan.-Abr. 1983.

CARDOSO, João Garcês; Sobre a Admissibilidade da Prova Ilícita No Processo Civil Português; FDUC, Coimbra, 2012.

CARDOSO, Tânia Vanessa Nunes; *"O segredo profissional e o regime das buscas e apreensões em escritório de advogado. A problemática do advogado in-house", in* Revista Electrónica de Direito, Fev. 2015, n.º 1, disponível em *http://www.cije.up.pt/download-file/1299.*

CARLOS, Jorge Adriano; *"A responsabilidade do advogado por violação do segredo profissional", in* ROA, Ano 58.º, Tomo II, Julho 1998, Lisboa, pp. 1047-1055.

CARVALHO, Delgado de; A Fase da Condensação no Processo Declarativo (à luz da Lei n.º 41/2013, de 26 de Junho) – Os Temas da Prova, Quid Juris, 2014.

CARVALHO, Jorge Silva; *"Limites à produção de informações no Estado de Direito Democrático", in* Jornal Defesa e Relações Internacionais, 22-05-2007.

CARVALHO, Maria da Purificação Lopes; *"A Inspeção Judicial – Contributos para uma melhor verificação ou interpretação dos factos"; in* Data Venia, Ano 4, n.º 5, Janeiro de 2016, pp. 5-32.

CARVALHO, Paulo Morgado de; *"Direitos fundamentais dos trabalhadores: Direito à reserva e à confidencialidade relativamente a mensagens pessoais e à reserva da vida privada dos trabalhadores – A concretização pelos tribunais", in* Conferência Estado de Direito e Direitos Fundamentais: A Concretização dos Direitos Fundamentais pelos Tribunais, Assemb. da República, ISBN: 978-972-556-640-4, Lisboa, Jul. 2015 pp. 41-58, disponível em *https://www.parlamento.pt/ArquivoDocumentacao/Documents/Conferencia_CACDLG-CEJ.pdf.*

CASIMIRO, Jorge; *"A Alquimia dos Sentidos – III O Olfacto – 3";* Abril de 2002, disponível em *http://www.uarte.mct.pt/grupos-interesse/alquimias/docs/word/Ciencia-&-Sociedade-XXXIII-%5B60%5D.doc.*

CATARINO, Luís Guilherme; *"Segredo bancário e revelação jurisdicional", in Revista* do MP, Ano 19, Abril-Junho de 1998, n.º 74.

COELHO, Carlos Zeferino Pinto; *"Julgamento da Matéria de Facto em Processo Civil", in* R.O.A., ano 1, Vol. I, n.º 2.

COELHO, Vanessa Raquel Ferreira; Sigilo Bancário: Problemas Fiscais e Constitucionais, Porto, 2012, disponível em *http://repositorio.ucp.pt/bitstream/10400.14/16054*

*/1/Tese%20Mestrado%20-%20Sigilo%20Banc%C3%A1rio.%20Problemas%20Fis cais%20e%20Constitucionais.pdf.*

CONCEIÇÃO, Ana Raquel; *"A relevância probatória das gravações e fotografias realizadas por particulares: análise crítica do Ac. da Relação do Porto de 23-10-2013", in* Lusíada – Direito, n.º 13, 2015, pp. 150-151, disponível em *http://hdl.handle.net/11067/2818.*

CORREIA, Eduardo; *"Les preuves en droit pénal portugais" in* Revista de Direito e Estudos Sociais, ano XIV, 1967.

CORREIA, João Conde; *"Qual o significado de abusiva intromissão na vida privada, no domicílio, na correspondência e nas telecomunicações (art. 32.º, n.º 8, 2.ª parte da C.R.P.)?", in* Revista do Ministério Público, Ano 20, Jul.-Set. 1999, n.º 79, pp. 45-92.

CORREIA; João Conde, *"A Distinção entre Prova Proibida por Violação dos Direitos Fundamentais e Prova Nula numa Perspectiva Essencialmente Jurisprudencial", in* Revista do CEJ, n.º 4, p. 175.

CORREIA, Paulo; *"Da responsabilidade civil do advogado pelo incumprimento dos deveres de competência e de zelo", in* Revista do Ministério Público, Ano 30, Jul.-Set. 2009, n.º 119, pp. 149-176.

CORREIA, Téssia Matias; A Prova no Processo Civil – Reflexões sobre o problema da (in)admissibilidade da prova ilícita; Fac. Dir. Univ. Coimbra, Coimbra, 2015, disponível em *https://estudogeral.sib.uc.pt/bitstream/10316/29914/3/A%20prova%20 no%20processo%20civil.pdf.*

COSTA, Carrington da; *"A psicologia do testemunho. Método de produção e valor psicológico da prova oral", in* Scientia Iuridica, 3 (12) 1954, pp. 334-350.

COSTA, José de Faria; *"As telecomunicações e a privacidade: o olhar (in)discreto de um penalista", in* José de Faria Costa, Direito Penal da Comunicação (Alguns escritos), Coimbra, Coimbra Editora, 1998.

COSTA, Orlando Guedes da; Direito Profissional do Advogado–Noções Elementares; 4.ª ed., Almedina, Coimbra, 2006.

CUSTÓDIO, Sérgio Filipe Barata Lourenço; Provas ilícitas em processo civil: O princípio da proporcionalidade; FDUC, Coimbra, 2011.

DELFIM, Jorge; *"Do julgamento da Matéria de Facto (fundamentação) – Pequeno contributo à análise do n.º 2 do art. 653.º do Código de Processo Civil", publicado em http:// www.verbojuridico.net/doutrina/civil/civil_10.html.*

DIAS, Karolen Ramos da Silva; *"O Segredo Médico e suas limitações", in* Revista Jurídica Luso-Brasileira, n.º 2 (2016), n.º 6, pp. 805-845.

DURÃES, Pedro Filipe Pereira; A garantia da nulidade das provas obtidas com violação dos direitos fundamentais; Univ. Autónoma de Lisboa, 2012, disponível em *https://www.academia.edu/attachments/31067675/download_file?st=MTQ0NjczNzI1*

*OCw5MS4xOTguMTgyLjIyOCwxOTEwNTYw&s=swp-toolbar&ct=MTQ0NjczNzI 2MCwxNDQ2NzM3MjYzLDE5MTA1NjA=.*

EIRAS, Agostinho; Segredo de Justiça e Controlo de Dados Pessoais Informatizados; Argumentum, 4, Coimbra Editora, 1992.

ELIAS DA COSTA, Ary *et al.*; Código de Processo Civil – Anotado e Comentado; 1.º Vol., Athena Editora, Porto, 1972.

FARIA, Márcio Carvalho; *"A Lealdade Processual. O projeto de novo Código de Processo Civil Brasileiro e a experiência Portuguesa", in* Revista Jurídica Luso-Brasileira, Ano 1 (2015), n.º 1, Publicação do Centro de Investigação de Direito Privado da Faculdade de Direito da Univ. de Lisboa (CIDP), pp. 1395-1430, disponível no endereço *http://cidp.pt/publicacoes/revistas/rjlb/2015/1/2015_01_1395_1430.pdf.*

FELICIANO, Guilherme Guimarães; Tutela Processual de Direitos Humanos Fundamentais: Inflexões no "Due Process of Law"; Faculdade de Direito da Univ. de Lisboa, 2013, acessível em *http://repositorio.ul.pt/bitstream/10451/10972/1/_td_ vol_1_vol_2.pdf.*

FELICIANO, Guilherme Guimarães; *"O modelo de Stuttgart e os poderes assistenciais do juiz: Origens históricas do "processo social" e as intervenções intuitivas no processo do trabalho", in* R.I.B.D., Ano 3 (2014), n.º 4, pp. 2717-2752, disponível em *http://www. idb-fdul.com*, ISSN: 2182-7567.

FERNANDES, Rosa Maria; A Inviolabilidade do Domicílio; Univ. Católica Portuguesa; Faculdade de Direito do Porto, 2004.

FERREIRA, Carlos Lobato; *"Do segredo médico aos segredos do médico", in* Revista do CEJ, n.º 3, 2.º Semestre de 2005.

FERREIRA, Hugo Barbosa Torquato; *"PROVA EM VÍDEO: NOÇÕES GERAIS, LIMITES DE ADMISSIBILIDADE, LESÃO EVENTUAL A DIREITOS DE PERSONALIDADE E APROVEITAMENTO EXCEPCIONAL DA VIDEOGRAVAÇÃO ILICITAMENTE OBTIDA", in* RIDB, Ano 3 (2014), n.º 10, 7765-7816, disponível em *http://www.idb-fdul.com*, ISSN: 2182-756.

FERREIRA, Marques; *"Meios de prova", in* Jornadas de Direito Processual Penal – O Novo Código de Processo Penal – Centro de Estudos Judiciários; Almedina, Coimbra, 1992, pp. 219-270.

FIGUEIREDO, André; *"O princípio da proporcionalidade e a sua expansão para o Direito Privado", in* Estudos Comemorativos dos 10 Anos da Faculdade de Direito da Univ. Nova de Lisboa, Vol. II, Almedina, Coimbra, 2008, pp. 23-52.

FREITAS, José Lebre de; A Confissão no Direito Probatório, Coimbra Editora, 1991.

FREITAS, José Lebre de; A Acção Declarativa Comum à luz do Código revisto; Coimbra Ed., Coimbra, 2000.

BIBLIOGRAFIA

FREITAS, José Lebre de; Introdução ao Processo Civil, Conceito e Princípios Gerais à luz do código revisto; Coimbra Editora, Coimbra, 1996.

FREITAS, José Lebre de; A Falsidade no Direito Probatório; Almedina, Coimbra, 1984.

FREITAS, José Lebre de *et al*; Código de Processo Civil, Anotado; Volumes. 1.º e 2.º; Coimbra Editora, Coimbra.

FREITAS, José Lebre de; *"Sobre o conceito de ato processual"*, *in* Estudos em Homenagem a Miguel Galvão Teles, II, Almedina, 2012, pp. 149-164.

FREITAS, José Lebre de e SANTOS, Cristina M. dos; O processo civil na Constituição, Coimbra, 2008.

GALANTE, Fátima; Da tutela da personalidade, do nome e da correspondência confidencial, Quid Juris, 2010.

GASPAR, António Henriques; *"A Justiça nas incertezas da sociedade contemporânea – O juiz hoje: De exegeta a ministro da verdade"*, *in* Revista Julgar, N.º 1, Jan.-Abr. 2007, A.S.J.P.

GERALDES, António Santos Abrantes; Temas da Reforma do Processo Civil; Vol. II, Almedina, Coimbra, 1997.

GERALDES, António Santos Abrantes; Recursos em Processo Civil – Novo Regime, Almedina, Coimbra, 2007.

GERALDES, Olindo; Conflito de Deveres; Separata de O Direito, ano 141.º, 2009, II, Almedina, pp. 411-428.

GIL, Fernando, *"Neutralidade do Facto e Ónus da Prova"*, *in* Revista Sub Judice, n.º 4, 1992.

GOMES, Ana Lúcia Soares; O Juízo sobre o Juiz(o) – Os Juízes não têm honra ?; Univ. Nova de Lisboa, Faculdade de Ciências Sociais e Humanas, Setembro de 2012, texto disponível em *http://run.unl.pt/bitstream/10362/9115/4/O%20JUIZO%20 SOBRE%20O%20JUIZ_O_%20VERS%C3%83O%20FINAL.pdf*.

GOMES, Manuel Tomé Soares; Noções e Quadros Elementares do Direito Probatório Civil e Comercial; Lisboa, CEJ, Abril de 1994.

GOMES, Manuel Tomé Soares; *"Um olhar sobre a prova em demanda da verdade no processo civil"*, *in* Revista do CEJ, n.º 3, 2.º Semestre de 2005.

GOMES, Mário M. Varges; O Código da Privacidade e da Protecção de Dados Pessoais na Lei e na Jurisprudência (Nacional e Internacional); Centro Atlântico, 2006.

GONÇALVES, Fernando e ALVES, Manuel João; A Prova do Crime – Meios legais para a sua obtenção; Almedina, Coimbra, 2009.

GONÇALVES, João Gama; *"A Prova Digital em 2017 – Reflexões sobre algumas insuficiências processuais e dificuldades da investigação"*, *in* CEDIS Working Papers | Direito, Segurança e Democracia, ISSN 2184-0776, N.º 57, outubro de 2017, disponível em *http://cedis.fd.unl.pt/wp-content/uploads/2017/10/CEDIS_working-paper_DSD_a--prova-digital-em-2017.pdf.*

GONÇALVES, João Luís Rodrigues; *"Segredo profissional (Algumas considerações sobre segredo médico e segredo profissional do advogado)", in* Revista do Ministério Público, Ano 19, Out.-Dezembro de 1998, n.º 76.

GONÇALVES, Maria Eduarda; *"A protecção de dados pessoais em direito internacional e em direito interno", in* Revista do Ministério Público, Ano 10.º, n.º 40, 1989, pp. 9-80.

GONÇALVES, M. Maia; *"Meios de prova", in* Jornadas de Direito Processual Penal – O Novo Código de Processo Penal – Centro de Estudos Judiciários; Almedina, Coimbra, 1992, pp. 191-218.

GOUVEIA, Jorge Bacelar; "Segredo de Estado", in Sep. do VII volume do Dicionário Jurídico da Administração Pública, Lisboa, 1997, pp. 366- 383.

GOUVEIA, Jorge Bacelar; "Os serviços de informações de Portugal: Organização e Fiscalização", in RDeS – Revista de Direito e Segurança, n.º 1 (Janeiro / Junho de 2013), pp. 63-85.

GOUVEIA, Mariana França; A causa de pedir na acção declarativa, Almedina, 2004.

GOUVEIA, Mariana França; *"Perspectivas de reforma do Código Civil Português – A prova", in* Revista Themis – Edição Especial, 2008, pp. 331-341.

GOUVEIA, Mariana França; *"Os poderes do juiz civil na acção declarativa – em defesa de um processo civil ao serviço do cidadão", in Julgar,* n.º 1, Janeiro-Abril de 2007, pp. 47-65.

JESUS, Inês Oliveira Andrade de; O Novo Regime Jurídico de Protecção de Dados Pessoais na Europa, 2012, disponível em *http://www.fd.unl.pt/Anexos/7039.pdf.*

JORGE, Nuno de Lemos; *"Direito à Prova: Brevíssimo Roteiro Jurisprudencial", in* Julgar, n.º 6, 2008, pp. 99-106.

JORGE, Nuno de Lemos; *"Os poderes instrutórios do juiz: Alguns problemas" in,* Julgar, n.º 3, 2007, pp. 61-84.

LEITÃO, Hélder Martins; A prova civil no direito português; Almeida & Leitão, Lda., Porto, 2008.

LEITÃO, Luís Manuel Teles de Menezes; *"A Protecção dos Dados Pessoais no Contrato de Trabalho", in* Estudos em Homenagem ao Professor Doutor António Castanheira Neves; Vol. II, Boletim da Fac. de Direito da Univ. de Coimbra, Col. Stvdia Ivuridica, n.º 91, Ad honorem n.º 3, Coimbra Editora, Coimbra, 2008.

LEITÃO, Luís Manuel Teles de Menezes; *«Notas breves sobre o Código de Processo Civil de 2013» in* ROA, Ano 73.º, Abril/Setembro de 2013, Lisboa.

LEITE, André Lamas; *"As escutas telefónicas – Algumas reflexões em redor do seu regime e das consequências processuais derivadas da respectiva violação", in* Revista da Faculdade de Direito da Univ. do Porto, Ano I, 2004, pp. 9-58.

LOURENÇO, José Acácio; *"Os direitos das partes no processo civil"*, *in* ROA, Ano 73, Vol. II-III, Abril-Setembro de 2013, Lisboa, pp. 477-524.

LOURENÇO, Pedro Miguel Januário; *"Criminalidade Informática no Ciberespaço – 10 Anos após a publicação da Lei n.º 109/91, de 17 de Agosto"*, *in* Estudos de Direito da Comunicação; Faculdade de Direito da Univ. de Coimbra, 2002, pp. 263-344.

LUÍS, Alberto; *"O Segredo Bancário em Portugal"*, *in* Revista da Ordem dos Advogados, Ano 41.º, 1981, pp. 451-474.

LUMBRALES, Nuno B. M.; *"O Direito à Palavra, o Direito à Imagem e a Prova Audiovisual em Processo Penal"*, *in* Revista da Ordem dos Advogados, Ano 67.º, Lisboa, Setembro de 2007, pp. 683-729.

MACHADO, Helena, *"Dilemas e paradoxos da cientifização da justiça em Portugal – O caso dos perfis genéticos de ADN"*, em *http://repositorium.sdum.uminho.pt/dspace/bitstream/1822/4495/1/revista/%20manifesto.pdf*.

MARQUES, Débora Santa Maria; O processo civil e a colaboração de terceiros; Faculdade de Direito da Univ. de Coimbra, Coimbra, Julho 2015.

MARQUES, J. Dias; Noções Elementares de Direito Civil, A.A.F.D.L., Lisboa, 1992.

MARQUES, João Paulo Remédio; Acção Declarativa à Luz do Código Revisto, 2.ª ed., Coimbra Editora, Coimbra, 2009.

MARQUES, João Paulo Remédio; *"A aquisição e a valoração probatória de factos (des)favoráveis ao depoente ou à parte chamada a prestar informações ou esclarecimentos"*, *in* Julgar, n.º 16, 2012, pp. 137-172.

MARTINEZ, Pedro Romano *et al.*; Código do Trabalho Anotado, 6.ª edição, Almedina, Coimbra, 2008.

MARTINS, Ana Teresa Araújo; Assistência Técnica no Exercício da Função Jurisdicional; FDUC, Coimbra, 2015

MARTINS, João Zenha; *"O segredo jornalístico, a protecção das fontes de informação e o incidente processual penal de quebra de escusa de depoimento"*, *in* Revista do MP, Ano 27, Abril-Junho de 2006, n.º 106.

MARTINS, Jorge Lourenço; O depoimento testemunhal em processo civil, 1988.

MARTINS, José Mário Barreto; A admissibilidade da prova ilícita em processo civil, FDUL, 2015.

MARTINS, Paulo Jorge dos Santos; O privado em público – Direito à informação e direitos de personalidade; Univ. Técnica de Lisboa, Instituto Superior de Ciências Sociais e Políticas, Lisboa, 2013.

MATA-MOUROS, Maria de Fátima; *"A Fundamentação da Decisão como Discurso Legitimador do Poder Judicial"*; Comunicação no Congresso da Justiça, Dezembro de 2003, disponível na Internet no endereço *http://www.crise-da-justica.com/A%20 Fundamenta%C3%A7%C3%A3o%20da%20Decis%C3%A3o.htm*.

A PROVA ILÍCITA: VERDADE OU LEALDADE?

MATOS, José Igreja; *"O juiz e o processo civil (contributo para um debate necessário)"*, in Julgar, n.º 2, Maio-Agosto de 2007, pp. 87-106.

MELO, Nuno Miguel; Dos Limites do efeito à distância nas proibições de prova, Univ. Católica Portuguesa – Faculdade de Direito, 2012.

MENDES, André Mendes; *"O Advogado/parte, o Advogado/arguido, o Advogado/testemunha, o Advogado/perito, o Advogado/consultor técnico, o Advogado/árbitro e o Advogado/ mediador"*, art. consultado na Internet, disponível no endereço *http://www.oa.pt/ upl/%7B3fe04cfc-d7e5-4839-8549-70e74fa62916%7D.pdf*

MENDES, João de Castro; Direito Processual Civil; II Volume, A.A.F.D.L., 1987.

MENDES, João de Castro; Do Conceito de Prova em Processo Civil, Edições Ática, Lisboa 1961.

MENDES, Elisa Solange Gomes; As provas ilícitas obtidas por particulares, Lisboa, 2010.

MENDES, Paulo de Sousa, *"As Proibições de Prova no Processo Penal"*, in Jornadas de Direito Processual Penal e Direitos Fundamentais, coordenação de Maria Fernanda Palma, Almedina, 2004, página 133

MESQUITA, Miguel; *"A flexibilização do princípio do pedido à luz do moderno Processo Civil"* in Revista de Legislação e Jurisprudência, Ano 143.º, n.º 3983, Novembro-Dezembro 2013, Coimbra Editora.

MESQUITA, Miguel; Reconvenção e Excepção no Processo Civil, Almedina, 2009.

MILHEIRO, Tiago; *"O Direito, a Internet e as Novas Tecnologias – A Experiência Judicial Portuguesa"*, 2011, consultado no endereço: *http://www.cej.mj.pt/cej/forma-ingresso/ fich.pdf/arquivo-documentos/arquivo-documentos_2011-12/Dr_Tiago_Milheiro.pdf*.

MIMOSO, Maria João; SOUSA, Sandra C.; e MEIRELES, Vitor Hugo; Evidence in Civil Law – Portugal – Lex Localis, ISBN -978-961-6842-55-6 (epub), 2015.

MIRANDA, Jorge; As Constituições Portuguesas–de 1822 ao texto actual da Constituição, 2.ª Ed., Petrony, 1984.

MIRANDA, Jorge e MEDEIROS, Rui; Constituição Portuguesa Anotada, Tomo I, 2.ª Ed., Coimbra Ed., 2010.

MISSEL, Marícia de Azambuja Fortes; O Princípio da Não Autoincriminação no Sistema Luso-Brasileiro: Entre a Reserva da Vida Privada e a Persecutio Criminis; Fac. Direito da Univ. do Porto; Julho de 2013.

MONIZ, Helena; *"Notas sobre a protecção de dados pessoais perante a informática"*, in Revista Portuguesa de Ciência Criminal; Ano 7, 2.º, Abr.-Jun. 1997, Coimbra Editora, Aequitas; p. 231 e ss.

MONTEIRO, Cristina Líbano; Perigosidade de inimputáveis e «in dúbio pro reo», Stvdia Ivridica; 24; Boletim da Faculdade de Direito da Univ. de Coimbra, Coimbra, 1997.

MONTEIRO, Maria João; A possibilidade de utilização das publicações nas redes sociais como prova nos procedimentos disciplinares e despedimento dos trabalhadores, Univ. Nova de Lisboa, Lisboa, 2015, consultada em *https://run.unl.pt/bitstream/10362/16506/1/MariaMonteiro_2015.pdf.*

MORAIS, Ana Maria Martins; Segredo profissional – Que limites?, Faculdade de Medicina da Univ. do Porto, FMUP, 2011, consultada em *http://repositorio-aberto.up.pt/handle/10216/21927.*

MORAIS, Inês Carolina Queiroga; O Segredo Profissional do Médico no âmbito dos testes de HIV, Univ. Católica Portuguesa, Escola de Direito, Porto, 2012.

MORGADO, Pedro Trigo; Admissibilidade da prova ilícita em processo civil, Petrony Editora, 2016.

MOURA, José Souto de; *"Inexistência e Nulidades Absolutas em Processo Penal", in* CEJ – Textos1, 1990-91.

MOURÃO, Helena; *"O efeito-à-distância das proibições de prova no Direito Processual Penal português", in* Revista Portuguesa de Ciência Criminal; Ano 16, 4.º, Out.-Dez. 2006, Coimbra Editora, Aequitas; p. 575 e ss.

NASCIMENTO, André Pestana; O impacto das novas tecnologias no direito do trabalho e a tutela dos direitos de personalidade do trabalhador, Lisboa, 2009, disponível no endereço *http://www.uria.com/documentos/publicaciones/2242/documento/068apa.pdf?id=1948-*

NASCIMENTO, Pedro Silvino Rebelo do; Provas Ilícitas no Regime Laboral: O Caso da Videovigilância, FDUL, 2015.

NETO, Luísa; *"Ac.s do TC n.os 213/2008 E 486/2009: A prova numa sociedade transparente", in* Revista da Faculdade de Direito da Univ. do Porto, Ano 8, 2011, pp. 315-343.

NEVES, A. Castanheira; *"A unidade do Sistema Jurídico e seu sentido (Diálogo com Kelsen)", in* Estudos de Homenagem ao Professor Teixeira Ribeiro, vol. II, Coimbra, 1979.

NEVES, Marlene C. R.; *"O Silêncio Divino no Julgamento dos Homens – Breve reflexão sobre a irrestrita manutenção do segredo religioso no processo penal", in* Estudos Doutoramento & Mestrado – Série D, n.º 10, Instituto Jurídico da Fac. Direito da Univ. de Coimbra, ISBN 978-989-8787-26-2, Agosto 2015, pp. 5-29.

NOBRE, Diogo Leote; *"A Relevância dos Comportamentos Extra-Laborais em Sede de Justa Causa de Despedimento", in* Revista da Ordem dos Advogados, ano 68.º, II, Set./Dez. 2008, pp. 923-960.

NOGUEIRA, Sandra de Freitas Moreira da Silva e; A Valoração e Motivação do Tribunal no âmbito da livre apreciação da prova; Univ. Lusíada do Porto, Porto, 2016.

NUNES, José António Barreto; *"Acção de investigação de paternidade – Exames de sangue – Recusa de colaboração – Consequências da recusa – Inadmissibilidade de execução forçada do exame"*, *in* Revista do MP, Ano 22, Janeiro/Março de 2001, n.º 85, pp. 159-169.

OLIVEIRA, Francisco da Costa; O Interrogatório de Testemunhas – Sua Prática na Advocacia; Almedina, Coimbra, 2006.

OLIVEIRA, Sara Diana Ferreira de; Admissibilidade da prova ilícita em processo civil; FDUL, Lisboa, 2014.

PALMA CARLOS, Adelino da; *"Projecto de alteração de algumas disposições dos livros I e II do Código de Processo Civil"*, *in* Boletim do Ministério da Justiça, n.º 102, Janeiro de 1961.

PEREIRA, André Gonçalo Dias; *"Dever de confidencialidade do médico? E do advogado?"* *in* Separata da Revista Portuguesa de Dano Corporal, n.º 15, 2005.

PEREIRA, André Dias e BARBOSA, Carla; *"Confidencialidade da informação de saúde no direito português"* *in* Lex Medicinae, Ano 8, n.º 16, 2011, Coimbra Editora.

PEREIRA, Fernando Silva; *"Princípio da cooperação e dever jurídico de colaboração probatória – uma análise à luz do novo Código de Processo Civil"*, *in* Revista da Faculdade de Direito da Univ. do Porto, Ano 10, 2013.

PEREIRA, Joel Timóteo Ramos; *"Cartas de Advogados Podem servir de prova em processo civil?"*, *in* Revista "O Advogado", n.º 15, Novembro de 2001, disponível no endereço *http://www.verbojuridico.net/arts./cartasadv.html*.

PESSOA VAZ, Alexandre Mário; Direito Processual Civil; Do Antigo ao Novo Código; Almedina, Coimbra, 1998.

PINHEIRO, Alexandre Sousa; Privacy e Protecção de Dados Pessoais: A Construção da Dogmática do Direito à Identidade Informacional; AAFDL, Lisboa, 2015.

PINTO, Mário Jorge Lemos; *"Responsabilidade Civil e Presunções de Culpa"*; Relatório do Seminário de Direito de Obrigações do Curso de Mestrado em Ciências Jurídico- -Políticas da Univ. Católica Portuguesa (Porto), 2004, em *http://mprfadvogados. com/downloads/arts./RESPONSABILIDADECIVILEPRESUNCOESDECULPA. pdf*.

PINTO, Paulo Mota; *"O Direito à Reserva sobre a Intimidade da Vida Privada"*, *in* Boletim da Faculdade de Direito da Univ. de Coimbra, Vol. LXIX, Coimbra, 1993, pp. 479-586.

PINTO, Paulo Mota; *"A protecção da vida privada e a Constituição"*, *in* Boletim da Faculdade de Direito da Univ. de Coimbra, Vol. LXXVI, Coimbra, 2000, pp. 153-204.

PINTO, Ricardo Leite; *"Liberdade de Imprensa e Vida Privada"* *in* Revista da Ordem dos Advogados, ano 54.º, 1994, tomo I, pp. 108 a 113.

PIRES, José Maria; O dever de segredo na actividade bancária; Editora Rei dos Livros, 1998.

BIBLIOGRAFIA

QUEIROZ, Pedro Gomes de; *"O Princípio da Cooperação e a exibição de documento ou coisa no processo civil (Segunda Parte)", in* Revista Jurídica Luso-Brasileira, Ano 1 (2015), n.º 1, Publicação do Centro de Investigação de Direito Privado da Faculdade de Direito da Univ. de Lisboa (CIDP), pp. 1761-1870, disponível em *http://cidp.pt/ publicacoes/revistas/rjlb/2015/1/2015_01_0000_Capa.pdf.*

RAÍNHO, José Manso; "Prova testemunhal: prova-rainha ou prova mal-dita? Algumas considerações ajurídicas acerca da prova testemunhal", Comunicação no 8.º Aniversário do Tribunal da Relação de Guimarães, disponível em *http://www.trg.pt/ ficheiros/estudos/mansorainho_provatestemunhal.pdf.*

RAMALHO, Maria do Rosário Palma; *"Direitos fundamentais e direitos de personalidade no contrato de trabalho – Breves notas sobre a aplicação jurisprudencial", in* Conferência Estado de Direito e Direitos Fundamentais: A Concretização dos Direitos Fundamentais pelos Tribunais, Assembleia da República, ISBN: 978-972-556-640-4, Lisboa, Julho de 2015 pp. 33-40, disponível em *https://www.parlamento.pt/ArquivoDocumentacao/Documents/Conferencia_CACDLG-CEJ.pdf.*

RAMIRES, Luciano Henrique Diniz; *"Das Provas Ilícitas", in* Revista do Instituto de Pesquisas e Estudos, BAURU, v. 29, p. 207-221, 2000.

RAMOS, José Luís Bonifácio; *"Desígnios do "novo" Código de Processo Civil Português" in* Revista O Direito, Ano 145.º, IV, 2013.

RAMOS, Maria Célia; *"O sigilo bancário em Portugal – Origens, evolução e fundamentos", in* Sigilo Bancário – Colóquio Luso-Brasileiro, Edições Cosmo, Lisboa, 1997.

RANGEL, Rui Manuel de Freitas; O Ónus da Prova no Processo Civil; Almedina, Coimbra, 3.ª ed., 2006.

REDINHA, Maria Regina; *"Utilização de Novas Tecnologias no Local de Trabalho – Algumas Questões", in* IV Congresso Nacional de Direito do Trabalho, coord. António Moreira, Almedina, 2002.

REGO, Carlos Lopes do; *"Relevância dos exames de sangue nas acções de investigação da paternidade – Recusa de cooperação do réu e inversão do ónus da prova", in* Rev. do MP, Ano 15.º, Abr.-Jun. de 1994, n.º 58.

REGO, Carlos Lopes do, *"Direito Probatório – Algumas perspectivas para a sua reformulação no âmbito do processo civil", in* Revista Sub Judice, n.º 4, 1992, pp. 20-24.

REGO, Margarida Lima; *"Decisões em ambiente de incerteza: probabilidade e convicção na Formação das decisões judiciais", in* Revista Julgar, n.º 21, 2013, pp. 119-147.

REIS, Pedro; *"Dever de Verdade-Direito de Mentir – História do Pensamento Jurídico", in* Revista da Faculdade de Direito da Univ. de Lisboa, 2007, n.º 48, pp. 451-480.

RIBAS, Carlos Alberto Barbosa Dias; A Credibilidade do Testemunho: A verdade e a mentira nos tribunais; Univ. do Porto – Inst. de Ciências Biomédicas Abel Salazar, 2011, disponível em *https://repositorio-aberto.up.pt/bitstream/10216/57090/2/TESE%20DEFINITIVA%20COM%20ANEXOS%20EM%20PDF.pdf*.

RIBEIRO, Joana Clara Freire; A (in)admissibilidade das provas proibidas em processo penal, Univ. Católica Portuguesa, 2014.

RIBEIRO, Pedro Joaquim Cardoso; Dados Bancários Enquanto Dados Sensíveis; FDUP, Porto, 2011, *https://repositorio-aberto.up.pt/bitstream/10216/69754/2/5234. Dados%20Banc%C3%A1rios%20enquanto%20Dados%20Sens%C3%ADveis*.

ROBALO, Inês Maria Pinheiro; Verdade e Liberdade – A Atipicidade da Prova em Processo Penal; Univ. Católica Portuguesa, 2012.

ROCHA, Gonçalves, *"Poderes do Juiz na discussão e julgamento da matéria de facto"*, comunicação efectuada no STJ em 19/09/2007, em *http://www.stj.pt/nsrepo/not/Juiz%20Desembargador%20Gonçalves%20Rocha.pdf*.

ROCHA, Manuel António Lopes; *"A Motivação da Sentença"*, *in* Documentação e Direito Comparado n.ºs 75/76, 1998.

ROCHA, Maria Luiza do Valle; A prova ilícita no processo civil português, FDUC, Coimbra, 2014.

RODRIGUES, Cláudio Lima; *"Da valoração dos conhecimentos fortuitos obtidos durante a realização de uma escuta telefónica"*, *in* Data Venia, Revista Jurídica Digital, ISSN 2182-8242, Ano 2, N.º 03, Fevereiro de 2015, pp. 115-346, acessível em *http://www.datavenia.pt/ficheiros/edicao03/datavenia03_p115-346.pdf*.

RODRIGUES, Cunha; Recado a Penélope; Sextante Editora, 2009.

RODRIGUES, Fernando Pereira; A Prova em Direito Civil; Coimbra Editora, 2011.

RODRIGUES, Fernando Pereira; O novo processo civil. Os princípios estruturantes, Almedina, 2013.

RODRIGUES, Joana Amaral; *"Segredo Bancário e Segredo de Supervisão"*, *in* Direito Bancário, Coleção de Formação Contínua – E-book, Centro de Estudos Judiciários, Fevereiro 2015, pp. 55-80, disponível no endereço *http://www.cej.mj.pt/cej/recursos/ebooks/civil/Direito_Bancario.pdf*.

SALVADOR, Manuel Júlio Gonçalves; *"Motivação"*, *in* BMJ 121.º, Dezembro de 1962.

SAMPAIO, J. M. Gonçalves; A Prova por Documentos Particulares, 2.ª ed., Almedina, Coimbra, 2004.

SAMPAIO, Rui Polónio de; *"O Magistrado visto pelo Advogado"*, *in* R.O.A., ano 36, Jan.--Dez. 1976.

SANTO, João Espírito; O Documento Superveniente para efeito de recurso ordinário e extraordinário, Almedina, Coimbra, 2001.

SANTOS, Boaventura de Sousa; *"Os tribunais e as novas tecnologias de comunicação e de informação"*, *in* Sociologias, Porto Alegre, ano 7, n.º 13, Jan.-Jun. 2005, disponível em *http://www.scielo.br/pdf/soc/n13/23557.pdf*.

SANTOS, Paula Alexandra Magalhães dos; Da problemática da prova ilícita no processo civil; FDUC, Coimbra, 2011.

SILVA, Catarina Sofia Navalho Alves da; Justiça Geneticamente Alterável – Análise da Base de Perfis de ADN; Univ. Católica Portuguesa, Lisboa, Março de 2014, disponível no endereço *http://repositorio.ucp.pt/bitstream/10400.14/16085/1/Dissertacao%20de%20Mestrado%20final.pdf.*

SILVA, Germano Marques da; Curso de Processo Penal, Editorial VERBO, 2002.

SILVA, Germano Marques da; *"Segredo Bancário: Da Tutela Penal na Legislação Portuguesa", in* Direito e Justiça, Vol. XII, t. 2, 1998.

SILVA, Paula Costa e; «*A realização coerciva de testes de ADN em acções de estabelecimento da filiação*», *in* Estudos em homenagem à Professora Doutora Isabel de Magalhães Collaço, volume II, pp. 577-599.

SOEIRO, José Manuel Borges; *"Algumas Reflexões sobre a reprodução assistida", in* Sub Júdice, 6, Maio-Agosto 1993.

SOUSA, João Henrique Gomes de; *"Das nulidades à 'fruit of the poisonous tree doctrine'", in* Revista da Ordem dos Advogados, Ano 66.º, Lisboa, Setembro de 2006, pp. 703-734.

SOUSA, João Henrique Gomes de; *"Em busca da regra mágica – O TEDH e a universalização da regra de exclusão da prova – o caso Gäfgen v. Alemanha", in* Julgar, n.º 11, 2010, pp. 21-39.

SOUSA, Luís Filipe Pires de; *Prova Testemunhal,* Almedina, Coimbra, 2013.

SOUSA, Luís Filipe Pires de; *A prova por presunção no direito civil;* Almedina, Coimbra, 2012.

SOUSA, Miguel Teixeira de; *"A livre apreciação da prova em processo civil", in* Scientia Iuridica, Tomo XXXIII, Livraria Cruz, Braga, 1984, pp. 115-146.

SOUSA; Miguel Teixeira de; As Partes, o Objecto e a Prova na Acção Declarativa; Lex, Lisboa, 1995.

SOUSA, Miguel Teixeira de; Estudos sobre o Novo Processo Civil; Lisboa, Lex, 1996.

SOUSA, Miguel Teixeira de; *"Reflexões sobre a legitimidade das partes em processo civil", in* Cadernos de Direito Privado, 2003, pp. 3-13.

SOUSA, Miguel Teixeira de; Sobre a teoria do processo declarativo, Coimbra, 1980.

SOUSA; Rabindranath V. A. Capelo de; O Direito Geral de Personalidade; Coimbra Editora, Coimbra, 1995.

TEIXEIRA, Carlos Adérito; *"Escutas telefónicas: a mudança de paradigma e os velhos e os novos problemas", in* Revista do CEJ, n.º 9, Almedina, 2008.

THOMAZ, Fernão de C. Fernandes; *"Recolha e Valoração da Prova em Processo Civil – Alguns Aspectos Relevantes", in* R.O.A., ano 42, Vol. III, Set.-Dez. 1982.

VALENTE, Vanessa Marina Bagarrão; Da Valoração de Gravações e Fotografias Obtidas por Particulares no Processo Penal; Faculdade de Direito da Univ. Nova de Lisboa, Janeiro de 2015.

VARELA, João de Matos Antunes; *"Os juízos de valor da lei substantiva, o apuramento dos factos na acção e o recurso de revista"*, *in* Colectânea de Jurisprudência, 1995, Ano XX, t. 4, pp. 7-14.

VARELA, Antunes *et al*;; Manual de Processo Civil, 2.ª ed., Coimbra Editora, Coimbra, 1985.

VÁRIOS; Pareceres – VI – Os Segredos e a sua tutela, Procuradoria-Geral da República, 1997.

VÁRIOS; Pareceres – VII – Vida privada – Utilização da informática, Procuradoria--Geral da República, 1998.

VÁRIOS; Enciclopédia Planeta, Edições Planeta, 2007.

VÁRIOS; Ética e Redes Sociais; Caderno Especial, Centro de Estudos Judiciários, Novembro de 2015, em linha, no endereço *http://www.cej.mj.pt/cej/recursos/ ebooks/outros/eb_Etica_Redes_Sociais.pdf*.

VÁRIOS; Aspectos do Novo Processo Civil, Lex, Lisboa, 1997.

VÁRIOS; Jurisprudência sobre prova digital, Nota prática n.º 12/2017, 02-11-2017, Gabinete Cibercrime, Procuradoria-Geral da República, *http://cibercrime.ministeriopublico.pt/sites/default/files/documentos/pdf/nota_pratica_12_jurisprudencia_ prova_digital.pdf*

VÁRIOS; Ser Juiz Hoje; Almedina, Coimbra, 2008.

VÁRIOS; "Segurança da informação de saúde e sigilo profissional na ARSLVT"; Parecer_003_CES_ASS_2014, Comissão de Ética para a Saúde – ARSLVT, 2014, *http://www.arslvt.min-saude.pt/uploads/document/file/2050/Parecer_003_CES_ ASS_2014.pdf*.

VASCONCELOS, Joana; O Contrato de Trabalho. 100 Questões; Campus do Saber, N.º 9, 2004.

VAZ, Ana; *"Segurança da Informação, Protecção da Privacidade e dos Dados Pessoais"*, *in* Revista Nação e Defesa, Verão 2007, N.º 117 – 3.ª Série, pp. 35-63.

VAZ SERRA, Adriano Paes da Silva; *"Provas (Direito Probatório Material)"*, *in* Boletim do Ministério da Justiça, n.º 110 de Novembro de 1961, n.º 111 de Dezembro de 1961 e n.º 112 de Janeiro de 1962.

VEIGA E MOURA, Paulo e ARRIMAR, Cátia; Comentários à Lei do Trabalho em Funções Públicas, 1.º Volume, Coimbra Editora, 2014.

VIEIRA, Fernando e BRISSOS, Sofia; *"Direito e Psiquiatria – Um olhar sobre a cultura judiciária na sua intersecção com a psiquiatria"*, *in* Revista Julgar, N.º 3, Set.-Dez. 2007, A.S.J.P.

BIBLIOGRAFIA

## Bibliografia Estrangeira

ABELLÁN, Marina Gáscon; *"La prueba de los hechos", in* Prueba y verdad en el derecho; México, 2004, ISBN 970-695-061-3, pp. 44-57, disponível em *http://www.insumisos.com/lecturasinsumisas/prueba%20y%20verdad%20en%20el%20derecho.pdf.*

ABELLÁN, Marina Gascón; *"Freedom of Proof? El Cuestionable Debitamiento de la regla de exclusión de la prueba ilícita". in* Estudios sobre la prueba, Universidad Nacional Autónoma de México, México, 2006, ISBN 970-32-3369-4, pp. 47-88.

ACIOLI, José Adelmy da Silva; *«A admissibilidade da prova ilícita em caráter excepcional de acordo com o princípio da proporcionalidade», in* Revista da AMATRA VI , v. 25, p. 75-78, 2006.

ALARCÓN, Reynaldo Bustamante; *"El problema de la "prueba ilícita": Un caso de conflicto de derechos. Una perspectiva constitucional procesal»,* Thémis- Revista de derecho, n.º 43, 2015, pp. 137-158, Pontificia Universidad Católica del Perú, disponível em *http://revistas.pucp.edu.pe/index.php/themis/article/viewFile/11596/12126.*

ALEGRÍA, César Augusto Gines*; "Prueba Prohibida y prueba ilícita", in* Anales de Derecho, n.º 26, 2008, pp. 579-590, disponível em *http://revistas.um.es/analesderecho/article/viewFile/113751/107781.*

ALEXANDRINO, Marcelo e PAULO, Vicente; Direito Constitucional descomplicado. 2.ª ed. Rio de Janeiro: Editora Impetus, 2008.

ALTAVILLA, Enrico; Psicologia Judiciária, Arménio Amado – Editor, Suc., Coimbra, 1981.

ALVES, Jones Figueirêdo; *"A verdade material como novo paradigma do processo civil moderno. Aplicação tópica e significante ao princípio da justa composição do conflito", in* RIDB, Ano 2 (2013), n.º 8, pp. 7627-7715, disponível em *http://www.idb-fdul.com.*

AMBOS, Kai; *"El uso "transnacional" de prueba obtenida por médio de tortura", in* Terrorismo, Tortura y Derecho Penal, Editorial Atelier, 2009, p.67 e seguintes.

AMBOS, Kai e LIMA, Marcellus Polastri; O processo acusatório e a vedação probatória. Perante as realidades alemã e brasileira. Porto Alegre: Livraria do Advogado Editora, 2009, p. 139-140.

AMPUERO, Iván Hunter; *"No hay buena fe sin interés: La buena fe procesal y los deberes de Veracidad, Completud y Colaboración", in* Revista de Derecho, Vol XXI, n.º 2, Dezembro de 2008, pp. 151-182, disponível em *http://www.scielo.cl/pdf/revider/v21n2/art07.pdf.*

ANDREWS, Neil; *"Fundamental principles of civil procedure: order out of chaos", in* X. E. Kramer e C. H. van Rhee (eds.), Civil litigation in a globalizing world, Springer, 2012, pp. 19-38.

ANIORTE, María del Carmen López; *"Límites constitucionales al ejercicio del poder directivo empresarial mediante el uso de las TIC y otros medios de vigilancia y seguridad privada en el ordenamiento jurídico español", in* Revista Polícia y Seguridad Publica; Ano 4, Vol. 1, Nov. 2013-Jun. 2014, pp. 31-52, ISSN: 2225-5648.

AQUERE, Fabiana Rodrigues; O princípio da proporcionalidade e a prova ilícita no direito penal brasileiro; Pontifícia Univ. Católica do Rio Grande do Sul, 2010, disponível no endereço *http://www3.pucrs.br/pucrs/files/uni/poa/direito/graduacao/ tcc/tcc2/trabalhos2010_2/fabiana_aquere.pdf.*

ARAÚJO, Luiz Alberto David e NUNES JUNIOR, Vidal Serrano; Curso de Direito Constitucional. 9.ª ed. São Paulo, Saraiva, 2005.

ARENHART, Sérgio Cruz; A verdade e a prova no processo civil. Revista Iberoamericana de Derecho Procesal, Madrid, v. 7, p. 71-109, 2005.

ASHRAF, Michael Jeffrey; *"United States v. Patane: Miranda's Excesses", in* Journal of Civil Rights and Economic Development, Volume 20, n.º 1, 2005, Article 7, disponível em *http://scholarship.law.stjohns.edu/cgi/viewcontent.cgi?article=1111&context=jcred.*

ATIENZA, Manuel; As Razões do Direito – Teorias da Argumentação Jurídica; 3.ª ed., 1.ª reimp., Landy Editora, 2006.

AVILEZ, Daniel Linares; *"Yo soy el espía: Breves apuntes sobre la prueba ilícita e interceptaciones de las comunicaciones"; in* De Iure – Revista para litigantes. Revista de Derecho, N.º 1, set. 2007, Linares Abogados, Péru.

AVOLIO, Luiz Francisco Torquato. Prova ilícitas: Interceptações telefônicas e gravações clandestinas. 3. ed. São Paulo: Revista dos tribunais, 1999.

AZENHA, Nivia Aparecida de Souza; Prova ilícita no Processo Civil. De acordo com o Novo Código Civil. 1.ª. ed., Curitiba: Juruá, 2009.

BAIÃO, Kelly Sampaio; e GONÇALVES, Kalline Carvalho; *"A garantia da privacidade na sociedade tecnológica: um imperativo à concretização do princípio da dignidade pessoa humana", in* Civilistica.com, Rio de Janeiro, a. 3, n. 2, jul.-dez. 2014, disponível em *http://civilistica.com/a-garantia-da-privacidade-na-sociedade-tecnologica-um-imperativo-a-concretizacao-do-principio-da-dignidade-da-pessoa-humana/.*

BARBAZZA, Alberto; *"Vecchie e nuove prove tipiche, atipiche ed illecite (e la loro valutazione da parte del Giudice) nei procedimenti di famiglia", in* Ricerche giuridiche [online] ISSN 2281-6100, Vol. 4 – Num. 1 – Giugno 2015, p. 85-102, consultado em *http:// edizionicafoscari.unive.it/media/pdf/article/ricerche-giuridiche/2015/1/art-10.14277- 2281-6100-RG-4-1-15-6.pdf.*

BARBIER, Henri; Les enjeux de l'encadrement juridique de la géolocalisation; Institut de Recherches en Droit de L'Information et de la Communication, França, 2014, disponível em *http://docplayer.fr/4695266-Les-enjeux-de-l-encadrement-juridique-de-la-geolocalisation-m-henri-barbier.html.*

BIBLIOGRAFIA

BARBOSA, José Olindo Gil; As provas ilícitas no processo brasileiro; art. disponível em *http://sisnet.aduaneiras.com.br/lex/doutrinas/arquivos/AS%20PROVAS%20IL%C3%8DCITAS.pdf.*

BARROS, Marco António de; *"SIGILO PROFISSIONAL REFLEXOS DA VIOLAÇÃO NO ÂMBITO DAS PROVAS ILÍCITAS"*, disponível em *http://www.buscalegis.ufsc.br/revistas/files/anexos/16712-16713-1-PB.htm.*

BARROSO, Luís Roberto; *"A Dignidade da Pessoa Humana no Direito Constitucional Contemporâneo: Natureza jurídica, conteúdos mínimos e critérios de aplicação"*, Belo Horizonte: Fórum, 2012, pp. 4, 12, 13, 41 e 42, disponível em *http://www.luisrobertobarroso.com.br/wp-content/uploads/2010/12/Dignidade_texto-base_11dez2010.pdf.*

BARROSO, Luís Roberto; e BARCELLOS, Ana Paula de; *"A viagem redonda: habeas data, direitos constitucionais e as provas ilícitas"*, in Revista Trimestral de Direito Público, n. 24/14, 1998, disponível no endereço *http://bibliotecadigital.fgv.br/ojs/index.php/rda/article/viewFile/47206/45406.*

BARROSO, Frederico Sousa; *"Provas Ilícitas: Confronto entre as liberdades públicas e a efetividade do processo judicial"*, in Revista Fund. Esc. Sup. Ministério Público Dist. Fed. Territ., Brasília, Ano 12, Edição Especial, Abril 2004, pp. 87-137.

BASTOS, Marcelo Lessa; Direito à prova e provas ilícitas; disponível em *http://www.buscalegis.ufsc.br/revistas/files/anexos/18553-18554-1-PB.pdf.*

BELO, Cláudya Lessa; A Teoria dos Frutos da Árvore Envenenada nas interceptações telefónicas ilegais; Univ. Cândido Mendes; Brasília – DF, 2009.

BELTRÁN, Jordi Ferrer; *"La valoración de la prueba: Verdad de los enunciados probatórios y justificación de la decisión"*, in Estudios sobre la prueba, Universidad Nacional Autónoma de México, México, 2006, ISBN 970-32-3369-4, pp. 1-45.

BELTRÁN, Jordi Ferrer; Prova e verità nel diritto,Il Mulino, 2004.

BERALDO, Maria Carolina Silveira; O Comportamento dos sujeitos processuais como obstáculo à razoável duração do processo; Faculdade de Direito da Univ. de São Paulo, Brasil, Janeiro de 2010, acessível em *http://www.teses.usp.br/teses/disponiveis/2/2137/tde-30042013-154154/pt-br.php.*

BESSO, Chiara; Preuve et vérité. Le procès civil italien; Univ. de Turim, Itália, texto disponível em *http://www.henricapitant.org/sites/default/files/Italie%20%28C.%20Besso%29.pdf.*

BICAK, A. Vahit; A Comparative Study of the Problem of the Admissibility of Improperly Obtained Evidence; University of Nottingham, 1995, disponível em *http://eprints.nottingham.ac.uk/12354/1/318296.pdf.*

BRANDALISE, Inajara; As interceptações telefônicas ilícitas no processo civil; Univ. Católica de Brasília, Brasília, 2012, consultada em *http://repositorio.ucb.br/jspui/bitstream/10869/2816/1/Inajara%20Brandalise.pdf.*

BREDA, Vito e VRICELLA, Matteo; *"English pragmatism and Italian virtue: a comparative analysis of the regime of illegally obtained evidence in civil law proceedings between Italy and England"*, in Maastricht Journal of European and Comparative Law , 21 (3), 2014, pp. 435-450. ISSN 1023-263X, disponível em *http://eprints.usq.edu.au/id/eprint/25200.*

BRITO, Gustavo; "A utilização de provas ilícitas pro reo e pro societate", *http://www.juspodivm.com.br/i/a/%7BD44D32B2-0CD1-4FBB-918A-EEEEB4B713C9%7D_Provas%20il%C3%ADcitas%20pro%20reo%20e%20pro%20societate_gustavo_brito.pdf.*

BRONDINO, César Lorenzón; La Prueba Ilícita y su efecto en el Razonamiento del Juzgador; IX Congreso Nacional de Derecho Procesal Garantista, Azul, Buenos Aires, Argentina, 2007.

BURNIER JÚNIOR, João Penido. Das Provas Obtidas Ilicitamente e Das Provas Contrárias à Moral. Revista da Faculdade de Direito da USF, vol. 16, n.º 2, p. 71-82, 1999.

CABELEIRA, Carlos Vinicius Soares; Prova Ilícita no Processo Civil, Univ. Federal do Espírito Santo, Vitória, Brasil, 2010, disponível em *http://www.dominiopublico.gov.br/download/teste/arqs/cp136641.pdf.*

CABIALE, José Antonio Diaz e MORALES, Ricado Martín; La Garantía Constitucional de la Inadmisión de la Prueba Ilícitamente Obtenida; Civitas, Madrid, 2001.

CABRAL, Antônio do Passo; Nulidades no processo moderno. Rio de Janeiro: Forense, 2009, p. 23.

CABRAL, Patrícia Spargoli; A Valoração das Provas Ilícitas no Processo Civil; Univ. Cândido Mendes, Niterói-RJ, Brasil, 2009, disponível em *http://www.avm.edu.br/docpdf/monografias_publicadas/n203358.pdf.*

CALAMANDREI, Piero; «*Verità e verosimiglianza nel processo civile»*, Rivista di diritto processuale, a. 10, n.º 3, (1955), Pádua, CEDAM.

CALAMANDREI, Piero; Istituzioni di diritto processuale civile secondo il nuovo codice, vol. I, 2.ª ed., Pádua, 1943.

CALAMANDREI, Piero; Eles, Os Juízes, Vistos Por Nós, Os Advogados, Clássica Editora, Lisboa, 1994.

CALOGERO, Guido; *"Probità, lealtà, veridicità nel prozesso civile"*, in Riv. di Dir. Proc. Civ., vol. XVI, parte I, 1939, CEDAM, Pádua, Itália.

CÂMARA, Alexandre Freitas Câmara; O Novo Processo Civil Brasileiro; Editora Atlas, S.A., São Paulo, 2015.

CAMPOS, João Jutahy Castelo; A Prova Ilícita no Processo Civil: uma análise sobre o princípio da proporcionalidade; Univ. do Vale do Itajaí – Univali; São José (SC), Junho de 2005.

BIBLIOGRAFIA

CANASTRELLI, Serena; Istruzione Probatoria e libero convincimento del giudice; Milão, 2011, disponível no endereço *https://boa.unimib.it/handle/10281/20077*.

CAPONI, Remo; *"Note in tema di poteri probatori delle parti e del giudice nel processo civile tedesco dopo la riforma del 2001"*, in Rivista di Diritto Civile, n.º 4, Julho/Agosto de 2006, pp. 523-548, ISSN:0035-6093.

CAPPELLETTI, Mauro; "Iniziative probatorie del giudice e basi pregiuridiche della struttura del processo", in Riv. Dir. Proc., Volume XXII (II Serie), 1967, Pádua, Itália.

CARNAÚBA, Maria Cecília Pontes; Prova ilícita. São Paulo; Ed. Saraiva, 2000.

CARHUAJULCA, Juana Orrillo; *"Algunos apuntes sobre prueba ilícita y su tratamiento en la jurisprudência peruana. ¿Debe conseguirse la verdad a cualquier precio?"*, in Revista do Mestrado em Direito da Univ. Católica de Brasília, vol. N.º 3, 1, 2011, pp. 51-79, disponível no endereço *http://portalrevistas.ucb.br/index.php/rvmd/article/viewFile/2568/1561*.

CARNEIRO, Diogo Ciuffo; *"Prova Ilícita: Uma Reflexão"*, in Revista da EMERJ, v. 11, n.º 43, 2008, pp. 269-285, consultado em *http://www.emerj.tjrj.jus.br/revistaemerj_online/edicoes/revista43/Revista43_269.pdf*.

CARVALHO, Michelle Aurélio de; *"Flexibilização da Inadmissibilidade das Provas Ilícitas"*, in Revista da Faculdade de Direito de Campos, Ano VI, n. 6, Junho de 2005, pp. 543-567, também disponível em *http://fdc.br/Arquivos/Mestrado/Revistas/Revista06/Discente/07.pdf*.

CASTRILLO, Eduardo de Urbano e MORATO, Miguel Ángel Torres; La Prueba Ilícita Penal; 4. Ed., Thomson-Aranzadi, Navarra, Espanha, 2007.

CECARELLI, Camila Franchitto; Prova Ilícita por derivação no direito processual penal brasileiro, Faculdade de Direito da Univ. de São Paulo, 2011.

CHAPPUIS, Benoît; *"Les moyens de preuve collectés de façon illicite ou produits de façon irrégulière,* in Le procès en responsabilité civile, Colloque du droit de la responsabilité civile 2011, Université de Fribourg, Stämpfli Editions SA, Berna, 2011, pp. 108-174, texto disponível em *http://chappuislex.ch/site/wp-content/uploads/Chappuis-preuves-illicites-et-irr%C3%A9guli%C3%A8res-Colloque-RC-2011-Fribourg-549187_v1.pdf*.

CHOO, L.-T. e NASH, Susan; *"Improperly obtained evidence in the Commonwealth: lessons for England and Wales?",* in The International Journal of Evidence & Proof, 2007, n.º 11, pp. 75-105.

CLARKE, Roger; *"Person-Location and Person-Tracking: Technologies, Risks and Policy Implications";* in Information Technologies & People, vol. 14, n.º 2, pp. 206-216, 2000, Camberra, Australia, também disponível em *http://www.rogerclarke.com/DV/PLT.html*.

CLERMONT, Kevin M.; Principles of Civil Procedure. St. Paul: Thomson West Publishing Co., 2005.

COLOMER, Juan-Luis Gómez; *"Prueba prohibida e interpretación de la jurisprudencia del Tribunal Constitucional y del Tribunal Supremo españoles"*, *in* Temas Penales en la juridprudencia del Tribunal Constitucional – Anuario de Derecho Penal, 2008, consultado em *https://www.unifr.ch/ddp1/derechopenal/anuario/an_2008_06.pdf*, pp. 145-188.

COMOGLIO, Luigi Paolo; *"L'inutilizzabilita` «assoluta» delle prove «incostituzionali»"*, *in* Rivista di Diritto Processuale, Anno LXVI (Seconda Serie), n.º 1 – Gennaio-Febbraio 2011, CEDAM, Itália, pp. 30-46.

COOPER, Nigel; The fruit of the poisoned tree – The admissibility of evidence in civil cases; Londres, 2014, disponível em *http://www.bgja.org.uk/wp-content/uploads/2014/02/NigelCooper.pdf*.

COSENTINO, Nicola; *"La consulenza tecnica d'ufficio"*, disponível em *http://www.no.archiworld.it/200205/ordine/docs/La%20consulenza%20tecnica.doc*.

CONTE, Mário; *"Il principio del giusto processo nell'ottica della modifica dell'art. 111 cost. Le prove atipiche e le prove illecite"*, Comunicação efectuada em Roma 28/10/2002, disponível em *http://appinter.csm.it/incontri/relaz/7777.pdf*.

CRISTÓVAM, José Sérgio da Silva; *" A dignidade da pessoa humana como princípio constitucional estruturante do direito administrativo"*, *in* RJLB, Ano 2 (2016), n.º 6, pp. 745-772.

CUBAS, Cristiane; *"Prova ilícita como Direito Fundamental da Dignidade da Pessoa Humana"*, disponível no endereço *http://www.buscalegis.ufsc.br/revistas/index.php/buscalegis/article/viewFile/31728/30996*.

CULACIATI, Francisco Ferrada; La Prueba Ilícita en sede Civil; Univ. Chile, Fac. Derecho, 2009, disponível em *http://repositorio.uchile.cl/bitstream/handle/2250/111056/de-ferrada_f.pdf?sequence=1&isAllowed=y*.

DASKAL, Dean S.; *"Assertion of the Constitutional Privilege Against Self-Incrimination in Federal Civil Litigation: Rights aand Remedies"*, *in* Marquette Law Review, Volume 64, n.º 2, 1980, pp. 243-276, consultado em *http://scholarship.law.marquette.edu/cgi/viewcontent.cgi?article=2028&context=mulr*.

DE MADRID-DAVILA, Enrique; *"La prueba de detectives no existe"*, *in* Diario La Ley – Especial Cuadernos de Probatica y Derecho Probatorio, Ano XXXI, n.º 7329, 27 de Janeiro de 2010, pp. 7-8.

DEU, Teresa Armenta; La prueba ilícita (Un estúdio comparado); Marcial Pons, Madrid, 2.ª ed., 2011.

DEU, Teresa Armenta; *"La verdad en el filo de la navaja (nuevas tendências en matéria de prueba ilícita)"*, *in* Revista Ius et Praxis, Ano 13, n.º 2, pp. 345-377, também disponível no endereço *http://ww.scielo.cl/pdf/iusetp/v13n2/art14.pdf.*

DIAS, Caio Henrique Maia; A Prova Ilícita por Interceptações e Gravações; Centro Universitário de Brasília, UniCEUB, 2013.

DIAS, Jean Carlos; *"O problema dos limites da prova e sua valoração no moderno estudo do processo civil"*, art. publicado em *http://www.mundojuridico.adv.br.*

DIDIER JR., Fredie, BRAGA, Paula Sarno e OLIVEIRA, Rafaela Alexandria de; Curso de Direito Processual Civil; Vol. 2, 10.ª Edição, Editora Juspodivm, Salvador, Brasil, 2015.

DMYTRUS, Charles; Actualité du Droit de la Preuve (*http://www.village-justice.com/articles/Actualite-Droit-Preuve,16504.html*), publicado em 21-3-2014.

DRUMEA, Ludmila; Le Prove Illegittimamente acquisite ed il processo tributario; Università Ca' Foscari Venezia, 2013/2014, disponível em *http://hdl.handle.net/10579/5794.*

DUBLINO, Andrea; L'illegittimità delle acquisizioni probatorie fra procedimento e proceso, ISSN 1127-8579, 2014, disponível em *http://www.diritto.it/docs/36740-l-illegittimit-delle-acquisizioni-probatorie-fra-procedimento-e-processo.*

DUCLERC, Emil; *"Sigilos constitucionais, prova ilícita e proporcionalidade"*, *in* Revista Brasileira de Direito Processual Penal, Vol. 1, n.º 1, 2015, pp. 185-201, Porto Alegre, Brasil, disponível no endereço *http://dx.doi.org/10.22197/rbdpp.v1i1.10.*

ESTRAMPES, Manuel Miranda; El Concepto de Prueba Ilícita Y Su Tratamiento En El Proceso Penal; 2.ª ed., JMBosch, Barcelona, 2004.

ESTRAMPES, Manuel Miranda; *"LA PRUEBA ILÍCITA: LA REGLA DE EXCLUSIÓN PROBATORIA Y SUS EXCEPCIONES"*, *in* Revista Catalana de Seguretat Publica, Maio 2010, pp. 131-151.

FARIA, Márcio Carvalho; *"A Lealdade Processual, O Projeto de Novo Código de Processo Civil Brasileiro e a Experiência Portuguesa"*, *in* RJLB, Ano 1 (2015), n.º 1, pp. 1395-1430.

FARINA, Rodrigo Silveira; Breves Comentários sobre a Prova Emprestada no Processo Civil; Univ. Federal de Rio Grande do Sul; Porto Alegre, Brasil, 2015, disponível em *https://www.lume.ufrgs.br/bitstream/handle/10183/129908/000976463.pdf?sequence=1.*

FELICIANO, Guilherme Guimarães; Tutela Processual de Direitos Humanos Fundamentais: Inflexões no "Due Process of Law"; Faculdade de Direito da Univ. de Lisboa, 2013, acessível em *http://repositorio.ul.pt/bitstream/10451/10972/1/_td_vol_1_vol_2.pdf*, p. 1235 e ss.

FERNANDES, Danielle de Lima; Prova Ilícita no Processo Civil Brasileiro, São Paulo, 2008, disponível no endereço *http://arquivo.fmu.br/prodisc/direito/dlf.pdf.*

FERNANDES, Rosa Maria; A Inviolabilidade do Domicílio; Univ. Católica Portuguesa, Porto, 2004.

FERREIRA, Luciano Machado; *"A prova como estabelecedora da verdade no processo civil",* in Athenas, vol. I, ano III, Jan.-Jul. 2014, ISSN 2316-1833, pp. 144-159, disponível em *http://wwww.fdcl.com.br/revista.*

FICHMANN, Carolina; Cidadania e a prova ilícita penal pro societate; Univ. Presbiteriana Mackenzie, São Paulo, 2014, disponível no endereço *http://tede.mackenzie.com.br/tde_arquivos/4/TDE-2014-12-06T135425Z-2109/Publico/Carolina%20 Fichmann.pdf.*

FILHO, Antônio Magalhães Gomes; *"A inadmissibilidade das provas ilícitas no direito brasileiro",* Colóquio de Direito Luso-Brasileiro. Faculdade de Direito do Largo de São Francisco – USP / Faculdade de Direito da Univ. de Lisboa (12 a 16 de Maio de 2014), in RJLB, ano I, 2015, n.º 1, pp. 5-19, disponível em *http://www.cidp.pt/ publicacoes/revistas/rjlb/2015/1/2015_01_0005_0019.pdf.*

FILHO, Antônio Magalhães Gomes; Direito à prova no processo penal, Revista dos Tribunais, São Paulo, Brasil, 1997.

FONTOLAN, Denaíne de Assis Fontolan; Admissibilidade das Provas Ilícitas no Direito de Família, Faculdades Integradas "Antônio Eufrásio de Toledo" – Fac. Dir. Presidente Prudente, São Paulo, 2005, texto disponível em *http://intertemas. unitoledo.br/revista/index.php/Juridica/article/viewFile/431/425.*

FORNACIARI, Michele; *"Questioni controverse in tema di prova testimoniale",* in Riv. Dir. Proc., Setembro-Outubro de 2010 (LXV), II Serie, n.º 5.

FREGADOLLI, Luciana; O Direito à intimidade e a prova ilícita, Belo Horizonte, Del Rey, 1997.

FROTA, Hidemberg Alves da; *"A proteção da vida privada, da intimidade e do segredo no direito brasileiro e comparado",* in Anuario de Derecho Constitucional Latinoamericano, Tomo II, Konrad-Adenauer-Stiftung, Uruguai, 2007.

GAILLARD, Louis; *"Le sort des preuves illicites dans le procés civil",* in La Semaine Judiciaire, Genebra, Suíça, 1998, pp. 649-670.

GALARZA, Daniela Estefania Erazo; *"La prueba ilícita: Su eficacia probatoria en materia penal",* Centro Universitário Loja, Univ. Tecnica Particular de Loja, Equador, 2009.

GALBIATI, Carolina Maria Morro Gomes; Prova Ilícita no Processo Civil e a (In)aplicabilidade do Princípio da Proporcionalidade, Centro Universitário Eurípides de Marília, Marília, Brasil, 2013, disponível em *http://aberto.univem.edu.br/bits-*

*tream/handle/11077/941/Disserta%C3%A7%C3%A3o%20-%20CAROLINA%20*
*MARIA%20MORRO%20GOMES%20GALBIATI.pdf?sequence=1.*

GALLARDO, Carlos Fidalgo; Las "pruebas ilegales": de la exclusionary rule estadounidense al artículo 11.1 LOPJ; Esudios Constitucionales, Edição do Centro de Estudios Políticos Y Constitucionales, Madrid, 2003.

GARAPON, Antoine; Bien Juger – Essai sur le rituel judiciare; Odile/Jacob, Paris, 2001.

GARCIA, Elena Martínez; Actos de investigación e ilicitud de la prueba; Tirant, Colecção Monografias, 690, Valência, 2009.

GARCIA, Martin Eduardo Ocampo; *"Prueba impertinente y prueba inútil en el processo civil"*, texto disponível no endereço *http://www.monografias.com/trabajos24/prueba-impertinente/prueba-impertinente.shtml.*

GIANNOUPOULOS, Dimitrios; *"The exclusion of improperly obtained evidence in Greece: putting constitutional rights first"*, *in* The International Journal of Evidence & Proof, 2007, 11, pp. 181–212.

GÓMEZ, Manuel M. Gómez del Castillo y; *"Aproximación a los nuevos medios de prueba en el proceso civil"*, *in* Derecho y conocimiento: anuario jurídico sobre la sociedad de la información y del conocimiento, ISSN 1578-8202, N.º. 1, 2001, pp. 77-90.

GONÇALVES, Fabiana Lima da Silva; *"A prova ilícita no processo civil"*, *in* Revista Jurídica On-Line do Curso de Direito do Centro UNISAL de Lorena/SP, texto disponível em *www.revista.unisal.br/lo/index.php/revdir/article/download/112/75.*

GONÇALVES, Marcus Vinicius Rios; Direito Processual Civil Esquematizado; 6.ª Ed., Editora Saraiva, Brasil, 2016.

GONZÁLEZ, Evaristo González; *"La prueba ilícita: una (re)visión crítica"*, *in* Objecto y carga de la Prueba Civil; Bosch Procesal, Barcelona, 2007, pp. 369-390.

GONZÁLEZ, Jose Calvo; *"Hechos Difíciles y Razinamiento Probatorio"*, *in* Anuario de Filosofia del Derecho, Madrid, T. XVIII, 2001, pp. 13-33.

GÖSSEL, Karl-Heinz; *"As proibições de prova no direito processual penal da República Federal da Alemanha"*, *in* Revista Portuguesa de Ciência Criminal; Ano 2, 3.º, Jul.-Set. 1992, Aequitas – Editorial Notícias, pp. 397-441.

GRADI, Marco; *"Sincerità dei litiganti ed etica della narrazione nel processo civile"*; *in* LO SGUARDO – RIVISTA DI FILOSOFIA – ISSN: 2036-6558, N. 8, Fevereiro de 2012 (I) – ETICA DELLA RESPONSABILITÀ: APPLICAZIONI E PROBLEMI, pp. 95-117, consultada em *http://www.losguardo.net/wp-content/uploads/2015/12/Eticadellaresponsabilita_Ebook.pdf.*

GRASSO, Eduardo; *"La Collaborazione nel Processo Civile"*, *in* Riv. Dir. Proc., Vol. XXI (II Serie), 1966, Pádua, Itália.

GRAZIOSI, Andrea; *"Usi e abusi di prove illecite e prove atipiche nel processo civile"*, in Rivista trimestrale di diritto e procedura civile, Vol. 65, No. 3 (2011), p. 693-727, disponível no endereço *http://www.ordineavvocatimilano.it/upload/file/Atti%20e%20 relazioni%20convegni/PROVE_RICOSTR_23-05-11_GRAZIOSI.pdf*.

GRECO, Leonardo; *"Limitações probatórias no processo civil"*, in Revista Eletrônica de Direito Processual; vol. IV, Ano 3, Jul.-Dez. 2009, Rio de Janeiro, Brasil, pp. 4 a 28, também disponível em *http://redp.com.br*.

GRINOVER, Ada Pellegrini; *et al*. As Nulidades no Processo Penal. 3.ª ed. S. Paulo, Malheiros Editores, 1994.

GROENHUIJSEN, Marc; *"Illegally obtained evidence"*, in The XIIIth World Congress of Procedural Law – The Belgian and Dutch Reports, 2008, pp. 91-114, texto disponível em *https://pure.uvt.nl/portal/files/1070475/illegally.PDF*.

GUIMARÃES, Livia Corrêa Batista; "Uso da prova ilícita no campo do direito da família", in Revista de Arts. Científicos, V. 7, n.º 1, Tomo III (J/N), jan.-jun. 2015, EMERJ – Escola a Magistratura do Estado do Rio de Janeiro, 2015, pp. 1023-1035.

HABSCHEID, Walther J.; *«A função social do processo civil moderno e o papel do juiz e das partes na direcção e instrução do processo (direitos alemão e suíço)»* – trad. Catarina Serra – in Scientia Iuridica, Tomo XLI, 1992, n.º 235/237.

HABSCHEID, Walther J.; *"Beweisverbot bei illegal, insbesondere unter Verletzung des Persönlichkeitsrechte, beschafften Beweismitteln"*, in Schweizerische Juristen-Zeitung/ Revue Suisse de jurisprudence, 89(1993), 11, pp. 185-191.

HANSCOM, Richard J.; *"Admissibility of Illegally Seized Evidence in Civil Cases: Could This Be the Path out of the Labyrinth of the Exclusionary Rule?"*, in Pepperdine Law Review, Volume 9, n.º 4, 1982, disponível em *http://digitalcommons.pepperdine.edu/ cgi/viewcontent.cgi?article=1994&context=plr*.

HERNÁNDEZ, José Sánchez; Estudio de la pruebsa electrónica en el proceso penal: Especial referencia a las conversaciones de Whatsapp; Univ. de Salamanca, Dez. 2016.

HSIEH, Kuo-Hsing; The Exclusionary Rule of Evidence in the United Kingdom, United States and China, University of Edinburgh, School of Law, 2011, disponível em *https://www.era.lib.ed.ac.uk/bitstream/handle/1842/6183/Hsieh2011. pdf?sequence=2*.

IBARRAZ, Marcelo Pedroso; *"A proibição da produção de prova por meio ilícito e o princípio da proporcionalidade"*, in *Rev. Esc. Direito, Pelotas, 6(1)*, Jan.-Dez./2005, pp. 529-569, também disponível em *http://ucpel.tche.br/ojs/index.php/Direito/article/ viewFile/270/242*.

JALLIER-VERNE, Lea; Secret Medical et droit de la preuve, Law, 2013, disponível em *http://dumas.ccsd.cnrs.fr/dumas-00868937*.

JARAMILLO, Luís Bernardo Ruiz; *"Valoración de la validez y de la eficácia de la prueba. Aspectos epistemológicos y filosófico-políticos"*, in Rev. Estudios de derecho, vol. 66, n.º 146, 2008; Univ. Antioquia, Colômbia, pp. 167-197,*in https://aprendeenlinea.udea. edu.co/revistas/index.php/red/article/download/2402/1955.*

JEQUIER LEHUEDÉ, Eduardo; *"La obtención ilícita de la fuente de la prueba en el proceso civil. Análisis comparativo del ordenamento jurídico español y chileno"*, in Revista Chilena de Derecho, vol. 34 N.º 3, 2007, pp. 457-494, disponível em *http://www. scielo.cl/pdf/rchilder/v34n3/art06.pdf.*

JUÁREZ, Mariano Gabriel; *"La regla de exclusión de la prueba prohibida en la jurisprudencia internacional sobre derechos humanos: el caso de la tortura y el juicio de ponderación"*, in Anuario de Derecho Constitucional Latinoamericano, Ano XVIII, 2012, Bogotá, ISSN 1510-4974, pp. 285-314.

JÚNIOR, Eugênio Hainzenreder; Direito à Privacidade e Poder Diretivo do Empregador: o uso do e-mail no Trabalho. São Paulo: Atlas, 2009.

JUNIOR, Fredie Didier, BRAGA, Paula Sarno e OLIVEIRA, Rafaela Alexandria de; Curso de Direito Processual Civil, Vol. 2, 10.ª ed., Editora Jus Podivm, 2015.

JUNIOR, Humberto Theodoro; Curso de Direito Processual Civil, Vol. I, 55.ª ed., Editora Forense, Rio de Janeiro, Brasil, 2014.

KAMINSKI, Daniel W.; *"Conclude to Exclude: The Exclusionary Rule's Role in Civil Forfeiture Proceedings"*, in SEVENTH CIRCUIT REVIEW Volume 6, Issue 1 Fall 2010, pp. 268-307, consultado em *http://www.kentlaw.edu/7cr/v6-1/kaminski.pdf.*

KENNY, Kellyane e RIOS, Taiana; Das Provas Ilícitas No Processo Civil, in *http:// www.unifacs.br/revistajuridica/arquivo/edicao_abril2002/corpodiscente/graduacao/ DAS%20PROVAS%20IL%CDCITAS%20NO%20PROCESSO%20CIVIL.rtf.*

KILNER, Stephen; e CHANDLER, Simon; *"Admissibility of illegally-obtained evidence"*, 2004, disponível em *http://www.cms-lawnow.com/ealerts/2004/09/admissibility-of-illegallyobtained-evidence?cc_lang=en).*

LAMBERTI, Laura; *"Consulenza d'ufficio e di parte nel contenzioso civile"*, disponível em *http://www.ilprogressoveterinario.it/rivista/07n01/pdf/05.pdf.*

LACHI, Rômulo; *"Exceções à inadmissibilidade das provas ilícitas no processo penal brasileiro"*, in Revista Jurídica UNIGRAN. Dourados, MS, v. 11, n. 22, Jul./Dez.2009. pp. 85-98, texto disponível em *http://www.unigran.br/revista_juridica/ed_anteriores/22/arts./art.07.pdf.*

LAFORÉ, Denise; Il Concetto di Prova Illegittimamente Acquisita nell'Art. 191 C.P.P.; Università degli Studi di Torino, Dipartimento di Giurisprudenza, 2015, disponível em *http://perso.unifr.ch/derechopenal/assets/files/obrasjuridicas/oj_20170408_01. pdf.*

LEITE, Gisele; *"Considerações sobre o princípio da proibição da prova ilícita"*, 2007, disponível em *http://www.recantodasletras.com.br/textosjuridicos/472085.*

LENZ, Luis Alberto Thompson Flores; *"Os meios moralmente legítimos de prova"*, in Revista de Inf. Legislativa, Brasília, A. 25, n.º 97, Jan./Mar. 1988, pp. 219-236.

LIMA, Alcides de Mendonça; *"A eficácia do meio de prova ilícito no Código de Processo Civil brasileiro"*, in Revista de Processo. São Paulo/SP, v. 11, n.º 43, 1986, p. 138 – 141, consultado em *http://biblio.juridicas.unam.mx/libros/2/643/29.pdf.*

LIQUINDOLI, Angela; *"Quando il Consulente Técnico D'ufficiio há bene e fedelmente assolto l'incarico affidatogli"*, disponível em *http://www.acustica.it/documenti/monza_270101/liquindoli.pdf.*

LIVET, Pierre e VOLKEN, Henri; *"La preuve"*, in Revue européenne des sciences sociales, XLI-128, 2003, Librairie Droz, pp. 5-10, disponível no endereço *http://ress.revues.org/370.*

LLUCH, Xavier Abel; *"A propósito del juicio de admisión de los medios de prueba"*, in La prueba y la decisión judicial, Medellín (Colombia): Univ. Medellín, 2010, pp. 155 – 184, consultado em *http://www.esade.edu/research-webs/esp/ipdp/publicaciones/publicaciones-de-profesores-y-miembros-del-instituto.*

LLUCH, Xavier Abel; *"Valoración de los medios de prueba en el proceso civil, en Realismo jurídico y experiencia procesal"*, in Manuel Serra Dominguez (Liber amicorum), ed. Atelier, 2009, pp.71-91.

LLUCH, Xavier Abel e PICÓ Y JUNOY, Joan; Objecto y carga de la Prueba Civil; JMBosch, Bosch Procesal, Barcelona, 2007.

LÓPEZ, Juan Antonio Andino; Efectos de la vulneración del secreto profesional del abogado en el proceso civil; Univ. Barcelona, Maio de 2013.

MACHADO, Patrícia Portela e BRAGA, Felipe Babiski; *"Legitimidade Das Gravações Midiáticas No Processo Civil: Uma Reflexão À Luz Da Teoria Da Árvore Dos Frutos Envenenados"*, in Boletim Jurídico, Uberaba/MG, a. 5, n.º 1162, disponível em *http://www.boletimjuridico.com.br/doutrina/texto.asp?id=3500.*

MADALENO, Rolf; A Prova ilícita no Direito de Família e o Conflito de Valores; disponível em *http://www.rolfmadaleno.com.br/novosite/conteudo.php?id=320.*

MALATESTA, Nicola Framarino dei; A Lógica das Provas em Matéria Criminal; 2.ª ed., Livraria Clássica Editora, Lisboa, 1927.

MARINONI, Luiz Guilherme e ARENHART, Sérgio Cruz; Comentários ao Código de Processo Civil. Ed. Revista dos Tribunais, T I. Vol. 5, 2000.

MARINONI, Luiz Guilherme, ARENHART, Sérgio Cruz e MITIDIERO, Daniel; Novo Código de Processo Civil Comentado, Ed. Revista dos Tribunais, 2015.

MARTINS, Ives Gandra da Silva; *"Sigilo Bancário"*, in Boletim da Faculdade de Direito da Univ. de Coimbra, 77.º, 2001, pp. 449-473.

# BIBLIOGRAFIA

MARZO, Amaya Roldán; Valoración de la prueba ilícitamente obtenida; Univ. de Navarra; Pamplona, Jun. 2016, disponível em *http://academica-e.unavarra.es/bitstream/handle/2454/21213/79189TFGroldan.pdf?sequence=1.*

MASSIMO, Curti; *"La Figura del Consulente Técnico D'Ufficio: Modalitá D'Incarico, Modalitá Del Giuramento, Attivitá Svolta dal Perito"*, disponível em *http://www.fipec.com/Relazione&%20Curti%20Massimo.doc.*

MATIDA, Janaina Roland; O problema da verdade no processo: a relação entre fato e prova; Pontifícia Univ. Católica do Rio de Janeiro, Rio de Janeiro, Setembro de 2009.

MATTOIS, Sérgio Luís Wetzel de; A funcionalidade do devido processo legal: Devido processo substantivo e justo processo civil na Constituição da República Federativa do Brasil de 1988; Univ. Federal do Rio Grande do Sul; Porto Alegre, Brasil, 2008.

MASSON, Jean-Marc Le; *"La recherche de la verité dans le procès civil"*, *in* Droit et Société, n.º 38, 1998, pp. 21-32, disponível em *http://www.persee.fr/doc/dreso_0769-3362_1998_num_38_1_1423.*

McKAY, Hugh e SHAW, Nicola; Whatever Means Necessary, disponível em *http://www.taxbar.com/documents/whatever_Means_Nicola_Shaw.pdf.*

MEKKI, Mustapha; Preuve et Vérité; Paris, 2013, disponível em *http://www.henricapitant.org/sites/default/files/France%20(M.%20Mekki).pdf.*

MELLADO, J. M. Asencio; Prueba prohibida y prueba preconstituída; Trivium, Madrid, 1989.

METCALFE, Eric; Secret Evidence; Junho de 2009, disponível em *https://www.yumpu.com/en/document/view/51270873/secret-evidence-justice/3.*

MEUNIER, Julie; La notion de procès équitable devant la Cour européenne des droits de l'homme, disponível em *https://halshs.archives-ouvertes.fr/halshs-00419087/file/La_notion_de_proces_equitable_devant_la_Cour_europeenne_des_droits_de_l_homme_-_MEUNIER_Julie.pdf.*

MEZIO, Gaetano Galluccio; Segreto di Stato e Processo Penale, Università degli studi LUISS Guido Carli, p. 19, disponível em *http://tesi.eprints.luiss.it/49/1/galluccio-mezio-tesi.pdf.*

MICHAUD, Patrick; *"L'obligation de loyauté en droit fiscal"*, 2010, disponível em *http://www.etudes-fiscales-internationales.com/media/00/01/048d44fbba093ac18ddd4d359028db7e.pdf.*

MIJANGOS, Javier; *"Prueba ilícita"*, *in* Eunomía. Revista en Cultura de la Legalidad, n.º 5, septiembre 2013 – febrero 2014, pp. 223-231, acessível em *http://e-revistas.uc3m.es/index.php/EUNOM/article/view/2182.*

A PROVA ILÍCITA: VERDADE OU LEALDADE?

MITIDIERO, Daniel; «*Processo justo, colaboração e ônus da prova*» in Revista TST, vol. 78, n.º 1, Janeiro/Março de 2012, pp. 67-77.

MOFFA, Silvia; Admissibilitá ed eficacia probatória dei nuovi mezzi di indagine processuale imposti dal progresso científico, Universitá degli Studi de Bologna, 1998-1999.

MONTELEONE, Girolamo; *"Intorno al concetto di veritá "materiale" o "oggettiva" nel processo civile"*, *in* Rivista di Diritto Processualle, Volume LXIV (II Serie), Jan.-Fev. 2009, CEDAM, Pádua, pp. 1-13.

MORALES, Rodrigo Rivera; La prueba: Un análisis racional y práctico; Marcial Pons, Col. Proceso y Derecho; Madrid, 2011.

MOREIRA, José Carlos Barbosa. A Constituição e as Provas Ilicitamente Obtidas. Revista Trimestral de Direito Público, São Paulo, n. 13, p. 216-226, jan./mar. 1996.

MUÑOZ, Jaime Campaner; La confesión precedida de la obtención inconstitucional de fuentes de prueba, Universidad Complutense de Madrid, Madrid, 2015, texto disponível em *http://eprints.ucm.es/28664/1/T35819.pdf.*

NAVARRO, José Bonet; La Prueba en el processo civil – Cuestiones fundamentales; Difusión Juridica, Madrid, 2009.

NERY JÚNIOR, Nelson. Princípios do Processo Civil na Constituição Federal. 6. ed. São Paulo: Revista dos Tribunais, 2000.

NERY JÚNIOR, Nelson e NERY, Rosa Maria Andrade. Código de Processo Civil Comentado e legislação processual civil extravagante em vigor. 4. ed. São Paulo: Revista dos Tribunais, 1999.

NETO, Francisco Maia; *"O Assistente Técnico no Código de Processo Civill"*, art. publicado em *http://www.precisao.eng.br/arts./assistec.html.*

NOJIRI, Sergio; *"Direito à Privacidade na era da informática: Algumas Considerações"*, *in* Revista Jurídica UNIJUS, Uberaba, MG, Brasil, V.8, n.º 8, pp. 99-106.

NOGUEIRA, Daniel Moura; *"A prova sob o ponto de vista filosófico"*, *in* Revista de Processo, RePro, v. 31, n.º 134, Abril 2006, pp. 262-279, Ed. Revista dos Tribunais, *http://bdjur.stj.jus.br/dspace/handle/2011/87072.*

NUVOLONE, Pietro; *"Le prove vietate nel processo penale nei paesi di diritto latino"*, *in* Rivista di diritto processuale, Padova, Vol. XXI, II Série, 1966.

OLIVEIRA, Alynne de Lima Gama Fernandes; *"A busca pela verdade possível e a admissibilidade das provas ilícitas no direito processual civil"; in* Revista do Ministério Público do Estado de Goiás, 2012, pp. 382-400, disponível no endereço *http://dialnet.unirioja.es/descarga/articulo/4189684.pdf.*

OLIVEIRA, Guilherme Botelho de; "Algumas considerações quanto à prova obtida por meios ilícitos: Uma leitura restritiva da garantia constitucional instituída no

BIBLIOGRAFIA

art. 5.º, inciso LVI da CF/88", disponível no endereço *http://www.rkladvocacia.com/arquivos/arts./art_srt_arquivo20130430114553.pdf.*

ORBEA, Juan Varea; *"El control judicial de la prueba ilícita en el processo civil español", in* Objecto y carga de la Prueba Civil; Bosch Procesal, Barcelona, 2007, pp. 393-416.

ÖLÇER, F. Pinar; *"Illegally Obtained Evidence in European Treaty of Human Rights (ETHR) Law", in* Annales de la Faculté de Droit d'Istanbul, 40 (57), 2008, pp. 65-153, acessível no endereço *https://www.google.pt/url?sa=t&rct=j&q=&esrc=s&source=web&cd=3&cad=rja&uact=8&ved=0ahUKEwjQrc6VwrXKAhXILhoKHZIgAmAQFgg2MAI&url=http%3A%2F%2Fwww.arastirmax.com%2Fbilimsel-yayin%2Fannales-de--la-faculte-de-droit-distanbul%2F40%2F57%2F65-153_illegally-obtained-evidence--european-treaty-human-rights&usg=AFQjCNFm1iObk-t0GuGHH5OGyOxPUkTXNQ&sig2=XFwZEvdZ_Rsg-7LMC5uTCw.*

PALACIO, Lino Enrique; Manual de Derecho Procesal Civil; 17.ª ed., Lexis-Nexis, Buenos Aires, Argentina, 2003.

PARIZ, Ângelo Aurélio Gonçalves; O Devido Processo Legal na Jurisdição Civil; Faculdade de Direito de Recife, Brasília – DF, 2001, acessível em *http://repositorio.ufpe.br:8080/xmlui/handle/123456789/4650.*

PASSANANTE, Luca; La prova illecita nel processo civile; Collana del Dipartimento di Giurisprudenza dell'Università degli Studi di Brescia 6, ISBN 978-88-9210833-2, Giappichelli, Turim, 2017.

PASTORE, Baldassare; "Giusto processo" e verità giudiziale, Univ. degli Studi di Ferrara, 2012, disponível em *http://m.docente.unife.it/orsetta.giolo/Percorsi%20di%20Genere%20-%20Testi%20seminario%20I%20dicembre.doc.*

PENADÉS, Rafael Bellido; *"La Prueba Ilicita y su controle n el processo civil", in* Revista Española de Derecho Constitucional, n.º 89, may-ago. 2010, pp. 77-114, disponível no endereço *http://dialnet.uniroja.es/descarga/articulo/3273862.pdf.*

PERELMAN, Chaïm; Ética e Direito; Martins Fontes, São Paulo, 2000.

PETRY, Vinícius Daniel; A prova ilícita; Revista Jus Navigandi, Teresina, ano 8, n. 146, 29 nov. 2003, texto disponível no endereço *http://jus2.uol.com.br/doutrina/texto.asp?id=4534.*

PICARDI, Nicola; Manuale del processo civile; 3.ª ed., Giuffrè, Itália, 2013.

PICÓ Y JUNOY, Joan; El Derecho a la Prueba en el Processo Civil; 1.ª ed., JMBosch, Barcelona, 1996.

PICÓ Y JUNOY, Joan; *"La prueba ilícita en el processo civil español", in* Revista Eletrônica Temas Atuais de Processo Civil, vol. I, n.º 5, 2011, disponível em *http://www.temasatuaisprocessocivil.com.br/edicoes-anteriores/52-v1-n-5-novembro-de-2011-/156-la--prueba-ilicita-en-el-proceso-civil-espanol.*

PICÓ Y JUNOY, Joan; *"La prueba ilícita y su control en el proceso civil"*, in Revista Justicia 2005, Revista de Derecho Procesal; Numeros 3-4, J.M. Bosch Editor, Barcelona, pp. 59-100.

PICÓ Y JUNOY, Joan; *"Jurisprudencia sobre derecho probatório"*, in Diario La Ley, N.º 7430, Sección Dossier, 23 de Junio de 2010, Año XXXI, Editorial La Ley, n.º 2216/2010.

PICÓ I JUNOY, Joan; *"I principi del nuovo processo civile spagnolo"*, in Riv. Dir. Proc., Janeiro-Março de 2003 (LVIII), II Serie, n.º 1.

PIOVANO, Carolina; La Prova Illecita nel Processo Civile e Penale; Univ. de Estudos de Turim; 2007-2008.

PORTELA, Irene e OLIVEIRA, Marcia; *"A relevância constitucional da prova no Processo Civil e constat na reforma da justiça"*, in Cadernos de Dereito Actual N.º 5 (2017), pp. 341-347 ·ISSN 2340-860X, Vol. Extraordinario, ISSNe 2386-5229.

PORTER, Stephen e BRINKE, Leanne ten; *"Dangerous decisions: a theoretical framework for understanding how judges assess credibility in the courtroom"*, in Legal and Criminological Psychology, n.º 14, 2009, pp. 119-134.

PLENTEDA, Raffaele; *"La responsabilita' civile del consulente técnico di parte"*, disponível em *http://www.altalex.com/index.php?idnot=35590*.

PUÉRTOLAS, José Antonio Naranjo; Reflexiones sobre la prueba ilícita y los medios de prueba neurofísicos; Facultad de Derecho da Universidad de Zaragoza, 2014, disponível em *https://zaguan.unizar.es/record/15817/files/TAZ-TFG-2014-1419.pdf*.

PUIGVERT, Sílvia Pereira; La exhibición de documentos probatorios y suportes informáticos; Univ. de Girona, 2012, disponível em *http://www.tdx.cat/handle/10803/104485*.

RAYNAUD, Julien; *"Pour la réhabilitation, sous conditions, de la preuve dite déloyale en droit du travail"*, in La Semaine Juridique – Entreprise et Affaires; Nº 3 – 17 JANVIER 2013, pp. 44-48, Lexis-Nexis, França, disponível em *http://web.lexisnexis.fr/newsletters/avocats/03_2013/3-etude-jcp-e.pdf*.

RAGGI, Nicolò; *"Lista Falciani: La Cassazione le ha messo le "ali"?"*, in Rivista di giurisprudenza tributaria n.º. 7/2015, IPSOA, Wolters Klüwer, Ano XXII, Julho 2015, Milão, pp. 563-570, disponível em *http://shop.wki.it/documenti/05970000_dem.pdf*.

RAVICH, Timothy M.; *"Courts in the drone age"*, in Northern Kentucky Law Review; Vol. 42, n.º 2, 2015, pp. 161-190, consultado em *http://papers.ssrn.com/sol3/papers.cfm?abstract_id=2577593*.

RESENDE, Tiago Pereira da Silva; A admissibilidade da prova ilícita no processo do trabalho; Univ. Federal de Uberlândia, 2011.

BIBLIOGRAFIA

RESTA, Giorgio; *"Privacy e Processo Civile: Il Problema della Litigation «Anonima»", in* Il Diritto dell'Informazione e dell'Informatica, Ano XXI, Fasc. 4-5, 2005, Giuffrè Editore, Milão, Itália, pp. 681-725.

RIBEIRO, Darci Guimarães; Provas Atípicas; Editora Livraria do Advogado, Porto Alegre, Brasil, 1998, ISBN 85-7348-092-0.

RICCI, Gian Franco; *"Le prove illecite nel processo civile",* in Rivista trim. di dir. e proc. civ., 1987.

RICCI, Gian Franco; *"Prove atipiche, argumenti di prova e presunzioni",* comunicação proferida no encontro do Conselho Superior da Magistratura Italiana, em Frascati, de 8-10 de Maio de 2000, disponível em *http://appinter.csm.it/inconti/relaz/5308. pdf).*

RICCI, Gian Franco; *"Nuovi rilievi sul problema della 'specificità' della prova giuridica", in* Rivista Trimestrale di Diritto e Procedura Civile ;Milano, Itália, ed. Giuffrè, ano LIV, n.º 4, 2000, pp. 1128-1163.

RICCI, Gian Franco; Principi di diritto processuale generale, Giappichelli, 2012.

Ríos, Eva Isabel Sanjurjo; El procedimiento probatório en el ámbito del juicio verbal; Editorial Reus, Madrid, 2010.

ROBERT, Henri, O Advogado; Arménio Amado – Editor, 1935.

ROJAS, Cristian Contreras; La Valoración de la prueba de interrogatório; Marcial Pons, Espanha, 2015.

ROJAS, Cristian Contreras; Valoración de las pruebas de declaración de personas en segunda instancia; Universidad de Barcelona, Barcelona, Espanha, 2015.

ROQUE, André Vasconcelos; *"As provas ilícitas no projecto do novo Código de Processo Civil : Primeiras Reflexões", in* Revista Eletrônica de Direito Processual; vol. VI, Ano 4, Jul.-Dez. 2010, Rio de Janeiro, Brasil, pp. 5 a 31, também disponível em *http:// redp.com.br.*

ROQUE, André Vasconcelos; O estado de necessidade processual e a admissibilidade das provas.(aparentemente) ilícitas. Revista de Processo. Ano 32.º, n.º 153, nov. 2007, p. 319.

ROSENBERG, L., SCHWAB, K. e GOTTWALD, P.; Zivilprozessrecht; 17.ª ed., Beck, 2010.

ROSIER, Karen; *"Réflexions sur les courriers électroniques et les pages web comme éléments de preuve dans la relation de travail"; in* Le droit du travail à l'ère du numérique, Limal, Anthemis, 2011, pp. 483-497, disponível em *http://www.crid.be/pdf/public/6853. pdf.*

ROSIER, Karen e GILSON, Steve; *"La preuve irrégulière : quand Antigone ouvre la boîte de Pandore: commentaire de l'arrêt Lee Davies rendu par la Cour européenne des droits de l'homme le 28 juillet 2009", in* Chron. D.S., 2010, n°6, pp. 289-292.

RUFFINI, Giuseppe; «Produzione ed esibizione dei documenti» in RDP, Abril-Junho de 2006 (LXI), n.º 2.

SABATÉ, Lluís Muñoz; *"Hablemos outra vez del detector de mentiras"*, *in* Rev. IURIS, Maio 2011, pp. 24-26.

SABATÉ, Lluís Muñoz; Problemática Intrínseca de la Prueba; Técnica Probatoria; Ed. Temis, Bogota, 1997.

SALAKO, Salomon E.; Evidence, Proof and Justice – Legal philosophy and the Provable in English Courts, bookboon, ISBN 978-87-7681-685-8, Liverpoo, 2010.

SANTOS, Antonio Martínez; *"Función de la regla de exclusión probatoria del art . 11.1 LOPJ en los procesos civil y penal"*, *in* La Convergencia entre Proceso Civil y Penal: ¿Una dirección adecuada? Coord. de Teresa Armenta Deu, Marcial Pons, Madrid, ISBN 978-84-15664-16-1, 2013, pp. 185-226.

SANTOS, Luís Otavio dos; A utilização de provas ilícitas no processo civil; Univ. Comunitária da Regisão de Chapecó-Unochapecó; Chapecó (SC), Brasil, 2011, consultado em *http://www5.unochapeco.edu.br/pergamum/biblioteca/php/imagens/00006F/00006F99.pdf*.

SCASSA, Teresa; *"Information Privacy in Public Space: Location Data, Data Protection ant the Reasonable Expectation of Privacy"* in Canadian Journal of Law and Technology, vol. n.º 7, n.º 2, Janeiro de 2010, pp. 193-220, também disponível em *http://cjlt.dal.ca/vol7_no2/index.html*.

SCARPANTONI, Claudia; L'abuso del processo: configurabilità e sanzioni. Tesi di Laurea in Diritto processuale civile, LUISS Guido Carli, 2015.

SCARSELLI, Giuliano; *"Lealtà e probità nel compimento degli atti processual"*, *in* Riv. Trim. Dir. Proc. Civ., Março de 1998 (LII), n.º 1, Milão, Itália.

SCHILLACI, Alessandro; "Male captum bene retentum" e teoria dei "frutti dell'albero avvelenato" nella giurisprudenza italiana e secondo la Corte Europea dei Diritti dell'Uomo; Univ. degli Studi di Trento, Facoltà di Giurisprudenza, 2011/2012, disponível no endereço *http://www.antoniocasella.eu/archica/Schillaci_tesi-2012.pdf*.

SCHIMIDT, Shauma Schiavo; *"A prova ilícita no direito de família"*, *in* Rev. Eletrônica do Mestrado em Direito da UFAL, vol. 2, n.º 1 (2011), disponível em *http://www.seer.ufal.br/index.php/rmdufal/article/view/810/739*.

SENA, Gisléia Fernandes de; e SCHIMIDT, Shauma Schiavo; *"Admissibilidade da prova ilícita como forma de proteção ao direito familiar"*, *in* Fabricio Muraro Novais; Francisco Cardozo Oliveira; Marlene Kempfer. (Org.). Processo e jurisdição II. XXII Encontro Nacional do CONPEDI. Sociedade Global e seus impactos sobre o estudo e a afetividade do Direito na contemporaneidade. 1ed.Florianópolis:

# BIBLIOGRAFIA

FUNJAB, 2013, pp. 367-388, disponível em *http://www.publicadireito.com.br/arts./?cod=7a799f9c485e4b91*

SERENA, Borrillo; Le prove atipiche e le prove illecite, ISSN 11278579, 2013, disponível em http://www.diritto.it/docs/35290leproveatipicheeleproveillecite.

SERRA, Miguel Dinis Pestana; El ejercicio de la abogacía en Portugal y España – Estudio Comparativo, Universidad de Salamanca, 2013.

SHEPERD JR., Robert E.; *"Admissibility Of Illegally Obtained Evidence In A Civil Case"*, in Washington and Lee Law Review, Volume 17, 1960, pp. 155-160, disponível em *http://scholarlycommons.law.wlu.edu/wlulr/vol17/iss1/17.*

SILVEIRA, Patrícia Azevedo da; *"A prova ilícita no cível"*, in Prova Ilícita; Coord. Carlos Alberto Alvaro de Oliveira; Rio de Janeiro, Forense, 2005.

SIVALINGAM, Shan; *"Suing Based on Spyware? Admissibility of Evidence Obtained from Spyware in Violation of Federal and State Wiretap Laws»*, 3 Shidler J. L. Com. & Tech. 9 (Feb. 14, 2007), disponível em *http://www.lctjournal.washington.edu/Vol3/a009Sivalingam.html.*

SORDI, Paolo; Il Giusto Processo Civile; Corte Constitucionale, STU 265, Outubro 2014, consultado no endereço *http://www.cortecostituzionale.it/documenti/convegni_seminari/STU_265.pdf.*

SOTO, Leila Mirian Pinheiro; A prova ilícita no processo civil Possibilidades de admissão; Univ. Salvador – UNIFACS, 2006, in *http://www.unifacs.br/revistajuridica/arquivo/edicao_maio2007/discente/dis2.doc.*

SOUZA, Elisângela Hoss de, Da utilização das provas ilícitas no processo civil brasileiro e a ponderação de interesses; Academia Brasileira de Direito Processual Civil, disponível em *http://www.abdpc.com.br.*

SOUZA, Lucas Daniel Ferreira e BARBUGLIO, Daiene; *"A admissibilidade das provas ilícitas no direito de família diante do princípio da ponderação"*, in Cadernos de Direito, Piracicaba, v. 16(30): 283-299, jan.-jun. 2016, pp. 283-299.

STALTERI, Marcello; *"Genetica e processo: la prova del "dna fingerprint". Problemi e tendenze"*, in Riv. Trim. Dir. Proc. Civ., Ano XLVII, n.º 1, 1993.

STEFANO, Franco De; *"Le prove atipiche e illecite"*; Roma, Novembre 2001, disponível em *http://appinter.csm.it/incontri/relaz/7113.pdf.*

STRIBOPOULOS, James; *"Lessons from the Pupil: A Canadian Solution to the American Exclusionary Rule Debate"*, in Boston College International and Comparative Law Review, Volume 22, n.º 1, 1999, pp. 77-140.

SZANIAWSKI, Elimar; "Breves reflexões sobre o direito à prova e a prova ilícita no projeto do novo código de processo civil", in Revista da Faculdade de Direito UFPR, Curitiba, vol. 59, n. 2, 2014, pp. 175-197, disponível em *http://ojs.c3sl.ufpr.br/ojs/index.php/direito/article/view/37122/22973.*

A PROVA ILÍCITA: VERDADE OU LEALDADE?

TALAMINI, Eduardo; *"Prova emprestada no processo civil e penal", in* Brasília, Revista de Informação Legislativa, a. 35 n. 140 out./dez. 1998, disponível em *http://www2. senado.leg.br/bdsf/bitstream/handle/id/426/r140-15.pdf.*

TARUFFO, Michele, La Prueba, Artículos y Conferencias; Monografías Jurídicas Universitas, Editorial Metropolitana.

TARUFFO, Michele, La Prueba de los Hechos; (trad. Jordi Ferrer Beltrán), ed. Trotta, Madrid, 2005.

TARUFFO, Michele; *"La verità nel processo", in* Rivista Trimestrale di Diritto Processuale Civile, 66, 2012, pp. 1117-1135.

TARUFFO, Michele; *"Rethinking the standards of proof", in* American Joumal of Comparative Law, n.º 51, 2003, pp. 659-677.

TARUFFO, Michele; *"Poder Probatorios de las partes y del juez en Europa", in* DOXA, Cuadernos de Filosofía del Derecho, 29 (2006), pp. 249-271, disponível em *http:// www.bibliotecaculturajuridica.com/EDIT/474/revistas/doxa/doxa-29.html.*

TARUFFO, Michele; *"La prueba científica en el proceso civil". in* Estudios sobre la prueba, Universidad Nacional Autónoma de México, México, 2006, ISBN 970-32-3369-4, pp. 135-186.

TEIXEIRA, Wendel de Brito Lemos; A prova ilícita no processo civil constitucional: (in)admissibilidade e consequências jurídicas; Univ. Federal de Uberlândia, Uberlândia, Brasil, 2013, disponível em *https://www.google.pt/url?sa=t&rct =j&q=&esrc=s&source=web&cd=2&cad=rja&uact=8&ved=0ahUKEwjjwrXzkpPK AhVCOBoKHf8TCasQFgglMAE&url=http%3A%2F%2Frepositorio.ufu.br%2Fb itstream%2F123456789%2F4339%2F1%2FProvaIl%25C3%25ADcitaProcesso. pdf&usg=AFQjCNG7hB9_uMbunm3kbZwfAfEO4vOFMQ&sig2=pMMklyFhaC0 mqHh4O-hv0Q.*

TEIXEIRA, Leonardo Platais Brasil e RABELO, Manuel Alves; *"Realização compulsória do exame de DNA na investigação de paternidade: uma visão crítica da jurisprudência brasileira", in* Civil Procedure Review, vol. 3, p. 79, 2012, *http://www.civilprocedurereview.com/busca/baixa_arquivo.php?id=63&embedded=true.*

TESHEINER, José Maria Rosa; *"Ônus e Direito Formativo", in* Revista da Consultadoria Geral do Estado, Porto Alegre, Brasil, n.º 14, 1976, disponível em *http://www.tex. pro.br/wwwroot/arts.proftesheiner/onus.htm.*

THIBAUT, John e WALKER, Laurens; *"A theory of procedure", in* California Law Review, 66, 1978, pp. 541-566.

THIENEL, Tobias; *"The Admissibility of Evidence Obtained by Torture under International Law", in* The European Journal of International Law, Vol. 17, n.º 2, 2006, pp. 349-367.

# BIBLIOGRAFIA

TORNAGHI, Hélio; Curso de Processo Penal, Vol. 1, 9.ª Ed., Editora Saraiva, São Paulo, 1995.

TORNÉ, Maria Cinta Costa; *"La prueba ilícita por violación de Derechos Fundamentales y Sus excepciones"*, *in* Revista de Derecho UNED, n.º 11, 2012, pp. 137-161.

TORRES, Jaime Vegas; Obtención de pruebas en ordenadores personales y derechos fundamentales en el âmbito de la empresa; Universidad Rey Juan Carlos, Madrid, 2011, disponível em *https://www.kpmg.com/es/es/servicios/advisory/riskcompliance/forensic/documents/evidenciadigital_libro.pdf.*

TORTOSA, Alejandra Lorenzo; Las redes sociales como medio de prueba en el proceso laboral, Univ. Jaume I, 2015 – 2016.

TURKINGTON, Richard C.; *"Legal Protection for Conversational and Communication Privacy in Family, Marriage and Domestic Disputes: An Examinantion of Federal and State Wiretap na Stored Communications Acts and the Common Law Privacy Intrusion Tort"*, *in* Nebraska Law Review, Vol. 82, 3, 2004, disponível em *http://digitalcommons.law.villanova.edu/cgi/viewcontent.cgi?article=1010&context=wps.*

UDASHEN, Gary A. e SORRELS, Barry P. C.; *"Fifth Amendment Right Against Self Incrimination in Civil Cases"*, disponível no endereço: *http://www.sualaw.com/Appearances--Articles/Fifth_Amendment_Right_Against_Self_Incrimination_in_Civil_Cases.pdf.*

VÁRIOS; La preuve; Colecção Commission Université-Palais, Université de Liége, vol 99, 2008.

VÁRIOS; La preuve dans la jurisprudence de la Cour de Cassation – Rapport Annuel 2012; França, 2012, disponível no endereço *https://www.courdecassation.fr/publications_26/rapport_annuel_36/rapport_2012_4571/.*

VÁRIOS; Cour de Cassation – Droit du Travail – Jurisprudence- Doctrine – Communications, Paris, 2006, disponível em *https://www.courdecassation.fr/IMG/pdf/BICC_Droit_du_travail_71.pdf.*

VÁRIOS; Cien Cuestiones Controvertidas Sobre La Prueba En El Proceso Civil; Editorial Colex, Madrid, 2004.

VÁRIOS; Opinion on the status of illegally obtained evidence in criminal procedures in the Member States of the European Union; Nov. 2003, E.U. Network of Independence Experts on Fundamental Rights.

VÁRIOS; Derecho procesal: dilemas sobre la verdad en el proceso judicial; Colección de Investigaciones en Derecho No.2, Escuela de Derecho y Ciencias Políticas, Universidad Pontifícia Bolevariana, 2014, Medellín, Colômbia, obra acessível em *http://perso.unifr.ch/derechopenal/assets/files/obrasjuridicas/oj_20141108_01.pdf.*

VÁRIOS; Guia Prático sobre a Admissibilidade; Conselho da Europa/TEDH, 2011, consultado em *http://direitoshumanos.gddc.pt/pdf/GuiaPAdmissibilidade%20doc-3modificado%20(4).pdf.*

VÁRIOS; Guide on Article 6 of the European Convention on Human Rights Right to a fair trial (civil limb), Conselho da Europa/TEDH, 2017, disponível em *https://www.echr.coe.int/Documents/Guide_Art_6_ENG.pdf.*

VÁRIOS; Manual da Legislação Europeia sobre Proteção de Dados; Agência dos Direitos Fundamentais da União Europeia/Conselho da Europa, 2014, disponível em *http://fra.europa.eu/sites/default/files/fra-2014-handbook-data-protection-pt.pdf.*

VÁRIOS; National Security and secret evidence in legislation and before the courts: exploring the challenges – Study for the LIBE Comitee, Parlamento Europeu, 2014, consultado em *http://www.europarl.europa.eu/RegData/etudes/STUD/2014/509991/IPOL_STU%282014%29509991_EN.pdf.*

VARS, Fredrick E.; *"Toward a general theory of standards of proof", in* Catholic University Law Review, vol. 60, n.º 1, 2010, pp. 1-46, *http://scholarship.law.edu/cgi/viewcontent.cgi?article=3225&context=lawreview.*

VERDE, Giovanni; *"La prova nel processo civile. Profili di teoria generale", in* La Prova nel Processo Civile, Vol. I, Quaderni del Consiglio Superiore della Magistratura, 1997-1998.

VICO, Giambattista; "De Antiquissima Italorum Sapientia (1710), I, 1.

VIGORITTI, Vicenzo; Prove illecite e Costituzione. Rivista di Diritto Processuale, 1968, p. 66.

VOS, Andre; *"Evidence Unlawfully Obtained",* texto disponível em *http://www.deneysreitz.co.za/index/.php/news/evidence_unlawfully_obtained/.*

VRIJ, Aldert; Detecting Lies and Deceit: The Psychology of Lying and the Implications for Professional Practice, 2.ª ed., Wiley Series in The Psychology of Crime, Policing and Law, University of Leicester, UK, 2007.

WELTER, Belmiro Pedro, *"Possibilidade de condução coercitiva do investigado para fazer exame genético", in* Revista de Direito Privado, vol. 8. São Paulo: Revista dos Tribunais, 2001.

ZILLI, Marcos Alexandre Coelho; *"Ainda sobre as provas ilícitas no processo penal", in* Revista da Escola Paulista da Magistratura, Ano 12 – Número 1 – Julho/Dezembro – 2012, pp. 45-62.

ZONI, Isadora Cristina Schüler; "A Prova Ilícita no Projeto do Novo Código de Processo Civil", in *http://www.simposiodedireitouepg.com.br/2014/down.php?id=1073&q=1.*

# ÍNDICE

| | | |
|---|---|---:|
| 1. | INTRODUÇÃO | 11 |
| 2. | O "DIREITO À PROVA" | 28 |
| 2.1. | Enquadramento conceptual | 28 |
| 2.2. | Do conceito de prova | 31 |
| 2.3. | Conteúdo do direito à prova | 32 |
| | 2.3.1. O princípio do dispositivo | 25 |
| | 2.3.2. O princípio do inquisitório | 36 |
| | 2.3.3. O princípio do contraditório (ou da audiência contraditória das provas) | 60 |
| | 2.3.4. O princípio da boa-fé e da cooperação processuais | 41 |
| | 2.3.5. O princípio da imediação e da oralidade | 46 |
| | 2.3.6. O princípio da plenitude da assistência do juiz | 47 |
| | 2.3.7. O princípio da livre apreciação | 49 |
| | 2.3.8. O princípio da aquisição processual | 50 |
| | 2.3.9. O princípio do valor extra-processual das provas | 52 |
| 2.4. | A impugnação da prova | 52 |
| 2.5. | A obtenção e produção da prova | 60 |
| 2.6. | A valoração da prova | 61 |
| 2.7. | Os limites do "direito à prova" | 80 |
| 3. | A ILICITUDE DA PROVA EM GERAL: CONCEITO E FIGURAS AFINS | 86 |
| 3.1. | Conceito | 86 |
| 3.2. | Distinção de figuras afins | 107 |

A PROVA ILÍCITA: VERDADE OU LEALDADE?

| | |
|---|---|
| 3.2.1. A prova ilícita e a prova inadmissível | 108 |
| 3.2.2. A prova ilícita e a prova invalidamente constituída | 110 |
| 3.2.3. A prova ilícita e a prova imoral | 111 |
| 3.2.4. A prova ilícita e a prova viciada ou falsa | 112 |
| 3.2.5. A prova ilícita e a prova impertinente ou irrelevante | 112 |
| 3.2.6. A prova ilícita e a prova inútil | 114 |
| 3.2.7. A prova ilícita e a prova atípica | 114 |
| 3.2.8. A prova ilícita e as proibições de prova | 121 |
| 3.2.9. A prova ilícita e a prova ilegítima | 124 |
| 3.2.10. A prova ilícita e a prova nula | 125 |
| 3.2.11. A prova ilícita e a prova ilegal | 125 |

4. ENQUADRAMENTO DOUTRINÁRIO DO PROBLEMA
   DA PROVA ILÍCITA ....................................................... 126
4.1. Sequência ..................................................................... 126
4.2. Tese da admissibilidade sem restrições ...................... 128
4.3. Tese da inadmissibilidade sem restrições ................... 135
4.4. Tese da admissibilidade em certas condições ............. 137

5. A ILICITUDE PROBATÓRIA NA ORDEM JURÍDICA
   INTERNACIONAL. ALGUMAS REFERÊNCIAS ............... 140
5.1. A jurisprudência do TEDH .......................................... 141
5.2. A prática judiciária estrangeira em sede de prova ilícita em processo civil   145

| | |
|---|---|
| 5.2.1. O ordenamento jurídico norte-americano | 146 |
| 5.2.2. O ordenamento jurídico inglês | 151 |
| 5.2.3. O ordenamento jurídico espanhol | 156 |
| 5.2.4. O ordenamento jurídico francês | 170 |
| 5.2.5. O ordenamento jurídico italiano | 175 |
| 5.2.6. O ordenamento jurídico brasileiro | 178 |

6. A PROVA ILÍCITA NO PROCESSO PENAL PORTUGUÊS.
   ENUNCIAÇÃO SUMÁRIA .............................................. 197
6.1. Sequência ..................................................................... 198
6.2. O art. 32.º, n.º 8, da Constituição ............................... 198
6.3. Os arts. 124.º, 125.º e 126.º do Código de Processo Penal   200
6.4. O art. 122.º, n.º 1 do Código de Processo Penal ......... 205

ÍNDICE

7. A PROVA ILÍCITA NO PROCESSO CIVIL PORTUGUÊS ............ 204
7.1. Enquadramento ............................................................................... 204
7.2. Regime jurídico da ilicitude probatória em processo civil ............ 214
    7.2.1. Âmbito de aplicação do art. 32.º, n.º 8 da Constituição ......... 214
    7.2.2. Perspectivas de fundamentação ............................................. 218
    7.2.3. Particularidades do regime das provas ilícitas ...................... 286
    7.2.4. Contributos interpretativos a considerar ............................... 303
    7.2.5. Consequências processuais de utilização de prova ilícita ...... 324
    7.2.6. Considerações sumárias sobre outros problemas do regime
        da prova ilícita ....................................................................... 327

8. ALGUMAS QUESTÕES COMPLEMENTARES ............................ 336
8.1. O conhecimento ulterior da existência de impedimento de pessoa
    para depor como parte configura ilicitude da prova produzida? ... 337
8.2. Como devem ser valoradas as declarações da parte sobre factos
    não desfavoráveis? .......................................................................... 338
8.3. Como decidir da junção de documentos em julgamento,
    designadamente, se os mesmos estão sujeitos a sigilo comercial? ... 339
8.4. Será possível a uma testemunha, invocando deter o estatuto processual
    penal de arguido, escusar-se a depor em processo civil? ............... 344
8.5. Será possível a uma pessoa, invocando sigilo de inquirição parlamentar,
    escusar-se a depor como testemunha em processo civil? .............. 353
8.6. Pode a parte recusar-se a prestar depoimento de parte, invocando deter
    o estatuto processual penal de arguido? ........................................ 355
8.7. Será admissível a colheita coactiva de vestígios biológicos de uma
    das partes para determinação do seu perfil biológico no caso de recusa
    da mesma em colaborar/permitir tal colheita? .............................. 356
8.8. É admissível a invocação de ilicitude probatória como fundamento
    de recurso de revisão? .................................................................... 360

9. CONCLUSÃO ..................................................................................... 360

ADENDA – JURISPRUDÊNCIA EM SEDE DE PROVA ILÍCITA ... 363
A) Jurisprudência do TEDH ................................................................. 363
B) Jurisprudência do TJUE ................................................................... 379
C) Jurisprudência em Direito Penal ..................................................... 380
D) Jurisprudência em Direito Civil ...................................................... 433

A PROVA ILÍCITA: VERDADE OU LEALDADE?

| E) | Jurisprudência em Direito da Família | 441 |
| F) | Jurisprudência em Direito do Trabalho | 446 |
| G) | Jurisprudência em Direito Administrativo | 468 |

| BIBLIOGRAFIA | 471 |
| Bibliografia Nacional | 471 |
| Bibliografia Estrangeira | 487 |